仏検対応

クラウン CROWN

フランス語熟語辞典

久松健一 編著
HISAMATSU Ken'ichi

Dictionnaire des expressions et locutions françaises fréquentes
Diplôme d'Aptitude Pratique au Français

三省堂

編著者
久 松 健 一

執筆者
高橋愛　　田中琢三　　森田陽子

データ設計
早川文敏

校　閲
Florence Mermet-Ogawa　　Pascale Mangematin

編集協力
加賀通恵　　冨田直子　　浜永和希　　山松勇太

装丁・本文デザイン
志岐デザイン事務所　萩原睦

まえがき

　熟語とは何なのだろうか——まず，この問いからスタートした．執筆者との事前の話し合いで，「既成の観念にとらわれず，収録語は学ぶ人の立場に立って細かに選ぼう」と決めた．通常，熟語と認定されない表現や前置詞の用例などを載せたのはそのためである．

　ポイントをどこに置くのか——alphabet 順に熟語が並べられた辞書や参考書がないではない．しかしそれは使い勝手がよくない．何より，暗記には不適だ．学ぶ人のレベルや目的を斟酌(しんしゃく)したとき，あわせて，日本人がフランス語を学ぶという大前提からすれば，おのずと「実用フランス語技能検定試験（通称・仏検）」準拠という中心軸が見えた．そして，そのポイントをいっそう鮮明にするため，30 数年分の問題を分析，語句の出題頻度をチェックして本書に活かした．

　何が見えるのか——言うまでもない，2000 を超える熟語が概観できる．前置詞の用法，基本的な会話表現の確認も可能だ．だが同時に，読み手の好奇心や知識欲を刺激する「言葉の事典」でもありたいと願った．限られた紙幅のなかで，できるだけ多くの補注・補足を載せたのはその表れである．

　提唱したいのは「辞典で学ぶ」という学習スタイルである．本書は，仏検合格を目指す人のために，効率的学習が可能な配列となっている．苦手な設問に照らしつつ，星印 * のついた頻度の高い熟語を追いかけるだけでも力はつく．また，ひろくフランス語の実力をつけたい人は，索引を使い，(cf.) を参照しながら，級をまたいで前からうしろへ，うしろから前へとページをめくって，フランス語の世界を縦横に駆け回っていただきたい．

　現在，フランス語を取りまく環境は良好とは言いがたい．世界的規模での経済不況もさることながら，英語中心主義が幅をきかせ，実用にばかり目が向き，腰を据えてフランス語を学べる場が徐々に減ってきている．そんななか，この一冊に関心を寄せていただいた「あなた」に，編著者として心からの謝意をここに記したい．

　ひろい裾野があってこそ，高い頂(いただき)が望める．しかし，潤沢な語彙の量があなたを裏切ることはない．

　企画のゴーサインに向け奔走いただいた柳百合さん，編集の相川千尋さんに本当に世話になった．ありがとうございました．

2012 年 3 月吉日　　　　　　　　　　　　　　　　　　　　　　　　　久松健一

使い方
Mode d'emploi

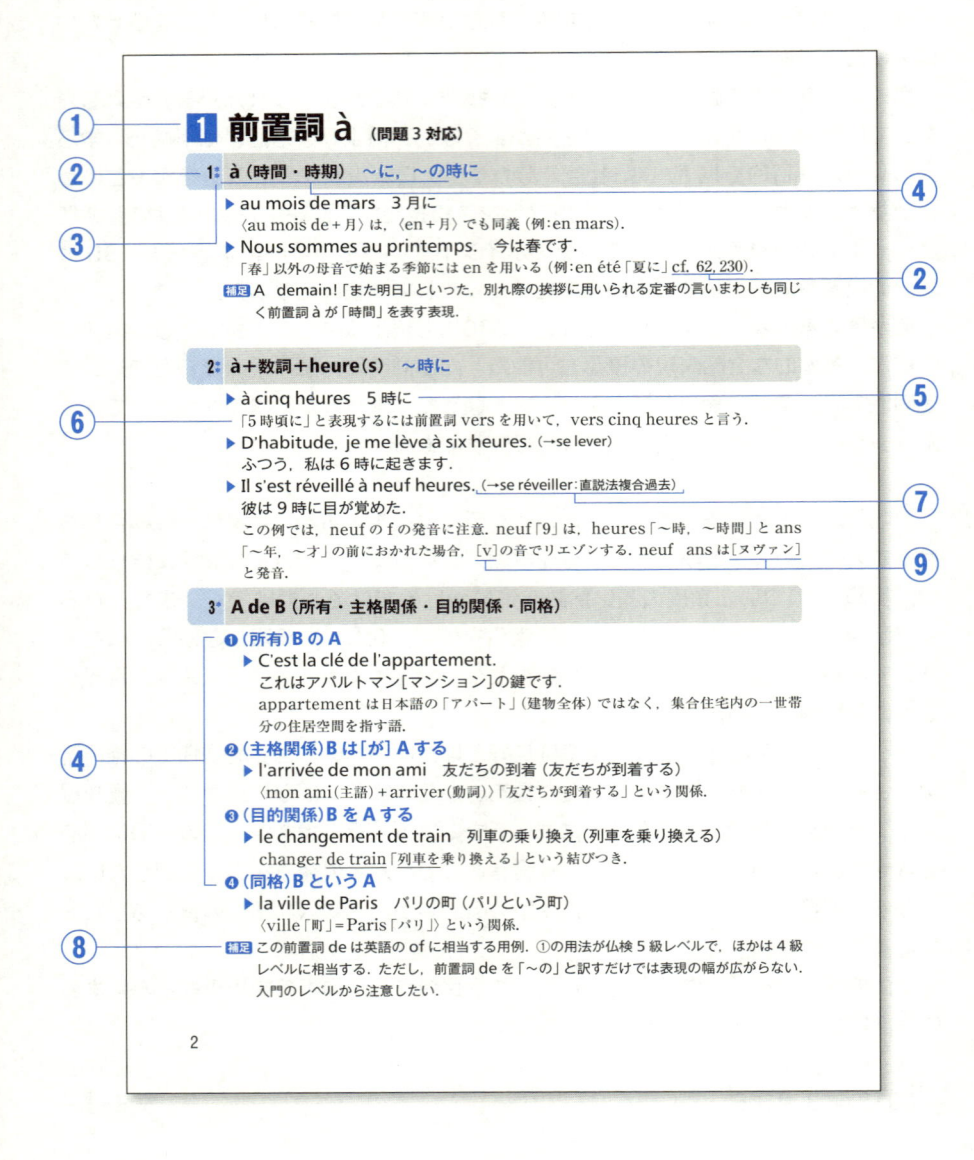

①

1 前置詞 à （問題3 対応）

② ③ **1: à（時間・時期） 〜に，〜の時に** ④

▶ au mois de mars　3月に
　〈au mois de + 月〉は，〈en + 月〉でも同義（例：en mars）.
▶ Nous sommes au printemps.　今は春です.
　「春」以外の母音で始まる季節には en を用いる（例：en été「夏に」cf. 62, 230）. ②
　補足 A　demain!「また明日」といった，別れ際の挨拶に用いられる定番の言いまわしも同じ
　　く前置詞 à が「時間」を表す表現.

2: à+数詞+heure(s)　〜時に

▶ à cinq heures　5時に ⑤
⑥ 　「5時頃に」と表現するには前置詞 vers を用いて，vers cinq heures と言う.
▶ D'habitude, je me lève à six heures.（→se lever）
　ふつう，私は6時に起きます.
▶ Il s'est réveillé à neuf heures.（→se réveiller：直説法複合過去） ⑦
　彼は9時に目が覚めた.
　この例では，neuf の f の発音に注意. neuf「9」は，heures「〜時，〜時間」と ans
　「〜年，〜才」の前におかれた場合，[v]の音でリエゾンする. neuf ans は[ヌヴァン]
　と発音. ⑨

3: A de B（所有・主格関係・目的関係・同格）

④ ── ❶（所有）**B の A**
　▶ C'est la clé de l'appartement.
　　これはアパルトマン[マンション]の鍵です.
　　appartement は日本語の「アパート」（建物全体）ではなく，集合住宅内の一世帯
　　分の住居空間を指す語.
　❷（主格関係）**B は[が] A する**
　▶ l'arrivée de mon ami　友だちの到着（友だちが到着する）
　　〈mon ami（主語）+ arriver（動詞）〉「友だちが到着する」という関係.
　❸（目的関係）**B を A する**
　▶ le changement de train　列車の乗り換え（列車を乗り換える）
　　changer de train「列車を乗り換える」という結びつき.
　❹（同格）**B という A**
　▶ la ville de Paris　パリの町（パリという町）
　　〈ville「町」= Paris「パリ」〉という関係.
⑧ ── **補足** この前置詞 de は英語の of に相当する用例. ❶の用法が仏検5級レベルで，ほかは4級
　　レベルに相当する. ただし，前置詞 de を「〜の」と訳すだけでは表現の幅が広がらない.
　　入門のレベルから注意したい.

2

iv

＊本書では、実用フランス語技能検定試験(以下、仏検)での過去の出題傾向をもとに、熟語を5級、4級、3級、準2級、2級、準1・1級の6つの章に分けました。

① 分類
各級の中は「会話文」「前置詞」「非人称構文」など、それぞれの熟語の特性に応じてテーマ別に分類しました。また、それぞれのテーマに具体的に対応する仏検の問題がある場合は、設問の番号を（　）の中に示しました。

② 項目番号
各見出し語の間の相互参照が可能となるよう、すべての見出し語に番号をつけました。
参照する見出し語の番号は（cf.）によって示しました。

③ 頻度
仏検での出題頻度を3段階で示しました。
**……………………最重要語(過去3回以上出題、約180語)
*………………………重要語(過去2回以上出題、約770語)
無印……………………一般語(過去1回以上出題、約1220語)

④ 見出し語と語義
仏検で過去に出題された、2単語以上からなる表現を熟語とみなし、収録しました。
また、熟語以外にも、様々な語と結びつき熟語表現に使われることの多い基本語については、単独でも収録しました。
語義がいくつかある見出し語に関しては、❶❷❸…のように番号に分けて記述しました。

⑤ 用例と用例訳
▶印で用例を示しました。

⑥ 用例の補足説明
必要に応じて、用例には補足説明をつけました。

⑦ 不定詞と時制
5級では、être, avoir, -er 動詞, plaire を除く動詞の活用、および直説法現在、近接未来、近接過去、命令法以外の時制が出てきた時に不定詞と時制を示しました。また、代名動詞の場合も不定詞を示しました。

⑧ 見出し語の補足説明
見出し語について、関係の深い表現、学習者がつまずきやすい注意点など、くわしい説明を 補足 で示しました。

⑨ 発音
発音記号およびカナ発音は、注意が必要な場合や例外的な発音の場合に限り［　］に入れて示しました。また、発音は国際音声記号（IPA）で示しました。

なお、本書では大文字のアクサン記号は省略しています。
また、名詞・形容詞のうちで、性数によって変化するものについては、heureux(se)のように変化する部分を（　）に入れて示しました。

本書で使う記号

［　］………… 言い換え可能	qn ………… quelqu'un　人
（　）………… 省略可能	qch ………… quelque chose　もの
補足説明	inf. ………… 不定詞
前置詞の意味限定	(cf.) ………… 参照番号
「　」………… 会話	(×) ………… 誤例
─ ………… 欧文中の会話の切りかえ	→ ………… 表現の由来

目次
Table des matières

5級〜準2級に示した問題番号は実用フランス語技能検定試験の設問番号を示しています。

まえがき ……………………………………………………………………………… iii
使い方 ………………………………………………………………………………… iv
目次 …………………………………………………………………………………… vi

5級 Niveau 5

1. **会話文・応答文**（問題4・聞き取り問題3 対応）………………………………… 2
2. **前置詞 à**（問題3 対応）………………………………………………………… 9
3. **前置詞 de**（問題3 対応）……………………………………………………… 13
4. **前置詞 en**（問題3 対応）……………………………………………………… 15
5. **前置詞その他**（問題3 対応）………………………………………………… 18
6. **avoir を使った表現**（問題3 対応）…………………………………………… 25
7. **非人称構文**（問題3 対応）…………………………………………………… 27
8. **動詞**（問題3 ほか対応）………………………………………………………… 31
9. **動詞**（熟語以外の基本動詞）…………………………………………………… 37
10. **形容詞**（問題3 対応）………………………………………………………… 43
11. **比較級**（問題6 対応）………………………………………………………… 44
12. **反意語**（問題6 対応）………………………………………………………… 44
13. **指示形容詞**（問題1 対応）…………………………………………………… 46
14. **冠詞**（問題1 対応）…………………………………………………………… 47
15. **否定の表現**（問題3 対応）…………………………………………………… 48
16. **その他**（問題3 対応）………………………………………………………… 49

4級 Niveau 4

1. **会話文・応答文**（問題3・聞き取り問題2 対応）………………………………… 54

2	前置詞 à（問題 6 対応）	62
3	前置詞 avec（問題 6 対応）	66
4	前置詞 de（問題 6 対応）	67
5	前置詞 dans（問題 6 対応）	68
6	前置詞 en（問題 6 対応）	69
7	前置詞 pour（問題 6 対応）	72
8	前置詞その他（問題 6 対応）	74
9	avoir を使った表現	78
10	être を使った表現	81
11	faire を使った表現	83
12	非人称構文	85
13	動詞（問題 2 ほか対応）	86
14	形容詞	99
15	最上級（問題 1 対応）	101
16	名詞	101
17	人称代名詞強勢形（問題 2 対応）	102
18	不定代名詞	103
19	中性代名詞（問題 2 対応）	104
20	強調構文（問題 5 対応）	104
21	数量表現（問題 5 対応）	105
22	数字（聞き取り問題 3 対応）	106
23	その他（問題 4 対応）	108

3級 Niveau 3

1	会話文・応答文（問題 1 対応）	118
2	前置詞 à（問題 4 対応）	127
3	前置詞 avec（問題 4 対応）	136
4	前置詞 de（問題 4 対応）	138
5	前置詞 en（問題 4 対応）	143
6	前置詞 par（問題 4 対応）	153
7	前置詞 sous（問題 4 対応）	155

8	**前置詞 sur**（問題4対応）	156
9	**前置詞その他**（問題4対応）	158
10	**avoir を使った表現**	166
11	**être を使った表現**	171
12	**faire を使った表現**	177
13	**非人称構文**	181
14	**知覚動詞**（問題5対応）	186
15	**動詞**（問題3ほか対応）	187
16	**形容詞**	216
17	**比較級・最上級**（問題5対応）	219
18	**名詞**	220
19	**不定代名詞**（問題3対応）	224
20	**中性代名詞**（問題3対応）	225
21	**否定の表現**（問題5対応）	226
22	**仮定法**（問題2対応）	227
23	**その他**	228

準2級 Niveau 2 bis

1	**会話文・応答文**（問題2対応）	236
2	**前置詞 à**（問題1対応）	239
3	**前置詞 de**（問題1対応）	246
4	**前置詞 dans**（問題1対応）	249
5	**前置詞 en**（問題1対応）	250
6	**前置詞 par**（問題1対応）	254
7	**前置詞 pour**（問題1対応）	256
8	**前置詞 sans**（問題1対応）	257
9	**前置詞その他**（問題1対応）	258
10	**avoir を使った表現**	262
11	**être を使った表現**	265
12	**faire を使った表現**	269
13	**非人称構文**	271

14	**動詞**（問題 1 ほか対応）	273
15	**形容詞**	298
16	**名詞**	301
17	**不定代名詞**（問題 4 対応）	303
18	**接続詞句**（問題 7 対応）	303
19	**その他**	305

2 Niveau 2 級

1	**会話文・応答文**	314
2	**前置詞 à**	316
3	**前置詞 avec**	334
4	**前置詞 de**	336
5	**前置詞 dans**	343
6	**前置詞 en**	344
7	**前置詞 par**	357
8	**前置詞 pour**	359
9	**前置詞 sans**	361
10	**前置詞 sous**	363
11	**前置詞 sur**	365
12	**前置詞その他**	366
13	**avoir を使った表現**	368
14	**être を使った表現**	376
15	**faire を使った表現**	382
16	**donner を使った表現**	385
17	**mettre を使った表現**	387
18	**prendre を使った表現**	392
19	**非人称構文**	396
20	**動詞**	399
21	**形容詞**	434
22	**名詞**	436
23	**その他**	441

準1・1級 Niveau 1 bis et Niveau 1

1. 前置詞 à …………………………………………………… 450
2. 前置詞 de ………………………………………………… 454
3. 前置詞 dans ……………………………………………… 456
4. 前置詞 en ………………………………………………… 458
5. 前置詞 sans ……………………………………………… 461
6. 前置詞その他 …………………………………………… 462
7. avoir を使った表現 ……………………………………… 466
8. être を使った表現 ……………………………………… 467
9. faire を使った表現 ……………………………………… 470
10. mettre を使った表現 …………………………………… 472
11. prendre を使った表現 ………………………………… 474
12. 非人称構文 ……………………………………………… 475
13. 動詞 ………………………………………………………… 476
14. 形容詞 ……………………………………………………… 499
15. 名詞 ………………………………………………………… 501
16. その他 ……………………………………………………… 501

5級

Niveau 5

1. 会話文・応答文
2. 前置詞 à
3. 前置詞 de
4. 前置詞 en
5. 前置詞その他
6. avoir を使った表現
7. 非人称構文
8. 動詞
9. 動詞（熟語以外の基本動詞）
10. 形容詞
11. 比較級
12. 反意語
13. 指示形容詞
14. 冠詞
15. 否定の表現
16. その他

1 会話文・応答文 (問題4・聞き取り問題3対応)

1 **A bientôt!** また近いうちに(会いましょう).

▶ Au revoir et à bientôt!　さよなら，また近いうちに．

補足「やがて，間もなく」を意味する副詞 bientôt の前に前置詞 à を添えた別れの挨拶で メールでも使われる．à très bientôt とも言う．ただし，実際に「近いうちに会えるかどうか」は問題ではない．

2 **A demain!** また明日(会いましょう).

▶ Alors, à demain!　それでは，また明日．

補足「明日」demain の前に前置詞 à を添えた，別れの挨拶．「明後日」après-demain を用いれば，A après-demain! で「また，明後日(会いましょう)」となる．

3 **Au revoir!** さようなら.

▶ Au revoir, à demain!　さようなら，また明日(会いましょう)．

補足「再会」を意味する名詞 le revoir に前置詞の à が添えられ，間投詞のように用いられる．Salut! は，親しい相手に「じゃあね」の意味で．なお，くだけた表現で Au plaisir(de vous revoir)!「さよなら」，あるいはイタリア語で Ciao!(発音は[チャオ])「バイバイ」と表現する人もいる．あわせて，「じゃ，また」A bientôt! と同義の A plus! は頻度が高い今風の言い方．

4 **Bon voyage!** (旅行をする人に)お元気で，楽しい旅を.

▶ Bon voyage!　(どうぞ)よい旅を．

補足 Je vous souhaite bon voyage!, Faites bon voyage! とも言う．〈Bon(ne)＋名詞!〉を用いた定番のパターン．仏検ではイラストを用いた「聞き取り」問題にたびたび登場する．

5 **Bonne année!** 新年おめでとう，よいお年を.

▶ Bonne (et heureuse) année!　新年おめでとう．
▶ Bonne année, bonne santé!　あけましておめでとう，今年も健康で．

補足 A la nouvelle année! も「新年おめでとう」の意味だが，これは元日午前0時に一緒に新年を迎えた人と交わす言葉．その他の「(〜して)おめでとう」を表現するには，Félicitations! が使われる．

6 **Bon anniversaire!** 誕生日おめでとう.

▶ Bon anniversaire, Emma!　エマ，誕生日おめでとう．

[補足] うしろにつく名詞の性数に応じて，Bon(ne) は性数が変わるので注意（例：Bonne rentrée!「よい新学期を」，Bonnes vacances!「よい休暇を」）．

7 Comment+aller- 主語? 元気ですか，〜の調子はどうですか

▶ Comment allez-vous? —Je vais très bien.
「お元気ですか/ご機嫌いかがですか」「とても元気です」
▶ Comment vont les affaires? 仕事はどうですか/はかどってますか．
[補足] 有り様，方法，進展状況を尋ねる comment と動詞 aller との組み合わせ．

8 Ça va. 元気だ，順調だ．

▶ Comment ça va? (→aller) どう，元気ですか．
▶ Ça va? —Ça va (bien). 「元気[順調]?」「元気[順調]です」
[補足] この aller は「(健康状態が) 〜 だ，(物事の運びが) 調子がよい」の意味．Comment allez-vous? —Je vais bien, merci. という会話のくだけた形．

9 donnez-moi qch （主にレストランや店頭で）〜 をください

▶ Donnez-moi la carte, s'il vous plaît! メニューをお願いします．
le menu は「コース料理，定食，(食事の) 献立」のことで，「(単品料理の) メニュー」の意味では使われない．「ワインリスト」は la carte des vins と言う．なお例文は，donnez-moi を省いて La carte, s'il vous plaît. だけでも用いられる．
▶ Donnez-moi de l'eau gazeuse, s'il vous plaît!
発泡性のミネラルウォーターをください．
この水は l'eau minérale のこと．仏検では準1級レベルに相当するが，l'eau plate なら「非発泡性の (普通の) ミネラルウォーター」のこと．いわゆる「水道水」は l'eau du robinet と言う．
▶ Donnez-moi un kilo de tomates. トマトを1キロください．
[補足] この donner は「渡す，差し出す，(金銭と引き換えに) 与える」の意味．仏検5級には Donne-moi le journal.「新聞をとって」，Donne-moi un peu de vin, s'il te plaît.「私にワインを少しください」といった tu に対する命令も出題される．

10 s'il vous plaît （依頼・忠告・命令など）どうぞ，お願いします

▶ A cette adresse, s'il vous plaît.
(タクシーなどで) この住所までお願いします．
▶ L'addition, s'il vous plaît. お勘定をお願いします．
▶ De l'eau minérale, s'il vous plaît. ミネラルウォーターをください．
▶ Passez-moi le sel, s'il vous plaît. 塩をとってください．
[補足] つづりが長いので，書くときには S.V.P. と略されることも多い．

11° s'il te plaît （親しい相手に）どうぞ，すみません，お願いします

▶ Aide-moi, s'il te plaît!　手伝って．
補足 vous で話す相手なら s'il vous plaît を使う (cf. 10)．

12　pour aller à＋場所, s'il vous plaît　～はどこですか

▶ Pardon, monsieur. Pour aller à la gare, s'il vous plaît.
すみません，駅はどこですか．
「駅への行き方を教えてください」が直訳．
補足 仏検 5 級レベルではほかに，Pardon, madame. Je cherche la gare.「すみません，私は駅を探しているのですが」と Où est la gare?「駅はどこですか」という都合 3 つのパターンが出題される．きちんと記憶しておきたい (cf. 82)．

13° Et vous?　（相手に問い返す）で，あなたは．

▶ Comment allez-vous? (→aller) —Je vais bien, merci. Et vous?
「お元気ですか」「元気です，ありがとう．で，あなたは?」
補足 初対面や目上の人など少し距離のある相手（年上や上司など），あるいは複数の相手に対して用いられる．

14° Et toi?　（親しい相手に問い返す）で，君は?

▶ Moi, je suis d'accord. Et toi?　私は賛成[同意見]です．で，君は?
▶ Comment vas-tu? (→aller) —Très bien, merci. Et toi?
「元気?」「とても元気です．で，君は?」
補足 友人や家族など親しい相手に使われる．

15° pardon

❶ Pardon! すみません，失礼ですが

▶ Oh, pardon!　あっ，すみません．
Excusez-moi! も同義．人とぶつかったときなどの軽い謝罪のひと言．
▶ Pardon, monsieur, vous avez l'heure?
すみません，今，何時でしょうか．
人に声をかける際のひと言．

❷ Pardon? 何とおっしゃいましたか．

▶ Pardon?　何とおっしゃいましたか/何ですか．
相手の言葉を聞き返す時のひと言．
補足 pardon は「許し」を意味する男性名詞．①「すみません，ごめんなさい」は一応の目安として，Pardon. < Excusez-moi. < Pardonnez-moi.（ただし頻度はそれほど高くない） < Je suis désolé(e). の順で謝罪の意味合いが強くなる．また，街

で見知らぬ人に，道や時間などをたずねる際に声をかけるとっかかりのひと言には，Excusez-moi, madame! とか S'il vous plaît, mademoiselle! なども使われる．②は Je vous demande pardon. とも言える．いささか丁寧さを欠いた調子なら，Comment? だけでも同義になる．

16* D'accord.
（肯定の返事として）承知しました，わかりました，オーケー．

▶ Demain matin, on part très tôt. (→partir) —D'accord! A demain!
「明朝，かなり早く出発です」「わかりました．また，明日」

補足 依頼や命令などへの肯定的な返事として（類義語は Entendu.），また，了解や同調のひと言として使われる．広く O.K.（英語からフランス語に入った表現．発音はフランス語のアルファベ読みではなく英語式の[オケ] となる）と同じように使われる．なお，単独ではなく C'est d'accord.「わかりました」，Je suis d'accord avec toi.「（私は君に賛成です→）その通り」といった使い方もされる．あわせて，Ça marche! も O.K. の意味で用いられる．

17* Non, merci.　いいえ，結構です．

▶ Encore un peu de vin? —Non, merci.
「もう少しワインはいかが」「いいえ，結構です」

補足 相手の申し出を断るときの表現．決まったジェスチャーもあり，例のように飲食物を勧められて断る際には Non, merci.（あるいは Merci.）と言いながら自分の皿やグラスの上に軽く手を持ってゆく．それ以外の場面で断るときには，片手や両手の掌を相手に対して軽く押し出す動作をすることが多い．

18　Avec plaisir.　喜んで．

▶ Tu ne viens pas avec moi? (→venir) —Si, avec plaisir.
「一緒に来ない?」「ええ，喜んで」
▶ Vous désirez un thé? —Avec plaisir!
「紅茶はいかがですか」「喜んで，いただきます」
désirer を用いたこの質問は丁寧な言い回し．通常は年長者に用いる．友だち同士なら，Tu veux un thé?「紅茶はどう」といった聞き方をする．

補足 plaisir は「（生理的・精神的な）喜び，快感」を意味する語．

19　volontiers　喜んで

▶ Tu viens déjeuner chez nous? (→venir) —Volontiers.
「うちにお昼ごはん食べに来ない?」「喜んで」
誘いに対する返答として．
▶ J'irai volontiers vous voir. (→aller:直説法単純未来)　喜んでうかがいます．

補足 例文のように単独で用いられると，誘いなどに対する「喜んで，もちろん」という返事になる．

20 De rien.　どういたしまして．

▶ Merci, monsieur. ― De rien.
「ありがとうございます」「どういたしまして」

補足 見出し語の直訳は「何でもありません」．お礼や詫びに対する返答で，Je vous en prie., Il n'y a pas de quoi., Ce n'est rien. などが類義表現．

21* bien sûr　もちろん，言うまでもなく

▶ Vous voulez venir avec nous? (→vouloir) ― Oui, bien sûr.
「私たちと一緒に来ていただけますか」「はい，もちろんです」
▶ Tu connais Monsieur Sasaki? (→connaître) ― Bien sûr.
「佐々木さんって知ってる?」「もちろん」

補足 レベルはあがるが，うしろに que を添えるケースもある（例：Bien sûr que oui.「もちろんです」，Bien sûr qu'elle viendra!「もちろん彼女は来ます」）．なお，敬称 Monsieur は M., 複数の Messieurs は MM. と略記できる．

22* Qu'est-ce que＋主語＋動詞?　～は何ですか，何を～ですか．

▶ Qu'est-ce que c'est? ― C'est un dictionnaire.
「これは［それは，あれは］何ですか」「辞書です」
▶ Qu'est-ce que vous faites ici? (→faire)　ここで何をしていますか．
Que faites-vous ici? でも同義．
▶ Qu'est-ce que vous aimez comme sports?
どんなスポーツが好きですか．
▶ Qu'est-ce que tu veux pour ton anniversaire? (→vouloir)
君は誕生日のプレゼントは何が欲しい．

補足 疑問代名詞 que に est-ce que を添えた複合形と呼ばれる形．

23* Quelle heure est-il?　何時ですか．

▶ Quelle heure est-il? ― Il est dix heures et quart.
「何時ですか」「10時15分です」
Quelle heure est-il, s'il vous plaît? とする方が丁寧．簡易的には Il est quelle heure? でもよい．

補足 Vous avez l'heure?「時間がわかりますか」も時間を尋ねる定番の言い方．ただし，通例，見知らぬ相手に対して，Quelle heure est-il, s'il vous plaît? と聞くのは相手が時計を持っているとわかっているとき（相手が腕時計を見ているときなど），Vous avez l'heure? は相手が時計を携行しているかどうかわからないときに使われる（cf. 208）．

したがって，見知らぬ人に対して「何時でしょうか」と聞きたいなら，後者（あるいは Pourriez-vous me dire l'heure, s'il vous plaît?「何時か教えていただけますか」）を用いるのが一般的な切り出し方．

24* à quelle heure　何時に

▶ A quelle heure vous levez-vous?（→se lever）　何時に起きますか．
▶ A quelle heure est votre train?　何時の列車で行きますか．
「あなたの列車は何時ですか，何時にありますか」が直訳になる文．
補足 Quelle heure est-il?「何時ですか」の quelle heure の前に「時間，時刻」を表す前置詞 à を置いた形．

25* avec qui　誰と

▶ Elle sort avec qui?（→sortir）　彼女は誰と外出するの．
sortir avec qn は「人とつき合う」の意味もあるので，この例文は「彼女は誰とつき合っているの」という訳にもなる．
▶ Avec qui parle-t-il?—Avec ses amis.
「彼は誰と話していますか」「彼の友人たちと」
補足 avec qn「人と（一緒に）」の「人」をたずねる定番のパターン．

26* d'où　どこから

▶ D'où venez-vous?（→venir）—Des Etats-Unis.
「どこからいらっしゃいましたか/ご出身は」「アメリカです」
補足〈前置詞 de「～から」+où「どこ」〉の形．返答の文は Je viens [Nous venons] des Etats-Unis.「私は[私たちは]アメリカから来ました」から，主語と動詞を省いた形になっている．

27* parce que　（なぜなら）～だからです

▶ Pourquoi tu ne viens pas?（→venir）—Parce que je suis malade.
「なぜ君は来ないの」「病気だからです」
補足 pourquoi に対する答えとして（あるいは pourquoi を前提にして）相手の知らない理由を説明するときに使う．相手が理由を知っているケースは puisque を使う（例: Puisque tu es malade, tu dois rester chez toi.「君は病気なのだから，家にいるべきだ」）．

28* combien de＋無冠詞名詞　（数量を指して）どれだけ（多くの）～か

▶ Combien d'enfants avez-vous?—J'en ai deux.
「お子さんは何人ですか」「2人です」

1 会話文・応答文

Combien avez-vous d'enfants? でも同義. 返答の文章は J'ai deux <u>enfants</u>. の下線部を中性代名詞の en で受けた形.
▶ Combien d'étudiants y a-t-il dans cette classe?
あの教室には何人の学生がいますか.
▶ Combien de temps faut-il pour aller à Lyon? (→falloir)
リヨンに行くのにどのくらいの時間がかかりますか (cf. 399).

29* C'est combien?　（値段が）いくらですか.

▶ C'est combien, ce pantalon?—Trente euros.
「このズボンはいくらですか」「30 ユーロです」
▶ Une chambre pour une personne, c'est combien?
（ホテルで）シングルでおいくらですか.
補足 最も一般的な値段の聞き方. 単に Combien? も可 (cf. 30).

30　Ça coûte combien?　（値段が）いくらですか.

▶ Ça coûte combien?—Ça coûte 20 euros.
「これはいくらですか」「20 ユーロです」
補足 〈coûter＋数量表現〉で値段を表す (cf. 107). 食べ物や飲み物など, あるいは比較的安価な物の値段を聞く際の定番. C'est combien? とも言う. ただし, 高価な品の値段を聞く際には Il[Elle] fait combien? といった言い回しを用いる (cf. 108).

31* Quel temps fait-il?　天気はどうですか.

▶ Quel temps fait-il à Tokyo? (→faire) —Il fait beau, aujourd'hui.
「東京はどんな天気ですか」「今日は, 晴れています」
補足 非人称主語の il に faire を用いた, 天気に関する定番の言い回し (cf. 94).

32* Qui est-ce?　（これは）誰ですか.

▶ Qui est-ce?—C'est moi. 「どなたですか」「私です」
たとえば, ドアをノックする音が聞こえて, ドア越しに尋ねるパターン.
▶ Qui est-ce?—C'est Madame Martin.
「あの人はどなた」「マルタンさんです」
たとえば, パーティー会場で見知らぬ人物を尋ねたり, 写真を前に問いかけたり.
補足 複数の人たちに「この人たちは誰ですか」と問う際も見出し語の形のままで. (×) Qui sont-ce? などとは問わない.

33　Comment dit-on A en B(言語)?　A を B で何と言いますか.

▶ Comment dit-on cela en français? (→dire)

これをフランス語で何と言いますか.
補足 不明な語を尋ねる定番の言い回し．仏検 5 級レベルでも登場する．なお，レベルは上がるが忘れたことを思い出そうとして，Comment dit-on, déjà? と言えば，「さて［えーと］，何て言ったっけ」という意味のひと言になる．

34 s'appeler comment （相手の名前を尋ねる）お名前は?

▶ Vous vous appelez comment? — Je m'appelle Miki.
「名前はなんとおっしゃいますか」「美樹です」
Comment vous appelez-vous? あるいは Comment est-ce que vous vous appelez? も同義．tu で話す相手なら，Tu t'appelles comment? などを用いる．
補足 名前を聞かれたら，Je m'appelle を省いて，名だけ答えるのが簡便．自分のほうから名乗る際は，Je suis Sato Ken.「佐藤健です」という言い方をする．なお，姓名を欧米式に逆さにする，Ken Sato の言い方は徐々に日本語の表記順に訂正されつつある．

2 前置詞 à （問題 3 対応）

35 à （時間・時期） ～に，～の時に

▶ au mois de mars　3 月に
〈au mois de ＋月〉は，〈en ＋月〉でも同義（例：en mars）．
▶ Nous sommes au printemps.　今は春です．
「春」以外の母音で始まる季節には en を用いる（例：en été「夏に」cf. 62, 230）．
補足 À demain!「また明日」といった，別れ際の挨拶に用いられる定番の言いまわしも同じく前置詞 à が「時間」を表す表現．

36 à ＋数詞＋heure(s)　～時に

▶ à cinq heures　5 時に
「5 時頃に」と表現するには前置詞 vers を用いて，vers cinq heures と言う．
▶ D'habitude, je me lève à six heures. (→se lever)
ふつう，私は 6 時に起きます．
▶ Il s'est réveillé à neuf heures. (→se réveiller：直説法複合過去)
彼は 9 時に目が覚めた．
この例では，neuf の f の発音に注意．neuf「9」は，heures「～時，～時間」と ans「～年，～才」の前におかれた場合，[v]の音でリエゾンする．neuf ans は［ヌヴァン］と発音．

37 à midi　正午に，昼に

▶ Le bus part à midi. (→partir)　（路線）バスは正午に出る．
▶ à midi moins cinq　12 時 5 分前に

vers midi なら「正午頃」の意味.
[補足]「正午です」と時間を伝える場合は Il est midi. と言う.

38 à minuit　夜中の 12 時に

▶ Ce train part à minuit.（→partir）　この列車は深夜 0 時に出発する.
[補足] minuit は「午前 0 時，真夜中」を意味する（例：Il est minuit et demi(e).「午前 0 時半です」）.

39* à（場所）　～に，～へ

▶ On arrive à la gare dans dix minutes.　10 分後には駅に着きます.
▶ Mes parents habitent à la campagne.　私の両親は田舎に住んでいます.
habiter à la ville なら「都会に住んでいる」の意味.
▶ Tu vas à l'église tous les dimanches?（→aller）
毎週日曜日に君は教会に行くの？
〈aller à＋場所〉は，ほかに aller à l'école「学校に行く，通学する」, aller à la fac「大学に行く」(fac＝faculté「大学，学部」), aller au cinéma「映画に行く」, aller au théâtre「芝居を見に行く」などを覚えたい.

40* à＋都市名　～に，～へ，～で

▶ Il habite à Kyoto.　彼は京都に住んでいる.
ただし，habiter Kyoto と habiter を他動詞として使うケース（à を用いない例）も少なくない.
▶ Mon père vit à Paris.（→vivre）　父はパリで暮らしている.
▶ Je vais à Londres demain.（→aller）　私は明日ロンドンに行きます.
[補足] 都市名は通常，無冠詞で使われる.

41* au＋国名（男性単数）　～に，～へ，～で

▶ voyager au Canada　カナダへ旅をする
▶ Depuis quand Pierre habite-t-il au Japon?
ピエールはいつから日本に住んでいますか.
▶ Au Japon, on mange du riz.　日本では米を食べる.
[補足] au は前置詞 à と定冠詞 le が縮約したもの. 見出し語は細かく言えば，〈au＋(子音で始まる) 国名（男性)〉に使われる. ほかに, au Brésil「ブラジルに」, au Portugal「ポルトガルに」など. なお, 母音で始まる男性名詞の国, あるいは女性名詞の国には en を用いる（例：en Iran「イランに」, en Chine「中国に」）.

42* aux＋国名（複数）　～に，～へ，～で

▶ Il n'est jamais allé aux Etats-Unis.（→aller：直説法複合過去）
彼はアメリカに1度も行ったことがない．
aller aux Etats-Unis「アメリカに行く」．

補足 aux は前置詞 à と定冠詞 les の縮約形．仏検5級レベルを超える地名だが，ほかに aux Pays-Bas「オランダに」，aux Philippines「フィリピンに」などがある．

43　à＋定冠詞＋方角（＋de＋場所）　（～の）～に

▶ au nord de Niigata　新潟の北方に
▶ Cette ville est à l'ouest de Paris.　この町はパリ西方にある．

補足 前置詞を dans とすれば「～部に」という意味になる（例：dans le sud de la France「フランス南部に」）．

44　à la boulangerie　パン屋に[で]

▶ aller à la boulangerie　パン屋に行く/パンを買いに行く
▶ Je vais acheter une baguette à la boulangerie.（→aller）
パン屋にバゲットを買いに行く．

補足 boulangerie は「パン屋（店）」を指す．「パン屋さん（人）」は boulanger(ère) で，aller chez le boulanger で「パン屋に行く，パンを買いに行く」の意味になる．épicerie「食料品屋（店）」，épicier(ère)「食料品屋（人）」，あるいは boucherie「肉屋（店）」，boucher(ère)「肉屋（人）」など多くの例がある．

45* à la maison　家に[で]，在宅して

▶ Tu aimes rester à la maison?　君は家にいるのが好きですか．
▶ rentrer à la maison　帰宅する
▶ Madame Durand est à la maison?　デュランさんはご在宅ですか．
être à la maison で「在宅している」の意味．

補足「人の家に」は前置詞 chez を用いて chez qn の形をとる．(×)à la maison de qn とは言わない．

46* à droite　右に[へ]

▶ Tournez à droite, s'il vous plaît.　右に曲がってください．
▶ Prenez la deuxième rue à droite.（→prendre）
2番目の道を右に行ってください．

補足 droite は「右，右側」を意味する女性名詞．tout droit は「真っ直ぐ」の意味で，この場合の droit は副詞になる．

47* à gauche　左に[へ]

▶ Prenez la première rue à gauche, s'il vous plaît.　(→prendre)
最初の通りを左に行ってください.

補足　「右に」と「左に」を重ねて à droite et à gauche とすれば「至るところに, あちこちに」という意味の熟語になる.

48　à côté　そばに, 横に

▶ Elles habitent à côté.　彼女たちは近くに住んでいる.
▶ la pièce d'à côté　隣の部屋

補足　「すぐそばに」と表現する場合は副詞の juste を添えて juste à côté にする.

49* à côté de＋場所　〜のそばに, 隣に

▶ Ma maison est juste à côté de la gare.　私の家は駅のすぐそばだ.
▶ Asseyez-vous à côté de moi.　(→s'asseoir)　私の隣に座ってください.

補足　「場所」だけでなく「事柄」にも使われる (cf. 966).

50　à（手段・方法・様態・準拠）　〜で, 〜によって, 〜によれば

▶ C'est loin d'ici? ― Non, à cinq minutes à pied.
「そこは遠いですか」「いいえ, 歩いて5分です」
▶ aller en ville à bicyclette　自転車で街に出る
〈à＋（またがる）乗物〉の形で「自転車で」. ただし, 現在では〈en＋（一般の）乗物〉の形が広く使われ, en bicyclette を使う機会も多い. bicyclette「自転車」は vélo (vélocipède という自転車の原形を意味する語の省略形から生まれた) とも言われる. よって「自転車で」は à vélo, あるいは en vélo とも言われる.
▶ couper au couteau　ナイフで切る
▶ à mon avis　私の考えでは

51　à（単位・数量）　〜につき, 〜で

▶ faire du 200 (kilomètres) à l'heure　時速200キロを出す
à l'heure で「1時間につき」の意味. この例は kilomètres を省いてもかまわない.
▶ pas à pas　1歩1歩
[pazapa パザパ]と読まれる. 類例として, peu à peu「少しずつ」, mot à mot「1語1語」などがある.

補足　à は「〜に対する」という意味にもなるので記憶したい (例：gagner un match par 5 à 1「5対1で試合に勝つ」).

52 à（付属・特徴）　～を持った，～の入った

▶ chambre à un lit　シングルルーム
▶ café au lait　カフェオレ
直訳すると「ミルクの入ったコーヒー」．au は前置詞 à と定冠詞 le が縮約した形．

補足　「付属や特徴を示す前置詞」à の別例として，fille aux yeux bleus「青い目の少女」，train à grande vitesse「（フランスの新幹線）TGV」（直訳すると「高速の列車」）などもあげられる．

53 à moi　私の（もの），私に属する

▶ C'est à moi.　それは私のです．
▶ A qui est ce dictionnaire? ─ C'est à moi.
「この辞書は誰のですか」「私のです」

補足　この前置詞 à は「所有・所属」を表す．〈à＋人称代名詞強勢形〉で「～のもの，～に属する」（例：à toi「君のもの」，à lui「彼のもの」）．être à qn は「人のものである」という意味になる（例：C'est à Paul.「それはポールのものです」）．

③ 前置詞 de （問題3対応）

54 A de B（所有・主格関係・目的関係・同格）

❶（所有）B の A
▶ C'est la clé de l'appartement.
これはアパルトマン［マンション］の鍵です．
appartement は日本語の「アパート」（建物全体）ではなく，集合住宅内の一世帯分の住居空間を指す語．
▶ Berne est la capitale de la Suisse.　ベルンはスイスの首都だ．
この首都名は意外に知られていない．なお，正しくは Bern というつづりなのだが，フランス語では Berne とつづる人が多い．
▶ Ce sont les enfants de Maurice.　あれはモーリスの子どもたちです．

❷（主格関係）B は［が］A する
▶ l'arrivée de mon ami　友だちの到着（友だちが到着する）
〈mon ami（主語）＋arriver（動詞）〉「友だちが到着する」という関係．

❸（目的関係）B を A する
▶ le changement de train　列車の乗り換え（列車を乗り換える）
changer de train「列車を乗り換える」という結びつき．

❹（同格）B という A
▶ la ville de Paris　パリの町（パリという町）
〈ville「町」＝Paris「パリ」〉という関係．

補足　この前置詞 de は英語の of に相当する用例．①の用法が仏検5級レベルで，ほかは4級レベルに相当する．ただし，前置詞 de を「～の」と訳すだけでは表現の幅が広がらない．

入門のレベルから注意したい．

55* de（所属・材料） 〜の，〜でできた

▶ C'est une table de marbre.　これは大理石のテーブルです．
なお仏和辞典に「材料・材質」の「〜でできた」の例として「木製の椅子」une table en bois の意味で une table de bois も使えるとするものがあるが，通常，後者は用いられない．また，「フォアグラのパテ」une pâté de foie gras という例も辞書に載っているが，これもたとえば C'est du foie gras. と部分冠詞だけで表現することが多く，une pâté を添えないのが通例のようだ．なぜなら「フォアグラ」は「パテ」で食べるのが通常で，いわば同語反復になるため．

56* de（場所・出身・起源・起点） 〜から

▶ D'où viens-tu?（→venir）—Je viens de Londres.
「どこから来ましたか/どちらの出身」「ロンドンです」
▶ une lettre de mes parents　親からの手紙
▶ le train de Paris　パリ発の列車（パリからの列車）
「パリ行きの列車」（= le train pour Paris）の意味になることもないではない．
補足 英語の前置詞 from に相当する用例．Japon や Canada のような男性名詞の場は du（例：Il vient du Canada.「彼はカナダ出身です」），France や Chine のような女性名詞は定冠詞の la が抜けて de（例：Je viens de France.「私はフランス出身です」），Etats-Unis のような複数形の国名の場合は des（例：Elle vient des Etats-Unis.「彼女はアメリカ出身です」）．

57 de（期間・時代・時間的起点） 〜に，〜の間に，〜から

▶ Mon père se lève de bonne heure.（→se lever）　私の父は早起きだ．
de bonne heure「朝早く」という熟語．
▶ travailler de nuit　夜働く/夜間作業をする
補足 レベルはあがるが，別例として，de nos jours「今日では」，de ce temps-là「その時から」，de ce jour「その日から」などもある．

58* de A à B　AからBまで[へ]

▶ Il travaille du matin au soir.　彼は朝から晩まで働いている．
英語の from morning till night に相当する．
▶ Il faut combien de temps pour aller de Paris à Lyon en TGV?（→falloir）
パリからリヨンまで TGV でどれくらいかかりますか．
英語の from A to B に相当する．〈il faut + 時間〉の表現にも注意したい（cf. 102）．
補足 時間にも場所にも用いる．また，de un à dix「1から10まで」，de la tête aux pieds「頭から足の先まで」（あるいは des pieds à la tête「足から頭の先まで」）といった表現

もある．なお，辞書類には Elle va de Paris à Lyon en TGV.「彼女は TGV でパリから
リヨンへ行く」といった例示が載っているがこれはマニュアル用の文章といえる．Elle
va à Lyon en TGV. として「(出発点)パリから」を明示しないのが通例の言い回し．

4 前置詞 en （問題3対応）

59 en（状態・服装・素材・手段・乗物）

❶（状態）〜（の状態）に[の]
▶ Il est en réunion.　彼は会議中だ．
ほかに être en colère「怒っている」，être en bonne santé「健康である」，être en retard「遅れている」など．

❷（服装）〜を着た
▶ être en uniforme　制服姿である
en pyjama なら「パジャマを着た」，en noir なら「黒い服[喪服]を着た」，en bottes なら「ブーツをはいて」の意味．

❸（素材）〜でできた
▶ une montre en or　金時計
〈en＋素材〉は「〜でできた」の意味になる．なお，「これは何でできていますか」と素材を問うならば，C'est en quoi? が簡便．

❹（手段）〜で
▶ Ils parlent en français.　彼らはフランス語で話している．
手段を表す．〈en＋言語〉で「〜語で[によって]」の意味（例：écrire en japonais「日本語で書く」）．payer en euro なら「ユーロで支払う」の意味．

❺（乗物）〜に乗って
▶ J'y vais en taxi.（→aller）　タクシーで行きます．
〈aller en＋乗物〉は「〜で行く，〜に乗って行く」の意味．
▶ en voiture [train]　車[電車，列車]で
〈en＋乗物・交通手段〉の形．「列車に乗る」は prendre le train と言う．monter dans le train であれば「列車に乗り込む，乗車する」の意味．ただし，仏検4級レベルの être en train de＋inf. という熟語は「列車」とは直接関係せず，ある事態が進行中であることを強調して「〜しつつある，〜している最中である」の意味になるので注意．

60 en（場所）　〜に，〜へ，〜で

▶ Un de mes amis habite en banlieue parisienne.
私の友人の1人はパリ郊外に住んでいる．
場所を表す前置詞 en は一般に無冠詞名詞とともに用いられ，定冠詞がある場合には dans を用いる．上記の例は，habiter dans la banlieue de Paris と言い換えられるし，habiter dans les environs de Paris という言い方もできる．

補足 別例として en ville「町で」，en province「地方で」，en cet endroit「この場所で」，

あるいは en ce lieu「ここで」(=ici) なども記憶したい．

61 en＋国名・地方名（女性名詞ないしは母音で始まる男性名詞）
～に，～へ，～で

▶ **aller en France** フランスに行く
〈en＋国名（女性）〉の代表．ただし，国の内部を強調したり，形容詞（句）がつけば，前置詞 dans が使われる（例：dans la France「フランス国内では」，dans la France d'aujourd'hui「今日のフランスでは」）．e のつづりで終わる国は，ほんの一部を除いて女性名詞（例外は Mexique など）として扱われ，その他のつづりで終わる国は大半が男性名詞になる．地方名にも en が使われる（例：aller en Bretagne「ブルターニュに行く」）．

▶ **Ils habitent en Afghanistan.** 彼らはアフガニスタンに住んでいる．
Afghanistan は男性名詞だが母音で始まる国である．

補足 少しレベルの高い話だが，地方名の場合，すべてが en になるわけではないので注意（例：dans le Midi「南仏に」，dans le Kansai「関西に」）．また，島の名前は à が原則だが（例：à Guam「グアムに」），規模の大きな女性名詞の島名には en が使われる（例：en Corse「コルシカに」）．

62 en（時間・所要時間） ～に，～で，～かかって

▶ **Napoléon est né en 1769.** (→naître:直説法複合過去)
ナポレオンは 1769 年に生まれた．
〈en＋年〉で「～に，～において」の意味．

▶ **En été, il fait très chaud dans ce pays.** (→faire)
夏になると，この国はとても暑い．
季節はすべて男性名詞．ただし，「春」printemps だけ子音ではじまる単語であるため前置詞 en を用いないで，au printemps となることに注意 (cf. 35)．「秋に」は en automne，「冬に」は en hiver となる．

▶ **Ils se sont mariés en juin.** (→se marier:直説法複合過去)
彼らは 6 月に結婚した．
〈au mois de＋月〉でも同じ意味になる（例：au mois de janvier「1月に」）．なお，月は英語のように大文字では書かない．

▶ **Qu'est-ce que tu fais en ce moment?** (→faire) 今何してるの．
en ce moment は「今，現在」という意味で，「現在進行中［継続中］の状況」を指して使う (cf. 251)．ほかに en même temps「同時に」，en semaine「ウィークデーに」などを記憶したい．

▶ **En taxi, on y est en une heure.** タクシーに乗れば，1 時間です．
類義語の前置詞 dans「（これから）～後」を用いて，dans une heure とすれば「1 時間後には着く」という意味になる．

補足 レベルはあがるが，よく使われる表現として en un clin d'œil「またたく間に」がある．

63　en（状態・手段）

❶（状態）〜 の状態で［に］
▶ Ma fille est en voyage en ce moment.　私の娘は目下旅行中です．
　être en voyage「旅行中である」．
▶ Ma mère est en colère.　母は怒っている．
　être en colère（contre qn）「（人に）腹を立てる，怒っている」の意味．

❷（手段）〜 で，〜によって
▶ aller en bateau [en voiture, en taxi, en métro, en avion]
　船で［車で，タクシーで，地下鉄で，飛行機で］行く
　〈en＋乗物〉の形で「〜で［に乗って］」の意味になる．
▶ Vous payez [réglez] en espèces?　お支払いは現金ですか．
　仏検では3級レベルだが payer en espèces は「現金で支払う」という意味．ただし，「小切手で支払う」payer par chèque,「カードで払う」payer par carte,「VISA カードで支払う」payer avec la carte VISA など，支払いの方法が変わると前置詞も変化する点に留意したい．

64　en face　正面に，面と向かって

▶ C'est juste en face.　それはちょうど真向かいです．
▶ En face, nous voyons le mont Fuji.（→voir）　正面に富士山が見える．
▶ Je lui ai dit cela en face.（→dire：直説法複合過去）
　私は彼［彼女］に面と向かってそう言った．
補足 d'en face なら「向かいの」という意味．たとえば，maison d'en face は「向かいの家」の意味．

65　en face de qn/qch

❶〜の向かいに，正面に
▶ Jean est assis juste en face de moi.
　ジャンはちょうど私の真向かいに座っている．
▶ La bibliothèque est en face de la gare.
　図書館は駅の正面にあります．

❷〜に直面して
▶ Mon grand frère Léo n'a pas peur en face du danger.
　兄のレオは危険に直面してもたじろがない．
補足 en face「正面に」（cf. 64）を発展させ，① 正面にあるものを具体的に指し示すために de を伴った表現．仏検5級レベルで覚えておきたい表現．②は face à qch「〜に直面して」あるいは devant qch「〜を前にして」の類義表現．仏検なら3級〜準2級レベルの言い回し．

5 前置詞その他 (問題 3 対応)

66 avant（場所・順序）

❶ ～の前に，～の手前で [に]

▶ Il y a un restaurant avant le carrefour et un café après le feu.
その交差点の手前にレストランがあり，その信号の先にはカフェがある．
devant le carrefour がいわば静止した地図上の位置関係「交差点の前に」を意味するのに対して，avant le carrefour は移動する順にそって，「交差点より手前に」と順路を示す言い方．

▶ Elle descend à la station juste avant le terminus. (→descendre)
彼女は終点よりひとつ手前の駅で降りる．

❷ ～より先に [前に]

▶ Mon père met son travail avant sa famille. (→mettre)
私の父は家族より仕事を優先する．

補足 英語の before に相当する前置詞．反意語は après.

67 avant（時間） ～の前に，～までに

▶ Venez avant cinq heures! (→venir)　5 時までに来てください．
▶ Je me lève avant six heures. (→se lever)　私は 6 時前に起きる．

補足 期限をもうけて「～までに（は）」動作が完了するという表現（英語の by に相当）．期限まで動作が継続して「～まで」と表現するなら，jusqu'à(英語 until, till) を用いる．また，avant とつづりの似た devant は空間的な「前に」（英語 in front of, before) の意味で使う語 (cf. 75)．

68* après（場所・序列） ～のあとに，～の次に

▶ La poste est juste après la banque.　郵便局は銀行のすぐ先です．
▶ Après vous, je vous en prie!　どうぞお先に．
道や場所を譲るときに用いられる決まり文句．

補足 英語の after に相当する前置詞．反意語は avant.

69 après（期間） ～のあとに

▶ Elle est morte trois jours après l'accident. (→mourir:直説法複合過去)
彼女は事故から 3 日たって死んだ．
〈期間 + après + (基準点となる) 名詞〉は「～のあと～たって」．

▶ L'été vient après le printemps. (→venir)　春のあとには夏が来る．

70* avec（同伴・対人関係）

❶ 人と（一緒に）
▶ Il voyage avec ses amis.　彼は友人たちと旅行する．
▶ Nicolas s'est marié avec Clara.（→se marier：直説法複合過去）
ニコラはクララと結婚した．
se marier avec qn で「人と結婚する」の意味．「結婚している」という状態は être marié(e) と表現．divorcer d'avec qn は「人と離婚する」の意味．

❷ 人に対して
▶ Louis est très gentil avec nous.　ルイは私たちにとても親切だ．

補足 レベルはあがるが，類義の表現として①は en compagnie de qn，②は envers qn，vis-à-vis de qn がある．

71 chez qn

❶ 人の家で［に，へ］
▶ Il est chez lui.　彼は家にいる／自宅にいる．
〈chez＋人称代名詞強勢形〉の形．例文は，Il est à la maison. と同義．ただし，à la maison「家に」は使われるが，「～の家で［に］」を表すのに（×）à la maison de qn という言い方はしない．

▶ Allô, je suis bien chez Monsieur Martin?
（電話で）もしもし，マルタンさんのお宅ですか．
▶ Cet acteur habite près de chez moi.
あの男優はうちの近所に住んでいる．
前置詞を重ねる形でも使われる．
▶ J'ai passé mes vacances chez un ami à New York.（→直説法複合過去）
私は休暇をニューヨークの友人宅で過ごした．
▶ Tu rentres chez toi?　君は家に帰るの．
▶ Ce soir, elle ne sort pas, elle reste chez elle.（→sortir）
今晩，彼女は出かけません，家にいます．
rester à la maison でも同義になる．
▶ Monsieur Dupont est chez lui?　デュポンさんはご在宅ですか．

❷ 人の作品においては
▶ On trouve cette expression chez Pascal.
その表現はパスカルの作品にある．
「その表現をパスカルの作品に見いだせる」が直訳．

補足 chez「～の店［会社］に」(cf. 267)，あるいは〈chez＋居住地・国〉「～のところで，～の国では」という意味にもなる (cf. 617)．

72* dans（場所）　～の中に［で］，～に

▶ Mon fils est dans le jardin.　私の息子は庭にいます．

▶ Marc entre dans un magasin.　マルクが店に入る．
▶ Il y a encore du lait dans le réfrigérateur?
冷蔵庫の中にまだミルクはありますか．
▶ Elle cherche un appartement dans Paris (intra-muros).
彼女はパリ市内にアパルトマン［マンション］を探している．
位置を表して「パリに」なら通例は à Paris だが，活動の範囲を意識し，地域を限定的に指し示す際には〈dans＋都市〉「その都市の市内に」となる（なお，intra-muros「（都市の）市内の」という形容詞は仏検5級レベルではないが，この語を添えるとさらに自然な文になる）．
▶ Il n'y a pas un nuage dans le ciel.　空には雲ひとつない．
この例は「空」という場所を広がりとして意識したケース．なお，否定文でありながら un nuage と不定冠詞になっているのは，強調「ひとつも〜ない」の意味であるため．
▶ Il monte dans sa voiture.　彼は車の中に乗りこむ．
一般的に「車に乗りこむ」なら monter en voiture と言うが「その"中に"」を意識した表現．
▶ Les enfants jouent dans la rue.　子どもたちが通りで遊んでいる．
rue は「（幹線道路でない）通り」を指す．少しレベルはあがるが，en pleine rue という言い方もする．
▶ Mon frère est dans sa chambre.　兄［弟］は部屋にいます．
chambre はベッドのある個別の「寝室」あるいは「ホテルの部屋」(例：réserver une chambre à l'hôtel「ホテルに部屋を予約する」) などを指す語．
▶ On part demain matin dans le Midi. (→partir)
明朝，南フランスに出発する．
〈dans＋定冠詞＋地名（都市名をのぞく）〉で「〜に」の意味．海洋・河川・湖・山地は dans となることが多い（例：dans la Méditerranée「地中海に」（ただし，en Méditerranée とも言う），dans la Seine「セーヌ川に」）．
補足 英語の in に相当する用例．

73　depuis longtemps　ずっと前から

▶ Tu es à Paris depuis longtemps?—Oui, depuis cinq ans.
「ずっと前からパリにいるの?」「ええ，5年前から」
▶ Jean connaît Simone depuis très longtemps. (→connaître)
ジャンはシモーヌとずっと前から知り合いだ．
▶ Claudine n'a pas écrit à ses parents depuis longtemps. (→écrire：直説法複合過去)
クロディーヌは長い間両親に手紙を書いていない．
補足 過去を起点として「〜以来」を述べる depuis と「長い間」を意味する副詞 longtemps を組み合わせた表現．場面に応じて，動詞の時制は現在形も過去形も選べる．なお，avant longtemps は否定文で「当分〜ない」，pendant longtemps は「長い間」(cf. 278)，pour longtemps は「長期の予定で，長い間」となる熟語．

74* derrière（場所・位置）　～のうしろに，裏に，背後に

▶ Elle marche derrière son père.　彼女は父親のうしろを歩いている．
▶ Le chat s'est caché derrière un arbre.（→se cacher：直説法複合過去）
猫は木陰[木のうしろ]に隠れた．
▶ Il y a un petit bois derrière le château.
城の裏手[うしろ]に小さな林がある．

補足 通常，derrière/devant（cf. 75）は空間的な「後・前」を表し，après/avant は時間的な「後・前」を表現する．

75* devant（場所）

❶（場所）～ の前に[で，を]
▶ Il y a une banque juste devant la gare.
駅の真ん前に銀行があります．
英語の in front of，before に相当する．
▶ Elle est devant moi.　彼女は私の前にいる．
通常，devant は「空間的」，avant は「時間的」に切り取られた「前に」を表す．ただし Elle est avant moi. とすると序列・順序の含意となり，「彼女は私より成績が上である」の意味になる．

❷ ～の面前で
▶ Ne dis pas ça devant les enfants!（→dire）
子どもたちの前でそんなことは言わないで．

❸ ～の前途に
▶ Chloé a tout l'avenir devant elle.　クロエの前途は洋々たるものだ．

❹ ～に照らして
▶ Les hommes sont tous égaux devant la loi.
法の前で万人は平等である．

補足 反意語は前置詞 derrière「～のうしろに」（cf. 74）．

76 entre（空間・時間）（2つの物の）間に[で，の]

▶ Ce musée est entre la poste et l'hôpital.
その美術館は郵便局と病院の間にある．
以下，多くは entre A et B の形で使われる．
▶ Je vais passer chez vous entre huit et neuf heures.（→aller）
私は8時から9時の間にあなたのお宅へ伺います．
▶ Quelle est la différence entre les deux?　この2つの違いは何ですか．
entre は「2つのもの」，parmi は「3つ以上のもの」に用いるのが原則．
▶ Entre nous, je ne l'aime pas beaucoup.
ここだけの話だけど，彼[彼女]のことは大して好きではない．
entre　nous は文字通り「私たちの間で[に]」という意味でも使われるが（例：C'est

fini entre nous.「私たち，おしまいだわ」)，例文のように「ここだけの話だが，内輪で」(= entre toi et moi) の意味で使われる．

77　jusqu'à＋場所・時間　〜まで

- aller jusqu'au parc　公園まで行く
- Je vais jusqu'à Paris. (→aller)　私はパリまで行く．
- du matin jusqu'au soir　朝から晩まで
  du matin au soir と類義．
- On travaillera jusqu'à midi. (→直説法単純未来)　昼まで仕事をしよう．
- Il a travaillé jusqu'à dix heures du soir. (→直説法複合過去)
  彼は夜の10時まで働いた．

補足 jusqu'à はうしろに置かれる名詞の性数に応じて，jusqu'au あるいは jusqu'aux と定冠詞との縮約がおこる．見出し語は，時間「〜まで」と終了時点を示す．これに対して「最終の期限」を示し，「(ある時点) までに」何かを行う，完了すると表現するときには avant を用いる (例：Viens avant neuf heures.「9時までに来て」)．

78　par（通過・手段・方法）　〜を通って，〜から，〜で，〜を用いて

- On regarde les montagnes par la fenêtre.　窓から山々が見える．
- Je peux payer par carte? (→pouvoir)　カードで払えますか．
- envoyer une lettre par avion　航空便で手紙を送る
  一般に par avion は「物の輸送」，en avion は「人の移動」に使われるが (例：voyager en avion「飛行機で旅行する」)，人の移動でも修飾語がつけば par も使われる (例：arriver par l'avion de 18 heures「18時の飛行機で着く」．定冠詞に注意)．フランス語は国際郵便の表示に使われ，郵便物に par avion と記すと世界中どの国でも「航空便」として扱われる．「船便で」は par bateau が使われる．
- voyager par le train　列車で旅をする
  voyager en train ともいえる．

補足 おおむね英語の by に相当する前置詞．なお，この前置詞 par は多くの受動態の動作主を導く語でもある．

79　pendant（期間）　〜の間 (に)

- Tu rentres en France pendant les vacances?
  ヴァカンスの間フランスに戻るの？
- Elle a travaillé (pendant) trois heures. (→直説法複合過去)
  彼女は3時間勉強していた［働いていた］．
  時間を表す語句の前では pendant は多くの場合省略される．

補足 類義語との違いに注意したい．① pendant は「ある期間中のある時点」と「その期間中ずっと (継続)」の意味がある．② durant は動詞 durer「持続する」に由来しているため「〜の間中ずっと」の意味．やや文語的表現．③ au cours de は「その期間中のある時点」

の意味で用いる．

80* pour（方向・目的地・予定の時間）　〜へ向かって，〜に，〜の予定で

▶ prendre un train pour Kyoto　京都行きの列車に乗る
　この例文の pour は à destination de で置き換えられる．
▶ partir pour la France　フランスに出発する
▶ C'est pour quelle date, votre départ?　あなたの出発は何日ですか．
▶ Elle va en France pour six mois.（→aller）
　彼女は半年の予定でフランスに行く．
▶ Je finirai ce travail pour vendredi.（→finir：直説法単純未来）
　金曜日にはその仕事は終わる．
　補足 pour toujours という熟語は「いつまでも，ずっと」という意味になる．また，「予定」のニュアンスを示す用例で「いらだち」を表現する次のような上級レベルの言い回しがある（例：Mon café, c'est pour aujourd'hui ou pour demain? 「私のコーヒーはいったいいつになったらできるの」）．

81* pour（目的・用途）　〜のために[の]，〜用の

▶ Mon fils travaille pour son examen.　息子は試験のために勉強している．
▶ C'est un cadeau pour toi.　これは君へのプレゼントです．
▶ un livre pour enfants　子ども向けの本

82 pour+inf.（目的・用途）　〜するために

▶ Partez tout de suite pour ne pas être en retard!（→partir）
　遅れないようにすぐに出発しなさい．
▶ On va au café pour prendre quelque chose.（→aller）
　カフェに行って何か飲みましょう．
　直訳すれば「何か飲むためにカフェに行く」となるが，前からうしろに向かって pour+inf. 以下を「〜して（それから）〜する」と訳すやり方も覚えたい．
▶ Il faut partir dans cinq minutes pour arriver à l'heure.（→falloir）
　時間どおりに着くためには 5 分後に出発しなければならない．
　à l'heure「定刻に」．
　補足 同じく「目的」を表す afin de+inf. はかなり改まった表現．レベルはあがるが，従属節の主語が主節の主語と異なる場合は que 節を伴い，従属節の動詞は接続法におかれる（例：Parlez plus lentement pour qu'il comprenne! 「彼がわかるようにもっとゆっくりしゃべってください」）．

83 sans

❶ 〜なしに，〜のない

5 前置詞その他　23

▶ Vous prenez votre café, avec ou sans sucre? (→prendre)
コーヒーに砂糖を入れますか入れませんか.
avec「〜と一緒に，〜とともに」は sans の反意語.

▶ Mon père est sorti sans son parapluie. (→sortir:直説法複合過去)
父は傘を持たずに出かけた.

❷ **sans＋inf.** 〜することなしに，〜せずに

▶ sans dire un mot[sans mot dire]　ひと言も言わずに
▶ Partons sans attendre Marianne! (→partir)
マリアンヌを待たずに出発しよう.

補足 英語の without に相当する前置詞．②は仏検3級レベル．

84 **sous**（位置・場所）　〜の下に［で，の］

▶ Il y a des chats sous la table.　テーブルの下に猫がいる．
sous の位置は真下でなくてもよい．「〜の下方に」（英語の below）の意味を明示するには au-dessous de，「〜の上方に」（英語の above）は au-dessus de を用いる．

▶ Je marche sous la pluie.　雨の中を歩く．
「雨の下」と考えるので，(×)dans la pluie とは表現しない．ちなみに être sous la douche は「シャワーをあびている」，nager sous l'eau なら「水中を泳ぐ」となる．

85 **sur**（位置・場所）　〜の上に［の］，〜に面した

▶ Il y a un ordinateur sur le bureau.　机の上にコンピューターがある．
▶ Le journal est sur la table.　新聞はテーブルの上にある．
▶ Jean a collé une affiche sur le mur. (→直説法複合過去)
ジャンは壁にポスターを貼った．
「〜の上に」は水平面だけでなく垂直面でも使える．ただし，この例文は au mur とすることもできる．

▶ Mon appartement donne sur la rue.
私のアパルトマン［マンション］は通りに面している．
donner sur「〜に面する」の意味になる熟語 (cf. 1150)．

補足 仏検4級レベルになるが「(主題)〜 について」の意味でも使われる（例：Elles ne sont pas d'accord sur ce point.「彼女たちはその点については一致していない」）．なお，habiter sur Paris を「パリに住む」の意味で使っているパリ在住の人たちがいる．Paris の中心ではなく，周囲に暮らすという含意のようなのだが，文法的には正しくない．

86 **voici**　ここに〜がある，〜がここにいる

▶ Voici votre parapluie.　ここにあなたの傘がある．
▶ Voici mon grand-père.　これが私の祖父です．
▶ C'est votre chambre. Voici la clé.　これがお部屋です．鍵をどうぞ．

補足 反意は voilà「あそこに〜がある」だが，voici はそれに比べると頻度が低い．

87 voilà

① あれは〜だ，あそこに〜がある
▶ Voilà nos valises.　あそこに私たちのスーツケースがある．
　近くにあるなら voici「ここに〜がある」が使われる．
▶ Ah, voilà un taxi!　ほら，タクシー来た．

②（お金や物を手渡して）はい，どうぞ
▶ La carte, s'il vous plaît. — Voilà, madame.
　「メニューを見せてください」「はい，どうぞ」

③（人称代名詞・直接目的語を伴い）ほら〜だ
▶ Le voilà, il arrive.　ほら，彼が来た．
　相手の注意を喚起する表現．

④ 以上が〜だ
▶ Voilà mon opinion sur ce problème.
　この問題についての私の意見は以上の通りです．
　前に述べたことを受けて「以上が〜だ」．

[補足] voir の命令法古法 voi「見よ」に là「そこに」が合成された語．

6 avoir を使った表現 （問題3対応）

88 avoir ... an(s)　〜歳です

▶ Quel âge avez-vous? — J'ai vingt ans.　「おいくつですか」「20 歳です」

[補足] 年齢を聞く際に，Vous avez quel âge? とか，Quel est votre âge? という聞き方もできるが，これはいささか詰問調だ．答えは J'ai...an(s). の応答でよい．年齢や美醜，体重に関する質問は注意がいる．実際には Est-ce que je peux vous demander votre âge?「年齢をうかがってもいいですか」といった配慮をしたい．親しい相手なら，T'as quel âge? という軽いノリもある．

89 avoir chaud [froid, soif, sommeil, peur, raison, tort, etc.]
暑い[寒い，喉が渇いた，眠い，怖い，正しい，間違っている，など]

▶ Vous avez chaud?　暑いですか．
▶ Vous n'avez pas froid? — Si, un peu.
　「寒くないですか」「ええ，ちょっと」
▶ J'ai froid aux pieds.　足が寒い/足元が冷える．
　今，寒さを感じていてその身体の部位が「両足」であるという意味．なお，仏検なら2級レベルになるが，冷え性で「冷たい足をしている」と表現するなら，avoir les pieds froids となる．非人称主語の Il fait froid.「(気候・場所が) 寒い」が客観的な「寒さ」を表すのに対して，見出し語の avoir froid は話者の主観で感じる寒さを言う．仮に室温が30℃を超えていてもかまわない．
▶ Donnez-moi une bière, s'il vous plaît! J'ai très soif.

ビールをください．喉がからからです．
soif は「喉の渇き」を意味する女性名詞．なお，主語は人だけでなく，次のような例でも使われる（例：Cette plante a soif.「この植物は水を欲している」）．

▶ Tu as sommeil?　眠いの？
形容詞を添えて，たとえば avoir un sommeil léger なら「眠りが浅い」といった言い回しになる．

▶ N'ayez pas peur!　怖がることはありません／心配いりません．

▶ Vous avez raison.　おっしゃる通り．
「間違っている」は avoir tort と言う．

▶ Tu n'as pas faim?—Non, ça va.　「お腹すいてないの」「うん，大丈夫」
Je meurs de faim! (mourir de faim「飢え死にする」), Je crève de faim! (crever「パンクする」) というくだけた言い方もある．あるいは，「狼の空腹」という比喩を用いて avoir une faim de loup とすると「ものすごくお腹がすいている」という意味になる．

補足 〈avoir＋無冠詞名詞〉となる熟語の例．

90** avoir mal à+定冠詞+身体　〜が痛い

▶ J'ai mal à la tête.　頭が痛い．
▶ Vous avez mal à l'estomac?　胃が痛いのですか．
▶ Où avez-vous mal?—J'ai mal aux dents.
「どこが痛みますか」「歯が痛いです」

補足 仏検 5 級レベルの聞き取りで「頭が痛い」は何度も登場している．なお，「歯」が 1 本だけ痛くても複数 dents で表現するのが通例．また，「足が痛い」なら au pied（片足），aux pieds（両足）あるいは à la jambe（片脚），aux jambes（両脚）と形が変わる．

91　avoir＋定冠詞＋身体＋形容詞　（身体の特徴をとらえて）〜 が〜である

▶ Jeanne a les cheveux longs.　ジャンヌは髪が長い．
▶ Cet homme a la tête dure.　この男は頭が固い[鈍い]．
▶ Ma mère a l'oreille fine.　母は耳が良い[鋭い]．
「耳が遠い」とするときは avoir l'oreille dure あるいは être sourd(e) を用いる．

補足 このパターンは比喩的な意味にも用いられる（例：avoir le bras long「(腕が長い→) 勢力がある，幅がきく」）．

92　avoir (un) rendez-vous (avec qn)　（人と）会う約束がある

▶ J'ai (un) rendez-vous à midi.　私は昼に約束がある．
▶ J'ai (un) rendez-vous avec mon professeur.　先生と会う約束がある．

補足 約束が 2 つあれば Tu as deux rendez-vous ce soir?「今晩，人と会う約束が 2 つあるの」のように表現する．なお，manquer un rendez-vous は「会う約束をすっぽかす」の意味になる．

93　avoir une (bonne) idée　いい考え[解決法]がある

▶ J'ai une (bonne) idée!　いい考えがある．
▶ J'ai une idée pour réussir l'examen. —Hum? C'est copier?
「試験に合格するためにいい考えがある」「えっ，カンニングでもするの?」

補足　形容詞 bonne がなくても「いい考え」の意味で使われる．この idée は「思いつき，着想，アイディア」の意味．idée を用いたほかの基本表現として C'est une bonne idée!「それはいい考えだ」，非人称を用いた Il m'est venu une idée.「ある考えが浮んだ」，それに少しレベルは高いが Je suis à court d'idées.「考えが浮ばない」(être à court de qch で「〜を欠く，〜がない」の意味) を記憶したい．Bonne idée.「いい考えだね」のひと言は，D'accord.「いいよ」，Volontiers., Avec plaisir.「喜んで」などと同じように肯定 (許諾) の返答としても使われる．

7 非人称構文 （問題3対応）

94 Il fait beau.　晴れです．

▶ Quel temps fait-il à Kyoto? (→faire) —Il fait beau.
「京都はどんな天気ですか」「晴れです」
▶ Il fait très beau aujourd'hui.　今日はとてもいい天気です．

補足　beau temps「好天，上天気」を用いて，Il fait beau temps. とも表現できる．なお，英語につられて Il est beau. とすると il は非人称ではなくなり，「彼は男前[美男子]だ」の意味になるので注意．

95 Il fait mauvais.　天気が悪い．

▶ Il fait mauvais ce matin. (→faire)　今朝は，天気が悪い．

補足　Il fait mauvais temps. とも表現する．くだけた言い回しだが，de chien「ひどい，みじめな」を添え，Il fait un temps de chien! などとも言い表す．

96 Il fait chaud [froid].　暑い[寒い]．

▶ Il fait très chaud[froid]. (→faire)　すごく暑い[寒い]．

補足　気温と関係なく，主観的に「自分が暑い[寒い]」と感じる場合には非人称ではなく，avoir chaud[froid] を用いる (例: J'ai chaud [froid]「暑い[寒い]」)．

97 Il pleut.　雨が降る，雨が降っている．

▶ Il pleut depuis cinq jours. (→pleuvoir)　5日前から雨が降っている．
▶ Il va pleuvoir. (→aller)　雨が降りそうだ．
　aller + inf. で近接未来「(これから) 〜 するだろう」の意味．
▶ Il pleut à verse.　どしゃ降りだ．

verse は「(風雨などで作物が) 倒れること」を意味する語．à verse で「どしゃ降りに」を意味する副詞句になる．「渓流」を意味する語を用いて Il pleut à torrents. ともいう．仏検準2級レベルの言い回し．
補足 動詞 pleuvoir「雨が降る」は非人称動詞の代表的な存在．

98 Il neige.　雪が降る，雪が降っている．

▶ Il va neiger. (→aller)　雪が降りそうだ．
▶ Il a beaucoup neigé hier soir. (→直説法複合過去)
昨夜たくさん雪が降った．
補足 動詞 neiger「雪が降る」は，pleuvoir「雨が降る」と同じく非人称の il が使われる代表的な動詞．

99* Il est＋数字＋heure(s).　～時です．

▶ Quelle heure est-il?—Il est sept heures.　「何時ですか」「7時です」
「朝の7時」と明示するには sept heures du matin，「夜の7時」としたいなら sept heures du soir とする．
▶ Il est vingt et une heures trente.　21時[午後9時] 30分です．
24時間法を使った表記では，et quart「15分」，et demie「半」といった言い方は使わない．例文のように分はそのまま数字をプラスする．
補足 ただし，「昼の12時」にはIl est midi.，「深夜12時」ならIl est minuit. が使われ，douze heures の頻度は高くない．なお，deux heures と douze heures は聞き取りの区別が難しい．

100* 数字＋heure(s) et demie　～時半

▶ Il est trois heures et demie.　3時半です．
▶ J'ai rendez-vous avec Marie à une heure et demie.
私はマリーと1時半に会う約束をしている．
avoir (un) rendez-vous avec qn「人と会う約束をしている」．
補足 時間を表す基本表現で，demie は「2分の1」の意味．なお，15分には「4分の1」quart を用いる (例: Il est trois heures et quart.「3時15分です」．なお，3時15分は trois heures un quart とも言う)．

101* 数字＋heures＋moins＋数字　～時～分前

▶ Quelle heure est-il?—Il est sept heures moins dix.
「何時ですか」「7時10分前です」
▶ Il est deux heures moins cinq.　2時5分前です．
moins は「「引き算」マイナス」→「～分前」の意味なので，上記の例文はそれぞれ「7(時) − 10(分)」「2(時) − 5(分)」という形になっている．

▶ Il est quatre heures moins le quart.　4 時 15 分前 [3 時 45 分] です．
　le quart は，男性名詞で「4 分の 1」．時刻・時間では 1 時間 (60 分) の 4 分の 1 で「15 分」を表す．なお，「○時 15 分」と言う時は，quart に定冠詞は付かない (例：Il est deux heures et quart.「2 時 15 分です」).

102　Il faut＋時間．　～時間がかかる．

▶ Il faut une heure en bus. (→falloir)　バスで 1 時間かかる．
▶ Il faut combien de temps?　どれぐらい時間がかかりますか．
▶ Il faut deux heures pour finir ce travail.
　この仕事を終えるには 2 時間かかる．
　pour＋inf. を添えると「～するのに (～ 時間かかる)」の意味になる．
補足 同じ動詞 falloir を用いて，〈Il faut＋金額〉なら「費用がかかる」という意味になる (例：Il faut au moins mille euros pour ce voyage.「この旅行には少なくとも 1,000 ユーロかかる」)．動詞 falloir は 3 人称単数 (非人称) の il の形しか活用形を持たない．〈Il faut qn/qch〉「～が必要だ」など，多様な言い回しで使われる．

103*　Il faut＋inf.　～しなければならない，～する必要がある．

▶ Il faut partir tout de suite. (→falloir)　すぐに出かけなければならない．
補足 また，見出し語を Il ne faut pas＋inf. と否定すると「～してはならない (禁止)」というニュアンスになる (例：Il ne faut pas rouler si vite.「そんなにスピードを出してはならない」).

104　il y a

❶ ～がある，いる

▶ Est-ce qu'il y a un bon restaurant près d'ici?
　この近くにおいしいレストランはありますか．
　英語の there is, there are に相当する頻度の高い重要表現．
▶ Il y a un bel oiseau dans l'arbre.　木には美しい鳥がとまっている．

❷ (今から) ～ 前に

▶ il y a une semaine　1 週間前に
　英語の a week ago に相当する．
▶ Le bus est parti il y a cinq minutes. (→partir：直説法複合過去)
　バスは 5 分前に出ました．
補足 ①の用法は Il existe... と類義の表現になる．なお，Qu'est-ce qu'il y a?「どうしたのですか」も記憶したい．②の反意で「今から～後に」は dans (英語の in) を用いる (例：dans trois jours「3 日後に」).

7 非人称構文　29

105 Il n'y a personne.　誰もいない.

▶ Il n'y a personne dans la classe.　教室には誰もいない.
「教室に」は dans la salle de classe とも言う.

補足 Il y a の構文を ne...personne「誰も～ない」で否定した文章. personne ...ne の語順でも用いられる (cf. 168). ne...plus personne とすれば,「もう誰もいない」の意味になる (例:Il n'y a plus personne.「もう誰もいなくなった」).

106 Il n'y a rien.　何もない.

▶ Il n'y a rien dans la boîte.　箱のなかには何もない.
▶ Il n'y a plus rien dans la chambre.　もう部屋には何もありません.
ne...plus を重ねた表現 (cf. 167).
▶ Il n'y a rien à faire.　どうしようもない/仕方がない.
Je n'ai rien à faire. とすれば「私はすることが何もない」となる.

107 Ça coûte＋値段　それは～である.

▶ Ça coûte combien?—Cinq euros.
「それはいくらですか」「5 ユーロです」
▶ Ça coûte cher!　それは高い.

補足 ça coûte... の言い回しは「食べもの・飲み物」あるいは比較的値段の安い商品に対して使われる. たとえば,「高級バッグ」なら, Combien coûte ce sac?「このバッグはいくらですか」(あるいは Ce sac, il coûte [fait] combien?) と聞き ça は用いない.

108 Ça fait＋値段.　それは～になる.

▶ Ça fait dix euros. (→faire)　10 ユーロです.
▶ Ça fait combien (en tout)?　(まとめて) いくらになりますか.

補足 C'est combien? や Ça coûte combien? が通常, 単品を指して用いられるのに対して, この表現はいくつかまとめて「おいくらですか」とたずねる感覚.

109 Ça sent bon.　いい匂いがする.

▶ Ça sent bon ici! (→sentir)　ここはいい匂いがするね.

補足 書き取り問題なら仏検 3 級レベル相当だが, 5 級の「聞き取り問題」に出題されたことがある. 自動詞 sentir は「匂う」(ちなみに他動詞は「匂いを嗅ぐ[感じる]」の意味で, たとえば sentir une rose で「バラの匂いを嗅ぐ」となる). 見出し語は, 香りのよい花や, 美味しそうな料理などを ça で表して,「いい匂いがする」というときの定番表現. 悪臭ならば, 見出し語を否定文にするか, あるいは Ça sent mauvais. と表現する.

8 動詞 （問題3ほか対応）

110 aller bien

❶ 元気[健康]である，（体の）調子がいい

▶ Je vais bien, merci.　ありがとう，元気です．
Comment allez-vous? あるいは Comment vas-tu? といった「お元気ですか」という質問（挨拶）への返答として．

▶ Comment ça va?　どう，元気?
bien の比較級を使って aller mieux なら「（体調が）よくなっている」の意味（例: Il va mieux.「彼は回復に向かっている」）．aller mal とすれば「具合が悪い」の意味．

❷（物事が）うまく運ぶ，はかどる

▶ Je pense que tout ira bien.（→aller:直説法単純未来）
万事順調に行くと思っています．
Tout va bien.「すべてうまく行く」を未来形にしたもの．

▶ Les affaires vont bien.　仕事[商売]はうまく運んでいます．

❸（機械・器具などが）うまく動く，機能する

▶ Est-ce que cette machine va bien?　その機械は調子がいいですか．
aller mal なら「（機械などの）調子が悪い」の意味．

補足 ①は仏検5級レベル．②，③は4級レベルで，marcher bien で置き換えることができる．なお，4級レベルに相当する Cette robe de mariée lui va bien.「そのウエディングドレスは彼女に似合う」の形については aller à qn を参照のこと (cf. 322)．

111 aller à＋場所　〜に[へ]行く

▶ aller à l'école　学校に行く
aller en classe とも言える．

▶ aller au bureau　会社に行く
aller à son bureau でも同義．

▶ aller au cinéma　映画に行く
aller voir un film ともいう．

▶ aller à la pêche　釣りに行く

補足「フランスへ行く」は aller en France（France は女性名詞）となる (cf. 39, 40, 41, 42)．

112 aller＋inf.

❶（これから）〜 する（だろう），〜 するところだ

▶ Je vais partir.　出発するところです．
「（すぐに）出ます，出かけます」とも訳せる．

▶ J'allais te téléphoner quand tu es arrivé(e).（→aller:直説法半過去，arri-

ver:直説法複合過去）
君に電話しようとしていたら，君がやってきた．
例文は，aller の直説法半過去，ならびに arriver の直説法複合過去を用いた例文．
仏検3級レベル．

❷ ～しに行く
▶ Je vais voir Louise.　ルイーズに会いに行く．

補足 ①は「近接未来」「近い未来」と称される．単純未来形よりも会話での頻度は高く，現在とつながりのある未来を視野に入れて広く使われる．例文のように過去時制では過去の一点から見た近い未来を表し，直説法半過去（仏検5級レベルを超える時制）でのみ用いられる．なお，2人称の主語では「命令」のニュアンスを帯びる（例：Tu ne vas pas sortir tout(e) seul(e).「ひとりで出かけないように」）．②の別例，aller chercher qn à la gare「駅に人を迎えに行く」は定番の表現．venir＋inf.「～しに来る」は反意語（cf. 144）．

113* venir de＋場所　～から来る，～の出身である

▶ Ce thé vient de Chine.　このお茶は中国産だ．
▶ D'où venez-vous?—Je viens du Japon.
「出身はどちらですか/どこから来たのですか」「日本です」

補足 〈venir de [du, des]＋国名・都市〉の形をとる．

114 venir de＋inf.　～したばかりである

▶ Je viens de téléphoner à Clara.　クララに電話したところです．
▶ Je viens juste de finir.　ちょうど終えたところだ．
副詞 juste「ちょうど」を seulement に置き換えると「"やっと"終わったばかり」という感じになる．
▶ Jean et Marie viennent de se marier.
ジャンとマリーは結婚したばかりです．
▶ Il venait de rentrer quand le téléphone a sonné.（→venir:直説法半過去，sonner:直説法複合過去）
彼が帰宅した矢先に電話が鳴った．

補足 見出し語（近接過去と呼ばれる）は直説法現在形か半過去形（仏検5級レベルを超える）で使われる．venir＋inf. は「～しに来る」の意味なので注意（例：Venez déjeuner chez moi!「私の家にお昼を食べにいらっしゃい」）．

115 sortir de＋場所　～から（外に）出る，～を去る

▶ sortir du lit　ベッドから出る/起きる
aller au lit, se mettre au lit は反意「ベッドに入る，寝る」の意味．
▶ Il sort de chez lui à neuf heures.　彼は9時に家を出る．
▶ sortir de l'hôpital　退院する

entrer à l'hôpital「入院する」が反意の表現 (cf. 119).

補足 子どもの使う言い回しだが，食事を終えて「(大人に向かって) 席を立ってもいい?」とたずねる Je peux sortir de table? というかわいらしい表現もある.

116* partir pour＋場所 (目的地)　～に (向かって) 出発する

▶ Il va partir pour la France. (→aller)　彼はまもなくフランスに出発する.

補足 向かう先 (目的地) が都市の場合は pour＋(無冠詞) 都市名と表現するのが正式とされるが (例：partir pour Paris「パリに出発する」)，現在では partir en France「フランスへ行く」，partir à Paris「パリへ行く」と表現する方が自然.

117　entrer dans＋場所　(場所の中に) 入る

▶ entrer dans un café　カフェに入る
entrer au café とも表現できる.
▶ Marie est entrée dans sa chambre. (→直説法複合過去)
マリーは部屋に入った.

補足〈entrer chez＋人 (店)〉という形もある (例：entrer chez le boulanger「パン屋に入る」).

118* être là　ここ[そこ]にいる，在宅している

▶ Où es-tu?—Je suis là.　「どこにいるの」「ここにいるよ」
▶ Monsieur Mauriac est là?—Non, il n'est pas là.
「モーリヤックさんはご在宅ですか」「いいえ，おりません」

補足 通常，être ici「ここにいる」という表現との対比がなければ，会話では là「そこ」が ici「ここ」の意味として使われる．つまり être là で「(現場あるいは話題となっている場所) にいる」を指示する表現になる.

119* être à＋場所・距離・時間　～にいる，ある

▶ Nous sommes à Paris.　私たちはパリにいます.
〈à＋都市〉「～に」の意味.
▶ Cette ville est à dix kilomètres de Dijon.
その町はディジョンから 10 キロの場所にある.
▶ Ma grand-mère est à l'hôpital depuis une semaine.
祖母は 1 週間前から入院している.

補足 見出し語は入院している状態であることを表す．関連する表現としてほかに「入院する」entrer à l'hôpital，「退院する」sortir de l'hôpital (あるいは quitter l'hôpital) などがある (cf. 143，115). être à qn であれば「所有・所属」を表す言い回し (cf. 220).

120　être de＋場所　〜の出身である，〜起源である

▶ Vous êtes de Normandie, madame?
あなたはノルマンディーの出身ですか．
Vous êtes (originaire) de Normandie, madame? と考えられる．
▶ Elle est de Kyoto.　彼女は京都の出身です．
venir de Kyoto でも同義になる．
補足　出身地をたずねる表現「どこの出身ですか」D'où êtes-vous [venez-vous]?，Vous êtes [venez] d'où? もはずせない．

121　habiter à＋都市　〜に住む

▶ Tu habites à Nice?―Non, à Nîmes.
「ニースに住んでいるの」「いいえ，ニームです」
補足　「都市に住む」の意味では，〈habiter à＋都市〉が通常．場所を地図上の 1 点として捉える視点．ただし現在では，他動詞「〜に住む，居住する」を用いて〈habiter＋都市〉とすることも多い（例：habiter Paris「パリに住む」，habiter Tokyo「東京に住む」）．

122　habiter＋数字＋rue ...　（番地・通りなどに）住んでいる

▶ Monsieur Duval habite 10, rue de Rivoli.
デュヴァルさんはリヴォリ街 10 番地に住んでいる．
「番地」の前には habiter au 10 と前置詞 à を添えてもかまわない．
補足　通常，街（通り）の冠詞は省かれる（例：J'habite place d'Italie.「私はイタリア広場に住んでいる」）．見出し語は仏検 5 級の数字の聞き取り問題にしばしば登場する形．

123　tourner à droite [à gauche]　右に[左に]曲がる

▶ Tournez à droite [à gauche], s'il vous plaît!
右[左]へ曲がってください．
補足　動詞は prendre「（道を）とる，曲がる」でもかまわない．ただし，prendre は他動詞である点に注意（例：prendre la deuxième rue à droite[à gauche]「2 つ目の通りを右[左]に曲がる」）．

124*　donner qch à qn　人に〜をあげる，与える，伝える，教える

▶ Je donne cette cravate à Alexandre.
私はそのネクタイをアレクサンドルにあげる．
▶ Donnez-moi un kilo de pommes, s'il vous plaît!
（店頭で）リンゴを 1 キロください．
▶ Tu peux me donner ton numéro de fax? (→pouvoir)
ファックス番号を教えてくれない．

「私に君のファックス番号を与えてくれますか」が直訳．
▶ Donnez-moi votre adresse, s'il vous plaît!
どうぞあなたの住所を教えてください．
英語の address とのつづりの違いに注意．なお「君の住所はどこ」と聞くなら，Quelle est ton adresse? が簡便．changer d'adresse は「住所を変更する」の意味になる．

補足 無償でも有償でも使われる (cf. 136, 9)．少しレベルはあがるが，この表現を用いて慣用化している言い回しに，「人に電話をかける」donner un coup de téléphone[fil] à qn(cf. 775) や donner sa parole à qn「人に約束する」などがある．

125* écrire à qn　人に手紙を書く

▶ Elle n'écrit pas souvent à ses amis.
彼女は友だちにあまり手紙を書かない．

補足 見出し語は，écrire une lettre à qn としても同義だが，直接目的語 une lettre なしで「手紙を書く」を意味するケースが多い（例：Je n'aime pas écrire.「私は筆不精だ」）．écrire qch は「（文字や文章を）書く」という意味になる（例：écrire un livre「本を書く」, écrire de la musique「（音楽を書く→）作曲する」）．

126* jouer de＋楽器　〜を演奏する

▶ Qui joue du piano?　誰がピアノを弾いていますか．
▶ Elle joue très bien de la guitare.　彼女はギターがとてもうまい．

補足 jouer de mémoire（あるいは jouer de tête ともいう）は「暗譜で演奏する」の意味．レベルはあがるが，jouer de qch には「〜を使う，利用する，振り回す」という意味もある（例：jouer de son autorité「自分の権威を利用する」）．

127 jouer à＋球技・ゲーム　〜をする，して遊ぶ，プレーする

▶ On joue au football, cet après-midi?　午後，サッカーをやろうか．
jouer au foot とも言う．
▶ jouer aux cartes　トランプをする

補足 見出し語はスポーツ全般には使えない．「球技」に限られる．その点で〈faire＋部分冠詞＋スポーツ〉の方が幅が広い (cf. 163)．ゲームは，ほかにこんな表現が用いられる．jouer aux échecs「チェスをする」, jouer au go「碁を打つ」など．

128* passer qch à qn

❶ 人に〜を渡す[手渡す]

▶ Passez-moi un morceau de pain, s'il vous plaît!
パンを1切れ取ってください．
Passez-moi qch で「〜を取ってください」という定番の表現．

▶ Voulez-vous me passer le sel, s'il vous plaît? (→vouloir)
塩を取ってくださいませんか.

❷（病気を）うつす
▶ Elle m'a passé son rhume! (→直説法複合過去)
彼女から風邪をうつされた.

補足 見出し語と似た言い回しに，passer qn à qn「（電話で）人に人を取り次ぐ」がある（例：Voulez-vous me passer Madame Dubois?「デュボワ夫人を電話に出してくれませんか」）．

129* téléphoner à qn　人に電話をかける

▶ Il téléphone à sa mère.　彼は母親に電話する．
▶ Téléphone-moi demain matin, s'il te plaît!　明日の朝，電話して．

補足「人に~するように電話する」は téléphoner à qn de+inf. の形になる（例：J'ai téléphoné à mes amis de venir dimanche.「友人たちに日曜日に来るように電話した」）．なお「電話番号」は numéro de téléphone,「携帯電話の番号」なら numéro de portable [mobile, cellulaire],「ファックス番号」は numéro de fax という．appeler qn（au téléphone）でも「人に電話する」の意味になる．また，見出し語と類義の表現に donner un coup de téléphone [fil] à qn という言い方もある（cf. 775）．

130　parler à qn　人に話す，話しかける

▶ Il a parlé à un passant. (→直説法複合過去)　彼は通行人に話しかけた．
▶ Allô, je voudrais parler à Paul, s'il vous plaît. (→vouloir:条件法現在)
（電話で）もしもし，ポールをお願いします．

131　parler avec qn　人と話す，話をする

▶ parler avec une amie　女友だちと話す
▶ Elle parle de l'avenir avec son fiancé.
彼女は将来のことをフィアンセと話している．
parler de qch avec qn「~について人と話をする」の意味．

132　parler de qn/qch　~について話す，~の噂をする

▶ Je lui ai parlé de Florence. (→直説法複合過去)
私は彼［彼女］にフローランスのことを話した．
parler de qn/qch à qn で「人に~について話す」の意味．
▶ De qui parles-tu?　君は誰のことを話しているの．
De quoi parles-tu? なら「何のことを話しているの」という意味．
▶ Ah, voilà la personne dont je t'ai parlé tout à l'heure. (→直説法複合過去)

ほら，さっき君に話した人があそこにいます．
parler de qn の de qn の部分 (de la personne) が関係代名詞 dont になっている．仏検3級の代名詞問題で頻出．

133　parler en français　フランス語で話す

▶ Madame Ota a parlé en français. (→直説法複合過去)
太田さんはフランス語で話した．

補足〈en＋言語〉は「～語で」の意味．なお，parler (le) français は「フランス語を話す」となるが，現在では parler français と冠詞を落とすのが通例の形．

134　penser à qn/qch [à＋inf.]

❶ à qn/qch ～ のことを考える

▶ Elle pense toujours à ses parents.
彼女はいつも両親のことを思っている．
▶ Paul pense toujours à sa santé.
ポールはいつも自分の体[健康]のことを考えている．
▶ A qui pensez-vous?　誰のことを考えていますか．
A quoi pensez-vous? なら「何のことを考えていますか」となる．

❷ à＋inf. ～ しようかと思う，～することを覚えておく

▶ Pense à fermer la fenêtre de ta chambre avant de sortir!
出かける前に自分の部屋の窓を閉めるのを忘れないで．

補足 ①は仏検5級で，しばしば応答文の出題パターンに登場する．なお，レベルはあがるが，上記①の2つ目の例文に代名詞を用いると，Il y pense toujours. となる．最初の例文，つまり間接目的語が人の場合は Elle pense toujours à eux. となり，(×) Elle leur pense toujours. とならない点に注意したい．なお，前置詞 à を用いない penser＋inf. の形なら「～するつもりだ，～と確信している」という意味になる（例：Je pense me lever tôt demain matin.「明日は早く起きようと思う」）．

9 動詞 （熟語以外の基本動詞）

135* faire

❶ ～を作る，（行為・仕事などを）する，（計算）～ になる，（お金を）もうける

▶ Je fais mes devoirs.　私は宿題をします．
▶ faire la cuisine　料理をする
定冠詞とともに「家事」にかかわる表現を作る．faire le ménage「掃除する」，faire la vaisselle「食器を洗う」など (cf. 161).
▶ Trois plus deux font cinq.　3＋2＝5
〈faire＋数量表現〉「～になる，～である」（＝égaler）．

❷〈faire＋部分冠詞＋名詞〉（スポーツ・勉強を）する，（楽器を）演奏する
▶ Nous faisons du français depuis six mois.
私たちは半年前からフランス語を勉強しています．
faire du français で「フランス語を勉強する」の意味．
▶ faire du sport　スポーツをする (cf. 163)
❸（非人称で天気が）〜 である
▶ Quel temps fait-il à Paris? ― Il fait beau.
「パリはどんな天気ですか」「晴れです」
❹ faire＋inf.（使役）〜 させる
▶ faire venir un docteur　医者を呼ぶ
直訳は「医者を来させる」となる．faire venir le docteur でもよい．
▶ faire savoir　知らせる

補足 動詞 faire は英語の do と make の両方の意味を持つ重要語．幅広い意味で使われる．なお，仏検 5 級レベルを超えるが「（自分に）〜 してもらう」の含意なら，フランス語は代名動詞の se faire を用いることが多い（例：se faire acheter une robe「ドレスを買ってもらう」，se faire couper les cheveux「髪を切ってもらう」）．

136　donner

他動詞

❶（物や金銭などを）与える
▶ Elle a donné un cadeau à son fiancé.（→直説法複合過去）
彼女はフィアンセにプレゼントをした．
donner qch à qn「人に〜を与える」の形 (cf. 124)．反意語の「受け取る」は recevoir．
❷ 伝える，知らせる
▶ Donnez-moi votre adresse, s'il vous plaît!
どうぞあなたの住所を教えてください．
donner son adresse[son nom] à qn. で「人に自分の住所[名前]を教える」の意味 (cf. 9)．
❸（年齢等を）推定する
▶ Quel âge lui donnez-vous?　あなたは彼[彼女]を何歳だと思いますか．
直訳「彼[彼女]に何歳を与えますか」から，この donner は「（年齢などを）推定する」の意味になる．
❹ 生み出す，（花や実を）つける
▶ Cet arbre donne beaucoup de fruits.　この木にはたくさん実がなる．
主語は物で，fournir が同義語．

自動詞

❺ sur qch 〜 に面する，通じている
▶ Ma maison donne sur la mer.　わが家は海に面している．
▶ Cette porte donne sur la cuisine.　そのドアは台所に通じている．

137* prendre

❶ ～を（手に）取る，つかむ
- ▶ Je l'ai pris(e) par la main. (→直説法複合過去)
  私は彼［彼女］の手をつかんだ．
  この例は Je lui ai pris la main. と言い換えられる．

❷（乗物に）乗る
- ▶ On prend le train de onze heures.　11時の列車に乗る．
  数詞 onze の先行の語は élision（エリズィヨン：語末の母音字の脱落）をしない．

❸ 食べる，飲む
- ▶ Vous voulez prendre quelque chose? (→vouloir)
  何か召しあがりますか．
- ▶ On va prendre un verre ce soir? (→aller)　今晩1杯飲みに行かない．
  verre は「コップ，グラス」の意味だが，prendre［boire］un verre で「1杯飲む」の意味．これは，仏検3級レベルの熟語．prendre un pot, boire un coup という言い方もある．

❹（風呂などに）入る
- ▶ Ma sœur prend une douche tous les matins.
  私の姉［妹］は毎朝シャワーを浴びる．
  prendre une douche「シャワーを浴びる」（= se doucher）．prendre un bain なら「風呂に入る」の意味．ともに不定冠詞を用いる．

❺（写真・記録を）撮る，写す
- ▶ prendre des photos　写真を撮る
  写真を「1枚撮る」なら prendre une photo(cf. 351)．「コピーをとる」prendre une copie [photocopie]，「メモをとる」prendre des notes にも prendre が使える．

❻（道を）とる
- ▶ prendre la première rue à gauche　最初の通りを左に行く

138 connaître

❶（名前・顔・場所などを）知っている
- ▶ Est-ce que vous connaissez Madame Sakai?
  酒井さんをご存知ですか．
  Je ne la connais pas. で「私は彼女と面識はない」（= Je ne l'ai jamais vue.）の意味になる．
- ▶ Tu connais un bon restaurant près d'ici?
  この近くにある，いいレストランを知らない?

❷（場所に）行ったことがある
- ▶ Tu connais Paris?　パリに行ったことはある?

❸（物が）～を持つ，得る
- ▶ Son premier roman a connu un grand succès. (→直説法複合過去)

彼[彼女]の最初の小説は大成功を収めた[大ヒットした].

補足 類義語 savoir「(事実などを) 知っている」との差異を記憶しておきたい. connaître が「実際に見聞した体験を通して"知る"」という含意であるのに対して, savoir は「論理的・理知的に事柄を"知る"」という意味で用いられる. なお, connaître は不定詞や節を導かない. 直接目的語が「人, 場所(地名)」の場合は connaître を用いる. ただし「彼女は 3 か国語を知っている」といったケースは, Elle connaît trois langues. /Elle sait (parler) trois langues. どちらも可能. ただ, 前者は「その (大まかな) 知識がある」という意味, 後者は「(学習・訓練で) いささか詳しい知識を有している」という含意の差はある. なお, ③の例文は remporter[obtenir] un grand succès「大成功を収める」という熟語とほぼ同義. 仏検準 2 級レベルの用例になる.

139　regarder

❶ 見る, 見つめる

▶ Elle regarde la télé dans sa chambre.
彼女は部屋でテレビを見ている.

regarder は「(意識的に) 見る」の意味で,「(自然に) 見える, 目に入る」を意味する voir とは違う. ただし「(映画館で) 映画を見る」と表現する際には regarder は用いず voir un film とするのが通例. しかし「テレビで映画を見るなら」regarder を用いるので注意 (例：Hier soir, j'ai regardé un film à la télé.「昨晩, テレビで映画を見ました」). その一方で,「番組[放送]を見る」の意味なら voir が使われる (例：Hier soir, j'ai vu une émission à la télé.「昨晩, テレビの番組を見ました」). なかなか一筋縄では行かない.

❷ (事柄が) 人に関係がある

▶ Cela ne me regarde pas.　それは私の知ったことではない.

補足 ②の「(事柄が) 人にかかわる, 関係する」は仏検なら 3 級レベルの語義だが, これは否定文や疑問文で使われるケースが大半.

140　voir　見る, 見える, 会う, 理解する

▶ On voit bien le mont Fuji d'ici.　ここから富士山がよく見える.
▶ Si on allait voir un film? (→aller：直説法半過去)　映画を見に行かない.
▶ J'ai vu Sophie entrer dans le café d'en face. (→直説法複合過去)
ソフィーが向かいのカフェに入るのが見えた.
voir qn/qch + inf.「〜が〜するのが見える」(cf. 736).
▶ Hier, j'ai vu Claire à Shibuya. (→直説法複合過去)
昨日, 渋谷でクレールに会った.
▶ Vous voyez ce que je veux dire? (→vouloir)
私の言っていることがお分かりですか.
vouloir dire は「(人が) 主張する, (物が) 意味する」という熟語.

141　chercher qn/qch　～を探す

▶ Qu'est-ce que tu cherches?　何を探しているの.
▶ Je cherche un mot dans le dictionnaire.　辞書で単語を探す[調べる].
▶ Je cherche un bureau de poste.　郵便局を探しているのですが.
「郵便局はどこですか」La poste, s'il vous plaît. あるいは Où est la poste? などと同義.
▶ Je vais chercher mes amis à la gare. (→aller)
私は駅に友人を迎えに行く.
▶ Je viens te chercher à la station. (→venir) ― Ce n'est pas la peine.
「(地下鉄の) 駅に迎えに行くね」「それには及びません」
この venir は「(聞き手のいる場所に) 行く」の意味.
補足 aller chercher, venir chercher, envoyer chercher で「(所在のわかっている) 人を迎えに行く[来る], 呼びにやらせる, 物を取りに行く[来る], 取りに行かせる」の意味になる (例：Merci d'être venu(e) me chercher.「迎えに来てくれてありがとう」).

142　trouver

❶ 見つける
▶ trouver du travail　仕事を見つける
▶ Il est difficile de trouver un bon restaurant dans ce quartier.
この界隈でおいしいレストランを見つけるのは難しい.

❷ (人に) 会う
▶ Où peut-on te trouver? (→pouvoir)　どこで君に会える?

❸ 思う
▶ Comment trouvez-vous ce film français?
あなたはこのフランス映画をどう思いますか (cf. 367).

補足 ❸の「思う」の差異について触れれば, trouver は「評価：主に五感での経験を背景とする"思う"」の意味で, penser は「理性：推定での判断」, croire「感覚：いささか根拠の薄い判断」という違いがある. なお, 代名動詞 se trouver は「～にいる, ある」の意味で être と類義.

143* sortir

❶ 外出する
▶ Je sors de chez moi.　私は家から出る.
▶ sortir de l'hôpital　退院する
quitter l'hôpital も同義.「入院する」は entrer à l'hôpital あるいは être hospitalisé(e) などと表現する (cf. 119).

❷ de qch ～ の出身である, ～を卒業する
▶ Elle est sortie de la Sorbonne en 1950. (→直説法複合過去)
彼女は1950年にソルボンヌを卒業した.

具体的な学校名を添えず，「1950年に大学を卒業した」と表現するなら，Elle a fini ses études [a été diplômée, a eu son diplôme] en 1950. とするのが通例.

❸ **sortir qch (de qch)** 〜を（〜から）取り出す
- ▶ sortir un mouchoir de sa poche　ポケットからハンカチを取り出す

補足 ①②は自動詞，③は他動詞．

144* venir
（場所に）来る，（de＋起源・出発点）（〜から）来ている，出身である

- ▶ Venez avec nous!　私たちと一緒に来て．
- ▶ On sort. Tu viens avec nous? (→sortir)　外出します．一緒に来ない?
- ▶ D'où venez-vous, monsieur? — De Tokyo.
「どちらからおいでですか」「東京から」

補足 近接過去 venir de+inf. を参照 (cf. 114)．なお，venir+inf. は「〜しに来る」の意味になる（例：Venez déjeuner chez moi!「私の家にお昼を食べにいらっしゃい」）．

145 visiter　（場所や建物を）訪れる

- ▶ On va visiter Kyoto. (→aller)　京都を訪れるつもりだ．
- ▶ Nous avons visité le château de Versailles l'an dernier. (→直説法複合過去)
私たちは去年ヴェルサイユ宮殿を見学した．

補足 visiter は「場所・建物を訪問する」の意味．「人を訪問する」なら rendre visite à qn を用いるので注意．ただし「（病人を）見舞う，往診する」という意味なら人を目的語にとることはできる（例：Le médecin visite un malade.「医者が病人を往診する」）．

146 marcher

❶ 歩く
- ▶ Ce monsieur marche vite.　あの人は歩くのが早い．
marcher lentement なら反意「ゆっくり歩く」．

❷ （機械等が）動く，（物事が）うまく運ぶ
- ▶ Cette montre marche bien.　この時計はよく[正しく]動く．
ne plus marcher や marcher mal は反意「動かない」の意味．
- ▶ Ça marche?　（仕事や体調など）調子はいかが．
Ça va?「元気?」と同じ感覚で「うまく行っている?」と挨拶代わりにも，あるいは「（日程など）それでかまいませんか」という確認にも使われる（例：Demain dix heures, ça marche?「明日10時でいいですか」）．文脈・状況によっては「（その機械は）動きますか」という意味にもなる．

10 形容詞 (問題 3 対応)

147 beau (bel, belle)

❶ 美しい，きれいな
- ▶ un beau pays 美しい国
  beau(bel, belle) は人を感嘆に誘う，完全さ・偉大さを持った「美しい」であるのに対して，joli(e) は身近な愛らしさ，心楽しませる「美しい，きれい」を指す．反意語は laid(e)．

❷ 立派な，素晴らしい
- ▶ Devant la maison, il y a un beau jardin.
  家の前には，見事な庭がある．
- ▶ Ce film français a remporté un très beau succès. (→直説法複合過去)
  そのフランス映画はとても素晴らしい成功をおさめた．

❸ 晴れた，天気がいい
- ▶ Il fait beau. (→faire) 晴れです．
  非人称 il を用いた典型的な例文．

❹ (数量や程度が) 著しい，相当の
- ▶ C'est un bel égoïste! あいつはすごいエゴイストだ．
  この用例は仏検 5 級レベルの範囲外．

補足 形容詞男性形第 2 形 bel (母音または無音の h ではじまる男性名詞単数の前で) を用いた，un bel homme は「ハンサムな男，美男子」，le bel âge なら「青春，若さ」という意味になる．

148 nouveau (nouvel, nouvelle) / neuf(ve)
新しい/新品の，最新の

- ▶ Voici ma nouvelle voiture.
  これが私の買ったばかりの車[新しい車]です．
- ▶ Voici ma voiture neuve. これが私の新車です．
  nouveau(nouvel, nouvelle) の新しさは「初めて現れた，更新された」であるのに対して，neuf(ve) は「新品の，未使用の」の意味．したがって，une nouvelle voiture は「新車」とは限らない．「中古車」une voiture d'occasion も可で，ひろく「新しく手に入れた車」を指す．なお，形容詞と名詞の位置を置き換えた une voiture nouvelle は，une voiture d'un nouveau modèle，つまり「新型車」を指す．
- ▶ Alors, quoi de neuf? — Pas grand-chose.
  「で，何か変わったことは」「特に何も」
  「(事柄の) 目新しさ，斬新な」の含み．親しい相手と挨拶を交わした後，会話を始める際の誘いとなるひと言 (cf. 474)．

11 比較級 (問題6対応)

149* plus＋形容詞・副詞＋que...　～よりも～である

- ▶ Elle est plus âgée que moi.　彼女は私よりも年上です.
- ▶ Pierre est beaucoup plus grand que toi.
  ピエールは君よりもずっと背が高い.
  比較に強調の beaucoup が添えられた例.
- ▶ Elle court plus vite que son frère. (→courir)
  彼女は彼女の兄[弟]よりも速く走る.

補足 優等比較を表す.

150* aussi＋形容詞・副詞＋que...　～と同じくらい[同じように]～である

- ▶ Ma mère est aussi grande que mon père.
  私の母と父は同じくらいの背丈だ.
- ▶ Sophie court aussi vite que moi. (→courir)
  ソフィーは私と同じくらい速く走る.

補足 同等比較を表す.

151* moins＋形容詞・副詞＋que...　～ほど～ない，～より少なく～

- ▶ Elles sont moins grandes que toi.　彼女たちは君ほど背が高くない.
- ▶ Eric est moins gros que Daniel.
  エリックはダニエルほど太ってはいない.
- ▶ Monsieur Takashima est moins méchant que sévère.
  高島さんは意地悪というより厳格です.
  仏検5級レベルを超える例だが，1人の人間の持つ2つの性質を比較した文章. moins A que B で「A というよりむしろ B である」（＝plutôt B que A）という言い回し.

補足 劣等比較を表す.

12 反意語 (問題6対応)

152 facile/difficile　易しい/難しい

- ▶ Ce n'est pas facile.　容易ではありません.
- ▶ C'est facile à dire, mais difficile à faire.　（諺）言うは易く行うは難し.
  être facile[difficile] à＋inf.「～するのが容易な[難しい]」という言い方.
- ▶ C'est un homme difficile, vous savez. (→savoir)
  なにしろ気難しい人なので.
  この difficile は「(性格が) 気難しい，扱いにくい」の意味.「気さくな，気楽な」は facile が使われる（例：un caractère facile「気さくな性格」）.

> 補足 たとえば，C'est difficile. は「それは難しい」という意味だが，日本語とニュアンスが違う．difficile には「可能性がない (impossible)」という含意がないので，この返答を聞いた側は「困難は伴うが可能性がないことはない」と解する．

153 grand(e) / petit(e)

grand(e)

❶ (人・物が) 大きい，背が高い，広い
- ▶ un homme grand　背の高い人

　形容詞を前に置いて，un grand homme とすると③の意味になり「偉人」となる．

❷ 年上の，成長した
- ▶ un grand [petit] frère　兄 [弟]

　un frère aîné[cadet]「兄[弟]」と同義．

❸ (名詞の前で) (人が) 偉大な
- ▶ un grand écrivain　大作家

❹ (程度・数量が) ひどい，大きい
- ▶ rouler à grande vitesse　(車が) 猛スピードで疾走する

　「フランスの新幹線」に相当する TGV は train à grande vitesse を略した語．類義語の à toute vitesse は「全速力で」の意味．なお，くだけた表現で，à toute berzingue「猛スピードで」(男性扱いの à tout berzingue の形も用いられる) という言い方 (仏検準1級レベル) もある．

❺ (事柄が) 重大な
- ▶ une grande nouvelle　重大ニュース

petit(e)

❶ (人・物が) 小さい，背が低い
- ▶ une petite maison　小さな家

　une grande maison なら「大きな家」．

❷ 年下の，幼い
- ▶ une petite[grande] sœur　妹[姉]

　une sœur cadette [aînée]「妹[姉]」と同義．

❸ (所有形容詞を伴って) かわいい
- ▶ ma petite Sophie　(私の) かわいいソフィー

　mon petit papa「(大好きな) パパ」とか mon petit chou「(子どもに) 坊や」などと親しみをこめて呼びかける際に petit(e) が使われる．また，「(情意的な判断で) ちょっとした，ささいな」という含意で「プレゼント」を un petit cadeau と表現したり，Attends un petit moment!「ちょっとだけ待って」と言ったりする．

❹ (程度・量が) 少ない，かすかな
- ▶ un petit[grand] bruit　かすかな物音[大きな物音，騒音]

154 bien / mal　よく[よい] / 悪く[悪い]

- ▶ Tout va bien [mal]. (→aller)　すべてがうまく行っている[行かない]．

bien は期待や目的に「ふさわしく，順調に，よく，立派に」であるとともに，道徳的・倫理的に「正しく，立派に」という意味．mal は「ふさわしくなく，悪く，下手に」であって，道徳から外れて「悪く，よこしまに」というニュアンス．言うならば，bon と mauvais の関係を副詞で表した対立語である．

▶ Vous êtes bien [mal] dans ces chaussures?
その靴ははき心地がいいですか[悪いですか]．
「(人が)心地よい，気分がよい[具合悪く，不都合に]」の意味．

155　tôt/tard　早く，朝早く/遅く，夜遅く

▶ Il se lève tôt [tard]. (→se lever)　彼は早く[遅く]起きる．
▶ tôt ou tard　遅かれ早かれ/いずれ

補足 時間的，時期的に「早く/遅く」を表す副詞．スピードを意識して「速く/遅く」を表す副詞は vite[rapidement]/lentement．

13 指示形容詞 (問題1対応)

156* cet après-midi　今日の午後（に）

▶ J'ai deux cours cet après-midi.　今日の午後は2つ授業がある．

補足 「昨日の午後」は hier après-midi，「明日の午後」は demain après-midi，ちなみに「今朝」は ce matin と言う．なお，après-midi は性が男性か女性かが決まっていない珍しい語であるため，cette après-midi とする人も少なくない．

157* cette année　今年

▶ Il pleut beaucoup cette année. (→pleuvoir)　今年は雨が多い．

補足 cette は指示形容詞 ce の女性形．cette année-là は「あの年」の意味で過去の特定の年を指す．「来年」は l'année prochaine，「去年」は l'année dernière と表現する．

158 ce matin　今朝

▶ Il fait froid ce matin. (→faire)　今朝は寒い．
▶ Je me suis levé(e) à six heures ce matin. (→se lever : 直説法複合過去)
わたしは今朝6時に起きた．

補足 demain matin で「明朝」(cf. 173)，hier matin なら「昨日の朝」となる．

159 ce soir　今晩，今夜

▶ Est-ce que vous êtes libre ce soir?
今晩，時間がありますか[お暇ですか]．
▶ Qu'est-ce que tu veux manger, ce soir? (→vouloir)

今晩，何が食べたい．
補足 demain soir で「明晩」，hier soir なら「昨晩」．「今夜」の意味では cette nuit も用いられる．

14 冠詞 （問題 1 対応）

160 aimer＋定冠詞＋名詞　～が好きである

▶ J'aime les chats.　私は猫が好きだ．
　可算名詞（数えられる名詞）の例．
▶ Tu aimes le café?　君はコーヒーが好き？
　不可算名詞（複数形をとらない，数えられない名詞）の例．
補足 個々具体的な対象ではなく，総称・全体を「好き」と表現するケース．可算名詞の場合は冠詞と名詞が複数形，不可算名詞の場合は単数形になる．

161 faire la cuisine　料理をする，作る

▶ Elle fait bien la cuisine.　彼女は料理がうまい．
▶ Je n'ai pas envie de faire la cuisine ce soir.
　今晩は料理をする気がしない．
　avoir envie de + inf. は「～したい」の意味（cf. 655）．
補足 例文は「彼女は上手に料理を作る」が直訳（cf. 135）．Elle est bonne cuisinière. でも同義になる．反対に「彼女は料理を作るのが下手」は Elle fait mal la cuisine. となる．なお，cuisiner qch，préparer qch「～を料理する」という動詞もある．

162 tous les jours　毎日

▶ Tous les jours, je me lève à cinq heures.（→se lever）
　私は毎日 5 時に起きる．
▶ Tu déjeunes tous les jours dans ce restaurant?
　君は毎日このレストランで昼食をとるの？
補足 「毎日」は chaque jour ともいう．toute la journée は「1 日中」の意味．〈tous (toutes)＋定冠詞＋複数名詞〉で「毎～，すべての～」を意味する（例：tous les ans「毎年」，tous les mois「毎月」，toutes les semaines「毎週」，tous les matins「毎朝」，toutes les choses「すべての物事」，tous les hommes「すべての人間」）．

163 faire＋部分冠詞＋スポーツ　～をする，行う

▶ Ils font du ski.　彼らはスキーをしている．
▶ On va faire du tennis?（→aller）　テニスをしに行かない．
補足 この du は部分冠詞であって，〈前置詞 de＋定冠詞 le〉の縮約ではないので注意．jouer au tennis「テニスをする」とも言えるが，jouer は球技にしか用いない（cf. 127）．な

お〈faire＋部分冠詞＋名詞〉の形なら，faire du français「フランス語を勉強する」，faire du théâtre「芝居をする」などの例がある．

15 否定の表現 （問題3対応）

164 du tout （pas, plus, rien などとともに）全然〜ない

- ▶ Vous êtes d'accord? — Pas du tout.　「賛成ですか」「いいえ，まったく」
- ▶ Je ne comprends pas du tout. (→comprendre)　さっぱりわからない．
- ▶ Elle n'a rien dit du tout. (→dire:直説法複合過去)
  彼女はまったく何も言わなかった．

[補足] du tout は否定を強調する表現．ちなみに，pas du tout は英語の not at all（まったく〜ない）の元となった言い回し．

165* ne ... pas du tout　まったく〜ない

- ▶ Cela ne m'intéresse pas du tout. (→s'intéresser)
  私は，それにはまったく関心がない．
- ▶ Je ne connais pas du tout ce pays. (→connaître)
  その地方のことはまったく知らない．

[補足] ne ...pas を du tout で強調した表現．du tout はほかに，ne...plus du tout, ne...rien du tout という形でも使われる（例：Il n'a plus d'argent du tout.「彼はもうお金がまったくない」（du tout の位置はこの順も可），Elle ne sait rien du tout.「彼女は何も知らない」）．

166* ne ... que　しか〜ない

- ▶ Elle n'a que dix euros.　彼女は 10 ユーロしか持っていない．
- ▶ Il ne pense qu'à son travail.　彼は自分の仕事のことしか考えていない．

[補足] これは否定ではなく，限定の表現になる．副詞 seulement「ただ〜だけ」を使って Elle a seulement dix euros.「彼女は 10 ユーロしか持っていない」と書き換えられる．なお，n'avoir qu'à+inf. は「〜しさえすればよい」という熟語．ne...plus que なら「もはや〜しかない」という意味になる（例：Elle n'a plus qu'un euro.「彼女はもはや 1 ユーロしか持っていない」）．

167* ne ... plus　もはや〜ない，もう〜ない

- ▶ Il n'habite plus à Lyon.　彼はもうリヨンには住んでいない．
- ▶ Je n'ai plus d'argent.　私はもうお金がない．
  J'ai de l'argent.「お金を持っている」の文が ne...plus で否定された形．〈avoir（他動詞）＋de l'argent（直接目的語）〉は否定になると直接目的語の部分冠詞が de になり d'argent と形を変える．

補足 ne ... plus que なら「もはや~しかない」という意味になる（cf. 166）.

168* ne ...personne　誰も~ない

▶ Il n'y a personne.　誰もいない.
▶ Personne n'est venu à la réunion.（→venir：直説法複合過去）
会議には誰も来なかった.
補足 personne は pas とは併用できない. なお，レベルはあがるが personne に形容詞をつけるときは男性単数形にして de を介する（cf. 904）.

169　ne ... rien　何も~ない

▶ Je ne sais rien.（→savoir）　私は何も知りません.
▶ Oh, pardon !—Ce n'est rien.　「おっ，失礼」「何でもありません」
謝罪した相手への返答として，「大丈夫，平気です」と相手の気分を楽にする感覚で使われる（cf. 20）.
▶ Il n'y a plus rien dans le frigo.　冷蔵庫にはもう何もありません.
ne...plus に rien が重なると「もはや何も~ない」の意味になる（cf. 167）.

170　pas encore　まだ~ない

▶ Tu es prêt(e) ?—Pas encore.　「用意はできた ?」「まだです」
pas encore は ne...pas encore の一部を省いた形. 上記の例であれば（Je ne suis）pas encore(prêt(e)).「私はまだ用意はすんでいない」の省略と考えられる.
▶ Elle n'a pas encore dix-huit ans.　彼女はまだ18歳にはならない.
ne...pas encore の形で使われた例.

16 その他 （問題3対応）

171　Aujourd'hui, c'est le ...　今日は~（の日）だ.

▶ Aujourd'hui, c'est le dix-huit.　今日は18日です.
Aujourd'hui, nous sommes le dix-huit. とも言う. 特に仏検5級では数字の聞き取り問題で頻出.
▶ Aujourd'hui, c'est l'anniversaire de Jean.　今日はジャンの誕生日です.
▶ Aujourd'hui, c'est le jour des plastiques.　今日は不燃ゴミの日です.
直訳は「プラスチックの日」となる.
補足 日付を表す定番の言い方. 前出の aujourd'hui を c'est... と受けて，「今日，それは~である」という展開.

172 beaucoup de＋無冠詞名詞　たくさんの〜，多数[多量]の〜

▶ Il y a beaucoup de livres sur la table.
テーブルの上にたくさん本がある．
▶ Mon oncle a beaucoup d'argent.　叔父はたくさんお金を持っている．
▶ Il y a beaucoup de monde dans cette salle.
この会場には大勢の人がいる．
salle は「(公共施設の)会場，ホール」あるいは「(住宅内の共用の)部屋，広間」を指す語．monde は単数形で集合的に「人々」を表す．tout le monde は「すべての人々，みんな」の意味．なお，monde には「世界」という意味もあるので混同しないように．(例：le monde entier「全世界」cf. 888)．

補足 beaucoup は単独なら「大変，とても」を意味する副詞 (例：Merci beaucoup.「どうもありがとう」)．見出し語は，英語の a lot of, many(much) などに相当するもので，〈un peu de＋無冠詞名詞〉「少量の〜，少しの〜」(例：un peu de vin「少量のワイン」) や〈peu de＋無冠詞名詞〉「ほとんど〜ない」(例：avoir peu d'argent「ほとんどお金がない」) の反意となる表現．

173 demain matin　明朝

▶ Venez chez moi demain matin!　(→venir)
明朝，わが家にいらっしゃい．
▶ On se verra demain matin.　(→se voir：直説法単純未来)
明日の朝，会いましょう．
補足 demain soir「明晩」，hier matin「昨日の朝」(cf. 158)．

174 loin de ...　(空間的・時間的に)〜から遠く(に)

▶ C'est loin d'ici? —Oui, assez loin.
「ここから遠いの？」「ええ，かなり遠いです」
▶ Sa maison est loin de son école.　彼[彼女]の家は学校から遠い．
▶ Nous sommes encore loin des vacances.
ヴァカンスまでまだ間がある．
補足 レベルはあがるが，être loin de＋inf. なら「〜するどころではない」という意味になるので注意 (例：Elle est loin d'être contente.「彼女は満足なんかしていない」)．

175 près de ...　(空間的・時間的に)〜の近くに，間近に

▶ près d'ici　この近くに
▶ Est-ce qu'il y a une banque près de chez vous?
あなたの家の近くに銀行はありますか．
▶ Il est près de trois heures.　もうかれこれ3時です．
▶ Mon oncle est près de la retraite.　私の叔父は退職が間近です．

時間的な「間近に」の意味で使われる près de... は，仏検準2級レベルに相当する．

補足 副詞 près「近くに，そばに」を副詞句として使った形．tout près は「すぐそばに，すぐ近くに」の意味．

176* tout droit　まっすぐ（に）

- ▶ Allez tout droit!（→aller）　まっすぐに行って．
- ▶ Continuez tout droit, s'il vous plaît!
  そのまま，まっすぐ行ってください．
  continuer は「（そのまま）続ける」という意味の動詞．

補足 この droit は副詞．à droite「右に」と混同しないように．

177　tout(e) seul(e)　1人で，独力で，ひとりでに

- ▶ Il habite tout seul.　彼は1人暮らしをしている．
- ▶ Elle part toute seule?（→partir）　彼女は1人で出かけるの．
- ▶ Cela va tout seul.（→aller）　それはひとりでにうまく行くよ．

補足 主語が男性名詞か女性名詞かで形が変わる．tout(e) は seul(e) を強調している語．

178* très bien

❶ とても上手に
- ▶ Elle chante très bien.　彼女はとても歌がうまい．

❷ とても元気です
- ▶ Comment allez-vous?（→aller）—Je vais très bien, merci.
  「お元気ですか」「とても元気です，ありがとう」

❸（同調・同意を表す応答の言葉として）はい承知しました，わかりました
- ▶ Monsieur, un café, s'il vous plaît!—Très bien, madame.
  「コーヒーを1杯お願いします」「かしこまりました」
  この très bien は文法上は間投詞的な扱いになる．

179* un peu　少し，多少，ちょっと

- ▶ Encore du café?—Oui, un peu, s'il vous plaît.
  「もう少しコーヒーは?」「ええ，少しください」
  「ほんの少し」なら un petit peu を用いる．beaucoup「たくさん」の反意語．
- ▶ Ma fille est un peu timide.　娘は少し臆病です．

補足「少しは〜ある」という含み．「ほとんど〜ない」という意味にするなら不定冠詞を用いず，peu だけを使う（例：Ma tante travaille peu.「叔母はほとんど働かない」）．「少しの〜」〈un peu de＋無冠詞名詞〉も大切な言い回し（例：Vous voulez un peu de fromage?「チーズを少しいかがですか」cf. 390）．

4級

Niveau 4

1. 会話文・応答文
2. 前置詞 à
3. 前置詞 avec
4. 前置詞 de
5. 前置詞 dans
6. 前置詞 en
7. 前置詞 pour
8. 前置詞その他
9. avoir を使った表現
10. être を使った表現
11. faire を使った表現
12. 非人称構文
13. 動詞
14. 形容詞
15. 最上級
16. 名詞
17. 人称代名詞強勢形
18. 不定代名詞
19. 中性代名詞
20. 強調構文
21. 数量表現
22. 数字
23. その他

1 会話文・応答文 (問題3・聞き取り問題2対応)

180 Je voudrais＋inf. ～したい（と思う）．

▶ Je voudrais aller en France avec vous.
私はあなたと一緒にフランスに行きたい．
▶ Je voudrais manger quelque chose.　何か食べたい．

補足 voudrais は vouloir「～を望む，欲する」の条件法現在の活用．条件法を使うことによって，直説法の je veux＋inf. よりも控えめで，丁寧な言い方になる．類義の表現に j'aimerais (bien)＋inf. がある．

181 Voulez-vous ...?

❶ ～はいかがですか．
▶ Voulez-vous du vin?　ワインはいかがですか．

❷ ＋inf. ～してくれませんか．
▶ Voulez-vous me passer le poivre, s'il vous plaît?
コショウをとっていただけませんか．

補足 仏検5級レベルでも記憶したい表現だが，5級では主語と動詞を倒置した疑問形が出題されるケースは稀なので，出るとしても Vous voulez...? の形になるはず．①は人に食べ物や飲み物などを勧めるときに用いる (cf. 369)，②は人に何かを依頼・命令するときに用いる．親しい相手なら，Veux-tu＋inf.?「～してくれない?」となる．

182 vouloir bien　承知する，同意する，喜んで～する

▶ Un peu de vin? —Je veux bien, merci.
「ワインを少しどう」「ありがとう，いただきます」
Avec plaisir. や Volontiers. と同じように「ええ，喜んで」という返答．
▶ Tu viens avec moi? —Oui, je veux bien.
「一緒に来ない?」「うん，いいよ」

補足 同意を意味する vouloir は，通例，1人称か2人称主語で用いられる．なお，vouloir bien＋inf. は「～することに同意する」という意味．

183 Je vous en prie.

❶ どういたしまして．
▶ Merci de [pour] vos belles fleurs. —Je vous en prie.
「きれいな花をありがとう」「どういたしまして」
動詞 prier は「祈る，頼む」の意味だが，Je vous en prie. (vous で話す相手に対して)，Je t'en prie. (tu で話す相手に対して) の形で，礼を言われた時の返事・返礼として使われる定番の言い回し (cf. 20)．

❷ どうぞ～してください．

- ▶ Asseyez-vous, je vous en prie.　どうぞお座りください．
- ▶ Après vous, je vous en prie.　どうぞ，お先に．
- ▶ Est-ce que je peux entrer? ─ Je vous en prie.
  「入ってよろしいでしょうか」「どうぞ」
  ①の返礼の意味のほかに，丁寧な命令や勧誘，あるいは許可を求められたときの返答に用いられる．

補足 話し手からの依頼，命令に添えられる s'il vous plaît との違いに注意．

184* Ce n'est pas grave.
かまいません，大したことはありません，気にしないで．

- ▶ Mais ma moto est un peu vieille. ─ Ce n'est pas grave. Merci.
  「でも，私のバイクは少し古いです」「かまいません．ありがとう」
  Merci の意図を補足すれば，Merci quand même de me la prêter.「それでも貸してもらえたら嬉しいです」という含意．
- ▶ Désolé(e), je suis en retard. ─ Ce n'est pas grave.
  「すみません，遅刻してしまいました」「気にしないで/大丈夫」

補足 grave は形容詞で「重大な，深刻な」を意味する語．相手の謝罪などに対してその気持ちを楽にする（和らげる）ひと言．

185* Ce n'est rien.
（ミスや怪我あるいは謝罪などに対して）何でもない．

- ▶ Tu t'es fait mal? ─ Non, ce n'est rien.
  「大丈夫?」「うん，何でもない」
- ▶ Merci beaucoup. ─ Oh, ce n'est rien.
  「どうもありがとう」「いえ，何でもないことです」
  De rien.「どういたしまして」と同義 (cf. 20)．

補足 会話では ne を省いて，C'est rien. とも言う．また，強調して Ce n'est rien du tout! という表現も使われる．

186 Ce n'est pas la peine.　それには及ばない．

- ▶ Je vous attends? ─ Mais non, ce n'est pas la peine.
  「待っていましょうか」「とんでもない，そんな必要はないです」

補足 見出し語のうしろに de+inf. を添えると「わざわざ～するには及ばない[無駄だ]」という文章を作ることができる（例：Ce n'est pas la peine d'essayer de la convaincre.「彼女をわざわざ説得しようと努めるには及ばない」cf. 951）．

187 C'est dommage!　それは残念だ．

- ▶ Tu ne peux pas venir? C'est bien dommage.

来られないの？ それは本当に残念だ．

補足 dommage は「残念なこと，損害」を意味する男性名詞．Quel dommage!, Dommage! とも言える．très, vraiment などで強調することもできる．レベルはあがるが，〈c'est dommage de+inf.［que+接続法］〉「～とは残念だ」という形もある（例：C'est dommage de laisser tous ces sushi(s).「この寿司をまるまる残すなんて残念だ」）．

188 tant pis （残念だが）仕方がない，気の毒だ

▶ Il n'est pas là, tant pis!　彼は留守なのか，仕方がないね．
▶ Tant pis pour vous!　お気の毒です．
tant pis pour qn で「人には気の毒だ」という意味．

補足 pis は mal の比較級「より悪く」の意味．逆の表現は tant mieux「それはよかった」（例：Tu as réussi l'épreuve de français, tant mieux!「フランス語の試験うまくいったんだ，よかったね」）．

189* Pas de problème.

❶ お安いご用です．
▶ Tu peux m'aider à finir mes devoirs?―Pas de problème!
「宿題を終えるのを手伝ってくれる？」「かまわないよ」
❷ 問題ありません．
▶ Désolé(e), je suis en retard!―Pas de problème.
「ごめん，遅れちゃった」「問題ないよ」
❸ 大丈夫です．
▶ Tu viens à la fête ce soir?―Pas de problème.
「今夜パーティーに来るよね」「大丈夫だよ」

補足 Il n'y a pas de problème. や Aucun problème. とも言う．①は依頼に対する返事，②は謝罪や感謝の言葉への返答，③は質問への是認を表している．

190 Pas de chance!　ついてない，しかたがない．

▶ Il pleut si fort. Pas de chance!
こんなに激しく雨が降ってる．ついてないなあ．

補足 類義語に，Quelle malchance!, Pas de bol!, Pas de veine! という言い回しがある．逆に「ついている」と表現するなら avoir de la chance を用いる（例：On a eu de la chance!「ついてたね」）．

191 vous savez　ねえ，～でしょう

▶ Vous savez, elle va se marier avec Benjamin.
ねえ，彼女はバンジャマンと結婚するんですよ．

▶ Je suis une bonne mère, tu sais.　私はいい母親よね，そうでしょう．

補足 親しい相手なら tu sais の形で用いる．上の例文は，相手に対して呼びかけ注意を喚起するために，下の例文は，「自分はいい母親」であることへの同意を求め，念を押すために用いられている．間投詞のようにしていろいろなケースで用いられる．

192* ah bon　（疑問・了解）ああそう

▶ Elle n'est plus au Japon.—Ah bon? Je ne savais pas.
「彼女はもう日本にいないよ」「あっそう．知らなかった」
軽い驚きのニュアンスを伴うあいづち．なお，「（これまで）知らなかった」とする場合，savoir の直説法半過去を用いる点に注意．

▶ Ah bon! Très bien, je comprends.
ああそう．そうですか，わかりました．

補足 間投詞の bon は，会話をつないだり，話題を転換するときに用いる．場合に応じて，驚きやいらだち，了承，同意などを表す（例：Tu es prêt(e)? Bon, on y va.「準備できた? じゃ，行こうか」）．

193　n'est-ce pas?　ね，そうでしょう

▶ Vous faites vos études à l'Université de Paris III, n'est-ce pas?
あなたはパリ第3大学で勉強をしているのですよね．

▶ Tu ne viens pas, n'est-ce pas?　君は来ないよね．
英語の付加疑問とは違って，前文が肯定文で否定文でも同じく n'est-ce pas を用いる．

補足 C'est を否定疑問にして定型化した付加疑問の表現．自分が語っている内容の正しさを相手に「そうですよね」と同意を求めたり，念押しする場合に用いる．ただ，念を押す際には non? を用いるのが簡便（例：C'est simple, non?「これ簡単ですよね」）．なお，文頭に持ってきて N'est-ce pas que...? とする表現もある（例：N'est-ce pas qu'elle a de la chance?「彼女は運がいいですよね」）．

194* si vous voulez　もしよければ，そう言ってもいいが

▶ Allons au cinéma, si vous voulez.　よかったら映画に行きましょう．

▶ D'accord, elle est jolie, si vous voulez, mais qu'est-ce qu'elle est sotte!
そう，たしかに彼女はかわいいと言えるね，でもなんてお馬鹿さんなんだろう．

補足 親しい相手には si tu veux の形で用いる．相手に対する許可も表すこともできる（例：Je peux m'asseoir?—Si tu veux.「座ってもいい?」「いいよ」）．

195　comment dire...　何というか……

▶ Il est...comment dire...un peu renfermé.
彼は……何と言えばいいか……ちょっと内向的なんだ．

補足 何かを言い表すのにぴったりな言葉が見つからず，言い淀んだときに用いる表現．条件法を使って comment dirais-je... というと「何と言いましょうか……」という感じになる．なお，renfermé(e) は「内向的な」という形容詞で仏検2級レベルの語．反意語は expansif(ve)「外交的な」，ouvert(e)「開放的な」と言う．

196 Bon courage! がんばって，元気を出して．

▶ Alors, bon courage! じゃ，がんばって．

補足 courage は「勇気，元気」を意味する男性名詞．これから何かをしようとしている相手の背中を「しっかりね」と後押しするひと言．Courage!, Du courage! も「がんばって，元気を出して」という意味．なお，デートや試験を受ける相手に対してなら，Bonne chance! も「(ご成功を祈ります→) がんばって」の意味で使われる (cf. 197)．また，試験では，学生同士が Merde!（通常は下品な言葉だが）と言いながら互いを励ましあったりもする．

197 Bonne chance! 幸運[成功]を祈ります，がんばって．

▶ Tu as un examen cet après-midi? Bonne chance!
今日の午後，試験があるんだって? がんばってね．
試験やデートを前に「がんばって」と励ます定番の言い方．

補足 より丁寧な言い方をすれば Je vous souhaite bonne chance．「あなたの幸運をお祈りします」となる．なお，avoir de la chance で「運がいい」の意味．

198 A votre santé!/A la vôtre! （乾杯の挨拶・音頭として）乾杯．

▶ A votre santé!/A la vôtre! 健康を祝して，乾杯．

補足 A votre bonne santé! とか，A la tienne! また単に Santé! とも言う．また，親しい間柄なら，Tchin-tchin! も使われる．なお「乾杯する」という行為（trinquer「乾杯する」際にグラスを当てないケース）は porter un toast「祝杯をあげる」と表現される．仏検3級ではこの santé をつづらせる問題が何度か出題されている．

199* Excusez-moi de+inf. ～してすみません，申し訳ありません．

▶ Excusez-moi d'être en retard. 遅くなって申し訳ありません (cf. 257)．
▶ Excusez-moi de vous déranger. お邪魔してすみません．
Excusez-moi de vous déranger, mais...「おじゃまして悪いのですが……」と，用件を切り出すパターンもある．

補足 見出し語は de+inf. 以下がなくても使われ，それなら仏検5級レベルの重要表現になる（例：Excusez-moi, où est la gare?「すみません，駅はどこですか」）．また，tu で話す相手に対しては，Excuse-moi (de+inf.) の形を用いる．

200* A tout à l'heure!　それでは，またのちほど．

▶ A tout à l'heure!　またあとで．
すぐあとで会う予定がある相手に対する別れの挨拶．
補足 A bientôt「ではまた」は，具体的に会う約束はないが，近いうちに会うことを期待するときに用いる（cf. 1）．「さようなら」にあたる別れの挨拶の定番は Au revoir.

201* C'est là-bas.　あそこです．

▶ Où sont les toilettes? ― C'est là-bas.
「トイレはどこですか」「あそこにあります」
Là-bas. だけでもよい．

202* C'est tout près.　すぐ近くです．

▶ Où est la poste? ― C'est tout près.
「郵便局はどこですか」「すぐ近くです」
補足 tout は強調．「どの場所に」近いのかがお互いに了解できているときに使われる表現．そうでなければ，près de la gare「駅の近くに」のように「～の」de... 以下を添えて，〈près de＋場所〉の形を使う．反意語は loin.

203　Vous trouverez...　～があります．

▶ En tournant à droite, vous trouverez une banque.
右に曲がると，銀行があります．
補足 道案内するときに用いられる表現．trouver「見つける」の単純未来形．

204* On est＋日付[曜日]．　今日は～日です．

▶ Aujourd'hui, on est le 20 juin.　今日は 6 月 20 日です．
▶ Les magasins sont fermés, car on est dimanche.
日曜日なので，店が閉まっている．
補足 会話における日付や曜日を導く表現としては，ほかに nous sommes... や c'est... がある．日付をたずねる場合は quelle date あるいは le combien を用い（例：Quelle date [Le combien] est-ce? ― C'est le 31 mars.「今日は何日ですか」「3 月 31 日です」），曜日を聞く場合は quel jour を用いる（例：Quel jour sommes-nous? ― Nous sommes lundi.「今日は何曜日ですか」「月曜日です」）のが普通．これ混乱しやすい．

205* comme ci, comme ça
まあまあだ，どうにかこうにか，よくも悪くもない

▶ Comment vas-tu? ― Comme ci, comme ça.

「元気?」「ええ，まあまあです」
- ▶ Ça va comme ci, comme ça.　気分はまあまあです．

補足 単に，Comme ça. とだけ言うことも多い．ni bien ni mal「良くもなく悪くもなく」も類義の表現．会話では couci-couça という言い方も使われる．

206* Attention à qn/qch!　～に注意せよ．

- ▶ Attention aux voitures!　車に気をつけなさい．
  Faites attention aux voitures! も同義．

補足 faire attention à qn/qch「～に気をつける，注意する」という熟語から派生．単独で使われる Attention!「気をつけて」も頻出．

207　Je peux vous aider?　手伝いましょうか．

- ▶ Je peux vous aider? — Non, merci. Ça va.
  「手伝いしましょうか」「いいえ，ありがとう．大丈夫です」
- ▶ Vous avez l'air fatigué(e)(s). Je peux vous aider?
  お疲れのようですね．お手伝いしましょうか．

補足 Je peux+inf. ?「～してもいいですか」は相手に許可を求める表現．主語が 2 人称なら pouvoir は依頼の表現にもなる（例：Vous pouvez m'aider?「手伝ってくれませんか」）．

208** Vous avez l'heure?　（今）何時ですか．

- ▶ Excusez-moi, vous avez l'heure?　すみません，何時ですか．

補足 avoir l'heure は人を主語にして使われ，「（時計などを持っていて）時刻がわかっている」の意味．Vous avez du temps? になると「今お時間ありますか，暇ですか」という意味になるので，混同しないように注意したい（cf. 286）．

209* quel(le)＋形容詞＋名詞!　なんと～な～でしょう

- ▶ Quelles belles fleurs!　何と美しい花でしょう．
  感嘆形容詞 quel(le) が fleurs の性・数（女性名詞・複数）に一致して quelles となる点に注意．

補足 形容詞のない〈quel(le)＋名詞!〉の形でも感嘆文になる（例：Quelle chaleur!「何という暑さだ」，Quelle idée!「なんて（妙な）考えだ」）．

210* Qu'est-ce que vous faites dans la vie?
仕事は何をしているのですか．

- ▶ Qu'est-ce que vous faites dans la vie? — Je suis médecin.
  「仕事は何をなさっていますか」「医者です」

[補足] 相手の職業を尋ねる決まり文句．文脈によって dans la vie は省いてもよい（cf. 246）．Quelle est votre profession?（これはいささか詰問調）と同義になる．

211* Qui est à l'appareil?　どなたですか．

▶ Allô! Qui est à l'appareil?　もしもし，どなたですか．

[補足] 自分にかかって来た電話での受け答えである．être à l'appareil は être au téléphone と同じ意味で，appareil は appareil téléphonique「受話器」のこと．「受話器に向かって，話している状態である」ということを表す（cf. 449）．なお，C'est de la part de qui? は人に電話を取りつぐときに「どちらさまですか」と聞く表現．

212　C'est parce que ...　それは〜だからだ．

▶ Si Manon reste chez elle, c'est parce qu'elle est malade.
マノンが家にいるのは，病気だからだ．

[補足] Pourquoi? Parce que... という応答（英語の why? because...）の展開をベースとした言い回し．Si... などで示された事実を受けて，その理由を補足，説明する表現．c'est que... とも言う．

213　Qu'est-ce qu'il y a?　どうしたのですか．

▶ Viens vite! — Qu'est-ce qu'il y a?　「はやく来て」「どうしたの」
▶ Qu'est-ce qu'il y a? Ça n'a pas l'air d'aller.
どうしたの．調子が悪そうだけど．

[補足] 何が起こったのかを聞く表現としては，Qu'est-ce qui se passe? や Que se passe-t-il? もよく使われる．なお，主に体調をたずねて「どうしたの」の意味なら，Qu'est-ce que vous avez[tu as]?，あるいは Qu'est-ce qui ne va pas? が使われる．

214* Il y a quelqu'un?　誰かいますか．

▶ Il y a quelqu'un dans la chambre? — Non, il n'y a personne.
「部屋に誰かいますか」「いいえ，誰もいません」

[補足] quelqu'un「誰か」は不定代名詞．「何か」は quelque chose と言う（cf. 383）．

215* Que désirez-vous?　何をお求めですか．

▶ Que désirez-vous? — Je voudrais une bouteille de vin blanc d'Alsace.
「何をお求めですか」「アルザス産の白ワインを 1 本欲しいのですが」

[補足] 個人商店で店員が客に聞く場合に用いる．要するに「いらっしゃいませ」の意味．Vous désirez? とも言う．なお，デパートなら Vous cherchez quelque chose?「何をお探しですか」と聞かれることが多い．

216* Quel est le nom de...?　〜の名前は何ですか.

▶ Quel est le nom de cette rue? ― Rue de Rivoli.
「この通りの名前は何ですか」「リヴォリ通りです」

▶ Quel est votre nom? ― Suzuki Ichiro.
「お名前は何とおっしゃるのですか」「鈴木一郎です」
氏名を倒置して，Ichiro Suzuki. と応ずることもできる．ただし，実際には prénom「名前」だけで，nom de famille「名字」までは答えないことも少なくない．
[補足] 物や人の名前を聞くときに動詞 s'appeler もよく用いられるのは言うまでもない（例：Ça s'appelle comment?「それは何という名前ですか」，Comment t'appelles-tu?「君の名は?」）．

217* ... est de quelle couleur?　〜は何色ですか.

▶ Votre voiture est de quelle couleur?　あなたの車は何色ですか.
De quelle couleur est votre voiture? でも同義.
[補足] 色を尋ねる表現として，Quelle est la couleur de ...? の形もある（例文を書き換えれば Quelle est la couleur de votre voiture? となり，この形は仏検5級レベル）．いずれの場合も，疑問形容詞は女性名詞 couleur「色」に一致して女性形の quelle になる．また単に quelle couleur ではなく，性質を表す前置詞 de をつける点に注意（例：Sa robe est de couleur blanche.「彼女のドレスは白色です」＝Sa robe est blanche. 後者の方が通例の言い方）．なお，見出し語の être なしでも使える．たとえば，客と店員との会話で（例：Je cherche un manteau. ― Oui, de quelle couleur?「コートを探しています」「かしこまりました，何色でしょう」）．

218 Il est comment?　彼はどんな人ですか.

▶ Il est comment, Monsieur Bernard? ― Il est sympathique.
「どんな人，ベルナールさんって」「感じのいい人です」
[補足] Comment est-il? のくだけた言い方．comment は性質や状態をたずねる疑問副詞．

2 前置詞 à （問題6対応）

219 à（所属）　〜の，〜に属する

▶ A qui est ce dictionnaire? ― Il est à Jacques.
「この辞書は誰のものですか」「ジャックのです」

▶ C'est ma poupée à moi et pas celle de ma sœur.
それは私の人形よ，姉[妹]のじゃない.
所有者が人称代名詞強勢形の場合，前置詞は de ではなく à を使う．つまり，例文を（×）ma poupée de moi とは言わない．なお，un ami à moi「私の友人」という例を参考書などで見かけるが，un de mes amis と表現するのが通常の形．

> **補足** たとえば，son avis は，このまま単独では「彼の意見」か「彼女の意見」かわからない．所有や所属を示す前置詞 à を用いて son avis à lui「彼の意見」，son avis à elle「彼女の意見」として，所有形容詞を明示する働きがある．

220 être à qn　人の，人に属する

▶ Ce dictionnaire est à Pierre.　この辞書はピエールのです．
▶ A qui est ce portable? —Il est à moi.
「この携帯電話は誰のですか」「私のです」
à のうしろが人称代名詞の場合は強勢形．

> **補足** 前置詞 à は所有・所属を表している．

221 à（用途）　～用の，～するための

▶ tasse à café　コーヒーカップ
「コーヒー用のカップ」の意味．同様に boîte aux [à] lettres は「手紙用の箱」つまり「郵便受け」のこと．なお，une tasse de café は「1杯分のコーヒー」の意味なので混同しないように．
▶ A votre [ta] santé!　乾杯．
「あなた[あなたがた]の健康のために」の意味．A la (bonne) vôtre! も同義 (cf. 198)．

> **補足** 前置詞 à のあとに不定詞を添えて用途や目的を示すこともできる（例：machine à laver「（洗うための機械→）洗濯機」，machine à coudre「（縫うための機械→）ミシン」）．

222 à cause de qn/qch　～のせいで，～が原因で

▶ A cause de toi, nous avons manqué le bus.
君のせいで，僕たちはバスに乗り遅れた．
▶ Elle est arrivée en retard à cause de la pluie.
雨が降ったので，彼女は遅れて到着した．

> **補足** この熟語は基本的に「悪い事，マイナスの事柄」を原因として提示する際に用いられる．「良い事，プラスの要因」を示す際は grâce à qn/qch「～のおかげで」を用いる（例：grâce à vous「あなたのおかげで」）．

223 à la fin

❶ 最後には，結局
▶ A la fin, elle s'est mise à pleurer.　最後には，彼女は泣き出した．
se mettre à + inf.「～しはじめる」の意味．
❷ もう，まったく，ほんとに
▶ Tu m'énerves, à la fin!
まったくもう，君は私をいらつかせる[もう嫌だ]．

補足 ①は副詞の enfin や finalement と同じ意味になる．②は「いい加減にしてくれ」というといらだたしさを示す定番の表現．なお，「～の終わりに」は à la fin de qch と表現する (cf. 224)．

224* à la fin de qch　～の終わりに

▶ Je suis revenu(e) du Canada à la fin de l'été.
夏の終わりに，私はカナダから帰ってきた．
▶ Elle arrive à Londres à la fin de cette semaine.
彼女は今週末にロンドンに着く．
補足 de のうしろには「時期」や「物事」が置かれる．

225* à la télévision　テレビで

▶ Hier soir, j'ai vu un film intéressant à la télévision.
昨晩，私はテレビで面白い映画を見た．
à la télé (télévision の略) でも同じ意味．「テレビで映画を見る」には voir を用いる．
▶ Il y a quelque chose de bien, à la télévision?
テレビで，何かいい番組やってる？
補足 スイスやカナダのケベックなどでは TV と略すこともある．ちなみに，「ラジオで」は à la radio と言う．

226 à l'étranger　外国へ[に，で]

▶ Tu es déjà allé(e) à l'étranger?　外国に行ったことはある？
▶ Il va en voyage d'affaires à l'étranger.　彼は商用で外国に行く．
aller à l'étranger は「外国に行く」，「外国から戻る」は revenir de l'étranger と表現する．
▶ J'ai passé deux semaines à l'étranger.　外国で 2 週間過ごした．
補足 ほかに，voyager à l'étranger「外国に旅行する」，travailler à l'étranger「外国で働く」などの表現がある．

227* au bord de＋場所　～沿いで，～のほとりで

▶ Nous allons passer nos vacances au bord de la mer.
海辺でヴァカンスを過ごすつもりだ．
▶ On a fait un barbecue au bord de la rivière.
私たちは川のほとりでバーベキューをした．
補足 bord は川や海の岸やほとり，あるいは道端を指す．ほかに，au bord du lac「湖畔」，au bord de la route「沿道」など．なお類義の le long de qch は「～に沿ってずっと」の意味．

228* au début de qch 　～のはじめに

▶ Au début de l'année, il s'est marié avec Sophie.
年のはじめに，彼はソフィーと結婚した．
具体的には1月か2月を指す．ちなみに，au début de la semaine なら「週のはじめに」の意味で，通常，「月曜か火曜」を意味する．

補足 うしろには，期間や出来事（例：au début d'un film「映画の冒頭に」）を伴う．au commencement de qch も同じ意味．

229* au milieu de qn/qch 　～の真ん中で［に］，～の最中に

▶ Marie s'est perdue au milieu de la foule.
マリーは群衆のなかに姿を消した［群衆のなかに紛れた］．
▶ La table ronde est au milieu du salon. 　丸テーブルが客間の中央にある．
▶ Je me suis endormi(e) au milieu du film.
私は映画の最中に眠ってしまった．

補足 milieu は男性名詞で「真ん中，中間」を意味する．〈au milieu de＋集合名詞（foule, gens など）〉の使い方のほかに，例文のように〈au milieu de＋場所〉，〈au milieu de＋時間（継続的な事柄）〉という形でも用いられる．

230* au printemps 　春に

▶ Cette année, il pleut beaucoup au printemps.
今年は春に雨がよく降る．

補足「春に」は，前置詞 à と定冠詞 le が縮約した au を使うが（語頭が子音字），ほかの季節は en を用いる．「夏に」en été,「秋に」en automne,「冬に」en hiver(cf. 62).

231 au dîner 　夕食で

▶ Je mange du poisson au dîner. 　私は夕食には魚を食べる．

補足 男性名詞 dîner「夕食」は，「夕食をとる」という意味の動詞でもある．同様に「朝食（をとる）」は petit(-)déjeuner,「昼食（をとる）」は déjeuner と言う．なお，それぞれ prendre le petit-déjeuner［le déjeuner, le dîner］と言い換えられるとされるが，現在では，prendre を用いない形の方が使用頻度は高い．

232 au mois de＋月 　～月に

▶ J'ai voyagé en Italie au mois de juillet. 　7月にイタリアを旅行した．
補足「～月に」は，前置詞 en を用いて表すこともできる（例：en février「2月に」）．

233* au téléphone 電話で

▶ On vous appelle au téléphone. あなたに電話がかかってますよ.
On vous demande au téléphone. も類義.

補足 être au téléphone は「電話中である」, avoir qn au téléphone なら「人と電話が通じる, 電話で話す」の意味.

3 前置詞 avec (問題 6 対応)

234 avec (原因・条件・対立) 〜のせいで, 〜であれば, 〜なのに

▶ Avec son aide, il réussira.
彼[彼女]の助けがあれば, 彼はうまくいくだろうに.
▶ Je t'aime avec tous tes défauts. いろいろと欠点はあるが君が好きだ.
対立の用法では, しばしば avec tout(tous, toute, toutes) の形で用いられる.

235 avec (合致・比較・混同) 〜と

▶ Je suis d'accord avec toi. 私は君と同意見だ.
être d'accord avec qn で「人に賛成する, 人に同意する」という熟語.
▶ Comparez A avec B! A と B を比較しなさい.
補足 別例に confondre A avec B「A と B を混同する」などがある.

236 avec (同時性) 〜とともに, 〜につれて

▶ Avec le temps, mon français s'améliore.
時がたつにつれて, 私のフランス語はましになる.
接続詞 comme「〜につれて」を用いて comme le temps passe と書き換えられる.
▶ Ils se lèvent avec le jour. 彼らは日の出[夜明け]とともに起きる.
se lever avant le jour なら「夜明け前に起きる」の意味.
補足 類義の表現に en même temps que がある.

237** avec (所持・付属・手段・道具) 〜を持って, 〜で, 〜を使って

▶ Il est sorti avec son parapluie. 彼は自分の傘を持って出かけた.
▶ Vous prenez le café avec du sucre? コーヒーに砂糖は入れますか.
▶ Je réserve une chambre avec salle de bain(s).
バス付きの部屋を予約する.
▶ Ecrivez avec un crayon. 鉛筆で書いてください.
écrire au crayon でも「鉛筆で書く」の意味になる.
▶ Au Japon, on mange avec des baguettes.
日本では, 箸を使って食べる.

238* avec＋無冠詞名詞　〜をもって，〜の様子で

▶ Voulez-vous du café? — Oui, avec plaisir.
「コーヒーはいかがですか」「ええ，喜んで（いただきます）」
avec plaisir の同義語には volontiers「喜んで」がある．

▶ Vous devez conduire avec prudence.
慎重に車を運転しなくてはならない．
avec prudence（＝prudemment）となる．

補足　〈avec＋無冠詞名詞〉は様態の副詞に相当する．

4 前置詞 de （問題 6 対応）

239* de（用途・種類）　〜（用）の

▶ La salle de bain(s) est au premier étage.　バスルームは 2 階にある．

補足　salle de bain(s) は直訳すると「入浴のための部屋」で，de は用途を表している．de のうしろに置かれる名詞は無冠詞．かつて「バスルーム」には，単数形 bain が用いられていたが，現在は salle de bains が普通．ほかに，salle de séjour「リビングルーム」，serviette de bain「バスタオル」，livre de cuisine「料理本」，robe de chambre「部屋着」など．なお，前置詞 à も目的・用途を表すことがある（例：salle à manger「食堂」，tasse à café「コーヒーカップ」）．

240 de（受動態の動作主）　〜に（よって），〜から

▶ Claire est aimée de tout le monde.　クレールはみんなに愛されている．
Tout le monde aime Claire. という能動の文章を受動態にしたもの．

補足　継続的な状態・感情を表す動詞の場合には動作主に de（cf. 293）を，一時的な行為・動作を表すケースならば par を用いる．

241 de（対象・主題）　〜で，〜について，〜の（ことを）

▶ Que pensez-vous de cela?　そのことについてどう思いますか．
penser qch de qn/qch［de＋inf.］の形で「〜について〜と考える，思う」の意味．

▶ Nous ne savons rien de lui.　私たちは彼について何も知らない．

補足　parler de l'avenir du pays「国の未来について話す」，discuter d'une affaire「ある問題について議論する」などの別例があげられる．

242 de（特徴・性質）　〜の，〜を持った

▶ De quelle couleur est votre voiture?　あなたの車は何色ですか．
色をたずねる表現（cf. 217）．

補足　別例として，homme de génie「天才」，Il est d'un rare talent.「彼は非凡な才能の

持ち主だ」などがある．

243　de＋inf.　〜すること，〜するための，〜して

▶ « Défense de fumer. »　「禁煙」
　貼り紙などで．名詞を限定する用法．
▶ C'est l'heure de partir.　出発する時間だ．
　l'heure du départ「出発時間」としても同義．de＋inf. が〈de＋名詞〉に相当する例．
▶ Il est [C'est] honteux de mentir.　嘘をつくのは恥ずべきことです．
　il, ce が仮の主語で，de＋inf. の部分が論理的な主語（真主語）になる．c'est の方が口語的な言い回し．
▶ Je suis content(e) de vous voir.　お会いできて嬉しく思います．
　de 以下が形容詞 content(e) の中身（原因・理由）を説明するもので，文法的には「形容詞・副詞の補語」となるケース．

244＊　d'ici　ここから，今から

▶ D'ici à Tokyo, il y a quarante kilomètres.
　ここから東京まで40キロある．
　d'ici は〈de（前置詞）＋ici（副詞）〉．
▶ D'ici on voit la tour Montparnasse.
　ここからモンパルナスタワーが見える．
▶ D'ici à la semaine prochaine, elle sera très occupée.
　今から来週にかけて，彼女はとても忙しい．
　〈d'ici (à)＋時間〉で「今から〜まで」という期間を示す（例：d'ici (à) lundi「今から月曜まで」，d'ici peu「まもなく」，d'ici longtemps「これから当分の間」）．
　補足　見出し語とは逆に「ここまで，今まで」は jusqu'ici となる．

5　前置詞 dans　（問題6対応）

245＊＊　dans（時間）

❶〈dans＋時間・期間〉〜後に
▶ Je te téléphonerai dans une heure.　1時間後に電話するよ．
▶ Ma tante revient des Etats-Unis dans huit jours.
　叔母は1週間後に戻ってくる．
　現在を起点として「〜後」を意味する．過去や未来を起点とする場合は après あるいは plus tard を用いる（例：Dix ans après[plus tard], il est mort.「10年後に彼は死んだ」）．なお，1週間を huit jours「8日」（＝une semaine）と表現することにも注意．これは始まりの曜日を2回数えるため．同様に2週間は quinze jours「15日」となる（たとえば，相撲の「場所」のとらえ方に似ている）．

❷〈dans＋定冠詞・所有形容詞＋時間・期間〉〜の期間に，〜以内に

▶ Dans ma jeunesse, je rêvais de devenir médecin.
若いころ，医者になるのが夢だった．
▶ J'aurais fini ce travail dans les trois jours.
3日以内にこの仕事を終えているだろう．
〈dans＋les＋時間の表現〉は「ある時点から〜以内に」の意味．現在にも過去にも未来にも使える．

246　dans（状態・状況）　〜において，〜の状態で

▶ Qu'est-ce que vous faites dans la vie?　仕事は何をなさっていますか．
この例では，dans la vie は省略してもよい．ただし，省略すると「何をしていますか」Qu'est-ce que vous faites? と現在進行中の動作をたずねる疑問文と同じになる点に注意したい（cf. 210）．
▶ Il se trouve dans une situation difficile.
彼は困った状態［厳しい立場］に置かれている．
difficile を dangereuse とすれば，「危険な状態にある」となる．
[補足] 状態や状況は〈en＋無冠詞名詞〉でも表す（例：en désordre「無秩序に」）．ただし，名詞に冠詞がつく場合は dans を使う（例：dans un désordre pareil「こんな無秩序な状態で」）．

247　dans le ciel　空に

▶ Il y a des étoiles dans le ciel.　空に星が見える．
[補足]「空の下で」を意味する sous le ciel と区別すること．

248*　dans sa poche　ポケットの中に

▶ Il a mis la clé dans sa poche.　彼は鍵をポケットに入れた．
mettre qch dans sa poche で「〜をポケットに入れる」．
▶ Elle a pris un mouchoir dans sa poche.
彼女はポケットからハンカチを出した．
「〜から取り出す」には prendre dans qch を用いる．あるいは，「ポケットから出す」tirer［sortir］qch de sa poche と言う．これは混同されやすい．
[補足] なお「両手をポケットに入れる」と表現する場合には，左右のポケットにそれぞれの手を入れるので，mettre les mains dans ses poches と複数形になる．

6 前置詞 en （問題6対応）

249*　en（時間・所要時間）　〜に，〜で，〜かかって

▶ Elle est née en 1970.　彼女は1970年に生まれた．
〈en＋年・月・季節〉など．

▶ Tu as lu ce livre en une heure?　1時間でその本を読んだの.
「（ある時間）かかって〜した」の意味. これは仏検3級の前置詞問題で頻出. 下記の用例も同じ.
▶ Elle est arrivée à la gare en dix minutes.　彼女は10分で駅に着いた.
補足 この用例は5級レベルの表現であるが, 5級には前置詞を問う問題が出題されず, あわせて直説法複合過去は出題の範囲外でもあるため, 対象級を4級と設定した.

250 en＋数字（西暦）　〜年に

▶ En quelle année est-elle née? — Elle est née en 1960.
「彼女は何年生まれですか」「1960年です」
補足 わざわざ, en l'an 2000と表現するのは, たとえば, その年の歴史的な重要性を表現して「西暦2000年に」としたいとき. さらに, 明確に「西暦」としたいなら en 2000 de l'ère chrétienne とかなり説明的な言い方をする. また季節を添えて, たとえば「2000年の秋に」とする際には, en automne 2000 と記す.

251 en ce moment　今, 目下, 現在

▶ En ce moment, le magasin est fermé.　今, 店は閉まっている.
補足 瞬間的な「今」ではなく, 「現在進行中［継続中］の状況」を踏まえた, ある程度の時間的広がりを持った「現在」を示す表現（cf. 62）. maintenant や à présent(cf. 1350) などと言い換えることもできる. これに対して不定冠詞を用いた en un moment は「一瞬のうちに, ただちに」を示す表現（例：En un moment, tout a été brûlé.「一瞬のうちにすべてが燃えてしまった」）. なお, à ce moment(-là) は「その時, 当時, その場合」(cf. 409), pour le moment は「今のところ, 当面」という意味の熟語.

252 en chemin

❶（道を進む）途中で
▶ On n'a rencontré personne en chemin.
途中, 誰とも出会わなかった.
▶ Tu vas prendre de l'essence en chemin?
途中でガソリンを入れるの?
❷ 中途半端に
▶ Il a fini par s'arrêter en chemin.　結局, 彼は中途でやめた［挫折した］.
補足 レベルはあがるが, rester en chemin「尻切れとんぼのままである」という表現もある. se mettre en chemin は「出発する」の意味で, être en bon chemin は「（事業などが）順調である」という意味で使われる.

253 en classe　授業中に, 学校で

▶ Le professeur Tanaka est en classe.　田中先生は授業中です.

補足 aller en classe なら「学校へ行く，通学する」の意味で使われる．classe「（初・中等教育の個々の）授業」が形容詞（句）によって修飾される場合は，冠詞を添えて前置詞 dans を用いる（例：dans la classe d'histoire「歴史の授業中に」）．なお，中・高等教育機関での「授業，講義」には通例，男性名詞の cours を用いる．

254　en effet　実際，たしかに，というのも～だからです

▶ Il est intelligent, en effet, mais très prétentieux.
たしかに彼は頭は切れるが，とてもうぬぼれが強い．
▶ La météo a annoncé la neige. En effet, il commence à neiger.
天気予報は雪だった．実際に，雪が降り始めている．
▶ Ma fille n'est pas allée à l'école hier; en effet elle était malade.
昨日，娘は学校に行かなかった．病気だったからです．
car や parce que と同様に理由を示す用例．

補足 en effet は，事実の確認や前文の内容を肯定する事実を導くもの．副詞 effectivement と同義．会話では肯定の返事やあいづちの表現としても頻度が高い（例：C'est un bel homme! — En effet.「ハンサムな男性ですね」「本当にそうですね」）．

255　en général　一般に，普通

▶ En général, les Japonais aiment la cuisine française.
一般に，日本人はフランス料理が好きだ．
▶ En général, je me lève à six heures.　普通，私は6時に起きる．

補足 副詞 généralement と同じ意味を持つ．le plus souvent「たいていは」という類義語もある．homme en général「人間一般」のように，形容詞的に用いることもできる．

256　en panne　故障している，（仕事などが）中断している

▶ Mon ordinateur est en panne.　私のパソコンは故障している．
▶ Les travaux sont en panne.　工事が中断している．

補足 たとえば une voiture en panne「故障した車」のように形容詞的に用いることもできる．また，en panne de qch なら「～が欠乏している」という意味になる（例：Je suis en panne de cigarettes「私はタバコを切らしている」）．「故障する」は tomber en panne と言う．

257　en retard　遅刻して，遅れて

▶ Excusez-moi d'être en retard.　遅刻して申し訳ありません．
▶ Cet enfant est en retard pour son âge.
この子どもは年齢の割に発育が遅れている．

補足 être en retard sur qn/qch で「～より遅れている」という意味になる（例：Il est en retard sur ses amis.「彼は友だちよりも（勉強が）遅れている」）．arriver en retard

は「遅れて到着する」(cf. 750). en retard の対になる表現は en avance「進んで」(cf. 554).

258　en ville　都市［町］で［に］，外で［に］

▶ Il faut aller en ville pour trouver un travail.
仕事を見つけるためには町に行かなければならない．
▶ Elle dîne souvent en ville.　彼女はよく外で夕食をとる．
自宅ではなくレストランなどで食べるという意味．

補足 ville は「都市・町」を意味するほか，campagne「田舎」，あるいは province「地方」(en province で「地方に」となる) の反意としての「都会」を指す．

259*　partir en vacances　ヴァカンスに出かける

▶ Elle est déjà partie en vacances.
彼女はすでにヴァカンスに行ってしまった．
▶ Je n'ai pas les moyens de partir en vacances.
ヴァカンスに出かける余裕がない．
moyen は「手段」だが，ここでは複数で「財力（懐具合）」のこと．

補足「ヴァカンス，休暇」という意味の場合，複数形 vacances になる点に注意．類似の表現として partir en voyage「旅に出る」がある．

260*　partir en voyage　旅に出る

▶ M. et Mme Martin partent en voyage à partir du 30 juillet.
マルタン夫妻は7月30日から旅行に出かける．

補足 voyage は男性名詞で「旅行」．動詞は voyager(＝faire un voyage). être en voyage「旅行中である」，rentrer de voyage「旅から帰る」も覚えたい．ちなみに，旅に出る人に対しては，Bon voyage!「よい旅を」と声をかける (cf. 4).

7　前置詞 pour （問題6対応）

261*　pour （主題・観点・関与）　～については，～から見て，～にとって

▶ Pour moi, elle a tort.
私としては［私の目から見れば］，彼女は間違っていると思う．
▶ C'est bon[mauvais] pour la santé.　それは健康によい［悪い］．
▶ C'est facile pour moi.　それは私には易しい．
別例．C'est trop cher pour moi!「私には高すぎる」．

262* pour cent　パーセント (%)

▶ La production industrielle a baissé de deux pour cent.
工業生産は 2 パーセント落ちこんだ.

補足　前置詞 pour は割合「～につき」を表し，名詞 cent「100」との 2 語からなる.「パーセンテージ」は男性名詞 pourcentage. cent pour cent は「100%」の意味 (例：pull cent pour cent laine「ウール 100% のセーター」).

263* pour qn/qch (支持・擁護)　～に賛成して，～の味方をして

▶ J'ai voté pour lui.　彼に投票した/賛成票を投じた.
▶ Je suis pour ce projet.　私はこの計画に賛成です.
「賛成です」の意味で Je suis pour. だけでも使われる.
▶ Est-ce que vous êtes pour ou contre cette loi?
あなたはその法律に賛成ですか反対ですか.
前置詞 contre「～に反対して」が反意語 (cf. 264).

補足　être partisan(e) de qn/qch[de+inf.]「～に[～することに]賛成する」という上級レベルの表現もある (例：Je suis partisan(e) d'y aller.「私はそこに行くことに賛成だ」).

264　pour ou contre　賛成か反対か

▶ Vous êtes pour ou contre ce projet?
あなたはその計画に賛成ですか反対ですか.

補足　例文は前置詞として使われたものだが，この表現は副詞的に用いることもできる (例：Tu es pour ou contre?「君は賛成ですか反対ですか」). voter pour ou contre なら「賛否の票を投じる」という意味になる.

265* pour son âge　年の割に

▶ Il est grand pour son âge.　彼は年の割に背が高い.

補足　所有形容詞 son は人称に応じて変化する. âge は「年齢」のほかに「(一生のある)時期」「(歴史上の)時代」という意味もある (例：âge de raison「物心つく年頃」, Moyen Age「中世」).

266　C'est pour qn.　それは人へのプレゼントだ[人のためのものだ].

▶ Tiens, c'est pour toi!　はい，プレゼント.
人にプレゼントを手渡すときのひと言.「はい，どうぞ」とも訳せる.
▶ Les livres, c'est pour les enfants.
その本は，子どもたちのためのものだ.
文脈によって「子ども向けだ」とも解せる.

> 補足 文脈で多様な訳が可能だが、通例は、C'est un (petit) cadeau pour qn のこと。宛先や用途「～のための、～向けの」を表す pour を用いた形。

8 前置詞その他 (問題6対応)

267* chez　～の店[会社]に

▶ Va acheter du pain chez le boulanger!
パン屋にパンを買いに行って来てよ．
boulanger は「パン屋さん（人）」の意味．もし，boulangerie「パン屋（店）」なら aller à la boulangerie「パン屋に行く」と表現しなくてはならない (cf. 44)．

▶ Tu dois aller chez le dentiste.　君は歯医者に行くべきだ．
aller chez le dentiste で「歯医者に行く」の意味．ほかに，aller chez le coiffeur「美容院[床屋]に行く」，s'habiller chez Hermès「エルメスで服をつくる」など．

> 補足 〈aller chez＋定冠詞＋職業（人）〉で「～の店に行く」の意味になる．

268* comme（資格）　～として

▶ Elle a été engagée comme secrétaire.　彼女は秘書として雇われた．
▶ Il est connu comme artiste mais pas comme écrivain.
彼は芸術家として知られるが、作家としてはそうでもない．
▶ Qu'est-ce que tu prends comme entrée?
アントレ（メインの前に出される料理）は何にする．
Qu'est-ce que tu veux comme entrée? でも同じ意味になるが，vouloir はどちらかと言えばお金を支払う側（おごる側）の使う表現．
▶ J'ai pris un gâteau au chocolat comme dessert.
私はデザートにチョコレートケーキを食べた．
▶ Qu'est-ce que tu prends comme dessert?　デザートは何にする．
▶ Comme boisson, monsieur?—Un thé au lait, s'il vous plaît.
「お飲み物は？」「ミルクティーをひとつ」

> 補足 見出し語の意味の場合，後続の名詞は多くの場合，無冠詞になる (cf. 269)．〈en tant que＋無冠詞名詞〉と同義．

269 comme（比較・類似）　～のように，～と同じく

▶ Il faisait très chaud comme en plein été.
真夏のようにとても暑かった．
▶ Je suis professeur de sociologie comme mon grand-père.
私は祖父と同じく社会学の教師です．
▶ Faites comme moi!　私のようにしてください．

> 補足 comme は前置詞や副詞のような機能も果たすが，文法上は接続詞という扱い．

270　contre（交換）　～と交換で

▶ Changeons des yens contre des dollars.　円をドルに交換しよう．
フランス語でない yen には複数の s をつけないとする考え方もあるが，現在では yens とすることが多い．

補足 donner「与える」，échanger「交換する」などの「授与や交換」を意味する動詞とともに使われる（例：échanger A contre B「A を B と交換する」）．

271　contre（対立・接触）

❶ ～に反して，逆らって

▶ Elle est en colère contre moi?　彼女は私に腹をたててるの？
être en colère contre qn「人に対して腹をたてる」という熟語．

▶ Il a nagé contre le courant.　彼は流れに逆らって泳いだ．
nager à contre-courant という言い方もする．

❷ ～に接して，くっつけて

▶ Il était assis contre la porte.　彼はドアに寄りかかって座っていた．
▶ Poussons la table contre le mur !　テーブルを壁の方へ押しつけよう．

補足 contre は本来，人と人，物と物，あるいは人と物との対立関係を表す語．そこから，接触の「～に接して，～に押し付けるようにして」というニュアンスも生まれる．appuyer「寄りかかる」，pousser「押す」，presser「押しつける」など動きを伴う動詞とともに用いられることが多い．

272　depuis（時間・期間・場所）

❶（時間・期間）～ 以来，～から，～の前から

▶ Depuis quand êtes-vous ici? — Depuis deux ans.
「いつからここにお住まいですか」「2 年前からです」．
例文の質問は Depuis combien de temps êtes-vous ici? とも言い換えられる．なお，時間の「～から」の意味で過去を起点とする際には depuis を，現在・未来に起点を置くときには à partir de を用いる（例：à partir d'aujourd'hui「今日から」）．

❷（場所）～ から

▶ Vous pouvez voir le toit du Panthéon depuis la chambre.
部屋からパンテオンの屋根が見えます．

補足 英語の since と異なり，「場所」の起点も表す点に注意したい（cf. 73）．

273　A（数詞）fois par B（時間の要素）　B につき A 回

▶ Mon père me téléphonait dix fois par semaine.
父は週に 10 回電話してきた．
▶ Il se brosse les dents trois fois par jour.　彼は 1 日に 3 回歯を磨く．

▶ Je vais au cinéma une ou deux fois par mois.
私は月に 1，2 回映画を見に行く．
▶ Je vais à Cannes une fois par an.　私は年に 1 度はカンヌを訪れる．
補足 頻度を表現する定番の言い回し．par は「〜当たり，〜につき」と単位を表し，その単位となる名詞は無冠詞単数形となる．なお，par B の部分を〈定冠詞＋B〉とすることもできる（例：une fois la semaine「週に 1 回」）．

274 **par**（配分・反復）　〜単位で，〜にわたって，〜ずつ

▶ J'achète des chemises par douzaine(s).
私はダース単位でシャツを買う．
▶ Entrez un par un!　1 人ずつ入りなさい．
〈名詞＋par＋名詞〉で反復を強調した例．
補足 数詞にからむ語をしたがえて〈par＋無冠詞名詞（単位・数量）〉で用いられる．ほかに dix euros par heure「時給 10 ユーロ」，cent euros par personne「1 人あたり 100 ユーロ」，jour par jour「日に日に」などなど．

275 **par exemple**　たとえば

▶ Est-ce que tu aimes les fromages français? Le roquefort par exemple?
フランスのチーズは好き？ たとえばロックフォールは？
補足 〈par＋無冠詞名詞〉の副詞句．話し言葉で驚きや不信を表すケースもある（例：Ça, par exemple!「そんな馬鹿な，まさか，何と」，Non, par exemple!「冗談じゃない」）．

276 **par ici**　こちらを通って，こちらへ，このあたりに

▶ Passez par ici!　こちらを通ってください．
▶ Par ici la sortie.　こちらが出口です．
▶ Mes parents habitent par ici.　私の両親はこの辺に住んでいる．
▶ Je cherche une banque.—Il n'y en a pas par ici.
「銀行を探しています」「このあたりにはありませんよ」
補足 離れた場所については par là を使う（例：Passez par là!「そちらを通ってください」）．

277 **parmi**　〜の中で［へ，から］

▶ Parmi mes camarades de classe, Nicolas est le plus sérieux.
私のクラスメートの中で，ニコラが 1 番まじめだ．
補足 「(3 人・3 つ以上の人や物の集まり・集団)の中で」という場合に，複数名詞または集合名詞の前で用いられる．「(2 人・2 つの物)の間で」は前置詞 entre A et B を用いる．

278 pendant longtemps　長い間

▶ Pendant longtemps, il a travaillé à Madrid.
長い間，彼はマドリードで働いた．

▶ Mon oncle a habité ici pendant longtemps.
叔父は長い間ここに住んでいた．
「長い間［ずいぶん前から］ここに住んでいる」と表現するなら，Mon oncle habite depuis longtemps. とする．

補足 avant longtemps は「やがて近いうちに」，il y a longtemps は「ずっと以前に」という意味になる．

279　pendant que＋直説法

❶ (時間) ～ する間 (に), ～ している間 (に)

▶ Pendant que tu es au Japon, va voir Hiroshima.
君が日本にいる間に，広島へ行ってみたら．
この例は〈maintenant que＋直説法〉と類義．

▶ Il regarde la télé pendant qu'il révise sa leçon.
彼は授業の復習をしながら，テレビを見ている．
Il regarde la télé en révisant sa leçon. と言い換えられる．

▶ Elle est partie pendant que ses parents dormaient.
両親が寝ている間に彼女は出発した．
この直説法複合過去と半過去の組み合わせは，仏検 4 級レベルから動詞（活用）の問題で問われるパターン．

❷ (対立) ～ しているのに

▶ Tu t'amuses pendant que je travaille !
私が働いているのに，君は遊んでいるわけ．
〈alors que＋直説法〉，あるいは〈tandis que＋直説法〉が類義になる．

補足 ❷の訳は盲点になりやすい．

280　sans（条件・仮定）　～がなければ

▶ Sans lui, elle ne sera pas heureuse.
彼なしでは，彼女は幸せになれないだろう．

▶ Sans cet accident, nous serions arrivé(e)s à l'heure.
あの事故がなければ，われわれは時間どおりに着いていたのに．

補足 sans が文頭に置かれて，「～がなければ（～ だろう，～だったろう）」という条件や仮定を表す定番の形．主節の動詞は直説法単純未来形か条件法になることが多い．

281　vers（時間）　～ (の) 頃に

▶ Il arrive vers sept heures.　彼は 7 時頃に着きます．

8 前置詞その他　77

補足 おおよその時を表す．日常の会話では語末の s はリエゾンしない．時刻だけでなく，日付や年代などでもよい（例：vers le 20 mars「3月20日頃に」, vers la mi-juin「6月中旬頃に」, vers l'année 1980「1980年頃」, vers vingt ans「20歳の頃に」）．

9 avoir を使った表現

282* avoir beaucoup de choses à faire
なすべきことがたくさんある

▶ Tu as beaucoup de choses à faire.
君にはやらなければならないことがたくさんある．

補足 avoir beaucoup à faire とも言う．〈beaucoup de＋無冠詞名詞〉「たくさんの～」に「義務・予定」を意味する à＋inf.「～すべき」が添えられた形．動詞は avoir でなくてもかまわない（例：Il me reste encore beaucoup de choses à faire.「私にはやらなくてはならないことがまだ残っている」）．

283* avoir besoin de qn/qch [de＋inf.]
～が［～することが］必要である

▶ J'ai grand besoin d'argent.—Alors, tu veux que je te prête 500 euros?
「どうしてもお金が必要なんだ」「じゃ，500ユーロ貸して欲しいの」
grand は強めになるので，そこそこの額が前提になる．

▶ Tu as besoin de repos.　君には休暇が必要だ．

▶ J'ai besoin de partir tout de suite.
私はすぐに出発しなければならない．

補足 besoin「（生命や機能を保つために必須なものが欠けていることから派生する）必要，欲求」を意味する語．なお，au besoin あるいは en cas de besoin は「必要な場合には」という意味（例：Téléphonez-moi au besoin.「必要があれば電話してください」cf. 1361）．

284* avoir du courage　勇気［やる気］がある

▶ Ayez du courage!　がんばれ．
tutoyer「tu を使って話す」相手なら Aie du courage! となる．「やる気［元気］を出して，気をしっかり持って」とも訳せる．省略して，Du courage! や Courage! とも言う．

▶ Je n'ai pas de courage aujourd'hui.　今日はやる気がでない．
部分冠詞 du が否定文中で de になる点に注意．

補足 avoir du courage pour＋inf. は「～する勇気［気力］がある」という意味で，同義の表現として avoir le courage de＋inf. がある（cf. 285）．なお，Bon courage!「がんばって」は何かを始めようとする人に向かって言う励ましの言葉（cf. 196）．donner du courage à qn は「人を励ます」という意味で encourager と同義になる（cf. 1620）．「やる気をなくす」は perdre courage と言う（cf. 1746）．

285　avoir le courage de＋inf.　〜する勇気[気力]がある

▶ Elle n'a pas eu le courage de te dire la vérité.
　彼女は君に本当のことを言う勇気がなかった．

補足 この表現には「あえて〜する」というニュアンスが含まれる．部分冠詞を使った avoir du courage「勇気がある」とは異なり，定冠詞が用いられる（cf. 284）．

286*　avoir du temps　時間がある，暇がある

▶ Vous avez du temps lundi matin?　月曜の午前中に時間はありますか．
▶ Je n'ai pas de temps.　時間がない/忙しい．
　Je n'ai pas de temps libre. とも言う．これを Je n'ai pas le temps. と定冠詞にすると「（ある事柄をする）そうした時間がない」という意味になる．

補足 avoir du temps libre なら「暇な時間がある」，avoir du temps de libre なら「時間があいている」，avoir du temps devant soi なら「時間の余裕がある」といった意味になる．通常，le temps が「（刻々と過ぎてゆく）時，時計時間」を指すのに対して，部分冠詞を用いた du temps は「（ある長さを持つ）時間，暇」を意味する．

287　avoir de l'appétit　食欲がある

▶ J'ai de l'appétit aujourd'hui.　今日は食欲がある．
▶ Tu ne vas pas bien? — Non, je n'ai plus d'appétit depuis trois jours.
　「元気がないね」「うん，3日前からずっと食欲がないんだ」
　否定疑問文への対応とともに，否定文中での冠詞の変化にも注意したい．

補足 男性名詞 appétit は「食欲，本能的欲求」の意味．「食欲旺盛に食べる」は manger de [d'un] bon appétit という．Bon appétit!「たっぷり召し上がれ」はこれから食事をする人に対する定番のひと言（cf. 441）．

288　avoir des nouvelles de qn
　　　　人から便りをもらう，人の消息を知っている

▶ Avez-vous des nouvelles de Camille?
　カミーユから連絡がありますか．
　「カミーユの近況を知っていますか」とも訳せる．

補足 nouvelle は「知らせ，情報」の意味，複数形の nouvelles は「（テレビ・ラジオなどの）ニュース」という意味でも使われる．

289 avoir l'air＋形容詞［d'un（e）＋名詞/de＋inf.］
〜のように見える

▶ Elle a l'air fatigué(e).　彼女は疲れているようだ.
主語が物の場合は形容詞は主語の性・数に一致する．主語が人のときは主語か男性単数名詞 air のいずれに一致してもよい．
▶ Ta maison a l'air d'un château.　君の家はまるでお城のようだ.
▶ Ils ont l'air de s'amuser.　彼らは楽しんでいるようだ.
補足 類義の動詞に sembler, paraître がある．

290 avoir l'idée de＋inf.　〜しようと思いつく

▶ Comme il faisait beau, j'ai eu l'idée de faire une promenade en voiture.
天気がよかったので，ドライブしようと思いたった．
補足 類似の表現として avoir une idée「（ある考えを）思いつく」がある（cf. 93）．

291 avoir l'intention de＋inf.　〜するつもりである

▶ On a l'intention de partir dans deux semaines.
2 週間後には出発するつもりです．
補足 あまり近い未来の行動には使いづらい．たとえば例文を dans 30 minutes「30 分後」とすると，une intention「意図，心づもり」ではなく une certitude「確実な事態」となる．compter＋inf.（cf. 1134），être pour＋inf. とほぼ同じ意味．見出し語を否定にすると，「〜するつもりはない」という意味になる（例：Je n'ai pas l'intention d'arrêter de travailler．「私は仕事をやめる気などない」）．

292 avoir de la chance（de＋inf.）　（〜するとは）運がいい

▶ Il a de la chance!　彼はラッキーだ［ついている］.
▶ Je n'ai pas de chance.　私には運がない.
否定文では部分冠詞 de la が de になる点に注意．
▶ Vous avez de la chance d'aller à Nice.
ニースに行けるなんて運がいいですね．
「うらやましい」という含みがある．
補足 chance「運，幸運」は，「見込み，可能性」という意味もある．この場合，多くは複数形になる（例：mes chances de succès「私が成功する可能性」）．なお，avoir la chance de＋inf. は「運よく〜する，〜する幸運にめぐまれる」という意味の熟語（cf. 657）．

10 être を使った表現

293* être aimé(e) de qn　人に愛される

▶ Elodie est aimée de tout le monde.　エロディはみんなに愛されている．
Tout le monde aime Elodie. の受動態．

補足 受動態の動作主は，一般に動作・行為を切り取る受け身のケースでは par によって導かれる．しかし，「愛される，尊敬される」のように評価や名声が継続的であるとき，あるいは習慣的な行為を表す場合であれば de が用いられる（例：Ce professeur est respecté de ses élèves.「その先生は生徒たちに尊敬されている」cf. 240）．

294* être en train de+inf.　～している最中である

▶ Il est en train de lire.　彼は読書中だ．
▶ Emile était en train d'écrire une lettre à Paul.
エミールはポールに手紙を書いているところだった．

補足 この train は「列車，連なっているもの」の意味から，「事の進行状態，事柄が始まっている状態」を指す．en train は「(仕事などが) 始まった，進行中の」という意味で，mettre qch en train なら「～に着手する」（名詞は mise en train で「着手，ウォーミングアップ」）の意味．なお，この熟語を「電車のなかで」と訳すミスをしないように．

295* être occupé(e)
(人が) 忙しい，手がふさがっている，(場所が) 使用中の

▶ Je suis occupé(e) aujourd'hui.　今日は忙しい．
▶ La ligne est occupée.　(電話で) 話し中だ／回線がふさがっている．
▶ Les toilettes sont occupées.　トイレは使用中です．
たとえば，機内でのひと言．

補足 類義の表現に être pris(e)「予定が詰まっている，用事がある」がある (cf. 691)．反意の表現は être libre「(人が) 時間がある，空いている」．

296** être content(e) de+inf.　～できて嬉しい[満足だ]

▶ Je suis content(e) de vous voir.　お会いできて嬉しいです．

補足 de 以下は物や人でもかまわない（例：Il est content de sa nouvelle voiture.「彼は新しく買った車に満足している」）．また，レベルはあがるが〈être content(e) que+接続法〉という形もある（例：Je serais content(e) que vous veniez.「あなたが来てくださると嬉しいのですが」）．

297　être heureux(se) de+inf.　～してうれしい，喜んでいる

▶ Je suis très heureux(se) de vous rencontrer [connaître, voir].

お目にかかれてとてもうれしく思います/はじめまして．
▶ Très heureux(se) de vous connaître[de faire votre connaissance].
はじめまして．
初対面の人に対する挨拶．直訳すると「あなたと知り合いになれてとてもうれしい」．

補足 de+inf. が heureux(se) の「理由・原因」を表している．content(e) de+inf.「～してうれしい」よりは少し強い意味になる (cf. 296)．〈être heureux(se) que+接続法〉は「～することがうれしい」という言い方 (例：Il est heureux qu'elle soit venue.「彼は彼女が来てくれたのがうれしい」).

298 être facile à+inf.　～するのは簡単だ，たやすい

▶ Tu arrêtes de fumer? C'est facile à dire.
タバコをやめるだって？ 言うだけなら簡単だよ．
この例文の C'est は省略できる．また諺なら，C'est facile à dire, mais difficile à faire.「言うはやすく行うは難し」と続く．

299 être difficile à+inf.　～するのが難しい，～しにくい

▶ C'est difficile à expliquer.　それは説明するのが難しい．

補足 difficile の反意語は facile「簡単な」で，同様の構文が可能 (cf. 298)．非人称構文 Il est[C'est] difficile de+inf.「～するのが難しい」の意味上の主語を導く前置詞 de と混同しないように．

300 être à l'heure　時刻どおりに，定刻に

▶ Elle est toujours à l'heure.　彼女はいつも時間どおりだ．
▶ L'horloge de la cathédrale n'est pas à l'heure.
大聖堂の大時計は合っていない．
▶ Soyez à l'heure!　時間を守りなさい．

補足 arriver à l'heure「定刻に到着する」も記憶したい．反意語は en retard「遅れて」(cf. 257)．また「定刻より前に」は en avance と言う．なお，à l'heure は「1 時間につき」という表現にも使われ，「時速」(例：80 km à l'heure「時速 80 キロ」) や「時間決めで」(例：payer à l'heure「時給で支払う」) という意味にもなる点に注意．

301 être à table　食卓についた，食事中の

▶ Le téléphone a sonné quand nous étions à table.
私たちが食事をしているときに電話が鳴った．

補足 この熟語では table は無冠詞で用いられる．A table!「食卓にどうぞ，ご飯だよ」は，食事の用意ができたときの呼びかけの表現になる．

302 être d'accord avec qn/qch [pour+inf.]
～に賛成である，同意する

▶ Je suis d'accord avec toi. 私は君に賛成だ．
▶ Je suis d'accord avec sa décision. 私は彼［彼女］の決定に同意する．
sur sa décision も可．
▶ Tu es d'accord pour venir ce soir?
今晩来てくれるということでいい？

補足 d'accord は副詞句で「(同意) 賛成である」の意味．D'accord．(俗語では d'acc，d'ac と略す．発音は[dak])だけでも「OK，いいですよ，わかりました」を表す (cf. 16)．

303 être en colère (contre qn) （人に対して）怒っている

▶ Valérie est en colère contre son fils.
ヴァレリーは息子に対して怒っている．

補足 colère は女性名詞で「怒り」．en は「(状態・性質が) ～の」を表す (cf. 63)．怒りの対象は「対立，敵対」を指す前置詞 contre「～に対して」に続ける．類義の表現に être fâché(e) (contre qn) がある．

304 être gentil(le) avec qn 人に親切である

▶ Soyez gentil avec votre femme! 奥さんに優しくしてあげて．
▶ Ma mère est trop gentille avec ses petits-enfants.
私の母は孫たちに甘すぎる．

補足 être gentil(le) de+inf.「～してくれて親切である」を用いて Vous seriez(serez) gentil(le) de+inf. とすれば，丁寧な依頼の表現（あるいは婉曲的な命令）になる（例：Vous seriez gentil(le) de m'aider.「ぜひ手を貸していただけませんか」）．

305 être marié(e) 結婚している，既婚である

▶ Elle est mariée ou célibataire? 彼女は結婚しているの，それとも独身？

補足「結婚している」状態を表現する．見出し語の反意は être célibataire「独身である」．関連する動詞 marier は「結婚させる」という意味で，「人と結婚する」という動作は代名動詞 se marier avec qn が使われる．

11 faire を使った表現

306 faire une promenade 散歩する

▶ J'ai fait une promenade dans le jardin du Luxembourg.
私はリュクサンブール公園を散歩した．
▶ Si on allait faire une petite promenade? ちょっと散歩しない？

faire un petit tour「(その辺を) ひとまわり」としても同義になる．なお，〈Si＋主語＋動詞 (直説法半過去)?〉で「〜しませんか」という誘いの表現 (仏検3級で出題頻度が高い).

補足「散歩する」には se promener, あるいは会話で se balader が使われる．「気ままにぶらぶら歩く」は flâner という．なお，faire une promenade à bicyclette あるいは faire du vélo で「サイクリングする」(ただし，スポーツ競技としてなら faire de la bicyclette を用いる), faire une promenade en voiture, faire un tour en voiture で「ドライブする」となる．レベルはあがるが，aller se promener「散歩に行く」の類義語に prendre l'air「戸外を散歩する，外気にあたる」という言い方もある．

307* faire un cadeau à qn　人にプレゼントをする

▶ J'ai fait un cadeau à mes parents.　両親にプレゼントをした．

補足 見出し語は offrir un cadeau à qn の形でも使われる (cf. 348). プレゼントの品を明示するなら，不定冠詞を用いずに，faire cadeau de qch (à qn)「(人に) 〜 をプレゼントする」とする (cf. 1105). 包装を店員に依頼するなら，Vous pourriez me faire un paquet(-)cadeau?「プレゼント用に包装してもらえますか」，あるいは C'est pour offrir.「(これは) 贈り物です」が定番のひと言．ついでながら，フランスでは「金銭」をプレゼントとして贈る習慣はないので注意を要する．

308 faire des [les, ses] courses　買い物をする

▶ Tu viens faire des courses avec moi?　一緒に買い物に行く？
▶ Nous allons faire les [nos] courses au supermarché.
　私たちはスーパーに買い物に行く．

補足 faire des courses は「ショッピングをする」(＝faire du shopping, faire des achats) の感覚で使われるが，何を買うか明瞭でないという含意がある．faire les[ses] courses は「(スーパーなどで) 日用品を買う」(＝faire les commissions) の意味で用いられる．細かく言えば，les courses は何を買うか大まかなイメージが決まっているとき，mes courses はさらに買い物の中身が具体化している場合に用いられるようだ．

309 faire du bruit　音をたてる，騒ぐ，話題になる

▶ Les voisins font du bruit toute la journée.
　隣の人たちが1日中騒いでいる．
▶ Ce livre a fait du bruit l'année dernière.　この本は去年話題になった．

補足 du は部分冠詞．sans faire de bruit なら「音をたてずに，そっと」の意味．見出し語を強調した faire beaucoup de bruit もよく用いられる．faire beaucoup de bruit pour rien は「つまらないことに騒ぎ立てる」という熟語．あわせて，faire grand bruit は「騒音をたてる，大評判になる」という意味で使われる．

310 faire du café　コーヒーを入れる

▶ J'ai fait du café pour les invités.　客のためにコーヒーを入れた．

補足「お茶を入れる」は faire du thé で，prendre du café は「コーヒーを飲んでいる［楽しんでいる］」の意味．

311 faire la classe　（主に小中学校で）授業をする

▶ C'est Monsieur Legrand qui fait la classe aujourd'hui.
今日はルグラン先生が授業をする．
faire cours も類義．

補足 この classe は教室での「授業」や「学校教育」を指す．avoir classe は「授業がある」の意味（例：On n'a pas classe le mercredi.「水曜日は授業がない」）．

312 faire la vaisselle　皿洗いをする

▶ Tu peux faire la vaisselle, s'il te plaît ?　皿洗いしてくれる？
▶ Je vais faire la vaisselle. Tu peux m'aider ?
お皿を洗うよ．手伝ってもらえる．

補足 vaisselle は集合名詞で「食器類」．この表現では食事に使った後の汚れた食器類（またはそれらを洗うこと）を指す．ほかに，laver la vaisselle「食器を洗う」，essuyer la vaisselle「（洗った後の）食器を拭く」（例：Je vais t'aider à essuyer la vaisselle.「お皿を拭くのを手伝うよ」）．

313 faire le ménage　家事をする，（家の）掃除・片付けをする

▶ J'aime bien faire la cuisine mais je n'aime pas beaucoup faire le ménage.
料理をするのは好きだが，掃除をするのはあまり好きではない．

補足 ménage は「家事（一般）」の意味だが，主に家の中での掃除や片付けを指す．類義語に nettoyer「掃除する」がある．femme de ménage は「家政婦，お手伝いさん」だが，現在では aide ménagère と表現することが多い．

12 非人称構文

314 Il est [C'est] facile (à qn) de+inf.
（人にとって）～するのは簡単だ．

▶ Il n'est pas facile d'apprendre ce texte par cœur.
このテクストを暗記するのは容易ではない．

補足 非人称主語 il が de+inf. の内容を表す構文．〈être+形容詞+à+inf.〉「～するのに～だ，～するのに～な」を用いて書き換えられるケースもある（cf. 672）．たとえば，例文

は Ce texte n'est pas facile à apprendre par cœur. と言い換えられる.

315 Il est [C'est] difficile (à qn) de+inf.
（人にとって）〜するのは難しい.

▶ C'est difficile de vivre avec Cécilia, elle est vraiment impossible.
セシリアと暮らすのは大変だ，彼女は本当に手に負えないんだ.

316 Il est [C'est] possible de+inf. [que+接続法]
〜することは可能である，〜かもしれない.

▶ Ce n'est pas possible de vous donner une réponse tout de suite.
すぐにお返事はできません.
▶ Il n'est pas possible d'envoyer ce colis par avion.
まさかこの荷物を航空便で送るなんてあり得ない.
▶ Il est possible qu'elle soit en retard!
彼女が遅刻するのはあり得ることだ.
Possible qu'elle soit en retard! とすることもできる.
補足 会話でよく使われる Pas possible! は「まさか」という意味.

317 Il est [C'est] impossible de+inf. [que+接続法]
〜は不可能だ，ありえない.

▶ Il est impossible de trouver un bon hôtel dans ce quartier.
この界隈によいホテルを見つけるのは不可能だ.
▶ Il est impossible qu'il se soit trompé.
彼が間違ったということはありえない.

318 Il est [C'est] nécessaire de+inf. [que+接続法]
〜する必要がある.

▶ C'est nécessaire de réserver les billets à l'avance?
事前にチケットを予約する必要がありますか.
▶ Il n'est pas nécessaire que vous y alliez vous-même.
あなた自身がそこへ行く必要はありません.
補足「もし必要なら」si (c'est) nécessaire も記憶したい.

13 動詞 (問題2 ほか対応)

319 A aller (bien) avec B　A は B に似合う[調和している]

▶ Je cherche une cravate qui va bien avec cette chemise.

私はこのシャツに似合うネクタイを探している．

補足「A（衣服・色）が B に似合う［マッチする］」の意味．「人に似合う」なら aller（bien）à qn とする．「この 2 つの色が調和している」なら Ces deux couleurs vont bien ensemble. などと表現する．なお，この例文は関係詞節に接続法を用いて qui aille bien... とすることもできる．

320　aider qn à+inf.　人が～するのを助ける［手伝う］

▶ Je peux vous aider?　お手伝いしましょうか．
à+inf.「～するのを」の箇所がなくても使える．
▶ Elle a aidé la vieille dame à monter l'escalier.
彼女は年老いた婦人が階段を上がるのを助けた．
▶ Tu peux m'aider à préparer le dîner?　夕食作るの手伝ってもらえる？

補足 aider は物理的・精神的に人を支援することを表すために，最も広く用いられる語．この表現は qn「人が」の箇所が不定詞の意味上の主語になる．

321　aimer+inf.　～するのが好き，（できれば）～したい

▶ Tu aimes chanter?　歌うのが好き？
▶ J'aimerais (bien) te revoir bientôt.
近いうちにまたお会いしたいものです．
しばしば bien を伴う．

補足〈aimer 直説法+inf.〉は「～するのが好き」を表す．一方，〈aimer 条件法+inf.〉であれば「（できれば）～したいのですが」という意味になり，仮定的な願望を含む丁寧な口調になる（cf. 457）．

322* aller à qn

❶（衣服・髪型・色が）人に似合う
▶ Cette jupe va très bien à Sophie.
このスカートはソフィーにとてもよく似合う．
❷人の好みに合う，人に都合がいい
▶ Ce parfum va bien à ma tante.
その香水は叔母のお気に入りだ［叔母にとても合っている］．
▶ Pour la prochaine réunion, le 7 avril vous va?
次の会議ですが，4 月 7 日はいかがですか．
相手の都合を聞く表現（cf. 445）．Pour la prochaine réunion, le 7 avril ça vous va? と ça を添えてもいい．

323* aller mieux　（健康状態・状況などが）よくなる

▶ Vous allez mieux?　よくなっていますか．

▶ Le malade va mieux.　その病人は回復に向かっている．
▶ Les affaires iront mieux l'année prochaine.
来年，事業は上向きになるだろう．
補足 mieux は副詞 bien の優等比較級．aller　bien「(人が) 元気だ，(物事が) 順調だ」という表現の比較級 (cf. 110)．

324　aller chercher qn　人を迎えに行く

▶ Il va chercher son grand-père à la gare.　彼は駅へ祖父を迎えに行く．
▶ Tu peux aller chercher ma fille à l'école?
私の娘を学校まで迎えに行ってくれない．
補足 aller−inf. は，近接未来「〜するところだ，もうすぐ〜する」(cf. 112) のほかに，この表現のように「〜しに行く」を表すことができる．chercher　qn/qch で「〜を探す」という意味．類似の表現に venir chercher qn「人を迎えに来る」がある (cf. 859)．

325　apprendre qch [à+inf.]

❶〜を[〜することを]学ぶ
▶ J'apprends le français à l'université.
私は大学でフランス語を学んでいる．
▶ Elle apprend à conduire depuis un mois.
彼女は1か月前から運転を習っている．
❷〜を[〜することを]教える
▶ Il apprend le japonais à Christophe.
彼はクリストフに日本語を教えている．
▶ Elle apprend à lire à son fils.　彼女は息子に読み方を教えている．
補足 apprendre は「学ぶ」と「教える」の両方の意味を持つ語．なお「学ぶ」場合，apprendre は「(受動的に初歩を) 学ぶ」，étudier は「(能動的・積極的に) 勉強する，研究する」，そして travailler は自動詞で学ぶ対象を明示せずに「勉強する」の意味．

326　appuyer sur qch　〜を押す，押しつける

▶ Appuyez sur ce bouton, s'il vous plaît!　このボタンを押してください．
補足 presser　qch は類義の表現．代名動詞を使った s'appuyer sur [à, contre] qch は「〜にもたれる，身を支える」という意味になる (cf. 1210)．

327*　changer de train　列車を乗り換える

▶ J'ai changé de train à Lyon.　私はリヨンで列車を乗り換えた．
▶ On change de train pour Kanazawa.　金沢行きはここで乗り換えです．
Il faut changer de train pour Kanazawa ici.「ここで金沢行きに乗り換えなくてはならない」．

補足 他動詞の changer が「(内容に質的な) 変化を加える」あるいは「(別の物や人に) 取り替える」という意味であるのに対して (例：changer sa vie「人生を変える」, changer la roue de la voiture「タイヤを交換する」), 〈changer de＋無冠詞名詞 (単数)〉は〈de＋無冠詞名詞 (単数)〉で変更する部分を明示して「～を変える, 変わる」という意味になる (例：changer d'école「転校する」, changer de chaîne「(テレビの) チャンネルを変える」, changer de couleur「顔色を変える」cf. 756)。なお, 英語の change trains につられて, 見出し語の train を複数にしないように。

328* continuer à＋inf.　～し続ける

▶ Il a continué à parler.　彼は話し続けた。
▶ La neige continue à tomber.　雪が降り続いている。
　Il continue à neiger. でも同義。

補足 continuer de＋inf. もあるが, これは改まった表現。同義の熟語に ne (pas) cesser de＋inf. がある (cf. 754). continuer qch は「～を続ける, ～を継承する」の意味になる (例：continuer ses études「勉強を続ける」, continuer la tradition「伝統を受け継ぐ」). continuer が名詞化した continuation を用いた Bonne continuation!「(仕事などをしている人に) これからも頑張って」という表現もある。

329 commencer à＋inf.　～し始める

▶ Je commence à travailler à huit heures.　私は 8 時に仕事を始める。
▶ Il commence à pleuvoir.　雨が降り出した。

補足 この熟語は基本的に, 話者が事前に予想していたことが「始まる」ときに用いる。それ以外の大半のケースでは広く se mettre à＋inf. が用いられる (例：Il s'est mis à rire.「彼は笑い始めた」)。

330 décider de＋inf.　～することに決める

▶ Tu as décidé d'aller en France?　フランスに行くことに決めた？
▶ Nous avons décidé de partir à huit heures.
　私たちは 8 時に出発することに決めた。

補足 décider qn à qch [à＋inf.] ならば,「人に～を[～することを]決心させる」という意味 (例：J'ai décidé ma fille à se marier.「私は娘に結婚を決意させた」). 代名動詞 se décider à＋inf. は,「あれこれ迷った末に[あれこれ考えた結果]～することにする[決定する]」という含意になる (例：Ils se sont enfin décidés à divorcer.「彼らはとうとう離婚することに決めた」cf. 1786)。

331 demander (à qn) qch [de＋inf.]
　(人に) ～ を [～することを] 要求する

▶ Je te demande de m'écouter.　私の言うことを聞いてください。

▶ Je vous demande pardon.　失礼しました/申し訳ありません.
1 語なら Pardon! となる（cf. 764）.
補足 prier qn de+inf. とほぼ同義（cf. 1753）. demander (à qn) qch の展開で,「人に助言を求める」demander conseil à qn,「人に頼みごとをする」demander un service à qn など多くの熟語表現を作る.

332* descendre de＋場所・乗物

❶（下へ）降りる，下る
▶ Gabriel est descendu d'un arbre.　ガブリエルは木から降りた.
❷（乗物から）降りる
▶ Elle est descendue d'avion.　彼女は飛行機から降りた.
descendre de voiture[de train, de cheval]「車[列車, 馬]から降りる」のように〈de＋無冠詞名詞（乗物）〉とするのが一般的.

補足 descendre は「降りる，下る」を意味する. 反意語は「登る，上がる」の monter.「～から」と起点を表す de を伴っている. なお，バスなどで「すみません，降ります」と周囲に声をかけるときには Pardon, je descends! という. あるいは，混んだ車内で Vous descendez (à la prochaine)?「(次で降りますか. でなければどいてください→) すみません，降ります」と口にしながら出口へと進むパターンも定番.

333　dire la vérité　本当のことを言う

▶ Il m'a dit la vérité.　彼は私に本当のことを言った.
dire la vérité à qn「人に真実を言う」.
▶ Pour dire la vérité, je n'aime pas Paul.
実を言えば，私はポールが好きではない.
この pour は補足を示す表現（例：pour prendre un exemple「一例を挙げると」）. なお，「実を言えば」は à vrai dire としても同義.
補足 反意の「本当のことを隠す」は cacher la vérité という.

334* dire qch à qn [à qn de＋inf.]
人に～を言う[～するよう命じる]

▶ Dis bonjour à tes parents.　ご両親によろしく.
「君の両親に bonjour と言って」が直訳.
▶ Je lui dirai la vérité.　彼[彼女]に本当のことを言おう.
▶ Dis-lui de venir tout de suite!　彼[彼女]にすぐ来るように言って.
▶ Le professeur a dit à l'étudiant d'attendre dans le couloir.
教師は学生に廊下で待つようにと言った.
補足 〈dire＋直接目的語＋間接目的語〉のパターン. de＋inf. をとるケースは，命令法の間接話法の形にもなる. 上記の最後の例文がそれにあたり，Le professeur a dit à l'étudiant：《Attendez dans le couloir》. という直接話法の文を置き換えたもの.

335　donner [fixer] (un) rendez-vous à qn　人と会う約束をする

▶ J'ai donné (un) rendez-vous à mon professeur.
私は教授と会う約束をした．

補足 具体的には「人と会う場所・日時を指定する」という意味．avoir (un) rendez-vous avec qn「人と会う約束がある」は仏検5級レベル．なお，rendez-vous「会う約束」は医者や弁護士などとの面会の「予約」という意味でも用いられる（例：J'ai pris un rendez-vous chez le dentiste.「私は歯医者に予約を入れた」cf. 92）．

336　entendre　聞こえる，理解する

▶ Est-ce que vous m'entendez? ― Non, je vous entends mal.
「私の言うことが聞こえますか」「いいえ，よく聞こえません」
答えは Non, je n'entends pas bien. とも言える．

補足 entendre は「（自然に耳に入り）聞こえる」で，écouter は「（注意を集中して）聞く」という差がある．なお entendu(e) は entendre から派生した形容詞で「わかった，承知した」の意味になる（例：C'est entendu, madame.「かしこまりました」）．

337　essayer de+inf.　～しようと試みる

▶ Essayez d'être à l'heure!　時間どおりに来てください．
▶ J'ai essayé de la convaincre.　私は彼女を説得しようとつとめた．

補足 類似の表現に s'efforcer de+inf.「～しようと努力する」，やや改まった言い方の tâcher de+inf.「～しようと努める」がある．なお，essayer qch は「～を試してみる，使ってみる」の意味．たとえば，Je peux essayer ce pantalon?「このズボンを試着していいですか」とか，essayer une voiture「車に試乗する」，essayer un plat「料理を試食する」など．

338*　finir qch [de+inf.]　～を終える，～をやり終える，～し終わる

▶ J'ai enfin fini mes devoirs.　やっと宿題が終わった．
▶ Tu as fini de manger? ― Non, pas encore.
「食べ終わった?」「いいえ，まだです」

補足「（最後まで）やり終える，fin（最終目的）を達成する」という意味になる（cf. 887）．類義語は terminer「（意識的に）結末をつける」，achever「（完成して）成し遂げる」．反意語は commencer「始める」（cf. 787）．

339　gagner　勝つ，稼ぐ

▶ L'équipe de France a gagné le match.　フランスチームが試合に勝った．
反意語は「負ける」perdre.
▶ Mon mari ne gagne pas assez.　私の夫は稼ぎが少ない．

avoir un salaire de misère「薄給である」という言い方もある．
補足 ほかによく使われるのが gagner sa vie「生計を立てる，生活費を稼ぐ」という表現．

340* habiter dans ＋都市　〜に［市内に］住む

▶ Mon oncle habite dans Paris.
叔父はパリの町なかに［パリ市内に］住んでいる．
補足 限定された空間の広がり（市内や市街地）を意識するときには dans（あるいは dans Paris intra-muros という言い方も使われる）になる．また，修飾語で限定されれば〈dans＋定冠詞＋都市〉となる（例：dans le Tokyo d'aujourd'hui「今日の東京」）．

341　jouer avec qn/qch　〜で［と］遊ぶ

▶ Robert joue avec son chien.　ロベールは飼っている犬と遊んでいる．
▶ Ne joue pas avec le feu!　火遊びはするな．
jouer avec le feu は比喩的に「危険に足を踏み入れる」の意味でも使われる．
補足 ほかに jouer avec une poupée「人形で遊ぶ」（jouer à la poupée とも言えなくはないが「人形を相手に，それを使って遊ぶ」には avec が使われる）などがある．

342* laisser un message　伝言を残す

▶ Voulez-vous laisser un message?　何かおことづけがありますか．
補足 message は「メッセージ，伝言，ことづけ」．laisser un message à qn で「人に伝言を残す」，laisser un message sur le répondeur で「留守番電話に伝言を残す」（例：Laissez votre message sur le répondeur après le bip sonore.「（留守番電話で）ピーという音の後にメッセージをお願いします」）．

343* mettre

❶〈qn/qch＋場所〉〜を〜に置く［入れる，記入する］
▶ Tu mets du sucre dans ton café?　コーヒーに砂糖は入れる？
▶ Mettez ici votre nom et adresse, s'il vous plaît!
ここにお名前とご住所をお書きください．
❷（衣服などを）着る，身につける
▶ Il met toujours une chemise bleue.
彼はいつもブルーのシャツを着ている．
❸（時間・費用などを）かける，費やす
▶ J'ai mis trois semaines à finir le travail.
仕事を終えるのに 3 週間かかった（cf. 804）．
❹〈A en［à］B〉A を B の状態にする
▶ Si tu dis ça, tu vas mettre Éva en colère.
そんなこというと，エヴァを怒らせることになるよ．

en colère で「怒って」の意味.
▶ Je vous mettrai au courant de la suite donnée à cette affaire.
その件についての続きはまたお知らせします.
mettre qn au courant (de ...) で「人に (〜についての) 情報を知らせる」の意味.

344　mettre qch dans ...

❶ 〜に〜を入れる
▶ J'ai mis du sucre dans mon café.　コーヒーに砂糖を入れた.
❷ 〜に (感情・能力等を) 注ぎ込む
▶ Il a mis toute son énergie dans ce travail.
彼はこの仕事に全精力を注ぎ込んだ.
❸ 〜に (金を) 費やす
▶ J'ai mis deux cent cinquante euros dans mon voyage.
私は旅行のために 250 ユーロ使った.
補足 mettre の基本は,〈mettre＋直接目的語＋場所〉で「〜を〜に置く, 入れる」の形 (例: Mon père a mis sa main sur mon épaule.「父は私の肩に手を置いた」). 見出し語は, この基本形を生かしたひとつの言い回し.

345　monter dans le train　列車に乗る, 乗車する

▶ Ils sont montés dans le train.　彼らは列車に乗り込んだ.
補足 prendre le train も「列車に乗る」の意味だが,「乗物の中へ」を明示する感覚でこの言い回しが使われる (例: monter dans un taxi「タクシーに乗る [乗り込む]」). なお, manquer le train で「乗り遅れる」, changer de train なら「乗り換える」の意味.

346　montrer qch à qn　人に〜を見せる

▶ Il a montré une photo à sa mère.　彼は母親に 1 枚の写真を見せた.
▶ Vous devez montrer votre passeport à la douane.
税関でパスポートを見せなくてはらない.
これは à qn ではなく〈montrer qch＋場所〉の用例. Vous devez montrer votre passeport au douanier. とすれば「税関吏にパスポートを見せなくてはならない」となる.
補足 présenter とか indiquer が類義語.

347　obéir à qn/qch　〜に従う

▶ Il obéit toujours à son père.　彼はいつも父親の言いつけに従う.
▶ Ce chien d'aveugle ne m'obeit absolument pas.
この盲動犬は私の言うことをまったくきかない.
補足 従順・服従を表す表現だが, 機械などの反応が正確であることも表す (例: Cette télévi-

sion n'obéit pas à la télécommande.「このテレビはリモコンが利かない」).

348* offrir qch à qn

❶ 人に〜を贈る，人に〜をプレゼントする
▶ Vous allez offrir quelque chose à votre fiancée?
あなたはフィアンセに何か贈りますか.

❷ 人に〜を提供する，差し出す
▶ Qu'est-ce que je vous offre comme dessert?
デザートに何を差しあげましょうか.
「(物・食事・サービスなどをご利用くださいと) その提供を申し出る」という含意.
▶ Entrons dans un café, je t'offre un verre!
カフェに入ろうよ，1杯おごるよ.
offrir un verre à qn「人に1杯勧める」の意味.

補足 ①にからんで，offrir qch comme cadeau は「〜を贈り物にする」という意味．類義だが，「人にプレゼントを贈る」なら faire[offrir] un cadeau à qn を使う (cf. 307).
②の用法は，仏検3級〜準2級レベルにあたる.

349 oublier qn/qch [de+inf.]　〜を[〜するのを]忘れる

▶ J'ai oublié le nom de cette actrice.
私はその女優の名前を忘れてしまった.
▶ J'ai oublié de rendre ce livre à la bibliothèque.
私はこの本を図書館に返すのを忘れた.
▶ N'oublie pas de fermer la porte à clé!
ドアに鍵をかけるのを忘れないで.

補足 間接疑問節を導くこともある (例:J'ai oublié si j'ai bien éteint ma cigarette.「ちゃんとたばこの火を消したかどうか忘れた」)．なお，〈oublier que+直説法〉なら「〜ということを忘れる」の意味になる.

350* préférer A à B　B よりも A の方が好きだ

▶ Je préfère cette cravate à l'autre.
私はそのネクタイよりこのネクタイの方が好きだ.
この例文の l'autre は l'autre cravate「もうひとつのネクタイ」の略.
▶ Elle préfère le thé au café.　彼女はコーヒーよりも紅茶が好きだ.

補足 aimer mieux A que B という類義表現もある (上記の例文を書き換えれば，Elle aime mieux le thé que le café. となる). préférer+inf. なら「〜する方がいい」という意味になる (例:Je préfère voir un autre film.「別の映画を見る方がいい」)．なお，préférer A ou B という次のようなパターンも仏検ではよく見かける (例:Vous préférez le café ou le thé?「コーヒーと紅茶どちらにしますか」).

351* prendre une photo　写真を撮る

▶ Je peux prendre une photo?　写真を撮ってもいいですか.
▶ J'ai pris une photo de ma femme devant l'église.
　私は教会の前で妻の写真を撮った.

補足 photo「写真」は photographie「写真術」の略語.「カメラ」は appareil あるいは appareil-photo という.「～を写真に撮る」なら photographier qn や prendre qn/qch en photo を使う（例：Excusez-moi, vous pouvez nous prendre en photo?「すみません，写真を撮ってもらえますか」）.

352　prendre froid　（軽く）風邪をひく

▶ Je suis sorti(e) sans écharpe et j'ai pris froid.
　マフラーをしないで外出して，風邪をひいた.

補足 見出し語は attraper un rhume あるいは attraper la grippe に比べて，軽度の風邪をひいたときに使う. attraper froid とも言う. avoir froid は「寒い」という意味の基本表現（例：Tu as froid?「寒いの?」）.

353* présenter qn à qn　人に人を紹介する

▶ Il a présenté son fils à ses amis.　彼は友だちに息子を紹介した.
▶ Permettez-moi de vous présenter Camille.
　あなたにカミーユを紹介させていただきます.
▶ Vous me présentez à Madame Martin?
　私をマルタンさんに紹介してくれませんか.

補足 présenter は「（人・物）を引き合わせる，紹介する」. なお，人に限らず，物を紹介する場合もこの表現を利用できる（例：Il présente les coutumes françaises aux Japonais.「彼はフランスの風習を日本人に紹介している」）.

354　prêter qch à qn　人に～を貸す

▶ Vous pouvez me prêter votre dictionnaire?
　辞書を貸してくれませんか.
▶ Tu pourrais me prêter 50 euros?　50ユーロ貸してくれませんか.

補足 物品や金銭を「貸す」の意味. 原則，無償ではあるが，利子をつけて「貸す」の意味でも使える. また比喩的に prêter la main à qn「人に手を貸す」，prêter attention à qn/qch「～に注意を向ける」といった言い方もできる. 類義語の louer は「（家や用具類を金をとって）貸す」の意味.「借りる」は emprunter，「返す」は rendre と言う.

355　passer un examen　試験を受ける

▶ Je dois passer cinq examens en juin.

6 月に 5 つの試験を受けなければならない.
examen は定期試験のような，規定の点数に達すれば合格となる「試験」. passer un concours なら「(合格者の人数が決められている入試のような) 選抜試験を受ける」の意味.

補足 英語と違って passer 単独では「試験に受かる」の意味にはならない点に注意．「試験」に関する別の表現に「試験に出席する」se présenter à un examen や，「試験に合格する」passer un examen avec succès，「試験でうまくいく」réussir un examen．「試験に落ちる」は échouer à un examen あるいは rater un examen を用いる．

356* répondre à qn/qch
(人や手紙・電話などに) 答える，返事をする

▶ Je viens de répondre à la lettre de mon père.
父の手紙に返事をしたところだ．

▶ Tu réponds au téléphone?　電話に出てくれない？
例文から「電話に」を省いた，Tu peux répondre, s'il te plaît? といった言い方でもほぼ同義．

補足 ほかに répondre à une question「質問に答える」，répondre à la porte「(玄関の)ベルに応じる」などがあげられる．

357* rester au lit　ベッドに寝たままでいる

▶ Elle a envie de rester au lit ce matin.
彼女は，今朝，このままベッドで寝ていたいと思っている．

▶ Il est déjà dix heures du matin. Sabine reste toujours au lit?
もう朝の 10 時よ．サビーヌはまだ寝たままなの？
rester couché(e) とも言う．

補足 〈rester à+場所〉は「〜にとどまる，ずっといる」の意味で，たとえば，Carole est restée deux semaines à Nice.「キャロルはニースに 2 週間滞在した」，Sa voiture reste au parking.「彼[彼女]は車を駐車場に置いたままである」などの文も可能である．見出し語は文脈によっては「寝たきり」の意味にもなる．

358 réussir à qch [à+inf.]　〜に[〜することに]成功する

▶ Comment as-tu réussi à convaincre tes parents?
どうやって両親をうまく説き伏せたの．

補足 付言すれば，辞書や教科書に Il a réussi à son examen.「彼は試験に合格した」といった例を載せたものがあるが，「試験でうまくいく」は，他動詞で réussir un examen を使い，「試験に合格する」なら avoir son examen とするのが一般的．réussir「成功する」→「合格する」という連想，ならびに「試験"に"」という日本語から考えて réussir を自動詞扱いする考えは現用とは離れている．

359* s'asseoir　座る

▶ Je vous en prie, asseyez-vous!　どうぞ，お座りください．
▶ Je peux m'asseoir ici?　ここ，空いてますか．
Cette place est libre? あるいは C'est libre? などと同義．
補足 asseoir より代名動詞の s'asseoir の方が，日常生活において使用頻度は高い．腰かけるものによって使われる前置詞が異なるので注意したい（例：s'asseoir dans un fauteuil「肘かけ椅子に座る」，s'asseoir sur le canapé「ソファに座る」，s'asseoir sur le trône「玉座に座る，王位につく」）．机やテーブルに向かって着席する場合には，s'asseoir à で言い表す（例：s'asseoir à table「テーブルにつく」）．過去分詞は assis(e) で，女性形は発音が [asiz] となる点に注意．

360　savoir＋inf.
（学習・訓練によって）～することができる，～する技能を持っている

▶ Je sais nager. Mais je ne peux pas nager aujourd'hui : je n'ai pas mon maillot de bain sur moi.
私は泳げます．でも今日は泳げないんです．水着を持ち合わせていないので．
補足 savoir は才能や学習・訓練による能力があって物事ができることを意味し，主語はふつう人．したがって Je sais nager. は，「私は泳げる，私はかなづちではない」という意味．pouvoir は外的な条件が整っているので可能であることを表す．また，savoir と類似の意味を持つ connaître はうしろに不定詞をとることはできない．

361*　se laver＋定冠詞＋身体　自分の～を洗う

▶ Va te laver les mains!　手を洗ってらっしゃい．
補足 再帰代名詞 se は間接目的なので，複合過去形のとき過去分詞の性・数は一致しない．つまり，Elle s'est lavé les mains「彼女は手を洗う」で，(×)Elle s'est lavée les mains. とはならないので注意．ほかに，se laver les cheveux「髪を洗う」とか se laver les dents「歯を磨く」などの例があげられる．ただし，「歯を磨く」は brosser les dents を使うケースが多い．

362　se lever tôt [de bonne heure]　早起きする

▶ Mon grand-père se lève très tôt.　私の祖父はとても早起きだ．
補足「起きる」という意味では，se lever が「起床する」に対し，se réveiller は「目を覚ます」．tôt は副詞で「（時期が）早く，朝早く」．de bonne heure も同じ意味で「朝早く（から），いつもより早い時間に」．話し言葉で Il faut se lever tôt (le matin) pour＋inf.「（～するために朝早起きをしなくてはならない→）～するのはとても難しい」という言い方がある（例：Pour la convaincre, il faut se lever tôt (le matin).「彼女を納得させるのはかなりの苦労だ」）．

363　se marier avec qn　人と結婚する

▶ Elle s'est mariée avec un collègue.　彼女は同僚と結婚した.

補足　見出し語は再帰代名詞 se が直接目的語なので，過去分詞は主語に一致する．他動詞の marier (à[avec] qn) は「(人と) 結婚させる」(例：J'ai deux filles à marier.「私には嫁にやる娘が2人いる」)，形容詞 marié(e) は「既婚の」，mariage は男性名詞で「結婚」，être marié(e) は「結婚している」という状態を指す (例：Tu es marié(e)?「結婚してるの?」)．Je suis fiancé(e)．は「婚約しています」，Je suis divorcé(e)．は「離婚しています」の意味になる．なお，「別居」は，vivre séparé de sa femme「妻と別れて暮らす」といった言い方をする．

364　se souvenir de qn/qch [(de)+inf.]　~を思い出す，覚えている，~したのを覚えている

▶ Tu te souviens bien de mon grand-père?
私の祖父のことちゃんと覚えてる?
▶ Vous vous souvenez de ce film français?
そのフランス映画を覚えてますか.
▶ Je me souviens (de) l'avoir vu(e).　私は彼[彼女]に会った記憶がある.
不定詞は複合形になることが多い．

補足　見出し語を命令文にすると「~を忘れないようにする」という意味 (例：Souvenez-vous de votre promesse!「約束を忘れないでください」)．

365* tomber malade　病気になる

▶ Elle est tombée malade hier.　彼女は昨日病気になった.

補足　〈tomber+属詞〉で「(急に，不意に) ~ になる」という意味を表す．ほかによく用いられる表現として tomber amoureux(se)「恋をする」，tomber d'accord sur qch「~について合意に達する」，tomber (raide) mort「急死する」などがある．

366* travailler+前置詞+場所　~で働く，勉強する

▶ Ta mère travaille à la banque?　君のお母さんは銀行で働いてるの?
▶ Si on travaillait à la bibliothèque?　図書館で勉強しない?
〈Si+主語+動詞 (直説法半過去)?〉で「~しませんか」という誘いの表現．
▶ Mon père a travaillé dans un bureau pendant longtemps.
父は長い間会社で働いていた.

補足　ほかに travailler en usine[dans une usine]「工場で働く」，travailler chez Renault「ルノーで働く」(ただし，この chez は会社に帰属している感じで使いづらいとする人もいる) などさまざま．仏検では見出し語の前置詞が問われる．

367* trouver qn/qch＋形容詞　～を～だと思う

▶ Comment trouvez-vous cette femme? ― Je la trouve assez belle.
「あの女性をどう思いますか」「かなりの美人だと思う」
▶ Il a trouvé ce film très intéressant.
彼はこの映画をとても面白いと思った．

補足 〈主語（S）＋動詞（V）＋直接目的語（OD）＋属詞（A）〉の典型的な文型をとる．つまり，OD＝A の関係が成り立つ．〈trouver＋形容詞＋de＋inf.〉なら「～することを～だと思う」という意味（例：J'ai trouvé bon d'écrire à mes parents.「両親に手紙を書くのがいいことだと思った」）．

368　venir voir qn　人に会いに来る

▶ Venez nous voir à Strasbourg.
ストラスブールの私たちのところへ会いにいらっしゃい．
▶ Venez me voir demain matin.　明日の朝，会いにいらっしゃい．

補足 なお，Viens voir!「ほら，見て，こちらに見に来て」は相手をすぐに呼び寄せたいときに使う定番の表現だが，単なる Viens!「こちらに来て」とは違って，何か相手に見せるべきものがあることが前提となる．

369* vouloir qch　～が欲しい，～を望む

▶ Voulez-vous encore du café? ― Je veux bien, merci.
「もっとコーヒーはいかがですか」「ええ，いただきます」
▶ Je voudrais un kilo de pommes.　リンゴを 1 キロください．
　Je veux... という言い方は要求を強く表す言い回しなので，依頼の時などには表現を和らげるために例文のように条件法の Je voudrais... を用いる．

14　形容詞

370*　冠詞・所有形容詞＋grand(e)［petit(e)，beau(belle)］＋名詞＋色の形容詞
大きな［小さな，美しい］～色の～

▶ Il y a une petite chaise rouge chez moi.
私の家には小さな赤い椅子がある．
▶ Elle porte une belle robe jaune.
彼女はきれいな黄色のワンピースを着ている．
▶ Regarde cette belle fille blonde!
あのブロンドの美しい娘を見てごらん．

補足 2 つの形容詞がひとつの名詞を前後から修飾する形で，仏検の整序問題（4 級あるいは 3 級）で出題頻度の高い定番のパターン．

371　exact(e)　正確な，正しい

▶ Tu peux me donner l'heure exacte?　正確な時刻を教えてもらえる?
▶ C'est exact.　まったくだ/そのとおり.
「同意」を示すひと言. ほかに, exactement, tout à fait, absolument などの類義語がある.

補足 人を主語に用いると「時間に正確な, 時間を守る」という意味になる (例: Il est toujours exact à ses rendez-vous.「彼はいつも待ち合わせの時間に正確だ」cf. 1595). 副詞に exactement「正確に」.

372　fort(e) / faible　(肉体的に) 強い/弱い, (〜 が) 得意な/苦手な

▶ Julie est beaucoup plus forte que Nicolas.
　ジュリーはニコラよりずっと強い.
▶ Il est faible en anglais.　彼は英語が苦手だ.
「英語が彼の弱点だ」とするなら, L'anglais est son point faible. と表現する.

補足 肉体的に「強い/弱い」, または〈être fort(e) [faible] en qch〉で「(教科などに) 強い[弱い]」, 〈être fort(e) [faible] à qch〉「(スポーツなど) に強い[弱い]」となる (cf. 685). また, fort は副詞「強く」の意味になる (例: Parlez plus fort, s'il vous plaît.「もっと大きな声でしゃべってください」).

373*　haut(e) / bas(se)　(高さ・価格・声などが) 高い/低い, 上の/下の

▶ Le mont Fuji est la plus haute montagne du Japon.
　富士山は日本でいちばん高い山だ.
▶ La température est basse.　温度[気温]が低い.

補足 haut(e) は有音の h であることに注意. haut は主に名詞の前で用いられる (例: la haute couture「オートクチュール」). ただし, 人について「背が高い」という意味では haut(e) ではなく, grand(e) あるいは de grande [haute] taille. という表現を用いる. haut には副詞「高く」, 名詞「高い所」という意味もある. bas の女性形は basse. haut と同じく, 人について「背が低い」という意味では使えず, その場合は petit(e) を用いる.

374*　impossible　(実現・実行が) 不可能な, ありえない

▶ C'est impossible!　ありえない/まさか.
　Ce n'est pas possible! でも同じ意味.
▶ Impossible n'est pas français!
　余の辞書に不可能という文字はない (直訳は「不可能はフランス語ではない」).
　ナポレオン1世が書簡で用いた言葉とされる.

補足 impossible à+inf. なら「〜することができない」の意味. たとえば impossible à croire「信じられない」(incroyable と同義), impossible à supporter「耐えられ

ない」(insupportable と同義) など.また非人称構文で,il est [c'est] impossible (pour qn) de+inf.「~するのは(人には)不可能だ」という言い方がある(例:C'est impossible pour moi d'étudier dans ces conditions.「こんな状況で勉強するのは私には無理だ」cf. 317).

15 最上級 (問題 1 対応)

375 定冠詞＋meilleur(e)(s)＋名詞＋de qn/qch
~の中で最もよい[優れた]~

▶ Ce fut le meilleur moment de ma vie.
それは私の人生で最良の瞬間だった.
この例文は être の直説法単純過去.仏検の対象外の時制だが「瞬間」をとらえたいので半過去でなくあえてこの時制を選択している.

▶ Catherine est la meilleure étudiante de la classe.
カトリーヌはクラスで最も優秀な学生だ.

補足 le meilleur は形容詞 bon の優等最上級.修飾する名詞と性・数が一致して定冠詞と形容詞 meilleur が変化することに注意.ちなみに形容詞あるいは副詞 bien の優等最上級は le mieux を用いる.

376 定冠詞＋plus＋形容詞・副詞＋de qn/qch　~の中で最も~

▶ Maurice est le plus intelligent de son école.
モーリスは学校で 1 番頭がよい.

▶ C'est la ville la plus belle de ce pays.　これはこの国で最も美しい町だ.

▶ C'est elle qui se lève le plus tôt à la maison.
彼女が家では 1 番早く起きる.
最上級を用いないなら C'est elle qui se lève la première à la maison.「彼女が家では 1 番に起きる」が通例の言い方.なお,この例文と同じ意味を表すとして参考書や辞書に Elle se lève le plus tôt de sa famille. という文が載っているケースがあるが,これは不自然な表現.

補足 形容詞の場合は関係する名詞に合わせて,定冠詞が変化 (le,la,les) することに注意.副詞の場合は名詞の性数に影響されないので,もちろん常に le である.

16 名詞

377 erreur　間違い,エラー

▶ Je suis bien chez Monsieur Sato?—Non, vous faites erreur.
(電話で)「佐藤さんのお宅ですか」「いいえ,番号をお間違えです」
Vous vous trompez de numéro. あるいは Vous avez fait un faux numéro. とも言う.

- ▶ Il y a une erreur dans ses calculs.　彼[彼女]の計算にミスがある.

  補足 erreur が誤解や不注意によるミスを指すのに対して，類義語の faute は基準や道徳などにかなっていない「誤り，過ち」のこと (例：une faute d'orthographe「つづりの間違い」cf. 446).

378　place　（映画館・乗物などの）席，順位，広場，スペース，立場

- ▶ Cette place est libre?　この席は空いてますか.
- ▶ C'est la place de la Concorde.　これがコンコルド広場です.
- ▶ A votre place, j'aurais agi autrement.
  あなたの立場だったら，私は違ったふるまいをしただろう.

  補足 英語 place からの連想で，本来は place を使わない「(ある空間内の特定の) 場所」にまで広くこの語を使いすぎる傾向あるので注意 (例：Il y a des endroits calmes même dans Tokyo.「都内でも静かな場所はあります」. 空間内の特定の「場所」「地点」は endroit を用いる).「席，(所定の) 場所，順位，広場，職」などの意味では可算名詞，ただし「場所，空間，スペース」の意味では不可算名詞であることにも注意したい (例：Il y a encore de la place dans la valise.「スーツケースにまだゆとりがある」).

379　station de métro　地下鉄の駅

- ▶ Où est la station de métro?　地下鉄の駅はどこですか.
  de métro を省いて，station だけでも通じる.

  補足 地下鉄の駅は station だが，鉄道 (TGV 含む) の駅は gare，バス停は arrêt である. ちなみに地下鉄の切符は ticket と呼ばれるが，鉄道の切符は billet と言うことが多い. なお，「タクシー乗り場」は station de taxis と言う (例：Vous savez où il y a une station de taxis?「タクシー乗り場をご存知ですか」).

17 人称代名詞強勢形 （問題 2 対応）

380　moi-même　私自身

- ▶ J'y vais moi-même.　私自身がそこに行きます.
  主語 je の強調として使われた例.
- ▶ Je ne me sens pas moi-même.　私は自分が自分でないような気がする.
  この場合 moi-même は属詞.

  補足 lui-même「彼自身」，nous-mêmes「われわれ自身」など「〜自身」を意味する〈人称代名詞の強勢形＋même(s)〉は，いわば人称代名詞強勢形を強調したもので，主語や属詞として，あるいは前置詞のうしろで用いられる.

381　moi aussi　私も同じく

- ▶ Moi aussi, j'aime beaucoup le jazz.　私も，ジャズが大好きだ.

▶ J'aime beaucoup ce film. — Moi aussi!
「私はその映画が大好き」「私も」

補足 aussi は副詞で「〜もまた」を表す．moi をほかの人称代名詞強勢形，toi, lui, elle, nous, vous, eux, elles に変更することも可能（例：Tu es étudiant(e), toi aussi?「君も学生なの？」）．

382* moi non plus　私も（また）〜 ない

▶ Je n'ai pas de frères. — Moi, non plus.
「私には兄弟がいません」「私もいません」

▶ Elle n'aime pas le café, et moi non plus.
彼女はコーヒーを好まない，私もだ．

補足 肯定文で aussi（cf. 381）となる部分が，否定文の内容に同調する場合は non plus となる．moi だけでなく，〈人称代名詞強勢形（toi, lui, elle, nous, vous, eux, elles）＋non plus〉と置ける．また，レベルはあがるが，文の途中に入れるケースもある（例：Eux non plus n'ont pas faim.「彼らもまたお腹はすいていない」）．

18 不定代名詞

383* quelque chose

❶ 何か

▶ Voulez-vous boire quelque chose?　何かお飲みになりたいですか．

▶ Vous auriez quelque chose contre la grippe?
風邪に効く薬は何かありますか．

▶ Avez-vous quelque chose à manger?
何か食べるものはありますか（cf. 384）．

❷ 何かよくないこと

▶ Il y a quelque chose entre elles.
彼女たちの間には何か[いざこざ]がある．

補足 〈quelque chose de＋形容詞（男性単数）〉で，「何か〜なこと」という意味になる（例：quelque chose d'intéressant「何か面白いこと」cf. 902）．なお，「誰か」は quelqu'un と言う（cf. 214）．

384* quelque chose à＋inf.　何か〜するもの

▶ Donnez-moi quelque chose à boire, s'il vous plaît.
何か飲み物をください．
quelque chose を省略して Donnez-moi à boire. と言うこともある．

▶ Tu as quelque chose à faire, ce soir?　今晩，何か用事がある？
Tu es pris(e), ce soir?「今晩，予定がある？」としても類義になる．

補足 この à は不定詞を伴って必要や目的を示す前置詞（例：C'est un livre à lire

[recommander].「これは読むべき本だ」).

19 中性代名詞 (問題2対応)

385* en（中性代名詞）＋動詞＋数字　（ある数量の）〜 を〜する

▶ Combien de frères avez-vous?—J'en ai deux.
「兄弟は何人いますか」「2人です」
中性代名詞 en は frères を受ける．代名詞を使わなければ，J'ai deux frères. となる．

▶ En 1960, un Français mangeait 1 kilo de gâteaux par an. Aujourd'hui, il en mange environ 14 kilos!
1960年に，フランス人は1人あたり年に1キロのケーキを食べていた．それが今日では，約14キロ食べている．
en を名詞に置き換えて省略を補えば，il mange environ 14 kilos de gâteaux (par an) となる．

補足 もちろん中性代名詞の en は数字を伴う名詞だけではなく数量の多寡を示す副詞を伴う名詞も受ける（例：Paul aime la viande. Il en mange beaucoup.「ポールは肉が好きだ．彼は肉をたくさん食べる」=Il mange beaucoup de viande.）．

386 en avoir besoin　それが必要だ

▶ Vous voulez ce ticket?—Oui, j'en ai besoin.
「このチケットが欲しいですか」「はい，必要です」
補足 「〜が必要である」avoir besoin de qn/qch [de+inf.] の de 以下を中性代名詞 en で受けた表現（cf. 283）．例文の返答部分は，Oui, j'ai besoin de ce ticket. の下線部を en で受けたと考える．「それが必要ではない」と否定で答えるには，Non, je n'en ai pas besoin. となる．

20 強調構文 (問題5対応)

387* c'est ... qui ...　主語を強調する強調構文

▶ C'est mon père qui m'a donné ce livre.
私にこの本をくれたのは父です．
Mon père m'a donné ce livre. の主語（下線部）を強調した文章．
補足 主語が人称代名詞のときには強勢形が使われる（例：C'est moi qui paie.「（支払うのは私です→）私のおごりだ」）．

388* c'est ... que ...　主語以外の要素を強調する強調構文

▶ C'est Paul qu'elle aime.　彼女が愛しているのはポールだ．

Elle aime <u>Paul</u>. の直接目的語（下線部）の強調．
▶ C'est pendant les vacances qu'il a voyagé en France.
彼がフランスを旅したのはヴァカンス中のことだ．
Il a voyagé en France <u>pendant les vacances</u>. の状況補語（下線部）の強調．なお，もとの文章が過去でも，c'est のままでかまわない．

補足 c'est の後に人称代名詞がおかれるときは強勢形になる（例：C'est moi qu'elle aime.「彼女が愛しているのは私だ」）．なお，感覚的な判断なのだが，強調される要素が母音ではじまるパターン〈c'est＋母音字 …〉は（リエゾンなどの問題がからむため）避けようとする心理が働くようだ．

21 数量表現 （問題 5 対応）

389* trop de＋無冠詞名詞　あまりに多くの〜

▶ Il y a trop d'étudiants dans cette classe.　この教室には学生が多すぎる．
▶ J'ai trop de travail!　仕事が多すぎる．

補足 de trop という表現は「余計に」の意味（例：J'ai payé un euro de trop.「私は 1 ユーロ余計に払った」）．

390* un peu de＋無冠詞名詞　少しの〜，わずかな〜

▶ Je voudrais un peu de vin.　ワインを少しいただきます．
▶ Vous voulez encore un peu de café?
コーヒーをもう少しいかがですか．

補足 〈de＋無冠詞名詞〉を添えて分量を表す典型的な言い回し．なお，見出し語は「少しは〜がある」の含意だが，「ほとんど〜がない」と表現する際には〈peu de＋無冠詞名詞〉の形を使う．ただし，使える名詞は不可算名詞．可算名詞（数えられる名詞）については quelques を用いる（例：J'ai quelques questions à vous poser「少しばかり質問があります」）．

391 peu de＋無冠詞名詞　ほとんど〜ない

▶ Il a peu d'argent.　彼はほとんどお金を持っていない．

392 assez de＋無冠詞名詞　十分な〜，必要なだけの〜

▶ On dîne au restaurant?—Tu as assez d'argent?
「レストランで夕飯を食べない？」「お金は十分なの？」
▶ J'ai assez de trois mille yens.　私は 3,000 円あれば十分だ．

393 plus de ＋無冠詞名詞＋que ...　～よりもっと多くの～

▶ Elle a plus de patience que son grand frère.　彼女は兄よりも辛抱強い．
▶ Elle a deux fois plus de CD que moi.　彼女は私の倍の CD を持っている．
〈数詞＋fois〉（倍数表現）を添えた例．なお，CD，CD-ROM はいずれも男性名詞で不変化（複数の s をとらない）．

394 moins de ＋無冠詞名詞＋que ...
～よりもっと少ない～，～ほど～はない

▶ Elle a moins de livres que son frère.
彼女は兄［弟］ほど本を持っていない．
▶ Il a moins de patience que Nicolas.　彼はニコラほど我慢強くはない．
[補足] 比較に関する表現．比較の対象が「名詞」の場合は de を伴い，常に無冠詞となる．この表現は劣等比較だが，同等比較になると，autant de＋無冠詞名詞＋que ...「～と同じくらいの～」となる（cf. 878）．

22 数字　(聞き取り問題 3 対応)

395* au＋序数＋étage　～階に

▶ Nous habitons au quatrième étage.　私たちは 5 階に住んでいる．
[補足] étage は「（2 階以上の）階」の意味なので，日本語とは 1 階分ずれる点に注意．つまり，premier étage は「2 階」，deuxième étage は「3 階」となる．「1 階に」は au rez-de-chaussée という長いつづりの語を用いる．なお，「中 2 階」entresol も「階」には含めない．

396 C'est à quel étage?　（それは）何階ですか．

▶ C'est à quel étage, votre studio? — Au deuxième étage.
「あなたの（ワンルーム）マンションは何階ですか」「3 階です」
[補足] もちろん，c'est で誘導するだけでなく，Vous habitez à quel étage?「あなたは何階にお住まいですか」といった聞き方もできる．〈au＋序数＋étage〉で「～階に」を表すが，序数がつくと étage は省かれることもある（cf. 395）．

397 faire＋数量表現　（長さ・重さ・広さ・値段などが）～になる

▶ Je fais un mètre soixante-dix.　私の身長は 1 メートル 70 です．
身長はメートルにセンチの単位を添えて表現する．cm だけを用いて 170 という言い方はしない．
▶ Cette valise fait dix kilos.　このスーツケースは 10 キロです．
▶ Ça fait combien? — Ça fait vingt euros.

「いくらになりますか」「20 ユーロです」
買い物の時に使われる表現.

補足 faire は計算の結果を表す時にも用いる（例：Deux et quatre font six.「2 足す 4 は 6」）．また〈Ça fait＋期間＋que＋直説法〉「〜してから〜になる」も頻出（例：Ça fait deux heures qu'elle est partie.「彼女が出発してから 2 時間になる」）．

398 Ça fait combien?　（値段）いくらになりますか．

▶ Ça fait combien, s'il vous plaît?　（レジで）いくらになりますか．

補足 C'est combien?「(これは) いくらですか」とほぼ同義だが，「(まとめて) いくらですか」と聞く感覚で用いられる．「"全部で"いくらですか」とはっきりさせたいなら Ça fait combien en tout? などと言う．

399 Combien de temps faut-il pour ...
〜するのにどのくらい時間がかかりますか．

▶ Combien de temps faut-il pour aller à Kyoto?
京都に行くのにどれくらい時間がかかりますか．

補足〈Combien de＋無冠詞名詞?〉は数量を聞く定番のひと言 (cf. 28)．また〈il faut＋時間・費用＋pour qch [pour＋inf.]〉は，「〜のために (時間・費用など) が必要だ」という意味の非人称構文 (cf. 102)．

400 pour combien de temps　どのくらいの間の予定で

▶ Vous voulez louer une voiture pour combien de temps?
どのくらいの間，車を借りたいのですか．

補足 この pour は予定の時期や期間を表す前置詞（例：Le départ est pour demain.「出発は明日の予定だ」cf. 80）．もちろん〈combien de＋無冠詞名詞〉は，数量を聞く表現 (cf. 28)．

401 Vous êtes combien?　何人ですか．

▶ Vous êtes combien? — Nous sommes cinq.
「何名様ですか」「5 人です」

補足 レストランなどで店員が客の人数を聞くときに使う表現．ただし，Vous êtes combien, dans votre famille?「ご家族は何人ですか」といった使い方もある．

402 C'est＋数字＋rue ...　〜通り〜番地です．

▶ Quelle est votre adresse? — C'est 17, rue de Vaugirard.
「あなたのご住所は」「ヴォージラール通り 17 番地です」

補足 住所をいうとき通常は，rue「通り，街路」，boulevard「(環状の) 大通り」，avenue

「(並木のある)大通り」，place「広場」などに冠詞はつけない (cf. 122).

403　ouvrir qch à la page＋数字　〜の〜ページを開く

▶ Ouvrez vos livres à la page cinquante!
本[教科書]の 50 ページを開いてください.

補足 教室で使われる定番のひと言．例文は，Ouvrez vos livres page cinquante! とも言える．なお，全体のページ数がたとえば「50 ページの本」であれば un livre de cinquante pages と言う．

23　その他 (問題 4 対応)

404　期間＋après（時間・場所・序列）
（ある時点より）〜あとに，〜たってから，（その）あとで，次に

▶ Il est revenu trois heures après.　彼は 3 時間後に戻って来た.
▶ Travaillez d'abord, vous jouerez après!
まず勉強しなさい，そのあとで遊びなさい.
vous jouerez は「直説法単純未来」の形．2 人称主語で命令のニュアンスになる．
▶ Qu'est-ce que tu prends après?
（食事をしていて）次に何をとろうか.

補足 副詞 après の用法．過去・未来の時点を基準にするときに用いる．現在を基準とする場合は，〈dans＋時間〉「今から〜後に」（例：Il reviendra dans cinq jours.「彼は 5 日後に戻るだろう」）．なお，上記の例文と Il est revenu après trois heures.「彼は 3 時以後に戻って来た」（この après は前置詞）との違いに注意．

405*　定冠詞＋même(s)＋名詞　同じ〜，同一の〜

▶ Hugo et Pierre ont le même âge.　ユゴーとピエールは同い年だ.

補足 うしろに置かれる名詞によって定冠詞はもちろんのこと，même も単複で形が変わる（例：la même école「同じ学校」，les mêmes dictionnaires「同じ辞書」）．なお，例文は次のようにも言い換えられる．Hugo a le même âge que Pierre.「ユゴーはピエールと同い年だ」．

406*　la même chose　同じもの，こと

▶ Je voudrais un confit de canard. —Moi aussi, je prends la même chose.
（レストランで）「私には鴨のコンフィを」「私にも同じものを」
La même chose, s'il vous plaît.「同じものをください」という簡便な言い方もできる．

補足 même は形容詞で「同じ」の意味．chose は「もの，こと」を意味する女性名詞．見出し

語の la même chose は常に単数名詞で用いられる．

407 aussitôt que possible　できるだけ早く

▶ Il faut le faire aussitôt que possible.
できるだけ早くそれをしなければならない．
▶ Essaie de me rappeler aussitôt que possible!
できるだけ早くまた電話ちょうだい．

補足 le plus tôt possible とも言う．副詞 aussitôt は aussi と tôt が一緒になった語で，「（文脈に示されたその時点から）すぐに」という意味を表す．aussitôt que の後に文がつづく場合は直説法になる（例：Il est parti aussitôt qu'il m'a reconnu(e).「彼は私に気づくとすぐに立ち去った」）．

408 avant（副詞）

❶（時間）（その）前に，以前（は）
▶ Elle n'est pas venue car elle avait eu un accident trois jours avant.
彼女は来なかった．3日前に事故にあっていたからだ．
過去・未来のある時点を基準に「それより〜前に」という意味で使われる．現在を基準とした「3日前」なら，il y a trois jours を用いる．
▶ Où habitiez-vous avant?　以前は，どこに住んでおいででしたか．

❷（場所）手前に，（序列）先に
▶ Vous voyez la banque; arrêtez juste avant.
銀行が見えるでしょ，そのすぐ手前で止めてください．
何か目標物があって「その手前（に）」が avant という副詞．

補足 前置詞の avant「〜の前に」もある（cf. 66，67）．

409 à ce moment-là　その時

▶ A ce moment-là, elle s'est mise à rire.　とその時，彼女は笑い出した．
▶ Où étiez-vous à ce moment-là?　その時，あなたはどこにいたのですか．
▶ Qu'est-ce que tu faisais à ce moment-là?　その時，君は何をしてたの．
上記2つの例文でおわかりのように，この表現は直説法半過去との相性が良く，その点を仏検の動詞（活用）の問題で問われる．

補足 過去の短期の時間を表す場合に用いる．moment は男性名詞で「一瞬」のほかに「時期」という意味がある．辞書に「その当時〜していた［だった］」といった長期の時間を継続的に表す用例の載っているものがあるが，それはバランスの悪い表現だ．

410 ce＋名詞＋-là　あの，その

▶ Prends cette place-ci, je prends cette place-là.
この席に座って，私はあちらに座ります．

23 その他　109

▶ Je ne connais pas cet homme-là.　私はあの男を知りません．
▶ La banque est de ce côté-là.　銀行はあちら側です．
補足 この〈ce＋名詞＋-là〉が，〈ce＋名詞＋-ci〉と併用される場合は，前者が距離的・心理的に遠くの物や人，後者が近くの物や人を指す．なお，遠近の対比ではなく，指示を強める目的であれば普通は前者が使われる．

411　chaque jour　毎日

▶ Chaque jour, elle téléphone à Charles.
　毎日，彼女はシャルルに電話をかける．
補足 tous les jours と同義だが，見出し語の方が少し頻度は劣る (cf. 162)．chaque は「各々の～，毎～，～ごとに」という意味の不定形容詞で複数形はない (例：chaque matin「毎朝」，chaque dimanche「日曜ごとに」)．ただしこれも，tous les matins, tous les dimanches の形を使うケースの方が多い．

412*　d'abord　まず最初に，第1に

▶ Allons d'abord au cinéma, puis au restaurant.
　まず映画に行って，それからレストランに行きましょう．
補足 順序だてて述べるときには，例文のように，d'abord...puis...「まず～，次に～」という展開が通例．強調の tout をつけて tout d'abord とも言う．

413*　de temps en temps　ときどき

▶ Mon fils vient me voir de temps en temps.
　息子はときどき私に会いにくる．
補足 仏検のレベルはあがるが，de temps à autre とも言う．あらたまった表現では parfois，話し言葉では quelquefois でもほぼ同義．

414*　derrière（副詞）　うしろで[に]

▶ monter [se mettre] derrière　（車の）うしろの座席[リアシート]に座る
　「うしろに乗る」が直訳．名詞の「後部座席」arrière を使って，monter à l'arrière でも同義．なお，「助手席[フロントシート]に乗る」は monter devant [à l'avant] という．
▶ Ma mère marche devant, et moi, je marche derrière.
　母が前を歩き，そして私はうしろを歩く．
補足 反意の表現として en avant や副詞 devant がある．

415　devant（副詞）　（その）前に，前で

▶ Tu vois la banque? La boîte aux lettres est juste devant.

銀行が見える？ 郵便ポストはその真向かいだよ．
▶ Montez devant!　（車の座席）前に乗って．
▶ Passez devant!　どうぞお先に．
Après vous.「どうぞお先に」も頻度の高い同義の表現．
補足 derrière「（その）うしろに」が反意語（例：Elle marche devant et les autres derrière.「彼女は前を，ほかの人たちはうしろを歩く」）．

416　du jour　今日の，現代の

▶ C'est le plat du jour.　（レストランで）本日のお勧め料理です．
plat は「（皿に盛った）料理」という意味で主にメインディッシュを指す．
補足 l'homme du jour は「時の人，今話題の人」，les nouvelles du jour は「今日のニュース」．類似の表現として de nos jours「今日では，現代では」がある（例：De nos jours, on achète des livres sur internet.「現代では，インターネットで本が購入される」cf. 539）．de jour は「昼間に［の］」という意味（cf. 1399）．類義の表現に「今日の」は d'aujourd'hui，「現代の」は de notre époque あるいは形容詞 actuel(le) がある．

417　en＋現在分詞（ジェロンディフ gérondif）

❶（同時性・時）〜 しながら
▶ Elle marchait en chantant.　彼女は歌いながら歩いていた．
同時性を意味する．ジェロンディフの大半はこの意味で使われる（言い換えれば，ほかの訳語はこの「〜しながら」から派生しているとも言える）．<pendant que＋直説法>，<en même temps que＋直説法>などで置き換えられる．
▶ Fais attention en descendant!　降りるときには気をつけて．
quand, lorsque で書き換えられる．
❷（原因・理由）〜 のために
▶ Il s'est blessé en tombant.　彼は転んで怪我をした．
▶ En marchant vite, elle est arrivée à temps.
急いで歩いたので，彼女は時間通りに着いた．
parce que で書き換えられる．ただし，原因・理由は現在分詞を用いて表現するケースが多い．
❸（方法・手段）〜 することで
▶ Elle gagne de l'argent en vendant des légumes.
彼女は野菜を売ってお金を稼いでいる．
方法・手段を表している．
❹（仮定・条件）〜 すれば
▶ En cherchant bien, vous trouverez.　よく探せば，見つかるでしょう．
条件・仮定を意味し，si で書き換えられる．
▶ Vous apprendrez en vieillissant.
年をとるにつれて物事がわかります．

à mesure que + 直説法で書き換えられる.「〜にしたがって」という意味.

補足 ジェロンディフと現在分詞の分詞構文の違いに注意. ジェロンディフは主語のみを修飾し, 分詞構文よりも口語的である. なお, 文法書などでは, 対立・譲歩「〜なのに, 〜にもかかわらず」のニュアンスでもジェロンディフは使われるとされているが, 実際には〈bien que＋接続法〉, malgré qch, あるいは接続詞の pourtant を用いるケースが大半.

418 encore une fois　もう1度

▶ Je n'ai pas bien compris. Explique-moi encore une fois!
よくわからなかった. もう1度説明して.
▶ Vous voulez me dire cela encore une fois?
もう1度おっしゃってくださいませんか.

補足「また, 再び」を意味する副詞 encore に une fois「1回」を組み合わせた表現.

419 heureusement　幸いにも, 幸運にも

▶ J'ai perdu la clé. Heureusement, mon mari avait un double.
鍵をなくしてしまった. が, 幸いにも夫が合鍵を持っていた.

補足 形容詞 heureux(se)「幸せな」から派生した副詞. 主に文頭で用いる. このように, 多くの副詞は形容詞の女性形のあとに -ment をつけて作ることができる. たとえば facile→facile→facilement「簡単に」など. 見出し語の反意となるのは malheureux→malheureuse→malheureusement「残念ながら, 不幸にも」.

420* la première fois　最初, 初めて

▶ La première fois, je n'ai pas réussi.　最初, 私は成功しなかった.
▶ C'est la première fois qu'il visite le Louvre.
彼がルーヴル美術館を見学するのは初めてだ.
〈c'est la＋序数詞＋fois (que ...)〉「(〜するのは)〜回目だ」という表現.

補足〈la＋序数詞＋fois〉で「〜度目」の意味.「最後」は la dernière fois,「今度, 今回」は cette fois という.

421 pour la première fois　生まれて初めて

▶ Je suis allé(e) à Nice pour la première fois.
私は生まれて初めてニースへ行った.

補足 数字に当たる部分には序数が入る (例:Elle a rencontré ce professeur pour la deuxième fois.「彼女がその先生と会ったのは2度目だ」).

422　la prochaine fois　次回，今度は

▶ On parlera de ce problème la prochaine fois.
次回はこの問題について話し合いましょう．

補足 A la prochaine (fois)!「ではまた近いうちに，また今度」は会話やメールなどで用いられるくだけた別れの挨拶．

423*　la semaine prochaine　来週

▶ A la semaine prochaine!　また，来週（会いましょう）．
▶ Nous avons un examen de français la semaine prochaine.
来週，フランス語の試験がある．
▶ Excusez-moi, je serai absent(e) la semaine prochaine.
すいません，来週の授業を欠席します．

補足「来週の土曜日」なら samedi de la semaine prochaine と表現する．なお，「先週」は la semaine dernière，「今週」は cette semaine と言う．

424*　曜日＋dernier　この前の〜曜日

▶ Samedi dernier, Maurice est venu chez moi.
この前の土曜日に，モーリスが私の家に来た．

補足 現在を起点にして直前の「〜曜日」を示す表現．したがって，かならずしも「先週の〜曜日」というわけではない．たとえば，今日が mercredi「水曜日」であるとすれば，lundi dernier「この前の月曜日」という場合は「今週（同じ週）の月曜日」に相当する．なお，現在を起点にして直後の「〜曜日」には〈曜日＋prochain〉の言い回しを用いる（例：jeudi prochain「次の木曜日」）．

425*　l'année dernière　去年，昨年

▶ Elle travaille à Grenoble depuis l'année dernière.
彼女は去年からグルノーブルで働いている．
▶ L'année dernière, son père est mort.
去年，彼［彼女］の父が亡くなった．

補足「今年」は cette année，「来年」は l'année prochaine と言う．また，「去年の4月に」と表現するなら en avril l'année dernière と言う．

426　pas très bien　あまりよくない，あまり元気でない

▶ Tu vas bien? — Non, pas très bien.
「元気?」「いや，そんなに元気じゃない」

補足 ne ...pas très ... で「あまり〜ない」という意味（例：Ce n'est pas très cher.「これはそれほど高くない」）．

427 peut-être　もしかすると，(ひょっとすると)～ かもしれない

▶ Il neigera peut-être demain matin.
明朝はもしかすると雪かもしれない．
▶ Participez dès maintenant, vous gagnerez peut-être 5.000 euros!
今すぐご応募ください，5,000 ユーロが当たるかもしれませんよ．

補足 文頭に置くと，改まった文体では主語と動詞が倒置される．peut-être は，ある事柄があり得るという可能性を単に推量する表現で，確信の意味は薄い．現実である可能性が高いと判断する場合には，probablement, sans doute「たぶん，おそらく」，certainement, sûrement「きっと」などを用いる．また，1 語だけで会話のつなぎ表現としても用いる．(例: C'est sérieux? ― Peut-être [Peut-être pas].「本当なの?」「たぶんね [いや，ちがうでしょ]」).

428 petit à petit　少しずつ

▶ La température s'est réchauffée petit à petit.
気温が少しずつ暖かくなってきた．

補足 pas à pas, peu à peu なども類義．また，progressivement, graduellement という副詞も類義になる．

429* plus tôt　もっと早く

▶ Lève-toi plus tôt!　もっと早く起きなさい．
▶ Vous pouvez venir plus tôt?　もっと早く来られませんか．

補足 副詞 tôt は時間的に「早く」を示す．スピードを「速く」の意味になる副詞は vite. au plus tôt は「早くとも」あるいは「できるだけ早く」(=le plus tôt possible) という意味の熟語．

430 plus tard　のちほど，あとで

▶ Je vous rappellerai plus tard.　あとで電話します．
▶ Dix jours plus tard, ils se sont mariés.
それから 10 日後に彼らは結婚した．
「今から 10 日後」は dans dix jours (cf. 245).
▶ Ce sera pour plus tard.　それはまた今度ということで．

補足 A plus tard!は「またあとで」(=A bientôt!) の意味になるひと言．au plus tard は「遅くとも」という意味になる熟語 (例: Il arrivera dans deux heures au plus tard.「彼は遅くとも 2 時間後には着くでしょう」).

431** tout à l'heure

❶ (過去) ついさっき，先ほど

▶ Il était là tout à l'heure.　彼はつい先ほどそこにいた．

❷〈未来〉もうすぐ，のちほど

▶ Il va venir tout à l'heure.　彼はまもなくやって来るだろう．

[補足] 発話の時にごく近い時点を指す表現で，過去にも未来にも用いられる．tout àの箇所はリエゾンするので発音に注意．À tout à l'heure!「では，またのちほど」は，すぐあとで会う予定がある人といったん別れるときの定番の挨拶（cf. 200）．

432* tout de suite　すぐに，ただちに

▶ Oui, tout de suite.　はい，すぐに．
頼まれ事に対してスピーディーに応じることを伝える返答として．

▶ Partons tout de suite!　すぐに出発しましょう．

[補足] 類義の表現に aussitôt, immédiatement, sans tarder, sur-le-champ などがある．なお，À tout de suite!「じゃまたあとで」というひと言は，À tout à l'heure! とほぼ同じ意味で相手との近い再会を約す表現．ただし，前者の方が，相手との再会までの時間が短い．

433* tout le monde　みんな，すべての人

▶ Julien est gentil avec tout le monde.　ジュリアンはみんなに親切だ．
être gentil(le) avec qn は「人に親切である」の意味になる熟語．

▶ Tout le monde est content.　全員が満足している．
意味的には複数だが，動詞は3人称単数の活用をする．

[補足] この表現の monde は単数形で集合的に「人々」を示す．「全世界」le monde entier と混同しないこと（cf. 888）．

434* toute la journée　1日中

▶ Demain, je serai libre toute la journée.　明日は1日中暇です．

[補足] 〈tout(e)＋定冠詞＋期間を表す単数名詞〉で「〜の間ずっと」という意味．類例に tout le mois「ひと月の間ずっと」，toute la matinée「午前中ずっと」，toute la nuit「1晩中」，toute la vie「生涯にわたって，一生」などがある．

3級

Niveau 3

1. 会話文・応答文
2. 前置詞 à
3. 前置詞 avec
4. 前置詞 de
5. 前置詞 en
6. 前置詞 par
7. 前置詞 sous
8. 前置詞 sur
9. 前置詞その他
10. avoir を使った表現
11. êtreを使った表現
12. faireを使った表現
13. 非人称構文
14. 知覚動詞
15. 動詞
16. 形容詞
17. 比較級・最上級
18. 名詞
19. 不定代名詞
20. 中性代名詞
21. 否定の表現
22. 仮定法
23. その他

1 会話文・応答文 (問題1対応)

435 A plus tard! またあとで.

▶ A plus tard!　またあとで.

補足 plus tard「あとで，のちに」の前に前置詞 à を添えた別れの挨拶. A bientôt!「また，近いうちに」(cf. 1) は具体的な日時に会う予定のない相手に対して，A plus tard! はこの先に会うことがほぼ約束されている相手に用いる. remettre qch à plus tard は「～を先に延ばす，延期する」の意味.

436* A table! ご飯ですよ.

▶ Les enfants, à table!　子どもたち，ご飯の用意ができましたよ.

補足「テーブル，食卓」を表す女性名詞 table の前に場所を表す前置詞 à を添えた定番の表現. Tout le monde à table! といった言い方もする.

437 à votre service
あなたの役にたてる (状態にある), お安いご用です

▶ Merci.—A votre service!　「ありがとう」「どういたしまして」
警官などによるサポートや，店員・係員などの商業上のサービスなどへの礼に対する返答として. Il n'y a pas de quoi., Pas de quoi. と同義.

▶ Qu'y a-t-il à votre service?
何かご用はありませんか/どういうご用でしょうか.
Qu'y a-t-il pour votre service? あるいは Qu'est-ce que je peux faire pour vous? とも言う.

▶ Je suis (tout) à votre service.
何なりとお申しつけください/ご用は何でしょうか.

438* Au feu! 火事だ.

▶ Au secours! Au feu!　助けて. 火事だ.

補足 crier au feu は「火事だと叫ぶ」の意味. être en feu は「火事である」という進行状態を指す. なお，蛇足ながらフランス語圏で万一盗難にあった場合，Au voleur!「泥棒」と叫ぶより，周囲をまきこむこの Au feu! の方が効果があると言われる.

439* Au secours! 助けて, 誰か来て.

▶ Au secours! Au secours!　助けて. 誰か来て.

補足 A l'aide!「助けて，手伝って」という類義表現もある. appeler au secours ならば「助けを呼ぶ」, aller au secours de qn なら「人を助けに行く」の意味になる.

440 Bien entendu! もちろん.

▶ Tu viens avec moi au cinéma?—Bien entendu!
「一緒に映画に来る?」「もちろん」

補足 bien sûr, évidemment などと同義の表現. comme de bien entendu という言い方もある. 単独の Entendu! は C'est entendu! と同じで「わかった, 承知した」の意味 (cf. 450).

441 Bon appétit! (食事をする人に対して) たっぷり召し上がれ.

▶ Bon appétit! たっぷり召し上がれ/いただきます.

補足 appétit は「食欲」の意味. 日本語の「いただきます」と同じように使う人もないではないが, 通常は, 自分が食事をしていなくても食事をする相手に用いる表現. たとえば, こぢんまりとした店で, お客さんに対して Bon appétit, messieurs-dames. 「どうぞごゆっくりお召し上がりください」などと使う. なお, 食事の時間が近い場合なら, 別れ際の挨拶のひと言にもなる.

442 Ça [Cela] dépend. それは場合によります.

▶ Tu aimes les films japonais?—Ça[Cela] dépend.
「邦画は好き?」「ものによるね」
Ça[Cela] dépend desquels. (dépendre de + lesquels の縮約形) と疑問代名詞を添える言い方もよく使う.

補足 〈de + 名詞〉を添えた言い方で「それは〜によりけりだ」という意味にもなる (例:Ça dépend du prix.「値段次第だ」cf. 765). あるいは, 疑問詞を添えた Ça dépend quand[comment, où].「それはいつか[どうするか(やり方), どこなのか(場所)]による」といった表現も可能.

443 Ça ne fait rien. かまいません, たいしたことではありません.

▶ Excusez-moi, on est en retard.—Ça ne fait rien.
「すみません, 遅くなりました」「かまいませんよ」
▶ Tu as un bleu!—Ça ne fait rien.
「青あざができてるよ」「たいしたことないよ」

補足 faire には「事態を引き起こす, 影響をもたらす」の意味があり, 見出し語は「何も〜ない」ne...rien と組み合わされている. Ça は会話の中で相手の言った内容を指す. なお, Ça n'a pas d'importance.「たいしたことではない」あるいは Ce n'est rien.「何でもありません」も類義.

444 Ça suffit. もうたくさん, いい加減にしてくれ.

▶ Ça suffit (comme ça)! いい加減にしろ.

Suffit! でも同義.
▶ Ça suffit, cette discussion!　その話ならもうたくさんだ.
On arrête cette discussion!「その話はやめにしようよ」とほぼ同義の表現.
補足 suffire は自動詞で「十分である」の意味. 単純未来形の Ça　suffira? は「これで足りますか」という質問になる.

445* Ça vous va?　あなたの都合はどうですか.

▶ Rendez-vous à six heures, ça vous va?— Ça me va.
「6 時に会うのはどうですか」「いいですよ」
補足 aller à qn で「人に都合がいい」という表現 (cf. 322).

446* Ce n'est pas (de) ma faute.　それは私の責任ではない.

▶ Ce n'est pas ma faute si elle est en retard.
彼女が遅れたからって, それは私のせいではない.
補足 会話では de が落ちることが多い. フランス人の物の考え方 (mentalité) を象徴するひと言と言える. なお, être de ma faute の部分は「所属・起源」を意味し,「私の責任 [過失] に属する」の意味になる.

447　Ce n'est pas vrai!　冗談でしょう, まさか.

▶ Juliette et Stéphane ont divorcé.— Ce n'est pas vrai!
「ジュリエットとステファンが離婚したんだって」「まさか」
補足 C'est vrai? なら「それは本当なの」と相手の言った内容を問いただす言い回しになるが, 否定文になると, 自分の驚きを表す表現に変化する. なお, 驚きの度合いが増すと C'est pas vrai! あるいは Pas vrai! と表現することが多い.

448　C'est complet.　満員です.

▶ Vous avez une chambre pour le 24 juin?— Non, c'est complet.
「6 月 24 日に部屋はありますか」「いいえ, 満室です」
補足 complet(ète) は形容詞で「(乗り物・劇場などが) 満員の」. ホテルの部屋や飛行機, 劇場などで, 空席や空室がないことを説明する表現.

449* C'est de la part de qui?　(電話の応対) どちらさまですか.

▶ Allô, c'est de la part de qui?—(C'est) Jean Dupont.
「もしもし, どちらさまですか」「ジャン・デュポンです」
補足 電話を取り次いで, 相手の名前をたずねる定番のひと言. de la part de qn は「人の依頼により, 人の側から」の意味 (cf. 1000). 同じく, 電話で相手の名前をたずねる表現として, Qui est à l'appareil?「(受話器のところにいるのは誰→) どなたですか」も覚

えたい (cf. 211).

450* C'est entendu.　わかりました.

▶ Alors, le dix-sept à huit heures. — C'est entendu.
「では，17日の8時に」「わかりました」
補足 「了解」のニュアンスで使われる C'est d'accord., O.K. あるいは Ça marche. などに比べて，この言い回しは会社などで使われる丁寧な返答．Entendu. だけでも同じ意味 (cf. 440).

451* C'est tout.　それで全部です，それだけだ.

▶ Et avec ça, monsieur? — C'est tout.
「ほかにご入用のものは」「それで全部です」
店員との応接で「以上です，ほかには要りません」の意味でよく使われる．
▶ Il n'a pas eu de chance, c'est tout.
彼は運がなかった，それだけのことだ．
▶ C'est tout? — Oui, c'est tout. 「(話は) それだけ?」「うん，それだけ」
補足 直説法単純未来を用いた Ce sera tout. よりも少々断定的な口調 (cf. 1291).「以上，終わり」と言い切る感覚．

452* comme vous voulez　お好きなように

▶ Je peux fermer la fenêtre? — Faites comme vous voulez.
「窓を閉めていいですか」「(どうぞ) お好きなように」
補足 tu で話す相手なら，もちろん comme tu veux となる．

453* De quoi parlez-vous?　何について話しているのですか.

▶ De quoi parlez-vous? — Je parle du concours de musique.
「何の話をしているのですか」「音楽コンクールについてです」
補足 parler de qch が「〜について話す」の意味であることを思い出すこと (cf. 132).

454 Et avec ça?　それで，ほかには.

▶ Et avec ça, madame? — C'est tout.
(買い物)「で，ほかにご入用のものは」「それで全部です」
補足 avec は前置詞で「〜といっしょに」，ça は指示代名詞で「これ，それ，あれ」を意味する．「これらの商品とともに，ほかにも何か買いますか」というニュアンスで，市場などで店の人が会計をする前の客に問うときに用いる．客の返答として使われる決まり文句は，C'est tout. (cf. 451) あるいは Ce sera tout. (cf. 1291) など．

455 Il n'y a pas de quoi/Pas de quoi.　どういたしまして．

▶ Merci beaucoup!—Il n'y a pas de quoi.
「ありがとうございます」「どういたしまして」

[補足] 感謝の言葉への返答で，Il n'y a pas de quoi me[nous] remercier.「感謝するには及ばない」の me [nous] remercier が省略された表現．De rien.（cf. 20）や Je vous en prie.（cf. 183）も同義．

456 J'ai mal compris.　よくわからなかった．

▶ Pouvez-vous répéter? J'ai mal compris.
もう 1 度お願いできますか．よくわからなかったので．

[補足] Je n'ai pas bien compris. と同義だが，見出し語はやや固い表現．comprendre は「理解する」，J'ai compris. は「私は理解した」となり，これに副詞 mal が加わっている表現．mal は「具合悪く，悪く」（例：Je me sens mal.「気分が悪い」）という基本的な意味のほかに「下手に，不完全に」の意味があり，voir mal「よく見えない」，parler mal l'anglais「英語を下手に話す」などの表現で用いられる．

457* J'aimerais bien+inf.　～したいのですが．

▶ J'aimerais bien conduire une si belle voiture.
私もあんな美しい車を運転したい．
▶ J'aimerais bien aller voir le film *Camille Claudel*.
映画『カミーユ・クローデル』を見たいのですが．

[補足] aimerais は aimer の条件法現在形．基本的に，条件法は非現実的な仮定に基づいた想像を表現する．したがって，最初の例文は「～したいけれど（しかし実際には無理である）」と現実にはかなわないことをほのめかす．また，次のような返答も可能（例：Ça te dit de dîner chez nous ce soir?—J'aimerais bien, mais je suis pris(e).「今夜，わが家で夕食をどう」「そうしたいけれど，予定があるんだ」）．なお，条件法におけるもうひとつの重要な用法は語気緩和で，2 番目の例文のように丁寧な口調を表す．

458 Je le promets.　それを約束する．

▶ Tu es sûr(e)? Tu viendras me chercher à l'aéroport?—Oui, je le promets.
「本当? 私を空港まで迎えに来てくれるのね」「いいよ，約束するよ」

[補足] promettre は「約束する」．中性代名詞 le は前文の内容全体を受けるもので，例文中では「空港まで迎えに来ること」を指している．ただし，promettre qch (à qn)「（人に）～ を約束する，請け合う」から，Je te[vous] le promets.「君に[あなたに]それを約束するよ」という表現も可能．例文なら，Oui, je te le promets. とも言える．

459* Je regrette.

❶ 残念ですが，申し訳ありませんが．
- ▶ Alors, c'est non? — Je regrette...Je suis désolé(e).
  「では，だめですか」「残念ですが……申し訳ありません」
- ▶ Je regrette, je ne peux pas vous accompagner.
  残念ですが，同行することができません．

❷ お言葉ですが．
- ▶ Non, je regrette, c'est vous qui avez tort.
  いや，お言葉を返すようですが，間違っているのはあなたですよ．

補足 ①の用法は pardon で言い換えられる．②の用法は丁寧に反対の意見を述べるときに使われる．なお，regretter de+inf. なら「～することを悔やむ」の意味（例：Je regrette de t'avoir rencontré(e).「あなたと知り合わなければよかったのに」）．

460* Je suis content(e) pour vous.　それはよかった.

- ▶ J'ai gagné le premier prix au concours. — Félicitations! Je suis vraiment content(e) pour vous!
  「コンクールで1等を取ったんだ」「おめでとう．本当によかったですね」

補足 見出し語を直訳すると，「あたなのために私も嬉しい」となる表現．努力の末に何かを成就した相手にむけて賞賛の意を表す言い回し．

461* Je suis désolé(e).　どうもすみません，申し訳ありません．

- ▶ Je suis désolé(e), je dois partir.
  申し訳ありませんが，出発しなければなりません．

補足 主語と動詞を省略して Désolé(e) のみで用いられることも多い（例：Désolé(e), je n'ai pas le temps.「すみませんが，時間がありません」）．Je suis désolé(e) de qch [de+inf.] なら「～が残念だ，～してすみません」の意味（例：Je suis désolé(e) de ton échec.「君の失敗は残念だ」，Je suis désolé(e) de vous déranger.「お邪魔してすみません」）．また，Je regrette que, Quel dommage que と同じように，Je suis désolé(e) の後に〈que+接続法〉で節を導くパターンもある（例：Je suis désolé(e) qu'il rentre en France.「彼がフランスに帰ってしまうとは残念だ」）．

462* Je vous écoute.　聞いています，お話しください．

- ▶ Je vous écoute.　聞いています．
  話をしている相手へのあいづちとして．
- ▶ Alors, Monsieur Richard, c'est à vous. Je vous écoute.
  それではリシャールさん，あなたの番です．お話しください．

補足 écouter は「聞く」だが，「耳を傾ける」という意味．見出し語は「私はあなた（の言うこと）に耳を傾けていますよ」ということで，会話のあいづちとして，あるいは話を聞く準

備ができていて相手の発言を導く際に使う．授業で，教員が学生に発表をうながすときに，「さあ，どうぞ，始めてください」の合図としても使われる．

463* Je vous dois combien? （値段は）いくらですか．

▶ Je vous dois combien? — Vingt euros, s'il vous plaît.
「いくらですか」「20 ユーロです」

補足 買い物などの支払いのときに用いられる．Combien vous dois-je? あるいは Combien je vous dois? とも言える．値段をたずねる表現としては C'est combien? もよく使われる．devoir qch à qn の形は「人に～を借りている，支払う義務がある」という意味（例：Elle me doit cent euros.「彼女は私に 100 ユーロ借りている」）．

464* L'addition, s'il vous plaît. お勘定をお願いします．

▶ Monsieur, l'addition, s'il vous plaît. ボーイさん，勘定を頼みます．
かつてボーイに対する呼びかけとして使われていた garçon は，現在はほとんど用いられない．

補足 カフェやレストランで勘定を頼むときに用いる表現．女性名詞 addition は「勘定書」の他に「足し算」という意味もある．ただし，ホテルでの勘定の際には note という語を使うのが通例（例：Ma note, s'il vous plaît.「チェックアウトをお願いします」）．

465* Merci de+inf. ～してくれてありがとう．

▶ Merci d'être venu(e). 来てくれてありがとう．
▶ Merci de m'avoir appelé(e). 電話をしてくれてありがとう．

補足 お礼の対象を名詞で表すときには〈merci de[pour] ＋名詞〉の展開となる（例：Merci de [pour] ton e-mail.「メールをありがとう」）．ただし，(×)Merci pour+inf. の形は使われない．de 以下の不定詞は，例文のように話題にする行為が過去に及ぶ場合には，複合形〈助動詞（avoir, être)＋過去分詞〉になる．

466* Ne quittez pas.
電話を切らないでください，少々お待ちください．

▶ Allô, je voudrais parler à Monsieur Mercier. — Ne quittez pas, je vous prie.
「もしもし，メルシエさんとお話したいのですが」「少しお待ちください」

補足 電話の会話で，人に代わるときに「そのまま切らないでお待ちください」という意味で用いられる．または，ラジオなどで「引き続き，番組をお聞きください」という意味でも用いられる．

467* Ne vouz inquiétez pas. 心配しないで.

▶ Charlotte est à l'hôpital? ― Ne vous inquiétez pas. Elle va mieux.
「シャルロットは病院にいるの」「心配しないでください. 彼女は快方に向かっています」

補足 同義の表現に Ne vous en faites pas. がある (cf. 2115). s'inquiéter は「心配する, 不安になる」の意味. 見出し語は tu で話す相手なら, もちろん Ne t'inquiète pas. (アクサンの向きに注意) となる. なお, pour＋qn を添えて Ne vous inquiétez pas pour moi. とすれば「私のことは心配しないでください」という意味.

468* Oh, là là! いやはや, やれやれ, あらまあ.

▶ Oh, là là! Quelle catastrophe! いやはや, 何て災難だろう.

補足 予期せぬ事態を前に, びっくり, 興奮・困惑しているときに使う.

469** On y va. 行こう.

▶ Allez, on y va! さあ, 行こう.
Allons-y! あるいは En route! も同義.

▶ La fête chez Enzo commence à sept heures. ― Alors, on y va?
「エンゾの家のパーティーは 7 時からだよ」「じゃ, 行こうか」

補足 on は会話では「私たち」を意味して, 活用は 3 人称単数 il に準じる (ここでは, aller の活用形 va). y は中性代名詞で,「前置詞＋場所」に代わり「そこへ」を表現する. On y va. は直訳すると「私たちはそこへ行こう」となるが,「(ここを離れて) さあ, 行こう」という意味で用いられる定番の表現.

470 Pas question! とんでもない, 論外だ.

▶ Aller aux Etats-Unis sans passeport? Pas question!
パスポートなしでアメリカへ行くですって. 話になりませんよ.

補足 Il n'est pas question de...「～することは論外だ」の省略形. 相手の発言を「そんなことはとんでもない」と一蹴するときに使う. なお, Pas question de＋inf.！なら「～するなんて, 論外だ」という意味 (例: Pas question de rater un examen si facile!「こんな簡単な試験に失敗するなんて, 話になりませんよ」). なお, Pas de question. という表現もよく使われるが, これは Il n'y a pas de question. の省略で「確かである, 問題はない」の意味になる.

471* Pourquoi pas?

❶ いいですね.

▶ Si on allait au musée? ― Pourquoi pas?
「美術館に行きませんか」「いいですね」

❷ なぜ，だめなのですか．
▶ Tu le vois toujours? — Bien sûr, pourquoi pas?
「相変わらず，彼に会ってるの」「もちろん，いけないの」

補足 ①は相手の提案に同意を示す表現として用いられ，②は相手の疑問に対して「いいではないか」と反駁の気持ちを込めて使われる．

472* Puis-je+inf. ?　私は〜できますか，〜してもいいですか．

▶ Puis-je changer de chambre?　（ホテルで）部屋を変更できますか．
▶ Puis-je fumer?　タバコを吸ってもいいですか．
Est-ce que je peux fumer? とも言う．

補足 pouvoir の je に対する現在形の活用は，peux と puis（倒置疑問文で）がある．可能性を確認したり，許可を求めるときに用いる．ただし，自分に関係している問題（相手に手間や迷惑のかかるようなケース）について尋ねるときに使う表現．一般的な規則（可能かどうか）について問うときには On peut+inf. ?，Est-ce qu'on peut+inf. ? の形を用いるのが通例（例：On peut [Est-ce qu'on peut] se connecter à l'internet?「インターネットに接続できますか」）．

473** Qu'est-ce qui se passe?　どうしたの?

▶ Qu'est-ce qui se passe? — Cette voiture a une panne de moteur!
「どうしたの」「この車はエンジントラブルを起こしているよ」

補足 Qu'est-ce qui は疑問代名詞で「何が」を意味する語．se passer は代名動詞で「（出来事・事件などが）起こる，発生する」．見出し語は，非人称 il を主語にして，Qu'est-ce qu'il se passe? とか Que se passe-t-il? としても同義．なお，複合過去形にすると，Qu'est-ce qui s'est passé?「何が起きたのですか」となる．

474* Quoi de neuf?　何か変わったことはある?

▶ Alors, quoi de neuf? — Pas grand-chose.
「で，何か変わったことは」「特に何も」
▶ Quoi de neuf? — J'ai acheté une maison!
「何か変わったことは」「家を買ったんだ」

補足 親しい相手に挨拶の後，会話を切りだす際に使われる表現．Est-ce qu'il y a quelque chose de nouveau? と同様の意味を持つ（cf. 902）．〈quoi de＋形容詞（男性単数）〉は「〜である何か」を指す．特段変わったことがないときには，Rien de neuf. あるいは Rien de spécial. などとも返答する．なお，neuf は男性名詞で「新しいもの［こと］」という意味にもなるため，Y a-t-il du neuf chez toi?「君の家で何か変わったことでもある」という言い方もできる．

475 Suis-je bien à [chez] ...　～さんのお宅ですか.

▶ Suis-je bien chez Monsieur Legrand?
（電話で）ルグランさんのお宅ですか.
Je suis bien chez Monsieur Legrand? でも同じ意味. あるいは, 相手の番号を添えて Je suis bien au 01 53 71 81 50? などとするのも同じこと.

補足 電話をかけた際に, 相手を確認するために用いる表現. ちなみに, Suis-je bien chez ce cher Serge? という早口言葉がある.

476 Tu devrais＋inf.　～する方がいい.

▶ Tu devrais trouver un travail.　仕事を探した方がいいよ.

補足 例文を言い換えれば, Je te conseille de trouver un travail. となる. devoir「～しなければいけない」が語気緩和のために条件法になっている.

477 Tu exagères!　あんまりだ, 勝手だ.

▶ Tu arrives encore en retard. Tu exagères!
君はまた遅刻だ. いくらなんでも, あんまりだ.

補足 会話で人をとがめたり, 非難したりする表現.「言い過ぎ」や「やり過ぎ」を対象に, 主語は主に2人称か3人称で使われる. ただし,「自戒」をこめて, J'ai exagéré.「やりすぎた, 度が過ぎた」という1人称主語の形もよく使われる.

2 前置詞 à （問題4対応）

478 名詞＋à＋inf.（必要・義務・目的・用途）　～すべき～, ～用の～

▶ J'ai deux lettres à écrire aujourd'hui.
今日は手紙を2通書かなくてはならない.
▶ Vous avez des questions à poser?　質問がありますか.
▶ Je n'ai rien à faire aujourd'hui.　今日は何もすることがない.
〈不定代名詞＋à＋inf.〉の例.
▶ Donnez-moi quelque chose à boire, s'il vous plaît!
何か飲物をください.
名詞を省いて, donner à boire「飲み物を与える」と表現することもある.
▶ Elle est dans la salle à manger.　彼女は食堂にいる.
machine à laver「洗濯機」, fer à repasser「アイロン」なども覚えたい.

補足 à＋inf. が否定の形をとる émission à ne pas manquer「見逃せない番組」なども日常的によく使われる.

479　à ... km à l'heure　時速〜キロで

▶ Cette moto roule à 100 km[kilomètres] à l'heure.
そのオートバイは時速 100 キロで走る．
補足 km を省いて，faire du 100 à l'heure とも言う．à l'heure は「1 時間につき」を表し，à は，単位・数量「〜につき，〜で」の意味．たとえば Je suis payé(e) à l'heure. だと「私は時給で給料を支払われている」の意味．

480　à cette époque-là　その当時

▶ A cette époque-là, tout le monde aimait cette chanson.
当時は誰もがその歌に夢中だった．
補足 époque は女性名詞で「時代，時期」を表す．notre époque は「現代」の意味．この à cette époque-là は à l'époque「当時は」と同義．過去の出来事を表す場面で用いられるので，動詞の時制は過去（例文は直説法半過去）になる．

481* à haute voix　大声で

▶ Mon père parlait à haute voix [à voix haute].　父は大声で話していた．
補足 voix は女性名詞で「声」．haut の h は有音．形容詞では「声が大きい」という意味がある．反意となる「小声で」は à voix basse(cf. 501) あるいは à mi-voix(cf. 971)．なお，「（みんなが聞こえるように）もっとしっかりした声で話してください」というときには，Parlez plus fort, s'il vous plaît! と副詞 fort を使うことが多い．

482* à la campagne　田舎で[に]

▶ Nous allons à la campagne.　私たちは田舎へ行く．
▶ Je passe mes vacances à la campagne.　私は田舎で休暇を過ごす．
補足 かならず定冠詞 la をつける．「田舎暮らし，田園生活」は vie à la campagne と言う．

483　à la carte　アラカルトで，自由選択方式で

▶ On a mangé à la carte.
アラカルト（料理を自由に選ぶ方法）で食事をした．
補足 manger à la carte は，アラカルトで一品ずつ選んで食事をする方式を指し，prendre le menu「コース料理を取る」とは区別される．また à la carte には「各人の好きなように」という意味もある（例：horaire(s) à la carte「フレックスタイム制で」）．

484* à la fois　同時に，1 度に

▶ Il est difficile de faire deux choses à la fois.
同時に 2 つのことをするのは難しい．

補足 同義の表現に en même temps や simultanément がある．強調して tout à la fois という言い方もある．

485 à la fois＋形容詞＋et＋形容詞　～で同時に～でもある

▶ Elle est à la fois intelligente et travailleuse.
彼女は頭も良いが勤勉でもある．
補足 à la fois は「同時に」であるが，それに形容詞を付加して状態を説明する表現（cf. 484）．同義の言い方に〈en même temps＋形容詞＋et＋形容詞〉があり，例文は Elle est en même temps intelligente et travailleuse. と書き換えることができる．

486 à la mode　流行している，はやりの，流行に合った

▶ C'est à la mode, en ce moment.　最近，これがはやりです．
▶ Ce style de vie n'est plus à la mode.
このライフスタイルはもう廃れてしまった．
補足 同義の表現に en vogue（cf. 1479）あるいはくだけた言い方だが形容詞の tendance（例：C'est tendance.「これがはやってる」）がある．反意の「流行遅れになっている」は être passé(e) de mode と言う．à la mode de qch なら「～風の」という意味（例：mariage à la mode d'autrefois「昔風の結婚」，cuisine à la mode de Provence「プロヴァンス風の料理」）．なお，女性名詞の mode「流行，ファッション」と男性名詞の mode「方法，様式」を混同しないように要注意．

487 à la nage　泳いで

▶ Ils ont traversé la Manche à la nage.　彼らは泳いで英仏海峡を渡った．
補足 en nage だと「(泳いだような様で→) 汗びっしょりの」を意味する熟語．

488 à la place（de qn/qch）

❶（～の）代わりに，（～に）代わって
▶ A la place, je t'emmènerai au zoo.
その代わり，動物園に連れて行ってあげるよ．
▶ A la place de Monsieur Martin, qui va devenir directeur?
マルタンさんに代わって，誰が部長になるだろうか．
❷（～の）立場だったら
▶ Qu'est-ce que vous feriez à la place de Jeanne?
あなたがジャンヌの立場だったらどうしますか．
補足 au lieu de qn/qch あるいは en remplacement de qn/qch などが①の類義語．se mettre à la place de qn で「人の身になってみる」という熟語もある（例：Mettez-vous à ma place!「私の身になってください」）．

489 à la vérité　実のところ，本当のところは

▶ A la vérité, j'ai dit ça pour son bien.
実は，彼［彼女］のためにそう言ったんだ．

補足 à vrai dire も同義．また，ほぼ同じ意味で en vérité という言い方も用いられる．

490 à l'âge de ... ans　～歳で

▶ Mon oncle est mort à l'âge de 90 ans.　私の叔父は 90 歳で亡くなった．

補足 例文は l'âge を省いて à 90 ans としても同義になる．à tout âge「年齢がいくつでも」とか hors d'âge「老朽化した，耐用年数を過ぎた」という言い方も記憶したい．

491 à l'époque de qch　～の時代［時期］に，～の頃

▶ A l'époque de notre mariage, nous habitions à Rouen.
結婚した頃，私たちはルーアンに住んでいた．

補足 à l'époque ないしは à cette époque-là なら「（その）当時」という意味になる（例：A l'époque, j'étais encore étudiant(e).「当時まだ学生でした」cf. 480）．

492 à l'instant

❶（未来）今すぐ
▶ J'arrive à l'instant.　今すぐに行きます．

❷（過去）今しがた，たった今
▶ Il est sorti à l'instant.　彼は今しがた出て行きました．

補足 副詞 même「まさに，ちょうど」を用いて à l'instant même とも言える．pour l'instant「今のところ（は）」も記憶しておきたい（例：Pour l'instant, ça va.「今のところ大丈夫です」）．

493 à l'intérieur de qch　～の内部に，～の中に

▶ J'ai trouvé un tableau magnifique à l'intérieur d'une église.
ある教会の内部ですばらしい絵を見つけた．

補足 前置詞 dans の類義語，au-dedans de qch という表現もある．なお，à l'intérieur だけで「屋内で」の意味でも使われ，反意語「屋外で」は à l'extérieur と言う．

494 à l'opposé (de qn/qch)　（～とは）反対に，反対方向に［の］

▶ La gare est à l'opposé (d'ici).　駅は（こちらとは）反対方向です．
▶ A l'opposé de mon mari, je suis très sportive.
夫とは反対に，私はとてもスポーツ好きだ．

補足 上の例は，方向・位置などの反対を指す表現．下の例のように，考え方や趣味などが反

対であると表現するなら，au contraire de や à l'inverse de で置き換えられる．

495* à mon avis　私の考えでは

- ▶ A mon avis, il vaudrait mieux attendre demain soir.
  明日の晩になるのを待った方がいいと私は思いますが．
- ▶ A votre avis, quelle est la meilleure méthode?
  あなたの考えでは，なにが最善策だと思いますか．

補足 例のように，この表現は各人称にわたって使われる．類義語には，pour moi「私から見ると」，selon moi, d'après moi「私が思うには」，あるいは personnellement「個人的には，自分としては」などがある．

496 à partir de qch（時間・期間）　～から

- ▶ Je vais travailler à partir du 5 juillet.　私は 7 月 5 日から仕事をします．
- ▶ Ce CD sera mis en vente à partir de la semaine prochaine.
  その CD は来週から販売される．
- ▶ A partir de maintenant, on arrête de fumer!　今から禁煙しよう．
  Dès maintenant, on arrête de fumer! も同義．

補足 現在や未来を起点に「～から」と述べるときに用いる表現．過去を起点として現在までの継続「～から[以来]」（時制は主に現在）には depuis を用いる（例：Il est marié depuis deux ans.「（結婚して 2 年だ→）彼は 2 年前から結婚している」）．

497* à peine

❶ ほとんど～ない，せいぜい

- ▶ Elle sait à peine lire.　彼女は字もろくに読めない．
- ▶ Ce dictionnaire coûte à peine quinze euros.
  この辞書はせいぜい 15 ユーロだ．
  値段（数詞）を従えると「せいぜい」の意味になることが多い．

❷ かろうじて，やっと

- ▶ Ce pont pour les piétons est à peine plus long que l'ancien.
  こちらの歩道橋は古いものよりわずかばかり長い．

❸ ～したばかり

- ▶ Elle vient à peine de sortir.　彼女は今，出かけたところだ．

補足 à peine で否定的には「ほとんど～ない」，肯定としては「かろうじて，やっと」を意味する語．時間的にも使われ「～したばかり」の意味にもなる（cf. 1345）．

498* à propos de qch　～について，～に関して，～の件で

- ▶ A propos de quoi?　何のことですか/何のご用ですか．
  A quel propos? あるいは頻度の高い表現で C'est à quel propos? も使われる．

▶ Qui sait quelque chose à propos de cette affaire?
この事件のことで，何か知っている人はいますか．
補足 この propos は「主題」の意味，au sujet de qch は類義語．なお，à propos だけでも「そのことですが，時に」の意味で使われる（例：A propos, elle vous a répondu?「ところで，彼女から返事は来ました？」）．

499 à toute [pleine, grande] vitesse 　全速力で，大急ぎで

▶ Il a couru à toute vitesse.　彼は全速力で走った．
à toute allure でも同じ意味．
▶ Attendez! Je finis mon travail à toute vitesse et j'arrive.
待ってください．仕事を急いで終わせて，行きますから．
類義語に à la hâte, en toute [grande] hâte がある．会話では (à la) vitesse grand V といった言い方もする．反意の表現は à petite vitesse で「ゆっくり，ペースダウンして」の意味．
補足 ちなみに「フランスの新幹線」TGV は train à grande vitesse の略称．

500* à travers qn/qch
〜を横切って，〜通り抜けて，〜を通して，〜を介して

▶ On sent le froid à travers les vitres.　窓ガラスを通して寒さを感じる．
▶ L'écrivain a dépeint la vanité à travers ce personnage.
作家はその登場人物を通して虚栄心を描いた．
補足 à travers のうしろに置かれる名詞は大半が場所を表す語だが，例文のように人物でもよい．少しレベルはあがるが，ほかに à travers champ(s)「野原を横切って」，lumière à travers les branches「木漏れ日」，à travers les âges「時代を貫いて」など．

501 à voix basse 　小声で，ひそひそと

▶ Est-ce qu'elles parlent tout le temps à voix basse?
彼女たちはいつもひそひそと話をするのですか．
▶ Dans les églises, on parle à voix basse.
教会のなかでは小声で話すものだ．
補足 à mi-voix も同義（cf. 971）．例は「低い声で」と訳せなくはないが，通常は「小声で」と訳される．反対は à haute voix, à voix haute で「はっきりした声で，大声で」(cf. 481)，あるいは副詞 haut を用いた parler haut で「大きな声で話す」という意味になる．

502 à vrai dire 　実を言えば，本当のことを言うと

▶ A vrai dire, on n'a pas encore terminé le travail.
実を言うと，仕事はまだ終わっていません．

補足 語順を逆にした à dire vrai（dire vrai で「真実を語る」）という言い方も使われるが古めかしい表現．類義語に à la vérité, pour dire la réalité といった表現もある．

503 au bout de qch

❶（空間）〜 の端に［で］
▶ Elle m'a attendu(e) au bout du quai, en tête du train.
彼女はホームの端，列車の先頭で，私を待っていた．

❷（期間）〜 の後に，〜の終わりに
▶ Elle a quitté l'hôpital au bout d'un mois.
彼女は1か月後に退院した．

補足 ① bout は男性名詞で「先端，果て」．空間を表す au bout du couloir「廊下の突きあたりに」などの使われ方がある．②単に時間的に「〜後」を指す après とは違い，〈au bout de＋期間〉は文脈のなかで問題になっている行為（例文の場合なら「入院」）がその「期間」続いた「その後」を意味する．

504 au coin de qch 〜の角に

▶ La poste est au coin de la rue. 郵便局は通りの角にある．

補足 coin は男性名詞で「片隅，角」．au coin de la table は「テーブルの角に」，avoir quelque chose au coin de la bouche なら「口のへりに何かをつけている」という意味．この表現を用いた慣用句としては au coin d'un bois「（森の片隅で→）人気のない場所で」が知られる（例：Je n'aimerais pas le rencontrer au coin d'un bois.「もの寂しいところで，彼のような男とは会いたくない（薄気味悪い男だ）」）．

505* au contraire これに反して，反対に，逆に

▶ Il ne s'est pas fâché, au contraire, il était content.
彼は怒るどころか，かえって喜んでいた．
▶ Cécile aime Xavier? — Au contraire. Elle le déteste.
「セシールはグザヴィエのことが好きなの？」「ちっとも．彼のことは嫌いよ」

506 au contraire de qn/qch 〜に反し，〜とは反対に

▶ Au contraire de son frère, il est très timide.
兄［弟］とは逆に，彼はとても内気だ．

補足 contraire は男性名詞で「反対，逆」の意味．副詞を用いた contrairement à qn/qch や à l'opposé de qn/qch も同義（cf. 494）．

507 au fond de qch 〜の奥に，〜の底に

▶ Marianne était assise toute seule au fond de la classe.

マリアンヌが教室の奥にぽつんと座っていた．

補足 fond は「（容器・場所の）奥，底」の意味．「（器官の）奥」も意味し，regarder au fond des yeux なら「人の目をじっと見つめる」といった表現になる．ただし，形状に鑑みて，たとえば「引き出しの奥に」なら dans le fond du tiroir などとする．なお，au fond（あるいは dans le fond）は「実際は，結局のところ」という意味（例：Au fond, il est bête.「実は彼は馬鹿なのだ」）．

508　au lieu de qn/qch [de+inf.]
　　　～の代わりに，～する代わりに，～しないで

▶ Au lieu de l'avion, elle a pris le train.
彼女は飛行機ではなく，列車に乗った．

▶ Jérôme a décidé de sortir au lieu de rester à la maison.
ジェロームは家にじっとしていないで，外出することにした．

補足 au lieu de qn/qch は à la place de qn/qch と同義（cf. 488）．

509　au niveau de qn/qch

❶ ～に関しては

▶ Il a des problèmes au niveau de l'orthographe.
つづりに関して，彼は問題がある．

❷ ～の高さで，～のところで

▶ Tournez à droite au niveau du restaurant, s'il vous plaît!
レストランのところで右折してください．

❸ ～の水準［レベル］で

▶ Il a essayé de se mettre au niveau de l'auditoire.
聴衆のレベルにあわせて話をしようとした．

補足 niveau は「高さ，水準，レベル」を表す男性名詞．①は en ce qui concerne qn/qch，②は à la hauteur de qch とほぼ同義である（cf. 1316）．

510　au nord　北へ

▶ Les oiseaux se sont déplacés du sud au nord.
鳥たちは南から北へと移動した．

補足 方角を表す表現．「南へ」au sud，「東へ」à l'est，「西へ」à l'ouest．なお，「北方向に」の意味にもなり，pièce exposée au nord「北向きの部屋」のような表現でも使われる．また，au nord de qch は「～の北［北方］に」の意味（例：Lille se trouve au nord de Paris.「リールはパリの北方に位置する」）．

511　au pied de qch　～の下部に，～麓(ふもと)に

▶ Son cottage se trouve au pied d'une montagne.

彼[彼女]のコテージは山の麓にある．

補足 pied は「(足首から下の)足」の意味から，容器・柱・山や木などの「最下部，基部」の意味になる．たとえば，au pied de l'arbre なら「木の根元に」の意味になる．au bas de qch「～の下に」は類義．

512 au plus tôt　早くても，できるだけ早く

▶ Je finirai ce travail demain au plus tôt.
この仕事を終えるのはどんなに早くても明日だ．
▶ Répondez à ma lettre au plus tôt!
できるだけ早く私の手紙に返事をください．

補足 le plus tôt possible は類義．plus tôt は「もっと早く」という意味 (cf. 429)．

513 au sujet de qn/qch　～について，～のことで

▶ Qu'est-ce qu'on raconte au sujet de Monsieur Suzuki?
鈴木さんについてどんな噂が流れていますか．

補足 類義の表現に à propos de qn/qch, concernant qn/qch, en ce qui concerne qn/qch などがある．なお，〈à＋所有形容詞＋sujet〉も「人のことで」を表す（例：Mon père s'inquiète beaucoup à mon sujet.「父は私のことをひどく心配している」）．あわせて，〈à＋疑問形容詞＋sujet〉を使った表現としては，C'est à quel sujet?「何についてですか」の頻度が高い．

514 au-dessous de qn/qch　～より下に，～以下の

▶ Ce matin, il fait cinq degrés au-dessous de zéro.
今朝は，零下5度です．
moins cinq (degrés) でも同義．
▶ Interdit aux enfants au-dessous de dix ans.
10歳未満の子どもはお断り．
de moins de dix ans とも言い換えられる．

補足 au-dessous は「下に，下位に」の意味で，反意語は au-dessus．見出し語は，数・程度がある基準よりも「下」であることを表す場合に用いる．また場所が「下に」という意味で用いるときには，「下方」を指す語なので（類義は plus bas que），「真下」である必要はない．なお，au-dessous de la colline「丘の下に」といった用例の載った辞書もあるが，その場合なら au pied de la colline「丘の麓に」とする方が自然．

515 face à face　向かい合って

▶ Ils sont assis face à face.　彼らは向かい合って座った．
▶ Il s'est trouvé face à face avec un vieil ami dans une boutique.
彼は店で旧友とばったり出会った．

se trouver face à face avec qn「人とばったり出会う」は,「顔」face ではなく「鼻」nez を使って,se trouver nez à nez avec qn とすればさらに雰囲気が出る.

補足 se regarder face à face なら「互いに見つめあう」の意味.なお,face à face は男性名詞として「(テレビ) 対談」の意味でも使われる語.

516* mot à mot　1語1語,逐語的に[な],逐語訳

▶ J'ai lu cette lettre mot à mot.　私はその手紙を1語1語読んだ.
▶ C'est une traduction mot à mot.　それは逐語訳だ.

「逐語訳をする」は traduire mot à mot あるいは faire du mot à mot と表現する.

補足 発音に注意[motamo]. mot pour mot とも表現する.

517* peu à peu　少しずつ

▶ Votre français progresse peu à peu.
あなたのフランス語は少しずつ上達している.

補足 pas à pas「1歩1歩」と同じパターン (cf. 1376). 反対の意味になるのは à grands pas「長足の,急速に」(例:Ma santé s'est améliorée à grands pas.「私の健康はみるみる回復した」).

3　前置詞 avec （問題4対応）

518　avec attention　注意して,用心深く

▶ Tu dois conduire avec attention!　注意して運転しなさい.

補足 前置詞 avec と「注意」を意味する女性名詞 attention による表現.Attention!, Faites [Fais] attention!「気をつけて」といった表現と同じく冠詞はつかない (cf. 695).

519　avec difficulté　苦労して

▶ Il a été reçu à l'examen avec difficulté.
彼はやっとの思いで試験に受かった.

補足 副詞 difficilement と同義. sans difficulté「苦労なく,楽々」が反意語.なお,例文を「"かろうじて"受かった」の意味にしたいなら,de justesse という言い回しを用いる.

520　avec effort　苦労して

▶ Les enfants avancent dans la neige avec effort.
子どもたちが雪の中を苦労して進んで行く.

補足 avec peine, péniblement などが類義語.反対語 sans effort は「わけなく,事もなげに」.

521 avec le temps　時がたつにつれて，時とともに

▶ Avec le temps, on s'habitue à tout.
時がたつにつれて，何にでも慣れるものだ．
▶ Les chagrins s'effacent avec le temps.　悲しみは時とともに消え去る．

補足 前置詞句を接続詞で書き換えて comme le temps passe とも表現できる．

522 avec ordre　秩序だてて，整然と

▶ Il faut procéder avec ordre.　秩序だてて行わなければならない．

補足 avec méthode, par ordre などはほぼ同義．また，説明的に de façon méthodique などとも言い換えられる．類義語の en ordre「きちんとした，片づいた」，ならびに反意語 sans ordre「行き当たりばったりに，雑然とした」も記憶したい．

523 avec succès　成功して，首尾よく

▶ Il a passé cet examen avec succès.　彼はその試験に合格した．
passer un examen だけなら「試験を受ける」という意味で，「合格する」の意味にはならない．

補足 反意の「失敗して」は sans succès になる（例：Il a passé sans succès cet examen.「彼はこの試験に落ちた」）．

524 avec tendresse　優しく，愛情をこめて

▶ Elle regarde son bébé avec tendresse.
彼女はわが子を愛情のこもった眼差しで見つめる．

補足 「優しさ，思いやり」を意味する tendresse を用いた熟語．tendrement と同義．

525 avec une carte de crédit　クレジットカードで

▶ Vous payez avec une carte de crédit?
お支払いはクレジットカードになさいますか．

補足 crédit は男性名詞で「貸付け，クレジット」の意味．「クレジットカード」は une carte de crédit という．ほかに，carte bleue「カルト・ブルー（フランスの銀行グループのキャッシュカード兼クレジットカード）」，carte de paiement, carte bancaire「（銀行の）キャッシュカード」，carte à puce「IC カード」など．また，「小切手で支払う」は payer par chèque，「現金で支払う」は payer en espèces(cf. 1440)．

526 avec violence　激しく

▶ Elle a commencé à parler avec violence.
彼女は激しい口調で話し始めた．

補足 見出し語は，副詞 violemment と同義の表現．

4 前置詞 de （問題 4 対応）

527* de （原因・様態・手段）

❶ 〜のために
▶ Il est mort de faim.　彼は餓死した．
mourir de faim は比喩的に「腹が減って死にそうだ」という意味でも使われる．mourir de soif なら「喉が渇いて死にそうだ」という意味．「原因」を表す例．

❷ 〜で
▶ J'ai pleuré de joie.　私は嬉し泣きした．
joie は苦労が報われたときなどの「喜び」を指し，plaisir は身体的・知的「喜び」を表す語．「様態」の例．

❸ 〜によって
▶ Elle a rempli un verre de champagne.
彼女はグラスをシャンパンで満たした．
「手段」を表す例．

補足 別例として être puni(e) de ses fautes「失敗したので罰せられる」，trembler de peur「恐怖で震える」，répondre d'une voix douce「やさしい声で応じる」などがあげられる．

528* de （数量・程度・差異）　〜の，〜だけ，〜の差で

▶ Mon frère a quatre ans de plus que moi.　兄は私より 4 歳年上です．
▶ Ma fille a gagné de peu.　娘はわずかの差で勝った．
de が「差異」を表す用例．

補足「数量・程度」を示す上の例文は，Mon frère est mon aîné de quatre ans. とも Mon frère est plus âgé que moi de quatre ans. とも書き換えられる．

529* de A（無冠詞名詞） en A（無冠詞名詞）　A から A へと，A ごとに

▶ La situation change d'heure en heure.　状況は刻一刻と変化している．
文脈によって，d'heure en heure は「1 時間ごとに」という意味にもなる．
▶ La situation s'aggrave de jour en jour.　状況は日に日に悪化している．

補足 ほかに，de plus en plus「ますます多く」，de moins en moins「ますます少なく」，de mieux en mieux「ますます良く」といった言い回しがある．あわせて de temps en temps「時々」，de minute en minute「刻々と」なども記憶したい．

530* de jour en jour　日に日に，日増しに

▶ Les prix montent de jour en jour.　物価が日増しに上昇している．

補足 類義のパターン (cf. 529) の表現として peu à peu「次第に」(cf. 517), d'heure en heure(cf. 1417), de minute en minute「刻々と」などがある.

531 de moins en moins　だんだん少なく

▶ Ce roman est de moins en moins intéressant.
この小説はだんだん面白さがなくなっていく.
▶ Elle sort de moins en moins.　彼女は次第に外出しなくなった.
▶ Il y a de moins en moins d'enfants qui jouent dehors.
外で遊ぶ子どもが徐々に減っている.
〈de moins en moins de + 無冠詞名詞〉で「～がだんだんと少なく」という意味.
補足 段階的な減少を示す表現. moins は peu の比較級, le moins はその最上級.

532 de plus en plus　ますます, 次第に

▶ Il fait de plus en plus chaud.　だんだんと暑くなっている.
▶ Je la respecte de plus en plus.
私は彼女を次第に尊敬するようになっている.
▶ Il gagne de plus en plus d'argent.　彼はますますお金を稼いでいる.
〈de plus en plus de + 無冠詞名詞〉で「ますます多くの～」の意味.
補足 見出し語は「だんだん多く」という段階的な増加を指し示す. plus は beaucoup の比較級, le plus はその最上級で, それぞれ英語の more と most に相当する. なお, レベルはあがるが de plus belle という類義語もある(例:Il neige de plus belle!「いっそう激しく雪が降っている」).

533 d'avance　前もって, あらかじめ

▶ Merci d'avance!　よろしくお願いします/前もって礼を言っておきます.
▶ Payez d'avance, s'il vous plaît!　先払いで願います.
▶ Je savais d'avance que tu perdrais ce match.
君がこの試合に負けることはあらかじめ分かっていた.
補足 類義の表現に à l'avance(cf. 1327), par avance がある. en avance は「(予定より) 早く, (～より) 進んで」という意味になる (cf. 554).

534 de bonne heure　朝早く, (通常より) 早い時間[時期]に

▶ Mon petit frère n'arrive pas à se lever de bonne heure.
弟はどうしても朝早く起きられない.
▶ Il s'est levé de bonne heure pour aller à la pêche.
彼は釣りに行くために朝早く起きた.
▶ Etant fatiguée, elle s'est couchée de bonne heure.
疲れていたので, 彼女はいつもより早く寝た.

補足 tôt le matin「朝早く」と同義．見出し語に似た，à la bonne heure は間投詞的に用いられ「それはよかった，しめた」という意味になる表現（例：Tu es libre? A la bonne heure! Nous allons causer.「君は暇だって？ ちょうどいい．話をしよう」）．

535　de bout en bout / d'un bout à l'autre
端から端まで，いたるところで

▶ Son rapport est plein de fautes de bout en bout.
彼［彼女］の報告書はいたるところ間違いだらけだ．
補足 リエゾンする発音に注意[dəbutɑ̃bu]/[dœ̃butalotr]（cf. 550）．

536　de [d'une] façon＋形容詞　～な仕方で，～な風に

▶ Elle est habillée de façon élégante.　彼女は優雅な服装をしている．
avec élégance と同義．
▶ Pauline s'exprime de façon claire.
ポーリーヌはわかりやすく自分の意見を述べる．
clairement, avec clarté などで言い換えられる．
補足 多くの場合，この表現は様態を表す副詞に相当する表現をつくる．現在では不定冠詞は省かれる傾向にある．また〈de [d'une] manière＋形容詞〉「～なやり方で」もほぼ同義になる（cf. 537）．

537　de [d'une] manière＋形容詞　～なやり方で

▶ Ecrivez de manière lisible, s'il vous plaît!
読みやすく書いてくださいね．
lisiblememt と同義．
▶ D'une manière générale, les Japonais aiment voyager.
一般的に日本人は旅行が好きだ．
généralement, en général と同義．
補足 形容詞は女性形になることに注意．この表現は〈de [d'une] façon＋形容詞〉と同様に，様態を表す副詞に置き換えられる例が大半（なお，不定冠詞を使わない形の頻度が増しつつある．cf. 536）．

538　de nom　名前だけ，名前で

▶ Je ne la connais que de nom.
彼女のことは名前でしか知らない／彼女の名前だけは知っている．
connaître qn de nom「人を名前でだけ知っている」を限定した，ne connaître qn que de nom で「人を名前でしか知らない」の意味（cf. 913）．
▶ Mon oncle est directeur, mais seulement de nom.
私の叔父は部長だが，名前だけだ．

Mon oncle n'est directeur que de nom. と書くこともできる.

539 de nos jours　現代では，今日では

▶ De nos jours, presque tout le monde a un téléphone portable.
現代では，ほとんどすべての人が携帯電話を持っている．

補足 類義の表現として actuellement, aujourd'hui, maintenant, à notre époque があげられる．推奨しかねる表現だが，会話で頻度の高い au jour d'aujourd'hui「今日では，近頃」もある．

540* de nouveau　再び，もう1度

▶ Elle est de nouveau malade depuis hier.
彼女は昨日からまた病気になっている．

補足 類義の副詞 encore「また」よりも驚きや意外性のニュアンスが強い．une fois de plus「もう1度」という言い方もある．なお，類義語の à nouveau は「再び」の意味のほかに「(他のやり方で) 新たに，改めて」という意味がある (例：J'examinerai à nouveau ce problème demain.「明日改めてこの問題を検討します」cf. 1343).

541 de plus

❶ その上，さらに

▶ Qu'est-ce qu'on peut faire de plus?　これ以上，何ができるだろうか．
▶ Il fait froid ; de plus, il s'est mis à pleuvoir.
寒い，それに雨が降り出した．

❷ ～だけ余計に (多く)

▶ Il a deux ans de plus que moi.　彼は私より2歳年上だ．
▶ Une minute de plus, et on aurait manqué le train pour Rennes.
1分遅れたら，レンヌ行きの列車に乗り遅れるところだった．

補足 ①は en outre とも言い換えられる．くだけた調子なら en plus でも同義．②は〈数詞＋名詞＋de plus〉の形．

542 de quoi＋inf.

❶ ～するのに必要なもの

▶ Donnez-moi de quoi écrire, s'il vous plaît !
何か書くもの[筆記具]をお願いします．

❷ ～する理由[原因]

▶ Il n'y a pas de quoi rire.　笑い事ではない．

補足 quelque chose pour＋inf.「～するための何か」は類義の表現．なお，「どういたしまして」Il n'y a pas de quoi me remercier. は，現在，下線部を省略して使われるが，そもそもは「私にお礼を言っていただくほどのことではありません」という意味．

543　de retour

❶ être de retour 戻る，帰って来る
- ▶ Elle sera de retour dans huit jours.　彼女は1週間したら戻ってくる．

❷ 〈de retour＋場所〉 ～に戻って来ると，帰ると
- ▶ De retour à la maison, il m'a contacté(e).
  家に帰ると，彼は私に連絡して来た．

[補足] この熟語は「帰って来る」という行為ではなく，「(すでに)帰って来ている」という状態を指すことに注意．つまり①の例文では，「彼女」は1週間後に戻るために出発するのではなく，1週間後にはすでに帰って来ているという意味になる．

544　de toute(s) façon(s)　いずれにせよ，ともかく

- ▶ De toute façon, je ne peux pas y aller.
  いずれにしても，私はそこに行くことができません．

[補足] 同義の表現として en tout[tous] cas や quoi qu'il en soit がある．定冠詞がついた de toutes les façons は「あらゆる仕方で」という意味になる（例：Je vous aiderai de toutes les façons.「あらゆる手段であなたを助けましょう」）．

545　de toutes ses forces　力いっぱい，全力を尽くして

- ▶ On a tiré de toutes nos forces sur la corde.　力いっぱい綱を引いた．
- ▶ J'ai crié de toutes mes forces.　私はあらんかぎりの声で叫んだ．

[補足] 所有形容詞 ses は人称に応じて変化する．force「力」は複数形で「体力」を示す．de force は「無理やり，力ずくで」という意味の熟語（cf. 1396）．cogner de toutes ses forces は「力いっぱい叩く」，aimer de toutes ses forces なら「全力で愛する」という意味になる．なお，この熟語を比喩的に用いて「あらゆる手段を用いて」の意味で使うと説明している辞書があるが，実際にはほとんど使われないようだ．

546　d'habitude　いつもは，ふだんは

- ▶ D'habitude, je me lève à sept heures.　いつもは7時に起きる．
- ▶ Ce thé est meilleur que d'habitude.
  このお茶はいつものお茶よりおいしい．

[補足] 副詞の habituellement，あるいはやや改まった副詞 ordinairement などと同義になる．comme d'habitude は「いつものように」（cf. 925），par habitude は「習慣によって」という意味になる．

547　d'ici (à) ＋時間　今から～まで（に）

- ▶ D'ici aux vacances [D'ici les vacances], vous avez le temps de réfléchir.

今からヴァカンスまで，あなたには考える時間はありましょう．

補足 たとえば d'ici demain「今から明日まで（に）」のように，前置詞は省かれる傾向にある．また，d'ici là なら「今からその時まで（に），それまでに」の意味（例：D'ici là, allons déjeuner.「それまでに，昼飯を食べに行こう」）．

548* d'occasion　中古の

▶ J'ai acheté un livre d'occasion en souvenir de mon voyage en France.
私は自分のフランス旅行の思い出に 1 冊古本を買った．

補足「中古の」de seconde main という言い方もある．なお，以下のように副詞的に使われるケースもある（例：Cette voiture a été achetée d'occasion.「その車は中古で買われたものだ」）．

549* une voiture d'occasion　中古車

▶ Il a acheté une voiture d'occasion.　彼は中古車を 1 台買った．

補足 d'occasion には，「中古の［で］」を意味する語．ちなみに「古本(ふるほん)」は livre d'occasion あるいは vieux livre という．livre ancien ではない（livre ancien は「(時代の古い）古書」の意味になる）．

550　d'un(e)＋名詞＋à l'autre

❶ 一方の〜から他方へ

▶ Il a parcouru cette région d'un bout à l'autre.
彼はその地域を端から端まで歩きまわった．
de bout en bout もほぼ同義．

❷ 〜の（わずかな）間に

▶ Ma fille va revenir de l'école d'un moment à l'autre.
娘は今にも学校から戻って来るだろう．

補足 ①は別例として aller d'une ville à l'autre「町から町へ行く」（会話だと前置詞 à を省いて aller d'une ville l'autre あるいは aller de ville en ville でもよい）がある．②で，d'un jour à l'autre なら「(1 日の間に→)明日には」の意味になる．

5 前置詞 en （問題 4 対応）

551** en（抽象的な場所・領域）　〜の中に，〜において

▶ Elle a cette histoire en mémoire.　彼女はその話を記憶している．
en mémoire で「記憶の中に」の意味．
▶ J'ai des idées en tête.　いろいろな考えが念頭にある．
▶ Mon cousin est fort en mathématiques.　私のいとこは数学が得意だ．

〈être fort(e) en＋科目〉で「～が得意だ」の意味（反意語は faible）．ちなみに，ゲームやスポーツが「得意である」とするなら〈être fort(e) à＋ゲーム・スポーツ〉となる（例：être fort(e) aux échecs「チェスが強い」）．

補足 docteur en médecine は「医学博士」，docteur en droit は「法学博士」．なお，次の例のように人称代名詞強勢形の前では dans ではなく en を用いる（例：En elle, il y a quelque chose de dangereux.「彼女には何か危ないところがある」）．

552　en apparence　見かけは，うわべは

▶ Alex est gentil en apparence, mais en réalité il est sournois.
アレックスはうわべは優しいが，実は腹黒い．

補足 副詞 apparemment と同じ意味．女性名詞 apparence「外観，見かけ」を用いた熟語としてほかに，contre toute apparence「見かけに反して」，selon toute apparence「どう見ても」がある．また sauver [ménager, garder] les apparences で「うわべを繕う，体裁を繕う」という意味になる（cf. 2083）．

553　en arrière　うしろに，過去に戻って

▶ Il a marché en arrière.　彼は後ずさりした．
レベルはあがるが，同義の表現として marcher à reculons がある．
▶ Elle a regardé en arrière.　彼女はうしろを振りむいた．
比喩的に「過去を振りかえった」という意味にもなる．

補足 対になる表現は en avant「前に，前方に」（cf. 555）．en arrière de qn/qch とすると「～のうしろに」（＝derrière）という意味になる（例：en arrière de ce bâtiment「この建物の裏に」）．

554　en avance　進んで，先んじて

▶ Elle est arrivée en avance à la gare.　彼女は早めに駅に着いた．
▶ Ce film est en avance sur son temps.
この映画は時代の先を行っている．
en avance sur qn/qch で「～より進んでいる」の意味．

補足 反対の意味の表現は en retard「遅れて」（cf. 257）．en avance は「（予定の）時間より前に」あるいは「（進歩・進展が）ほかより早い，先んじている」の意味（例：Cet enfant est en avance pour son âge.「この子は年の割にませている」）を示し，en avant は「（場所的に）先に」を表す言い回し（cf. 555）．なお，「時計が5分進んでいる」といった用例で en avance を用いている辞書もあるが，その場合は，動詞 avancer を用いる方が自然な言い回し．

555*　en avant　前に，先に

▶ En avant, marche!　前に進め．

En avant! だけでも同じ号令になる．
- ▶C'est dangereux de se pencher en avant.　前に身をのりだすと危ない．
- ▶Partez en avant!　先に出発してください．

補足 en arrière「うしろに，遅れて」と対になる表現（cf. 553）．mettre qch en avant は「～を前面に押し出す，～を口実として持ち出す」という意味（例：Il met son droit en avant.「彼は自らの権利を主張する」）．

556　en bas　下に，下の階に

- ▶Il est tombé la tête en bas.　彼は真っ逆さまに落ちた．
  la tête en bas は「頭を下にして」という意味の状況補語になる．
- ▶Mes parents habitent en bas.　私の両親は下の階に住んでいる．
  「1 階に住んでいる」という意味にもなる．

補足 類義の表現として en dessous や au-dessous がある．en bas de qch は「～の下に，～の下の階に」の意味（例：en bas de chez moi「私の家の 1 階で」）．見出し語と反意になる「上に，上の階に」は en haut と表現する（cf. 571）．

557　en cas de＋無冠詞名詞　～の場合には

- ▶En cas d'urgence, veuillez appeler ce numéro.
  緊急の際には，この番号に電話してください．
- ▶En cas de besoin, adressez-vous au guichet No. 5.
  必要なときには，5 番の窓口に問い合わせください．
- ▶On essaiera de nouveau en cas d'échec.　失敗したらもう 1 度やろう．
- ▶L'événement sera annulé en cas de pluie.
  雨天の場合，行事は中止となります．

補足 ほかに en cas d'accident「事故の場合には」，en cas d'absence「不在のときには」，en cas de maladie「病気の際には」，en cas de nécessité「必要なら」など．

558　en compagnie de qn　人といっしょに

- ▶J'ai voyagé en Italie en compagnie d'un ami.
  私は友だちといっしょにイタリアへ旅行に行った．

補足 avec qn あるいは de compagnie avec qn と類義の表現．compagnie は「一緒にいること，同伴」という語義はもちろんだが，「会社」を意味する語でもある（例：compagnie aérienne「航空会社」）．

559　en congé　休暇中である

- ▶Elle est en congé depuis trois jours.
  彼女は 3 日前から休暇を取っている．

補足 congé は主に個人的事情による休暇，vacances は夏休みなどの長期の休暇のことをさ

す．prendre un congé は「休暇をとる」，prendre congé de qn は「人に別れを告げる，いとまごいをする」という意味の熟語になる（例：J'ai pris congé de mes collègues avant de sortir du bureau.「会社を出る前に同僚にいとまごいをした」）．

560　en d'autres termes　言い換えれば

▶ Elle ne dit pas la vérité, en d'autres termes, elle fait semblant d'ignorer.
彼女は真実を言っていない，言い換えれば，しらを切っているということだ．

補足 複数形 termes は「表現，言葉づかい」．〈en termes＋形容詞〉は「〜的な表現で」の意味（例：en termes clairs「明瞭な表現で」）．見出し語の類義になる表現として autrement dit「別の言い方をすれば」や c'est-à-dire「つまり」がある．なお，例文の faire semblant de+inf. は「〜する振りをする」という熟語．

561　en dehors de qch（場所・テーマ）　〜の外[外側]に，〜を除いて，〜以外

▶ J'habite en dehors de la ville.　私は町の外に住んでいる．
▶ Laisse-moi en dehors de tes histoires!
あなたの話に私を巻きこまないで．
▶ En dehors du golf, je n'aime pas le sport.
ゴルフ以外，私はスポーツが好きではない．

「〜以外」は，à part や前置詞 excepté を使って表すこともできる（例：à part [excepté] elle「彼女以外は」）．

補足 dehors「外，外側に」の反対語は dedans「内，内側に」．en dedans de qch で「〜の中に」という意味になる（例：en dedans de la porte「ドアの内側に」）．

562　en désordre　乱雑に

▶ Tout est en désordre dans ta chambre.
君の部屋はなにもかも散らかっている．

補足 mettre qch en désordre なら「〜を乱す，散らかす」の意味．形容詞的にも用いられ une chambre en désordre「散らかった部屋」，les cheveux en désordre「乱れた髪」といった言い方もする．反対語は en ordre「きちんと，整然と」と言う（cf. 577）．

563　en détail　詳細に，詳しく

▶ Expliquez-nous cette affaire en détail.
この事件についてわれわれに詳しく説明してください．
expliquer qch en détail で「詳細に〜を説明する」．

補足 détail「詳細」は「（重要ではない）細部」という意味（例：C'est un détail.「それは大したことではない」）もあり，また，au détail で「小売りで」という意味（例：vendre au détail「小売りする」cf. 1922) にもなる．

564　en difficulté　苦境にある，（特に金銭的に）困っている

▶ Leur bateau était en difficulté.　彼らの船は遭難していた．
▶ Cette entreprise est en difficulté.　この企業は経営が苦しい．

補足 dans une situation difficile と類義になる表現．difficulté「難しさ，困難」の反意語は facilité「易しさ，容易」あるいは「流暢」の意味（例：s'exprimer avec facilité「流暢に話す」）．mettre qn/qch en difficulté は「〜を苦境に陥れる」という意味（例：La dépression a mis cette société en difficulté.「不景気によってその会社は経営難に陥った」）．

565　en direction de＋場所　〜に向かって，〜の方に

▶ Nous avons pris le train en direction de Paris.
　私たちはパリ行きの列車に乗った．

補足 この熟語は乗物について使われるケースが多い．類義の表現に〈dans la direction de＋場所〉がある（cf. 620）．direction に形容詞がつくと前置詞は dans を用いる（例：dans la direction opposée「反対の方向に」）．なお〈Quelle est la direction de＋場所?〉という形は方向を聞く定番の表現（例：Quelle est la direction de Marseille?「マルセイユはどちらの方向ですか」）．

566　en exprès　速達で

▶ Je dois envoyer ce paquet en exprès.
　私はこの小包を速達で出さなくてはならない．

補足 par exprès とも表現される．ちなみに「速達料」は tarif exprès という．

567　en fait　ところが，実際には

▶ Clara devait être là à sept heures; en fait, elle est arrivée vers huit heures.
　クララは7時にそこに来るはずだったのに，実際には，8時ごろ着いた．

補足 en fait が導く文章は，前文の内容を覆す流れになる点に注意．前文の内容を受け，「本当に，そのとおりに」という意味でうしろの文につなげる de fait とは働きが逆である．

568　en forme　元気な，快適な，体調が良い

▶ Je ne suis pas en forme ce matin.　今朝は体調が良くない．
　Je ne suis pas bien ce matin. でも同義．

補足 人を主語にして，être en forme, se sentir en forme の形で使われる．体調の良さを強調するには en bonne[pleine] forme を使う．類義の表現として avoir la forme

5 前置詞 en　147

「元気いっぱいだ」がある.

569　en grande [majeure] partie　大部分は, 大半は

▶ Tu es en grande partie responsable de cet accident.
この事故の責任の大半は君にある.

補足 この partie は「部分」という意味. 関連する表現として en　partie「部分的に」(cf. 1026), faire partie de qch「～の一部をなす」(cf. 711), une grande partie de qch「～の大部分」(cf. 1250) などがある.

570　en grève　ストライキ中の

▶ Les professeurs sont en grève depuis hier.
昨日から教員がストライキを続行中だ.
être en grève「ストライキ中である」.

補足 女性名詞 grève「ストライキ」は, 19世紀に職工の失業者たちが place de Grève「グレーヴ広場」に集まり, 職や手当を要求した運動に由来する語.「ストライキをする」は faire (la) grève と表現する.「ストライキに入る」は見出し語を用いて, se mettre en grève と言う (cf. 1197).

571　en haut　上に, 上の階に

▶ Regardez en haut!　上を見て.
▶ Ma chambre est en haut.　私の寝室は上の階にあります.

補足 d'en　haut は「上から, 上層部から, 天から」という意味になる (例:lumière qui vient d'en haut「上から差す光」, ordre qui vient d'en haut「上からの命令」). en haut de qch は「～の上部に」(例:en haut de cette page「このページの上部に」).「下に, 下の階に」は en bas (cf. 556).

572*　en l'absence de qn/qch　人が不在中[留守中]に, ～がないので

▶ Il regarde la télévision en l'absence de ses parents.
彼は両親のいない時にテレビを見る.
▶ Quelqu'un est venu en mon absence?　留守中に誰か来た?
「私の留守中に」とするなら, 所有形容詞を用いて en mon absence とする.
▶ En l'absence de consigne, j'ai écrit mon devoir comme je le voulais.
指示がなかったので, 私は思いのまま課題を書いた.

補足 〈absence de＋無冠詞名詞〉は「～の欠如[不在]」を表す語 (例:absence de goût「センスのなさ」). absence「不在, 欠如」の反対語は présence「存在, あること」.

573　en l'air　空の方に，根拠のない，乱雑に

▶ Il a tiré en l'air.　彼は空に向けて発砲した．
▶ Les mains en l'air !　両手を挙げろ．
　Haut les mains! とも言う．
▶ Ce n'est qu'une promesse en l'air.　それは空約束にすぎない．
▶ Dans ma chambre, tout est en l'air.　私の部屋は散らかし放題だ．
　être en désordre でも同義．

補足 ほかに，regarder en l'air「空を見上げる」(cf. 1758)，parler en l'air「いい加減なことを言う」(cf. 1739)，agir en l'air「軽率に振舞う」(cf. 1121) などがある．dans l'air は「(気配が) あたりに漂っている，(考えや病気などが) 広まっている」という意味になる (例: La grippe est dans l'air.「流感がはやっている」)．

574　en l'honneur de qn/qch　〜に敬意を表して，〜を祝して

▶ Cette fête a eu lieu en l'honneur du président.
　このパーティは社長に敬意を表して開かれた．
▶ Il y a une soirée en l'honneur de leur mariage.
　彼らの結婚を祝って夜会が催される．

補足 honneur は「(泥を塗ってはならない) 名誉，栄誉，敬意」などの意味 (例: défendre son honneur「名誉を守る」，manquer à l'honneur「信義にもとる」) があるが，たとえば「彼は家族の誇りだ」と表現するなら Il est la fierté de sa famille. と「自慢，誇らしいこと」を意味する fierté という類義語を用いるのが通例．なお，日常会話では，人に順番を譲って「(まず) あなたからどうぞ」A toi l'honneur! とか，En quel honneur?「何のこと，誰のため，何故ですか」がよく使われる．

575* en même temps (que ...)　(〜 と) 同時に

▶ Frédéric et Nora sont arrivés en même temps.
　フレデリックとノラは同時に到着した．
　Frédéric est arrivé en même temps que Nora. とも書ける．
▶ Il est médecin et, en même temps, professeur.
　彼は医者であると同時に，教師でもある．
　Il est médecin, en même temps que professeur. とも言える．

補足 même は「同じ」という意味の形容詞．類義の表現として à la fois がある (cf. 484)．

576　en mémoire　記憶の中に

▶ Elle a cette histoire en mémoire.　彼女はその話を記憶している．
　avoir [garder] qch en mémoire で「〜を記憶している，覚えておく」の意味 (cf. 664)．

補足 mémoire は名詞で「記憶 (力)，思い出」などの意味がある．de mémoire は「そらで，

暗記して」の意味になる（例：jouer de mémoire「暗譜で演奏する」）．

577　en ordre　整然とした，整理された

▶ Tout est en ordre dans sa chambre.
彼［彼女］の部屋はすべてきちんと整理されている．

補足 chambre en ordre「整理された部屋」のように形容詞的に用いることもできる．mettre qch en ordre で「〜を整理する」という熟語になる（cf. 1171）．反意語は en désordre と言う（cf. 562）．

578*　en particulier　特に，個別に，個人的に

▶ J'aime le sport, en particulier le foot.
私はスポーツが好きで，なによりサッカーが好きだ．
surtout, notamment, particulièrement と同義．
▶ Ce cas doit être examiné en particulier.
このケースは個別に検討すべきだ．
▶ Je voudrais vous parler en particulier.
あなたと 2 人だけで話したいのですが．

補足 particulier は名詞としては général「一般」の反意語としての「特殊」あるいは「私人」を意味し，形容詞としては「特殊な，独特の，個人の」という意味になる（例：cas particulier「特別なケース」，costume particulier à cette région「この地方独特の衣装」，leçon particulière「個人レッスン」）．

579*　en plein(e)＋無冠詞名詞（単数）　〜のただ中で，〜の真ん中に

▶ Je suis en plein travail.　私は仕事の真っ最中だ．
▶ Elle s'est réveillée en pleine nuit.　彼女は真夜中に目を覚ました．
plein は形容詞なので，後ろが女性名詞の場合は女性形 pleine になる．「真昼間に」は en plein jour と言う．
▶ Il a reçu un coup en pleine figure.　彼は顔の真ん中に一発くらった．

補足 ほかによく用いられる表現として en plein soleil「太陽が照りつける中で」，en plein hiver「真冬に」，en pleine mer「沖合に」などがある．

580　en plein air　野外で，屋外で

▶ Ce soir, le concert aura lieu en plein air.
今夜，野外でコンサートが行われる．

補足〈en plein＋無冠詞名詞〉の表現のひとつ（cf. 579）．de plein air は「野外の，屋外の」の意味で，たとえば sports de plein air なら「アウトドアスポーツ」のこと．「野外で」は，en plein vent あるいは au grand air と言う．逆に見出し語の反意語「室内で」は en salle, à l'intérieur d'une pièce などの言い方がある．

581　en présence de qn/qch　〜の面前で，〜の前で

▶ Il est gentil en présence de ses parents.
　彼は両親の目の前ではおとなしい．
▶ Elle se trouve en présence de difficultés.　彼女は困難に直面している．

補足 類義の表現として en face de qn/qch(cf. 65) や devant qn/qch がある．en présence は「面と向かい合って」という意味の熟語（例：deux personnes en présence「対峙する2人」）．

582　en principe　原則として，理論的には

▶ En principe, je ne travaille pas le week-end.
　原則として，私は週末は働かない．
▶ Vous venez me voir ce soir? — En principe, oui.
　「今晩，私に会いに来ますか」「はい，おそらく」
　この返答に使われた en principe は「理屈では（そうなります）」という含意から導かれたもの．
▶ Il a raison en principe.　理屈の上では彼は正しい．
　この例では，en principe = théoriquement．

補足 par principe は「方針として，主義として」という意味の熟語（例：Par principe, je ne mange jamais de viande.「主義として，私は肉をけっして食べません」）．

583　en privé　個人的に，他の人がいないところで

▶ Il veut avoir une conversation en privé avec toi.
　彼は君と1対1で話したがっている．
　seul à seul とも表現できる．

補足 en public「公衆の面前で，人前で」が反意語（cf. 584）．

584*　en public　公衆の面前で，公然と，（録音などが）ライブで

▶ Il n'a pas l'habitude de parler en public.
　彼は人前で話すことに慣れていない．
▶ Elle a critiqué mon œuvre en public.
　彼女は公然と私の作品を批判した．
▶ Ce concert est enregistré en public.
　このコンサートはライブで録音されている．

補足 副詞 publiquement と同義．反意は en privé「個人的に，内々に」（cf. 583）．

585 **en quelle classe**
(学年・クラス) 何のクラス, (列車などの) 何等車

▶ Tu es en quelle classe? — Je suis en CM 2.
「何学年なの」「中等科 2 年です」
CM は cours moyen「中等科」の略語で, CM 2 は 10〜11 歳の子どもに相当する.

▶ En quelle classe avez-vous voyagé? — En première classe.
「何等車で旅行したのですか」「1 等車です」

[補足]「等級, 学級」を意味する classe が女性名詞なので, それにかかる疑問形容詞が女性形 quelle となることに注意.

586 **en réalité** 実際には

▶ Il a l'air sympathique, mais en réalité il est méchant avec moi.
彼は感じがよさそうに見えるが, 実際は私に対して意地悪だ.

[補足] 外見や見かけとは異なる事実を述べるときに使う表現. 類義の熟語として, en fait(cf. 567) とか par le fait がある. 反意は en apparence「見かけは」と言う (cf. 552).

587 **en surface** 表面的に, うわべだけ

▶ Il ne lit ce roman qu'en surface.
彼はこの小説のうわっつらしか読んでいない.

[補足] surface は「表面, 面積, うわべ」という意味. ほかに traiter qch en surface「〜を表面的に扱う」など. de surface は「うわべの」という意味になる (例:changement de surface「うわべだけの変化」).

588 **en tête à tête** 2 人きりで, 差し向かいで

▶ Hugo et Pierre sont restés une heure en tête à tête.
ユゴーとピエールが 1 時間 2 人きりでいました.

▶ Elles ont discuté en tête à tête. 彼女たちは差し向かいで議論した.

[補足] en tête-à-tête ともつづられる.

589 **en vente** 売りに出された, 発売中の

▶ Ce livre n'est pas encore en vente. この本はまだ店頭に並んでいない.

[補足] mettre qch en vente で「〜を売り出す, 発売する」の意味になる (cf. 1172).

6 前置詞 par （問題4 対応）

590 deux par deux　2人ずつ，2つずつ

▶ Avancez deux par deux, s'il vous plaît.　2人ずつ前に進んでください。

補足 上記の例文は deux をひとつ省いて Avancez par deux! とも言える．〈名詞＋par＋名詞〉で繰返しを強調する定型的な表現の一例．ほかに page par page「1ページずつ」，morceau par morceau「1片ごと」など．

591 par ailleurs

❶ **その一方で，その反面**

▶ C'est un homme intelligent, mais par ailleurs il est un peu imprudent.
彼は頭のいい人だが，その反面，ちょっと軽率なところがある．

❷ **それに，ちなみに**

▶ Elle est très sportive, par ailleurs elle lit beaucoup.
彼女はスポーツが大好きで，それに読書家でもある．

補足 類義の表現として①は d'un autre côté(cf. 1008)，②は en outre(cf. 1955) があげられる．関連の熟語 d'ailleurs も頻出 (cf. 1266)．

592* par bonheur [malheur]　運よく，幸いにも [運悪く，不幸にも]

▶ Par bonheur, il a fait beau pendant mon voyage.
幸いにも，旅行中は天気が良かった．

▶ Par malheur, elle a perdu ses parents dans un accident de la route.
不幸にも，彼女は両親を交通事故で亡くした．

補足 類義の表現に par chance [malchance] がある (cf. 593)．ほかに，bonheur を用いた熟語としては au petit bonheur (la chance)「運を天にまかせて，行き当たりばったりに」（例：J'ai répondu au petit bonheur「私はあてずっぽうに答えた」），あるいは avoir le bonheur de+inf.「幸いにも～する」，porter bonheur à qn「人に幸運をもたらす」などがある (cf. 1078)．

593* par chance [malchance]　運よく [運悪く]

▶ Par chance, j'ai trouvé un appartement près de mon école.
運よく，学校の近くにアパルトマンを見つけた．

▶ Par malchance, il a raté son train.　運悪く，彼は電車に乗り遅れた．

補足 chance は「運，幸運」という意味．avoir de la chance は「運がいい」という言い回し (cf. 292)．malchance は「不運，不幸」で，avoir de la malchance は「運が悪い」．

594　par contre　それに対して，その代わり

▶ Son magasin est très petit, par contre il est bien situé.
彼[彼女]の店は小さいけれど，その代わり立地がいい．

[補足] contre は前置詞として用いられることが多いが，この熟語は「反対して」という意味の副詞になる．類似の表現 en　revanche「その代わりに，その反面」(par contre より改まった言い方) は mais とともに用いられることが多い (例: C'est un travail intéressant, mais en revanche, c'est mal payé.「これは面白い仕事だが，その代わり給料が安い」).

595　par habitude　習慣によって，惰性で，機械的に

▶ Il fait son travail par habitude.　彼は惰性で仕事をしている．

[補足] habitude はとりわけ個人の習慣について多く用いられる語．副詞 machinalement「機械的に」と類義になる熟語．par habitude professionnelle なら「職業的な習性で，仕事柄」という意味になる．d'habitude は「いつもは，普段は」という意味 (cf. 546).

596　par hasard

❶ 偶然に，たまたま

▶ Je l'ai rencontré(e) par hasard.　私はたまたま彼[彼女]に出会った．
▶ C'est tout à fait par hasard que nous avons appris l'accident.
私たちが事故を知ったのはまったくの偶然です．

❷ もしかして

▶ Vous auriez du feu par hasard?
(タバコを吸いたいときに) もしや，火をお持ちではないですか．

[補足] hasard は男性名詞で「偶然」の意味．見出し語は疑問文 (あるいは条件節) で「もしかして」の意味で使われることも多い．そのほか，hasard を用いた熟語としては，à tout hasard「念のために」(例: J'emporte un parapluie à tout hasard.「念のために，私は傘を持っていく」)，au hasard「行き当たりばったりに」(例: Sylvie se promène au hasard.「シルヴィは当てもなく散歩している」) などがあげられる．

597　par rapport à qn/qch　～と比べて，～に応じて，～に対して

▶ Il est grand par rapport à son père.　彼は父親に比べて背が高い．
▶ Il faut déterminer la politique par rapport à la situation économique.
経済状況に応じて政策を決定しなければならない．
▶ Je me sens coupable par rapport à vous.
私はあなたに対して罪の意識を感じている．

[補足] この場合 rapport は「関連，関係」という意味で，avoir rapport à qn/qch「～と関

係がある」，en rapport avec qn/qch「～と釣り合った，～とつき合いがある」などの熟語をつくる．なお，「～と比べて」であれば en comparaison de qn/qch とも言える（cf. 1016）．

598 par terre

❶ 地面に，地べたに
▶ Ils se sont couchés par terre.　彼らは地べたに寝そべった．

❷（輸送）陸路で
▶ Dans ce pays, le transport par terre est très important.
この国では，陸上輸送がとても重要である．
形容詞を用いて transport terrestre「陸上輸送」と表現することも多い．

補足 ① は sur le sol が類義語．屋外でも屋内でも使える．tomber par terre「地面に倒れる，落ちる」，jeter par terre「地面に投げつける」など．ただし，乗物には用いない（例：L'avion est au sol.「飛行機は地上に降りている」）．②は輸送に関して par voie de terre の意味になる例．par air「空路で」，par mer「海路で」，par eau「水路で」などと対比される．

7 前置詞 sous （問題4対応）

599 sous（作用・影響・観点）　～を受けて，～から見て，～のもとに

▶ Les branches plient sous le poids de la neige.
枝が雪の重みでたわんでいる．

補足 細かく見ていけば，sous（作用・影響）はほかに，sous la pression de qn/qch「～からの圧力を受けて」，sous l'influence de qn/qch「～の影響を受けて」などの用例がある．sous（観点）の例は，sous ce point de vue「この観点から見れば」，sous cet angle「この角度から」，sous cet aspect「この側面から」などがある．

600 sous（時間）　～の時代に，～の頃の

▶ Quelle était la vie des Français sous Louis XVI?
ルイ16世治世下のフランス人たちの生活はどのようなものだったのだろうか．

補足 sous は「～の下に」を表す前置詞（cf. 84）．sous のうしろに時間や時代にかかわる語を置いてさまざまな表現を作る（例：sous la Révolution「フランス大革命の時代に」，sous le régime capitaliste「資本主義体制のもとで」）．

601 sous（名目・手段・条件）　～で，～のもとに，～の条件で

▶ Sous prétexte de maladie, il a séché les cours.
病気を口実に，彼は授業をさぼった．
▶ «Défense de stationner, sous peine d'amende»

駐車禁止，違反者は罰金．
掲示板の表現（cf. 1143）．

補足 ほかに sous condition「条件つきで」，sous réserve de qch「〜という留保つきで」などがある．

602　sous la neige　雪に覆（おお）われた

▶ Voilà Paris sous la neige!　これが雪景色のパリですよ．

補足 「〜の下に，〜に覆われた」という意味の sous を用いた表現（cf. 603）．例文のように，形容詞的にうしろから前の名詞を修飾できる．

603* sous la pluie　雨の中

▶ Nous nous sommes promené(e)s sous la pluie.
私たちは雨の中を散歩した．

補足 「〜の下に」という意味の sous を用いた熟語（cf. 602）．たとえば，sous la douche「（シャワーの下にいて湯を浴びている状態→）シャワー中」も同じイメージ．ほかに pluie には比喩的に〈pluie de＋無冠詞名詞〉で「たくさんの〜，〜の雨」という意味で使われる（例：pluie de baisers「キスの雨」，pluie de reproches「非難の嵐」，pluie de pétales「花吹雪」）．

604　sous terre　地下に［の］

▶ Quoi? Il a caché son argent sous terre?
何．彼は地下にお金を隠したの？

補足 類義語に au sous-sol がある．「このビルは地下3階建てです」なら Ce bâtiment a trois niveaux en sous-sol. といった言い方をする．vouloir rentrer sous terre は「穴があったら入りたい」という意味．反意語は sur (la) terre「地上に」．

8　前置詞 sur （問題4対応）

605* sur（主題）　〜について，〜に関して

▶ On est d'accord sur ce point.　この点に関しては意見が一致している．

補足 〈sur＋対象・根拠となる人や物事〉で「〜について」という主題を表す．別例に réfléchir sur un problème「ある問題についてよく考える」，attirer l'attention de qn sur qch「〜について人の注意を引きつける」などがある．

606* sur（対象・目標・方向）　〜に対して，〜に向かって，〜の方に

▶ J'ai vu *Tirez sur le pianiste* à la télévision.
「ピアニストを撃て」をテレビで見た．

▶ Vous tournez sur votre droite.　右手へ曲がってください。

補足 tirer sur qn/qch は「～に発砲する，～を狙って撃つ」．ほかに，appuyer sur un bouton「ボタンを押す」，jeter un coup d'œil sur qn/qch「～をちらりと見る，～にざっと目を通す」(cf. 1162) など．

607　sur（所持・近接・範囲）　～を身につけて，～に面して，～にわたって

▶ Aujourd'hui, je n'ai pas mon maillot de bain sur moi.
今日は水着を持ち合わせていない．
avoir qch sur soi で「～を身につけて持っている，所持している」の意味．

▶ Le bureau donne sur le boulevard.　オフィスは大通りに面している．
faire face à qn/qch, être tourné(e) vers qn/qch などと類義 (cf. 1150).

▶ Il y a une file d'attente sur 300 mètres.
300 メートルにわたって待つ人の列ができている．

608　sur le dos　仰向けに，背中に

▶ Il est tombé sur le dos.　彼は仰向けに倒れた．
反意は，tomber sur le ventre「うつぶせに倒れる」．

▶ Elle portait son enfant sur le dos.
彼女は背中に子どもをおんぶしていた．

補足「仰向けに」は à plat dos（「うつぶせに」à plat ventre）とも言う．prendre qch sur son dos は「～の責任を負う」，mettre qch sur le dos de qn は「人に～の責任を負わせる」という意味の表現になる．

609* sur place　（事の起こっている）その場で，現地で，出先で，即座に

▶ Bon, on va se retrouver sur place.　よし，現地集合ということにしよう．
▶ Je ne rentrerai pas, je dînerai sur place.
戻らずに，出先で夕飯をすませよう．

補足 類義語に sur les lieux がある．

610* 24 heures sur 24　24 時間にわたって，一日中

▶ Cette supérette est ouverte 24 heures sur 24.
このコンビニエンスストアは 24 時間営業だ．

補足 比率を表す sur を用いた表現．17 sur 20「20 点満点のうち 17 点」（フランスのテストは通例 20 点満点），dix candidats sur vingt「20 名の受験者のうちの 10 名」など．

9 前置詞その他 （問題4対応）

611* après+inf.　〜した後で

▶ Après avoir fini son travail, il est allé au restaurant.
仕事を終えた後，彼はレストランに行った．

[補足] 不定詞は複合形〈avoir[être]＋過去分詞〉を用いるのが通常の形．ただし，次のような成句的表現では単純形が用いられる．après manger「食事の後で」，après dîner「夕食後に」など．

612　après que+直説法（複合形）　〜した後で

▶ Après qu'elle a eu fini son travail, elle est sortie.
彼女は仕事を終えた後，外出した．
elle a eu fini は，口語でよく使われる複々合過去（重複合過去）という形．ただし，この例文の場合 Elle est sortie après avoir fini son travail. とする方が自然な流れ．なお，頻度が高い〈avant que＋接続法〉の影響からか（例：Partons avant qu'il (ne) pleuve.「雨が降る前に出発しましょう」），〈après que＋接続法〉としている文章をしばしば見かける．

▶ Après que Pierre sera arrivé, on pourra se mettre en route.
ピエールが着いたら，出かけられる．

[補足]〈quand＋直説法〉〈une fois que＋直説法〉などと類義だが，時制に注意．

613* après tout　（なんと言っても）結局は，要するに，いずれにせよ

▶ Après tout, fais comme tu veux!
いずれにせよ[だったら]，したいようにしなさい．

[補足] 文頭あるいは挿入句として使われ，「（意図や予想に反して）結局〜である，だったら〜だ」と表現したい場合に多く用いられる．

614* autour de qn/qch

❶ 〜のまわりを[に]，〜をめぐって
▶ La Terre tourne autour du Soleil.
地球は太陽のまわりをまわっている．

❷ およそ
▶ Elle doit avoir autour de cinquante ans.　彼女は50歳前後だろう．

[補足] ①は場所や物を伴う．②は数値を伴い概数を表す．environ「およそ」，à peu près「ほぼ」などが類義語．

615　avant de+inf.　〜する前に

▶ Téléphone-moi avant de partir pour la France!
フランスへ出発する前に電話して.

[補足] 過去と未来を起点として「〜前」を表す前置詞 avant を用いた表現. avant のうしろに動詞を添える場合は de+inf. となる.

616* 　avant tout / avant toute chose　なによりも（まず），第一に

▶ Avant tout, repose-toi bien!　なによりも，ちゃんと休養なさい.

[補足] 掲示に用いられるケースとして,《 Sécurité avant tout 》「安全第一」の表現がある.(tout) d'abord は類義語.

617　chez＋居住地・国　〜のところで，〜の国では

▶ C'est une vieille habitude chez nous.
それは私たちのところ［国，地方］では古い習慣だ.

[補足]「時代」を意味する用法もある（例：chez les Romains「ローマ時代に（は）」）. chez qn なら「人の家［店］で，人の作品においては」という意味になる（cf. 71）.

618* 　contre（比率）　〜対〜で

▶ Cette loi a été votée (par) vingt voix contre quinze.
この法案は 20 対 15 で可決された.

[補足]〈A（数値）contre B（数値）〉で A 対 B という比の表現になる.

619* 　dans（分野・範囲）　〜において，〜の中に

▶ Tu travailles dans l'informatique?
君はコンピューター関係の仕事をしてるの.
▶ Cela n'est pas dans mes intentions.　それは私の計画に入っていない.

[補足]〈dans＋作者名〉なら「〜の作品のなかに」という意味になる（例：Cette expression est dans Balzac.「この表現はバルザックの作品のなかにある」）.

620　dans la direction de qn/qch　〜に向かって，〜の方へ

▶ Il a tiré dans ma direction.　彼は私に向けて発砲した.
▶ Pardon, monsieur, dans quelle direction est la gare?
すみません，駅はどちらの方向ですか.
Quelle est la direction de la gare? でも同じ意味になる.

[補足] 同義の表現に en direction de qn/qch「〜に向かって，〜行きの」がある（cf. 565）. dans toutes les directions は「あらゆる方向に」という意味の熟語（cf. 1013）. な

お，sous la direction de qn は「人の指導［指揮］のもとに」の意味なので注意したい（cf. 1518）．

621 dans le but de＋inf.［que＋接続法］
〜する目的で，〜するために

▶ J'ai beaucoup travaillé dans le but de réussir cet examen.
私はこの試験に受かるために猛勉強した．

補足 avoir pour but de＋inf. は「〜することを目的とする」という意味の熟語．なお，男性名詞 but は「目的，目標」のほかに「（サッカーなどの）ゴール，得点」も意味する（例：gardien de but「ゴールキーパー」）．

622 dans l'ouest de＋場所　〜の西部に

▶ La Rochelle est dans l'ouest de la France.
ラ・ロシェルはフランス西部にある．

補足 前置詞を à として，〈à l'ouest de＋場所〉なら「〜の西に」の意味になる．つまり A（主語）は B（場所）の"外に"あるのに対して，見出し語のように dans を用いれば，A は B の"中（内側）に"あることになる．

623 depuis A jusqu'à B　A から B まで

▶ Les Pyrénées s'étendent depuis l'Atlantique jusqu'à la Méditerranée.
ピレネー山脈は大西洋から地中海にまでのびている．

補足 この表現は時間的・空間的な範囲，ならびに序列における範囲を表す．de A à B とほぼ同義だが，「A から B に至るまで（広く，くまなく）」という含意があるために，応用範囲は意外に狭い．文脈によるが「父は朝から晩まで働いている」なら depuis le matin jusqu'au soir とせずに，Mon père travaille du matin au soir. とする方が自然．

624 depuis toujours　ずっと以前から

▶ Je la connais depuis toujours.　私は彼女をずっと以前から知っている．

補足 depuis très longtemps も同義．なお，toujours は"tous＋jours"から派生した単語であるために名詞的にも用いられる点に注意したい．

625 derrière（順位）　〜に次いで，〜に続いて

▶ Notre équipe s'est classée quatrième, juste derrière la vôtre.
われらのチームはちょうどあなたのチームに次いで 4 位になった．

補足 ほかに，arriver derrière qn「人に続いて到着する」，marcher derrière qn/qch「〜のあとについて歩く」，marcher l'un derrière l'autre「縦に並んで［1 列になって］歩

く」など．ただし見出し語は，位置的な「うしろ」を指し示すケースが大半で，順序・序列の「うしろ」を表す場合には après を用いるのが通例．たとえば，次の２つの文章，Il est derrière moi.「彼は私のうしろにいる」と Il est après moi.「彼は私より成績が下位だ」，この違いに注意．

626* dès（時点・時間・空間）

❶（時点・時間）～ からすでに，～からすぐに
- Ce film japonais m'a plu dès le début.
  その邦画はのっけから気に入った．
- Nous sommes parti(e)s dès l'aube.
  私たちは夜明けになるとすぐに出発した．

❷（空間）～ からもう
- Dès Sapporo, il s'est mis à neiger.　札幌まで来ると，雪が降りだした．

補足 一連の行為の開始の点を指し示す前置詞．dès que possible は「できるだけ早く」の意味になる熟語．また，〈dès que＋直説法〉は「～するとすぐに」の意味．

627* dès que＋直説法　～するとすぐに

- J'ai reconnu Madame Musset dès qu'elle s'est mise à parler.
  私は彼女が話を始めたとたんにミュッセ夫人だとわかった．
- Dès qu'il se lève, il se brosse les dents.　彼は起きるとすぐに歯を磨く．

補足 〈aussitôt que＋直説法〉と同義（cf. 407）．

628　envers qn　人に対して，人に向って

- Il est très poli envers les personnes âgées.
  彼はお年寄りに対してとても丁寧だ．

補足 être généreux(se) envers qn「人に対して寛容だ」，être bienveillant(e) envers qn「人に対して好意的だ」，être méchant(e) envers qn「人に対して意地悪だ」など，感情や態度を表す語のうしろで用いられることが多い．なお，à l'envers「裏返しに」に使われる envers は「裏，裏面」を意味する男性名詞．

629　entre＋名詞・代名詞（複数）　～の中から［に，で］

- Nous devons choisir entre plusieurs solutions.
  たくさんの解決策の中から選ばなくてはならない．

補足 通常は entre A et B の形で使われることが多い（cf. 76）．見出し語は「多数の物や人の中から」という意味で，〈d'entre＋人称代名詞強勢形〉で「～の中の～」となるケースもある（例：la plupart d'entre eux「彼らの大部分」）．

630　hors de prix　（値段が）ひどく高い

▶ Deux mille euros? Mais c'est hors de prix!
2,000 ユーロ? そりゃ，法外な値段だ．

補足 多く être hors de prix の形で使われる．être dans les prix de qn なら「人の払える（手ごろな）値段だ」という意味．ほかに，hors を用いた熟語に être hors de doute「疑いの余地のない」，être hors service「（故障などして）使用できない」などがある．

631　hors de qch

❶（場所の）外に，外部に

▶ Elle habitait avec ses parents hors de Marseille.
彼女は両親とマルセイユ市外に住んでいた．
en dehors de で置き換えられる．

❷（時代や時期を）外れた

▶ En novembre, cette jupe est hors de saison.
11 月にそのスカートは季節はずれだ．
hors de saison で「場違いな」の意味になることもある．なお，上記の例文は de を省いて hors saison でも同義になる．

❸（範囲や状態を）脱した，外れた

▶ Il est hors de question de fuir.　逃げるのは論外だ．
ほかによく使われる表現として hors de danger「危険を脱した」(cf. 1060)，hors d'usage「使われなくなった」(cf. 1532)，hors de soi「我を忘れた」がある．

補足 〈hors＋無冠詞名詞〉は「～の範囲外の，～をはずれた」という意味になり，多くは慣用表現として用いられる（例：hors ligne [pair]「並外れた」，exemplaire hors commerce「非売品」）．

632* jusqu'ici　今まで，これまで，ここまで

▶ Mon père a surmonté beaucoup de difficultés jusqu'ici.
父は今までさまざまな困難を乗り越えてきた．

補足「今まで」の意味の類義語に jusqu'à présent がある．なお，ici は「ここ」という"場所"だけでなく，「今」という"時間"も指す点に注意したい（例：d'ici (à) samedi「今から土曜日までに」）．

633　malgré tout　なにがなんでも，それでもやはり

▶ Elle a raison, malgré tout.　それでもやっぱり彼女が正しい．

補足 類義の表現に quoi qu'il en soit がある．malgré は前置詞で「～にもかかわらず，～の意に反して」(cf. 1061)，tout は不定代名詞で「すべてのもの，人」を指す．

634　pour ainsi dire　いわば，ほとんど

▶ Elle est pour ainsi dire une mère pour moi.
私にとって彼女はいうならば母親のような人だ．
補足 同義になる表現に en quelque sorte がある（cf. 1029）．

635*　pour ma part　私としては

▶ Pour ma part, je suis d'accord avec vous.
私としては，あなたに賛成です．
補足 所有形容詞 ma は人称に応じて変化する．類義の表現に pour mon compte や quant à moi がある（cf. 1062）．

636*　pour que＋接続法　～するために，～するように

▶ Je parle assez lentement pour qu'on me comprenne.
みんなにわかるようにかなりゆっくり話している．
補足 目的を表す定型の表現．pour に節が続くときには接続法にしなければならない．〈afin que＋接続法〉と同義だが，pour que の方が頻度は高い．なお，Etudie davantage pour que tu puisses réussir l'examen!「テストに合格できるようにもっと勉強しなさい」といった例の載っている語学書もあるが，主節の主語と従属節の主語が同じ場合は素直に pour＋inf. を用いて，Etudie davantage pour réussir l'examen! とするのが自然な流れ．

637　pour quoi faire　何をするために

▶ Tu poses la lampe ici? Pour quoi faire?—Pour lire le soir.
「ここにランプを置くの？ 何をするの？」「夜の読書のためよ」
補足 quoi は疑問代名詞で「何」を意味する．que の強勢形．pour quoi faire は不定詞と共に用いられて，quoi が直接目的語としての役割を果たす表現．

638*　sans cesse　絶えず，いつも

▶ J'y pense sans cesse.　私はいつもそのことを考えています．
補足 類義の副詞に toujours や continuellement がある．sans arrêt もほぼ同じ意味になるが（cf. 1046），sans arrêt は「中断することなく」という点が，sans cesse は「（際限なく）繰り返される」という点が強調される．

639　sans difficulté　難なく

▶ Nous avons gagné le match sans difficulté.
われわれは難なく試合に勝った．

[補足] difficulté「困難さ」の反意語は facilité「容易さ」. avec difficulté は「苦労して，やっとのことで」の意味 (cf. 519).

640 sans doute　おそらく

▶ Sans doute, vous avez raison.　たぶん，あなたのおっしゃる通り.
▶ L'été sera sans doute plus chaud qu'un été moyen.
　夏はおそらく例年より暑くなるだろう.

[補足] probablement と同義 (cf. 1507). 文頭におく場合，書き言葉では主語と動詞がしばしば倒置される. うしろに mais を伴って「なるほど〜であろうが，しかし〜」という許容や譲歩の表現で用いられることもある (例: C'est sans doute vrai, mais il faut le confirmer.「それはおそらく本当だろうが，確かめないといけない」).

641 sans effort　苦もなく，やすやすと

▶ Il a réussi l'écrit sans effort.　彼は楽々と筆記試験にパスした.

[補足] sans peine とほぼ同義 (cf. 1053). avec effort は「苦労して，骨を折って」(cf. 520).

642 sans exception　例外なく

▶ Il n'y a pas de règle sans exception.　例外のない規則はない.

[補足] 前置詞 sans は「〜なしに」. リエゾンするので発音に注意. sans のうしろには人も物も置かれるが，その名詞が限定された特定のものでなければ通常は無冠詞で使われる (例: Vous prenez votre café, avec ou sans sucre?「コーヒーには砂糖を入れますか，入れませんか」cf. 83). なお，見出し語を「ひとつの例外もなく」と強調するなら sans aucune exception という.

643 sans frapper　ノックせずに

▶ Entrez sans frapper!　(ドアの貼り紙) ノックせずにお入りください.

[補足] frapper (à la porte) で「(ドアを) ノックする」の意味 (cf. 788).

644 selon　〜によれば，〜に応じて，〜の言によれば

▶ Selon la météo, il pleuvra demain.
　天気予報によると，明日は雨が降るだろう.
▶ Selon lui, elle a tort.　彼が言うには，彼女が間違っている.

[補足] selon のうしろに人の見解や情報源が置かれて，判断・発言のよりどころを示す場合は d'après で置き換えられる (例: selon[d'après] les journaux「新聞によれば」, selon[d'après] moi「私に言わせれば」). selon のうしろに規定や伝統あるいは変化する事物がきて「〜に従って，〜に応じて」という意味になると，suivant で置き換える

ことができる（例：selon[suivant] la tradition「伝統に従って」，selon[suivant] les cas「ケースバイケースで」cf. 1536）．

645 vers（場所）　～のあたりで，～の近くで

▶ Je me suis senti(e) mal vers 3.000 mètres d'altitude.
高度約 3,000 メートルあたりで具合が悪くなった．

補足 レベルはあがるが，類義の表現に，〈aux environs de＋場所〉「～の近辺で」，〈aux alentours de＋場所〉「～の周辺で」がある．

646 vers（方向）　～の方へ，～に向かって

▶ Nous allons vers le sud.　南へ向かおう．

補足 dans la direction de「～の方向に」は類義の表現．ほかに，tourner la tête vers qn「人の方を振り返る」，tourner les yeux vers qn/qch「～の方に目を向ける」，se tourner vers qn/qch「～の方を振り向く」などがある．

647 補語人称代名詞＋voilà　ここに～がある[いる]，～が来た

▶ Votre passeport, s'il vous plaît.—Le voilà.
「パスポートをお願いします」「はい，これです」
もちろん，この場合の返答は voilà. だけでもかまわない．
▶ Te voilà enfin.　ようやく来たね．
▶ Me voilà.　ほら来たよ/ここにいますよ．

補足 〈補語人称代名詞＋voilà＋属詞（状況補語）〉「～が～（という状態）だ」という表現もある（例：Le voilà sorti.「彼は外出してしまった」，Nous voilà au restaurant.「われわれはレストランに着いた」）．また en voilà qn/qch だと「とんでもない～だ，まったくひどい～だ」という意味になる（例：En voilà un sot!「何というバカだ」）．

648 voilà＋期間＋que＋直説法　～してから（期間が）～ になる

▶ Voilà un an qu'il n'a pas vu ses frères.
彼は兄弟に会わなくなって 1 年になる．
▶ Voilà longtemps que nous habitons à Paris.
私たちはもう長くパリに住んでいる．

補足 たとえば，「私がフランス語を勉強しはじめて半年だ」と言いたいときに，次のような相関句が用いられる．ただし，順に使用頻度はさがる．Cela fait(Ça fait) six mois que j'apprends le français.（cf. 732）＝Il y a six mois que j'apprends le français.（cf. 731）＝Voilà six mois que j'apprends le français. 上記の文は，J'apprends le français depuis six mois. という文の「時間の経過」の強調と解することができる．

10 avoir を使った表現

649 avoir [faire] de la température　熱がある

▶ J'ai de la température depuis hier.　私は昨日から熱がある．

補足 類義の表現に avoir de la fièvre がある．「熱をはかる」は prendre sa température と言う（ちなみに熱をはかる場所は，腋の下，口内，肛門など，国によって異なるので戸惑うことも……）．température は「熱」のほかに「温度，気温」という意味もある（例：La température est basse pour la saison.「この季節にしては気温が低い」）．

650 avoir bonne [mauvaise] mine　顔色がよい[悪い]

▶ Vous avez mauvaise mine.　顔色が悪いですよ．
▶ Mon père a meilleure mine qu'hier soir.　父は昨晩よりは顔色がよい．

補足「元気そうな顔色をしている，（病気や疲労で）顔色が悪い」の意味で使われる．「顔の色」の意味では le teint が用いられる．なお，avoir bonne mine は「（料理が）おいしそうだ」あるいは「（反語的に）滑稽である，みっともない」の意味もある（例：J'aurais bonne mine avec ce sac!「そんなバッグを持って歩いたりしたら，笑い者だわ」）．

651 avoir confiance en qn/qch　信頼している，信用している

▶ Moi, j'ai confiance en l'Homme.　私は人間を信頼している．
　Moi, je crois en l'Homme. も同義．
▶ J'ai confiance en elle, elle ne ment jamais.
　私は彼女を信じています，けっして嘘はつきませんから．

補足 faire confiance à qn/qch でも似たような意味．ただし，見出し語が広く一般的な「信頼」を表現するのに対して，faire confiance à qn/qch は特定の状況を前提に「〜を信用する」の意味になる．また se fier à qn/qch は改まった言い方．なお見出し語は，ときに前置詞 dans が使われるケースもある（例：Je n'ai pas confiance dans les médecins.「私は医者というものを信用していない」）．

652 avoir cours

❶（学生や教師が）授業がある

▶ Tu as cours cet après-midi?　君は今日の午後に授業があるの．
　avoir classe もほぼ同義．

❷（通貨が）通用している，（思想などが）認められている，流布する

▶ Cette vieille pièce n'a plus cours.　この古い硬貨はもう通用しない．
　être reconnu(e) légalement は類義．

補足 ❶の cours は「（中・高等教育の）講義，授業」を意味する男性名詞（初等教育の「授業」は classe を使う）．授業が特定化されれば，avoir un cours de français「フランス語の授業がある」と冠詞がつく．なお，学校全体を対象に「月曜は授業がない，休校だ」と

表現するなら Il n'y a pas (de) cours lundi. となる．②の cours は「（事柄や通貨の）流れ」を意味する男性名詞．女性名詞 cour「中庭」の複数形と混同しないように．

653 avoir d'autres choses à faire　ほかにすることがある

▶ J'ai d'autres choses à faire.　私はほかにすることがあるのです．

補足 この場合 à は不定詞を伴って「～すべき」という意味になる．autre chose は「別のこと，別問題」の意味で単数でも使われるが，この場合は複数形が通例．

654 avoir de l'esprit　才気がある，機知に富んでいる

▶ Elle a de l'esprit.　彼女は才気がある人だ．

補足 de l' は部分冠詞．homme d'esprit なら「機知に富んだ人」，mot d'esprit は「気のきいた言葉」．esprit は「才気，機知」の意味のほかに，「精神，知性，性格」などの意味もある（例：état d'esprit「精神状態」，perdre l'esprit「正気を失う」）．

655 avoir envie de qch [de+inf.]　～が欲しい，～したい

▶ Elle a bien envie de cette poupée.
彼女はその人形をとても欲しがっている．
程度を強めるには，ほかに très, follement などの副詞を用いる．

▶ Dans ma jeunesse, j'avais envie de voyager en bateau.
若い頃，私は船で旅がしたかった．

補足 vouloir とほぼ同義だが，vouloir がやや意志的・理性的なニュアンスであるのに対して，この熟語は「（気分的に）～したい」という含意がある．なお，envie が「ないもの，欠けているものを欲しいと思うこと」であるのに対して，besoin は「（思考や理性を背景に）あるものを必要としていること」を指す．

656 avoir lieu

❶（行事などが）行われる

▶ La réunion aura lieu le 5 avril.　会議は 4 月 5 日の予定です．
se tenir が類義語．

❷（事件などが）起こる

▶ L'accident de la route a eu lieu vers 20 heures.
交通事故は午後 8 時ごろ起こった．
se passer, se produire あるいは arriver などが類義語．

補足 avoir lieu de+inf. なら「～する理由がある，～するのも無理はない」の意味（例：On a lieu de s'inquiéter.「心配する十分な理由がある」）．

657* avoir la chance de + inf.
運よく~する，~する幸運にめぐまれる

▶ J'ai eu la chance de trouver un bon travail.
幸運にも私はいい仕事を見つけた．

[補足] la chance de + inf. は「~するという幸運」という意味で，「幸運」の内容が de + inf. によって特定される．部分冠詞を使った avoir de la chance de + inf. は「~するのは幸運だ」という意味で，de + inf. は「幸運」の原因を表す（cf. 292）．

658 avoir la confiance de qn
人の信用を得ている，人から信頼されている

▶ Monsieur Tanaka a la confiance de son patron.
田中氏は社長から信頼されている．

[補足] avoir toute la confiance de qn とすれば強調の表現．gagner la confiance de qn もほぼ同義．perdre la confiance de qn は反意語「人の信用を失う」の意味．

659* avoir le temps de + inf.　~する時間［暇］がある

▶ Je n'ai pas le temps de t'attendre.　君を待っている時間はない．

[補足] de + inf. を省略して avoir le temps のみの表現も頻繁に使われる（例：Vous n'avez pas le temps?「お時間はありませんか」）．なお，形容詞 libre も「暇がある」という意味で用いられる（例：Elle sera libre demain.「明日，彼女は暇だ」）．

660* avoir les cheveux + 形容詞　~な髪をしている

▶ Elle a les cheveux gris.　彼女は白髪まじりの髪をしている．
Elle a des cheveux gris. とも言える．
▶ Ce professeur a toujours les cheveux gras.
あの教師はいつも髪がべたついている．
シャンプーなどしていない不潔な状態をいう．

[補足] 別例をあげれば，avoir les cheveux longs「長い髪をしている」，avoir les cheveux blancs「総白髪である」，avoir des cheveux blancs「白髪まじりである」．

661* avoir l'habitude de + inf.
~する習慣がある，~するのに慣れている

▶ Il n'a pas l'habitude de boire.　彼は酒を飲む習慣がない．
▶ J'ai l'habitude de conduire.　私は運転に慣れている．

[補足] prendre［perdre］l'habitude de + inf. で「~する習慣を身につける［捨てる］」という意味（例：Elle a pris l'habitude de se lever tôt.「彼女は早起きの習慣を身につけた」cf. 813）．「~に［~するのに］慣れる」は s'habituer à qch［à + inf.］と表現する

（例：Il s'est habitué à conduire.「彼は運転に慣れた」cf. 847）．

662* avoir l'impression de＋inf.［que＋直説法］
～のような気がする，～という印象を持つ

▶ J'ai eu l'impression de perdre mon temps.
時間を無駄にしている気がした．
▶ J'ai l'impression qu'elle a un ennui.
彼女は気がかりなことがありそうだ．

[補足] 否定文であれば，〈que＋接続法〉になる（例：Je n'ai pas l'impression qu'elle soit contente de mon succès.「彼女が私の成功に満足しているようには思えない」）．

663* avoir peur de qn/qch［de＋inf.］
～が［～するのが］こわい，心配だ

▶ Ma fille a peur de l'eau.　私の娘は水がこわい．
▶ Il a peur d'être en retard.　彼は遅刻しないかと心配している．

[補足] avoir peur に原因・理由を意味する de 以下が添えられた形．「恐れ，心配」を意味する peur は女性名詞で，この表現では無冠詞になる．

664　avoir qch en mémoire　～を覚えている，～を記憶している

▶ Tu as cette histoire en mémoire?　その話は記憶にある？

[補足] 類義語に garder qch en mémoire「～を覚えておく，記憶にとどめる」，garder qch dans sa mémoire「～を記憶にとどめている」などがある．なお，「～を覚えている」は通常，se souvenir de qn/qch, se rappeler qn/qch, retenir qch などが広く用いられる．なお avoir (une) bonne mémoire は「記憶力がよい」という意味．

665* avoir qn/qch à＋inf.
～すべき～がある，～を～しないといけない

▶ Elle a trois enfants à élever toute seule.
彼女は女手ひとつで 3 人の子どもを育てなければならない．
▶ J'ai une lettre à écrire.　書かなくてはならない手紙がある．
▶ J'ai quelque chose à vous demander.
頼みたいこと［尋ねたいこと］があるのですが．

[補足] 目的語なしでも使われる（例：J'ai à faire.「用事があります」，J'ai à te parler.「君に話がある」）．

666* avoir quelque chose
何かを持っている，何かある，どうかしてる

▶ Vous avez quelque chose (à déclarer)?
（税関で，申告するものを）何か持っていますか．
▶ Il a quelque chose. 彼はどこか具合の悪いところがある．
省略を補えば，Il a quelque chose qui ne va pas. の含意．
▶ Tu as quelque chose à dire? 何か言うべきことがある？

補足 quelque chose は「何か，ある物[こと]」（英語の something, anything）．

667* avoir raison [tort] de+inf.
～するのは正しい，もっともである[間違っている]

▶ Elle a raison de se plaindre d'être mal payée.
給与が少ないと彼女がこぼすのはもっともだ．
▶ Cyrille a tort d'agir ainsi.
そんなふうに行動するなんて，シリルは間違っている．

補足 フランス語では動詞は avoir を用いる点に注意．raison は女性名詞で「理性」，tort は男性名詞で「誤り，間違い」を表し，この表現内では無冠詞．

668 avoir [prendre] soin de qn/qch [de+inf.]
～を大事にする，～に気を配る，～するように気をつける，気をつけて～する

▶ Il a soin de ses affaires. 彼は身の回りの品を大切にする．
▶ Prenez bien soin de votre santé! どうぞお体をお大事に．
病人や老人に対しての言葉．同じ意味になる Soignez-vous bien! も頻度の高い言い回し．
▶ Avant de sortir, prenez soin de bien fermer la porte.
出かける前に，きちんとドアを閉めるようにしてください．

補足 〈avoir [prendre] soin que+接続法〉なら「～であるように気をつける」という意味になる．

669 avoir une longue conversation avec qn
人と長話をする[長い間しゃべる]

▶ Ça a été très dur d'avoir une longue conversation avec elle.
彼女と長い間話をするのはとても大変だった．

補足 「長話をする」は文字通り parler longuement ともいう．スペイン語の palabra「言葉」から派生した「長々と（益のない）話をする」palabrer という動詞もある．

670* en avoir assez　うんざりだ

▶ Encore de la pluie? J'en ai assez!　また雨なの．もううんざりだ．

補足 ne plus supporter は同義．会話で使われる定型表現．類義の表現は J'en ai marre! や C'est assez! など．単に Assez! だけでも使われる．この表現に de を加えた en avoir assez de qch「～にうんざりしている」も会話ではよく使われる．この熟語を使って，上記の例文を J'en ai assez de cette pluie. と言い換えることもできる．

11 être を使った表現

671** avoir été à+場所　～に行ったことがある

▶ J'ai été à Madrid dans ma jeunesse.
若い頃に，私はマドリッドに行ったことがある．

補足 「いる，存在する」の être を複合過去形にした形．à のうしろには町名・地名が来る．ただし国名が来る場合には，男性名詞の国には au，女性名詞の国には en，複数名詞の国には aux をつける．

672* être＋形容詞＋à＋inf.　～するのに～である

▶ Son explication est difficile à comprendre.
彼［彼女］の説明は理解しにくい．
この例は〈Il est＋形容詞＋de＋inf.〉「～することは～だ」の構文（非人称 il が de＋inf. の内容を指す）に書き換えることができる (cf. 716)．例を書き換えると，Il est difficile de comprendre son explication. となる．

▶ Cet enfant est long à manger sa soupe.
その子どもはなかなかスープを飲もうとしない．
être long(ue) à＋inf.「なかなか～しない」の意味．

▶ C'est dur à croire.　それは信じがたい．
être dur(e) à＋inf. で「～するのが困難な，つらい」の意味．

▶ Ce texte est très agréable à lire.　このテキストは実に気持ちよく読める．

補足 多様な形容詞がこのパターンをとる．また仏検 3 級ではこの前置詞 à が頻々と問われる．なお，à＋inf. の形は「用途」（例：salle à manger「（食べるために使う部屋→）食堂」），「適応」（例：maison à louer「（貸すべき家→）貸家」）などの用法がある．

673　être à l'aise [à son aise]
くつろいで，気楽に，お金に不自由なく

▶ Je suis à l'aise avec eux.　彼らと一緒にいるとくつろぐ．
▶ Ne t'inquiète pas pour elle, elle est à l'aise!
彼女なら心配いらないよ，あいつお金にゆとりがあるから．
ほかに vivre à l'aise で「ゆとりのある暮らしをする」という言い方もする．ただし，

この例は à son aise では置き換えられない.

補足 aise は「(身体的・精神的・金銭的な)ゆとり」を指す女性名詞. 見出し語は動詞 être, se sentir,（se）mettre とともに用いられることが多い. 反対の意味になるのは être mal à l'aise [à son aise]「窮屈だ, 居心地が悪い」(例:Je me sens mal à l'aise dans ce pull.「このセーターは窮屈に感じる」).

674* être ami(e) depuis ... ans
～年来の友だちである, ～年来親しい, 愛好している

▶ Kevin et moi, nous sommes amis depuis dix ans.
ケヴィンと私は, 10年来の友だ.
▶ Depuis combien de temps êtes-vous ami(e) du Japon?
親日家になってどれくらいになりますか.

補足 この場合, depuis は「～前から」という期間を示す前置詞 (例:Depuis combien de temps?「どのくらい前からですか」). また, この ami(e) は「友だち」という名詞ではなく,「親しい, 友好的な」という意味の形容詞である.

675 être au [en] chômage　失業中である

▶ Je suis au chômage depuis longtemps.　私はずっと前から失業中だ.

補足 être sans travail と同義 (cf. 1605). en chômage には「(工場が) 操業を停止している,（設備・資金などが) 遊んでいる」という意味もある (例:argent en chômage「遊ばせている金」).「失業する」perdre son travail,「失業者」chômeur(se) と言う.

676 être au courant (de qch)
(～ について) 知っている, 事情に通じている

▶ Vous savez [connaissez] la nouvelle?─Oui, je suis au courant.
「そのニュースをご存知ですか」「はい, 知っています」
▶ Il est au courant de la situation européenne.
彼はヨーロッパの情勢に詳しい.

補足「ニュースや事の詳細を知っている[中身に通じている]」という意味の熟語で, savoir, connaître の類義語である. courant は英語の current に相当する男性名詞で「(水や空気などの) 流れ, 電流,（社会などの) 動向,（時間の) 流れ」などを意味する.

677* être au lit　寝ている

▶ En général, je suis au lit vers onze heures.
私は普通11時には床に就いている.

補足「床に就いている」状態を表す.「就寝する, ベッドに入る」という意味の aller au lit もよく使われ, Allons, les enfants, au lit!「さあ, 子どもたちはもう寝る時間です」は子どもが就寝時間を促されるときに言われる決まり文句.

678 être bon(ne) [mauvais(e)] en＋無冠詞名詞
～が得意［不得意］だ

▶ Daniel est bon en maths.　ダニエルは数学が得意だ.
maths「数学」は mathématiques の略.
▶ A cette époque-là, elle était très mauvaise en calcul.
当時，彼女は計算がとても苦手だった.

補足 おもに科目や分野の得意，不得意をいう場合に用いられる．同義の表現に〈être fort [faible] en＋無冠詞名詞〉がある（cf. 685）．

679* être certain(e) de qch [de＋inf./que＋直説法]
～を確信している

▶ Nous sommes certain(e)s de notre victoire.
われわれは勝利を確信している.
▶ Elle était certaine de réussir.
彼女はきっと自分が成功するだろうと思っていた.
▶ Je suis certain(e) que c'est une bonne réponse.
私にはそれが正解だという確信がある.

主節が否定文になると〈que＋接続法〉になる（例：Je ne suis pas certain(e) que ce soit une bonne réponse.「それが正解だという確信が持てない」）．

補足 類義の表現に〈être sûr(e) de qch [de＋inf./que＋直説法]〉（cf. 692）や〈être convaincu(e) de qch [de＋inf./que＋直説法]〉がある．非人称構文の〈Il est certain que＋直説法〉は「～は確かである」という意味（cf. 718）．

680 être dans les affaires　ビジネスに携わっている

▶ Ayant fini ses études, il est maintenant dans les affaires.
学業を終えて，彼は今，ビジネスに携わっている.

補足 affaire は複数形で「商売，ビジネス，実業」の意．monde des affaires「ビジネスの世界」，français des affaires「ビジネスフランス語」，homme [femme] d'affaires「実業家」といった表現も記憶したい．

681 être dans une situation＋形容詞　～な状態［立場］にある

▶ Le malade est dans une situation critique.　病人は危険な状態にある.
être dans un état critique とも言い換えられる．

補足 se trouver を使うこともある（例：se trouver dans une situation délicate「微妙な立場にある」）．また，いささか古風だが，être dans une situation intéressante は「妊娠している」という意味．être en situation de＋inf. は「～できる状態［立場］にある」という熟語（cf. 1594）．

682* être égal(e) à qn　人にとってどうでもよい[重要ではない]

▶ Ça m'est égal.　そんなこと私にはどうでもいい.
この表現は，文脈に応じて「どちらでもかまわない，いつでもかまわない」など多様な場面での返答となりうる．Cela m'est égal. も同義．人称に応じて，ça t'[lui, etc] est égal. と変化する．

▶ Il est égal à José de réussir ou non.
ジョゼにとって成功するかどうかは重要ではない．
Il [Ça, Cela] est égal à qn de + inf. [que + 接続法]は非人称構文で「~することは人にとってどうでもいい」という意味になる．

[補足] égal(e) à qch は「~に等しい」という意味になる (例：Un plus deux est égal à trois.「1 プラス 2 は 3」).

683　être en bonne santé　健康である

▶ Votre grand-père est-il encore en bonne santé?
あなたのおじいさんは相変わらずお元気ですか．

[補足] 類義語に se porter bien がある (例：Le bébé se porte bien. 「赤ん坊は健康である」). en は「(状態・性質が) ~の」を示す (cf. 63). santé は女性名詞で「健康」, en bonne santé で「健康である」の意味. en forme と同義 (cf. 568). en mauvaise santé なら反意で，「健康を害している」の意味．

684　être en nage　汗をびっしょりかいている

▶ Elle était tout en nage.　彼女は汗だくだった.

[補足] そもそも nage は「水泳，泳ぐこと，泳法」の意味で，見出し語は「(まるで) 泳いだような状態である」という意味. ちなみに，「スイミング，水泳」に相当する語は natation. mettre qn en nage で「(ある行動が) 人を汗だくにする」. à la nage なら「泳いで」という意味の熟語になる (cf. 487).

685* être fort(e)[faible] en+学科・分野[à+スポーツ・ゲーム]
　　　　~が得意[不得意]だ，~に強い[弱い]

▶ Ma mère est très forte en anglais.　母はとてもよく英語ができる.
▶ Je suis faible en mathématiques.　私は数学が苦手だ.
▶ Tu es fort(e) aux échecs?　君はチェスが強いの.
▶ Il est très faible au foot.　彼はサッカーがとても下手だ.
Il est nul en foot.「彼はサッカーがまるで駄目だ」という言い方もある．

[補足] 類義に〈être bon(ne) en+学科・スポーツ〉「~が優れている」がある．また，特殊な「テーマや分野」を指す際には前置詞 sur が使われる (例：Elle est très forte sur les questions politiques.「彼女は政治問題にめっぽう詳しい」).

686 être fou(folle) de qn/qch

❶ 〜に夢中である
▶ Elle est folle de son fiancé.　彼女はフィアンセに夢中だ.
▶ Dans sa jeunesse, il était fou de cinéma.
若い頃，彼は映画に熱中していた.

❷ 〜で逆上した，我を忘れた
▶ Mon oncle était fou de joie[chagrin].
叔父は狂喜していた[悲しみで狂乱していた].

補足 ②は，厳密には〈être fou(folle) de＋感情を表す無冠詞名詞〉という形をとる．

687 être honteux(se) de＋qch[de＋inf.]
〜が[〜することが]恥ずかしい

▶ Jacques est honteux de ses actes.
ジャックは自分のとった行動が恥ずかしい.
▶ Elle est honteuse d'avoir menti.
彼女は嘘をついたことを恥ずかしく思っている.

補足 honte は女性名詞で「恥」の意味．同義の熟語に avoir honte de＋inf. がある（例：Il a honte d'avoir échoué.「彼は失敗したことが恥ずかしい」）．

688 être inquiet(ète) de＋inf.　〜なのが心配である

▶ Il est inquiet de ne pas la voir.　彼は彼女の姿が見えないのが心配だ.

補足 être inquiet(ète) de [pour] qn/qch で「〜を心配する (de は「心配な理由」，pour は「心配な対象」を指す)」（例：Je suis inquiet(ète) de son silence.「私には彼[彼女]の沈黙が気がかりだ」，Elle est inquiète pour son fils.「彼女は息子のことを心配している」）．s'inquiéter de qn/qch [de＋inf.] は「〜を心配する」の意味（cf. 848）．

689 être occupé(e) [pris(e)] à＋inf.
(仕事などに)没頭した，〜するのに忙しい

▶ Il est occupé[pris] à rédiger son mémoire.
彼は論文の執筆にかかりきりだ.

補足 「暇がある」は libre. occupé(e) は「(仕事で)ふさがっている」の意味．pris(e)「(仕事に)時間を取られている」もほぼ同義（cf. 295, 691）．なお，例文は Il est occupé [pris] par la rédaction de son mémoire. とも表現できる．

690 être prêt(e) à＋inf.　〜する準備ができている

▶ Elle sera prête à partir dans cinq minutes.
彼女はあと5分で出かけられるだろう.

[補足] Je suis prêt(e).「準備はできています」の表現に，個別・具体的な準備の内容を表す à+inf. を添えた形．名詞 départ「出発」を用いて，例文は être prêt(e) au départ「出発の準備ができている」と書くこともできる（cf. 1100）.

691　être pris(e)
（人が）予定がある，用事がある，（場所が）ふさがっている

▶ Vous êtes libre ce soir?—Non, je suis pris(e).
「今晩お暇ですか」「いいえ，用事があります」
▶ Cette place est libre?—Non, elle est prise.
「この席は空いてますか」「いいえ，ふさがっています」
[補足] 類義の表現に être occupé(e) がある（cf. 295）．反意の表現は être libre「（人が）時間がある，（場所が）空いている」．

692*　être sûr(e) de qch [de+inf./que+直説法]　～を確信している

▶ Il est sûr de son succès.　彼は自分の成功を確信している．
▶ Etes-vous sûr(e) d'avoir fermé la porte?　確かにドアを閉めましたか．
▶ Elle est sûre qu'il viendra.　彼女は彼が来ると確信している．
[補足] être sûr(e) de qn なら「人を信頼している」という意味（例：Il est sûr de ses amis.「彼は友だちを信頼している」，Elle est trop sûre d'elle.「彼女は自信過剰だ」）．見出し語と類義となる表現に 〈être certain(e) de qch [de+inf. /que+直説法]〉（cf. 679）や 〈être convaincu(e) de qch [de+inf. /que+直説法]〉がある．

693　être sur le point de+inf.　まさに～しようとしている

▶ Mon père était sur le point de sortir.
父はちょうど出かけるところだった．
[補足] この point は事柄が進行しようとする「その1点」を指す単語．類義の表現に être au moment de+inf. がある．

694　être surpris(e) de qch [de+inf./que+接続法]
～に［～して］驚く

▶ Il est surpris de mon succès.　彼は私の成功に驚いている．
▶ Elle est surprise de nous rencontrer ici.
彼女は私たちにここで会ってびっくりしている．
▶ Je suis surpris(e) qu'elle ne soit pas venue.
彼女が来ないので驚いている．
[補足] surpris(e) は surprendre の過去分詞．「現場を押さえられた」の意味もある．「驚き，予期せぬ出来事」は女性名詞 surprise. par surprise は「急に，出し抜けに」．

12 faire を使った表現

695　faire attention à [de]＋inf.　～するように注意する

▸ Fais attention à [de] ne pas oublier ton porte-monnaie!
お財布を忘れないように注意なさい!

補足 もちろん，Attention!「気をつけて」だけで注意を促す表現になる (cf. 206)．faire attention で「注意する」という意味になるが，具体的な名詞を添えて「～に気をつける，注意する」と言いたいときには faire attention à qn/qch を使う (cf. 696)．

696* faire (bien) attention à qn/qch
～に(しっかり)気をつける，注意する

▸ Tu feras attention aux voitures!　車に気をつけなさいね．
▸ Faites attention à la marche!　段差[足元]に気をつけてください．
faire を省いて，Attention à la marche! としてもよい．

補足 attention は女性名詞でこの熟語では無冠詞 (cf. 206)．qn/qch は危険なものや注意を払うべき対象を指す．また，bien のほかに très，un peu などの副詞も挿入できる．

697* faire comme chez soi　(自宅にいるように)くつろぐ

▸ Faites comme chez vous!　どうぞくつろいでください．

補足 soi は人称代名詞の強勢形で人称に応じて変化する．être[se sentir]partout chez soi は「どこに行っても気兼ねしない」という意味になる．

698　faire de A B　A を B にする

▸ Je fais de cette pièce ma chambre.　この部屋を私の寝室に変える．
▸ Tu feras de lui ce que tu voudras.　彼を何なりと好きにしたらいい．

補足 通常，de A の部分は文頭，あるいは B の前に置かれる．B を疑問詞にした形は会話調でとくに「(どこかに)置く」の意味で頻度が高い (例：Qu'est-ce que j'ai fait [Qu'ai-je fait] de mes lunettes?「メガネをどこに置いたのだろう」)．

699　faire de la peinture　絵をやる，絵を描く，絵描きである

▸ Ma mère fait de la peinture.　母は絵をやります．

補足 la peinture と単数で用いられれば通常「(芸術のジャンルとしての)絵画」の意味 (例：Elle aime la peinture.「彼女は絵が好きだ」)．ただし peinture は「ペンキ」の意味でも使われる．見出し語は〈faire＋部分冠詞＋芸術・スポーツ・活動分野〉の展開．なお，「絵を描く」は peindre とも言う．

700* faire de son mieux　最善[ベスト]を尽くす

▶ J'ai fait de mon mieux pour la consoler.
　私は彼女をなぐさめるためにできるだけのことをした．

補足 この場合 mieux は名詞で，定冠詞あるいは所有形容詞がつくと「最もよいもの[こと]」という意味になる．de son mieux は du mieux possible (cf. 1856) と同義で「最善を尽くして，できる限り」という意味の副詞句．

701 faire un effort [des efforts]（pour+inf.）
（～しようと）努力する，奮発する

▶ Il a fait des efforts pour plaire à Catherine.
　彼はカトリーヌに気に入られようと努力した．
▶ Il a fait un effort pour réussir.　彼は成功するために努力した．
▶ Mon père a fait un gros effort pour m'aider.
　父は私を助けるために多大な援助をしてくれた．

補足 類義の表現に s'efforcer de+inf. がある．「大変な努力する」の意味なら，複数を用いて faire de grands efforts とか faire beaucoup d'efforts などと言える．

702 faire l'effort de+inf.　～しようと努力する，わざわざ～する

▶ Elle ne fait même pas l'effort de m'écrire.
　彼女は私に手紙さえよこそうとしない．
　否定文では「～しようともしない」と訳される．

補足 類義の表現として s'efforcer de+inf. がある (cf. 1811)．

703 faire des progrès　進歩する，上達する

▶ La science fait des progrès de jour en jour.　科学は日々進歩している．
▶ Elle a fait des progrès en français.　彼女はフランス語が上達した．

補足「進歩する」という動詞は progresser（例：progresser en anglais「英語が上達する」），「進歩している」という状態は être en progrès で表す (cf. 1096)．

704* faire des rêves　夢を見る

▶ Bonne nuit, fais de beaux rêves!　おやすみなさい，良い夢を見てね．

補足 男性名詞 rêve は「夢」．動詞 rêver「夢を見る」は英語の have a dream に相当する．英語が「夢」を単数で扱い，動詞は have を用いるのに対して (have a happy dream「楽しい夢を見る」)，フランス語では「夢」を複数名詞にして faire と組み合わせることが多い（例：faire de beaux rêves「良い夢を見る」）．なお，「夢」を単数で表すケースでは，rêve が「現実」に対立するものとして意識されており，「空想・幻影」といった意味合いを含む（例：le rêve et la réalité「夢と現実」，Ce n'était qu'un rêve.「それは夢物語

でしかなかった」).

705 faire erreur （人が）間違う

▶ Vous faites erreur.　お間違えですよ．
広く相手の「間違い」を指摘する言い回し．電話の「番号違い」にも使える（= Vous vous trompez de numéro. ）．

補足 erreur は女性名詞で「間違い，エラー」．誤解や不注意によるミスを表す．類義語の faute は，道徳や規範など，定められた事柄に反することをいう．「〜について間違える」は faire erreur sur qch と表現．ほかに「間違える」には se tromper という代名動詞があるが（あるいは faire fausse route という言い方もある），Vous faites erreur. は Vous vous trompez. よりも丁寧な表現．

706 faire la conversation avec [à] qn　人と話をする

▶ J'ai fait la conversation avec le directeur commercial.
私は営業部長と話をした．

補足 engager la conversation avec qn は「人と会話をはじめる」．conversation「会話」は「話題」という意味もあり，changer de conversation「話題を変える」とか avoir de la conversation「話題が豊富である，話し上手である」といった表現がある．avoir une longue conversation avec qn は「人と長話をする」（cf. 669）．

707 faire la grasse matinée　朝寝坊をする

▶ Ce matin, j'ai fait la grasse matinée.　今朝，私は朝寝坊をした．

補足 se lever tard と類義の表現．この熟語について，"形容詞 gras(se)「肥満した，脂肪分が多い」から，「べとべとした」という感覚に由来する表現"と説明の載った本があるが，これは違う．la grasse matinée は直訳の「太った朝」→「豊かな朝」→「心地よく伸びやかな朝」というイメージの連鎖に由来するもの．

708* faire la queue　並ぶ，（順番待ちの）列をつくる

▶ Faites la queue comme tout le monde !
みんなと同じように並んでください．
順番を守らない人に「割り込まないで」の意味で使われる定番の言い方．
▶ Il faut qu'on fasse la queue.　列に並ばなければならない．

補足 この la queue は「しっぽ」→「本体から帯状に伸びたもの」→「列」の意味．なお，Il y a la queue aux toilettes.「トイレは行列ができている」は機内で耳にするひと言．

709 faire mal à qn　（肉体的・精神的に）人に苦痛を与える

▶ Le bras droit me fait mal.　右腕が痛い．

▶ Pardon, je vous ai fait mal?　すみません，痛かったですか．
▶ Ça m'a fait mal de voir cette pauvre femme.
そのかわいそうな女性を見ると心が痛んだ．
Ça me fait mal (au cœur[ventre]) de + inf. は非人称構文で「～すると胸が痛む」の意味．

補足 類義の表現に faire souffrir qn がある．faire du mal à qch なら「～に害を与える」の意味になり（例：La gelée a fait du mal aux vignes.「霜がぶどうに被害を与えた」），代名動詞を用いた se faire mal à qch は「（自分の）～ を痛める」の意味（cf. 2087）．

710　faire opposition à qch　～に反対する

▶ Mon père fait opposition à notre mariage.
父は私たちの結婚に反対している．

補足 mettre opposition à qch や s'opposer à qch と類義．opposition は「反対，妨害，異議」という意味（例：Pas d'opposition?「ご異議ございませんか」）．なお，カード類を紛失して「（カードや小切手などを）無効にしてください」と電話で連絡する際は，Je voudrais faire opposition.（opposition は「差し止め」の意味）が簡便．

711* faire partie de qch　～の一部をなす，～に属する

▶ La France fait partie de l'Europe.　フランスはヨーロッパの一部です．
▶ Il fait partie de notre équipe.　彼はわれわれのチームに所属している．

補足 類義の表現に appartenir à qch がある．この場合 partie は tout「全体」の反意語で「部分」を表し，en partie は「部分的に」という意味になる（cf. 1026）．関連する表現として faire partie intégrante de qch「～の不可欠な一部になる」も記憶したい（例：L'ordinateur fait partie intégrante de notre vie.「コンピューターは私たちの生活に不可欠な要素となっている」）．

712　faire plaisir à qn　人を喜ばせる

▶ Le Père Noël fait plaisir aux enfants.
サンタクロースは子どもたちを喜ばせる．
▶ Serge vient bientôt au Japon. Ça me fait plaisir.
セルジュがもうすぐ日本にやってきます．それが嬉しくてなりません．

補足 plaisir は男性名詞で「喜び，楽しみ」．常に単数で用いられる．基本的には無冠詞で使われるが，形容詞がつく場合には，不定冠詞が加わるので注意したい（例：Ça me fait un grand plaisir de vous voir.「お目にかかれて，非常に嬉しいです」），「大いに喜ばせる」は faire un grand plaisir à qn あるいは faire très plaisir à qn と表現する．

713　faire signe　合図する

▶ Elle m'a fait signe du regard.　彼女は私に目で合図をした．

faire signe à qn de qch で「人に〜で合図する」の意味．たとえば，faire signe à qn de la main とすれば「手で合図する」の意味になる．
▶ Pierre nous a fait signe de venir.
ピエールは私たちに来るようにと合図した．
faire signe de + inf. の形で「〜するようにと合図する」の意味．

714　faire une pause　休憩をする

▶ Si on faisait une pause?　ちょっと休憩しない．
補足 pause は仕事などを中断した合間にとる休み時間を指す語．同義になるのは se reposer（例：Reposons-nous un peu.「少し休もう」）．

13 非人称構文

715　Il arrive qch (à qn).　（人に）〜 が起きる．

▶ Il est arrivé un accident de voiture à Alice.
アリスは自動車事故にあった［を起こした］．
補足 この arriver は「（出来事が）起こる，発生する」の意味（例：Qu'est-ce qui est arrivé?「何が起きたのですか」）．見出し語は非人称の il を主語とする構文．〈Il arrive (à qn) de + inf.［que + 接続法］〉は「（人が）〜 することがある」の意味（例：Il m'arrive d'aller au cinéma avec elle.「私は彼女と映画に行くことがある」, Il peut arriver qu'elle se trompe.「彼女だって間違えることはある」）．

716　Il est [C'est] ＋形容詞＋de＋inf.　〜するのは〜だ．

▶ Il est important d'agir vite.　すぐに行動することが大事だ．
▶ Quel bruit! Il est impossible de travailler ici!
何てうるさいんだ．ここで仕事するのは不可能だ．
▶ Il est difficile d'apprendre ce texte par cœur.
このテクストを暗記するのは難しい．
補足 非人称主語 il が de + inf. の内容を指す構文．〈être + 形容詞 + à + inf.〉「〜するのに〜だ」を用いて書き換えられるケースもある（cf. 672）．たとえば，最後の例文は Ce texte est difficile à apprendre par cœur. と表現できる．

717　Il est [C'est] agréable (à qn) de＋inf. [que＋接続法]
（人にとって）〜 するのは意にかなう，喜ばしい．

▶ Il m'est agréable de vous connaître.　知り合いになれて嬉しいです．
▶ Il me serait agréable que vous veniez à la maison.
拙宅まで来ていただけるとありがたいのですが．
補足 agréable は「心地よい，快適な」．類似の構文 C'est agréable de + inf. は「〜するの

は気持ちがいい」の意味だが，少々くだけた表現（例：C'est agréable de déjeuner en plein air.「戸外でお昼を食べるのは気持ちがいい」）．

718　Il est [C'est] certain que＋直説法.　〜は確かである.

▶ Il est certain qu'elle viendra.　彼女が来るのは確かだ.

補足 certain を sûr においてもほぼ同義．主節が否定文あるいは疑問文の場合は〈que＋接続法〉となる（例：Il n'est pas certain qu'elle soit là.「彼女がそこにいるかどうか確かではない」）．また，主語が人のときは〈être certain(e) que＋直説法〉の形で「〜を確信する」の意味になる（cf. 679）．ただし，不定詞を使って（×）Il est [C'est] certain de＋inf. とは言えないので注意．

719　Il est [C'est] intéressant de＋inf.
〜するのは面白い[興味深い].

▶ Il est intéressant de manipuler un nouvel ordinateur.
新しいパソコンを操作するのは面白い.
補足〈Il est[C'est]＋形容詞＋de＋inf.〉の展開例（cf. 716）．

720　Il est[C'est] défendu [interdit] de＋inf.
〜することは禁止されている.

▶ Il est défendu de marcher sur la pelouse.
芝生の上を歩くのは禁じられている.
補足 défendre は「〜を禁じる」という意味で，この表現は，非人称の il を主語とする非人称構文の受動態．「禁止された」という意味では，défendu が最も広く用いられ，interdit は公的に禁止されているという含意（例：Il est interdit de stationner ici.「ここは駐車禁止だ」）．反対の意味の表現は Il est[C'est] permis (à qn) de＋inf.「（人に）〜することが許されている」（cf. 723）．

721　Il est[C'est] naturel de＋inf. [que＋接続法].
〜するのは当然だ.

▶ Il est naturel d'aider ses amis.　友だちを助けるのは当然だ.
▶ C'est naturel qu'elle ait envie de voyager.
彼女が旅行したいと思うのはもっともなことだ.
補足 この場合 naturel は「（論理的・常識的に）自然だ」という意味．次項〈Il est [C'est] normal de＋inf. [que＋接続法]〉も同義の表現（cf. 722）．〈trouver naturel de＋inf. [que＋接続法]〉は「〜するのは当然だと思う」という意味．

722 Il est[C'est] normal de+inf. [que+接続法]
～するのは当然だ．

▶ Il est normal d'arriver en retard par ce mauvais temps.
この悪天候では遅れて到着するのも当然です．
▶ Il est normal que vous vous fâchiez. あなたが怒るのももっともだ．

補足 C'est normal.「それは当然ですよ」は会話で頻繁に使われる．C'est bien normal. は，相手が謝ったり，言い訳をしたりしたときに「無理もありませんよ，よくあることですよ」という意味で同じく会話で用いられる．

723 Il est[C'est] permis (à qn) de+inf.
(人に)～することが許されている，～することができる．

▶ Il est permis de fumer ici.
ここではタバコを吸うことが許可されている．
▶ Il n'est pas permis à tout le monde d'être heureux.
誰もが幸せになれるわけではない．

補足 permis は動詞 permettre「許す，認める，可能にする」の過去分詞．男性名詞の permis は「許可証，免許証」という意味になる（例：permis de conduire「運転免許証」）．

724 Il est[C'est] vrai que+直説法, mais ...
なるほど～だが，しかし～

▶ Il est vrai que Nathalie est belle, mais elle est un peu orgueilleuse.
たしかにナタリーは美人だが，いささか傲慢だ．

補足 前言に対して制限を加える補足をしたり，弁解の説明などを足す表現．類義の相関句に Certes, ..., mais... という形がある（例：Certes, il a du talent, mais il ne fait pas beaucoup d'efforts.「たしかに彼には才能があるが，あまり努力しない」）．

725 Il fait bon+inf.　～するのは気持ちがいい[楽しい]．

▶ Il fait bon vivre à la campagne.　田舎暮らしは快適だ．

補足 Il fait bon. だけなら「（気温が快適で）気持ちのいい天気だ」の意味．見出し語を否定すると「～しない方がいい」となる（例：Il ne fait pas bon s'en approcher.「それには近づかない方がいい」）．

726 Il faut que+接続法．　～しなければならない，～すべきだ．

▶ J'ai un cours cet après-midi. Il faut que j'y aille.
午後に授業があるんだ．もう行かなくては．
▶ Il faut que tu sois plus gentil(le) avec Danielle.

君はダニエルにもっと優しくすべきだ．
補足 非人称構文を使う動詞 falloir を用いた構文（cf. 103）．節を伴う場合，que 以下の動詞には接続法が用いられる．

727* Il manque qch à qn.　人に（とって）～が足りない．

▶ Il manque un véritable ami à Stéphane.
ステファヌには本当の友だちがいない．
▶ Il ne manque rien à ce bébé.　その赤ん坊は満ち足りている．
補足 à qn の部分は必ずしも人である必要はなく，たとえば，Il manque la première page à ce livre.「この本は最初のページが欠けている」のような文も可能である．さらに，動詞 manquer を使って，物を主語に manquer à qn を従える構文も作れる（例：Les mots me manquent pour vous remercier.「あなたには，感謝の言葉が見つからないほどです」）．

728* Il s'agit de qn/qch.
～が問題である，～に関することである，～が主題である．

▶ De quoi s'agit-il?　どうしたの/何のことですか/何が問題ですか．
▶ J'ai des soucis; il s'agit de ma fille.　私には悩み事がある，娘のことだ．
▶ Dans ce livre, il s'agit des origines de la guerre du Golfe.
この本には湾岸戦争の原因が書かれている．
補足 文章語だが，現在分詞を用いた s'agissant de qn/qch で「～に関しては，～が問題なので」の意味になる（例：S'agissant de cette affaire, je ne sais rien.「この事件に関しては，私は何も知らない」）．

729　Il semble (à qn) que＋直説法［接続法］.
（人には）～のように思われる．

▶ Il me semble que le printemps est là.
私には春がすぐそこに来ているように思われる．
▶ Il ne semble pas que Clara soit déjà arrivée.
クララがすでに到着しているとは思えない．
補足 à qn が明示されると従属節には直説法が用いられ，明示されないと接続法が選ばれるのが一般的．主節に否定や疑問が含まれるときには，従属節は接続法をとることが多い．

730* Il vaut mieux＋inf.［que＋接続法］.　～する方がよい．

▶ Il vaut mieux arrêter le débat avant qu'ils se disputent.
彼らが口論になる前に，議論をやめた方がよい．
▶ Nous avons travaillé sans arrêt. Il vaut mieux que nous prenions un peu de repos.

僕たちは働きづめだよ．少し休んだ方がいいな．

補足 valoir は「～の値段だ，～の価値がある，～に値する」などの意味がある（例：Cela ne vaut rien.「それは何の価値もない」，L'un vaut l'autre.「優劣をつけがたい，どっちもどっちだ」）．見出し語は非人称の il を省いて〈Vaut mieux+inf.［que+接続法］〉と書くこともある．ちなみに，この mieux を用いた別の構文〈主語+faire mieux de+inf.〉（faire は条件法になることが多い）でも，「～する方がよい」という意味を表現できる（例：Tu ferais mieux de te taire.「君は黙っていた方がよい」）．

731* Il y a+期間+que+直説法． ～してから（期間が）～ になる．

▶ Il y a longtemps qu'on ne s'est pas vu(e)s!　お久しぶり．
「私たちが会わなくなって久しく時間がたつ」が直訳になる．Ça fait longtemps［un moment］qu'on ne s'est pas vu(e)s! とも言える（cf. 732）．また Ça fait longtemps! だけでも十分意味は伝わる．

732* Ça［cela］fait+期間+que+直説法．
～してから（期間が）～ になる．

▶ Ça［Cela］fait six mois que j'apprends le français.
私がフランス語を勉強しはじめて半年になる．
補足 例文は，J'apprends le français depuis six mois. という文章の「時間の経過」を強調した文と解することができる（cf. 648）．

733 Ça arrive.
そういうことは起こる，（同調的に）そういうことってあるよ．

▶ Ça arrive à tout le monde.　だれにでもあることです．
補足 この arriver は「（事件などが）生じる，起こる」の意味．可能性を指す pouvoir を用いて，Ça peut arriver.「そういうこともあるよ」という言い方もよく使われる．また言葉を添えて，Ça n'arrive qu'aux autres. なら「そういうことは他人にしか起こらない」という表現になる．

734* Ça prend+時間表現+pour+inf.
～するのに～かかる［～を要する］．

▶ Ça prend environ deux heures pour aller de Shinjuku à Hakone.
新宿から箱根まで行くのにだいたい 2 時間かかる．

▶ Ça m'a pris une demi-heure pour trouver la clé.
鍵を見つけるのに 30 分かかった．
この例は J'ai mis～ あるいは Il m'a fallu～ で言い換えられる．
補足 Ça prend du temps. なら「それは時間がかかる」の意味になる．

14 知覚動詞 (問題 5 対応)

735 知覚動詞＋qn/qch＋inf.　～が～するのを見る [聞く，感じる]

- ▶ J'ai vu Hélène courir.　私はエレーヌが走っているのを見た．
  Hélène を代名詞 la にすると Je l'ai vue courir. となる．過去分詞は直接目的語が先行する場合それと性数一致する．
- ▶ On entend les oiseaux chanter.　鳥がさえずるのが聞こえる．
- ▶ Il a senti son cœur battre.　彼は心臓がどきどきするのを感じた．

  補足〈知覚動詞＋inf．＋qn/qch〉の語順も可能．知覚動詞には voir「見る」(cf. 736)，regarder「見つめる」，entendre「聞こえる」，écouter「聞く」，sentir「感じる」などがある．

736 voir qn/qch＋inf.　～が～するのが見える

- ▶ Par ma fenêtre, j'ai vu Rémy sortir.
  私の部屋の窓から，レミが出かけるのが見えた．
- ▶ J'ai vu des enfants jouer à cache-cache.
  子どもたちがかくれんぼをしているのを見た．

  補足 voir, entendre などの知覚動詞の典型的な構文 (cf. 735)．voir＋inf．＋qn/qch の語順も可．voir は何かの光景を目から受け入れる場合に使い，受動的な行為を表す．この点において，能動的に何かに目を向けて見つめる行為 regarder とは区別される．

737 laisser qn/qch＋属詞（状況補語）　～のままにしておく

- ▶ Laissez-moi tranquille!　そっとしておいてください/私にかまわないで．
  からかわれたり，煩わしいことを言われたようなときに．tranquille の代わりに，en paix という表現も使われる．
- ▶ Elle laisse tout au hasard.　彼女はすべてを成り行きにまかせている．
  au hasard「行き当たりばったりに」．
- ▶ On a laissé la fenêtre ouverte.　窓は開けたままにされていた．

  補足 ほかに laisser qn debout「人を立たせておく」，laisser qn dans l'ignorance「人に知らせないでおく」などの表現がよく用いられる．Ça me laisse froid [indifférent]. は，「そんなことはどうでもいい，構うものか」（＝Ça ne fait ni chaud ni froid.）という意味の話し言葉．

738 laisser qn＋inf.　人が～するのを放っておく

- ▶ Je laisse mes enfants jouer dans le jardin.
  私は自分の子どもたちを庭で自由に遊ばせておく．
- ▶ Laissez les enfants regarder la télé!
  子どもたちにテレビを見させておいて．

> **補足** laisser は「〜させておく」という放任・放置のニュアンス．laisser+inf. の場合は，通常，例文のように laisser と不定詞の間に不定詞の意味上の主語を置く（ときに不定詞が自動詞であれば，意味上の主語は不定詞の前に置かれるケースもある）．しかし，次にあげるような慣用表現では laisser+inf. の語順を変えることができず，意味上の主語は不定詞のうしろに置く．laisser aller「成り行きにまかせる」（例：Nous laissons aller les choses.「私たちは物事を成り行きにまかせている」）とか，laisser faire「させておく」（例：Elle laisse faire le temps.「彼女は時が解決するのにまかせている」）とか，laisser passer「通す，大目に見る」（例：Il a laissé passer la faute de Jeanne.「彼はジャンヌの過ちを大目に見た」）など．

15 動詞 （問題3ほか対応）

739　accepter de+inf.　〜することを受け入れる

▶ Il n'accepte pas de travailler dans ces mauvaises conditions.
彼にはこんな劣悪な条件で仕事をすることは我慢ならない．

> **補足** 〈accepter que+接続法〉なら「〜ということを許す［認める］」の意味．例文を書き換えれば，Il n'accepte pas qu'il travaille à ces mauvaises conditions. となる．類義語に consentir à+inf.，反対語は refuser de+inf.「〜するのを断る」．

740　accompagner qn à+場所　人につき添って〜に行く

▶ Elle a accompagné son mari à l'hôpital.
彼女は夫につき添って病院に行った．
▶ Tu veux que je t'accompagne à la gare?　駅まで送って行こうか．
jusqu'à la gare とも言える．

> **補足** この accompagner は aller［venir］avec の意味．なお，accompagner A de B だと「A に B を添える」の意味になる（例：J'ai pris une viande accompagnée d'un verre de vin rouge.「肉を赤ワインを一杯飲みながら食べた」）．

741* aller à vélo　自転車で行く

▶ Tu vas à l'école comment? —J'y vais à vélo.
「学校へどうやって行くの」「自転車で行きます」

> **補足** 〈aller à+(またがる)乗物・交通手段〉．「自転車で」は à bicyclette とも言う（cf. 50）．なお，列車 train，車 voiture など，中に乗り込むイメージの乗物には前置詞 en（cf. 59）．現用では à vélo と同じ意味で，en vélo の頻度が高くなっている．

742* aller au lit　床につく，寝る

▶ Dépêchez-vous d'aller au lit!　あなたたち，もう寝なさい．

> **補足** se mettre au lit という言い方もある．être au lit なら「寝ている」の意味．なお，動詞

を省いた形でも使われる（例：Au lit, les enfants!「子どもたち, もう寝なさい」）．

743　aller aux toilettes　トイレに行く

▶ Tu as envie d'aller aux toilettes?　トイレに行きたいの．

補足 toilette は女性名詞で，単数形では「（洗面・整髪・化粧など）身づくろい，化粧」，複数形では「トイレ」を意味する．toilettes publiques は「公衆便所」．「トイレはどこですか」は Où sont les toilettes, s'il vous plaît? と聞く．会話で「トイレ」は petit coin と言われることも多く，aller au petit coin の表現も聞かれる．

744　apprendre qch par cœur　～を暗記する

▶ Le devoir de cette semaine, c'est d'apprendre ce texte par cœur.
今週の宿題は，このテキストを暗記することだ．

補足 par cœur「暗記して，そらで」は見出し語の apprendre 以外でもよく用いられる（例：savoir qch par cœur「～を暗記している」，réciter qch par cœur「～を暗唱する」）．

745　approcher de qch　～に近づく

▶ On approche de Paris.　まもなくパリだ．
▶ Nous approchons du printemps.　もうじき春です．

補足「試験が近づいている」L'examen approche. のように，ある事柄が客観的に近づく事実を確認して "～が" 近づく」は自動詞 approcher を用い，"～に" 近づく，近くなる」の意味で用いるときには approcher de qch となる．一方，代名動詞 s'approcher de qn/qch は話者の意志的な行為として「（意識的に自分から）近づく」という意味になる（例：Il s'est approché de son frère.「彼は兄[弟]のそばに寄った」）．

746* appuyer A contre [à, sur] B　A を B にもたせかける

▶ Elle a appuyé sa tête contre l'épaule de Roland.
彼女は頭をロランの肩にもたせかけた．

補足 appuyer sur qch「～を押す」も覚えたい（例：Pour appeler l'ascenseur, il faut appuyer sur le bouton.「エレベーターを呼ぶにはボタンを押さなくてはならない」cf. 326）．

747　arrêter de+inf.　～するのをやめる

▶ Tout à coup, elle a arrêté de parler.　突然，彼女は話すのをやめた．
▶ Vers neuf heures du matin, il a arrêté de pleuvoir.
朝の9時頃に，雨がやんだ．

補足 arrêter は「（活動や行為を）やめる，中断する」を意味する動詞で，限られた期間や時期に一時的に止まることを指す．その点で「決定的にやめる」cesser とは異なる．主語は人

でも物でもよい．代名動詞を用いた s'arrêter de+inf. と同義であるが，見出し語の方がくだけた言い回し．

748 arriver

❶ 成功する，出世する
▶ Il est arrivé à la force du poignet.　彼はやっとの思いで成功した．
文脈次第では「やっとの思いで到着した」とも訳せる．à la force du poignet は直訳は「手首の力だけで」の意味．

❷ à qch[à+inf.] を達する，成し遂げる
▶ Avec de la patience, on arrive à tout.
忍耐があれば，すべてうまく行く．
▶ Je n'arrive pas à trouver mes lunettes.
どうしてもメガネが見つからない．
arriver à+inf.「(どうにか)～することができる」の否定 (cf. 749).

❸ (出来事・事故が) 起こる
▶ Qu'est-ce qui lui est arrivé?　彼[彼女]に何があったのですか．

補足 「到着する」arriver は仏検 5 級レベルの語義．①は réussir, ②は atteindre や parvenir à, ③は se passer とほぼ同義になる．なお，②の意味で用いられるときには〈主語＋arriver＋à＋限定詞＋特定の名詞 (結果を表す語 résultat, succès など)〉という展開が多い (例: Ce pays est arrivé à des résultats économiques remarquables en quelques années.「その国は数年でめざましい経済発展を遂げた」).

749　arriver à+inf.　(うまく) ～ できる，～することに成功する

▶ On est arrivé à tout comprendre.　すべてを理解できた．
▶ Je n'arrive pas à trouver le mot juste.
どうしてもちょうどいい言葉が見つからない．

補足 arriver は「達する，至る」の意味．例文のように否定形「どうしても～できない」で使われることが多い．類似の表現は，réussir à+inf.「～することに成功する」(cf. 358)，または parvenir à+inf.「ようやく～できる」，finir par+inf.「ついに～する」．

750 arriver en retard　遅刻する，遅れてくる

▶ Ce matin, elle est arrivée en retard à l'école.
今朝，彼女は学校に遅刻した．

補足 en retard は「遅れて」．Excusez-moi d'être en retard.「遅刻してすみません」は定番．なお「～時間[分]の遅れである」は être en retard de ... heures[minutes] と表現する (例: Excuse-moi, je serai en retard de vingt minutes.「ごめん，20 分遅れる」).

751　arriver en avance　（定刻より）早めに着く

▶ Irène arrive toujours en avance.　イレーヌはいつも早めに到着している．

補足 arriver「着く」と en avance「進んで，先んじて」によってできた表現．「定刻に」を表すà l'heure(cf. 300) や à temps(cf. 1355)，あるいは「遅れて着く」arriver en retard(cf. 750) などの類例がある．

752　attendre

❶ 期待する

▶ J'attends beaucoup de lui.　私は彼に多くを期待している．

attendre には「〜を待つ」だけでなく，「期待する，予想[予期]する」の意味があり，attendre A de B で「B に A を期待する」．なお，「〜を期待する，予期する」は，代名動詞を用いて s'attendre à qch[à+inf.] と表すこともできる．

❷ 用意ができている，待ちうけている

▶ Le petit-déjeuner vous attend.　朝食の用意ができています．

753*　attraper froid　風邪をひく

▶ Tu vas attraper froid!　風邪ひくぞ．

補足 froid は「（軽度の）風邪」．prendre froid とも言う．attraper un rhume とほぼ同義．「ひどい風邪をひいている」と表現するなら avoir un gros rhume あるいは avoir un bon rhume と言う．

754*　cesser qch [de+inf.]　〜を[〜するのを]やめる

▶ Je cesse mon travail à six heures.　私は 6 時に仕事を終える．
▶ Il a décidé de cesser de fumer.　彼はタバコをやめることを決心した．

補足 同義語に arrêter qch [de+inf.] がある (cf. 747)．否定の ne (pas) cesser de+inf. は continuer à+inf. と同義で「〜し続ける，絶えず〜する」という意味になる (cf. 328)．名詞 cesse を用いた sans cesse「絶えず」も基本語 (cf. 638)．

755　changer A contre [pour] B

❶ A を B と取り替える，交換する

▶ Tu m'échanges ton plat contre le mien?
　君の料理と私のと取り替えない?

❷ 両替する

▶ J'aimerais changer des dollars contre des euros, s'il vous plaît.
　ドルをユーロに換えてください．
changer des dollars en euros とも言える．

補足「両替する」の意味では pour を用いない．なお細かな違いだが，changer A は「A

を（汚れたり，痛んだものを新しいものと）取り替える」ことを指し（例：changer les couches du bébé「赤ちゃんのおしめを替える」．changer un bébé ともいう），changer de A は「A を（新しくて性質・形・色彩などが違うものと）取り替える」ことを言う（例：changer de voiture「車を買い替える」）．

756 changer de＋無冠詞名詞（単数） 〜を変える

▶ Elle a changé de robe avant de sortir.
彼女は外出する前に服を着替えた．
▶ Ils ont souvent changé d'adresse. 彼らは頻繁に住所を変えた．

補足 ほかに changer d'avis「意見を変える」，changer de coiffure「髪型を変える」，changer de train「電車を乗り換える」など．またレベルはあがるが，「銃をかつぐ肩を変える」changer son fusil à l'épaule と表現して「意見［職業・計画など］を変える」の意味になる．あわせて〈changer qn/qch de＋無冠詞名詞〉「〜の〜を変える」も記憶したい（例：J'ai changé toutes les chaises de place.「私はすべての椅子の位置を変えた」cf. 1129）．

757 changer d'idée 考えを変える

▶ Juste avant son départ, il a changé d'idée.
出発の直前になって，彼は考えを変えた．

補足〈changer de＋無冠詞名詞（単数）〉は「〜を変える」という定番の言い方（cf. 756）．idée は「考え，アイデア」を意味する女性名詞．

758 chercher à＋inf. （なんとか）〜 しようと努める

▶ Elle cherche à me comprendre. 彼女は私を理解しようと努める．

補足 essayer de＋inf.「〜しようと試みる」，s'efforcer de＋inf.「〜しようと努力する」といった類義語がある．

759 commencer par qch ［par＋inf.］
〜から始まる［始める］，手始めに〜する

▶ Commencez par le commencement ! 基礎から始めなさい．
▶ Commençons par manger, nous discuterons ensuite.
まずは食べましょう，それから話し合いましょう．

補足 commencer と par qch の間に名詞を置くケースもある（例：Je commence ma journée par un peu de gymnastique.「1日を軽い体操で始める」）．finir par＋inf. は反意表現．なお，見出し語を commencer à＋inf.「〜し始める」と混同しないように．

760　compter jusqu'à＋数字　〜まで数える

▶ Cet enfant, il sait compter jusqu'à cent?
この子は 100 まで数えられる?

補足 Cet enfant sait compter. なら「この子は数が数えられる」の意味. なお, compter sur ses doigts は「指を折って数える」, compter de tête は「暗算する」, bien compter は「正しく計算する」の意味になる.

761　compter sur qn/qch　〜をあてにする

▶ On ne peut pas compter sur lui.　彼をあてにすることはできない.
sur の後の人称代名詞は強勢形を用いる.

▶ Je compte sur ton aide.　君の助けをあてにしてるよ.

補足 会話では, sur qn/qch の箇所を中性代名詞 y で置き換えた y compter の頻度が高い（例：N'y comptez pas trop.「それはあまりあてになりませんよ」）.

762*　connaître qn/qch de nom　〜の名前だけは聞いたことがある

▶ Nicole Poulain? Je la connais de nom.
ニコール・プーラン? 名前だけは知っているよ.

▶ Je ne la connais que de nom.　彼女のことは名前しか知らない.
Je la connais de nom seulement. としても同義 (cf. 913).

補足 de nom は「名前で, 名目で」の意味. 面識はないが, 名前だけは聞いたことがある (あるいは「顔だけは知っている」) という程度の人を話題にするケースで用いられる表現. はっきりと「"顔だけは"知っている」という場合には de vue を使って, また「噂だけは」と言いたいなら de réputaion を用いて, Je la connais de vue[de réputation]. と表現する (cf. 1136).

763*　considérer A comme B　A を B とみなす

▶ Je considère Frédéric comme mon meilleur ami.
私はフレデリックを 1 番の友人だと思っている.

▶ Elle est considérée comme responsable.
彼女が責任者だとみなされている.

補足 同義の表現として, regarder A comme B(cf. 821) や tenir A pour B がある (例：Il tient cela pour vrai.「彼はそれを本当だと思っている」).

764*　demander pardon à qn　人に謝罪する, あやまる

▶ Je vous demande pardon.
すみません, お許しください/申し訳ありません.

▶ Il a demandé pardon à ses collègues d'être en retard.

彼は会社の同僚たちに遅刻したことをわびた．
demander pardon à qn de+inf. で「～のことで人に謝罪する」の意味．demander pardon à qn de [pour] qch の形でも使われる．
補足 pardonner à qn は「人を許す」の意味 (cf. 808)．

765 dépendre de qn/qch　～次第である

▶ Tout dépend de vous.　すべてはあなた次第です．
▶ Vous partez demain?—Ça dépend du temps.
「明日出発するのですか」「天気によります」

補足 非人称構文を用いた Il dépend de qn/qch de+inf. [que+接続法]「～するのは～次第だ」という言い方もある（例：Il dépend de vous de réussir.「成功するかどうかはあなた次第です」）．会話では〈de＋名詞〉の部分がない Ça dépend.「それは場合による」という表現がよく使われる (cf. 442)．

766 désirer＋inf.　（ぜひ）～したいと思う

▶ Moi, je désire aller en France.　私は，フランスに行きたい．
▶ Qu'est-ce que tu désires faire comme travail plus tard?
君は将来どんな仕事をしたい？

補足 vouloir+inf.「～したい」は類義語だが，見出し語の表現の方が「ぜひ～したい，～したいと強く望む」という含意がある．見出し語の例ではないが，Que désirez-vous?「何をお求めですか」は，店員が客に対して言う定番の挨拶 (cf. 215)．

767* devoir A à B

❶ A を B に負っている，借りがある
▶ Je vous dois combien?　おいくらですか．
▶ Je dois cent euros à mon ami.　私は友人に 100 ユーロの借りがある．

❷ B のおかげで A を得ている
▶ Leur bonne prononciation, ils la doivent à une Parisienne.
彼らの発音がいいのは，ひとりのパリジェンヌのおかげだ．

❸ B に A を与えるべきだ
▶ Vous devez le respect à vos parents.
あなたは両親に敬意を払うべきだ．

補足 ①は A に金銭が，②の A には成功や地位などの手に入れられたプラスの結果が，③の A には当然払うべき配慮・義務などが置かれる．

768 dîner en ville　外で夕飯を食べる

▶ Si on dînait en ville ce soir?　今夜は外食しない？
補足 dîner は「夕食をとる」．en ville には，「町で」のほかに，「自宅ではなく"外で"」（つまり

manger au restaurant, prendre son repas à l'extérieur) の意味がある.

769* dire bonjour à qn　人にこんにちはを言う，挨拶をする

▶ Elle ne me dit plus bonjour.　彼女はもう私に挨拶をしてくれない.
▶ Dis bonjour à tout le monde.　みんなによろしく言っておいて.
文脈によっては「みんなにご挨拶なさい」とも訳せる.
補足 souhaiter (bien) le bonjour à qn も同義になる.

770　discuter de [sur] qch　〜について議論する

▶ Ils ont discuté de[sur] l'avenir de leur fille.
彼らは娘の将来について話し合った.
▶ De quoi discutez-vous?　何の話をしているのですか.
補足 〈discuter de＋無冠詞名詞〉なら「〜を話題にする」という意味になる（例：discuter de politique「政治談議をする」．また sans discuter は「四の五の言わずに」の意味）．

771　divorcer avec [de, d'avec] qn　人と離婚する

▶ J'ai décidé de divorcer d'avec ma femme.
私は妻と離婚することにした.
補足 反意語「人と結婚する」は se marier avec qn，épouser qn を用いる．「彼らは離婚した」と表現するなら，Ils ont divorcé. となる．

772* donner envie (à qn) de+inf.　（人を）〜したい気持ちにさせる

▶ Ce beau temps me donne envie de nager dans la mer.
天気がよいので海で泳ぎたい気分になる.
補足 avoir envie de qch[de+inf.]「〜が欲しい，〜したい」は基本表現．envie が指す「欲求，〜したい気持ち」には「気分的・衝動的・生理的」ニュアンスがある．類義語の besoin は生活していく上で欠かせないものを必要とする「欲求」が中心．désir は手に入れたい，実現を強く望む「欲望，願望」を意味する．

773　donner la main à qn　人と手をつなぐ

▶ Elle a donné la main à sa fille pour traverser la rue.
彼女は娘と手をつないで道を渡った.
補足 辞書によっては，見出し語を「人と握手する」という意味や「人に手を貸す」という意味で使うとしているものもあるが，前者は serrer la main à qn が，後者は prêter la main à qn と言うのが通例（cf. 844）．

774* donner un coup de qch　（道具・身体部を）さっと使う

▶ J'ai donné un coup de fer à mon pantalon.
私はズボンにさっとアイロンをかけた．
fer は「鉄，アイロン」．「～にアイロンをかける」は repasser qch とも言う．

▶ Voulez-vous me donner un coup de main?
ちょっと手を貸していただけますか．
donner un coup de main à qn「人に手を貸す」（＝aider qn）．

補足 この coup は「すばやい動作」を表す．なお，donner un coup de chapeau「（帽子をとって→）敬意を表す，褒める」（＝rendre hommage）という言い回しもある．なお，代名動詞を使った se donner un coup de qch は「自分にさっと～を使う」の意味になる（例：Elle s'est donné un coup de peigne avant de sortir.「彼女は出かける前にさっと櫛をあてた」）．

775 donner un coup de téléphone [fil] à qn
人に電話をかける

▶ Je lui ai donné un coup de téléphone hier matin.
昨日の朝，彼[彼女]に電話しました．

補足 「人に電話をかける」は téléphoner à qn（cf. 129）あるいは，appeler qn au téléphone とも言える．ただし，見出し語はかけた電話に相手が出たときに使える言い方（ちなみに téléphoner, appeler は相手が電話に出なかったケースでも用いられる）．なお，「電話を受ける，電話がかかる」は recevoir un coup de téléphone と言う（例：J'ai reçu un coup de téléphone à cinq heures du matin.「朝の5時に電話がかかってきた」cf. 1188）．

776 éclater de rire　爆笑する，吹きだす

▶ En écoutant cette histoire, ils ont éclaté de rire.
その話を聞いて彼らはどっと笑った．

補足 動詞 éclater は，物が主語のときは「破裂する，突然鳴り響く，勃発する」といった意味になるが，人が主語のときは「（怒りや喜びなどの感情を）爆発させる」という意味．人が主語の場合〈éclater en＋無冠詞名詞〉で「（感情を爆発させて）突然～する」を表す（例：éclater en sanglots「わっと泣き出す」cf. 1709）．

777 écrire à la machine [au stylo]　タイプで[ペンで]書く

▶ Tu sais qu'en France les écoliers écrivent au stylo?
フランスでは小学生がペンで書いているって知ってる？

補足 一般に「道具で書く」の意味には前置詞 à が用いられる（ただし，「パソコンで～を"書く"」は écrire ではなく，taper qch à l'ordinateur と言う）が，たとえば「"この"鉛筆で書く」というように限定されれば écrire avec ce crayon あるいは écrire à l'aide de ce crayon といった言い方が用いられる.

778　empêcher qn de+inf.　人が〜するのを妨げる，人が〜できない

▶ La pluie a empêché Christine de partir.
雨のせいでクリスチーヌは出発できなかった.
▶ Qu'est-ce qui vous empêche de venir avec moi?
どうして私といっしょに来られないのですか.

補足 (Il) n'empêche que あるいは Cela n'empêche pas que の形で「それでもやはり〜である」という意味（例：Elle est méchante; il n'empêche que je l'aime.「彼女は意地悪だが，それでもやはり彼女のことを愛している」）. 代名動詞を用いた ne pas pouvoir s'empêcher de+inf.「〜せずにはいられない」もよく使われる表現（cf. 1731）.

779　emprunter qch à qn　人から〜を借りる

▶ Elle a emprunté de l'argent à son ami.　彼女は友人から金を借りた.
借りる対象は「金銭，物品」など.
▶ Le français a emprunté beaucoup de mots au grec.
フランス語はギリシア語から多くの語を借用した.
〈à+言語〉として「表現」を「借りる，取り入れる」の意味にもなる.

補足 emprunter は「（物を無償で）借りる」こと（ただし，銀行に利子を払って「借りる」の意味でも使われる）. louer qch「（家や車など使用料を払って）〜 を貸借する」とは区別する. なお「電話を借りる」は utiliser le téléphone とするのが通例. 見出し語の反意になるのは prêter qch à qn「人に〜を貸す」.

780　enseigner à qn à+inf.　人に〜することを教える

▶ Le moniteur m'a enseigné à faire du ski.
指導員は私にスキーの手ほどきをしてくれた.
Le moniteur m'a appris à faire du ski. でも同義.

補足 見出し語は enseigner qch à qn あるいは〈enseigner à qn que+直説法〉の形でも用いる（例：J'enseigne le français aux élèves.「私は生徒にフランス語を教えている」, L'histoire nous enseigne que tout est un recommencement.「歴史はわれわれにすべては前例の繰り返しだと教えている」）. なお，通常 enseigner は「科目, 教訓」などを，instruire は「人」を，apprendre は「学問, 技術」を，indiquer は「場所, 道順」を "教える" の意味で使われる動詞.

781　entrer en gare　（列車が）駅に到着する

▶ Le train venant de Lyon entre en gare.　リヨン発の列車が到着する.
arriver en gare とも表現する.

補足 gare は女性名詞で「（鉄道の）駅」．ただし，地下鉄の「駅」は station，「バス停」は arrêt を用いる．なお，列車ではなく，「"人が"駅に入る」と表現する場合は entrer dans la gare を用いる．

782* envoyer qch à qn　～を人に送る

▶ Hier, j'ai envoyé un e-mail à mon professeur.
昨日，私は先生に電子メールを送った．

補足 〈envoyer qn＋場所〉は「人を～へ派遣する，行かせる」という意味になる（例：On l'a envoyé(e) comme ambassadeur à Londres.「彼［彼女］は大使としてロンドンに派遣された」）．

783* espérer＋inf.　～することを期待する[願う]

▶ Il espère guérir dans trois jours.
彼は 3 日後には回復することを望んでいる．
▶ J'espère vous revoir très bientôt.　また近いうちにお会いしたいですね．

補足 〈espérer＋inf.（複合形）〉は「～したと思いたい」という意味になる（例：J'espère avoir fait ce qu'il fallait.「やるべきことはやったと思いたい」）．

784* espérer que＋直説法　～であればよいと思う

▶ J'espère que Magali viendra à cette fête.
私は，マガリがそのパーティーに来てくれればと思っている．

補足 espérer は「願う，期待する」．やや改まった〈souhaiter que＋接続法〉「～のことを願う」より幅広く使われる．通常，肯定文では〈espérer que＋直説法単純未来〉となる．例文を過去時制に移すと，J'espérais que Magali viendrait à cette fête.「私はマガリがそのパーティーに来ればよいと思っていた」となるが，否定文では〈ne pas espérer que＋接続法〉となる点に注意したい（例：Je n'espère pas que Magali vienne à cette fête.「私はマガリがそのパーティーに来るとは思っていない」）．

785 éviter qn / qch　～を避ける

▶ Il faut éviter un accident.　事故を避けなければならない．

補足 éviter de＋inf. で「～するのを避ける，～しないようにする」（例：Evitez de fumer à côté des enfants.「子どものそばでタバコを吸わないように」cf. 1158）．

786* fermer la porte à clef　ドアに鍵をかける

▶ Avant de sortir, fermez la porte à clef, s'il vous plaît!
出て行く前に，ドアに鍵をかけてください．

補足 clef「鍵」は女性名詞で clé とも書く．chambre qui ferme à clef なら fermer は自動

詞で「鍵のかかる部屋」という意味．sous clef は「鍵をかけて，閉じ込めて」の意味になる（例：garder qch sous clef「～を鍵をかけて保管する」，mettre qn sous clef「人を監禁する」＝mettre qn sous les verrous）．

787 finir par+inf.　ついに～する，結局～する

▶ Elle a fini par accepter sa proposition.
彼女はついに彼［彼女］の提案を受け入れた．
▶ Comme son frère l'embêtait, Axelle a fini par pleurer.
兄［弟］がうるさくちょっかいをだしたので，とうとうアクセルは泣いてしまった．

補足 finir は「終わる，終える」だが，一時的にしている仕事や行動を「終える」の意味．類義語の terminer は意識的に終わりにするという含みを持ち（例：Ils ont terminé leur discussion.「彼らは自分たちの議論にけりをつけた」），achever は長い間かかった仕事を完成して終わること（例：Elle a achevé sa thèse.「彼女は博士論文を書き上げた」）を指す．finir par+inf. は元来「～することによって終わる」の意味で「～するのをやめる」finir de+inf. と区別すること（cf. 338）．なお，finir A par B は「A を B で終える」の意味になる（例：Ils ont fini leur dîner par un bon dessert.「彼らは夕食を美味しいデザートで終えた」）．

788 frapper à qch　～をたたく

▶ On frappe à la porte.　誰かがドアをノックしている．
Entrez sans frapper. はドアの貼り紙で「ノックせずにお入りください，ノック不要」の意味（cf. 643）．

補足 à qch の箇所は「たたく」場所に応じて前置詞が変化する点に注意（例：La pluie frappe contre les vitres.「雨が窓ガラスをたたいている」，Elle a frappé dans ses mains「彼女は手をたたいた」）．

789 fréquenter　～によく行く，～とつき合う，交際する

▶ Ma tante fréquente les églises.　叔母はよく教会に行く．
▶ Il ne fréquente pas ses collègues.　彼は同僚とはつき合わない．

補足 〈fréquenter＋場所〉で「頻繁に通う」（そもそもは，y aller habituellement「習慣的にそこへ行く」という意味），fréquenter qn で「（仲間として）人とつき合う」の意味になる．名詞は fréquentation「頻繁に通うこと，交際」，形容詞は fréquent(e) と言う．

790 gagner sa vie [son pain]　生計をたてる

▶ Il a terminé ses études à l'université, donc il doit gagner sa vie [son pain].

彼は大学を卒業したのだから，自分で生計をたてなくてはならない．

補足 gagner は「稼ぐ」．女性名詞の vie はここでは「生活費」の意味になる．「自分の生活費を稼ぐ」ということなので，vie の前には所有形容詞がつく．vie と置き換えられる pain 「パン」は日々食すことから「生活の糧」という意味．

791* garder　保つ，とっておく

▶ Si tu as aimé ce livre, tu peux le garder.
もしその本が気に入ったのなら，ずっと持っていていいよ．
▶ Je peux garder cette photo?　この写真を持っていいですか．

補足 garder qch で「（返したりせずに）〜をそのまま持っている，維持する」という意味．garder qn には「人の世話をする，番をする」という意味もある（例：Tu peux garder mes enfants?「子どもたちの面倒を見てくれる」cf. 793）．

792* garder la monnaie　おつりをとっておく

▶ Gardez la monnaie!　おつりは結構です．
Vous pouvez garder la monnaie. あるいは Gardez tout! とも表現できる．

補足 おつりをチップとして渡すつもりで紙幣で支払いをするときに用いる．女性名詞 monnaie は「釣り銭」のほかに「通貨，硬貨，小銭」という意味がある（例：Vous n'avez pas de monnaie?「小銭はありませんか」）．

793　garder qch＋形容詞
〜を〜の状態に保つ，〜を〜の状態のままにしておく

▶ Elle garde toujours sa chambre propre.
彼女は自分の部屋をいつもきれいにしている．

補足 ほかに garder les cheveux longs「髪を伸ばしたままにしておく」，garder la tête froide「冷静さを保つ」といった表現がある．

794　hésiter à＋inf.　〜するのをためらう

▶ N'hésitez pas à me téléphoner!　遠慮なく私に電話してください．

補足 〈hésiter si＋直説法［条件法］〉は「〜するかどうか迷う」という意味になる（例：Il hésite s'il doit partir.「彼は出発するべきかどうか迷っている」＝Il se demande s'il doit partir.）．

795* interdire qch à qn [à qn de＋inf.]
人に〜を［〜することを］禁じる

▶ Mon médecin m'interdit le tabac.　医者は私にタバコを禁じている．
▶ La mauvaise santé de mon père lui interdit de boire.

父は体調が悪いので酒が飲めない．

補足 類義の表現に défendre à qn qch [de+inf.] がある (cf. 1143)．代名動詞を使ったs'interdire qch [de+inf.] は「自分に～を禁じる」の意味 (例：Je m'interdis de fumer.「私は禁煙している」)．なお，interdire de+inf. の形でも使われる (例：C'est interdit de stationner ici.「ここは駐車禁止です」)．

796　laisser A seul(e) avec B　AをBと2人きりにする

▶ Il a laissé René seul avec Emmanuelle.
彼はルネをエマニュエルと2人きりにした．

補足 laisser には「残す」の意味があり (例：Daniel a laissé sa fiancée à New York.「ダニエルはフィアンセをニューヨークに残して去った」，Je vous laisse.「(私はあなたを残していきます→) さようなら」)，seul(e) は形容詞で「1人の，～だけで，ほかに連れのない」．なお，見出し語を直訳すると「AをBとだけ一緒にする」となる．

797　lutter contre qn/qch　～に対して戦う

▶ J'ai lutté contre le sommeil [la maladie].　私は眠気[病気]と戦った．
▶ Il doit lutter contre ses adversaires politiques.
彼は政敵と戦わなくてはならない．

補足 見出し語は「敵や障害，社会的な悪」などと「戦う」の意味．combattre や se battre よりも改まった語．lutter pour qch なら「(正義など) のために戦う」という意味になる (例：lutter pour l'indépendance「独立のために戦う」cf. 798)．

798°　lutter pour qch [pour+inf.]　～の[～する]ために戦う

▶ Elle lutte pour la paix.　彼女は平和のために戦っている．
▶ J'ai lutté pour m'en sortir.　私は難局を乗りきるために戦ってきた．
s'en sortir は「窮地を脱する」という熟語．

補足 「戦争で戦う」の意味なら combattre あるいは se battre が用いられる．lutter は主に比喩的な意味で「戦う」を意味する語．なお，lutteur(se) は「レスラー，力士，(政治運動などの) 闘士」の意味．

799　manger au menu　コース料理を食べる

▶ Je préfère manger au menu.　私はコース料理を食べる方が好きだ．

補足 普通は prendre le menu を使う．見出し語は「一品料理を選んで[アラカルトで]食べる」manger à la carte(cf. 483) に対比された言い方だが，稀にしか使わない (ただし仏検に出題された実績がある)．le menu はレストランのコース料理などあらかじめ決められた献立，あるいはそのリストを指す．la carte は定食を含めたその日にできる料理の一覧やワインリスト (=carte des vins) のことで日本語の「メニュー」にあたる．

800 manger de bon appétit [avec appétit]
もりもり［食欲旺盛に］食べる

▶ Nous avons mangé de bon appétit.　私たちはおいしく食べた．

補足 appétit は「欲求」，特に「食欲」を意味する名詞．avoir de l'appétit は「食欲がある」の意味（cf. 287）．Bon appétit!「（どうぞ）たっぷり召し上がれ」はこれから食事をする人にかける声，あるいは食事の時間が近いときの別れの挨拶になる．ただし，日本の食事の習慣を知っているフランス語話者は「いただきます」の意味でも使っていることもないではないが，「あなたの命を私の命とさせて"いただきます"」という原義からは離れている．なお，manger de tout で「何でも食べる」の意味．否定の na pas manger de tout は「好き嫌いがある」（＝faire le difficile）となる．あわせて覚えておきたい．

801* manquer de＋無冠詞名詞　〜が不足している，足りない

▶ Mon fils manque de patience.　私の息子は辛抱が足りない．
▶ Il ne manque de rien.　彼は何不自由ない生活をしている．
▶ Cette femme ne manque pas d'audace.
　その女性はまったく厚かましい．
　audace「厚かましさ，ずうずうしさ」が「不足していない，足りている」の意味．

802 manquer (de)＋inf.　危うく〜しそうになる

▶ J'ai manqué (de) tomber.　私は転びそうになった．

補足 見出し語の de が省かれることはままある．見出し語を否定にすると，「間違いなく〜する」の意味になり会話でよく用いられるが，否定形では de を省かない（例：Ne manquez pas de venir.「かならず来てください」）．

803* marcher bien
（機械・器具の）調子がよい，（事業などが）うまく運ぶ

▶ Cet appareil-photo marche bien.　このカメラは調子がよい．
▶ Ses affaires marchent bien.　彼［彼女］の事業は順調だ．

補足 反意は marcher mal，類義の表現として aller bien があるが，こちらは理由を示す表現が付されるケースが多い（例：Cette machine va bien pour faire la vaisselle.「この機械できれいに皿を洗うことができる」）．

804 mettre＋時間＋pour [à]＋inf.　〜するのに時間をかける

▶ Il a mis deux jours pour finir ce travail.
　彼はその仕事を終えるのに 2 日かかった．
▶ Cette viande met longtemps à cuire.
　この肉は煮込むのに時間がかかる．

[補足] 動詞 prendre を用いて「(時間を) かける，(時間が) かかる」を表すこともできる (例: Elle prend deux heures pour dîner.「彼女は2時間かけて夕飯を食べる」).

805 mettre du temps pour+inf. 〜するのに時間がかかる

▶ Ma grande sœur a mis du temps pour se maquiller.
姉は時間をかけて化粧をした．

[補足] 類似の表現として，〈ça prend+時間表現+(pour+inf.)〉(cf. 734)や〈il faut+時間+(pour+inf.)〉(cf. 102)などがある．

806 mettre qn au courant (de qch) (〜について) 人に知らせる

▶ Mettez-moi au courant de ce qui s'est passé.
何が起きたのか私に教えてください．

[補足] informer qn de qch と類義の表現．なお，être au courant (de qch) は「(〜について) 知っている，事情に通じている」(cf. 676)，tenir qn au courant (de qch) は「(〜について) 人に逐一知らせる」(cf. 2124)．

807* mourir de qch

❶ 〜で死ぬ
▶ Mon voisin est mort de vieillesse. 私の隣人が老衰で死んだ．
❷ 死ぬほど〜だ
▶ On meurt de chaud dans cette salle! この会場は死ぬほど暑い．

[補足] ①では，de 以下に死因を表す名詞を入れ，②では「死ぬほど〜」となる理由を示す名詞を置く．いずれも無冠詞名詞となるので注意．なお，動詞を導く際には不定詞になる (例: Nous sommes mort(e)s de rire.「私たちは死ぬほど笑い転げた」．ネット上では mourir de rire の頭文字をとって mdr と略記される)．なお，mourir d'envie de+inf. なら「〜したくてたまらない」の意味 (例: Je meurs d'envie d'aller en France.「フランスへ行きたくてたまらない」)．

808 pardonner à qn qch [de+inf.] 人に〜を[〜することを]許す

▶ Pardonnez-moi cette erreur! このミスを許してください．
▶ Il ne pardonne pas à Sophie de lui avoir menti.
彼はソフィーが嘘をついたことを許さない．

[補足] pardonner は腹が立って当然の過失や不正などを「許す，容赦する」こと．「許してもらう」は se faire pardonner と言う．excuser は軽い過ち，軽率さ，忘却などを「許す」ことを指す (cf. 199)．許可するという意味での「許す」には permettre が使われる．

809* payer en euros　ユーロで払う

▶ Nous sommes en Angleterre. Mais nous pouvons payer en euros dans cette boutique.
私たちは英国にいるが，この店ではユーロで払うことができる．

[補足] payer は「支払う」．「(通貨)で」は〈en＋通貨(複数形)〉を用いる．よって，「円で払う」は payer en yens，「ドルで払う」は payer en dollars となる．On est prié de régler en euros. は「支払いはユーロでお願いします」の意味．ちなみに「カードで払う」は payer avec sa carte となる(例：Je peux payer avec ma carte?「カードで払えますか」)．

810* penser A de B　B について A と思う

▶ Qu'est-ce que vous pensez de ce projet?　この計画をどう思いますか．

[補足] 直接目的語はしばしば疑問代名詞になる．また，de 以下を中性代名詞 en で置き換えた表現 Qu'en pensez-vous?, Qu'est-ce que tu en penses?「それについてどう思いますか[どう思う?]」も会話でよく用いられる言い回し．

811* permettre qch à qn [à qn de＋inf.]
人に～を[～するのを]許す

▶ Ma mère ne m'a pas permis les sports violents.
私の母は私に激しいスポーツを許さなかった．

▶ Permettez-moi de vous présenter mon ami Bernard.
友人のベルナールを紹介させていただきます．

[補足] permettre は「～を許す，認める」．Vous permettez? はタバコを吸ったり，先へ進みたいときなどに「失礼ですが，よろしいですか」と，相手の許可を得る定番の表現である．「許可する」を意味する動詞はほかにもあるが，permettre は最も一般的に用いられ，autoriser は医者などの権限のある人物や機関が許可する場合に，admettre は入場や入学を許可する場合に用いられる．

812* prendre A pour B　A を B と思いこむ，A を B と取り違える

▶ J'ai pris ta mère pour ta sœur.
君のお母さん，お姉さん[妹さん]かと思ったよ．

▶ On m'a pris(e) pour un(e) Coréen(ne).　私は韓国人に間違われた．

[補足] A，B はともに人でも物事でもよい．話し言葉では，Tu le prends pour qui?「彼を誰だと思ってるの」とか，Pour qui me prenez-vous?「いったい私を誰だと思っているの」という言い方も使われる．なお，見出し語で「A を B に選ぶ」という形もないではない(例：prendre A(qn) pour époux[épouse]「A を夫[妻]にする」)．

813　prendre [perdre] l'habitude de+inf.
〜する習慣を身につける[捨てる]

▶ J'ai pris [perdu] l'habitude de me lever tôt.
私は早起きする習慣を身につけた[捨てた].
▶ Il a perdu l'habitude de manger de la viande.
彼は肉を食べる習慣を捨てた.
補足「〜する習慣を身につける」は contracter l'habitude de+inf. とも言う (cf. 1697).
avoir l'habitude de+inf. は「〜する習慣がある, 〜に慣れている」(cf. 661).

814*　prendre rendez-vous chez le dentiste
歯医者に予約をする

▶ J'ai pris rendez-vous chez le dentiste à quinze heures.
15時に歯医者の予約をした.
補足 rendez-vous は男性名詞で「(診察などの) 予約, 待ち合わせ」. 不定冠詞 un を添えてもよく, prendre (un) rendez-vous で「面会の約束をとりつける」の意味になる. なお, 前置詞 chez とともに用いられるのは boulanger(ère)「パン屋さん (人)」のように人を表す名詞や代名詞で, boulangerie「パン屋 (店)」のように店や業種を表す名詞には à を用いる. つまり「パン屋に行く」なら, Je vais chez le boulanger., Je vais à la boulangerie. と表現される.

815　prendre son temps　ゆっくり時間をかける

▶ Prenez votre temps, nous ne sommes pas pressé(e)s.
ゆっくり時間をかけてやればいいです, 私たちは急いでいませんから.
▶ Je vais prendre mon temps pour achever ce paysage.
私は時間をかけてこの風景画を完成させるつもりだ.
あるいは, Je vais prendre le temps d'achever ce paysage. も可.
補足 Prenez votre temps. は「どうぞごゆっくり, 焦らず進めてください」の意味で使われる. ちなみに「どうぞゆっくり休んでください」なら Reposez-vous bien. とするのが定番. この temps は「(ある事をなすためにとれる) 時間」のこと.

816*　promettre à qn de+inf.　人に〜することを約束する

▶ Elle m'a promis de revenir.　彼女は私にまた来ると約束した.
補足 代名動詞を使った se promettre de+inf. は「〜する決心をする, 〜を企てる」の意味 (例：Il s'est promis de ne plus fumer.「彼はもうタバコを吸わないと決めた」).

817　proposer à qn de+inf.　人に〜することを提案する, 勧める

▶ Elle m'a proposé de loger chez elle pendant mon séjour à Paris.

彼女は私がパリに滞在する間，自宅に泊まったらと勧めてくれた．

補足 offrir à qn de+inf. と類義の表現で，通常は，主語と目的語(人)が「一緒に~するように提案する」という含意 (cf. 1732)．節を続ける場合は〈proposer que+接続法〉となる (例：Il propose que tu partes avec lui.「彼は君が彼と一緒に出発することを提案している」)．

818　propre à qch [à+inf.]　~に[~することに]適した，ふさわしい

▶ Cette région est propre à la culture des pommes.
この地域はリンゴの栽培に適している．

補足 approprié(e) à qch などが類義．形容詞 propre は名詞の後で「適した，固有の，特有の」(例：nom propre「固有名詞」，maladie propre à la femme「女性特有の病気」)，名詞の前なら「自身の」(例：J'ai vu ça de mes propres yeux.「私自身の目でそれを見た」) という意味になる．

819　réfléchir à [sur] qch　~についてよく考える

▶ Je n'ai pas encore réfléchi à la question.
私はその問題についてはまだ考えていない．
▶ On va réfléchir sur ce projet.　その計画についてじっくり考えてみよう．

補足「考える」には penser (cf. 134) と réfléchir がある．前者が「~に思いを馳せる，思いを巡らせる」という意味であるのに対して，見出し語は「熟考する」の意味．名詞は réflexion．réfléchir à の代わりに前置詞 sur を用いると対象をより「詳しく，じっくり考える」というニュアンスが強くなる．

820　refuser de+inf.　~することを拒否する，許さない

▶ Il refuse de reconnaître qu'il a tort.
彼は自分の過ちを認めようとしない．

補足 refuser のうしろに節をつなぐなら〈refuser que+接続法〉とする．なお，代名動詞を使った se refuser à+inf. は「~することに同意しない，受け入れない」という意味になる (例：Il s'est refusé à m'aider.「彼は私を助けようとしなかった」)．

821　regarder A comme B　AをBと見なす

▶ Elle me regarde comme sa fille.
彼女は私を自分の娘のように思ってくれている．

補足 類義の表現に considérer A comme B (cf. 763) や tenir A pour B がある．

822　regarder qn/qch en face　~を直視する

▶ Il faut regarder la situation en face.

この事態を直視しなければならない．

補足 regarder は「（注意して）見る，（意識的に）見る」（cf. 139）．en face は「（逃げないで）真正面からまともに」という意味．regarder qn dans les yeux も類義になる．

823 remercier qn de [pour] qch　人に対して〜を感謝する

▶ Je vous remercie de votre invitation [votre accueil].
ご招待［おもてなし］いただきありがとうございました．

補足 具体的な物に対する礼には pour を用いる（例：Je te remercie pour ton cadeau.「プレゼントどうもありがとう」）．remercier qn de+inf.（不定詞は主に完了形が使われる）は「人に対して〜してくれることに感謝する」の意味になる（例：Je vous remercie de m'avoir aidé(e).「助けてくれてどうもありがとう」）．

824* rendre A B　A を B にする

▶ Cette nouvelle m'a rendu(e) heureux(se).
その知らせを聞いて，私は幸せな気持ちになった．
「その知らせが私を幸せにした」が直訳．

▶ Qu'est-ce qui te rend si triste?　どうしてそんなに悲しいの．
直訳すれば「何が君をそんなに悲しくさせるのか」となる．

補足 英語の S＋make＋O＋C「〜を〜にする（5 文型）」に相当する表現．B には状態を表す形容詞を置き，直接目的語である A と性数を一致させる．言語の翻訳についてもこの表現を用いることが可能（例：Je dois rendre ces phrases en français.「私はこれらの文章をフランス語に訳さなくてはならない」）．なお，rendre には「（匂い・音・液体などを）出す」という意味もある（例：Ce violon rend des sons merveilleux.「このヴァイオリンは素晴らしい音色を出す」）．

825* rendre qch à qn　人に〜を返す

▶ Je vous rends vos livres.　お借りしていた本を返します．
▶ Je dois rendre ce DVD à Daniel.　この DVD をダニエルに返さなくちゃ．
▶ Rends-moi mon portable!　私の携帯電話を返して．

補足 rendre は「返す，もとのところに戻す」の意味．物品だけではなく，「人に挨拶を返す」（例：J'ai rendu son salut à Sophie.「私はソフィーに挨拶を返した」）や「釣銭を出す」（例：Il a rendu la monnaie sur 50 euros.「彼は 50 ユーロに釣銭を出した」）など，いろいろな「返す」行為を表現できる．

826 rendre visite à qn　人を訪問する

▶ Jeudi dernier, j'ai rendu visite à ma tante.
先週の木曜日に，私は叔母を訪れた．

補足 aller voir qn や faire une visite à qn と同義．recevoir la visite de qn は「人の訪問

を受ける」の意味になる（例：Ce soir, je vais recevoir la visite de mon cousin.「今晩，私は従兄［従弟］の訪問を受ける」）．なお，動詞 visiter「見物する」はうしろに「場所・建物」は置けるが，「人」には使えない（英語の visit とは異なる）．

827　revenir sur ses pas　（もと来た道を）引き返す

▶ Alain s'est retourné et est revenu sur ses pas.
アランはくるっと向きを変えて，もと来た方へ戻って行った．
補足 比喩的に「これまでの意見を撤回する」というニュアンスでも使われる．

828　rêver de＋inf.　～するのを夢見る，切望する

▶ Louise rêve de devenir actrice.
ルイーズは女優になることを夢見ている．
補足 rêver には「夢を見る」（睡眠中に見る夢）のほかに，例文のように「熱望する，渇望する」の意味もある．なお，見出し語のように de＋inf. ではなく自動詞の rêver は，de qn/qch も伴う（例：J'ai rêvé de toi, cette nuit!「夕べ，君の夢を見たよ」）．

829　s'approcher de qn/qch　～に近づく

▶ Elles se sont approchées de la fenêtre.　彼女たちは窓に近づいた．
補足 approcher de qn/qch が客観的事実として「～に近づく」を表すのに対して（例：On approche d'avril.「4月が近づいている」cf. 745），s'approcher de qn/qch には「自分から～に近づく」という話者の主観的な意図が含まれる．se rapprocher de qn/qch であれば「もっと～に近づく」という意味になる．

830　sauter sur [à] qn/qch　～に飛びつく，飛びかかる

▶ Ce chat saute toujours sur lui.　その猫はいつも彼に飛びついてくる．
▶ Elle m'a sauté au cou.　彼女は私の首にしがみついた．
補足 sauter sur une occasion「チャンスに飛びつく」のように比喩的な意味でも用いる．

831　se blesser à＋体の部位　～にけがをする

▶ Elle s'est blessée à la main.　彼女は手にけがをした．
補足 この構文で再帰代名詞 se は直接目的語なので，過去分詞は主語の性・数に一致することに注意．前置詞 à を用いずに，〈se blesser＋体の部位〉「自分の～を傷つける」という意味では，上記の例文を Elle s'est blessé la main. という同じ意味の文に書き換えることができる．ただしこの場合は，再帰代名詞 se は間接目的語なので過去分詞の一致はしない．また，代名動詞を使うと自分の不注意などで「（自分が原因で）けがをする」という意味になる．自分が原因でない場合には，blesser「傷を負わせる」の受動態を使う（例：Elle a été blessée dans un accident de voiture.「彼女は自動車事故でけがをし

た」).

832 se mettre à+inf. [à qch]　～しはじめる，～に取りかかる

▶ Il s'est mis à rire.　彼は笑い出した．
▶ Elle s'est enfin mise au travail.　彼女はようやく仕事に取りかかった．

補足 commencer à+inf.「～しはじめる」は，通常，話者が予期して事態が始まる場合に用い (cf. 329)，そうでないときは，広く se mettre à+inf. が使われる傾向にある．

833 se mettre à table　食卓につく

▶ Mettez-vous à table, s'il vous plaît!
どうぞテーブルについてください．

補足 se mettre は「(ある場所・状態に) 身を置く，なる」という意味で，à table「食卓に，テーブルに」はこの場合無冠詞で用いられる．ほかに，se mettre「座る」(＝s'asseoir) の意味合いで，se mettre dans [sur] un fauteuil「ひじ掛け椅子に座る」，se mettre sur une chaise「椅子に座る」，se mettre au lit「ベッドに入る」などがある．

834 se mettre en colère　腹を立てる，怒りだす

▶ Il se met facilement en colère.　彼はすぐ腹を立てる．
Il est soupe au lait.「(ミルク入りのスープ→吹きこぼれやすい→) 彼は怒りっぽい」もほぼ同義．

補足 se mettre は devenir とほぼ同義で「(ある状態に) なる」という意味 (例：se mettre nu(e)「裸になる」). mettre qn en colère なら「人を怒らせる」の意味 (cf. 1644). être en colère は「怒っている」状態を指す (例：Il était très en colère.「彼はひどく怒っていた」).

835 se moquer de qn/qch

❶ ～を馬鹿にする，からかう
▶ Tu te moques de moi?　君は，私のことを馬鹿にしてるの．
❷ ～を意に介さない
▶ Elle s'est moquée du danger.　彼女は危険をものともしなかった．

補足 moquer は代名動詞で de とともに用いられる．de qn が来る場合には，その人を「馬鹿にする，からかう」という意味になり，de qch なら，その物を「無視する，意に介さない」という意味になる．この熟語は日常会話の場面でよく用いられる (例：Des convenances? Je m'en moque!「礼儀作法だって? そんなもん知るか」).

836* se perdre dans qch

❶ 道に迷う
▶ On s'est perdu dans la forêt. 森で道に迷った.
「道に迷う」は ne pas savoir où on est（例：Je ne sais pas où nous sommes. 「自分たちがどこにいるのかわからない」）あるいは être perdu(e) とも表現できる.

❷ 姿を消す，見えなくなる
▶ Sa silhouette s'est perdue dans la nuit.
彼[彼女]のシルエットが夜の闇に消えた.

❸ 〜に没頭する
▶ Elle se perdait dans ses rêveries. 彼女は夢想にふけっていた.

❹ 自分を見失う，手間どる
▶ Je me suis perdu(e) dans les détails.
私は細部に入りこんで抜けられなかった.

[補足] ❹のからみで，s'y perdre「(混乱して)何が何だかわからない」という熟語もある（例：Je m'y perds.「こんがらがってきた」）.

837* se présenter

❶ 自己紹介する
▶ Bonjour, je suis venu(e) me présenter.
こんにちは．自己紹介[ご挨拶]しに来ました．
▶ Permettez-moi de me présenter. 自己紹介させていただきます．

❷ 志願する，立候補する
▶ Elle s'est présentée trois fois à cet examen et elle a échoué.
彼女は3度その試験を受けたが，失敗した．
se présenter aux élections なら「選挙に立候補する」の意味になる．

❸ 顔を出す，出頭する
▶ Vous êtes prié(e) de vous présenter à la réception.
受付までおいでください．
se présenter au commissariat なら「警察に出頭する」という意味．

❹ 起こる，生じる
▶ Il s'est présenté un obstacle. ある障害が起こった．
例文は非人称構文．Un obstacle s'est présenté. とも表現できる．

[補足] présenter A à B の形で「AをBに紹介する」という表現もある（例：Il a présenté sa fiancée à sa famille.「彼はフィアンセを自分の家族に紹介した」）.

838* se sentir bien 気分がいい

▶ Je me sens bien. いい気分だ．
▶ Je ne me sens pas bien. 気分が悪い．
se sentir mal「気分が悪い」とも書ける．

補足 〈se sentir+属詞〉で「自分を～だと感じる」という意味になり，日常的に気分を表すときに用いられる（例：Je me sens fatigué(e).「疲れている」）．

839 se servir (de) qch
（料理を）自分で取り分ける，（飲物を）自分でつぐ

▶ Il s'est servi de légumes.　彼は野菜を自分の皿に取った．
se servir de pain[viande]「自分で自由にパン[肉]をとって食べる」など，〈de＋無冠詞名詞〉の形をとる．

▶ Je me suis servi un verre d'eau.　私はコップに1杯水をついで飲んだ．
補足 「テーブルの上にある料理や飲物を自分で取って食べる」ということを意味する表現．servir qn で「人に食事を出す」，servir qch à qn「人に料理[飲物]を出す」という意味になる（例：Vous me servez du vin?「ワインをついでくれませんか」）．

840 se tromper de＋無冠詞名詞　～を間違える

▶ Il s'est trompé de route.　彼は道を間違えた．
faire fausse route とも言える．
補足 見出し語以外に se tromper d'adresse[de direction, de numéro, de jour]「住所[方向，番号，日]を間違える」などを記憶したい．tromper は他動詞で「だます」という意味（例：Tu me trompes.「（君は私を裏切っている→）君は浮気している」）．また，si je ne me trompe は「私の思い違いでなければ」という意味の表現で，sauf erreur de ma part とほぼ同義になる．

841 se trouver＋場所　～にいる，ある

▶ Le bureau de poste se trouve dans la rue de la Roquette.
郵便局はロケット通りにある．
補足 この例は être の言い換えと言える（なお，例文は一部を省き Le bureau de poste se trouve rue de la Roquette. としてもかまわない）．ほかの存在を表す動詞と比べると「偶然そうなっていた」という含意を持つのが特徴．また，se trouver は存在を表す非人称として用いられることもある．その場合，il y a と同義になる（例：Il se trouve toujours des gens pour tout critiquer.「なんでも批判する人はかならずいるものだ」cf. 1809, 2109, 2110）．

842 se trouver loin　遠い

▶ Ce n'est pas facile de se trouver loin de sa famille.
家族から離れて暮らすのは楽ではない．
補足 être loin と同義（ただし，être loin は「うわのそらである」という意味にもなる）．存在や位置を表す se trouver が用いられている熟語．

843* s'en aller　立ち去る，（物が）消え去る

▶ Allez-vous-en!　出て行け．
　Sortez de là! などと類義．tu で話す相手なら，Va-t'en!「あっちへ行け」と言う．
▶ Il faut que je m'en aille.　もうおいとましなければなりません．
　〈il faut que＋接続法〉「～しなければならない」（cf. 726）．
▶ La douleur s'en est allée.　苦痛は消え去った．
　補足 s'en aller en promenade[au supermarché]「散歩に[スーパーへ]でかける」といった使い方もよく耳にする．また，〈主語（1人称単数）+s'en aller（直説法現在）+inf.〉は aller+inf.「～しに行く，これから～する」（cf. 112）のくだけた言い回しになる（例：Je m'en vais dîner.「夕食を食べに行きます，夕食に出かけます」）．

844　serrer la main à qn　人と握手する

▶ J'ai serré la main à Laura.　私はローラと握手した．
　補足 donner une poignée de main à qn が類義．代名動詞を使った se serrer la main は「互いに握手を交わす」という意味（例：Nous nous sommes serré la main.「われわれは握手を交わした」）．なお，「人に握手を求める」は tendre la main à qn と言う．

845* servir　～に仕える，（料理・飲みものを）出す，給仕する

▶ Qu'est-ce que je vous sers comme apéritif?
　食前酒は何になさいますか．
　補足 食料品店などで客に応対するときの言い方に Bonjour madame, qu'est-ce que je vous sers?「マダム，何を差し上げましょうか」がある．

846　servir à qn/qch [à+inf.]　～に役立つ，～するのに使われる

▶ Ce livre me sert beaucoup.　この本は大いに私の役に立つ．
▶ A quoi sert cette machine?―Elle sert à photocopier.
　「この機械は何の役に立つのですか」「コピーに使います」
▶ Ça ne sert à rien.　それは何の役にも立たない．
　補足 servir「役に立つ」は目的語なしに使うこともある（例：Ce stylo-bille peut encore servir.「このボールペンはまだ使える」）．

847　s'habituer à qch [à+inf.]　～に慣れる，～する習慣がつく

▶ Il s'est habitué à la vie française.　彼はフランスの生活に慣れた．
▶ Je veux m'habituer à travailler le matin.
　私は午前中に勉強する習慣を身につけたい．
　補足 類義の表現に prendre l'habitude de+inf. がある（cf. 813）．habituer qn à qch [à+inf.] は「人を～に慣らす，習慣づける」という意味（例：Elle a habitué ses

enfants à se lever tôt.「彼女は自分の子どもたちに早起きの習慣をつけさせた」).

848 s'inquiéter de qn/qch　〜を気にする，心配する

▶ Rien de grave. Ne vous inquiétez pas.
大したことはありません．心配しないでください．
▶ Il s'inquiète toujours de sa santé.　彼はいつも健康を気にかけている．

補足 形容詞は inquiet(ète)「心配する」だが，女性形に注意したい．名詞は inquiétude「不安，心配」．見出し語のほかに，同じ「〜して心配になる」の意味で s'inquiéter de+inf. という形もある（例：Le père s'inquiète de ne pas voir rentrer sa fille.「父親は娘が戻ってこないので心配している」cf. 1219)．

849 s'intéresser à qn/qch　〜に関心がある，興味を持つ

▶ Je m'intéresse aux châteaux de la Loire.
私はロワール河の古城に関心がある．
▶ Ma fille s'intéresse à tout.　私の娘は何にでも興味を持つ．
▶ Il sait bien ce qui m'intéresse.
彼は私がどんなことに興味を持つかよく知っている．
Qu'est-ce qui m'intéresse?「何が私の関心を引くか」という疑問文からの展開．

補足 Ça t'intéresse?「興味ある？」や，Ça ne m'intéresse pas.「興味がない」あるいは Je ne m'intéresse pas à qn/qch「〜に興味がない」は頻度の高い言い回し．この動詞に関連する形容詞は intéressant(e)「興味深い」，名詞は intérêt になるが，名詞 intérêt には「関心」の意味のほかに，「利益」の意味もあるので注意したい．

850 s'occuper de qn/qch [de+inf.]

❶ (人の) 世話をする
▶ Occupe-toi de ta mère!　母親の面倒を見てあげなさい．
❷ (仕事などに) 取り組む
▶ Il s'occupe de politique.　彼は政治に携わっている．
❸ 〜を引き受ける
▶ Je m'occupe de vous trouver un travail.
あなたの仕事を見つけるのは私が引き受けます．

補足 s'occuper à+inf. は「〜して時を過ごす」(cf. 1818)．occuper は「(場所・地位を) 占める，(時間を) 費やす，(人を何かに) 従事させる」などの意味がある（例：Mes enfants occupent tout mon temps.「私は子どもの世話ばかりしている」)．

851 s'opposer à qn/qch　〜に反対する

▶ Cet enfant s'oppose sans cesse à ses parents.
その子は絶えず親に逆らっている．

▶ Elle s'oppose à notre mariage.　彼女は私たちの結婚に反対している.

[補足]〈s'opposer à ce que+接続法〉で「～することに反対する」という意味になる（例：Je m'oppose à ce que vous alliez en France.「あなたがフランスに行くのは反対です」）. 代名動詞 s'opposer には「(2つのものが互いに)対立している, 対照をなす」という意味もある（例：Nos opinions s'opposent.「私たちの意見は対立している」, Ces couleurs s'opposent「それらの色はコントラストをなしている」）.

852　suffire pour qch [pour+inf.]　～には十分である

▶ Une seule personne suffit pour ce travail.　この仕事は1人で十分だ.
▶ Deux heures suffisent pour y aller en voiture.
車でそこまで行くのに2時間あれば十分だ.

[補足]非人称構文で Il suffit de qch [de+inf.]「～だけで十分である」という言い方もある（例：Il suffit d'une fois.「1度だけでたくさんだ」, Il suffit d'avoir un peu de courage pour le faire.「それをするには少しの勇気さえあればいい」）. Ça suffit!「もうたくさんだ, いい加減にしてくれ」という表現は会話でよく用いられる (cf. 444).

853° tenir
～を(つかんで)持っている, ～を(ある状態に)保つ, ～の容量・収容力がある

▶ Elle tient toujours son chat sur ses genoux.
彼女はいつも飼い猫を膝にのせている.
▶ Tenez la porte ouverte, s'il vous plaît!
ドアを開けたまま押さえていてください.
laisser la porte ouverte「ドアを開けたままにしておく」と比べると, tenir la porte ouverte は「ドアが閉まらないように押さえておく」という積極的な動作.
▶ En France, les voitures doivent tenir leur droite.
フランスでは車は右側通行だ.
rouler à droite の意味.
▶ Deux cents personnes peuvent tenir dans l'amphithéâtre.
階段教室には200人入れます.
contenir, admettre も類義語.

854　tenir à+inf.　どうしても～したいと思う, ～したがる

▶ Je tiens à vous remercier.　ぜひお礼を申し上げたいのです.
▶ Elle tient absolument à visiter le musée d'Orsay.
彼女はどうしてもオルセー美術館に行くといって聞かなかった.

[補足]そうすることへの強い執着, つまりその行為への強い願望を表現する (cf. 1221).

855 tomber bien [mal]
都合がいい[悪い]時に来る，タイミングがいい[悪い]

▶ Tu tombes bien.　いい時に来たね．
▶ Ça tombe mal, je dois justement sortir.
あいにくですが，私はこれから外出しなければなりません．
[補足]「タイミングがいい」は tomber à propos [à point]，くだけた表現では tomber à pic とも言える．見出し語の tomber bien [mal] は「(服が)体にフィットする[しない]」という意味でも使われる（例：Cette robe d'hiver tombe bien.「この冬物のワンピースは体にぴったりだ」）．

856* tomber de qch　〜から落ちる

▶ Quelque chose est tombé de la fenêtre.　窓から何かが落ちた．
[補足] tomber は前置詞との組み合わせで広い語義を持つ．この熟語では，de 以下の語を入れ替えて多様な表現ができる（例：tomber de cheval「落馬する」，tomber du ciel「不意にあらわれる，（驚いて）仰天する」．直訳すると「空から降ってくる」だが，慣用表現でこのような意味になる）．

857 toucher à qch　〜に触る，〜に手をつける

▶ Mon enfant est insupportable, il touche à tout.
私の子どもは手に負えない，何にでも触るんだから．
▶ Il n'a pas touché à son déjeuner.　彼は昼食に手をつけなかった．
[補足] toucher à sa fin は「終わりに近づく」という意味の熟語（例：Le printemps touche à sa fin.「春が終わりに近づいている」）．他動詞の toucher には「（お金などを）受け取る，〜の心を打つ」という意味もある（例：J'ai touché mon salaire.「私は給料を受け取った」，Ce film me touche beaucoup.「この映画はとても感動する」．「感動する」はほかに émouvoir, aller droit au cœur という類義語がある）．

858 travailler dans qch　〜関係の仕事をしている

▶ Mon frère travaille dans les assurances.
私の兄[弟]は保険会社で働いています．
[補足] 働いている業界を表す．la publicité「広告関係」，l'édition「出版関係」，la confection「服飾関係」などを dans のうしろに続ければよい．〈travailler＋前置詞＋場所〉も参照のこと (cf. 366)．

859 venir chercher qn　人を迎えに来る

▶ Ma femme vient me chercher tous les soirs.　妻は毎晩私を迎えに来る．
▶ Tu viens nous chercher à la gare?

駅まで私たちを迎えに来てくれない?

補足 venir には「話し手のいるところへ来る」という前提があるので，例のように，迎えに来てもらう人に話し手が含まれる．話し手が含まれない場合は「人を迎えに行く」aller chercher qn が使われる (cf. 324)．なお，venir+inf. は目的「～しに来る」を表現する（例：Elle est venue me voir.「彼女は私に会いに来た」）．

860　voir que＋直説法　～がわかる，～に気づく

▶ J'ai bien vu qu'il avait raison.　彼が正しいことがよくわかった．
▶ Elle a vu que la situation était difficile.
彼女は状況が困難であることに気づいた．
補足 voir「見る」には見出し語のように「理解する，悟る」という意味もある．

861* voler A à B　B から A を盗む

▶ On m'a volé beaucoup d'argent.　誰かが私から多額のお金を盗んだ．
補足 B を主語にした場合は，se faire voler A で「(B が)A を盗まれる」の意味になる（再帰代名詞 se は間接目的語）（例：Elle s'est fait voler son sac dans le métro.「彼女は地下鉄でバッグを盗まれた」）．なお，同じつづりで「飛ぶ」という意味の動詞 voler もあるので注意．

862　vouloir bien+inf.　～することに同意する，すすんで～する

▶ Je vous prie de bien vouloir m'excuser.
どうぞお許しいただけますよう．
補足 例文は，手紙などにおける慣用表現的な用法で丁寧な依頼．多くの場合 bien を伴って使われる．なお，je veux bien+inf., mais... という表現もあり「～してもいいけど，でも～」の意味（例：Je veux bien te prêter mon cahier, mais tu me le rendras demain.「ノート，貸してあげてもいいけど，明日返してね」）．

863* vouloir dire qch　～を意味する

▶ Que veut dire ce mot chinois? —Il veut dire «grand».
「この中国語の単語はどういう意味ですか」"大きい"という意味です」
▶ Qu'est-ce que cela[ça] veut dire?
それは一体どういうことですか/それは何を意味しているのですか．
この例文は文脈では，話者の怒りを表す．たとえば，Elle refuse? Qu'est-ce que ça veut dire?「彼女がことわった？　いったいどういうつもりだ」といった具合．
補足 signifier と同義になる表現．なお，補足の説明を加えるとき挿入節としても用いられる用法もある（例：Tu connais cet homme, je veux dire, tu le connais personnellement?「あの男性を知っている？　聞きたいのは個人的に知りあいかってことなんだけど」）．

864 vouloir que ＋接続法　〜することを望む

- Je ne veux pas qu'elle vienne.　彼女には来てもらいたくない.
- Qu'est-ce que tu veux que je fasse?　私にどうしろって言うの.

補足 vouloir は vouloir qch で「〜が欲しい」, vouloir+inf. で「〜したい」(cf. 862) になるが, 従属節を要する際には接続法を用いる. 会話では〈Veux-tu[Voulez-vous] que＋接続法?〉の形でよく使われる (例：Veux-tu que je sois en colère?「私を怒らせたいの?」＝Tu veux me mettre en colère?).

16 形容詞

865 absent(e) de qch

❶（場所に）不在の, 欠席の, いない
- Aujourd'hui, il est absent de son bureau.
  今日, 彼は会社を休んでいる.
  反意語は être présent(e)「出席している」.
- Elle est absente de Paris pour quelques jours.
  彼女は数日パリを離れています.

❷（物が）欠けている, 存在しない
- L'humour est absent de ce roman.
  この小説にはユーモアが欠けている.

補足 本来は誤用とされるが, 日常の会話などでは見出し語の de の代わりに à, dans が頻繁に用いられる (例：Monsieur Sato était absent à la réunion des professeurs.「佐藤教授は教授会を欠席した」).

866 agréable à qch [à+inf.]
（感覚器官に）快い, 〜するのに快い, 〜しやすい

- Cette musique de film est très agréable à l'oreille.
  この映画音楽は耳にとても快い.
- J'aime Tokyo, c'est une ville agréable à habiter.
  東京が好きだ, 住み心地のいい都市だから.

補足 ほかに, agréable au toucher [à toucher]「手触りがいい」, agréable à voir「見て心地よい」など.

867 bon marché　（値段が）安い, 安く

- C'est bon marché!　（これ）安いな.
- Elle a acheté sa robe bon marché.　彼女はワンピースを安く買った.
  前置詞を添えて à bon marché とも言える.
- Est-ce que la vie est bon marché dans ton quartier?

君の住んでいる地域は物価が安いの．
補足 cher(ère)「(値段が) 高い」に対する直接の反意語がないので，「安い」と表現するには，見出し語や Ce n'est [C'est] pas cher!，とか C'est donné!「もらったみたいに安い」という言い方をする（実際，bon marché は形容詞として使いづらいと感じるフランス人が少なくないので pas cher の頻度が高い）．marché には「市場，取引」の意味があり bon marché「有利な取引」から「安い」の意味になった．なお，優等比較級は meilleur marché と言う．

868* capable de+inf. [de qch].

❶ ～する能力がある
▶ Elle est capable de nager très vite.
彼女はとても速く泳ぐことができる．

❷ ～するかもしれない，～するおそれがある，～しかねない
▶ Paul est bien capable de s'être perdu.
ポールのことだから道に迷ったのかもしれない．
▶ Il est capable d'avoir oublié l'heure du rendez-vous.
彼は待ち合わせの時間を忘れたのかもしれない．
▶ C'est un homme capable de brutalité.
あれは暴力をふるいかねない男だ．

補足 類義の表現に à même de+inf.「～できる」や susceptible de+inf.「～する可能性がある，～しうる」などがある．反意の「～する能力がない，～できない」は incapable de qch [de+inf.] となる．capable de tout は「なんでもできる，何をしでかすかわからない」（cf. 1843）．

869* différent(e) de qn/qch ～とは違った

▶ Son opinion est différente de la nôtre.
彼[彼女]の意見は私たちとは違う．
nôtre は所有代名詞で，例文の la nôtre は notre opinion の意味．
▶ Il est très différent de son père.　彼は父親とかなり違う．

補足 形容詞 différent(e) は，名詞のうしろに置かれたり，属詞のときは「違った，異なった」の意味に，名詞の前に置かれれば「さまざまな，いろいろな」の意味になる（例： caractères différents「異なった性格」，différentes raisons「さまざまな理由」）．

870 digne de qn/qch [de+inf.]
～に[～するに]値する，ふさわしい

▶ C'est une information digne d'intérêt.
それは関心を持つに値する情報だ．
▶ Cette attitude est bien digne d'elle.
こういう態度はいかにも彼女らしい．

▶ Je trouve ce livre digne d'être lu.　この本は読むに値すると思う.
補足 mériter qn/qch [de+inf.] は類似表現 (例:Il mérite le respect.「彼は尊敬に値する」, Ce musée mérite le détour.「この美術館は立ち寄る価値がある」).

871* fait(e) à la main　手作りの, 手製の

▶ C'est un sac fait à la main.　それは手作りのバッグだ.
補足 この à la main は「手で, 手作りの」の意味. un sac fait main「手製のバッグ」とも言う. travail fait à la main は「手仕事」のように「機械 (à la machine)」ではなく, ハンドメイドであることを伝える表現. ただし, 食べ物について「手作りだ」と表現するときは fait à la maison (あるいは fait maison) を用いるケースが多い (例:C'est un gâteau fait (à la) maison.「これは手作りのケーキです」. だたし, maison を「自家製の」という不変化の形容詞に用いて, des tartes maison「自家製のタルト」という言い回しも使う). また, à main は「手に持つ, 手動の」の意味になる (例:sac à main「ハンドバッグ」).

872* inutile à qn/qch　〜の役に立たない

▶ Ce dictionnaire m'est inutile.　この辞書は私の役に立たない.
▶ C'est un homme inutile à la société.　彼は社会にとって無用の人間だ.
補足 反意語は utile. 非人称構文〈il est inutile de+inf.［que+接続法］〉は「〜しても無駄だ, 〜するには及ばない」という意味になる (cf. 1116).

873* large/étroit(e)　幅の広い/狭い

▶ Il a les épaules larges.　彼は肩幅が広い.
Il est large d'épaules. としても同じ意味.
▶ Il a les idées étroites.　彼の考えは視野が狭い.
補足 large は名詞の前に置かれることもあるし (例:une large avenue「広い通り」),「(人が) 気前のよい, (心が) 広い」などの意味でも使われる. 反意語は étroit(e)「幅の狭い, (考えなどが) 偏狭な」で, une rue étroite「道幅の狭い通り」, Ce pantalon est trop étroit.「このズボンは窮屈だ」といった具合に用いられる.

874 mal élevé(e)　行儀の悪い, しつけが悪い

▶ C'est une fille mal élevée! Elle ne dit rien quand on lui donne quelque chose.
育ちのよくない子ね. 何かあげても何も言いやしない.
manquer de tenue「行儀が悪い」という言い方もある.
補足 C'est [Il est] mal élevé de+inf. で「〜するのは行儀が悪い」という表現になる. 反意語は bien élevé(e)「しつけが良い」.

875* plein(e) de＋無冠詞名詞　～に満ちた，～にあふれた

▶ Les yeux de ma mère sont pleins de larmes.
母の目は涙であふれている．
▶ Elle est pleine de santé.　彼女は健康で満ちあふれている．

補足　見出し語の plein(e) は形容詞なので，修飾する名詞に合わせて性数変化をする．plein が副詞のとき〈plein de＋無冠詞名詞〉は〈beaucoup de＋無冠詞名詞〉とほぼ同義（例：Il y a plein de monde dans la rue.「通りは大変な人出だ」cf. 172）．

876* présent(e) à qch　～に出席する，～に居合わせる

▶ Il était présent à la réunion.　彼は会議に出席していた．
▶ Cette étudiante n'est jamais présente au cours.
その女子学生はまったく授業に出てこない．

補足　反対の意味の表現は absent(e) de qch「～にいない，欠席している」．absent(e) à qch や dans qch は不可とされるが実際には使われる．

877 satisfait(e) de qn/qch　～に満足している

▶ Il est très satisfait du résultat.　彼は結果にとても満足している．
▶ Tu es satisfait(e) de ta nouvelle voiture?　新しい車は気に入ってる？

補足　content(e) とほぼ同義語ではあるが，satisfait(e) の方がやや改まった表現．être satisfait(e) de soi(-même) なら「自己満足する，うぬぼれる」という意味になる．

17 比較級・最上級 (問題 5 対応)

878* autant de＋無冠詞名詞＋que ...　～と同じだけの～

▶ Elle a autant de patience que son petit frère.
彼女は弟と同じぐらい辛抱強い．
▶ Fred a autant de mangas que Nicolas.
フレッドはニコラと同じだけマンガを持っている．

補足　「同じだけの～」を意味する〈autant de＋無冠詞名詞〉の表現に比較対象を表す que 以下を添えたもの．同等比較の表現で，名詞の分量を同じだとする言い回し．なお，〈de＋無冠詞名詞〉の部分が省かれた，次のような表現も仏検 3 級で出題される（例：Je mange autant que mon père.「私は父と同じだけ食べる」）．

879* plus ... qu'avant　以前より～だ

▶ Depuis qu'il fait frais, je dors plus qu'avant.
涼しくなってから，私は以前よりもよく寝る．

補足　優等比較の plus...que を発展させた表現（cf. 149）．現在の状況を過去のそれと比べて

いるため，que に「以前に」を表す副詞 avant が組み合わされている．

880* plus de ... heures　～時間以上

▶ Je l'ai attendu(e) plus de trois heures.
私は彼[彼女]を 3 時間以上も待った．

補足〈plus de＋数値〉で「～以上」を表すが，それを「時間」の表現に生かしたもの．同じ要領で，plus de...ans となると「～歳以上」の意味になる（例：un jouet pour les enfants de plus de trois ans「3 歳以上の子どもを対象とした玩具」）．plus d'une fois は「1 度ならず，何度も」を意味する（例：Elle est venue chez moi plus d'une fois.「彼女は私の家に何度も来た」）．

881** le plus vite possible　できるだけ速く

▶ Pour arriver à Nice avant midi, il a roulé en moto le plus vite possible.
昼までにニースへ到着するために，彼はオートバイでできる限り速く走った．

補足 副詞 vite「速く」の最上級 le plus vite に，「可能な限りの，できるだけの」を表す形容詞 possible が加わっている．ここで，副詞の最上級に用いる定冠詞が常に le であることも確認したい．なお，vite はスピードが「速い」という意味であるから，「（時間的に）できるだけ早く」を意味する le plus tôt possible とは区別すること．

18 名詞

882 boîte aux [à] lettres
（自宅のでも街のものでも）ポスト，郵便受け，（パソコン通信の）メールボックス

▶ Zut! J'ai oublié de mettre la lettre à la boîte aux[à] lettres.
しまった．ポストに手紙を投函するのを忘れた．

補足 簡単に la boîte だけでも通じる（ちなみに「ポストに投函する」なら mettre une lettre à la boîte と表現する方が簡便）．なお，「用途・目的」のニュアンスを持つ前置詞 à をしたがえる，見出し語以外の「箱」も記憶したい（例：boîte à bijoux「宝石箱」，boîte à musique「オルゴール」，boîte à malice「びっくり箱」など）．

883 boîte de conserve　缶詰

▶ Comment est-ce que je peux ouvrir cette boîte de conserve?
この缶詰はどうやって開けるのですか．

補足「（食料品としての）缶詰，びん詰」は女性名詞 conserve だが，「（容器としての）缶詰」は boîte de conserve（あるいは boîte）を用いる．なお「イワシの缶詰」は boîte de sardines，「缶ビール」は boîte de bière, bière en boîte あるいは女性名詞 cannette de bière ないしは単に cannette と言う．

884 défense de＋inf.　〜することの禁止

▶ «Défense de fumer»　禁煙
▶ «Danger, défense d'entrer»　危険につき立ち入り禁止

補足 例文は掲示で使われる表現．interdiction de＋inf. と同義．「〜することは禁止されている」は Il est défendu [interdit] de＋inf. の形を，「〜に〜を[〜することを]禁止する」は défendre [interdire] à qn qch [de＋inf.] の形をとる（cf. 1143, 795）．

885 différence entre A et B　AとBの違い[相違]，AとBの差

▶ Quelle est la différence entre le blé et l'orge?
小麦と大麦の違いは何ですか．
▶ La différence entre 10 et 7 est 3.　10と7の差は3である．

補足 différence は「違い，相違」あるいは「差」を表す語（例：différence d'âge「年齢差」）．反意語は ressemblance「類似」．その相違・差の対象となる事物が entre A et B で表される（cf. 76）．なお，「AとBを区別する」は faire la différence entre A et B, distinguer A de B（cf. 1707），différencier A de B などを用いる．

886* étudiant(e) en＋序数＋année　〜年生の学生

▶ Patricia est étudiante en deuxième année de droit.
パトリシアは法学部の2年生だ．

補足 学年を表す言い回し．前置詞 en は状態や性質を表す．専攻は〈de＋学科名（無冠詞名詞）〉で説明する．学年を指す数字は序数を用いるため，année は常に単数を用いる点に注意．「大学生」étudiant(e) を「小学生」écolier(ère)，「中学生」collégien(ne)，「高校生」lycéen(ne) に変えることもできる．

887* fin　終わり，結末

▶ Le film était drôle, j'ai ri du début à la fin.
映画はおかしくて，私は最初から最後まで笑っていた．
▶ Je vais finir ce travail fin juillet.　この仕事を7月末に終えます．
前置詞を用いずに副詞的に「〜月の終りに」の意味で使われる例．à la fin du mois de juillet も同義だが，例文の方が自然な言い回し．

補足 時期やある行為の「終わり」，継続する事態の「終わり」，また作品などの「結末」を指す．動詞 finir は「〜を終える，終わる」（cf. 338）．反意語は début「初め」，commencement「始まり」など．

888* le monde entier　全世界

▶ Cet acteur est connu dans le monde entier.
この俳優は世界中で知られている．

[補足] monde は男性名詞で「世界」，entier は形容詞で「全部の，全体の」．tout le monde「みんな，すべての人」と混同しないように注意したい (cf. 433)．

889* le temps de＋inf.　～する時間，～する時間的な余裕

▶ C'est le temps de décider.　決心する時だ．
l'heure de＋inf. とも置き換えられる．
▶ Prenez le temps de réfléchir!　じっくり考えればいい．
▶ Je n'aurai pas le temps de passer chez vous.
あなたの家に寄っている暇はなさそうだ．
avoir le temps de＋inf.（cf. 659）．

[補足] 非人称構文の il est temps de＋inf. なら「(そろそろ)～しなければならない時だ」の意味になる．

890 les＋姓　～家の人々（一族・兄弟・夫婦などを示す）

▶ les Dupont　デュポン一家／デュポン兄弟／デュポン夫婦

[補足] les Goncourt「ゴンクール兄弟」はフランスの権威ある文学賞「ゴンクール賞」の由来となった兄弟．姓は英語と違って複数にしない．ただし，王家であれば姓を複数形にする（例：les Bourbons「ブルボン王家（の人々）」）．

891* les vacances d'hiver　冬休み

▶ Madeleine et Philippe vont dans les Alpes pendant les vacances d'hiver.
冬休みの間，マドレーヌとフィリップはアルプス山脈へ行く．

[補足] vacances は長期の「休暇」を意味し複数形で用いられる．見出し語のほかに les vacances de Noël「クリスマス休暇」，les vacances de Pâques「復活祭の休暇」などという．冬山などで過ごす休暇は vacances de neige「雪のヴァカンス」と呼ばれる．なお，夏に日本人よりもはるかに大型の休暇を満喫するフランス人の「夏休み」は les grandes vacances と呼ばれ，休暇が始まる頃になると，互いに Bonnes vacances!「よいヴァカンスを」と声をかけあう．

892* machine à laver　洗濯機

▶ Cette machine à laver n'est pas en panne?
この洗濯機故障してません？
「洗濯機」は un lave-linge とも言う．

補足 à+inf. で用途を示し，machine と重ねて「〜する機械」を表現する定番の言い方．別例として，machine à coudre「ミシン」，machine à faire la vaisselle「皿洗い機」（=un lave-vaisselle），machine à calculer「計算機」などがあげられる．

893　moyen de＋無冠詞名詞　〜の手段

▶ Il n'y a pas de moyens de transport pour y aller.
そこに行くための交通手段がない．

moyens de transport は「交通手段［機関］」あるいは「輸送手段」のこと．

補足 moyen「方法，手段」は，複数形で「能力，財力」も意味する（例：avoir les moyens「裕福である」）．見出し語の別例として，moyen de communication「通信手段，メディア」，moyen de production「生産手段」，moyen d'existence「生計の手段，収入の道」，moyen de paiement「支払い方法」などを記憶したい．また moyen de＋inf. は「〜する手段」の意味（cf. 1862）．

894* plat du jour　本日のお勧め料理（日替わりの特別料理）

▶ Quel est le plat du jour?　（レストランで）今日のお勧めは何ですか．

補足 plat は「料理を盛る大皿」あるいは「皿に盛られた料理」のことで，レストランではメインの肉や魚を指すことが多い．「本日の魚料理」は le poisson du jour，「シェフのお勧め」なら la spécialité du chef などと言う．

895** un(e) des＋複数名詞　〜のひとつ

▶ J'ai vu un(e) de mes ami(e)s hier.　昨日，友だち（の 1 人）と会った．
なお，上記の例文を Hier, j'ai vu un(e) ami(e). と表現することはできるが，(×) Hier, j'ai vu mon ami(e). とは言わない．

▶ Hakodate est une des plus belles villes du monde.
函館は世界で最も美しい町のひとつだ．
この熟語は最上級とともに用いられることも多い．別例，C'est l'un des plus beaux châteaux de cette région.「あれはこの地方で 1 番美しい城のひとつだ」．

896* une centaine de qch　およそ 100 の〜

▶ Il y a une centaine de personnes dans cette salle.
この部屋には 100 人ほどの人がいる．

補足 centaine は「約 100」という大まかな数（概数）を表す．plusieurs[quelques] centaines de qch なら「数 100 の〜」の意味になる．なお，見出し語は，主語になった場合に単数動詞をとることもある．ほかに，une dizaine de qch「およそ 10 の〜」，une douzaine de qch「およそ 12 の〜，10 いくつかの〜」などがある．

897* une partie de qch　～の一部分

▶ Tu n'as lu qu'une partie de ce roman policier?
君はあの推理小説の一部分しか読んでなかったの?
補足 une grande[bonne, majeure] partie になると「～の大部分」という意味（cf. 1250）．関連する熟語としてほかに en partie「部分的に，一部分」などがある．

898* une tasse de qch　1杯の～

▶ Chaque matin, je prends une tasse de café.
私は毎朝1杯のコーヒーを飲む．
補足 une tasse で「カップ1杯分」の意味になる．ほかに容量を表す表現には，un paquet de qch「1箱の～」，un verre de qch「(グラス) 1杯の～」，un morceau de qch「1切れの～」などがある．なお，カップの用途を言い表すときは〈à＋無冠詞名詞（単数）〉を添える（例：tasse à café[thé]「コーヒー[ティー]カップ」）．

19 不定代名詞 （問題3対応）

899* rien à+inf.　～すべきことは何もない

▶ Je n'ai rien à vous dire.　あなたに言うべきことは何もありません．
▶ Il n'y a rien à faire.　どうすることもできない．
補足 この à は「必要」や「目的」を表す前置詞（例：maison à vendre「売り家」）．

900* n'avoir rien à+inf.　～すべきことは何もない

▶ Elle n'a rien à faire aujourd'hui.　彼女は今日は何もすることがない．
▶ J'ai faim. Tu n'as rien à manger?
お腹がすいたよ．食べるものは何もないの．
▶ Vous n'avez rien à déclarer?—Non, rien.
「申告するものは何もありませんか」「ええ，ありません」
税関で使われる慣用表現．簡便に Rien à déclarer? と聞かれることもある．また，「申告するものがありますか」なら Vous avez quelque chose à déclarer? となる．
補足 ne...rien「何も～ない」という否定を，avoir qch à+inf.「～すべき～がある」の構文に重ねたもの．ただし，類型の n'avoir pas à+inf. は「～する必要はない，～するには及ばない」という意味になるので注意（cf. 1086）．

901 de＋形容詞・過去分詞　＊文法的機能を表し特定の訳語はない．

▶ Il y a quelque chose d'intéressant dans le journal?
新聞になにか面白いことが載っていますか．
〈不定代名詞＋de＋形容詞（男性単数）〉の形で使われる．ほかに挨拶代わりに使われる

Quoi de neuf?「何か新しいことは（あった）」も記憶したい（cf. 474）．
▶ J'ai trois heures de libres.　自由時間が3時間ある．
数量表現のついた名詞のうしろで用いられる．形容詞や過去分詞が名詞と性数一致することに注意．
▶ Je n'en ai jamais vu de pareil(le).　私はこんなものを見たことがない．
代名詞 en のうしろで用いる．

902* quelque chose de＋形容詞（男性単数）　何か～なこと

▶ Y a-t-il quelque chose de nouveau?
何か目新しいことはありますか．

補足 quelque chose, quelqu'un, personne, rien などの不定代名詞に形容詞をつけるときは男性単数形にして de を介する（cf. 903, 1252）．

903* rien de＋形容詞（男性単数）　～なことは何もない

▶ Il n'y a rien d'intéressant.　面白いことは何もない．
▶ Rien de fâcheux n'est arrivé.　困ったことは何も起こらなかった．

補足 なお，〈de＋過去分詞〉も使われる（例：On ne trouve rien de changé.「何も変わったことは見つからない」cf. 902, 1252）．

904 personne de＋形容詞（男性単数）　誰も～な人はいない

▶ Je ne connais personne de plus gentil que ce garçon.
私はあの少年よりやさしい人を知らない．
▶ Elle n'aime personne d'autre que lui.
彼女は彼以外の誰も愛していない．

補足 personne「誰も～ない」は不定代名詞．

20 中性代名詞 （問題3対応）

905 en avoir envie　それが欲しい，そうしたい

▶ Tu aimerais aller à ce concert?—Oui, j'en ai très envie!
「あのコンサートに行きたい？」「うん，すごく行きたい」

補足「～が欲しい，～したい」avoir envie de qch [de＋inf.] の de 以下の部分を中性代名詞 en に置き換えた表現（cf. 655）．

906 en avoir un＋形容詞　（それの）～ なものがある

▶ Ce pantalon est petit. Vous en avez un plus grand?
このズボンは小さいです．もっと大きいサイズはありますか．

un pantalon plus grand の下線部を中性代名詞 en で受けた例.

補足 たとえば，Tu as des enfants? – Oui, j'en ai deux. 「お子さんはいるの?」「うん，2人いる」など，中性代名詞 en は，数詞や数量のうしろに置かれた名詞に代わる語で，具体的な数字が文末に残される．見出し語はその文法規則に則り，さらに説明的な形容詞を伴ったケースと考えればわかりやすい．

907* Je n'en ai pas.　（それを）持っていない．

▶ Vous avez des frères? — Non, je n'en ai pas.
「ご兄弟はいますか」「いいえ，いません」

補足 en は中性代名詞で，〈不定冠詞・部分冠詞＋名詞〉あるいは〈数詞＋名詞〉に代わる．例文では，質問内の des frères が返答の中で en になっている．肯定文で返事をする場合に，兄弟の数を明確に表現したいときには，Oui, j'en ai trois. 「はい，3人います」のように，数詞を最後に置く．

908　en parler　それについて話す

▶ Nous n'achèterons pas ce jouet. N'en parlons plus !
そのおもちゃは買わないわよ．その話はもう聞きませんからね．

補足 parler de qch 「〜について話す」を発展させた表現 (cf. 132)．文法的には，〈de＋話題〉の部分が中性代名詞 en になっている形（例文は en が「おもちゃを買ってくれということ」を指す）．

21 否定の表現 （問題5対応）

909* ne ... même pas　〜さえできない

▶ Je ne me rappelle même pas sa figure.
私は彼[彼女]の顔すら思い出せない．

補足 même は「〜さえ」．ne ... même plus とすると，「もはや〜すらしない」の意味になる（例：Yvonne ne me parle même plus. 「イヴォンヌはもはや私に話しかけてさえくれない」）．

910* ne ... presque pas　ほとんど〜ない

▶ Elle ne dort presque pas.　彼女はほとんど寝ていない．

補足 presque は副詞で「ほとんど」．〈ne... presque pas de＋名詞〉の形もある（例：Il n'y a presque pas d'argent. 「金がほとんどない」）．また以下のように，返答としても使われる（例：Tu as trouvé des fautes? — Non, presque pas. 「間違いはあった?」「いいえ，ほとんど見つからない」）．

911* pas tout à fait　まったく～というわけではない

▶ Tu as fini tes devoirs? —Pas tout à fait.
「宿題は終わったの」「完全には終わってはいないよ」

補足 tout à fait は「まったく，完全に」の意味（cf. 940）．その表現の文頭に否定の副詞 pas を置くと，「完全に～しているわけではない」と部分否定になる．

912* pas vraiment　それほど～ではない

▶ Le résultat t'a déçu(e), non? —Oh, non, pas vraiment.
「結果に君はがっかりしたんじゃない」「いや，それほどでもないよ」

補足 vraiment は副詞で「本当に，全く」の意味．Vraiment? は「本当？」と驚きを表す表現だが（例：René est tombé malade en Afrique. —Vraiment?「ルネはアフリカで病気になっちゃったんだ」「本当なの？」），その前に否定の副詞 pas をつけると，「いえ，それほどではありません」という意味になる．pas の位置を変えて，vraiment pas なら「本当に［まったく］～ない」（＝pas du tout）という全部否定になる点に注意．

913　ne connaître qn que de nom　人の名前だけ知っている

▶ Je ne la connais que de nom.　私は彼女の名前を知っているだけです．

補足 connaître qn de nom（cf. 762）「人の名前を知っている」に限定の ne...que「しか～ない」を合わせた表現．なお，ne connaître qn que de vue なら「人の顔だけ知っている」となる．

22 仮定法 （問題2対応）

914** Si＋主語＋動詞（直説法半過去），主語＋動詞（条件法現在）．
もし～なら～なのに．

▶ S'il faisait beau aujourd'hui, nous sortirions.
もし天気が良ければ，外出するのだが．
▶ Si j'étais riche, je ferais le tour du monde.
もし私が金持ちなら，世界一周をするだろう．

補足 現在の事実に反する非現実な仮定を表現する構文で，主節の動詞は条件法現在が用いられる．現在の事実に反していない仮定なら，si の後は現在形で主節も直説法でよい（例：S'il fait beau cet après-midi, on va faire du vélo.「午後天気が良かったら，サイクリングに行こう」）．また，過去の事実に反する仮定の場合は，〈si＋主語＋動詞（直説法大過去）〉となり，主節は条件法過去になる（例：Si c'avait été moi, je n'aurais pas acheté cette maison.「私だったら，あの家は買わなかっただろう」）．

915 Si on＋動詞（直説法半過去）? [!]　～しませんか，～であればなあ．

- ▶ Si on allait au cinéma ce soir?　今夜，映画に行きませんか．
- ▶ Si on savait conduire!　車の運転ができたらなあ．

補足 勧誘の表現（文尾は?），あるいは願望・いらだちの表現として（文尾は!），見出し語は頻度が高い．〈Si on＋直説法半過去，S＋条件法〉の従属節（下線部）が独立した形．なお，この独立節の表現は主語が on とは限らない（例：Si quelqu'un savait conduire!「誰か運転ができたらなあ」，Si vous vous taisiez!「黙ったらどうなんだ」）．

23 その他

916 A（数詞） fois sur B（数詞）　B 回のうち A 回

- ▶ Mon téléphone portable n'a cessé de sonner. Une fois sur deux, c'était André.
  私の携帯電話はひっきりなしに鳴った．2 回に 1 回はアンドレだった．

補足 頻度を示す表現．fois「～回」は英語の time に相当する女性名詞．sur は「～のうちで，～に対して」と比率を表す．

917 (tout) au long de qch／(tout) le long de qch
（空間的）～ に沿って（ずっと），（時間的）～ の間中

- ▶ Nous nous sommes promené(e)s le long du chemin.
  私たちは道沿いにずっと散歩をした．
- ▶ Ils ont pleuré tout au long du film.
  彼らはその映画の間中ずっと泣きっぱなしだった．

補足 見出し語はどちらも同じ意味だが，(tout) au long de qch の方が頻度は劣る．

918 数量表現＋de large［long, haut］　横・幅［縦・長さ・高さ］が～の

- ▶ Cette chambre fait 3 mètres de large, 4 mètres de long et au moins 2, 50 mètres de haut.
  この部屋は横 3 メートル，縦 4 メートル，少なくとも高さ 2．50 メートルある．

補足 large，long，haut は男性名詞．ちなみに〈large［long(ue)，haut(e)] de＋数量表現〉という言い方も使われ，たとえば une rue large de cinq mètres は「幅 5 メートルの道路」の意味（cf. 929）．ただしその際の large は形容詞になる．

919 bien que＋接続法　～であるのに，～にもかかわらず

- ▶ Nous ne pouvons pas compter sur elle, bien qu'elle l'ait promis.
  彼女がそれを約束したからといって，私たちは彼女をあてにはできない．

▶ Bien que malade, mon grand-père travaille encore.
病気なのに，祖父はいまだに働いている．
動詞 être が使われ，主語が主節と同じなら省略可能．省略せずに書けば，Bien qu'il soit malade, ... となる．
補足 〈quoique＋接続法〉，〈même si＋直説法〉などを類義としてあげられる．

920 ce que ...

❶ ～であること，もの
▶ Ce qu'il dit est incroyable.　彼の言うことは信じられない．
❷ 何（を）
▶ Tu sais ce que c'est?　これ何だか知ってる？
補足 ①は英語の関係代名詞 what と同様の働きをする．フランス語では，先行詞 ce と関係代名詞 que を組み合わせた ce que に主語＋動詞を続ける．②は間接疑問節で que, qu'est-ce que の代わりをする．例は"Tu sais?「君は知っているか」＋Qu'est-ce que c'est?「(直接疑問文) これは何ですか」"を間接疑問にした展開．なお，見出し語は感嘆文でも使われる（例：Ce qu'il parle bien!「なんて彼は話がうまいんだ」）．

921 c'est ainsi que＋直説法

❶ そのように[そんなやり方で]～する
▶ Ce n'est pas ainsi qu'il faut parler.
そんな口のきき方をするもではない．
❷ そういうわけで～だ
▶ C'est ainsi qu'il a abandonné sa carrière de pianiste.
そういうわけで，彼はピアニストの道を捨てた．
補足 ②は原因・理由を導く表現，〈c'est pour ça que＋直説法〉という類義の表現もある．

922 c'est pourquoi＋直説法　だから～，それゆえ～

▶ Tu es encore en retard: c'est pourquoi il est fâché.
君がまた遅刻するから，だから彼は怒っている．
▶ J'étais très occupé(e), c'est pourquoi je ne vous ai pas téléphoné ce matin.
すごく忙しかったせいで，私は今朝あなたに電話しなかったのだ．
補足 前文（文脈）を受けて「それが理由で～，そのために～」という表現．〈Voilà que＋直説法〉でもほぼ同義になる．

923 chaque fois que＋直説法　～するたびに

▶ Elles se disputent chaque fois qu'elles se voient.
彼女たちは会うたびに言いあらそう．

▶ Chaque fois qu'il venait me voir, il ne manquait pas de m'apporter des cadeaux.
彼は私に会いにくるたびに欠かさずプレゼントを持ってきてくれた.
補足 〈toutes les fois que＋直説法〉という言い方もする.

924 comme ça　こんな風に，このように

▶ Ne te balance pas comme ça!　そんな風に体を揺すらないで.
▶ Ça va comme ça?　こんな感じでいいですか.
▶ Vous n'y pouvez rien, c'est comme ça.
仕方がないですよ，そんなものですよ.
〈主語＋n'y pouvoir rien〉で「どうにもできない」の意味. 事がスムーズに運ばないことを嘆く相手への励ましの言葉として.
補足 身振りやジェスチャーなど具体例を相手に示しながら，動作をうながしたり，注意をしたり，後押ししたり，励ましたりする表現. 丁寧な言い方は comme cela という.

925* comme d'habitude　いつもどおり，いつものように

▶ Il a pris le métro de six heures comme d'habitude.
彼はいつもどおり6時の地下鉄に乗った.
▶ Comme d'habitude, elle est en retard!　いつもどおり，彼女は遅刻だ.
D'habitude, elle est en retard. とすると「普段は（いつも），彼女は時間に遅れる」の意味になる.
補足 comme à l'ordinaire, comme toujours も同義. 見出し語は comme d'hab と略して用いられることも多い.

926 et puis　そのうえ

▶ Je suis fatigué(e), et puis j'ai de la fièvre.
私は疲れている，そのうえ熱もある.
補足 副詞である puis は「それから，次に」の意味（例：Il se lève, puis il prend son petit déjeuner.「彼は起きて，それから朝食をとる」）. しかし，et puis になると，「おまけに，そのうえ」の意味になり，理由や状況説明をつけ加える文がうしろに続く.

927 grâce à qn/qch　～のおかげで

▶ Grâce à lui, j'ai passé un très bon moment à Paris.
彼のおかげで，私はパリでとても良いひとときを過ごした.
▶ Nous avons ouvert cette porte grâce à cet outil.
この道具のおかげで，私たちはそのドアを開けられた.
補足 grâce は女性名詞で「恩恵，厚意」. 好都合な原因や感謝を表す. 反対に悪い（マイナスの）出来事の原因を「～のせいで」と説明するときには，à cause de qn/qch を用いる

（cf. 222）.

928 **jour et nuit** 昼も夜も，日夜，絶え間なく

▶ Ils ont travaillé jour et nuit pendant cinq jours.
彼らは 5 日間，昼も夜もなく働いた．

[補足] jour は男性名詞で「昼，1 日」，nuit は女性名詞で「夜」．それぞれに定冠詞がついた le jour et la nuit も同義．また，順序を逆にした nuit et jour も同様の意味だが，nuit et の箇所をリエゾンするので発音に注意．例をあげれば，Nuit et jour, à tout venant/Je chantais, ne vous déplaise!「夜となく昼となく誰にでも/歌を歌っておりました．どうぞあしからず」(ラ・フォンテーヌの寓話「蝉と蟻」より).

929 **large [long(ue), haut(e)] de＋数量表現**
～の幅［長さ，高さ］がある

▶ Cette rue est large de huit mètres et longue de cent mètres.
この道は幅が 8 メートル，長さが 100 メートルである．

▶ Autour de la maison, il y a un mur haut de deux mètres.
家の周りには 2 メートルの高さの塀がある．

[補足] 名詞を使って〈avoir＋数量表現＋de large[long, haut]〉としてもいい (cf. 918).

930* **l'autre jour** 先日

▶ J'ai vu ce film l'autre jour. 先日，その映画を観たよ．

[補足] un autre jour は「(未来) いつか，別の日に」という意味になるので注意 (例：Voyons-nous un autre jour.「また別の日に会おう」).

931* **l'un(e) l'autre** 互いに，一方は～もう一方は～

▶ Ils s'aiment l'un l'autre. 彼らは互いに愛し合っている．

▶ Sophie et sa fille se sont regardées l'une l'autre sans rien dire.
ソフィーとその娘は何も言わず互いに見つめ合った．

上記の 2 つの例文だが，どちらも代名動詞の相互的用法とわかるので l'un(e) l'autre は省くことができるし，省かれることの方が多い．

▶ Nous nous aidons les un(e)s les autres.
われわれはお互いに助け合っている．

主語が 3 人（あるいは 3 つ）以上の場合は複数形の les un(e)s les autres になる．

[補足] 主に代名動詞の相互的用法を強調する場合に用いられる．なお，再帰代名詞が間接目的語の場合は動詞が要求する前置詞を l'un(e) と l'autre の間におく (例：s'écrire l'un(e) à l'autre「互いに手紙を書く」，se moquer l'un(e) de l'autre「互い馬鹿にしあう」)．なお，見出し語のかわりに mutuellement, réciproquement も使われる．

932 même si ...　たとえ～でも

▶ Même si je suis riche, je ne suis pas heureux(se).
たとえ裕福でも，私は幸福ではないのだ．

[補足]〈même si＋直説法現在〉の場合，現状について説明するときは，例文のように主節は直説法現在形となる．同じ〈même si＋直説法現在〉でも，未来への予測が含まれる場合，主節は単純未来形が選ばれる（例：Même si tu me demandes pardon, je ne te pardonnerai pas.「たとえ君が謝ろうとも，私は君を許さない」）．条件法を用いた場合は〈même si＋直説法半過去，主節（条件法現在）〉の構文になる（例：Même si je connaissais son secret, je ne vous le dirais pas.「たとえ彼［彼女］の秘密を知っていても，私はあなたにそれを言わないだろう」）．

933 mieux que rien　ないよりまし

▶ Ces légumes ne sont pas frais, mais c'est mieux que rien.
この野菜は新鮮ではないけど，なにもないよりはましだ．

[補足] bien の優等比較級 mieux を用いた熟語．似たタイプのものとして，mieux que jamais「今までになくよく」，mieux que personne「誰よりもよく」がある．

934 n'importe qui　誰でも（かまわず）

▶ N'importe qui pourrait le faire.　誰でもそれはできるだろう．
▶ Elle parle à n'importe qui de n'importe quoi.
彼女は誰にでも何でもかまわず話をする．
この例文は parler à A (qn) de B (qch)「B について A に話す」の A と B とに〈n'importe＋疑問詞〉を置いた形（cf. 1270, 1271, 1269, 1893, 1894）．

[補足] tout le monde あるいは une personne quelconque とも置き換えられる．

935 plus＋直説法, plus [moins, etc.]＋直説法
～すればするだけますます～

▶ Plus vous travaillez dur, plus vous pouvez gagner de l'argent.
一生懸命働けば働くほど，ますますお金が稼げる．
▶ Plus il fait chaud, moins on a envie de travailler.
暑くなればなるだけ，人は働きたくなくなる．
▶ Plus il y a d'argent, mieux ça vaut.　お金があればあるほどいい．

936 si possible　できれば

▶ Venez demain matin si possible!　できれば明朝来てください．
[補足] 省略を補えば，si c'est possible「それができるならば」となる．

937* si＋形容詞・副詞＋que ...　とても〜なので〜だ

▶ Sa voix est si faible qu'on ne peut rien entendre.
彼［彼女］の声があまりに小さくて，何も聞きとれない．
▶ Ma mère était si fatiguée qu'elle a dormi toute la journée.
母はとても疲れていたので1日中寝ていた．
▶ J'étais arrivé(e) si tôt que personne n'était encore là.
私はあまりに早く着きすぎて誰もまだ来ていなかった．
この例文は J'étais arrivé(e) si tôt qu'il n'y avait encore personne. としてもよい．

補足 tellement...que と類義．si のうしろにくる形容詞の程度があまりに大きいときの結果が que 以下の結果節で表される．

938　trop＋形容詞＋pour qn/qch［pour＋inf.］
〜にはあまりにも〜だ，あまりに〜なので〜だ

▶ Ce pantalon est trop petit pour moi.
このズボンは私には小さすぎる．
▶ Elsa est trop bonne pour ses enfants.　エルザは子どもに甘すぎる．
▶ Il est trop jeune pour faire ce travail.
彼はこの仕事をするには若すぎる／彼は若すぎてこの仕事はできない．

補足 〈assez＋形容詞＋pour〉「〜するのに十分な」と区別すること（例：Cette maison est assez grande pour une famille de trois. 「この家は3人家族には十分な広さだ」）．

939* tout à coup　突然

▶ Tout à coup, il a commencé à tonner.　突然，雷が鳴りだした．

補足 類義の表現に brusquement, soudain, tout d'un coup（cf. 941）などがある．

940* tout à fait　まったく，完全に

▶ C'est lui le plus compétent. —Tout à fait.
「彼が1番の適任だね」「まったくだ」
C'est tout à fait ça. や C'est exact. あるいは Absolument. などでも同義．単独で用いて，相手の判定・判断に評価をくだす表現．
▶ Vous avez tout à fait raison.　あなたの言い分はまさにその通りだ．
▶ Tu as fini ton travail? —Pas tout à fait.
「仕事は終わった？」「まだ完全ではないです」（cf. 911）

補足 同義語は complètement, entièrement. tout à fait の置き位置は，副詞と同じく，単純時制（現在形，単純未来形など）のときには動詞のうしろに，複合過去形など助動詞を使う時制のときには，助動詞と過去分詞の間に置かれる（例：Alice n'a pas tout à fait compris l'explication de son professeur.「アリスは先生の説明を完全に理解

したわけではない」．部分否定で訳す点にも注意）．

941* tout d'un coup　突然，一挙に

▶ Tout d'un coup, le ciel s'est éclairci.　突然，空が明るくなった．
補足 同義の表現に tout à coup（cf. 939），類義の語に d'un (seul) coup がある．

942* tout le temps　いつも，しょっちゅう

▶ Ne répète pas tout le temps la même chose!
いつも同じことばかり繰り返すな．
補足 類義語は toujours．

943* toutes les＋数詞＋heures　～時間ごとに

▶ Gilbert prend son médicament toutes les trois heures.
ジルベールは3時間ごとに薬を飲む．
補足 〈tous（toutes）＋定冠詞＋数詞＋時を表す複数名詞〉で「～毎に」の意味になる．「時間」を表す女性名詞 heure を使った表現のほかには，tous les … ans「～年毎に」（このとき，année は使えないので注意），tous les … jours「～日ごとに」（journée は使えないので注意），toutes les … minutes「～分おきに」などがある．

944 toutes sortes de＋無冠詞名詞　あらゆる種類の～

▶ Elle écoute toutes sortes de musiques.　彼女は音楽なら何でも聴く．
補足 sorte は女性名詞で「種類」．「全ての」を表す不定形容詞 toutes を伴って sortes と複数になっている．de に続く名詞が例文中の musiques のように，無冠詞の複数名詞となることに注意したい．〈une sorte de＋無冠詞名詞〉なら「一種の～，～のようなもの」の意味（例：Elle portait une sorte de jupe longue.「ロングスカートみたいなものを履いていた」）．

準2級

Niveau 2 bis

1. 会話文・応答文
2. 前置詞 à
3. 前置詞 de
4. 前置詞 dans
5. 前置詞 en
6. 前置詞 par
7. 前置詞 pour
8. 前置詞 sans
9. 前置詞その他
10. avoir を使った表現
11. être を使った表現
12. faire を使った表現
13. 非人称構文
14. 動詞
15. 形容詞
16. 名詞
17. 不定代名詞
18. 接続詞句
19. その他

1 会話文・応答文 (問題2 対応)

945* A un de ces jours!　(挨拶) 近日中に (会いましょう).

▶ A un de ces jours!　ではまた近いうちに.

補足 多くの辞書では un de ces jours が見出し語になっているが, 前置詞 à を添えて, 別れ際の挨拶で使われるのが通例である. A bientôt!（現在では A plus!, メールでは @＋というマークがよく使われる）とほぼ同義.

946* Bon retour!　気をつけてお帰りください.

▶ Bon retour! Ça va aller.　気をつけて帰ってね. お元気で.

補足 類義の表現に Bonne route!「道中ご無事で, 気をつけて」がある.

947* Ça me fait plaisir.　それは嬉しい.

▶ Ça me fera plaisir.　これなら嬉しいな.

補足 faire plaisir à qn「人を喜ばせる, 楽しませる」を使った表現. 3人称にして, Ça lui fera plaisir. とすれば「これで彼[彼女]も喜ぶだろう」の意味になる.

948 Ça ne m'étonne pas.
(それには) 驚きません, そんなことだと思った.

▶ Le yen est encore monté. — Ça ne m'étonne pas.
「また円があがったよ」「そうだと思ってた」

補足 直訳が「それには驚く」となる Ça m'étonne. は「それは意外だ, それはおかしい, 納得できない」の意味. その否定文になる. ちなみに Ça m'étonnerait. と条件法（「もしそうなら驚く」の含意）にすると, 相手の話に対して異議を唱えて「まさか, そんな馬鹿な」という意味になる.

949* Ça [Cela, Il] plaît à qn de＋inf. [que＋接続法].
〜するのが好きだ, 〜なのは嬉しい.

▶ Ça me plaît de voyager avec mes amis.
友だちと旅をするのが好きだ.
▶ Ça te plairait d'aller au cinéma?　映画に行くのってどう?

補足 plaire à qn「人の気に入る」が非人称構文で用いられている. 会話では, Ça m'a plu.「(それは) 気にいった」という形もよく使われる.

950* Ça y est.　これでよし, うまくいった, やっぱり (やっちゃった).

▶ Ça y est. J'ai compris!　ああそうか, わかった.

Ça y est, j'y suis! とも表現できる.
- ▶ Ça y est, c'est fini!　さあ済んだ，終わった．
- ▶ Ça y est! On a tout mangé!　やった，全部食べたぞ．

補足 この y は「予期していたり，求めていたりした到達点」のことで，この表現は「物事がそこ（目標）に達している」の意味になるのだが，y の範囲が広く，上記の訳語のほかに「ほら，さあさあ」など多様なニュアンスで用いられる．

951* Ce n'est pas la peine de＋inf. [que＋接続法].
わざわざ～するまでもない，～するには及ばない．

- ▶ Ce n'est pas la peine de se dépêcher.　急がなくて大丈夫だ．
- ▶ Ce n'est pas la peine que vous veniez vous-même.
 あなた自身がわざわざ来るには及ばない．
- ▶ Ce n'est pas la peine que vous m'envoyiez ce colis au Japon.
 わざわざ日本までこの小包を送ってくれなくともよいですよ．

補足 Ce n'est pas la peine.「（わざわざ）その必要はない，それには及ばない」は仏検4級レベルの表現 (cf. 186).

952 C'est à quel nom?　（ホテルなどの予約を）誰のお名前で．

- ▶ J'ai réservé une chambre pour ce soir.—C'est à quel nom?
 「今夜，部屋を予約しているのですが」「どなたのお名前でですか」

補足 「～の名前で」は au nom de qn/qch (cf. 988)，「人の名前で～を予約をする」は réserver qch au nom de qn で表すが，その熟語を応用した表現である．ちなみに「（ホテルの）予約金を払う」は verser des arrhes「予約金を払う」(arrhes は [ar] と読む) という言い方をする．なお，言うまでもないが本名でホテルを予約をするとは限らない．したがって，通常，ダイレクトに「あなたのお名前は」Quel est votre nom? とは聞かれない．

953* C'est différent.　それとこれとは違う，それなら話は別だ．

- ▶ Il n'est pas méchant; il est un peu bête, c'est différent.
 彼は意地悪なんじゃなくて，少しおばかさんなんだ，それは別物さ．
 C'est tout à fait différent. とも表現できる．なお，C'est tout différent. も言わないことはないが頻度は低い．

補足 同義で，C'est tout autre chose. という言い回しもよく使われる．反意語は C'est pareil. で「似たようなものだ」となる．

954* C'est pour ça que＋直説法.
（原因・理由）そのために～である，だから～なのだ．

- ▶ C'est pour ça qu'il a été refusé trois fois à l'examen.

彼が3度試験に落ちたのはそのせいだ.
▶ C'est pour ça que tu n'es pas venu(e) hier?
だから君は昨日来なかったの?

補足 〈C'est pour cette raison que+直説法〉「こういう理由で~なんです」という類義語や C'est pourquoi「そういうわけで,だから」という言い回しがある.

955 C'est pour quand?　それはいつの予定ですか.

▶ Votre mariage, c'est pour quand?
あなたの結婚式,日取りはいつですか.

補足 この pour は「(仕事の日程や式などの)予定の時期」を表す前置詞(例:On va terminer ce travail pour lundi.「月曜日にこの仕事は完了します」).

956 En route!　出かけよう.

▶ Enfin les vacances! Allez, en route!
いよいよヴァカンスだ.さあ,出発しよう.
Allez, allons-y!, Allez, on y va! などと同じで「さあ,行こう」とも訳せる.

補足 会話でよく用いられる.route は女性名詞で「(たどるべき)道のり,道路」の意味.文中で用いると「途中で」の意味(例:s'arrêter en route「(やり始めたことを)途中でストップする,挫折する」cf. 1470).

957* Je vous laisse.　失礼します,さようなら.

▶ Je vous laisse ici.　ここであなたとお別れします.

補足 人と別れるとき,電話を切るときなどに用いられる.類義の表現に Je vous quitte. がある.

958* Pas grand-chose.　大したことはない.

▶ Y a-t-il quelque chose de nouveau?—Pas grand-chose.
「何か新しいことはありますか」「大したことはないね」

補足 grand-chose は「大したこと」を表し無冠詞で用いられ,否定表現で使われる(例:Ce n'est pas grand-chose.「それは大したことではない」).形容詞を伴うときは〈pas grand-chose de+形容詞(男性単数)〉の形をとる(例:Il n'y a pas grand-chose d'intéressant à la TV.「テレビで大して面白いものはない」).なお歴史的な背景から,「おばあさん」grand-mère などと同じで,女性名詞だが grande- とはならない.

959※ Allez-y.　さあおやりなさい,がんばれ.

▶ Allez-y!　がんばれ
▶ Allez-y, qu'est-ce que vous attendez?

さあおやりなさい，何を待っているのですか．
補足 y aller の命令法．間投詞のようにかけ声として用いられる．ほかに，Vas-y!「それいけ，やれ」，Allons-y!「さあやろう」など vous や nous に対する命令の言い回しもある．

960 **vous voyez** おわかりでしょう，ほらね

▶ Vous voyez, c'est une occasion précieuse.
おわかりでしょう，それは貴重な機会ですよ．
補足 vous savez と同じような意味の表現で，自分の言ったことに対して念を押し，確認する際に用いる挿入句として使われる．voyez-vous, tu vois などとも言う．

2 前置詞 à （問題1対応）

961 名詞＋à＋数詞＋euros ～ユーロの～

▶ Je vais prendre le menu à 30 euros.
（レストランで）私は 30 ユーロのコースにします．
▶ Les champignons sont à 15 euros le kilo.
マッシュルームは 1 キロ 15 ユーロだ．
Les champignons coûtent 15 euros le kilo. と同義．
補足 価値・値段を表す à の用法である．通貨の単位は yen でも dollar でも何でもよい．ただし，フランス語になじんでいない通貨単位は複数形にしないことが多い．たとえば，現在でも yen を複数形にする人としない人がいる．

962 名詞＋à venir 来るべき，将来の

▶ Le gouverneur de Tokyo a parlé des malheurs à venir.
東京都知事は将来予想される災難について口にした．
補足 〈名詞＋à＋inf.〉が元になった形（cf. 478）．génération à venir「次世代」，dans les années à venir「この先何年かたてば」など，未来の事柄について表現する際に用いる．

963 à＋数詞＋pour cent （d'intérêt） ～パーセントの利子で

▶ Le prêt est à dix pour cent d'intérêt par an.
その貸付は年利 10 パーセントである．
補足 「～パーセント」は〈数詞＋pour cent〉と表現される．intérêt は男性名詞で「利益」のほかに「利子，利息」の意味がある．le taux d'intérêt は「利率」．

964 **à bord** 船［飛行機，車］に

▶ Nous sommes monté(e)s à bord à Haneda. 　私たちは羽田で搭乗した．

monter à bord は「乗船する」の意味にもなる．

補足 乗物の別を明示する際には，monter à bord d'un navire [d'un avion, d'une voiture]「乗船[搭乗，乗車]する」などと区別する．à bord de qch で「(乗物に)乗った，乗って」の意味でも用いる (例：des passagers à bord d'un avion「飛行機の乗客」)．

965　à cet effet　そのために，その目的で，そのような趣旨で

▶ Je voudrais me perfectionner en français. A cet effet, j'irai à Paris l'année prochaine.
私はフランス語に磨きをかけたい．そのために来年パリに行く予定だ．

補足 見出し語は en vue de cela や dans cette intention で言い換えることができる．

966　à côté de qn/qch

❶ ～と比較して

▶ Sa maison est grande à côté de la vôtre.
彼[彼女]の家はあなたの家に比べて大きい．

❷ ～に加えて，～のほかに

▶ Mon frère est paresseux; à côté de ça il aime faire des études.
兄[弟]は怠惰だが，一方で勉強は好きだ．

補足 ①の類義語は en comparaison de qch，②の類義語は en plus de qch．なお，「～のそばに，隣に」の意味でも用いられる (例：La poste est à côté de la gare.「郵便局は駅の近くにある」) cf. 49)．

967* à la même époque　(別の年の)同じ時期に

▶ Ma tante est morte il y a un an à la même époque.
私の叔母は1年前の同じ頃に亡くなった．

補足 同義の表現に à pareille époque がある．

968　à la tête de qch

❶ ～の先頭に，(組織などの)トップの地位に

▶ C'est ma femme qui était à la tête de la file d'attente.
行列の先頭にいたのは私の妻だった．
en tête de qch と置き換えられる．

▶ Monsieur Gros est nommé à la tête de la délégation.
グロ氏は代表団の長に任命された．

❷ ～を所有している

▶ Cette dame se trouve à la tête d'une grosse fortune.
あの女性は莫大な富を持っている．

posséder une grosse fortune と同義になる.

969* à l'origine　初めは，当初は

▶ A l'origine, il n'y avait que 200 personnes sur l'île.
もともと，その島には 200 人しかいなかった.
▶ A l'origine, personne ne s'intéressait à ce projet de voyage.
当初，この旅行の計画には誰も関心を示さなかった.

補足 類義の表現に au début「最初は」，dès l'origine「初めから」，au départ「当初は」などがある.

970** à sa (grande) surprise　（とても）驚いたことには

▶ A ma grande surprise, elle ne m'a pas encore annoncé son mariage.
とても驚いたことに，彼女は自分が結婚したことをまだ私に知らせてこない.

補足 所有形容詞の sa は人称に応じて変化する.

971* à mi-voix　小声で，ひそひそと

▶ Elle parle toujours à mi-voix.　彼女はいつも小声で話す.

補足 parler とともに使う形が大半. parler à voix basse としても同じ意味. 反意語の「大きな声で」は à haute voix（あるいは à voix haute）という. ただし，「もっと大きな声で話してください」と言いたときには fort を用いて，Parlez plus fort, s'il vous plaît. とすることが多い. なお，avoir de la voix なら「よく通る声をしている」という意味.

972 à peu près　ほとんど，およそ

▶ Il y a à peu près cinq ans que je ne l'ai pas vu(e).
彼［彼女］に会わなくなっておよそ 5 年になる.
〈environ＋数詞〉と同義.
▶ Ma grand-mère est à peu près sourde.
祖母はほとんど耳が聞こえない.
▶ Elle a à peu près terminé son mémoire.
彼女はほとんど論文を書き終えた.

補足 数詞や形容詞や副詞あるいは過去分詞の前で使われる. なお，最後の例文は presque を用いて書き換えられるが，à peu près が「だいたい"終わった"」に力点がかかるのに対して presque なら「まだ"終わっていない"」に重点が置かれるという違いがある.

973 à plat ventre

❶ 腹ばいになって，うつぶせに

▶ A plat ventre sur le lit, ma sœur regarde la télévision.

ベッドの上で腹ばいになって，私の姉［妹］はテレビを見ている．
▶ Il s'est couché à plat ventre.　彼はうつぶせに寝た．
Il s'est couché sur le ventre と言い換えられる．逆は se coucher sur le dos「仰向けに寝る」．

❷ **平身低頭して**
▶ Maurice se met toujours à plat ventre devant son chef.
モーリスはいつも主任の前でぺこぺこする．
faire des courbettes devant［à］qn という類義の表現もある．

974　à plusieurs reprises　何度も，何回も

▶ Hier soir, elle m'a téléphoné à plusieurs reprises.
昨晩，彼女は何度も私に電話してきた．
<u>補足</u> 具体的な回数を入れ，à deux［trois］reprises「2［3］度にわたり」という言い方もする．à maintes reprises「何度も何度も」，à diverses reprises「しばしば」といった表現もある．

975* à point　ちょうどよい時に

▶ Tu arrives à point. C'est l'heure de partir.
ちょうどいい時に来たね．出発の時間だ．
<u>補足</u> この point は「（変化する状況の）程度，段階」を意味する語．見出し語は，肉の「適度な」焼き具合（例：un steak cuit à point「ミディアムのステーキ」）を表す表現としても使われる．また，à quel point で「どの程度まで」，à tel point で「そんな程度にまで」の意味でも使われる．

976* à portée de main［voix, etc.］　手［声など］の届くところに

▶ J'ai laissé ses lunettes à portée de main.
私は彼［彼女］の手の届くところにメガネを置いた．
<u>補足</u> ほかに à portée de vue「見えるところに」，à portée de flèche「矢の届く範囲に」など．hors de la portée de qn は「人の手の届かないところに」という反意を表す．à la portée de qn も参照のこと（cf. 1323）．

977　à qch près

❶ **〜を除いて**
▶ A quelques petits détails près, elle a raison.
2, 3の細かな点をのぞけば，彼女の言うとおりだ．
à part qch とほぼ同義になる．
❷ **〜の程度を無視すれば，わずか〜の違いで**
▶ A cinq minutes près, tu rencontrais ma fille, elle sort d'ici.

あと5分の差で，娘に会えたのにね，今ここを出ていったとこ．
補足 数値を伴う名詞とともに使われることが多い．こんな表現もある．Il n'en est pas à ça près.「彼はそんなことを気にする男ではない」．

978 à quel sujet　どのようなことで，何のことで

▶ Voulez-vous me parler? C'est à quel sujet?
　私にお話ですか．どういったことについて［何のことについて］でしょう．
補足 話し言葉で，話をしようとしている相手への質問として用いられる．au sujet de qch「～の件で」のバリエーション．

979* à tout prix　ぜひとも，何としても

▶ Il faut à tout prix que je sois demain matin à Narita.
　明朝は何としても成田にいなくてはならない．
補足「どんな代価を払っても」の意味で，à n'importe quel prix とも言う．類義の表現に，coûte que coûte，par tous les moyens がある．

980* au bas de qch　～の下部に

▶ Signez au bas de la feuille, s'il vous plaît.
　（書類の）ページの下の方に署名してください．
補足 en bas de qch「～の下部に」と同義だが，書類に書きこみを求める例文のようなケースでは au bas de qch を使うことが多い．つまり，やや固い表現である．

981* au choix　選りどりで，自由選択で

▶ Ce menu comporte trois entrées au choix.
　このコースには自由にお選びいただけるアントレが3品含まれております．
補足 なお，de choix なら「（品質が）最上の，選り抜きの」を意味する（例：une viande de choix「特選の肉」）．

982* au cours de qch　～の間［期間中］に

▶ Mon ami a visité cette ville au cours de son voyage en France.
　私の友人はフランス旅行中にその町を訪れた．
補足 cours は「（時・物事の）流れ，経過」の意味がある．au cours de sa carrière「現役の間」，au cours de la semaine「今週中に」などの表現が可能．dans le cours de qch とも表現できる．

983　au hasard　でたらめに，行き当たりばったりに

▶ Prenez une carte au hasard, s'il vous plaît.
どれでもいいですからカードを 1 枚引いてください．

補足 この表現は「偶然にまかせて」というニュアンス．ほかに，dire au hasard「口からでまかせを言う」，marcher au hasard「あてもなく歩く」などで使われる．「偶然に」を意味する par hasard とは違う（cf. 596）．

984　au juste　正確に（言えば），つまり

▶ Au juste, qu'est-ce qu'elle t'a dit?
正確なところ，彼女は君に何て言ったの？
▶ Qu'est-ce que tu veux au juste?　つまり，何が欲しいの？

補足 類義語に au fait がある（cf. 1364）．

985* au moins

❶ とにかく，せめて
▶ Elle n'est pas malade, au moins?
とにかく，彼女は病気ではないのでしょ．
▶ Tu aurais dû m'en parler au moins.
せめて私には話してほしかったのだが．
❷（数値と用いて）少なくとも，最小でも
▶ Il a payé ce costume au moins mille euros.
彼はそのスーツに少なくとも 1,000 ユーロは支払った．
tout au moins とすれば強調される．「最小限でも」なら au minimum という．
▶ Je vois Louise au moins une fois par mois.
私は少なくとも月に 1 度はルイーズに会う．

986* au moment de qch [de＋inf./où＋直説法]
ちょうど〜の［〜する］ときに，〜している最中に

▶ Où étais-tu au moment de cet accident?
あの事故のとき，どこにいました．
▶ Au moment de répondre, elle a eu une hésitation.
答える段になって，彼女はためらった．
▶ Il est arrivé juste au moment où j'allais partir pour le bureau.
ちょうど事務所に出かけようとしたら彼がやって来た．

補足 接続詞 quand, lorsque の類義だが，"ちょうど"ある行動・動作をしようとする矢先」のニュアンスで使われる．

987* au niveau ＋形容詞　〜のレベル [次元] で

▶ Nous considérons ce problème au niveau européen.
私たちはその問題をヨーロッパの[ヨーロッパ的]レベルで考察している．
補足 au niveau mondial「世界的なレベルで」，au niveau national「国家レベルで」など．

988　au nom de qn/qch　〜の名前で，〜の名において，〜を代表して

▶ Il a pris la parole au nom des victimes de l'accident.
彼は事故の犠牲者に代わって発言した．
補足 別例として，une lettre adressée au nom de Hardy「アルディ宛の１通の手紙」，réserver une table au nom de Lancelot「ランスロの名前でテーブルを予約する」，au nom de la loi (je vous arrête)「法の名において（逮捕します）」などがあげられる．

989　au service de qn/qch　〜に仕えて

▶ Cette dame entre au service de Dieu.　あの女性は神に身を捧げている．
▶ Monsieur Robert est au service de l'Etat.
ロベール氏は国に仕えている[国家公務員だ]．
補足 この service は「（神や主人に）仕える，（国や社会の）勤め」の意味．service を「（役所の）部局」と解すれば，次のような言い方で見出し語と同じ表現が使われる（例：s'adresser au service (de la) publicité「宣伝部に問い合わせる」）．

990* au risque de＋inf. [de＋qch]
〜する[〜の]危険[可能性]はあるが

▶ Au risque de vous déplaire, je ne partage pas votre avis.
気に障るかもしれませんが，私はあなたの意見には賛成しかねます．
「あなたの気に入らない危険を冒して」が直訳．
▶ Pierre est parti tout seul en forêt, au risque de se perdre.
ピエールは道に迷うかもしれないのに，ひとりで森に向かった．
補足 risque「危険」という語義から，辞書や参考書には au risque de se tuer [de sa vie]「命を賭して」といった例の載っているものもあるが，フランス語を母語とする人からするとそれは「いささか重すぎる」用例のようだ（ちなみに，その場合には risquer sa vie pour＋inf. とする方が自然）．この名詞を用いたほかの表現に，à haut risque「（犯罪や病気などの）発生率が高い」，à tout risque「あらゆる危険を冒して」などがある．

991　au total　合計して，全部で，（総括すると）結局

▶ Cela fait 80 euros au total.　合計で 80 ユーロになります．
▶ J'ai bien réfléchi et, au total, c'est une affaire intéressante.
よく考えてみましたが，結局，これは有利な取引ですね．

補足 total は男性名詞で「総計，合計，総額」．「結局，要するに」の意味で用いられるときは，tout bien considéré という類義の表現で置き換えることができる．

992 tour à tour　かわるがわる

▶ Nous avons parlé tour à tour.　私たちはかわるがわる話した．

補足 tour には「一周」の意味（例：le tour du monde「世界一周」）のほかに「順番」という意味があり，次のような表現もある（例：C'est au tour de Carla [à son tour]．「今度はカーラの番だ[彼女の番だ]」）．見出し語は à tour de rôle とほぼ同義．

3 前置詞 de （問題1対応）

993 d'après qn/qch　～によれば，～に従って

▶ D'après les nouvelles à la radio, le prix du pétrole continue à baisser.
ラジオのニュースによれば，石油の価格が下がり続けているようだ．
▶ D'après lui, elle va partir pour la France.
彼によると，彼女はもうすぐフランスに出発するらしい．
d'après の後の人称代名詞は強勢形を用いる．
▶ J'ai écrit ce roman d'après les faits.
私は事実に基づいてこの小説を書いた．
peindre d'après nature なら「自然に基づいて描く」つまり「写生する」という意味になる．

補足 前置詞 selon や suivant と同義の表現（例：selon moi「私に言わせれば」，suivant la loi「法律に従って」）．ただし，人称代名詞の前では suivant は用いられない．

994 d'autre part　さらに他方では，それに加えて

▶ D'autre part, ce romancier manque d'imagination.
それに加えて，この小説家は想像力が欠けている．

補足 d'une part...d'autre part [de l'autre]...「一方では～，もう一方では～」という相関句もある（cf. 1936）．前に述べたことを受けて，さらに付け加えるときに用いる言い方．

995 de bon [grand] matin　朝早く

▶ Nous sommes parti(e)s de bon [grand] matin.
われわれは朝早く出発した．

補足 de bonne heure も「朝早く」の意味（cf. 534）．grand の反意語 petit を用いた，au petit matin という熟語は「夜明けに」という意味になる．

996 de bon cœur　心から，喜んで

▶ Elles ont accepté ce projet de bon cœur.
彼女たちはその計画を快く承諾してくれた．

補足 de tout cœur, avec plaisir, volontiers などと同義．似た表現に avoir bon cœur「思いやりがある」(＝avoir du cœur) という言い回しがある．

997* de côté　横に，脇に，別にして

▶ Il m'a regardé(e) de côté.　彼は私を横目で見た．
regarder de côté の「横目」は，文脈によっては「おずおずと，こっそりと，さげすんで」といったニュアンスも帯びる．
▶ Laissez ça de côté pour l'instant!　今のところそれは放っておきなさい．
▶ Mettez-moi ce livre de côté, s'il vous plaît.
私にこの本をとっておいてください．
mettre qch de côté「～を別にとっておく，取りのけておく」．mettre de l'argent de côté なら「お金を別にとっておく，貯金する」の意味にもなる．

998** ... d'entre eux [nous, vous, elles]
彼ら[私たち，あなた方，彼女たち]のうちの～

▶ Pendant la fête, la plupart d'entre eux étaient à bout de patience.
パーティーの間，彼らのうちのほとんどがもう我慢しきれなくなっていた．
▶ Simone est la plus jeune d'entre elles.
シモーヌが彼女たちの中で1番若い．

補足 beaucoup d'entre nous「私たちのなかの多くの者」, qui [lequel] d'entre vous「あなた方のなかの誰か」, deux d'entre elles「彼女たちのなかの2人」のような表現で使われる．

999* de face　正面(向き)の，正面から

▶ Florence est beaucoup plus belle de face que de profil.
フローランスは横顔より正面の方がずっときれいだ．
▶ On a le vent de face.　正面から風を受ける．

補足 反意語は de côté「横から，脇に」(cf. 997), de profil「横を向いた，横向きに」, de dos「背後から」．

1000* de la part de qn

❶ (贈り物・メッセージなど) 人からの
▶ C'est un cadeau de la part de mon oncle.
これはおじさんからのプレゼントです．

- ▶ C'est de la part de qui? （電話の対応などで）どちら様ですか．
  電話を取り次いだ相手に「誰から電話ですか」とたずねるケースにも使われる．
❷ 人の代理として
- ▶ Je viens vous voir de la part de mon père.
  父の代理としてまいりました．
❸ （行動への評価として）ありがとう
- ▶ C'est très gentil [aimable] de votre part.
  ご親切にどうも（ありがとう）．
  「人の側から，人としては」といった語義の載っている辞書もあるが，日本語の表現としてより自然なように，ここでは「ありがとう」という訳をあてた．

1001 de loin

❶（空間的・心理的に）遠くから
- ▶ Regarde de loin, ne t'approche pas!
  遠くから見てなさい，近づかないで．
❷ 断然，はるかに
- ▶ Elle est de loin la plus intelligente de la classe.
  彼女はクラスでずば抜けて頭がいい．

補足 ②は比較級や最上級を強調する形として使われることが多い．

1002 de mieux en mieux　だんだんよく

- ▶ Les choses allaient de mieux en mieux.
  事態はだんだんよくなっていった．
- ▶ Mon fils travaille de mieux en mieux, bientôt ce sera impeccable!
  息子の仕事ぶりはだんだんよくなっている，近々申し分のないものになる．

補足 de A en B のパターンをとる代表例 (cf. 529)．

1003 de nature　生まれつき，生来，もともと性格的に

- ▶ Mon frère est gai de nature.　兄[弟]はもともと陽気だ．

補足 主に人物の「性質」を語る際に用いられる (cf. 1039)．なお，de nature à+inf. は「～するような性質の」の意味 (cf. 1408)．類義語は susceptible de+inf.「～する可能性にある」．de naissance も参照のこと (cf. 1407)．

1004 de près

❶ 間近から
- ▶ Il ne faut pas regarder la télévision de près.
  テレビを間近で見てはいけない．
  d'un lieu peu éloigné と言い換えられる．

❷ **きちんと，注意深く**
▶ Examinons la question de plus près.
その問題はもっと念入りに検討しよう．
soigneusement, avec soin, attentivement, avec attention などと同義．
[補足]「遠くから」は de loin という (cf. 1001)．

1005　de temps à autre　ときどき

▶ Elle vient me voir de temps à autre.
彼女はときどき私たちを訪ねてくる．
[補足] 仏検 4 級レベルの de temps en temps と同義 (cf. 413)．

1006　de tout son cœur　心から，精一杯

▶ Je vous souhaite de tout mon cœur de réussir.
心より成功をお祈り申し上げます．
▶ J'aime Nathalie de tout mon cœur.　ナタリーを心から愛している．
[補足] 同義の表現として du fond du cœur がある．類義の de bon cœur は「喜んで，快く，自発的に」(=volontiers)という意味になる（例：Il a accepté cela de bon cœur.「彼は快くそれを引き受けた」cf. 996）．

1007* d'un air＋形容詞　～な様子で

▶ Ma mère m'a regardé(e) d'un air furieux.　母が怒った様子で私を見た．
▶ Il donnait une conférence de presse d'un air agacé.
彼はいらいらした様子で記者団のインタビューを受けていた．
[補足] この前置詞 de は「(様態)～ で，～風に」のニュアンス．

1008* d'un autre côté　他方（では），言い換えれば

▶ C'est bien ce que tu dis, mais d'un autre côté, ce n'est pas tout à fait juste.
君の言うことはなるほどと思うが，別の面からするとかならずしも正しいとは言えない．
[補足] d'une part...d'autre part(cf. 1936) と同じ意味になる d'un côté...et d'un autre côté [de l'autre]「一方では～，もう一方では～」という相関句の後半部に相当．

4　前置詞 dans　(問題 1 対応)

1009* dans ce cas-là　その場合は

▶ Dans ce cas-là, on va te rejoindre là-bas.

その場合は，向こうで君と落ち合いましょう．
補足 en ce cas とも言い換えられる．「そのような場合には」と言いたければ en pareil cas という言い方が使われる．

1010 dans l'eau　水の中で

▶ Nicolas se plonge dans l'eau chaude jusqu'aux épaules.
ニコラは肩まで湯につかっている．
補足 この表現を用いた être comme un poisson dans l'eau は「水を得た魚のようだ」の意味（例：En Europe, il est comme un poisson dans l'eau.「ヨーロッパにいる彼は，水を得た魚のように生き生きしている」）．

1011 dans l'ensemble　全体として，概して

▶ Dans l'ensemble, ce film n'est pas mauvais.
全体としては，この映画は悪くない．
補足 類義の表現として dans son ensemble がある．ただし dans son ensemble には「完全に，全面的に」という意味もある（例：J'ai examiné cette question dans son ensemble.「私はこの問題を徹底的に検討した」）．

1012* dans son enfance　子どもの頃に

▶ Il a vécu à Londres dans son enfance.
彼は幼年時代をロンドンで過ごした．
補足 enfance「幼年時代」は，un enfant「子ども」から派生した語．〈dans＋所有形容詞＋人生の中の一時期〉という表現のうちのひとつ．ほかに「青春時代に」dans sa jeunesse,「老年期に」dans sa vieillesse などがある．

1013* dans toutes les directions　あらゆる方向に

▶ Les enfants ont couru dans toutes les directions.
子どもたちは四方八方に走った．
補足 関連する表現として dans la direction de+qn/qch「〜に向かって，〜の方に」がある（cf. 620）．

5　前置詞 en （問題1対応）

1014 en bloc　ひとまとめにして

▶ On va vendre tous ces livres en bloc.
この本はひとまとめにして売ってしまおう．
▶ Le directeur a tout refusé en bloc.　部長はまるまる全部拒絶した．

補足 男性名詞 bloc は「塊(かたまり)」のこと．tous ensemble は類義．faire bloc contre qn/qch は「〜に対して一致団結する」の意味になる．

1015 en ce qui concerne qn/qch　〜に関しては，〜については

▶ En ce qui me concerne, je n'ai aucune objection.
　私としては，何も反対することはありません．
　en ce qui me concerne は pour ma part と言い換えることができる．
▶ En ce qui concerne la nourriture, elle est très exigeante.
　食事に関して彼女はとてもうるさい．
補足 類義の表現として quant à qn/qch(cf. 1062)，en ce qui regarde qn/qch，pour ce qui est de qch，à propos de qch(cf. 498) などがある．なお，Cela ne me concerne pas. は「それは私には関係がない」の意味．

1016 en comparaison de qn/qch　〜と比較して

▶ Les prix sont élevés, en comparaison de l'année dernière.
　去年に比べて物価はあがった．
補足 類義の表現として par comparaison à [avec] qn/qch や par rapport à qn/qch (cf. 597) がある．sans comparaison は「比類なく，断然」という意味（例：Il est plus riche que vous?—Oh oui, sans comparaison!「彼はあなたよりもお金持ち?」「もちろん，断然」）．なお，「A と B を比較する」は comparer A à [avec] B と言う (cf. 1133)．

1017 en cours　（物事が）現在進行中の，流通している

▶ Les travaux sont en cours.　工事が目下進行中だ．
▶ En France, la monnaie en cours est l'euro.
　フランスの通貨はユーロである．
　「通貨」は monnaie courante ともいう．
補足 類義の形容詞として présent(e)，actuel(le)，courant(e) がある．l'année en cours は「進行中の年」つまり「今年」を表す．avoir cours は「（通貨や考え方などが）通用している」という意味になる (cf. 652)．

1018 en cours de＋無冠詞名詞　〜の途中で，〜が進行中の

▶ Ma voiture est tombée en panne en cours de route.
　私の車は走行中に故障した．
▶ Le projet est en cours de discussion.　計画は議論されている最中だ．
補足 「（物事が）〜の途中である」の意味で使われる表現．au cours de qch (cf. 982) が期間「〜の間に」を示すのに対して，見出し語は動作や出来事が進行中であることを表す．

1019　en danger　危険にさらされた

▶ L'environnement de la planète est en danger.
地球の環境は危機に瀕している.
例文の la planète は notre planète と同義で「地球というこの惑星」の意味.

補足「危険を脱した」は hors de danger(cf. 1060).〈danger de＋無冠詞名詞〉は「(近いうちに)～する危険，～するおそれ」という意味 (例：danger de guerre「戦争になるおそれ」).

1020　en début de＋無冠詞名詞　～の初め

▶ On se verra en début de semaine.　週の初めに会いましょう.

補足 au début de qch もほぼ同義 (例：au début de ce mois「今月の初めに[初旬に]」, au début du film「映画の冒頭に」). なお,「～の真ん中に, ～の中ごろに」は au milieu de qch,「～の終わりに」は en fin de qch と言う.

1021　en dernier lieu　最後に

▶ En dernier lieu, est-ce que je peux poser une question?
最後に, 私から質問していいですか.

補足 順番を表し en premier lieu は「第1に, まずはじめに」(cf. 1028), en second [deuxième] lieu「第2に」, en troisième lieu「第3に」という意味になる. lieu は「場所」→「特定化されたその場」→「順番」の意味.

1022　en flammes　炎に包まれた, 燃え上がっている

▶ Plusieurs maisons sont en flammes.　何軒もの家が炎上している.

補足 flamme は女性名詞で「炎, 輝き, 情熱」などの意味があり, 複数形は一般に「火事, 火災」を表す. descendre qn/qch en flammes は「(飛行機などを)撃墜する, ～を痛烈に批判する」.

1023* en fleur(s)　花が咲いている, 花盛りの

▶ Les arbres sont en fleur(s).　木々は花盛りだ.
▶ Les cerisiers sont en fleur(s).　桜が満開だ.
Les cerisiers sont en (pleine) floraison. とも言う.

補足 1種類の花のときは単数形を, 数種類の花のときには複数形を用いるとされるが, 前者でも複数を使うことが多い. なお,「花が咲く」という意味の動詞は fleurir(例：Au printemps, les cerisiers fleurissent「春には桜の花が咲く」).

1024* en forme de ＋無冠詞名詞　〜の形をした

▶ Ce personnage de dessin animé a un visage en forme d'œuf.
そのアニメのキャラクターは卵形の顔をしている．

補足 物の「見た目，〜を思わせる形状」を具体的なイメージを提示しながら伝える表現．médicament sous forme de sirop「シロップ状の薬」のように，「〜状の」と物の「状態」を示す〈sous forme de＋無冠詞名詞〉とは区別すること (cf. 1065)．

1025　en groupe　集団で

▶ Les élèves ont fait un voyage en groupe.　生徒たちは団体旅行をした．

補足 groupe は男性名詞で「グループ，団体」の意味．en groupe は「グループごとに」の意味も含み，travailler en deux groupes「2つのグループに分かれて作業する」など，数字を加えることもできる．反意の「単独で，ひとりで」は en solitaire あるいは isolément，tout(e) seul(e) など．

1026* en partie　部分的に

▶ Votre opinion est en partie juste.　あなたの意見は部分的には正しい．

補足 副詞 partiellement と同義の熟語．「完全に，全部」は en entier．en grande [majeure] partie は「大部分は」という意味の熟語になる (cf. 569)．

1027　en personne　（本人）自ら，自分で

▶ Le premier ministre est venu en personne pour nous remercier.
私たちに礼を言うために首相が直々にやって来た．

補足 この personne は「個人」の意味．

1028　en premier lieu　最初に

▶ En premier lieu, il faut que vous précisiez le but de ce projet.
最初に，この計画の目的を明確にしてもらわなくてはならない．

補足 lieu は「場所」→「特定化されたその場」→「順番」の意味．en deuxième [second] lieu なら「第2に」，en dernier lieu なら「最後に」の意味になる (cf. 1021)．

1029* en quelque sorte　いわば，ある意味では

▶ Le patient s'est, en quelque sorte, tué lui-même.
その患者は，ある意味では，自分で命をたったようなものだ．

▶ C'est en quelque sorte ton souffre-douleur.
いわば，あの人は君のいじめの対象だ．

補足 pour ainsi dire「いわば」(cf. 634)，d'une certaine manière「ある意味では」は類

義の表現.

1030* en silence　黙って, 音をたてずに, ひそかに

- ▶ Tout le monde a dû obéir en silence.
  全員が黙って従わざるを得なかった.
- ▶ J'aimais ton fiancé en silence.
  私はひそかにあなたのフィアンセをしたっていた.

補足 marcher en silence「黙々と歩く」, lire qch en silence「〜を黙読する」といった言い方も記憶したい. Silence! は「静かに」と周囲を静めるためのひと言.

1031* en somme　要するに, 結局のところ

- ▶ En somme, c'est moi qui avais raison.　要するに, 正しいのは私だった.
- ▶ En somme, c'est la même chose.　結局のところ, それは同じことだ.

補足 結論を述べるときに使う表現. somme toute とも言う. somme は「金額, 総額」という意味の女性名詞. 類義の熟語として au bout du compte(cf. 1362), en conclusion(cf. 1433), après tout(cf. 613), あるいは en résumé などがある (例: En résumé, cette proposition n'est pas acceptable.「要するに, この提案は受け入れられない」).

1032* en tout cas / dans [en] tous les cas　ともかく, いずれにせよ

- ▶ En tout cas, il est vrai qu'on a échoué dans ces négociations.
  とにかく, 一連の交渉に失敗したのは事実だ.

補足 de toute façon も類義 (cf. 544).

1033 en un mot　ひと言で言えば, 要するに

- ▶ En un mot, c'est un job qui n'est pas pour moi.
  ひと言で言えば, 私には向かないバイトだ.

補足 bref, en bref なども見出し語と同義 (cf. 1431). ほかに, 類義の表現として après tout(cf. 613), tout compte fait(cf. 2171), en somme(cf. 1031) などがある.

6 前置詞 par （問題1 対応）

1034* par(-)derrière　〜のうしろを, 背後から, 陰で

- ▶ Passez par(-)derrière la maison!　家の裏手を通ってください.
- ▶ Il dit du mal d'une amie par(-)derrière.
  彼は陰で女友だちの悪口を言う.
  dire du mal de qn で「人の悪口を言う」(cf. 1706).

補足 場所を表す表現．文法的に言えば，上の例文，par(-)derrière qch の形は前置詞，対して dire du mal de qn par(-)derrière は副詞に相当する．反意語は par(-)devant「前の方へ[から]」．

1035　par deux　2人ずつ

▶ Entrez par deux!　2人ずつお入りください．

補足 par は数の表現とともに単位を表し，「～につき，～ずつ」の意味となる．entrer deux par deux（〈名詞＋par＋名詞〉で反復を強調）でもよい．

1036* par erreur　誤って，うっかり

▶ Elle est entrée dans ma chambre par erreur.
彼女は誤って私の部屋に入ってきた．

補足 erreur は「間違い，思い違い」を表し，faire erreur は「間違いをする」．sauf erreur は「もし間違っていなければ，思い違いでなければ」の意味（例：Il est toujours à Paris, sauf erreur de ma part.「私の思い違いでなければ，彼は今もパリにいるはずだ」cf. 1064）．

1037　par manque de＋無冠詞名詞　～の不足で，～が足りないので

▶ Par manque de gentillesse, il n'a pas d'amis.
優しさが欠けているので，彼には友人がいない．

補足 manque は「不足，欠如」を表す．この表現では，無冠詞の名詞を伴うので注意する．〈faute de＋無冠詞名詞〉は類義（例：Faute de café, j'ai bu du thé.「コーヒーがないので，私はお茶を飲んだ」）．

1038　par mauvais temps　悪天候の中を

▶ J'ai marché par mauvais temps.　私は悪天候の中を歩いた．

補足 天候に関する表現だが，見出し語の頻度は高くない．par tous les temps は「どんな天気でも」の意味（例：Ils sortent par tous les temps.「彼らはどんな天気でも出かける」）．

1039* par nature　生まれつき

▶ Elle est optimiste par nature.　彼女は生まれつき楽天的だ．

補足 nature には「性質，本性，性格」という意味がある．de nature(cf. 1003) は類義で，de nature à＋inf. になると「～する性質の」の意味になる（cf. 1408）．

7 前置詞 pour （問題1対応）

1040 pour l'instant　今のところ，さしあたって

▶ Pour l'instant, tout va bien.　今のところ，万事順調だ．

補足 pour le moment も同義．instant は「瞬間」を表す．ほかの表現に，à l'instant「すぐに，たった今」がある（例：J'arrive à l'instant.「今，そちらに行きます」）．あるいは à chaque instant「しょっちゅう」（例：Elle vient me voir à chaque instant.「彼女はしょっちゅう私に会いに来る」）．

1041* pour rien

❶ **無料で，ただ同然で**
▶ Elle a eu cette montre pour rien.
　彼女はその時計をただ同然で手に入れた．

❷ **無駄に**
▶ J'y suis allé(e) pour rien.　そこへ無駄に足を運んでしまった．

❸ **理由もなく**
▶ Tu crois que je suis venu(e) ici pour rien?
　私が理由もなくここに来たと思っているの？

補足 ①の同義は gratuitement や à titre gratuit, gracieusement など（例：J'ai eu cet ordinateur gratuitement.「私はこのコンピューターをただで手に入れた」）．②は inutilement や en vain が類義語（例：Je vous ai téléphoné en vain.「あなたに電話しましたが，繋がりませんでした」）．③は sans raison [cause, motif] に置き換えられる（例：Il ne fait pas une chose pareille sans raison.「理由もなく，彼がそんなことをするわけがない」）．

1042* pour son plaisir　気晴らしに，趣味で

▶ Jean cuisine pour son plaisir.　ジャンは気晴らしに料理をする．

補足 所有形容詞 son は人称に応じて変化する（例：J'apprend le français pour mon plaisir.「私は趣味でフランス語を学んでいる」）．plaisir は男性名詞で「喜び，楽しみ」．見出し語は直訳すると「自分の楽しみのために」となる．par plaisir とも言える．

1043 pour toujours　永遠に，いつまでもずっと

▶ Vous croyez que notre bonheur, c'est pour toujours?
　私たちの幸せが永久に続くと思いますか．

補足 à (tout) jamais, éternellement という類義語がある．

1044* pour une autre fois　またの機会に

▶ Le reste des achats, ce sera pour une autre fois : je rentre.
買い物の残りはまたの機会にして，戻ります．
補足「今回はだめだけれど，次回には」という含意で用いる．この熟語では，不定冠詞が使われるが，たとえば，「(今，会っている相手に) また会いましょう」の意味で使われる A la prochaine fois! とは冠詞が異なるので注意する．

1045* pas pour moi　私には合わない

▶ Essaie cette coiffure à la mode! ― Non merci, pas pour moi.
「この流行の髪型にしてみなさいよ」「いいわよ，私には合わないもの」
補足 pour は適否を表して「～にふさわしい，～の必要にかなう」という意味がある．多くは単独で用いるが文の一部としても用いられる (例: La ville n'est pas pour moi. 「都会の生活は私には合わない」)．

8 前置詞 sans （問題1対応）

1046 sans arrêt　絶え間なく，休みなしに

▶ Elle tousse sans arrêt.　彼女は咳がとまらない．
▶ Mon mari se plaint sans arrêt.　夫は絶えず不平ばかり言っている．
　Mon mari passe son temps à se plaindre. と書き換えることもできる．
補足 arrêt は名詞で「停止，中止」を意味する．類義語に sans cesse, sans relâche, sans interruption などがある (cf. 638, 1051)．

1047 sans cela [ça]　そうでなければ

▶ Dépêchons-nous, sans cela [ça] nous serons en retard.
急ぎましょう，そうでないと遅刻します．
補足 少し固い表現だが，sans quoi でも同じ意味になる．

1048 sans escale　ノンストップで

▶ Cet avion vole sans escale de Tokyo à Paris.
この飛行機は東京パリ間をノンストップで飛ぶ．
補足 escale は「寄港地，途中着陸 (地)」のこと．「この飛行機はパリに寄る」としたいなら，Cet avion fait escale à Paris. となる．

1049* sans faute　かならず，間違いなく

▶ Je vous donnerai sa nouvelle adresse demain sans faute.

彼［彼女］の新しい住所は明日かならずお教えします．
　補足　改まった言い回しだが，類義語に à coup sûr がある．「確実に」という意味ではなく，「ミスがない」という意味で用いる場合には次のように faute を複数形にすることもある（例：sans fautes d'orthographe「つづりの間違いがなく」）．

1050 sans intention　故意ではなく

▶ Il a fâché son père sans intention.
彼は心ならずも父親を怒らせてしまった．
sans mauvaise intention「悪意ではなく」とも言える．
　補足　involontairement と同義．intention は「意図」で，形容詞とともによい意図も悪い意図も表すことができる（cf. 1963）．見出し語の表現に de＋inf. を加えて，「～するつもりはなく」ということもできる（例：sans intention de mentir「嘘をつくつもりはなく」）．反対に，「故意に」という意味なら avec intention と言う．

1051 sans interruption　絶え間なく，休みなしに

▶ Il a travaillé presque sans interruption.
彼はほとんど休みなく働き続けた．
　補足　sans arrêt と同義になる（cf. 1046）．interruption は「中断」のほかに「（人の話の）妨害，やじ」を意味する．「中断させる」という動詞は interrompre．

1052 sans le savoir　そうとは知らずに，意識しないで

▶ Elle a commis une erreur sans le savoir.
彼女はついうっかりひとつのミスをおかした．
　補足　中性代名詞 le は savoir の直接目的語になっており，前に来る名詞・属詞・節などを受ける．名詞を修飾する場合は以下のようになる（例：Les Comédiens sans le savoir『そうとは知らぬ喜劇役者たち』．バルザックの小説作品のタイトル）．

1053 sans peine　苦もなく，やすやすと

▶ Il a fini ce travail sans peine.　彼は苦もなくこの仕事を終えた．
　補足　sans effort と同じ意味（cf. 641）．peine は「心痛，労苦，刑罰」などの意味がある．avec peine は「苦労して，やっとのことで」（cf. 1385）．

9 前置詞その他 （問題1 対応）

1054 afin de＋inf.［que＋接続法］　（目的）～ するために

▶ Vous devez parler plus clairement afin de vous faire mieux comprendre.

もっとよく理解してもらえるようにさらに明快な話し方をすべきです．

補足 例文は Vous devez parler plus clairement afin qu'on vous comprenne mieux. とも言える．見出し語は〈pour＋inf.［que＋接続法］〉よりも明確に目的のニュアンスを表す言い回しだが文語的．

1055 avec adresse　巧みに，器用に

▶ Ce politicien manie les mots avec adresse.
あの政治家は言葉を巧みに操る．

補足 avec habileté も同義 (cf. 1381)．見出し語の女性名詞 adresse は「巧妙さ，器用さ，巧みさ」の意味（同じつづりで「住所，宛名」の意味になる語もある）．不可算名詞で，この表現では無冠詞で用いられる．反意語の maladresse「不器用さ，不手際」，形容詞の adroit(e)「器用な，巧妙な」とその反意語 maladroit(e)「不器用な」も記憶したい．

1056 avec confiance

❶ 自信を持って

▶ Il parle toujours avec confiance.　彼はいつも自信を持って話す．
avec assurance も同じ意味．

❷ 信頼して，安心して

▶ J'ai pris cette mesure avec confiance.
私は安心してこの措置を講じた．
en [toute] confiance は類義．

1057 avec (juste) raison　（正当な）理由があって

▶ C'est avec raison que tu as refusé sa proposition.
君が彼[彼女]の提案を拒否したのは当然です．

補足 sans raison は反意語で「理由なしに，理由なく」の意味になる．

1058 avec soin　（注意深く）丁寧に，入念に

▶ Il faut examiner cette affaire avec soin.
その事件を入念に調べなくてはならない．

補足 soin は「入念さ，細心」を意味する男性名詞．同義の副詞は soigneusement，反意語は sans soin「ぞんざいに」．

1059 durant　〜の間中

▶ Il a neigé durant toute la nuit.　一晩中雪が降っていた．
▶ Nous avons discuté de cette affaire des heures durant.
私たちはその問題について何時間もぶっ続けで議論した．

〈名詞＋durant〉と副詞的にも用いられ，その際は，継続性が強調される．ただし改まった表現．
[補足] 動詞 durer「持続する」から派生しているため「～の間中ずっと」というニュアンス．pendant と類義だが，より丁寧な語で主に書き言葉として使われる (cf. 79)．

1060　hors de danger　危険を脱した

▶ Le malade était hors de danger.　病人は危険な状態ではなかった．
[補足]「危険にさらされている」と表現するなら en danger (cf. 1019)．

1061* malgré qn/qch

❶ ～の意に反して，～に逆らって
▶ Nous nous sommes mariés malgré mon père.
私たちは私の父の反対を押し切って結婚した．
❷ ～にもかかわらず
▶ Malgré le mauvais temps, la réunion sportive a eu lieu comme prévu.
悪天候にもかかわらず，運動会は予定通りに行われた．
[補足] malgré soi は「いやいや，思わず」の意味になる (例：J'ai accepté cette proposition malgré moi.「私はしぶしぶその提案を受け入れた」，Claire a éclaté de rire malgré elle.「クレールは思わずふき出した」)．

1062　quant à qn/qch　～については，～について言えば

▶ Tu pars? Quant à moi, je reste.　行くの？ 私は残ります．
このケースでは文意が明瞭なので，Moi, je reste. と quant à を省ける．
▶ Quant à lui, il est très jaloux.　彼はと言えば，とても嫉妬深い．
[補足] 何か主題を取り上げ，「～に関しては～」と言いたいときに使う表現なので，文頭で用いられることが多い．人称代名詞が続くときは，例文のように強勢形を用いる．動詞を続けるときには，quant à＋inf. とする (例：Quant à publier le roman, je n'arrive pas encore à trouver une bonne maison d'édition.「小説を出版する件については，私はまだよい出版社を見つけていない」)．

1063* sauf＋無冠詞名詞　～の場合は別として，～がなければ

▶ Sauf opposition [opinion contraire], cette réunion est terminée.
異論がなければ，この会議は終わりにします．
[補足] 前置詞 sauf が「～を除いて，～は別にして」(＝excepté) の意味なら「無冠詞名詞」という縛りはない (例：J'ai tout vendu, sauf mon appartement.「マンション以外はすべて売り払った」)．見出し語のパターンでは，sauf erreur「思い違いでなければ」(cf. 1064)，sauf omission「遺漏がなければ」などがよく使われる．類義の表現に à

moins de qch や sous réserve de qch がある（例：sous réserve d'erreur「誤りでない限り」）．

1064* sauf erreur　思い違いでなければ

▶ Sauf erreur, elle a le même âge que moi.
もし間違っていなければ，彼女は私と同い年のはずだ．

[補足] sauf erreur de ma [notre] part「私［私たち］の思い違いでなければ」という表現がよく用いられる．erreur「間違い，誤り」．par erreur は「誤って，うっかりして」という意味の熟語になる（例：Il a été condamné par erreur.「彼は冤罪だ」）．

1065* sous forme de＋無冠詞名詞　〜の形で，〜の形をとって

▶ Ce médicament pour l'estomac existe aussi sous forme de sirop.
この胃腸薬はシロップ状のものもあります．

[補足] いろいろな形をとりうるものの「ひとつの形」を取りあげる表現．sous la forme de qn/qch は「〜の形を装って」（例：L'ordinateur se présente sous la forme d'une tablette.「コンピューターがタブレット型になってお目見え」cf. 1024）．

1066　sur ce point　この点については，この点に関して

▶ Sur ce point, nous n'avons pas encore abouti à un accord.
この点について，われわれはまだ合意に達していない．

[補足] この熟語は直訳に近いので意味は類推しやすい．主題を表す sur が用いられている．類義語に à cet égard がある．à ce point となると「これほどまでに」という程度を表す熟語になるので注意．

1067　sur le plan＋形容詞 [de qch]
〜の面で，〜の次元で，〜の観点から

▶ Sur le plan politique, la situation est plus inquiétante qu'il y a dix ans.
政治の面では10年前よりも憂慮すべき状況になっている．
▶ C'est un grand succès sur le plan du marketing.
マーケティングの観点から言えば大成功だ．

[補足] 見出し語の男性名詞 plan は「面，平面」を意味する．関連の表現に sur tous les plans「すべての面で，あらゆる観点から」，sur le même plan「同列に，同じレベルで」，sur un autre plan「別のレベルで」などがある．

1068　sur soi　身につけて

▶ Je n'ai pas mon portefeuille sur moi aujourd'hui.

今日は財布を持っていない．
▶ Je n'ai pas d'argent sur moi.　お金の持ち合わせがない．
補足 sur が「身につけて」という「所持」の意味で使われた熟語 (cf. 607).

10 avoir を使った表現

1069* avoir beau+inf.　いくら〜しても（かまわないが）無駄だ

▶ J'ai beau étudier tous les jours, je ne réussis pas mes examens.
毎日いくら勉強しても無駄だ，どうせ試験に落ちるんだから．
▶ Maurice a beau se plaindre, c'est une réponse définitive de leur part. Ils ne changeront pas d'avis.
モーリスがいくら不満を述べたところで，あれが彼らの出した最終的な答えなのさ．彼らは意見を変えやしないよ．
補足 この表現のうしろには，どうして無駄なのかを説明する文章が続く．s'efforcer sans succès, あるいは en vain「無駄に，むなしく」などが類義（例：Nous avons protesté en vain.「私たちは抗議したが無駄だった」）．

1070　avoir de l'ordre　（人が）きちんと整頓ができる，几帳面である

▶ Tu es désordonné(e), mais lui, il a de l'ordre.
あなたは整頓ができないけれど，彼はきちんとできるわよ．
補足 男性名詞 ordre はこの表現では「整理整頓の能力，几帳面さ」を表す．反意語は désordre で男性名詞．冠詞なしで C'est désordre.「きたない，散らかってる」（＝Ça fait désordre.）と会話でよく用いられる．être en ordre は「きちんと整理してある」状態を指す．反意の表現は manquer d'ordre「整頓ができない」．

1071　avoir des remords de+inf.（複合形）
　　　〜したことを後悔している

▶ J'ai des remords d'avoir dit cela.
そんな風に言ったことを後悔している．
補足 remords は「悔恨」や「良心の呵責」を表す男性名詞．過去の行為を悔やむため，de 以下は複合形を用いることになる．同義は regretter de+inf.（例：Je regrette d'être venu(e).「私はやって来たことを後悔している」）．

1072　avoir du mal à+inf.　〜するのに苦労する，容易に〜できない

▶ J'ai du mal à dormir.　なかなか眠れない．
▶ Francine a beaucoup de mal à écrire les caractères chinois.
フランシーヌは漢字を書くのにとても苦労する．
補足 この mal は男性名詞で「苦労，困難」の意味．部分冠詞 du や beaucoup de などとと

もに用いられる．〈avoir mal à+身体〉「～が痛い」の mal は「痛み」のこと．

1073 avoir du respect pour qn　人を尊敬する，人に敬意を持つ

▶ Il a du respect pour les personnes âgées.
　彼はお年寄りに敬意をいだいている．

補足 respect は「尊敬の念，敬意」の意味で，目上の人を敬う気持ちだけでなく，同輩や目下の人を尊重する気持ちも表す．respecter qn, estimer qn と同じ意味．類義の表現，témoigner du respect à [envers] qn は「人に敬意を示す」の意味 (cf. 1730)．反意の表現は，manquer de respect à [envers] qn「人に対して礼を失する」と言う．

1074 avoir hâte de+inf.　早く～したい，～するのが待ち遠しい

▶ J'ai hâte de te voir en France!　君にフランスで会うのが待ち遠しいな．

補足 hâte は「急ぐこと，性急」を意味する女性名詞．たとえば，en hâte で「急いで，すぐに」の意味．ほかに，avec trop de hâte「あまりにも急いで」や sans hâte「のんびりと」がある．

1075 avoir [il y a] intérêt à+inf.　～するのが得だ

▶ Dans ta situation, tu as intérêt à te taire.
　君の立場なら，黙っていた方が身のためだ．
▶ Il y a intérêt à se dépêcher de rentrer.　急いで家に帰った方がいい．

補足 avoir intérêt だけでも使われる．たとえば，会話で「そうしなきゃ，そうこなくっちゃ」の意味で Il y a intérêt! あるいは Y a intérêt! と表現する．また，否定文の Ça n'a aucun intérêt. なら「(何の重要性もない→) それはくだらない」の意味になる．

1076 avoir la joie de+inf.
～することに喜びを感じる，～するという喜びを持つ

▶ Quand aurai-je la joie de vous revoir?
　いつまたあなたにお目にかかれましょうか．

補足 定冠詞が省かれることもあるし，avoir joie de qch のパターンでも使われる．

1077* avoir l'avantage de qch [de+inf.]
～の強みを持つ，～という長所がある

▶ Il a l'avantage de l'expérience.　彼は経験で優っている．
▶ Elle a l'avantage de savoir utiliser un ordinateur.
　彼女はコンピューターを使いこなせる強みがある．

補足 この avantage は「(人の) 強み，長所」の意味．なお，avoir l'avantage du nombre ならば「数で優位に立つ」の意味になる．

1078　avoir le bonheur de＋inf.　幸いにも〜する

▶ Cette fille a eu le bonheur de survivre.
その娘は幸いにも生き延びた．

補足 bonheur は「(具体的な) 幸運，幸せな出来事」の意味，直訳は「〜する幸甚を得る」．avoir du bonheur なら「運がいい，運に恵まれる」の意味．なお，例文を「幸いにも死を免れた」と"負の内容を幸いに転じた"と表現したいなら，Cette fille a eu la chance d'échapper à la mort. とするのが自然．

1079　avoir le cœur gros　悲しみで胸がいっぱいである，とても悲しい

▶ Il a eu le cœur gros en apprenant la mort de sa grand-mère.
彼は祖母の死を知って悲しくて仕方なかった．

補足 この場合，形容詞 gros は「ふくれた，いっぱいになった」というニュアンスで用いられている (例：avoir les yeux gros de larmes「目に涙をたたえる」).

1080　avoir le droit de＋inf.　(人が) 〜する権利[資格]がある

▶ Tu n'as pas le droit de nous parler comme ça.
君が私たちにそんな口をきく権利はない．

補足 avoir droit à qch「〜を要求する権利がある」も確認しておきたい (cf. 1554).

1081　avoir l'occasion de＋inf.　〜する機会がある

▶ Mes parents n'ont jamais eu l'occasion de visiter Paris.
私の両親は今まで1度もパリを訪れる機会がなかった．

補足 動詞 tenir を用いれば，「(今) 〜する機会を手にしている」というニュアンスになる (例：Vous tenez l'occasion de faire ce que vous souhaitez.「あなたはやりたいと思っていることをやるチャンスを手にしている」).

1082*　avoir mal au cœur　胸がむかつく，吐き気がする

▶ En voiture, j'ai souvent mal au cœur.　車に乗ると，よく酔います．

補足 avoir des nausées とほぼ同義．donner mal au cœur という言い方もある (例：Arrêtez! Ça me donne mal au cœur.「やめてください．気持ちが悪くなります」). この表現の cœur は「胸のむかつき」，ないしは「胃」estomac の意味．「心臓が痛い」と訳さないように注意したい (cf. 90).

1083　avoir (de la) peine à＋inf.　〜するのに苦労する，〜しがたい

▶ Ce patient avait (de la) peine à marcher.
その患者は歩行が困難だった．

▶ On a (de la) peine à le croire.　それは信じがたい．

補足 se donner de la peine pour+inf.「～するのに苦労する」という言い方もする (cf. 2085). avoir du mal à+inf.「～するのに苦労する」も類義 (cf. 1072). Ce n'est pas la peine.「それには及ばない，その必要はない」は頻出表現．

1084　avoir quelque chose contre qn/qch

❶ ～に効く何かがある
▶ Vous auriez quelque chose contre le rhume?
（薬局で）何か風邪に効く薬はありますか．
〈contre＋病気・危険〉で「～に対して，～を避けて」の意味．médicament contre le rhume は「風邪（に対する）薬」の意味で，médicament pour le rhume なら「風邪に効く薬」という違いがある．

❷ ～に不満をいだく
▶ Qu'est-ce que tu as contre la décision?　決定に何か不満?

1085　avoir [être d'] un caractère＋形容詞（句）　～な性格である

▶ Mademoiselle Dumont a un caractère ouvert.
デュモンさんは外交的な性格だ．
▶ Quand elle était jeune, elle était d'un caractère gai.
若い頃，彼女は陽気な性格だった．

補足 男性名詞 caractère は「性格，性質」のほかに「気骨，根性（のある人），文字」などの意味がある（例：avoir du caractère「気骨がある」，homme de caractère「しっかりした人」，caractère chinois「漢字」）．

1086　n'avoir pas à＋inf.　～する必要はない，～するには及ばない

▶ Tu n'as pas à t'inquiéter.　君が心配することはないよ．

補足 avoir à＋inf. は「～しなければならない」の意味（例：J'ai une faute à vous avouer.「あなたに言わなくてはならないミスがある」，J'ai à te parler.「（目的語なしで）君に話がある」）．見出し語はこれを否定形にしたもの．n'avoir pas besoin de＋inf. と類義．

11　être を使った表現

1087　être au bord de qch　～の瀬戸際である

▶ Mon fils était au bord des larmes.　息子はいまにも泣き出しそうだった．

補足「いまにも～しようとしている」être sur le point de＋inf. は見出し語と類義．ほかに être au bord de la tombe「死にかけている」，être au bord du précipice [gouffre]「崖っぷちに立たされている」といった表現もある．

1088 être au régime　ダイエットをしている

▶ Je suis au régime.　ダイエット中です.
飲食を勧められて，「いいえ，医者に止められています」と断る際にも使われる.

補足 見出し語は「痩身美容」régime pour maigrir だけでなく，病人の節食・絶食を含む食餌療法の意味もあり，たとえば être au régime sans sel なら「塩分抜きの食餌療法をしている」ことを指す.「体の線を保つためにダイエットする」なら faire ［suivre］ un régime pour garder la ligne が使われる. また，faire ［suivre］ un régime は「ダイエットをする」の意味.

1089 être bien avec qn　人と仲が良い

▶ Moi, je suis bien avec mon mari.　私は，夫と仲が良い.
補足 s'entendre bien avec qn と同義になる (cf. 1204).

1090 être bon(ne)［mauvais(e)］avec qn
人に親切［意地悪］である

▶ Pauline est bonne［mauvaise］avec tout le monde.
ポーリーヌはだれに対しても親切だ［意地が悪い］.
補足「人に親切である」は être gentil(le) avec qn と言えるし，「人に意地悪である」は être méchant(e) avec［envers］qn とも言える（例：Il est méchant avec son chien.「彼は飼い犬をいじめている」）.

1091 être de bon［mauvais］goût　（物が）趣味がよい［悪い］

▶ Cette cravate est vraiment de bon［mauvais］goût.
このネクタイは実に趣味がいい［悪趣味だ］.
補足 この goût は「美的なセンス，感覚」の意味. avoir bon［mauvais］goût なら「（飲食物が）おいしい［まずい］，（人が）趣味がよい［悪い］」の意味（例：Cette soupe claire a bon goût.「このあっさりしたスープはおいしい」）.

1092 être de bonne［mauvaise］humeur　上機嫌［不機嫌］である

▶ Quand il boit du vin, il est de bonne humeur.
ワインを飲んでいるとき，彼は機嫌がいい.
▶ Hier, elle a été de mauvaise humeur toute la journée.
昨日，彼女は1日中不機嫌だった.
補足 類義の表現に être de bonne［mauvaise］disposition がある. humeur は英語の humor に相当する女性名詞だが，「ユーモア」という意味はない. フランス語で「ユーモア」を意味するのは男性名詞の humour なので注意.

1093* être en bons [mauvais] termes avec qn
人と仲が良い[悪い]

▶ Autrefois, j'étais en bons termes avec lui.
以前，私は彼と仲が良かった．
▶ Pourquoi es-tu en mauvais termes avec tes parents?
どうして君は両親と仲が悪いの．

補足 同義の表現に s'entendre bien [mal] avec qn がある (cf. 1204). terme の複数形 は「関係，間柄」のほかに「表現，言い回し」という意味がある（例：en d'autres termes「言い換えれば」cf. 560）.

1094* être en contact avec qn/qch　～と連絡をとっている

▶ Je suis en contact étroit avec mes amis étrangers.
私は外国にいる友人たちと密に連絡をとっている．

補足「～と連絡をとる」は entrer [se mettre] en contact avec qn/qch(cf. 1156) あるいは contacter qn/qch となり，「人と連絡を保つ」は rester en [garder le] contact avec qn になる．

1095　être en opposition avec qn/qch
～と食い違っている，～と意見が合わない

▶ Ses propos sont en opposition avec ses principes.
彼[彼女]の発言は主義主張に反している．

補足 entrer en opposition avec qn sur [au sujet de] qch は「～について人と（意見が）対立する」．s'opposer à qn/qch は「～に反対する」の意味 (cf. 851).

1096　être en progrès　進歩[上達，進行]しつつある

▶ Les élèves sont en progrès.　生徒たちは伸びてきている．
▶ Cette équipe de rugby est en progrès.
そのラグビーチームはうまくなりつつある．

補足 progrès「進歩，上達，進展」は男性名詞．Il y a du progrès. は会話表現で「前よりもよくなった」という意味．faire des progrès(cf. 703) は動詞 progresser と同義で「進歩[上達，進行]する」(例：faire de grands progrès en français「フランス語がとても上達する」).

1097* être fier(ère) de qn/qch [de+inf.]　～が[～するのが]自慢だ

▶ Elle est fière de sa fille.　彼女は娘が自慢だ．
▶ Ils sont fiers d'être Japonais.
彼らは日本人であることを誇りに思っている．

補足 〈être fier(ère) que＋接続法〉という表現もある（例：Il est fier que son fils ait réussi.「彼は息子が成功したのが自慢だ」）．なお，「〜の自慢の種だ」と表現する際には，l'orgueil「（他人より優れているとの）思い上がり」を用いる（例：Susanne est l'orgueil de ses parents.「スザンヌは両親の自慢の種だ」）．

1098* être loin de＋inf.　〜するどころではない，〜するにはほど遠い

▶ Il est loin d'être satisfait du résultat.
彼はその結果にまったく満足していない[満足にはほど遠い]．

補足 loin「遠くに」は副詞．loin de＋inf. だけで状況補語としても用いられる（例：Loin de m'aimer, il me déteste.「彼は私を愛しているどころか，嫌っている」）．loin de qch は「〜から遠くに」の意味（cf. 174）．

1099* être obligé(e) de＋inf.
〜せざるを得ない，〜しなければならない

▶ A cause de la pluie, il a été obligé de rester à la maison.
雨のために，彼は家にとどまらざるを得なかった．
▶ On est obligé de partir tout de suite.
すぐに出かけなければならない．

補足 類義の言い回しに être contraint(e) de＋inf.（cf. 1993），être forcé(e) de＋inf. がある．〈C'est obligé（que＋接続法）〉は会話表現で「（〜 は）当然だ，仕方ない」の意味．Je vous suis obligé(e) de qch [de＋inf.] は「〜してもらうことでありがたいと感じる」という丁寧な表現で，主として手紙などの文章語で用いられる（例：Je vous serais très obligé(e) de bien vouloir me répondre par retour du courrier.「折り返しご返事いただければ幸甚です」）．

1100　être prêt(e) à qch　〜の心づもり[覚悟]ができている

▶ Nous sommes prêt(e)s à tout pour aider notre père.
父を助けるためには私たちは何でもするつもりだ．

補足 例文の être prêt(e) à tout は，「どんな手段でもとる」という意味の熟語．

1101* être saisi(e) de＋無冠詞名詞
（感情などに）捕らえられた，襲われた

▶ Elle a été saisie d'horreur.　彼女は恐怖に襲われた．
L'horreur l'a saisie. と言い換えられる．

補足 類義の表現に〈être transporté(e) de＋無冠詞名詞〉がある．saisi(e) は動詞 saisir「つかむ，把握する，捕らえる」の過去分詞．

12 faire を使った表現

1102 faire appel à qn/qch　～に助けを求める，訴える

- ▶ J'ai fait appel à mes souvenirs.　私は懸命に思い出そうとした．
- ▶ Il faut faire appel à un avocat.　弁護士に相談すべきだ．

補足 類義の表現に avoir recours à qn/qch「～に頼る，～に訴える」がある（例：J'ai eu recours à mon père.「私は父の力を借りた」）．また，faire appel à la bonté de qn は「人の好意に訴える」の意味になるし，法律用語で faire appel は「控訴する」の意味．

1103 faire attention (à ce) que＋接続法　～するように気をつける

- ▶ Faites attention (à ce) qu'elle soit là!
  彼女がそこにいるように計らいなさい．
- ▶ Fais attention que personne ne te voie!
  誰にも見られないように気をつけて．

補足 faire attention は「気をつける，注意する」の意味だが，節を導くときには，que 以下には接続法が使われる．〈faire en sorte que＋接続法〉「～するようにする」とほぼ同義になり，最初の例文は Faites en sorte qu'elle soit là! に，2番目の例文は Fais en sorte que personne ne te voie! と書き換えることができる．なお，〈à ce que＋接続法〉とするのは主に話し言葉．

1104 faire bien de＋inf.　～するのはよいことだ

- ▶ Vous avez bien fait de me parler.　私に話してくれてよかった．
- ▶ Tu ferais bien de partir tout de suite.　すぐに出発した方がいいよ．
  条件法を使えば「～する方がいいのに」というニュアンスになる．

補足 非人称構文 Ça fait bien de＋inf. は「～するのが格好いい，はやっている」という意味（例：Ça fait bien d'avoir une maison de campagne dans le Midi.「南仏に別荘を持つのがはやりだ」）．反意になる「～するのはよくない」は faire mal de＋inf. となり，「～する方がよりよい」と比較表現にする際は faire mieux de＋inf. を使う．

1105 faire cadeau de qch à qn　人に～をプレゼントする

- ▶ Il a fait cadeau de boucles d'oreille à Sophie.
  彼はソフィーにイヤリング［ピアス］をプレゼントした．

補足 cadeau は男性名詞．具体的なプレゼントに言及しないときには faire un cadeau à qn「人にプレゼントを贈る」(cf. 307) とする．cadeau を用いた頻度の高い会話表現として Ce n'est pas [C'est pas] un cadeau.「それはありがたくない，迷惑だ」，ne pas faire de cadeau à qn「人に甘くない，厳しい態度をとる」などがある．

1106 faire connaître qn/qch à qn
人に～を知らせる，教える，紹介する

▶ Marcel ne me fait pas connaître ses intentions.
マルセルは私に彼の意図するところを教えてくれない.
▶ C'est mon père qui m'a fait connaître Jean-Marie.
私にジャン=マリーを紹介したのは父である.

補足 「人に～を知らせる」は〈informer qn de qch [que＋直説法]〉という表現もよく用いられる (cf. 1161). se faire connaître は「名前を名乗る，有名になる」の意味.

1107* faire des différence(s) (entre qch [A et B])
(～の[AとBの]間に) 差をつける，差別する

▶ Le professeur des écoles ne fait pas de différence(s) entre ses élèves.
その先生は生徒たちを分けへだてしない.

補足 faire la différence (entre qch [A et B]) なら「(～の[AとBの]間の) 違いに気づく，(競争などで) 差をつける」の意味. なお professeur des écoles (あるいは professeur d'école) は，instituteur(trice)，maître(maîtresse) d'école にかわる「(小学校の) 先生」の新しい正式な呼び方. ただし，話をするときに le maître, la maîtresse は今も普通に使われている.

1108* faire face à qn/qch

❶ ～と向かい合う
▶ Ma maison fait face à la gare.　私の家は駅の向かいにある.
❷ ～に立ち向かう，対処する
▶ Vous devez faire face à cette situation difficile.
あなたはこの困難な状況に立ち向かわなければならない.

補足 類義の表現に faire front à qn/qch がある. face à qn/qch は「～に向いた，直面した」(例：hôtel face à la mer「海に面したホテル」, pays face à la crise économique「経済危機に直面した国」).

1109* faire la connaissance de qn　人と知り合いになる

▶ J'ai fait la connaissance de Lucien à Lyon.
私はリュシアンとリヨンで知り合った.
▶ Je suis très heureux(se) de faire votre connaissance.
あなたとお知り合いになれてとてもうれしく思います.
初対面の相手に対する丁寧な挨拶の表現.

補足 類義の表現に faire connaissance avec qn がある. faire connaissance は「互いに知り合う」(例：Ils ont fait connaissance il y a dix ans.「彼らは10年前に知り合っ

た」).

1110 faire preuve de qch （態度などで）〜 を示す，発揮する

▶ Vous devez faire preuve de sincérité.　あなたは誠意を示すべきです.
「人に誠意を示す」なら，montrer sa bonne foi à qn といった表現も同義.

補足 montrer, manifester などが類義語. 定冠詞を使う，faire la preuve de qch なら
「〜を証拠だてる」の意味になる.

1111 faire semblant（de+inf.）（〜する）ふりをする

▶ Elle ne dort pas ; elle fait semblant.
彼女は寝ていない. そのふりをしているだけだ.
▶ J'ai fait semblant de ne pas voir mon père.
私は父に気づかないふりをした.

補足 改まった表現に faire mine de+inf. がある. semblant は「見せかけ」という意味の
名詞.〈un semblant de+無冠詞名詞〉は「うわべだけの〜，形だけの〜」を意味する
（例：un semblant de bonheur「見せかけの幸福」）. なお「〜を見て見ぬふりをする」
には fermer les yeux sur qch という言い方がある（cf. 1160）.

1112 faire son possible できる限りのことをする

▶ Je ferai (tout) mon possible pour venir dimanche.
私は日曜に来るようにできるだけのことはします.

補足 possible は「可能なこと，ありうること」を意味する名詞.〈faire＋所有形容詞＋
possible〉の形で使われ，tout で強めることも多い.

1113* faire un tour 一周する，ちょっと出かける，散歩する

▶ Nous avons fait un tour dans la ville.　私たちは町をひと巡りした.
▶ On va faire un petit tour?　ちょっと散歩しませんか.
faire un petit tour は faire une petite promenade と同義で「ちょっと散歩する」の意味になる.

補足 faire une petite sortie も類義の表現. faire le tour de qch ならば「〜を一周する，
〜をひと通り検討する」の意味になる（cf. 1612）.

13 非人称構文

1114 Il convient de+inf. 〜するのが適当である，〜が必要である.

▶ Il ne convient pas de parler de cela ici.
ここでそのことについて話をするのは適当ではない.

[補足] il faut＋inf. とほぼ同義になる表現だが，見出し語は改まった言い回し．〈il convient que＋接続法〉の形でも使われる（例：Il ne convient pas que vous vous habilliez en rouge aux funérailles.「葬式に赤い服を着ていくのはふさわしくない」）．なお，il convient à qn de＋inf. なら「人には～することが合っている」の意味になる．

1115 Il est [C'est] (grand) temps de＋inf. [que＋接続法].
今や（そろそろ）～すべきときだ．

▶ Il est temps de rentrer à la maison.　さあ，家に帰る時間だ．
▶ Il est grand temps que vous vous décidiez.
　 まさに今あなたは決断すべきときです．

[補足] Il était temps という言い回しは「危ないところだった，かろうじて間に合った」という意味（例：Il était temps, j'aurais raté mon train.「列車に乗りそこねそうだったが，かろうじて間に合った」）．

1116 Il est [C'est] inutile de＋inf. [que＋接続法].
～するには及ばない，～しても無駄だ．

▶ Il est inutile d'y aller.　そこに行くには及びません．
▶ Il est inutile que vous vous dépêchiez. C'est déjà trop tard.
　 あなたは急いでも無駄です．もう遅すぎますよ．

[補足] 非人称 il が主語の構文．inutile「役に立たない，無駄な」は形容詞．主語と動詞を省略して Inutile de＋inf. というケースや，〈Inutile de dire que＋直説法〉「～は言うまでもない」といった使い方もする（例：Inutile d'insister.「それ以上言ってもだめです」）．

1117 Il n'y a pas de danger (que＋接続法).
（～する）心配はない，（～することは）あり得ない．

▶ Il n'y a pas de danger que notre équipe gagne ce macth.
　 われわれのチームがこの試合に勝つなんてことはあり得ない．

[補足] 主に会話で用いられる表現．Pas de danger. だけでも強い否定を表す言い回しになる（例：Tu n'es pas malade?—Pas de danger.「君は病気じゃないのか」「大丈夫だよ」）．

1118* Il s'agit de＋inf.　～することが必要[重要]である．

▶ Maintenant, il s'agit de prendre du repos pour vous.
　 今はあなたは休息をとることが必要だ．
　 不定詞の意味上の主語は pour qn などで示される．

[補足] Il ne s'agit pas de＋inf. は「～してはならない，～する必要はない」という意味になる．Quand il s'agit de＋inf. なら「～のことになると」の意味で，話題の導入に用いる（例：Quand il s'agit de travailler, elle est sérieuse.「仕事となると，彼女はまじめ

だ」cf. 728).

1119 Il y a (du) danger à+inf.　〜するのは危険だ．

▶ Il y a danger à nager dans cette rivière.　この川で泳ぐのは危ない．

補足 「〜してもまったく危険ではない」は Il n'y a aucun danger à+inf. と言う．Il n'y a pas de danger（que+接続法）は「（〜する）心配はない，（〜することは）あり得ない」という意味になる (cf. 1117)．

1120* Il y en a qui+直説法．　〜する人々がいる．

▶ Il y en a qui ne veulent pas prendre l'avion.
飛行機に乗りたがらない人々がいる．

補足 この場合 en は des gens の意味を持っているので（例文は il y a des gens qui ne veulent pas prendre l'avion. と書ける），従属節の動詞が3人称複数の活用になる点に注意．

14 動詞 （問題1ほか対応）

1121 agir en l'air　軽はずみなことをする，軽々しく振る舞う

▶ A l'avenir, n'agissez pas en l'air.　今後，軽はずみなことはなさらずに．

補足 agir à la légère も同義．agir comme [en] qn「人のように[として]振る舞う」という表現にも注意したい（例：agir comme un enfant「子どもっぽい振る舞いをする」，agir en ami「友だちとして振る舞う」）．また，見出し語と関連した表現に，parler en l'air「いい加減なことを言う」がある (cf. 1737)．

1122** aller le mieux avec qn/qch　〜に最もよく似合う

▶ Qu'est-ce qui va le mieux avec ce pull?
このセーターには何が1番似合いますか．

補足 A aller avec B「AがBと合う，調和する」に，副詞 bien の優等最上級 le mieux をつけて状態を強調した表現．

1123* annoncer qch　（物が）〜のしるしとなる，前兆となる，示す

▶ Ce beau soleil annonce le printemps.
このうららかな日差しは春の訪れを告げている．

補足 〈物+présager qch〉と同義（例：Le vent présage un orage.「風は嵐を告げている」）．

1124 appartenir à qn/qch　〜のものである，所有物である

▶ Cette villa appartient à mon oncle.　あの別荘は私の叔父のものだ．

補足 être à qn/qch と類義で，例文は Cette villa est à mon oncle. とも言えるが，見出し語の方が改まった表現．

1125* apporter qch à qn

❶ 人に〜を持って来る[行く]

▶ Apportez-moi de l'eau, s'il vous plaît.　水を持って来てください．
Apportez-lui de l'eau! なら「彼[彼女]に水を持って行って」の意味になる．

❷ 人に〜をもたらす，与える

▶ Ce travail ne nous apporte pas de satisfaction.
その仕事は私たちを満足させるものではない．
Ce travail est loin de nous donner satisfaction. などと言い換えられる．

補足 apporter beaucoup [peu] à qn で「人にとてもためになる[ろくに得るところがない]」という言い回しもある（例：Ce cours apporte beaucoup aux étudiants.「その講義は学生たちにとてもためになる」）．

1126* assister à qch

❶ 〜に出席する

▶ Je n'assisterai pas au cours de français demain.
明日のフランス語の授業には出席しません．
「出席する」という動作・行動を表現する．être présent(e) à qch は「〜に出席している」という状態をいう．

❷（出来事・現象を）目撃する，〜に居合わせる

▶ J'ai assisté à cet événement par hasard.
私はたまたまその事件を目撃した．
être témoin de qch「〜の目撃者である，〜を目撃する」は類義語．

▶ On assiste à une baisse du taux de natalité.
出生率の低下が見られる．

補足 assister qn のかたちで他動詞として用いられるときには「手助けする」という意味になり，aider と類義．

1127 attendre un moment　少し待つ

▶ Attendez un moment!　ちょっと待ってください．
Un moment, s'il vous plaît! とも言う．

補足「しばらく，少しの間」を意味する un moment を用いた表現．

1128 **attraper la grippe**　流感にかかる

▶ J'ai attrapé la grippe la semaine dernière.
先週インフルエンザにかかった．

補足 attraper la grippe は「流感にかかる」という動作・行為，avoir la grippe は「流感にかかっている」状態を表す．ただし，複合過去などでは後者でも「流感にかかった」という意味になる．la grippe は「流行性感冒，インフルエンザ」で普通，定冠詞がつく．それに対して「(ふつうの)風邪をひく」は attraper un rhume,「風邪をひいている」は avoir un rhume と表現する．

1129 **changer A de B**（無冠詞名詞）　AのBを変える

▶ Jeanne a changé sa voiture de place.
ジャンヌは車の置き位置を変えた［車を移動した］．
▶ On m'a changé(e) de poste la semaine dernière.
先週私は部署が変わった．

補足 見出し語の A のない〈changer de＋無冠詞名詞〉は多様な表現を作るが，この形では B に「位置」(place) ないしは「部署」(poste) といった語が使われる．なお changer de place avec qn は「人と席を替わる」の意味になる．

1130 **changer de couleur [visage, mine]**　顔色が変わる

▶ En me voyant, elle a changé de couleur [visage, mine].
私を見て，彼女は顔色が変わった．

補足 〈changer de＋無冠詞名詞（単数）〉の展開 (cf. 756)．なお「顔の色」という名詞は teint を用い (例：avoir le teint clair「色白の顔をしている」, fond de teint「ファンデーション」),「顔色がいい［悪い］」には，通常，avoir bonne [mauvaise] mine が用いられる．

1131 **changer de direction**　方向を変える，進路を変える

▶ Notre tête est ronde pour permettre à la pensée de changer de direction.
僕らの頭は思考が方向を変えられるように丸くできている．

補足 prendre la direction de qch は「〜の方向に進む」の意味．例文は，ダダの創始者のひとりとして，また，詩人としても知られるフランシス・ピカビアの言葉から．

1132 **changer de vie**　生活を変える

▶ Après sa maladie, Blaise a changé de vie.
病気のあと，ブレーズは生活態度をあらためた．

補足 〈changer de＋無冠詞名詞（単数）〉は「〜を変える」の意味 (cf. 756)．見出し語は，

素行をあらためて、良い生活を送れるように努力する行為を表現する。changer d'air「環境を変える、転地する」という表現もある。

1133* comparer A à B

❶ A を B と比べる
▶ Je n'ose pas me plaindre quand je compare mon sort à celui de ces infortunés.
自分の運命とその不幸な人たちの運命を比べてみて、私は愚痴などこぼせやしない。
前置詞 à のかわりに avec を使うと比べる内容がいっそう厳密なイメージになる（例：comparer la traduction avec l'original.「翻訳と原文とを比較検討する」）。

❷ A を B にたとえる
▶ Si on devait la comparer à une fleur, ce serait à une rose.
彼女を花にたとえれば、それはバラです。
assimiler A à B とも言える。
[補足] 名詞形は女性名詞 comparaison(cf. 1016).

1134* compter+inf.　～するつもりである、～しようと思う

▶ Je compte partir demain matin.　明日の朝私は出発するつもりです．
[補足] avoir l'intention de+inf. と同じ意味になる (cf. 291). 不定詞を代名詞で受けるときには y で受けるので注意したい（例：J'y compte bien.「そのつもりです」）。

1135　connaître qn dans le privé　人と個人的に知りあいである

▶ Je ne connais pas cette actrice dans le privé.
私はその女優とプライベートなつき合いがあるわけではない．
[補足] 例文は Je ne connais pas cette actrice personnellement. と同義．見出し語の dans le privé は「プライベートで、内輪で」の意味（ここでは en privé の意味に近い．cf. 1424）．

1136　connaître qn de vue　顔だけは知っている

▶ Je la connais de vue seulement.　私は彼女の顔を知っているだけです．
[補足] perdre qn/qch de vue は「～を見失う、疎遠になる」という熟語．なお、関連する表現として connaître qn de nom「人を名前でだけ知っている」がある．

1137* conseiller qch à qn　（助言をして）人に～を勧める

▶ Avec cette viande, je vous conseille un vin du Beaujolais.
このお肉には、ボジョレーのワインをお勧めします．

補足 qch の代わりに de+inf. を用いると「人に～するように勧める」の意味（例：Elle m'a conseillé de garder le silence.「彼女は私に黙っているよう勧めた」）．なお，déconseiller qch [de+inf.] à qn は「人に～を[～することを]思いとどまらせる」という反意になる（例：Le docteur m'a déconseillé de partir pour Kyoto.「医者は私に京都へ行かないようにと勧めた」）．

1138 consentir à qch [à+inf.]　～に[～することに]同意する

▶ Ma mère ne consent pas à notre mariage.
母は私たちの結婚に同意していない．
▶ Il a consenti à voyager avec moi.
彼は私と一緒に旅行をすることに同意した．

補足 通常，目下の人の提案に賛同するケースで用いられる．〈consentir à ce que＋接続法〉なら，「～が～することに同意する」という意味になる（例：Je consens avec plaisir à ce que vous partiez pour Paris.「あなたがパリに出発することに喜んで同意します」）．「事柄に同意する」は donner son consentement à qch という表現もある．なお，「人に同意する」なら，donner son accord à qn という熟語がある．

1139 consister dans [en] qch
（主語の内訳は）～ から成る，～にある，存する

▶ Cet appartement consiste seulement en deux pièces.
このアパルトマン[マンション]はたった 2 部屋から成っている．
être composé(e) de，se composer de と類義．
▶ Le bonheur consiste dans la santé, l'amour et la chance.
幸せは，健康や愛や幸運の中にある．

補足 定冠詞や所有形容詞を伴う名詞の場合は dans，そのほかのケースは en を用いる．ただし，意外にこの言い回しは頻度が高くない．consister à+inf. で「(実質の中身は)～することにある」という表現もある（cf. 1696）．

1140 convaincre qn de qch [de+inf.]

❶ 人に～について納得させる
▶ L'avocat doit convaincre les jurés de l'innocence de son client.
弁護士は依頼人の無実を裁判員に納得させなくてはならない．
❷ ～するように人を説き伏せる[納得させる]
▶ Je l'ai convaincu(e) de rester à la maison.
私は彼[彼女]に家にとどまるよう説き伏せた．

〈que＋直説法〉を従える形もある（例：On doit le convaincre qu'il y a d'autres moyens.「ほかにも手段があることを彼に納得させなくてはなならない」）．

補足 自分が確信・納得している場合には，Je suis convaincu(e).「私は確信している」と表現するか，あるいは代名動詞を用いる（例：Elle s'est convaincue d'avoir tort.「彼女

は自分が間違えていると思った」).

1141 courir un danger　危険を冒す

▶ Il a couru un danger pour sauver sa fille.
彼は娘を救うために危険を冒した．

補足 courir はこの場合「(危険などに) 身をさらす，立ち向かう」という意味．関連する表現として courir le risque de+inf.「〜する危険を冒す」がある (cf. 1701).

1142 dater de qch　〜の時代のものである

▶ Cette cathédrale date du 12ème siècle.
この大聖堂は 12 世紀のものである．

補足「〜にさかのぼる」を意味する remonter à qch とほぼ同義．なお，Cela ne date pas d'hier. は「それは昨日や今日のことではない，前々からのことだ」という意味．

1143* défendre à qn qch [de+inf.]　人に〜を[〜することを]禁じる

▶ Mon médecin m'a défendu le tabac [de fumer].
医者は私に喫煙を禁じた．

補足 défendre は「禁じる」以外に「守る」という意味がある (例：défendre qn contre qch「〜から人を守る」cf. 1702)．名詞は défense「禁止，防衛，弁護」．Défense de fumer「禁煙」は公共施設内でよく見られる表現．代名動詞を用いた se défendre de qch [de+inf.] は「〜を[〜することを]自分に禁ずる，慎む」の意味 (例：Je me défends de fumer.「私は禁煙中だ」).

1144* demander à+inf.
(自分が) 〜 したい[〜させてくれ]という，〜することを求める

▶ Elle demande à partir tout de suite.　彼女はすぐに帰りたがっている．

補足 限定の ne...que を重ねて，ne demander qu'à+inf. とすると「(ぜひとも) 〜 することを願う，(ひたすら) 〜 したがっている」の意味になる (例：Je ne demande qu'à vous rendre service.「私はぜひともあなたのお役に立ちたい」).

1145 différer de qn/qch　〜と違う，異なる

▶ Notre opinion diffère de la vôtre sur un point.
私たちの意見はあなたのものとは 1 点異なっている．

補足 être différent(e) de qn/qch や se différencier de qn/qch と同義．ressembler à qn/qch「〜に似ている」は反意語．

1146 dire＋不定代名詞（quelque chose, rien など）＋à qn
人は～にとって覚えがある，人は～の気を引く

▶ Est-ce que ce nom vous dit quelque chose?
　その名前に聞き覚えがありますか．
▶ Ce visage ne me dit rien.　私はこの顔に見覚えがない．
▶ Ce genre de film ne lui dit rien.
　彼[彼女]はこの種の映画には全く興味がない．

補足 非人称構文〈Ça vous [te] dit＋不定代名詞＋de＋inf.〉は「～することはあなたの[君の] 気を引きませんか」の意味で，相手に何かを提案するときに用いられる．この場合，不定代名詞はしばしば省略される（例：Ça vous dit d'aller au restaurant?「レストランに行きませんか」）．

1147 dire à qn qch en face　人に面と向って～と言う

▶ Dis-moi en face ce que tu en penses.
　その点についてどう思っているか私に面と向っておっしゃい．

補足 en face で「正面に，面と向って」の意味．regarder qn/qch en face なら「～を直視する」の意味になる．

1148* donner des leçons à qn　人にレッスン[授業]をする

▶ Jeanne a donné des leçons de mathématiques à son frère.
　ジャンヌは弟[兄]に数学を教えた．
　une leçon は「(小学校や家庭教師などでの)1回の授業」を指す．複数形を用いる場合は定期的な(複数回の)レッスンを意味する．

補足 prendre des leçons なら「レッスンを受ける」の意味になる．なお，donner une bonne leçon à qn は「人によい教訓[よい薬]になる」ということ（例：Cela lui donnera une bonne leçon.「それは彼[彼女]にはよい薬になるだろう」）．

1149 donner sommeil　眠気を催させる

▶ On est bien chauffé, ça donne sommeil.
　暖房がよくきいていて，眠くなる．

補足 avoir sommeil [faim, soif] などが「眠い[空腹だ，喉が渇いた]」という状態を表現するのに対して，donner sommeil [faim, soif] などは「眠気[空腹，喉の渇き]を引き起こす，生じさせる」の意味になる．

1150** donner sur qch　～に面している，～に通じている

▶ Cet appartement donne sur la mer.
　そのアパルトマン[マンション]は海に面している．

▶ Au fond, il y a un couloir qui donne sur une arrière-cour.
奥に，裏庭に通じる廊下がある．

補足 avoir vue sur qch「〜を臨む」もほぼ同義になる (cf. 1573)．être orienté(e) vers qch「〜の方を向いている」という表現もある．

1151* douter de qn/qch　〜を疑う

▶ Moi, je ne doute jamais de ma fille.　私が娘を疑ったことは 1 度もない．
▶ On doute de l'efficacité de ce remède.　この薬の効果が疑われている．
▶ J'en doute.　それはどうだか[怪しい]．

代名動詞 se douter de の直説法半過去形を用いた，Je m'en doutais.「怪しいと思っていた，そうだと思っていた」も頻度が高い．

補足 人が主語．douter de soi は「(能力や気持に)自信が持てない」の意味 (例:Je doute toujours de moi.「いつも自分に自身が持てません」)．また〈douter que＋接続法〉で「〜を疑っている」の意味になる (例:Je doute qu'elle réussisse.「私は彼女の成功を疑っている」)．

1152　échapper à qn/qch

❶ (人や動物が) 〜から (すり抜けて) 逃れる，(危険などを) 免れる

▶ Le voleur a réussi à échapper à la police.
泥棒は警察の手からどうにか逃れた．

代名動詞を使った〈s'échapper de＋場所〉は「〜から逃げる」の意味になる．

▶ Mon fils a échappé à la grippe jusqu'à présent.
現在まで私の息子は流感にかかったことはない．

❷ (事柄が) 人に見逃される，理解されない

▶ Cette erreur de calcul nous a échappé.
その計算ミスを私たちは見逃した．

補足 ほかに，人が主語で échapper à qn で「人から心が離れる，人のもとを去る」という意味にも使われる (例:J'ai l'impression que ma fille m'échappe peu à peu.「娘が自分から少しずつ離れていくような気がする」)．

1153　éclater de＋無冠詞名詞

❶ 突然[いきなり]〜する

▶ Toute la classe a éclaté de rire quand j'ai prononcé les «r» français.
私がフランス語の r を発音したら教室中がどっと笑った．
▶ Il a éclaté (de colère) en voyant ses employés.
彼は従業員を見つめいきなり当たり散らした．

éclater は「怒りを爆発させる」の意味で使えるため，この例文の de colère は省くことができる．

❷ 〜に満ちあふれている

▶ Thomas éclate de santé.　トマは健康そのものだ。

補足 ①の éclater de rire「(突然)爆笑する，吹き出す」は頻度の高い熟語 (cf. 776)．ほかに éclater en sanglots「急に泣き出す」という表現もある (例：Il a éclaté en sanglots quand il a appris cette nouvelle.「彼はそのニュースを聞いて，わっと泣き出した」)．

1154* emmener qn à＋場所　人を～に連れて行く

▶ J'ai emmené les enfants au cinéma hier soir.
私は昨晩子どもたちを映画に連れて行った．
▶ Le bus vous emmènera à Asakusa.　そのバスに乗れば浅草に行けます．

補足 emmener qn は「人を"別の場所へ"連れて行く」という運動・移行にポイントが置かれる語．その点，amener qn が「人を"話し手の場所"に連れて来る，"対話者のいる場所へ"連れて行く」という意味になるのとは異なる．なお，emmener qn＋inf.「人を～しに連れて行く」という用法もある (例：Je vais t'emmener dîner dehors.「夕飯に連れて行ってあげるよ」)．

1155　entendre dire que＋直説法　～という話[噂]を聞く

▶ J'ai entendu dire qu'elle avait soudain pris sa retraite.
私は突然彼女が退職したという話を聞いた．
▶ J'ai entendu dire que tu as redoublé !
おまえ，留年[落第]したんだって．

補足 entendre parler de qn/qch なら「～の話[噂]を耳にする，～のことを聞く」という意味になる (cf. 1715)．

1156　entrer [se mettre] en contact avec qn
人と連絡をとる，人と知り合いになる

▶ Quand j'étais absent(e), il est entré [s'est mis] en contact avec mes parents.
私の留守中に，彼は私の両親と接触した．

補足 類義の表現として prendre contact avec qn がある (cf. 1181)．rester en contact avec qn は「人と連絡を取り続ける」の意味 (例：Je reste en contact avec elle par lettres.「私は彼女と手紙のやりとりを続けている」)．

1157　éprouver le besoin de＋inf.　～する必要を感じる

▶ Il éprouve le besoin de faire un régime.
彼はダイエットする必要があると感じている．

補足 besoin は「欲求，必要」．動詞 éprouver は「感じる」のほかに「～を試す，～をつらい目にあわせる」といった意味もある (例：Cet accident a éprouvé sa mère.「その事故

は彼[彼女]の母につらい思いをさせた」).

1158* éviter qch à qn / éviter à qn de+inf.
人に〜を免れさせる，人が〜しないで済む

- ▶ Je voudrais éviter des soucis à mes parents.
  両親に心配をかけないようにしたい．
- ▶ Il m'a prêté ce livre, ce qui m'a évité d'aller à la bibliothèque.
  彼がこの本を貸してくれたので，私は図書館に行かなくてもよくなった．

補足 同義の表現に épargner qch à qn がある．éviter は「避ける」の意味 (cf. 785)．

1159 féliciter qn pour qch [de+inf.]
〜について[〜したことで]人を祝福する，賞賛する

- ▶ Je vous félicite pour votre mariage.　結婚おめでとう．
- ▶ On a félicité Alain pour son courage.　人々はアランの勇気を褒めた．
- ▶ Je te félicite d'avoir réussi l'examen.　試験に合格しておめでとう．
  この熟語では，不定詞は通常複合形になる．

補足「おめでとう」は Félicitations! だが，公的な場では Mes félicitations! あるいは Toutes mes félicitations! が使われる．なお，「お悔やみ」を意味する condoléance が，(Toutes) mes condoléances.「お悔やみ申しあげます」として複数形で用いられるのと同様に，いずれも félicitation は複数形で用いられる．

1160* fermer les yeux sur [à] qch
〜を見て見ぬふりをする，認めようとしない

- ▶ J'ai fermé les yeux sur les mensonges de mon mari.
  私は夫の嘘を見て見ぬふりをした．
- ▶ Il ferme les yeux à la vérité.　彼は真実を認めようとしない．

補足 yeux は男性名詞 œil「目，眼」の複数形．les yeux fermés は「目をつぶって，信用しきって」という意味 (例：accepter qch les yeux fermés「よく確かめもせずに〜を受け入れる」)．

1161** informer qn de qch [que+直説法]
人に〜を知らせる，通知する

- ▶ Elle doit m'informer de son arrivée.
  彼女は到着したら私に知らせてくれることになっている．
- ▶ On a informé Michel que son chien était mort.
  ミシェルは飼い犬が死んだことを知らされた．

補足「人に〜を知らせる」は faire connaître qch à qn とも言える (cf. 1106)．s'informer de qch は「〜について問い合わせる」の意味になる (例：Il s'est informé de l'heure du départ auprès de son chef.「彼はリーダーに出発の時刻を問い合わせた」）．

1162* jeter qch sur qn/qch　（視線や光などを）～に投げる，投じる

▶ Il a jeté un regard sur moi.　彼は私に視線を投じた．
▶ Cette étude jettera une nouvelle lumière sur l'œuvre de Proust.
この研究はプルーストの作品に新たな光を当てることになるだろう．

補足 jeter un coup d'œil sur qn/qch は「～を一瞥する，ちらっと見る」（=regarder qn/qch rapidement）．なお，jeter は基本の動詞で「投げる，捨てる，（声や言葉を）発する」などの意味がある（例：jeter une lettre à la poste「手紙を投函する」，jeter qch à [dans] la poubelle「～をゴミ箱に捨てる」，jeter un cri「叫び声を発する」）．

1163　laisser à désirer　不十分である，改善の余地がある

▶ Ton explication laisse à désirer.　君の説明はまだ不十分だ．

補足「大いに不十分である」なら laisser beaucoup à désirer となる．見出し語を打ち消した ne laisser rien à désirer は「申し分がない」という意味（例：Cette œuvre ne laisse rien à désirer.「この作品は非の打ちどころがない」）．

1164* laisser tomber

❶（持っていた物をうっかり）落とす
▶ Tu as laissé tomber ton stylo.　ペンを落としたよ．

❷ ～を見捨てる，放棄する，やめる
▶ Il a laissé tomber sa petite amie pour une autre.
彼は恋人を捨て別の女性に走った．
▶ Je ne laisserai jamais tomber ce projet.
私はこの計画を絶対に放棄したくない．

補足 ❷の用法は主として話し言葉で用いられる．Laissez [Laisse] tomber! のみで「やめておけ，ほっときなさい，そんなことにかまうな」という意味の会話表現になる．

1165　lever le doigt　（質問や発言を求めて）指をあげる

▶ Si vous avez une question, levez le doigt.
質問があれば，指をあげてね．

補足 この場合 doigt「指」は「人差し指」index のこと．日本人が「手をあげる」のと同じように，フランス人は「人差し指をあげて」発言を求める．

1166* mettre au monde

❶（子どもを）産む

▶ Elle vient de mettre son premier enfant au monde.
彼女は第 1 子を産んだばかりだ．

❷ (作品などを) 生み出す

▶ Après dix ans de silence, ce romancier a enfin mis au monde un chef-d'œuvre.
10 年の沈黙を経て，その小説家はついに傑作を世に送り出した．
ただし，この意味で見出し語を使うことはそれほど多くない．

[補足] 誕生についての表現．「出産する」を表す accoucher や donner naissance à qn/qch と同義 (例：Elle a donné naissance à un garçon.「彼女は男の子を産んだ」)．なお，mise au monde は「創作，作品を生み出すこと」．venir au monde は「生まれる」の意味となり，naître と同義になる．

1167 mettre qch à la mode [en vogue]　流行させる

▶ Ce couturier a mis les mini-jupes à la mode.
そのデザイナーはミニスカートを流行させた．
▶ Le succès du film a mis cette chanson en vogue.
映画があたったのでこの歌は流行った．

[補足] à la mode [en vogue] は「流行の，評判の」の意味 (例：Ce n'est plus à la mode.「それはもう流行遅れだ」，Le bleu est en vogue cet automne.「ブルーが今秋の流行である」．ただし，この例文の en vogue はやや古風な言い方．Le bleu est tendance cet automne. とするのが通例)．ほかに lancer une nouvelle mode「新しく流行させる」，suivre la mode「流行を追う」，revenir à la mode「リバイバルする」などの表現がある．

1168 mettre qch à l'envers　～を逆さまに着る

▶ Il a mis son pull à l'envers.　彼はセーターを裏返しに着ている．

[補足] à l'envers は「裏返しに，逆さまに，ごちゃごちゃに」．avoir la tête à l'envers は「頭が混乱している」(例：Ayant perdu son portable, elle a la tête à l'envers.「彼女は携帯電話をなくして，頭が混乱している」)，反意の à l'endroit は「表にして，表が出るように」の意味 (例：Le professeur a posé son livre à l'endroit.「先生は自分の本を表紙が見えるようにして置いた」)．

1169 mettre qch de côté　～を別に取っておく，取りのける

▶ Pour son fils, la mère a mis de côté une portion de gâteau.
息子のために，母親は 1 切れケーキを残しておいた．

[補足] de côté は「わきに，別にして」の意味．mettre de l'argent de côté「金を別にとっておく，貯金する」などの表現が可能となる (cf. 1627)．なお，laisser qn/qch de côté は「～を無視する，～をほったらかしにする」の意味 (例：Elle a été laissée de côté pendant toute la fête.「彼女はパーティーの間中，ほったらかしにされた」)．

1170　mettre qch en action　〜を作動させる

▶ Il a mis la nouvelle machine en action.　彼は新しい機械を作動させた.

補足 action は「行動, 活動, 作用」を表し, en action は「作動[活動]している」の意味. なお, entrer en action「活動を開始する」, être en action「活動している, 運転している」などの表現もある. mettre qch en marche なら「始動させる」の意味になる (cf. 1635).

1171　mettre qch en ordre　〜を整理[整頓]する

▶ Mettez vos affaires en ordre.　身の回りをきちんと片付けてください.

補足 「秩序, 整頓, 整然とした状態」を意味する男性名詞 ordre を用いた表現. mettre de l'ordre dans qch と同義 (cf. 1628). なお,「片づけができない」は manquer d'ordre となる (例:Cette pièce montre qu'il manque d'ordre.「この部屋を見れば, 彼がだらしないのがわかる」).

1172* mettre qch en vente　〜を発売する

▶ On a mis en vente une nouvelle voiture.　新車が発売された.

補足 en vente は「売りに出された, 発売中の」という意味 (cf. 589).

1173　mourir de faim

❶ 餓死する

▶ En Afrique, beaucoup d'enfants ne cessent de mourir de faim.
アフリカでは多くの子どもが絶えず餓死している.

❷ 腹が空いて死にそうだ

▶ Le dîner est prêt? Je meurs de faim!
夕飯の準備はできた. お腹が空いて死にそうだよ.

補足 mourir は「死ぬ」, faim は女性名詞で「空腹, 飢餓」を表す. mourir de qch は「死ぬほど〜だ」で, 常に無冠詞名詞を伴う (例:mourir d'amour「死ぬほど愛している」, mourir de froid「死ぬほど寒い」cf. 807).

1174* ne pas pouvoir A sans B　B がなくては A できない

▶ Je ne peux pas traduire ce texte français sans dictionnaire.
私は辞書がなくてはそのフランス語の原文は訳せない.

補足 否定の副詞 ne...pas が前置詞 sans と同時に使われて二重否定になっている. しばしば条件法の文でも用いられる (例:Sans votre aide, je ne pourrais pas finir mes devoirs.「あなたが手伝ってくれないと, 私は宿題を終えられない」).

1175 * obliger qn à+inf.　人に～することを強いる

▶ Ce métier m'oblige à rester à Paris.
こういう仕事柄，私はパリにいることを余儀なくされている．

補足 être obligé(e) de+inf. と類義なのだが，見出し語と違って「強いられる」側が主語になるので注意したい（例：Je suis obligé(e) d'aller chez ma tante.「私はおばの家に行くことを余儀なくされた」cf. 1099）．

1176 * On dirait que+直説法.

❶ （まるで）～のようだ
▶ On dirait qu'il est malade.　彼はまるで病人のようだ．
❷ どうも～であるようだ
▶ On dirait qu'il va neiger.　雪が降りそうだ．
〈il paraît que+直説法〉が類義．

補足 ①は反現実を表す．なお，上記の例文を過去にすると，On aurait dit qu'il était malade.「彼はまるで病人のようだった」という言い方になる．②は推測を言い表す．〈il semble que+直説法［接続法］〉(cf. 729)，〈on a l'impression que+直説法〉(cf. 662) に類した表現．

1177　parler dans un français parfait　完璧なフランス語を話す

▶ Il est anglais mais il parle dans un français parfait.
彼はイギリス人だが，完璧なフランス語を話す．
▶ Elle s'est mise à parler à l'auditoire dans un français parfait.
彼女は完璧なフランス語で聴衆に話しだした．

補足 parler en français「フランス語で話す」の形に形容詞が添えられると前置詞は dans になる．見出し語は形容詞 parfait を伴っているので，不定冠詞を伴う un français となる点にも注意．impeccable, irréprochable「非の打ちどころのない」などが類義語．なお〈dans+不定冠詞+名詞+形容詞〉は「～の状態で」を表す（例：Mon bureau est dans un désordre indescriptible.「私の事務室はむちゃくちゃに散らかっている」）．

1178　passer par chez qn　人の家に寄って

▶ Je passerai par chez toi.　君の家に寄っていくよ．

補足 par は通過点「～を通って，～に」，chez は「～の家で」を表す．二重前置詞の表現．ほかに près de chez qn「人の家の近くに」がある（例：Il habite tout près de chez moi.「彼はうちのすぐ近くに住んでいる」）．

1179 passer pour qn/qch [pour+inf.]
～とみなされる，～として通る

▶ Il a longtemps passé pour un grand artiste.
彼は長いこと偉大な芸術家で通っていた．
助動詞は avoir を用いる．

▶ Elle passe pour être intelligente.　彼女は頭がいいという評判だ．
この例文の être は省略することができる

補足〈passer pour＋属詞〉という展開．類義の表現に être considéré(e) comme ... がある．代名動詞を用いた se faire passer pour qn/qch [pour+inf.] は「自分を～として通す，～と思わせる」という意味 (cf. 2088)．

1180 perdre la face　面目を失う，面子が潰れる

▶ Je n'ai pas voulu perdre la face à cause de leurs bêtises.
彼らがしでかした愚かさのせいで，私は面子を潰したくなかった．

補足 se déshonorer は類義．sauver la face, sauver l'honneur「(なんとか) 面子を保つ」は反意の表現．

1181* prendre contact avec qn　人と連絡をとる

▶ Je prendrai contact avec toi dès mon arrivée.
到着したらすぐ君に連絡するよ．

補足 動詞 contacter qn や entrer [se mettre] en contact avec qn と類義の表現 (cf. 1156)．rester en contact avec qn で「人と連絡を取り続ける」の意味になる．「人と連絡[交際]を続ける」は garder le contact avec qn, 「人と連絡[交際]が途絶える」は perdre le contact avec qn となる．

1182* prendre forme　具体化する，形をなす

▶ Le projet a commencé à prendre forme.
計画が具体化し始めた[目鼻がつきはじめた]．

補足 動詞 se former とほぼ同義．forme「形，形式」は複数形で「体型，容姿」という意味にもなる (例：beauté des formes「体つきの美しさ」, prendre des formes「太る」)．

1183* prendre parti pour [contre] qn/qch
～に賛成する[反対する]

▶ Il prend parti pour [contre] ce projet de loi.
彼はこの法案に賛成[反対]の立場だ．

補足 この parti は「選択された態度，決心，解決策」の意味．prendre parti で「態度を決める」．ほかに，parti を使った熟語として prendre le parti de+inf.「～する決心をす

る」，prendre son parti de qch「～をあきらめて受け入れる，甘受する」(例：Il a pris son parti de notre mariage.「彼は私たちの結婚をしぶしぶ認めた」) などがある．

1184* prendre qch en compte　～を考慮に入れる

▶ J'ai pris son absence en compte.　私は彼[彼女]の欠席を考慮に入れた．

補足 tenir compte de qch, avoir égard à qch, prendre qch en considération など類義の言い回しも多い (例：Est-ce que tu tiens compte de la participation de Jean?「ジャンの参加を数に入れているよね」cf. 1222).

1185* prendre une décision　決心する

▶ A propos de ton changement d'emploi, as-tu pris une décision?
転職について，君は決心がつきましたか．

補足 décision は「決定，決心，決断力」を表す．prendre la décision de+inf. は「～することに決める」(cf. 1654).

1186 prendre sa température　体温を計る

▶ Cette infirmière a pris la température d'un malade.
その看護師は病人の体温を計った．

補足 température は「体温」．avoir de la température は「熱がある」(例：J'ai très chaud. Je dois avoir de la température.「体がとても熱い．熱があるに違いない」)．avoir (de) la fièvre も同義．

1187 protester contre qn/qch　～に抗議する

▶ Il faut protester contre un tel impôt.
そんな税金には抗議しなくてはならない．

補足 protester は contre を伴って「反対する」の意味になる．なお，protester de qch は「～を主張する」となるので注意 (例：Il a protesté de son innocence.「彼は自分の無罪を主張した」)．

1188* recevoir un coup de téléphone　電話を受ける

▶ Hier soir, j'ai reçu un coup de téléphone de ma mère.
昨晩，私は母からの電話を受けた．

補足 口語では，recevoir un coup de fil とも言う．donner un coup de téléphone は反対に「電話をかける」の意味 (例：Je voudrais donner un coup de téléphone.「電話をかけたいのですが」cf. 775).

1189* recommander qch à qn 　人に～を推薦する，推奨する

▶ Qu'est-ce que vous me recommandez comme plat?
メインディッシュは何がお勧めですか．

補足「～として人を推薦する」という場合には，recommander qn comme qch となる（例：Je vous recommande Julie comme interprète.「私はあなたにジュリーを通訳として推薦する」）．

1190* risquer de + inf. 　～するおそれがある，～する危険がある

▶ Cette entreprise risque de faire faillite prochainement.
この会社は近々破産するおそれがある．

▶ Dépêchez-vous, vous risquez de manquer le train.
急いでください，電車に乗り遅れるかもしれません．

補足〈risquer que + 接続法〉の構文でも用いられる．ときに危険性とは離れて単に「何かの可能性がある」という意味でも使う（例：Il risque de neiger.「雪が降るかもしれない」）．

1191* s'habiller en noir 　黒い服を着る

▶ Elle s'est habillée en noir pour aller à un enterrement.
彼女は葬儀に参列するために黒い服[喪服]を着た．

補足〈s'habiller en + 色・服装〉で「～の服装をする，～に装う」という意味になる．ほかに，s'habiller en kimono「着物を着る」や s'habiller en clown「ピエロの扮装をする」などいろいろな表現が可能である．

1192* se charger de qn / qch 　～を引き受ける，担当する

▶ Je me suis chargé(e) de ce travail.　この仕事は私が担当しました．

補足 de のうしろに不定詞をつなげて「～することを引き受ける」という表現もできる（例：Je me chargerai de la prévenir.「彼女には私が知らせます」）．また，charge を使って，次のように「扶養」の意味を表すこともある（例：enfants à charge「扶養している子ども」）．

1193* se faire voler qch 　～を盗まれる

▶ Je me suis fait voler mon sac dans le métro.
地下鉄の中でバッグを盗まれた．

補足動詞 voler は，voler qch à qn で，「人から～を盗む」という意味になる．ここでは，voler の直接目的語は sac で se は間接目的語なので過去分詞は主語と性数一致をしない．ちなみに，voler というつづりの動詞は2種類あり，もうひとつは「飛ぶ」の意味で自動詞である．

1194* se marier par amour　恋愛結婚する

▶ André et Nadja se sont mariés par amour il y a un an.
アンドレとナジャは1年前に恋愛結婚した．

補足 se marier で「～と結婚する」と言いたい場合は，se marier à [avec] qn を使う（例：Elle s'est mariée avec un professeur de lycée.「彼女は高校教師と結婚した」cf. 363）．また，恋愛結婚 mariage d'amour に対して，理性による結婚は mariage de raison，打算による結婚は mariage d'argent あるいは mariage d'intérêt と言う．なお，「見合い結婚」は mariage arrangé と呼ばれる．

1195* se mettre à l'aise [à son aise]
（上着を脱ぐなどして）くつろぐ

▶ Mettez-vous à l'aise [à votre aise] !　楽な格好でくつろいでください．

補足 窮屈な服を脱いだり，邪魔な持ち物を手放すことを意味する．mettre qn à l'aise [à son aise] は「人をくつろがせる」の意味（cf. 1202）．

1196* se mettre d'accord　同意する

▶ Le producteur s'est mis d'accord avec lui sur un contrat de trois ans.
プロデューサーは，彼と3年間の契約について同意した．

補足 しばしば政治経済の話題について，ジャーナリスティックな媒体で用いられる言い回し．例文のように，同意した相手（avec qn）や，同意した内容（sur qch）をつけ加えることができる．

1197* se mettre en grève　ストライキをする

▶ Le personnel de l'aéroport s'est mis en grève le 7 janvier.
空港職員は1月7日にストライキに入った．

補足 faire (la) grève でも同じ意味になる．être en grève で「ストライキ中である」の意味（例：La SNCF est en grève.「国鉄はストライキ中だ」cf. 570）．なお，ストライキに参加している人を gréviste と呼ぶ．

1198* se passer de qn/qch [de+inf.]
～を[～することを]なしですます

▶ Je ne peux pas me passer de tabac.　私はタバコなしではいられない．
▶ Nous nous passerons d'aller au cinéma.
映画に行くのはやめておこう．

補足 類義の se priver de qch や s'abstenir de qch [de+inf.] も「～なしですます」と訳すこともできるが，「（自発的に）～ を断つ」というニュアンスで用いられるケースが多い．

1199* se porter bien [mal]　元気である［健康が優れない］

▶ Comment vous portez-vous? — Je me porte bien.
「お元気ですか」「はい，元気です」

▶ Aujourd'hui, ma mère se porte mal.　今日，私の母は体調が悪い．
ma mère se porte pas très bien. あるいは ma mère va mal. などとする方が自然な言い方．

補足 主語が人で，〈se porter＋様態を示す表現〉なら「体調」を示す表現になる（例：Je me porte mieux qu'hier.「昨日より体調がいい」）．se porter comme un charme は熟語で「(不思議なほど) 元気いっぱいだ」という意味．

1200* se préparer à qch　〜への準備をする，心構えをする

▶ Comment se préparer à la mort?
死への心の準備はどうすればよいだろう．

補足 自分自身を何かに対して準備させる，覚悟させるという意味で用いられる．試験や外出といった日常的な場面での準備でも，死や子どもの誕生などに対しても用いられる．se préparer à＋inf.「〜する準備をする」という表現もある（例：Je me suis préparé(e) à sortir.「私は外出の準備をした」）．

1201* se reposer sur qn/qch　〜に頼る，〜をあてにする

▶ Je me repose sur vous.　あなたを頼りにしています．

▶ Je me repose sur ma femme pour l'éducation de mes enfants.
私は子どもの教育に関しては妻に任せている．

補足 類義の表現に compter sur qn/qch がある（cf. 761）．se reposer は「休息をとる」という意味の代名動詞（例：Reposons-nous un peu!「少し休もう」）．

1202* se sentir à l'aise　くつろいだ気分になる

▶ Avec elles, je me sens à l'aise [à mon aise].
彼女たちと一緒だとくつろいだ気分になる．

補足 à l'aise は「くつろいで，気がねなく」(cf. 673)．se sentir mal à l'aise は反意で「居心地が悪い」．se mettre à l'aise [à son aise] は「(上着などを脱いで) 楽にする」という表現（例：Mettez-vous à votre aise!「どうぞお楽に」）．

1203* se tenir

❶ 〜につかまる

▶ Elle se tient à la rampe.　彼女は手すりにつかまる．

❷ (ある状態・姿勢を) 保つ

▶ Tiens-toi droit!　姿勢をまっすぐに．

❸（ある場所に）いる，位置する
▶ Il se tenait à distance en observant la situation.
彼は状況を観察しながら，離れたところにいた．
❹ 開催される
▶ La conférence se tiendra à la Bibliothèque nationale.
講演は国立図書館で開かれることになっている．
補足 se tenir には幅広い意味がある．ほかに，se tenir bien [mal] で「行儀が良い[悪い]，姿勢が良い[悪い]」，se tenir à carreau で「警戒する」などの熟語もある．

1204* s'entendre bien [mal]（avec qn）（人と）仲がよい[悪い]

▶ Jordan s'entend bien avec Paul.　ジョルダンはポールと仲がよい．
être bien avec qn と同義になる（cf. 1089）．Jordan et Paul s'entendent bien. と言い換えることもできる．
▶ Nous nous entendons mal.　私たちは仲が悪い．
この例は，Nous ne nous entendons pas bien. でも同義．
補足 類義の表現に avoir de bons [mauvais] rapports avec qn がある（cf. 1550）．また，s'entendre のみでも「仲がよい，理解しあう」という意味になる．s'entendre à [en] qch は「〜が得意である，〜に精通している」の意味（例:Il s'entend aux affaires.「彼はビジネスに明るい」）．

1205* sentir que＋直説法　〜という感じがする，〜のような気がする

▶ Je sens qu'il aime Mélissa.
私には彼がメリッサのことを好きなのが分かる．
▶ Je sentais qu'elle ne viendrait pas.
彼女は来ないだろうという気がしていた．
補足 人を主語にして使われる表現．〈sentir＋間接疑問節〉という表現もよく用いられる（例:Il sent combien c'est difficile.「彼はそれがどれほど難しいかを自覚している」）．

1206* serrer la main à qn avec force　力をこめて握手する

▶ Quand on s'est rencontré pour la première fois, elle m'a serré la main avec force.
初めて出会ったとき，彼女は力をこめて私と握手した．
補足 avec force（冠詞なし）で「力をこめて」という意味になる．ちなみにフランスでは，初対面のときに握手をすることが多いが，握手をするときには適度な力をこめてするのがよいとされる．

1207* servir de ＋無冠詞名詞＋(à qn)
（人にとって）〜 として役立つ，〜の代わりになる

▶ Elle m'a servi de guide en France.
フランスでは彼女が私のガイドをしてくれた．
▶ Ma pièce sert souvent de salle à manger.
私の部屋はしばしば食堂の代わりになる．

補足 この表現は，人や物が臨時に何かの役目をしたり，何かの代わりになることを示す．ただし，「代わりになる」は動詞 remplacer を使うのが一般的（例：Le miel remplace le sucre.「ハチミツは砂糖の代わりになる」）．

1208 souhaiter que＋接続法　〜を願う

▶ Nous souhaitons que cette soirée soit inoubliable pour vous tous.
このパーティーがすべての皆さんにとって忘れがたいものになるよう願っています．

補足 que 以下が接続法になることに注意．なお，souhaiter qch à qn で「人に〜を願う」という言い回しは日常会話での頻度が高い（例：Je vous souhaite bonne chance!「成功を祈ります」，Je vous souhaite une bonne année!「新年あけましておめでとうございます」）．

1209 s'apercevoir de qch　〜に気づく

▶ Je me suis aperçu(e) de ce problème dès le début.
私は最初からこの問題に気づいていた．

補足 de 以下を代名詞で受けるときには en を用いる（例：sans s'en apercevoir「それに気づかずに」）．ほかに，〈que＋直説法〉（主文が否定，疑問のときは接続法のこともある）で「〜であることに気づく」という表現もある．

1210 s'appuyer sur [à, contre] qn/qch
〜にもたれかかる，〜に頼る

▶ Appuyez-vous sur mon bras!　私の腕に寄りかかりなさい．
▶ Mon frère lit un journal en s'appuyant contre le mur.
兄[弟]は壁にもたれながら新聞を読んでいる．
▶ Il s'appuie entièrement sur moi.　彼は私に頼りきっている．
この場合 compter sur qn/qch と同じ意味（cf. 761）．

補足 appuyer sur qch は「〜を押す，強調する」という違った意味になるので注意（cf. 326）．

1211 s'arrêter en chemin　途中でやめる

▶ Par manque de budget, leur projet s'est arrêté en chemin.
予算不足により，彼ら[彼女ら]の計画は途中でとりやめになった．

補足 見出し語は，s'arrêter à mi-chemin とも言う．chemin は具体的な「道」の意味も持つが，より抽象的な「道」，つまり計画などの「進行過程」も示す．chemin に bon をつけると，「(計画の進行が) うまくいっている」という意味になる (例：être en bon chemin「順調に進んでいる」)．

1212 se battre contre qn/qch　～と戦う

▶ Elle s'est battue toute seule contre les préjugés.
彼女はたった1人で偏見と戦った．
▶ Il se bat contre son rival pour obtenir sa promotion.
彼は昇進するためにライバルと戦っている．

補足 lutter と同義．battre には「打つ，殴る」などの意味があるが，たとえば次のように雨が激しく打ちつけるという場合にも用いられる (例：La pluie battait les pavés.「雨が激しく舗道に打ちつけていた[降っていた]」)．ちなみに「心臓の鼓動」は les battements du cœur と言う．

1213 se changer les idées　気分転換をする

▶ Je suis allé(e) au cinéma pour me changer les idées.
気分転換をするため，私は映画館へ行った．

補足 代名動詞を用いて，idée は複数形となる．changer d'idée は「考えを変える」という意味なので注意 (cf. 757)．

1214 se concrétiser　具体化する

▶ Son projet se concrétisera prochainement.
彼[彼女]の計画はもうすぐ実現するだろう．

補足 concret(ète) は「具体的な」という意味の形容詞．反意語は「抽象的な」を意味する abstrait(e)．そこから派生した代名動詞 se concrétiser は abstrait であった計画やアイディアが実際に具体化するという意味で用いられる．類義表現としては，se matérialiser や se réaliser などがあげられる．

1215 se méfier de qn/qch　～を信用しない

▶ Je me méfie de ses paroles.　私は彼[彼女]の言葉を信用していない．

補足 反意語は se fier à qn/qch(cf. 1793)．目的語なしで次のように用いられることもある (例：Méfiez-vous!「気をつけなさい」)．

1216 se plaindre de qn/qch [de+inf.] 〜について不平を言う

- De quoi vous plaignez-vous?　何が不満なのですか．
- Elle se plaint toujours de sa situation.
  彼女はいつも自分の地位に不平を言っている．
- Il se plaint de ne pas avoir beaucoup d'argent.
  彼はあまりお金がないとこぼしている．

補足 se plaindre（de qch）は「（〜の）苦痛を訴える」という意味にもなる（例：Il s'est plaint de maux de tête toute la nuit.「彼は1晩中頭痛を訴えた」）．他動詞 plaindre qn は「人を哀れむ，人に同情する」という意味．また〈se plaindre que＋接続法〉（que 以下が事実の場合は直説法）で「〜であることに不平を言う」という表現もある．

1217 se taire sur qch 〜について黙っている

- Elle s'est tue complètement sur la politique commerciale de son entreprise.
  彼女は，自分の会社の営業戦略について完全に口をつぐんだ．

補足 動詞 taire は日常的には代名動詞として用いられることが多い．上の熟語の形ばかりでなく，単独で次のようにして用いられる（例：Taisez-vous!「お黙りなさい」）．また，taire の過去分詞が tu であることにも留意したい．

1218 s'échapper de qch

❶ 〜から逃げる
- Ma perruche s'est échappée de sa cage.
  飼っているインコが鳥かごから逃げ出した．

❷ 漏れる
- Il s'échappe de l'eau de ce vase.　この花瓶から水が漏れている．
  L'eau s'échappe de ce vase. あるいは簡便に Ce vase fuit. と言い換えられる．

補足 ①の用法は，se sauver de qch と同義である．②の例は非人称構文．②の用法は，非人称構文以外でも用いられ，液体や気体などが漏れ出すという意味を表す．また「逃げる，脱走する」という意味には，脱獄などのほかに，次のように一時的に「抜け出す」というケースでも用いられる（例：Elle s'est échappée de la salle pour prendre un café.「彼女はコーヒーを飲むために部屋を抜け出した」）．

1219 s'inquiéter pour qn/qch 〜がどうなるか心配に思う

- Ses parents s'inquiètent pour elle.
  彼女の両親は，彼女のことを心配している．

補足「〜を心配に思う」には s'inquiéter de qn/qch という表現もあるが，s'inquiéter pour qn/qch の場合は心配する対象が人であることが多い（cf. 848）．

1220* suivre des cours　授業を受ける

▶ Je suis des cours de français ce semestre.
　私は今学期フランス語の授業を受けている．

補足　suivre には「従う，後をついていく」という意味のほかに，「（治療や授業などを）受ける」という意味がある．例文のように，直説法 1 人称単数の活用が être の活用と同じつづりなので，混同しないように注意したい（例：Qui suis-je?「私は誰か，私は誰を追いかけているか」．2 通りに解釈が可能なアンドレ・ブルトンの『ナジャ』の冒頭）．

1221 tenir à qn/qch　～に執着する，～に愛着を覚える

▶ Cet écrivain a tenu à l'argent toute sa vie.
　この作家は生涯金に執着していた．
▶ Il tient beaucoup à sa famille.　彼は家族に強い愛着を持っている．
▶ Je n'y tiens pas.　固執しません．
　文脈によって，「それを望まない，気がすすみません」とも訳せる．

補足　tenir は日常的な動詞であるが，それだけに用例が多い．自動詞で，何としても手に入れたい，手放すのは嫌だとする強い執着心，あるいは愛着を表す（cf. 854）．

1222 tenir compte de qch　～を考慮に入れる

▶ Il faut tenir compte de son âge.
　彼［彼女］の年齢を考慮しなくてはならない．
▶ En tenant compte de la situation, j'ai décidé de partir demain.
　状況を考慮して，私は明日出発することにしました．

補足　avoir égard à qch や prendre qch en considération（cf. 1659）と類義になる．人が判断材料として「～を考慮[斟酌]する」という含意．なお，2 つ目の例文は，Compte tenu de la situation, j'ai décidé de partir demain. と言い換えられる．

1223 tenir sa promesse　約束を守る

▶ Je tiens toujours mes promesses.　私はいつも約束を守ります．
　「いつも」とあるので，この例文では promesse を単数に置くのはおかしい．

補足　tenir sa parole と同義．反意表現は manquer à sa promesse「約束を破る」．

1224* tenter de+inf.　～しようと試みる

▶ Il a tenté de me convaincre.　彼は私を説得しようと試みた．

補足　essayer de+inf. と類義であるが，見出し語の方が改まった言い方．「うまくいくがどうかは判然としないが」という含みもある．また類義語に s'efforcer de+inf. があるが，tenter de+inf. より強い試みを示す（cf. 1811, 1822）．名詞形は tentative だが，tentative d'assassinat「殺人未遂」のように，こちらは不成功に終わった試みに

ついて用いる．ちなみに tentation も tenter の名詞形だが，「誘惑」の意味．混同しないように注意したい．

1225　terminer ses études à l'université　大学を卒業する

▶ En 2001, elle a terminé ses études à l'Université Paris-Sorbonne (Paris IV).
2001年に彼女はパリ＝ソルボンヌ（パリ第4）大学を卒業した．

補足 finir ses études à l'université, sortir de l'université も同義になる．見出し語は直訳すれば「大学での学業を終える」となる．なお，「大学に入学する」は entrer à l'université と表現，これは仏検4級レベルの言い回し．être admis(e) à l'université も「入学する」の意味だが，これは3級から準2級の表現になる．

1226　tirer au sort　くじを引いて決める，くじ引きをする

▶ Enfin, ils ont tiré au sort pour savoir qui avait gagné.
結局，彼らはくじを引いて勝ち負けを決めた．

補足 ちなみに「宝くじ」は loterie（女性名詞），「スポーツくじ」は loto sportif（男性名詞）と呼ばれる．なお，tirer を用いた tirer parti de qch「〜を利用する」という熟語もある．

1227* 　tourner sur la [sa] gauche　左に曲がる

▶ La voiture a tourné sur la [sa] gauche.　その車は左側に曲がった．
tourner à gauche もほぼ同義．

補足 方向・目標を表す sur の用法で sur la gauche, sur sa gauche で「左側に，左手に」の意味．反対は sur la droite. tenir la [sa] gauche は「左側通行する」の意味．

1228* 　Tout cela montre que＋直説法．
これらすべてが次のことを示している．

▶ Tout cela montre que ses chansons émeuvent les personnes au-delà des générations.
つまり彼［彼女］の歌は世代をこえて，人々の心を動かしているということだ．

補足 cela は前に出てきた話題を「そのこと」として受けることができる．この熟語を直訳すると，「前述してきたことすべてが que 以下のことを示している」という意味になる．つまり，述べてきたことをまとめるときに用いられる言い回し．

1229　transformer A en B　A を B に変える

▶ Voulez-vous transformer cette pièce en bureau?
この部屋を書斎に変えたいのですか．

補足 「A（の様態）を B に変える」の意味で，B に来るのは普通，無冠詞名詞．名詞 transformation は，変化後の様態を同じく en で導く．transformation de A en B なら「A の B への変形」となる（例：transformation du têtard en grenouille「オタマジャクシのカエルへの変態」）．

1230 tuer le temps　暇つぶしをする

▶ Je suis allé(e) au centre commercial pour tuer le temps.
暇をつぶすためショッピングモールに行った．

補足 英語でも kill time と言うが，フランス語でも「時間を殺す」という表現が「暇つぶしをする」という意味になる．なお，この熟語の temps は「（自由な）時間」という意味で，次のような場合と同様である（例：Vous avez le temps?「お時間ありますか，いま暇ですか」）．

1231 venir à l'idée　思いつく，頭に浮かぶ

▶ Ça m'est venu à l'idée en regardant la télé.
テレビを見ていて私はそれを思いついた．
▶ Il m'est venu à l'idée de partir demain matin.
明朝出発しようという考えが浮んだ．

補足 人称代名詞間接目的語 me, te, lui を添えて誰の頭に浮んだかを示す．〈il me vient à l'idée que＋直説法〉も「～ということを思いつく」の意味．

1232 venir au monde　生まれてくる

▶ Pourquoi, mon Dieu, suis-je venu(e) au monde?
神様，なぜ私は生まれて来たのでしょう．

補足 naître と同じ意味．être au monde「生きている」，mettre au monde「子どもを産む，物を生み出す」（cf. 1166）などと同じく，この monde は「この世，現世」の意味．

15 形容詞

1233* fait(e) pour qn/qch [pour＋inf.]
～向きにできている，～に適した，

▶ Cet ordinateur est fait pour les personnes âgées.
このコンピューターは高齢者向けである．
▶ Elle est faite pour être actrice.　彼女は女優業に向いている．

補足 形容詞 fait(e) は「作られた，行われた」のほかに「成熟した」という意味もある（例：fromage fait「熟成したチーズ」）．

1234* indépendant(e) de qn/qch　～から独立した，～とは無関係の

- ▶ Haïti est devenu indépendant de la France en 1804.
  ハイチは 1804 年にフランスから独立した．
- ▶ Cette affaire est indépendante de ma famille.
  この事件は私の家族とは無関係だ．

補足 indépendant(e)「独立した，自立した」は英語の independent に相当する形容詞だがスペリングの違いに注意．indépendamment de qn/qch は「～とは無関係に，～以外に」という意味になる（例：Indépendamment de son salaire, il a de gros revenus.「給料以外に，彼は莫大な収入がある」）．

1235* indifférent(e) à qn/qch

❶ ～の興味を引かない
- ▶ Votre vie privée m'est tout à fait indifférente.
  あなたの私生活はまったく興味がない．

❷ ～に無関心な
- ▶ On ne doit pas être indifférent aux questions sociales.
  社会問題に無関心であってはならない．

補足「人の興味を引く」は intéresser qn，「～に関心を抱く」は s'intéresser à qn/qch（cf. 849）と表現する．

1236　inférieur(e) à qn/qch
（数値・等級などが）～以下の，～より劣る

- ▶ Ce roman est inférieur au précédent.
  この小説は前作より劣っている．

補足 反意の表現は supérieur(e) à qn/qch（cf. 1239）．名詞の inférieur(e) は「部下，目下の人」という意味になる．

1237　pur(e) et simple　無条件の，純然たる

- ▶ Elle a opposé un refus pur et simple à ma demande.
  彼女は私の依頼を断固として断った．
- ▶ C'est une formalité pure et simple.　それは単なる形式だ．

補足 類義の表現に sans réserve, sans restriction がある．なお，見出し語と同じような構成の表現として sain(e) et sauf(ve)「無事に」という熟語もある（cf. 1238）．

1238* sain(e) et sauf(ve)　無事に

- ▶ Il est arrivé sain et sauf.　彼は無事に到着した．

補足 sain は「健康な」，sauf は「無傷の」という意味の形容詞の組み合わせ．女性単数形

は saine et sauve，男性複数形なら sains et saufs となる（例：Elles sont sorties saines et sauves de l'accident.「彼女たちは事故にあったが無事だった」．この sortir は「～から抜け出す」の意味）．

1239　supérieur(e) à qn/qch　～に勝る，優れている

▶ Il se croit supérieur à son petit frère.
彼は自分が弟より優れていると思っている．
▶ La température moyenne de cet été était supérieure à la normale.
今年の夏の平均気温は例年より高かった．

補足 supérieur(e) は位置的に「上の」の意味のほかに（例：l'étage supérieur「上の階」など），「上まわる，優れている」の意味を持つ．反意語は，inférieur(e) である（cf. 1236）．また，supérieur(e) を名詞として使うと「目上の人，上司」の意味になる．

1240　tel(le) quel(le)　あるがままの，そのままで

▶ Laissez tout ça tel quel !　全部そのままにしておいて．
▶ On ne peut pas la changer. Il faut la prendre telle quelle.
彼女は変えられないよ．ありのままに彼女を受け入れないと．

補足 かかる名詞に応じて形は変化する．なお，単独でも用いられるが，うしろに，名詞や代名詞，節なども置かれる．

1241　un(e) certain(e)＋名詞

❶ ある～，ある種の，ある程度の
▶ Elle a un certain charme.
彼女はある種の魅力［なかなかの魅力］を持っている．
❷ ～とかいう人
▶ Hier soir, je l'ai vu(e) dîner avec un certain Péraud.
ゆうべ，彼［彼女］がペローとかいう人と夕食を食べているのを見た．

補足 名詞の前で不定形容詞として使われる用例．①の用法では，名詞には「人や物」（例：un certain jour「ある日」，dans un certain sens「ある意味では」），「態度や性質」（例：un certain effet「ある種の効果」），「数量度合いの概念」（例：femme d'un certain âge「年配の女性」）が置かれる．②の用法は，固有名詞や人名と組み合わされる場合で，その人物を知らない場合か，知っていれば軽い軽蔑のニュアンスが含まれる表現になる．

1242　voisin(e) de qch

❶ ～に隣接した，～から近い
▶ Ils vivaient dans un immeuble voisin du bureau de poste.
彼らは郵便局の隣の建物に住んでいた．
▶ L'université de mon fils est voisine de la gare.

息子の通っている大学は駅のそばだ．

❷ 〜に似た，近い
▶ Elle était dans un état voisin de la folie.
彼女は狂気に近い状態にあった．
▶ Dans les années voisines de 2000, mon père a vécu en Afrique du nord.
2000 年前後，父は北アフリカで暮らしていた．

補足 voisin(e) は「隣の」を意味する形容詞で，②も抽象的な意味での近接性を表す．

16 名詞

1243 **chambre à＋数詞＋euros la nuit**
（ホテルなどの）1 泊〜ユーロの部屋

▶ J'ai réservé une chambre à 65 euros la nuit.
私は 1 泊 65 ユーロの部屋を予約した．

補足 〈chambre à＋数詞＋euros par nuit〉とも表現できるが，金銭にからむと見出し語の方が日常会話調．たとえば「キロ当たり 10 ユーロ」と表現する際に，10 euros par kilo も 10 euros le kilo どちらも使われるが，日常的には後者を用いるケースが多い．

1244* **chambre pour une personne**　1 人用の部屋

▶ Pour son voyage, Joëlle essaie de réserver une chambre pour une personne.
旅行のために，ジョエルは 1 人用の部屋を予約しようとしている．

補足 「寝室，（ホテルなどの）部屋」chambre の収容人数を表す表現．目的や用途を意味する前置詞 pour と〈数詞＋personne(s)〉によって，人数を表現できる（例：une chambre pour deux personnes avec un grand lit「ダブルベッドつきの 2 人用の部屋」）．

1245 **homme de valeur**　優れた人物

▶ Je trouve que c'est un homme de grande valeur.
私は彼を大変優れた人物だと思う．

補足 de valeur で「値打ちのある，優れた」という意味（cf. 1848）．例文のように grande をつけることで強調することができる．

1246 **mal du pays**　ホームシック

▶ Loin de sa famille, elle a le mal du pays.
家族から離れて，彼女はホームシックに苦しんでいる．

補足 mal には「気分の悪さ，不調」の意味がある．mal de qch（原因）を用いたほかの表現

に，mal de l'air「飛行機酔い」，mal de mer「船酔い」，mal de la route「車酔い」，mal des transports「乗り物酔い」，mal des montagnes「高山病」などがある．

1247* manque de ＋無冠詞名詞　～の不足，欠如

▶ Le manque de sommeil est mauvais pour la santé.
睡眠不足は健康に悪い．
▶ Ce pays souffre du manque de nourriture.
この国は食糧不足に苦しんでいる．

補足 manque は「不足，欠乏」を意味する男性名詞．〈par manque de＋無冠詞名詞〉（cf. 1037）は「～がないので」，〈en manque de＋無冠詞名詞〉は「～が不足した」という意味になる（例：Par manque d'argent, je ne peux pas acheter de voiture.「お金がないので，私は車を買うことができない」，enfant en manque d'affection「愛情に飢えた子ども」）．

1248* point de départ　出発点，始まり

▶ Une fin, c'est aussi un autre point de départ.
ひとつの終わり，それは新たな始まりでもある．

補足 départ は「出発，始まり，最初」を表す男性名詞．ほかに plan de départ「最初の計画」，salaire de départ「初任給」などを覚えておきたい．

1249* service compris　サービス料込み

▶ Ce n'est pas cher, cette formule. Ça coûte 11 euros, service compris.
この定食は安いね．サービス料込みで 11 ユーロだよ．

補足 カフェやレストランなどのメニューによく見られる語で，チップが料金に含まれているという意味．この表記がある場合にはチップを払う必要はないが，もちろん気持ちのよいサービスを受けた場合にはチップを払ってよい．反対に，サービス料が含まれていない場合には，service non compris や le service est en sus などと表記される．

1250 une grande [bonne] partie de qch　～の大部分

▶ J'ai déjà lu une grande [bonne] partie de ce roman historique.
私はこの歴史小説のほとんどをすでに読んだ．

補足 une majeure partie de qch とも言える．une partie de qch で「～の一部」という意味になるが，そこに grande や bonne がつくと「～の大部分」という意味になる（cf. 897）．関連する表現に，en grande partie「大部分は，多くは」がある．

17 不定代名詞 （問題4対応）

1251* chacun(e) de＋人称代名詞強勢形　～のそれぞれ，めいめい

▶ Chacune d'elles a donné son avis pendant la classe.
授業中に，彼女たちそれぞれが意見を述べた．
▶ Chacun(e) de nous paiera sa part.
私たちそれぞれが自分の分を払いましょう．
Nous paierons chacun(e) notre part. とも言い換えられる．

補足 〈chacun(e) d'entre＋人称代名詞強勢形〉の形もある．主語のケースは例のように3人称単数として扱う．

1252* quelqu'un d'autre　ほかの誰か

▶ Tu ne peux pas demander ce service à quelqu'un d'autre?
その用事をほかの誰かに頼めないの？

補足 quelqu'un に形容詞を添える際には de を介して〈de＋形容詞男性単数形〉の形で用いる（例：quelqu'un de très intelligent「とても頭のいい人」）．

18 接続詞句 （問題7対応）

1253* alors que＋直説法　（対比・対立）～であるのに，～なのに

▶ Alors que je travaillais, mon mari buvait avec ses camarades.
私は働いていたのに，夫は同僚と酒を飲んでいた．

補足 tandis que で書き換えられる．なお，〈alors (même) que＋条件法〉「たとえ～でも」という表現もある．この場合は帰結節も条件法になる（例：Alors même que je le voudrais, je ne le pourrais pas.「そうしたいと思っても，私にはできません」）．

1254* comme si＋直説法　まるで～であるかのように

▶ Le patron parle toujours comme s'il connaissait la réponse.
オーナーはいつも相手の返事を心得ているかのように話す．
▶ Il a continué de parler comme si rien ne s'était passé.
彼はまるで何もなかったかのように話を続けた．

補足 主節と同時性の内容なら半過去，主節以前に完了した内容であれば大過去が使われる．〈faire comme si＋直説法〉は「まるで～であるかのようにふるまう」の意味（例：Mon fils a fait comme s'il ne m'entendait pas.「息子は私の言うことが聞こえないようなふりをした」）．

1255* jusqu'à ce que＋接続法　〜するまで

▶ J'attendrai ici jusqu'à ce qu'elle vienne.
彼女が来るまで私はここで待っています．

補足 類似の表現に〈jusqu'au moment où＋直説法〉「〜する時まで」がある．見出し語と違って que 以下は直説法である点に注意（例：J'ai continué à marcher jusqu'au moment où il a fait nuit. 「私は夜になるまで歩き続けた」）．

1256　maintenant que＋直説法　〜である今は，今では〜だから

▶ Maintenant qu'il est marié, il doit gagner sa vie.
彼は結婚したのだから，稼がなくてはならない．
▶ On va pouvoir sortir, maintenant qu'il fait beau.
さあ天気がよくなったから，外へ出かけられる．

補足 puisque は類義語．なお，この熟語には単純未来と前未来は用いないが，複合過去や半過去は使える（例：Maintenant qu'on a fini le travail, on pourrait aller prendre un pot. 「仕事も終えたことだし，1杯飲みに行きましょうか」）．

1257　sans que＋接続法

❶ 〜することなしに，〜しないうちに

▶ Elle est partie sans que personne ne le sache.
彼女は誰にも知られずに出発した．

❷（主節が否定文の場合）〜 せずには〜しない，かならず〜する

▶ Il ne peut pas sortir sans que sa mère (ne) le presse de questions.
彼が出かけるときには，きまって母親があれこれ聞いてくる．

補足 que 節の中の動詞は接続法になることに注意．この表現は，主節と従属節の主語が異なる場合に用いるが，主語が同じ場合には，sans＋inf. で「〜せずに」という意味を表現できる（例：Elle est partie sans dire un mot. 「彼女は何も言わずに出発した」）．

1258　si bien que＋直説法　その結果〜である

▶ Elle mange trop, si bien qu'elle grossit.
彼女は食べ過ぎるから，それで太るんだ．

補足 〈avec ce résultat que＋直説法〉に類した表現で，前提から導かれる「結果」を誘導する表現．強調するときには〈tant et si bien que＋直説法〉が使われる．なお言うまでもないが，si のない〈bien que＋接続法〉の形は，「〜であるにもかかわらず」という意味の熟語になる（cf. 919）．

19 その他

1259* 数字＋fois plus＋形容詞・副詞の比較級（＋que qn/qch）
（〜よりも）〜倍〜だ

▶ Elle mange deux fois plus que moi.　彼女はぼくの倍食べる．
▶ Ce salon est cinq fois plus grand que l'autre.
　この客間はもうひとつの客間の5倍広い．

補足 ただし，deux fois plus の形で「2倍」ではなく，beaucoup plus の意味で用いられることもある（例：Il était deux fois plus confus.「彼はもっと当惑していた」）．

1260 名詞＋de rêve　あこがれの〜，夢のような〜

▶ On a fait un voyage de rêve à Paris.　夢のようなパリ旅行をした．

補足 「理想的な，非現実的な」という意味合いで用いられることもある（例：vacances de rêve「夢のような[理想的な]ヴァカンス」，une créature de rêve「ものすごい美人」）．

1261 期間（時間的要素）＋avant　（時間）前に，以前に

▶ Ma tante est morte le 15 janvier. Je l'avais vue dix jours avant.
　叔母は1月15日に亡くなった．私はその10日前に彼女に会っていた．

補足 見出し語は「（現在以外の時点，言い換えれば過去か未来の時点から）〜前に」（英語の before に相当）の意味で使われる副詞．「（今から）〜前（に）」を表す il y a（英語の ago にあたる）とは異なる（例：Je suis arrivé(e) à Paris il y a une semaine「1週間前にパリに着いた」）．

1262 期間（時間的要素）＋plus tard　（それから）〜後に

▶ La réunion suivante a eu lieu une semaine plus tard.
　次の会合はそれから1週間後に開かれた．
　une semaine après と同義．

補足 見出し語は「（現在以外の時点，言い換えれば過去か未来の時点から）〜後に」の意味で使われる副詞．「（今から）〜後に」を表す前置詞の dans とは違う．なお，期間をつけずに plus tard のみで用いることもある．その場合には，漠然と「後に」という意味で，「すぐ後」から「将来」まで時間的に幅広い意味を表現できる（例：On verra ça plus tard.「また後で検討いたしましょう」）．あわせて au plus tard は tard が名詞として使われた表現で「遅くとも」の意味になる．

1263* bien du [de la]＋単数名詞／bien des＋複数名詞
数多くの〜，たくさんの〜

▶ Mon père a bien des ennuis en ce moment.

父はいまたくさんの悩みを抱えている.
▶ Michel a eu bien du mal à se faire comprendre.
ミッシェルは自分を理解してもらうのにとても苦労した.
補足〈beaucoup de＋無冠詞名詞〉と類義だが見出し語は不可算名詞には使えない. また, その場に限る動作に使われ, 習慣的・恒常的な内容を示すことはしないし, 否定文では使わない. また, 単数名詞の場合には抽象名詞が用いられる例が大半.

1264* ce temps-là その頃

▶ Nous sommes devenu(e)s de grands ami(e)s depuis ce temps-là.
その頃から, 私たちは大の親友になった.
補足 temps は男性名詞で,「時, 時間」という基本的な意味に加えて「時期, 時代」も意味する語. なお, -là の対語である- ci をつけた ces temps-ci は「最近, 近頃」の意味.

1265 comme tout 非常に, 実に

▶ Ma petite amie est belle comme tout! 僕の恋人は実に美しい.
▶ C'était amusant comme tout. それはすごく面白かった.
補足 形容詞のうしろに置いて意味を強調するくだけた言い回し. なお, 見出し語を逆にした tout comme は「まったく同様に」とか「ほとんど〜も同然である」の意味になる（例: C'est tout comme.「それはほとんど同じだ」＝C'est la même chose.）.

1266 d'ailleurs

❶ それに, そもそも, その上
▶ Je ne veux pas acheter ce parfum. Il est trop fort. Et d'ailleurs, il est trop cher.
この香水は買いたくない. 匂いはかなりきつい. それに値段が高すぎる.
この例文で言えば,「買いたくない」理由1と理由2をつなぐ言葉として d'ailleurs が使われる. そして d'ailleurs でつながれた理由2が, 話者の言いたいポイント（「ほかの理由や条件はさておいて」という含意）.

❷ もっとも〜ではあるが, ただし
▶ Thomas a fini par faire faillite, d'ailleurs, c'est bien ce que je lui avais prédit.
トマはとうとう破産した, もっとも, 前々からそうなるって私は言ってましたが.
前文に対して,「もっとも[ただし]〜」と話者の考え・例外・説明・条件などをつけ加える.

❸ ある面では〜であるが, 〜であると認めるが
▶ Son raisonnement, d'ailleurs intéressant, ne m'a pas vraiment convaincu(e).
彼[彼女]の推論は興味深いものではあるが, 私はあまりうなずけなかった.

最終の判断（うなずけない）の正当性を補完する意図から，あえて結論とは対立する要素（興味深い）を挿入する言い回し．

❹ ほかの場所[国]から，ほかの原因で
- ▶ Ces légumes viennent d'ailleurs.　この野菜は外国産[輸入品]です．
- ▶ Ton échec vient d'ailleurs.　君の失敗はほかに原因がある．
  ④は多くが venir d'ailleurs の形をとる．

補足 ailleurs は副詞で，「他の場所に，よそに」という意味．

1267* d'ordinaire　普段，いつもは

- ▶ D'ordinaire, je dîne vers 18 heures, mais aujourd'hui, c'est exceptionnel.
  ふだん，私は午後6時ごろ夕飯を食べるが，今日は特別だ．

補足 à l'ordinaire や d'habitude(cf. 546) も同義．en général は「一般に」の意味．ちなみに，comme à l'ordinaire は「いつものように」（=comme d'habitude）という熟語（例：Elle s'est levée tôt comme à l'ordinaire.「彼女はいつものように早起きした」cf. 925）．

1268* généralement parlant　一般的に言えば

- ▶ Généralement parlant, les Japonais sont travailleurs.
  一般的に言って，日本人は勤勉である．

補足〈-ment で終わる副詞＋parlant〉で「～的に言えば」という意味になる（例：historiquement parlant「歴史的に言えば」, franchement parlant「率直に言って」＝à franchement parler, franchement dit）．

1269* n'importe comment
どんな風にでも（かまわずに），でたらめに

- ▶ Ma fille s'habille n'importe comment.　私の娘は勝手きままな服装だ．
- ▶ Ils travaillent vraiment n'importe comment.
  彼らは本当にいい加減な仕事をする．

補足〈n'importe＋疑問詞〉のパターン（cf. 934, 1270, 1271, 1893, 1894）．

1270* n'importe où　どこでも（かまわずに）

- ▶ Ça se trouve n'importe où.　これはどこにでもある．

補足 この熟語は関係詞としては使えない．たとえば，「村のある所には決まって神社がある」と表現する際，Partout où il y a un village, il y a aussi un sanctuaire shinto. とは言えるが，(×)N'importe où il y a un village とは言えない．

1271: n'importe quand　いつでも（かまわない）

▶ Je peux partir n'importe quand.　いつでも出発できます.
▶ Venez n'importe quand !　いつでも来てください.
補足 n'importe quel jour なら「何日[何曜日]でも」, n'impotre quel moment で「いつでも」の意味になる.

1272* non seulement A mais aussi B　A だけではなく B もまた

▶ Il a perdu non seulement son billet d'avion mais aussi son passeport.
彼は航空券だけではなく，パスポートも無くしてしまった.
補足 英語の not only A but also B に相当する. non seulement A mais encore B の形でも用いられるし, non seulement が省かれることもままある（例：Mon père, mais aussi ma mère étaient là.「父だけではなく母もまたそこにいた」）.

1273* nulle part　どこにも（〜ない）

▶ Ma patrie, je ne l'ai nulle part sur la terre.
わが祖国はこの世のどこにもない.
補足 nul(le) は「いかなる〜」. ne (あるいは sans) とともに用いられて「いかなる〜もない」となる. nul を使ったほかの表現に nul doute「きっとそうだ」がある（例：Nul doute qu'il aime Léa.「彼は間違いなくレアを愛している」）.

1274* plus ou moins　多かれ少なかれ，ある程度

▶ Tout homme est plus ou moins ambitieux.
どんな人にでも多かれ少なかれ野心はある.
補足 うしろに名詞を伴う場合は〈plus ou moins de＋名詞〉の形にする（例：Ils ont plus ou moins d'expériences culinaires.「彼らはある程度の料理の経験はある」）.

1275: quand même

❶ それでも，それにしても

▶ Elle ne se sentait pas bien mais elle s'est levée quand même.
彼女は気分が優れなかったけれど，それでも起きた.
意味は néanmoins, toutefois, cependant に近い.
▶ Tu aurais quand même pu me téléphoner.
それにしたって，電話くらいできそうなものじゃないか.
▶ Merci quand même.　とにかくありがとう.

❷ まったくもう

▶ Tu exagères, quand même !　まったくもう，度が過ぎるぞ.

補足 どちらも tout de même に置き換えられる（例：Tout de même, il est encore en retard!「まったく，彼はまた遅刻なのか」）．

1276 **quelque part**　どこかに[で]

▶ Tu ne trouves pas ton portable? Il est quelque part dans la maison, cherche bien!
携帯電話が見つからない？ 家のどこかにあるよ，ちゃんと探して．
▶ Est-il parti quelque part?　彼はどこかへ行ったの．
補足 quelque は「何らかの」を意味する形容詞である．なお，「どこにも（〜 ない）」は nulle part となる（cf. 1273）．

1277 **Qu'est-ce que vous dites de qn/qch?**
〜はどう思いますか．

▶ Qu'est-ce que tu dis de livres d'images comme cadeau d'anniversaire pour Nicolas?
ニコラの誕生日プレゼントに絵本はどうかな．
▶ Qu'est-ce que vous dites de notre projet?
私たちの計画をどう思いますか．
補足 疑問詞 que と dire の組み合わせ．Que dites-vous de qn/qch? も可．相手に何かを提案するときなどに用いることができる．条件法を使うと「勧誘」のニュアンスになる（例：Qu'est-ce que vous diriez d'un petit voyage à Kyoto?「ちょっと京都でも旅してみるのはいかが」）．

1278 **quoi qu'il arrive**　何が起ころうとも

▶ Ne bougez pas d'ici, quoi qu'il arrive!
たとえ何が起ころうと，ここを動かないで．
補足 〈quoi que+接続法〉で「（たとえ）何を〜しようと，何であろうと」の意味．ほかに，quoi que ce soit「それが何であろうと」，quoi qu'on dise「人が何と言おうと」，あるいは quoi qu'il en soit「いずれにせよ，どうであれとにかく」などの表現がある．

1279 **sens dessus dessous**　上下逆さまに，裏表に

▶ Ce tapis était posé sens dessus dessous.
あのカーペットは表裏逆さまに敷いてあった．
▶ En désordre, la pièce était sens dessus dessous.
散らかっていて，部屋はめちゃくちゃだった．
補足 à l'envers は「（上下・左右・裏表）逆に」といういわばオールマイティーだが，見出し語もいろいろな方向に使われる．なお「前後逆さまなら」こんな言い方ができる（例：Il portait son chapeau (sens) devant derrière [à l'envers].「彼は帽子を前後逆さ

まにかぶっていた」).

1280* tant de ＋無冠詞名詞　（それほど）多くの～

▶ J'ai encore tant de choses à faire.　まだやることがいっぱいある.

補足〈beaucoup de＋無冠詞名詞〉と類義ではあるが，単に「多くの」というより，「それほど[あれほど]多くの」という強意で使われる．de のうしろの名詞は「数えられる名詞（可算名詞）」ならば複数形になる．ほかに tant de fois「何度となく」などの表現がある．

1281　tôt ou tard　遅かれ早かれ

▶ Tôt ou tard, il saura la vérité.　遅かれ早かれ彼は真実を知るだろう.

補足 tôt と tard は反意語の関係にあたる．この 2 つの副詞は，au plus tôt「早くとも」と au plus tard「遅くとも」という同じ形の熟語がある．ただし，au plus tôt には「できるだけ早く」という意味もあるので注意（au plus tard にはそうした用法はない）.

1282* un jour

❶（過去の）ある日

▶ Un jour il m'a envoyé une lettre.
ある日，彼は私に手紙を送ってきた.

❷（未来の）いつか，そのうちに

▶ On se verra un jour.　いつかお会いしましょう.

補足 過去のことについて述べられているケースと未来のことについて述べられているケースとでは，意味が異なるので注意．ほかに②と似たような意味で，un jour ou l'autre「いつかそのうちに」や別れの挨拶で A un de ces jours!「ではまた近いうちに」(cf. 945) という言い回しもある．

1283* un peu partout　方々を，あちこちを

▶ Nous avons voyagé un peu partout dans le monde.
私たちは世界中あちこちを旅行した.

補足 partout「いたる所」に比べて断定的ではなく，広く「あちこち，いろいろな場所」という意味で用いられる．

1284* un(e) drôle de＋無冠詞名詞

❶奇妙な

▶ C'est une drôle d'idée.　それはおかしな考えだ.

❷たいした，すごい

▶ Elle a montré une drôle de patience.　彼女は大変な辛抱をした.

補足 冠詞の性数は de 以下の名詞に一致する．①は「奇妙な，変な」という形容詞 drôle の意

味をそのまま持っているが，②は口語的な用法で「大変な，すごい」という程度の強調．

1285 y compris qn/qch　〜を含めて

▶ Tout le monde était là, y compris mon ex-femme [ancienne femme].
私の元の妻を含めて，全員そこにいた．

補足 この compris は comprendre「含む，理解する」の過去分詞．うしろに置かれる名詞の性数には影響されない（ただし，名詞のうしろに置かれると性数変化するので，例文を書きかえると，Tout le monde était là, mon ex-femme [ancienne femme] y comprise. となる）．

2級
Niveau 2

1. 会話文・応答文
2. 前置詞 à
3. 前置詞 avec
4. 前置詞 de
5. 前置詞 dans
6. 前置詞 en
7. 前置詞 par
8. 前置詞 pour
9. 前置詞 sans
10. 前置詞 sous
11. 前置詞 sur
12. 前置詞その他
13. avoir を使った表現
14. être を使った表現
15. faire を使った表現
16. donner を使った表現
17. mettre を使った表現
18. prendre を使った表現
19. 非人称構文
20. 動詞
21. 形容詞
22. 名詞
23. その他

1 会話文・応答文

1286* Au travail!　さあ仕事にかかろう，仕事にかかれ．

▶ La pause est terminée. Allons, au travail!
休憩はおしまい．さあ，仕事，仕事．

補足 travail は「仕事」を表すのに最も広く用いられる語．boulot も同じ意味だが，くだけた表現．au travail の形で使われるのはほかに，être au travail「仕事中である」，se mettre au travail「仕事にとりかかる」などがある．

1287 Aucune idée.　さっぱりわかりません．

▶ Tu as une idée du cadeau qu'on peut faire à Manon? ― Aucune idée.
「マノンにしてあげられるプレゼントで何かいい考えはない」「全然思いつかない」

補足「どんな～も～しない」〈ne...aucun(e)＋名詞〉の一部を切り取った表現．Je n'ai aucune idée.「どんな考えも浮かばない」が略されたと考えればわかりやすい．

1288 C'est ma tournée.　私のおごりだ，私がおごろう．

▶ C'est ma tournée. A ta santé!　僕がおごるよ．乾杯．

補足 この tournée は「(カフェなどでの) おごり」の意味．C'est moi qui paye [paie, régale].「(払うのは私だ，ごちそうするのは私だ→) おごります」と同じ．なお，「おごってくれる?」と相手に言いたいなら，Tu m'invites?（招待してくれる?）が簡便．ただし，Tu as du culot!「あつかましいな」とやり返されるかも……．

1289 Ça m'étonnerait.　まさか，そんな馬鹿な．

▶ Il a échoué aux élections? Ça m'étonnerait.
彼が選挙に落ちた? そんな馬鹿な．

補足 Ça m'étonne.「それは意外だ」に比べて，相手の発言に対する保留の含意，実現の可能性は薄いという思い，つまり「実現したら自分はびっくりするだろう」という気持ちが条件法現在にこめられている．〈Cela m'étonne [Cela m'étonnerait] que＋接続法〉「～には驚く，～はありそうにない」という形もある（例：Cela m'étonnerait qu'elle vienne.「彼女が来るとは驚きだ」）．

1290 Ça promet!　先が思いやられる．

▶ Il pleut déjà en mai, ça promet pour la saison des pluies!
5月にもう雨，梅雨が思いやられるな．

補足 会話で皮肉な言い回しとして使われる．なお，動詞 promettre はこの言い回しでは，「(目的語なしで) 兆しなどから見て確かな見込みがある，予期[期待] させる」という意味

になる．

1291* Ce sera tout.　それで全部です．

▶ Un sandwich au jambon et un café, ce sera tout? ―Oui, c'est tout.
「ハムサンドひとつとコーヒー 1 杯，以上ですか」「はい，そうです」

補足 C'est　tout．よりも丁寧なニュアンスを必要とする場面で使われることが多い（cf. 451）．また，授業の最後に，教師が Ce sera tout．と口にすれば「今日の授業はここまで」の意味になる．

1292　C'est selon.

❶ **それは場合による，場合によりけりだ．**

▶ Tu viens avec moi? ―C'est selon.　「一緒に来る?」「場合によるね」
Ça dépend (des cas). と同義．

❷ **さあどうなるか．**

▶ On va à la piscine la semaine prochaine? ―C'est selon.
「来週，プールに行こう」「さあ，その時にならないと」

補足 見出し語はやや古めかしく，実際の使用頻度はそれほど高くない．

1293　C'est un risque à courir.　一か八かやってみる．

▶ Essayer encore une fois, c'est un risque à courir.
もう 1 度やってみる，一か八かだよ．

補足 courir　un　risque「危険を冒す」から派生した表現．「一か八かやってみる」は risquer le tout pour le tout, risquer le coup といった表現もある．また，「一か八かの勝負に出る」なら jouer son va-tout といった決まり文句もある．

1294　C'est vrai, mais …　たしかにそうだけど……

▶ C'est vrai, mais tu dois travailler plus.
たしかにそのとおりだが，でも君はもっと働かなくてはならないよ．

補足 相手の意見に耳を傾けている態度を表しながらも，自分の考えを押し通したいときに用いる言い回し．

1295　Il y a du progrès.　前よりよくなっている，調子よくいっている

▶ Bravo! Il y a du progrès.　いいぞ．よくなりつつあるよ．

補足 話し言葉で用いられる．同義の表現に Ça va mieux. がある．

2 前置詞 à

1296　(à) moitié prix　半額で，半値で

▶ Tu as vraiment acheté cet ordinateur (à) moitié prix?
君はこのコンピューターを本当に半額で買ったの？

補足 à を省略して moitié prix としても意味は同じ．関連表現に，à bas prix「安値で」，à bon prix「いい値段で」などがある（例：acheter à bon prix「安く買う」，vendre à bon prix「高く売る」）．

1297　à (la) condition de＋inf. [que＋直説法未来形/接続法]
〜という条件で，もし〜ならば

▶ Tu pourras partir en voyage à condition de réussir ton examen.
試験に受かったら旅行に出かけてもいいよ．
▶ Nous irons au cinéma à condition que tu sois sage.
お利口さんでいられるなら，みんなで映画を観に行きましょう．

補足 sous condition de＋inf. でもほぼ同じ意味を表すことができる．

1298　à [au] titre de＋無冠詞名詞　〜の資格[肩書き]で，〜として

▶ Il travaille dans une usine à titre de comptable.
彼は工場で経理担当として働いている．
▶ Il a cité un autre exemple à titre de comparaison.
彼は参考のために別の例をあげた．

補足 à quel titre は「どんな権利[資格]があって」の意味（例：A quel titre fais-tu cette demande?「どんな権利があってそんな要求をするの」）．また，〈à titre＋形容詞〉の形もある（例：à titre personnel「個人の資格で」，à titre gratuit「無料[無償]で」，à titre posthume「死後に」）．

1299　à＋数詞＋時間の単位＋de marche (d'ici)
（ここから）歩いて〜のところに

▶ Le métro est à cinq minutes de marche d'ici.
地下鉄はここから歩いて5分のところです．

補足 marche は女性名詞で「歩くこと」（ちなみに faire de la marche で「ウォーキングする」の意味）．類似の表現に，cinq minutes à pied「歩いて5分」がある．

1300　à bas taux d'intérêt/à taux d'intérêt bas　低金利で

▶ J'ai demandé à la banque un prêt à bas taux d'intérêt.
私は銀行に低金利の貸しつけを頼んだ．

補足 この taux d'intérêt は「金利」の意味．bas は形容詞で女性形は basse．主に名詞の前で用いられて「（数値・価値が）低い，安い」という意味．ほかに，à bas prix「安値で」，à basse température「低い温度で」などを記憶したい．反意の「高金利で」は à taux d'intérêt élevé という (cf. 1916)．

1301 à base de ＋無冠詞名詞　〜を主成分[ベース]にした

▶ C'est un cocktail à base de gin.　これはジンベースのカクテルです．
補足 base は女性名詞で「基礎，（複合物の）主成分，ベース」．この表現では，base も de に続く名詞もともに無冠詞で用いられる．

1302 à belles dents　食欲旺盛に，がつがつと

▶ Comme j'avais très faim, j'ai mangé à belles dents.
とてもお腹が空いていたので，がつがつ食べた．
補足 à pleines dents もほぼ同じ意味．また見出し語は「激しく，手厳しく」という意味もある（例：déchirer [mordre] qn à belles dents「人をこき下ろす，人に毒舌を浴びせる」）．

1303 à bon droit　正当に，当然のこととして

▶ Notre opinion peut à bon droit vous paraître un peu déraisonnable.
私たちの意見は，あなたにはやや乱暴だと思われて当然です．
補足 この場合 droit は男性名詞で「権利」という意味．類義の表現に en toute justice や avec raison がある．

1304 à bout de ＋無冠詞名詞　〜が尽きた，〜の限界だ

▶ Elle était à bout de nerfs.　彼女はひどくいらだっていた．
補足 être à bout で「（我慢や頑張りの）限界である」の意味．〈de＋無冠詞名詞〉を添えれば，限界の内容を特定化できる．例文は，être à bout de nerfs で「怒り心頭に発している，神経が高まっている」の意味．類例に，à bout de souffle「（具体的・比喩的に）息切れして」，à bout de patience「我慢の限界で」，à bout de force(s)「力尽きて」，à bout de ressources「万策尽きて」などがある．

1305 à caractère ＋形容詞　〜な性格を帯びた，〜的な

▶ Au Japon, le nouvel an est une fête à caractère familial.
日本では，元旦は家族で祝う祝日である．
補足 caractère は男性名詞で「（事物の）特徴，性格」という意味．この表現では無冠詞で用いられる．

1306 à chaque [tout] instant　絶えず，しょっちゅう

▶ Au volant, il faut faire attention à chaque instant.
運転中は常に注意を払わなければならない．
▶ Il se plaint à tout instant.　彼はしょっちゅう不平を言っている．
補足 à tout moment, n'importe quand は類義語．

1307 à coup sûr　確実に，間違いなく

▶ On va réussir à coup sûr.　確実に成功するだろう．
補足 副詞 certainement が類義語．

1308 à court [moyen, long] terme　短期[中期，長期]の

▶ C'est un projet à long terme.　これは長期の計画です．
補足 terme は男性名詞で「期限，期日」．この表現では court などの形容詞が先に立ち，terme は無冠詞で用いられる．「短期[中期，長期]的には」という副詞的な意味にも用いられる（例：A court terme, la consommation est à la hausse.「短期的に見れば，消費は上向きだ」）．

1309 à défaut de qch [de+inf.]
〜がなければ，〜しなければ，〜の[〜する]代わりに

▶ A défaut d'une chambre à deux lits, on peut réserver deux chambres individuelles.
ツインの部屋がないのなら，シングル2部屋を予約してもいい．
▶ A défaut d'aller au théâtre, il va au cinéma.
彼は芝居を見に行く代わりに，映画を見に行く．
補足 défaut は男性名詞で「欠如，不足」．この表現では無冠詞で用いられて，à défaut「それがなければ，さもなくば」という意味．何が欠如しているのかは de qch [de+inf.] を添えて表す．なお à défaut de mieux は「（それ以上のものがないのなら）やむを得ず，次善の策で」という意味で，mieux は無冠詞の男性名詞で「よりよいこと[もの]」．

1310* à destination de＋場所　〜行きの，〜に向けて

▶ Le prochain vol à destination de Narita partira à 13 heures 30.
次の成田行きの便は13時30分発です．
補足 前置詞 pour の類義語．場所を表す名詞を従える．

1311 à deux pas (de qch)　(〜の)すぐ近くに

▶ Elle habite à deux pas de chez nous.

彼女はうちのすぐ近くに住んでいる．

補足 pas は男性名詞で「歩み，歩幅，短い距離」．この表現における deux は本来の「2」の意味を離れて，à deux pas（あるいは à trois pas，à quatre pas とも言う）で「（2歩で→）すぐ近くに」という意味．ほかに，à deux pas d'ici「ここから目と鼻の先に」も頻度が高い．

1312　à domicile　自宅へ，自宅で

▶ Vous livrez à domicile?　（店で）自宅に届けていただけますか．

補足 domicile は男性名詞，主に行政用語で用いられて「現住所，住居」を表す語．この熟語では無冠詞で用いられ，ほかにも多様な言い回しで使われる（例：livraison à domicile「宅配」，payable à domicile「着払いで」，vente à domicile「訪問販売」，travailler à domicile「内職する」など）．

1313　à fond　徹底的に，完全に，深く

▶ Ce professeur connaît l'histoire littéraire du Japon à fond.
あの先生は日本文学史を知りつくしている．
▶ Il faut examiner cette question à fond.
この問題は徹底的に検討しなければならない．
▶ Respirez à fond!　（はーい）深呼吸してください．
respirer à fond で「深呼吸する」．

補足 fond は男性名詞で「底，奥」．この表現では無冠詞で使われる．ほかに étudier qch à fond「～を徹底的に研究する」，nettoyer qch à fond「～を隅々まで掃除する」といった表現に用いられる．à fond de train は「全速力で，大急ぎで」という意味．定冠詞のついた au fond は「実のところ，結局は」という意味なので混同しないように（cf. 1365, 507）．

1314　à force de＋無冠詞名詞 [de＋inf.]
何度も～を重ねたので，大いに～したので[すれば]

▶ Vous allez vous rendre malade à force de boire!
そんなに飲んでばかりだと病気になりますよ．

補足 別例に à force de patience「辛抱に辛抱を重ねて」，à force de travail「一生懸命働いて」などを覚えたい．なお，de 以下を省き，à force だけで「何度も繰り返すうち，ついには」というくだけた表現になる．

1315　à intervalles réguliers　定期的に

▶ Il m'écrit à intervalles réguliers.　彼は私に定期的に手紙をよこす．

補足 「規則的な間隔で」という意味を表す．intervalle は無冠詞の複数形で用いられる．類義の表現に à intervalles rapprochés「間隔を詰めて」がある．なお，「等間隔で」なら à un intervalle égal となる (cf. 1418).

1316　à la hauteur de qn/qch

❶ ～の高さに，～と同じ高さ[緯度]に
▶ La danseuse a levé la jambe à la hauteur des yeux.
女性ダンサーは足を目の高さまで持ち上げた．
▶ Nagoya est à la hauteur de Los Angeles.
名古屋とロサンゼルスは緯度が同じだ．

❷ ～の位置に，場所に
▶ Je t'attends à la hauteur de la gare.　駅のところで君を待っているよ．

❸（能力などが）～に比肩しうる，～と同水準の
▶ Personne n'est à la hauteur de ce peintre de talent.
この才能ある画家に比肩しうるものは誰もいない．

❹（事態や任務などに）対応する能力がある
▶ Léon n'est pas à la hauteur de cette mission.
レオンはこの任務を遂行する能力がない．

補足　類似の表現として〈à hauteur de＋無冠詞名詞〉「～の高さに」がある（例：à hauteur d'homme「人の背丈ほどの」）．また à la hauteur のみで「有能な」という意味になる（例：homme à la hauteur「有能な男」）．hauteur は「高さ」や「高所」のほかに「気高さ」や「尊大さ」という意味もある（例：hauteur d'âme「魂の高尚さ」, avec hauteur「横柄に」）．

1317* à la légère　軽率に，軽々しく

▶ Ils concluent à la légère.　彼らは軽々しく結論を出す．
légèrement, imprudemment などと同義．

補足　形容詞 léger(ère)「軽い，軽率な」は，この表現では定冠詞とともに女性形で用いられる．de manière légère「軽率なやり方で」は類義．parler à la légère「軽はずみなことを言う」など覚えておきたい言い回しがある．

1318　à la manière＋形容詞 [de＋名詞]
～式に[の]，～風に，～のように[な]

▶ Ils élèvent leurs enfants à la manière française.
彼らはフランス式で子どもを育てている．
見出し語の省略形〈à la＋形容詞（女性）〉でも「～風の[に]」の意味になるので，この例は à la française「フランス風に」と言い換えられる．

▶ Il parle à la manière d'un maître.　彼は教師のような話し方をする．
〈à la façon de＋名詞〉とほぼ同義．

1319 à la manque　でき損ないの，ダメな

▶ C'est un peintre à la manque.　あいつはヘボな絵描きだ。
補足 通常，manque は男性名詞で「不足，欠如，欠陥」の意味だが，女性名詞としてはこの熟語表現でのみ会話で用いられる．ただし，見出し語の頻度はそれほど高くない．

1320 à la mesure de qch　〜に釣り合った，相応の

▶ Ce travail n'est pas à la mesure de ta compétence.
この仕事は君の能力に見合っていない．
補足 en proportion de qch「〜に応じて，比例して」は類義語．所有形容詞を用いて un adversaire à sa mesure「自分の力に見合う相手，好敵手」といった使い方もできる．

1321* à la perfection　完璧に

▶ Ce soir, elle a joué du piano à la perfection.
その晩，彼女は完璧にピアノを演奏した．
▶ Madame Suzuki parle français à la perfection.
鈴木さんはフランス語を完璧に話す．
補足 parfaitement と同義の副詞句．

1322 à la pointe de qch　〜の最先端の

▶ A cette époque-là, il était à la pointe de la mode.
当時，彼は流行の最先端にいた．
▶ Mon professeur est toujours à la pointe de l'actualité.
私の先生はつねに最新のニュースに通じている．
補足 女性名詞 pointe はこの場合「(尖った物の) 先端，先頭」を表す語だが，ほかに「ピーク，最大限」という意味もある．

1323 à la portée de qn　人の理解力[経済力]の届く範囲に

▶ Cet article de luxe n'est pas à la portée de tout le monde.
その高級品は誰もが手に入れられるものではない．
▶ Mettez-vous à la portée de vos auditeurs.
聴衆がわかるレベルに合せてください．
補足 最初の例文は accessible à qn と類義．2つ目の例は au niveau de qn と類義．à portée de main [voix, etc.] も参照のこと (cf. 976)．

1324 à la recherche de qn/qch　〜を探して

▶ Il est à la recherche d'un emploi depuis six mois.

彼は半年前から職を探している．
chercher un emploi と同じ意味．

補足 マルセル・プルーストの傑作『失われた時を求めて』*A la recherche du temps perdu* も記憶したい．

1325　à la vue de qn/qch

❶ ～を見て，見ると
▶ Il a rougi à la vue de cette scène d'amour.
そのラブシーンを見て彼は赤くなった．

❷ ～の見ているところで
▶ Mon ami s'est fait réprimander par le professeur à la vue de tous.
友だちが，みんなが見ているところで先生にしかられた．

補足 la vue は「視覚」(例：avoir une bonne [mauvaise] vue「目がいい[悪い]」，avoir la vue faible「視力が弱い」) や「眺め」(例：une chambre avec vue「眺めのよい部屋」) といった意味で使われるが，la vue de qn/qch の形をとると「～(の姿)を見ること」の意味になる．なお，例文の à la vue de tous「公衆の面前で」の de の後の tous は見る行為の主体を指す．

1326　à l'aide de qch　～を使って，用いて

▶ Ma mère faisait la cuisine à l'aide de ce livre de recettes.
私の母はそのレシピの本を参考にして料理を作っていた．
▶ Hugo a écrit ces phrases à l'aide d'un dictionnaire.
ユゴーは辞書を使ってこれらの文を書いた．

補足 手段や道具を意味する avec を使って avec ce livre de recettes, avec un dictionnaire. と言い換えられる．なお，avec l'aide de qn は「人の助けを借りて，人の助力で」という熟語．

1327　à l'avance　早めに，前もって

▶ Il a prévenu de sa démission un mois à l'avance.
彼は辞職の意を 1 か月前に伝えた．
〈時間表現 + à l'avance〉で「～前に」の意味．ほかに longtemps à l'avance「大分前に」など．
▶ Voulez-vous m'avertir à l'avance?　事前にお知らせいただけますか．

補足 類似の表現に，d'avance「あらかじめ，前もって」(例：Merci d'avance.「(前もってお礼申しあげます→) よろしくお願いします」) や，en avance「先んじて，早めに」(反意語は en retard「遅れて」) がある．

1328 à l'avantage de qn　人の有利なように，よさを引き出すように

▶ La situation va tourner à l'avantage de mon ami.
状況は友人に有利なように働くだろう．
▶ Pierre est à son avantage avec cette chemise.
ピエールはこのシャツを着ると見栄えがする．

補足 avantage は「優位，利点」を意味する男性名詞．avoir l'avantage sur qn で「人より有利である」の意味になる．

1329* à l'écart (de qn/qch)　（～から）離れて

▶ Ce vieux château est à l'écart du village.
その古城は村から離れたところにある．
▶ Ils ont mis ma fille à l'écart.　彼らは娘を仲間はずれにした．
mettre qn à l'écart で「人をのけ者にする」，tenir qn à l'écart は「人を遠ざけておく」という意味．

補足 この熟語は具体的な「隔たり」の意味でも，比喩的な意味でも用いることができる．

1330 à l'endroit　表にして，正しい方向に

▶ Remets ton pull à l'endroit!　セーターを（ちゃんと）表にして着なさい．

補足 この endroit は「(衣服・紙・布など裏表のあるものの)表」の意味．反意語は l'envers 「裏，裏側」．à l'envers は「裏返しに，逆さまに」の意味 (cf. 1331)．

1331* à l'envers

❶ 裏返しに，（上下・左右・前後）逆さまに
▶ Ce tableau est posé à l'envers?　この絵は上下が逆さまじゃない？
❷ 混乱して，狂って
▶ J'ai la tête [l'esprit] à l'envers.　気が動転している．

補足 男性名詞 envers は「(布・紙などの)裏，裏面」の意味．反意語は l'endroit 「表，表面」．à l'endroit で「表にして，正しい方向に」(cf. 1330)．見出し語は「逆方向に，間違って」という意味にもなる（例：lire les événements à l'envers「出来事の裏を読む」，comprendre des paroles à l'envers「言葉を曲解する」）．

1332 à l'état＋形容詞［de＋無冠詞名詞］　～の状態で，段階で

▶ Cette théorie reste à l'état d'hypothèse.
この理論はいまだ仮説の段階にある．
▶ C'est encore à l'état de projet?　それはいまだに計画段階のままですか．

補足 état は「(人や物事の)状態」を表す男性名詞で，形容詞または〈de＋無冠詞名詞〉を伴って用いられることが多い．この表現は「(進展のひとつの段階である)～の状態で」の

意味．être, exister, rester, demeurer などの動詞と共に用いられる．

1333　à l'étroit

❶ 狭い所に，窮屈に
▶ Nous nous sentons à l'étroit dans cette maison.
私たちはこの家で窮屈に感じている．

❷ 貧乏に
▶ Il vivait à l'étroit à Paris.　彼はパリで切り詰めた生活をしていた．

[補足] étroit(e)「狭い」は形容詞で，反意語は large あるいは spacieux(se)．「狭い所に住む」は être logé(e) à l'étroit と言う．

1334　à l'instant où＋直説法　（まさに）〜するその時に

▶ Elle est arrivée sur le quai à l'instant où le métro partait.
地下鉄が発車する間際に彼女はホームに着いた．
▶ On m'a ouvert la porte à l'instant où j'allais frapper.
ノックしようとしたその時にドアが開いた．

[補足] 副詞 même を加えて〈à l'instant même où＋直説法〉「〜するちょうどその時に」としてもよい．où の代わりに que が用いられると古風な言い方になる．類義の表現は〈au moment où＋直説法〉「（ちょうど）〜する時に」．なお，節ではなく不定詞を従える à l'instant (même) de＋inf.（例：à l'instant de partir「出発する間際に」）という表現もある．

1335　à l'intention de qn　（特に）人のために，人向けに

▶ Ce documentaire a été fait à l'intention des adolescents.
このドキュメンタリーは青少年向けに作られた．
▶ Je l'ai fait à ton intention.　私はそれを君のためを思ってしたのです．
à son intention の形でも用いる．

[補足] この表現は改まった言い方で spécialement pour qn(cf. 1902) や à l'adresse de qn などの類義語がある．ある目的に絞ってという含意があることから，教育的・宗教的なニュアンスでも使われる（例：prier à l'intention du défunt「故人のために祈る」）．

1336　à l'occasion

❶ 機会があれば
▶ On en reparlera à l'occasion.
そのことについては機会があればまた話しましょう．
副詞 éventuellement とほぼ同じ意味．

❷ 必要な折には
▶ C'est bien d'être gentil, mais il faut savoir être sévère à l'occasion.

やさしいのはいいけれど，必要とあれば厳しくもできなければならない．
le cas échéant「そうなった場合，万一の時」という類義語もある．

補足 à la première occasion「チャンスがあり次第」という熟語もある．

1337* à l'œuvre　働いて，活動して，仕事で

▶ Ils sont à l'œuvre depuis neuf heures.　彼らは9時から仕事をしている．
être à l'œuvre で「仕事中である」．

▶ A l'œuvre on connaît l'artisan.
（諺）人の真価は行為[作品]でわかる（← 仕事を見れば職人がわかる）．

補足 à l'œuvre も用いた別の表現に se mettre à l'œuvre「仕事にとりかかる」がある．

1338* à merveille　すばらしく，見事に

▶ A merveille!　すばらしい/お見事．
しばしば皮肉のニュアンスでも使われる．

▶ Elles s'entendent à merveille.　彼女たちはすこぶる仲がいい．

補足 merveille は「すばらしいもの[人]」を意味する女性名詞．見出し語は merveilleusement, admirablement, remarquablement などに相当する副詞句．

1339　à mesure que + 直説法　～するにつれて

▶ A mesure que je lis, je ne parviens pas à me détacher de mon livre.
読み進めるにつれて，本から目が離せなくなる．

▶ A mesure que le temps passait, il s'énervait.
時がたつにつれて，彼はいらいらしてきた．

補足 類似表現に〈au fur et à mesure que + 直説法〉「（次々と）～するにつれて」がある．なお，à mesure だけで「それにつれて，徐々に，順次に」の意味で使われる．

1340　à mi-temps　パートタイムで

▶ Elle travaille à mi-temps.　彼女はパートタイムで働いている．

補足 mi-temps は男性名詞で「パートタイムの仕事」．接頭辞 mi- は「半ば，半分，途中」の意味．「パートタイムで」の類義は à temps partiel, 反意語「フルタイムで，常勤で」は à plein temps または à temps complet という．なお，女性名詞の mi-temps は「（サッカー・ラグビーなどの）ハーフタイム」の意味で，「ハーフタイムで」だと定冠詞とともに用いられて à la mi-temps になる（見出し語との冠詞の有無に注意）．

1341* à moitié　半ば，半分（だけ），ほとんど

▶ A la troisième heure, je me suis à moitié endormi(e).

3 時限目はほとんど寝てしまいそうだった.
▶ Mon père ne fait rien à moitié.　父は何事も中途半端にしない.
[補足] moitié は女性名詞で「半分, 2 分の 1, 大方」の意味. この表現では無冠詞で用いる. ほかに, fermer les yeux à moitié「半ば目を閉じる」, また形容詞を伴って, un verre à moitié vide「半分[ほとんど]空のグラス」, une maison à moitié détruite「半ば倒壊しかけた家」などという形で使う (cf. 1342, 1296).

1342　à moitié chemin
（移動の）途中で, 道半ばで,（仕事などの）中途で

▶ Il entreprend beaucoup, mais abandonne toujours à moitié chemin.
彼は多くのことに手を出すが, いつも途中で投げ出してしまう.
[補足] この表現では moitié も chemin も無冠詞で用いられる. 同じ意味を表す表現に, à mi-chemin「途中で, 途中に」がある.

1343* à nouveau　改めて, 新たに

▶ Si on examinait à nouveau la question?
その問題を改めて検討してみたらどうでしょうか.
[補足] この表現での nouveau は男性名詞で「新しいこと[もの]」を意味し, 無冠詞で用いられる. 類似の表現に, de nouveau「再び, もう一度」がある (cf. 540).

1344* à part

❶ **（副詞句として）別に, 個別に, ほかと離して**
▶ Mettez-vous à part, s'il vous plaît!　別々にお座りください.
ほかに, mettre qch à part「～を別にしておく」, prendre qn à part「人を脇に[別に]呼んで話す」など.

❷ **〈名詞＋à part〉（形容詞句として）例外的な, 変わった**
▶ C'est un cas à part.　これは特殊なケースだ/それはまた別のことだ.
spécial(e) という形容詞に相当する. ほかに occuper une place à part「(他と違う) 特別な地位を占める」, un type à part「変わった奴」など.

❸ **à part qn/qch（前置詞句として）～ は別にして, ～を除いて**
▶ C'était une belle proposition de travail, à part la rémunération.
報酬を除いては, いい仕事のオファーだったんだが.
この例は, sauf や excepté を用いて言い換えられる. C'était une belle proposition de travail, sauf [excepté] la rémunération. また, à part qn の例としては, A part toi, tout le monde était au courant.「君以外はみんな知ってたんだよ」, A part nous, qui allez-vous inviter?「ぼくたちのほかに, 誰を招待するつもりなの」などがあげられる. à part ça「それ以外は」という表現もある (例：Son grand-père est malade, mais à part ça, les autres vont très

bien.「彼[彼女]のおじいさんは病気だが，それを除けばみなとても元気だ」).

1345 à peine ... que＋直説法　〜してかろうじて〜，〜するとすぐに〜

▶ Il y a à peine une semaine qu'elle est partie pour Paris.
彼女がパリに出発してから1週間がたつかたたないかだ．
▶ A peine était-il rentré qu'il a dû ressortir.
彼は帰宅してすぐまた出かけなくてはならなかった．

補足 この相関句は改まった表現．aussitôt que，dès que などが類義．なお，à peine が文頭に置かれると，上記の例のようにうしろの主語・動詞は倒置されることが多い．もちろん，Il était à peine rentré qu'il a dû ressortir. とも言える．「〜するとすぐに」の意味となる場合，大過去と複合過去（あるいは単純過去）の組み合わせで表現されることが多い．

1346 à perte de vue　見渡す限り

▶ La plaine s'étend à perte de vue.　平原が見渡す限り広がっている．

補足 vue は「眺め，視界」，perte は動詞 perdre から派生して「失うこと，喪失」の意味．いずれも女性名詞だが，この表現では無冠詞で用いられる．à perte だけなら「損をして」の意味（例：travailler à perte「損になる仕事をする」）．

1347 à plat

❶ 平らに，（タイヤが）ぺちゃんこな
▶ Posez le colis bien à plat.　小包を平らに置いてください．
　horizontalement「水平に」は類義語．
▶ Les pneus sont à plat.
　（空気が抜けて）タイヤがぺちゃんこになっている．

❷ 疲れきった，意気消沈した
▶ Je suis à plat. Je n'ai pas dormi hier.
　もうくたくただ．昨日寝てないんだよ．

補足 ❷の être à plat と同じ意味の表現に，話し言葉で être crevé(e)「くたくただ，疲労困憊している」がある．crevé は「パンクした」を意味する形容詞．

1348 à plus forte raison　なおさら，まして

▶ Il faut lire beaucoup de livres, à plus forte raison quand on est jeune.
多くの本を読まなければいけない．若い頃はなおさらである．

補足 同義の表現に raison de plus や a fortiori（ラテン語だが今でも文章語として使われている）がある．

1349 à première vue 一見したところ，ひと目で

▶ A première vue, elle paraît sympathique.
一見したところ，彼女は感じのよさそうな人だ．

[補足] au premier abord, au premier coup d'œil といった類義語もある．なお，「百聞は一見にしかず」は Voir, c'est croire., 「ひと目惚れ」は le coup de foudre と言う．

1350* à présent 現在は，今では

▶ A présent, ils habitent au Japon.　今では，彼らは日本に住んでいる．

[補足] présent は男性名詞で「現在，今」．通常はよく用いられる maintenant で言い換え可能だが，à présent は改まった表現で，「(過去の事実と対比して) 現在では，今や」という含意を持つ．

1351* à quoi bon qch [+inf.] ～が[～して]何になるのか，しょうがない

▶ A quoi bon la richesse?　富があってもそれが何になるだろうか．
▶ A quoi bon se plaindre?　嘆いてみてもそれが何になろうか．
▶ A quoi bon travailler?　働いたってしょうがないじゃない．

[補足] bon は不変化．「それが何の役に立つのか」A quoi ça sert! という類義の表現もある．

1352* à raison de qch ～の割合で，値段で

▶ Essayez de faire du sport, à raison d'une demi-heure par jour, pendant quatre semaines!
1日30分として4週間，ぜひスポーツをしてみてください．
▶ J'ai loué un appartement à raison de 700 euros par mois.
1月700ユーロでアパルトマン[マンション]を借りた．
au prix de qch と同義．

[補足] この表現における raison は「比率，割合」の意味で，無冠詞で用いられる．数詞を伴う名詞の前に置かれる．

1353* à sens unique 一方通行の

▶ C'est une rue à sens unique.　この道は一方通行です．

[補足] le sens unique で「一方通行」(sens は「(車などの) 進行方向」を指す)．標識なら《Sens unique》．なお，à double sens は「2重の意味にとれる」という表現なので混同しないように (例：un mot à double sens「2つの意味にとれる語」)．

1354 à son compte
(雇われでなく) 独立して，自分の負担で，自分の責任で

▶ Je voudrais travailler en France à mon compte.
私はフランスで独立して働きたい．

補足 son は人称に応じて，変化する．ほかに prendre qch à son compte「～を負担する，～の責任を持つ」など．au compte de qn「人の負担で，責任で」という表現も合わせて覚えたい．「人の意見[考え]によると」という意味で使われると少々古風な言い方（例：à mon compte「私の考えでは，私に言わせると」）．

1355* à temps　ちょうど間に合って，定刻に，遅れずに

▶ Comme il a pris un taxi, il est arrivé à temps.
彼はタクシーに乗ったので時間どおりに着いた．

補足 à l'heure でも同様の意味を表す（cf. 300）．

1356 à temps partiel　パートタイムで

▶ Aujourd'hui, beaucoup de jeunes travaillent à temps partiel.
今日では多くの若者がパートで働いている．

補足 partiel は「部分的な，一部分の」．à mi-temps も同じく「パートタイムで」という意味を表す（cf. 1340）．反意表現は à plein temps, à temps plein [complet]「フルタイムで，常勤で」．

1357 à terre　地面に，床に

▶ Elle est tombée à terre.　彼女が地面に倒れた．

補足 ほかに，jeter qn/qch à terre「～を地面に投げる」，se poser à terre「(飛行機が)着陸する」，aller à terre「(飛行機や船を)降りる」など．ただし決まった言い方以外では，普通は par terre「地面に，床に」を用いる．

1358 à tour de rôle　(次々と) 順番に，順ぐりに

▶ Si on faisait la vaisselle à tour de rôle?
皿洗い，ひとりずつ順番にやることにしない？

補足 tour は男性名詞で「順番」，rôle も男性名詞で「役割」を表し，この表現ではいずれも無冠詞で用いられる．chacun (à) son tour「各自が順ぐりに」という表現もある．par ordre という類義語もあるが，これは「順序に従って」という意味（例：se ranger par ordre「順番に並ぶ」）．

1359 à tout coup / à tous les coups　いつも，毎回，そのたびに

▶ Elle ne joue pas le rôle principal à tout coup.
彼女はいつも主役を演じているわけではない．

補足 chaque fois と同義の表現．見出し語はやや重い感じ（もたついたイメージ）のする熟語．この coup は「度，回」の意味．ほかに，pour un coup「今度だけ，1 度だけ」，du même coup「同時に」なども覚えておきたい．

1360 au bénéfice de qn/qch

❶ 〜のために，利益になるように

▶ On a organisé une collecte au bénéfice des sinistrés.
被災者のために募金活動が行われた．
この bénéfice は「利益，得」の意味で，au profit de qn/qch「〜のために」と同じ意味．

❷ au bénéfice de qch 〜 の恩恵に浴して

▶ Le tribunal a acquitté l'accusé au bénéfice du doute.
疑わしきは罰せずの恩典により，裁判所は被告に無罪を宣告した．
この bénéfice は「特典，恩典」のこと．この意味では，ほかに au bénéfice des circonstances atténuantes「情状酌量の恩典により」，au bénéfice de l'âge「年の功で，若さのおかげで」などがある．

1361 au besoin　（万一）必要な場合には

▶ N'hésitez pas, au besoin, à m'appeler!
必要な時には遠慮なく電話して．

補足 si c'est nécessaire「必要なら」とほぼ同義，en cas de besoin も類義．

1362 au bout du compte　結局のところ，要するに

▶ Au bout du compte, on l'a forcé(e) au silence.
要するに，彼[彼女]は沈黙を強いられたのだ．

補足 au bout de qch で「〜の終わりに，〜後に」の意味 (cf. 503)．en fin de compte もこの表現と同じ意味を表す (cf. 1446)．

1363 au cas [dans le cas] où＋条件法　もし〜する場合には

▶ Au cas où il pleuvrait, on reporterait le barbecue.
もし雨が降ったらバーベキューは延期されるだろう．

補足 cas は「場合，ケース」．au cas où のうしろに来る動詞は条件法に置かれる点に注意．〈pour le cas où＋条件法〉は「（万一）〜 の場合に備えて」の意味．

1364 au fait

❶ ところで，そう言えば
▶ Au fait, tu as lu ce roman policier?
ところで，この推理小説読んだ？
fait は「本題，主題」の意味．文脈の流れに則すものの，少し内容の外れた話題に相手の注意を向ける言い方．à propos もほぼ同義だが，不意に思いついた感じで新しい話題に転じる際に使われる．

❷ 本題に
▶ Au fait! 本題に入ろう．
あるいは，"相手に"「要点を言ってください」．

❸ 事情に（通じて）
▶ Mon ami ne m'a pas mis(e) au fait.
友人は私に詳しく知らせてくれなかった．
mettre qn au fait で「人に詳しく知らせる」，être au fait de qch は「〜をよく知っている」の意味．

補足 en fait は「ところが，実際は」(cf. 567)，de fait は「本当に，そのとおりに」を意味する語（例：Elle a dit qu'elle viendrait à six heures et, de fait, elle est venue à l'heure.「彼女は6時に来ると言っていたが，実際，その時間に来た」）．

1365 au fond　結局は，実際は，実のところ

▶ Au fond, il n'avait pas tort.
（よく考えてみると）結局，彼は間違っていなかった．

補足 dans le fond も類義だが，ややくだけた言い方．類似の表現に en réalité「（見かけ・予想と異なって）実際には」がある．

1366 au fur et à mesure de qch [que＋直説法]　〜に応じて，〜するにつれて

▶ Au fur et à mesure que Noël approche, la ville s'anime.
クリスマスが近づくにつれて，街はにぎわいをみせる．
補足 同じ意味の表現に〈à mesure que＋直説法〉がある (cf. 1339)．

1367 au mieux　最もよく（て），最もうまくいけば，うまくいっても

▶ Tout va au mieux.　何もかも最高にうまく行っています．
いわば，Tout va bien. の強調形．
▶ Elle est au mieux avec son supérieur.
彼女は上司と非常にうまくいっている．
être au mieux avec qn で「人と非常にうまくいっている」．
▶ Au mieux, on n'arrivera pas avant midi.

うまくいっても，正午までには着かないだろう．

> 補足 le mieux は「最もよいこと，最もよい状態」の意味．なお，au mieux de qch で「〜に最も都合のいいように」の言い回し（例：au mieux de nos étudiants「学生たちに一番ためになるように」）．

1368 au moyen de qch　〜を使って，用いて

▶ On peut ouvrir toutes les portes au moyen de cette clé.
この鍵ですべてのドアが開けられます．
▶ Montez ces blancs en neige au moyen d'un robot ménager.
フードプロセッサーを使ってこの卵白を固めに泡立ててください．

> 補足 moyen は「手段，方法」．par le moyen de qch とも言う．ほかに，indiquer au moyen d'une croix dans la case「（選択肢などを）×印で該当欄に示す」などの表現がある．

1369 au plus haut [au dernier] degré (de qch)
（〜の）頂点に，極みに，極度に

▶ Avec son septième maillot jaune, il est parvenu au plus haut degré de la gloire.
7回目のマイヨ・ジョーヌで，彼は栄光の頂点に達した．
maillot jaune はツール・ド・フランスで総合1位の走者が着るジャケット．

> 補足 degré は「段階，程度，度合い」．au dernier degré (de qch) でも同じ意味を表すが，この表現は悪いことについて使われる場合が多い（例：Il était au dernier degré de la colère.「彼は怒り心頭に発した」）．

1370* au point de+inf. [que+直説法]
〜するほど，〜するほどまでに

▶ Il s'est expliqué longtemps au point de m'ennuyer.
彼は私がうんざりするほど長々と釈明した．
▶ Elle a posé une question difficile au point que je ne savais pas comment répondre.
彼女は私がどう答えていいのかわからないほど難しい質問をした．

> 補足 この point は「程度」を意味する語．〈à tel point que+直説法〉という表現も同じ意味（例：Il a travaillé à tel point qu'il est tombé malade.「彼は病気になるほど働いた」）．

1371* au profit de qn/qch　（利益）〜のために

▶ Ce concert a été donné au profit des enfants malades.
そのコンサートは病気の子どもたちのために開催された．

補足 profit は男性名詞で「得，利益」，au bénéfice de qn/qch は類義語．

1372 au retour　（場所からの）帰りに，帰ると

▶ Au retour, il y avait des embouteillages sur l'autoroute.
帰りは，高速道路が渋滞していた．
à l'aller「行きは」の対になる表現．

▶ Au retour de l'école, mon fils fait vite ses devoirs.
学校から帰ると，息子はすぐに宿題を済ませる．
au retour de l'école は「学校から帰る途中」の意味でも使われる．

▶ A son retour, il n'a trouvé personne.
帰る際に，彼は誰にも会わなかった．
à son retour と所有形容詞を用いるパターンもある．なお，この例文を動詞 rentrer を用いて書き換えれば，Quand il est rentré, il n'a trouvé personne. となる．

補足 retour「再来」から au retour du printemps「また春が来ると」といった表現も可能．

1373* au rythme de qch／à son rythme
～のリズムにあわせて，～のペースで

▶ Elles dansent une valse au rythme de la musique.
彼女たちは音楽のリズムにあわせてワルツを踊る．

▶ Cette usine produit au rythme de 200 motos par semaine.
この工場は週に 200 台のペースでバイクを生産している．

補足 aller à son rythme「マイペースでやる」という表現もある．

1374* au taux de＋数詞＋pour cent　年利〜パーセントで

▶ J'ai obtenu un prêt au taux de 1,85 %［pour cent］.
私は年利 1．85%［パーセント］で金を借りた．

補足 説明的に〈avec un intérêt de＋数詞＋pour cent par an〉とも表現できる．taux は男性名詞で「年利率」の意味．この意味では，ほかに prêter au taux légal「法定利率で貸す」などの表現がある．「比率，割合，レート」の意味でもよく使われる（例：taux de natalité［de mortalité］「出生［死亡］率」，taux de (la) croissance économique「経済成長率」，taux de change「為替レート」など）．なお，〈à＋数詞＋pour cent (d'intérêt)〉「〜パーセントの利子で」の表現もある（cf. 963）．

1375 côte à côte　（横に）並んで，寄りそって

▶ Le chemin est trop étroit pour se promener côte à côte.
道が狭すぎて並んで歩けない．

補足 「（縦に）並んで歩く」なら se promener［marcher］l'un［l'une］derrière l'autre という言い方が使われる．

1376* pas à pas　1歩1歩，慎重に

▶ Ma fille avance pas à pas.　娘が1歩，また1歩と進んで行く．
▶ Nous avons négocié pas à pas.　私たちは慎重に交渉した．

補足 〈無冠詞名詞＋à＋無冠詞名詞〉の定型パターンで，pas は男性名詞で「歩」を表す．例文のように，実際の歩みにでも，また比喩的表現でも使われる．同じ要領で，mot à mot は「1語1語」(例：J'ai lu sa lettre mot à mot.「私は彼[彼女]の手紙を1語1語噛みしめて読んだ」)．

3 前置詞 avec

1377* avec＋数詞＋heure(s) de retard　〜時間遅れで

▶ Le train est arrivé avec deux heures de retard sur l'heure prévue.
列車は予定時刻より2時間遅れで着いた．

補足 「30分の遅れで」なら，avec trente minutes de retard, avec une demi-heure de retard といった言い方をする．なお，「1時間遅れている」という状態なら，avoir une heure de retard あるいは avoir un retard d'une heure などと表現する．

1378　avec émotion　感動をこめて，感慨深く，興奮して

▶ Nous avons évoqué avec émotion les souvenirs de notre séjour à Paris.
私たちはパリでともに過ごした時間を感慨深く思い起こした．

補足 émotion は「（喜怒哀楽の）感情の高ぶり」を表すことから，文脈によって「感動，興奮，動揺，怒り，恐怖」などの意味になる．ほかに，parler (de qch) avec émotion「感動をこめ興奮気味に（〜 について）話す」など．反意の表現は sans émotion「冷静に，平然として」(cf. 1506)．

1379　avec énergie　力いっぱい，精力的に

▶ On va protester avec énergie contre une telle injustice.
このような不正に対して強く抗議するつもりだ．

補足 énergie は「（肉体的・精神的）活力，気力，精力」．この表現では無冠詞で用いられるが，形容詞があると不定冠詞がついて，たとえば，avec une énergie farouche「不屈の精神力で」のようになる．

1380　avec force　力を込めて，力強く

▶ Les jeunes se sont opposés avec force au projet de résolution.
若者たちは決議案に強硬に反対した．

補足 force は「（肉体的・精神的）力，強さ」．この表現は具体的な意味，比喩的な意味の両

方を表せる．appuyer avec force「力を入れて押さえつける」，souffler avec force dans une trompette「力いっぱいトランペットを吹く」など．

1381 avec habileté　巧妙に，器用に，うまく

▶ Cet avocat sait conduire des négociations avec habileté.
あの弁護士は交渉を巧みに進めるすべを心得ている．

補足 habileté は女性名詞で「巧妙さ，器用さ，敏腕」の意味．形容詞は habile「巧みな，器用な」．この表現を含め〈avec＋無冠詞抽象名詞〉は副詞と同じ働きをするので，avec habileté は habilement「上手に，器用に，手際よく」と同義．

1382 avec impatience　じりじりして，首を長くして

▶ J'attends de vous rencontrer avec impatience.
あなたにお会いするのを待ちこがれています．

補足 impatience は女性名詞で「(待ちきれずに)じりじりした様」．副詞 impatiemment「待ちかねて，いらいらして」も同義．その反意語は la patience「忍耐，辛抱」で，反意の副詞は patiemment「忍耐強く，辛抱強く」となる．

1383 avec intérêt　興味をもって，興味深く

▶ Les écoliers m'ont écouté(e) avec intérêt.
小学生たちは興味をもって私の話に耳を傾けてくれた．

補足 intérêt は男性名詞で「興味，関心」の意味．ほかに，lire un livre avec intérêt「興味深く本を読む」などの例もあげられる．

1384 avec le jour　夜明けとともに，日の出とともに

▶ Mes grands-parents se lèvent avec le jour.
祖父母は日の出とともに起きる．

補足 この avec は同時性や経過を表す．ほかに avec le temps「時が経つにつれて」，avec l'âge「年とともに」などがある(例：Avec le temps, on s'habitue à tout.「時がたつにつれて，何にでも慣れるものだ」，Avec l'âge, la mémoire diminue.「年齢とともに記憶力は落ちる」)．

1385 avec peine　苦労して，やっとの思いで

▶ Elle a surmonté avec peine la perte de son chat.
彼女はやっとの思いで愛猫の死を乗り越えた．

補足 peine は女性名詞で「苦労，苦痛，悲しみ」の意味．副詞 péniblement でも同じ意味を表す．反意の表現は sans peine「苦労せずに，楽々と」．

1386 avec tout (tous, toute, toutes) ＋名詞
（対立）いろいろ［あれこれ］〜だが，（理由・原因）とても〜なので

▶ J'aime Christine avec tous ses défauts.
いろいろ欠点はあるが私はクリスティーヌが好きだ．
▶ Avec tout ce que tu as fait pour elle, pourquoi se fâche-t-elle?
君が彼女にあれだけしてあげたのに，なぜ彼女は怒っているんだろう．
▶ Avec tous ces changements, je ne reconnais plus Tokyo.
こんなに変わってしまって，私にはもう東京はわからない．

補足 avec と〈tout＋名詞〉の組み合わせは対立，あるいは理由・原因の意味でよく用いられる．tout が名詞の性数に一致して変化することに注意．

4 前置詞 de

1387 名詞＋de (grande) valeur

❶ 高価な，値打ちのある
▶ Elle a un vase de valeur. 彼女は値打ちのある花瓶を持っている．
▶ C'est un livre de valeur. それは必読の本です．
文脈によって livre de valeur は「貴重本」の意味にもなる．
▶ Elle a une bague de grande valeur.
彼女はとても貴重な指輪を持っている．
grande を添えると「とても貴重な，高価な」と強調される．
❷ 有能な
▶ C'est un chercheur de grande valeur. 彼はとても有能な研究者だ．

補足 代表例は objet de valeur「貴重品」(cf. 1848)．「価値，価格」などを意味する女性名詞 valeur を用いた重要な表現として mettre qn/qch en valeur「〜を活用する，目立たせる，強調する」がある．

1388 名詞＋de＋数詞＋mètres de longueur　長さ〜メートルの〜

▶ Tu vois là-bas le pont, Jacques. C'est un pont de 500 mètres de longueur.
ジャック，そこに橋が見えるだろ．あれは長さ 500 メートルの橋だよ．

補足 de longueur で「長さ〜の」という意味になる．幅は de largeur である．見出し語は「橋」だが，この 2 つを用いれば，物の縦横の長さを表現できる（例：une peinture de 4 mètres de longueur [long] sur 3 mètres de largeur [large]「縦 4 メートル横 3 メートルの絵」）．

1389 名詞＋de qualité　上質の，優れた

▶ A la fête, on a bu du vin de qualité.

パーティでは，良質のワインを飲んだ．

補足 〈de＋無冠詞名詞〉となる表現のひとつ．qualité は「質」．de bonne（haute） qualité と言うこともある．「質が悪い[低い]」は de mauvaise qualité．「非常に上質の」と強調したいときには，d'excellente qualité となる（例：cachemire [cashmere] d'excellente qualité「極上のカシミア」）．

1390 d'à côté　隣の

▶ Mon voisin d'à côté fait beaucoup de bruit.
私の隣人は非常に騒々しい．

補足 à côté は「脇に，そばに」の意味だが（例：Mettez-vous ici, à côté.「脇に座りなさい」cf. 48），「隣の～」と言いたいときには，名詞と à côté の間に de が入る見出し語の形になる．ちなみに，フランソワ・トリュフォーの代表作『隣の女』の原題は *La Femme d'à côté* である．

1391 de (grande) marque　有名銘柄の，一流の

▶ C'est un produit de (grande) marque.　これはブランド品だ．

補足 この marque は「ブランド，商標」を意味する語．grande, bonne, première などの形容詞を添えても使われる．

1392 de (telle) façon que

❶ ＜de (telle) façon que＋接続法＞（目的）～するように
▶ Ils agissent de (telle) façon que tout puisse commencer à l'heure.
彼らはすべてが時間通りスタートするように働いている．

❷ ＜de (telle) façon que＋直説法＞（結果）その結果～である
▶ Olivier se comporte de (telle) façon que tout le monde le déteste.
オリヴィエはそんな行動をとるからみんなに嫌われている．

補足 ①には de façon à＋inf. の形もある．〈de (telle) manière que＋接続法〉，〈de (telle) sorte que＋接続法〉も同義．②は〈de (telle) manière que＋直説法〉，〈de (telle) sorte que＋直説法〉でも同じ．

1393 de bon [mauvais] ton
（行儀や身だしなみが）上品な[下品な]，よい趣味の[趣味の悪い]

▶ Elle déteste les plaisanteries de mauvais ton.
彼女は品のない冗談をひどく嫌う．

補足 il est de bon ton de＋inf.「～するのが作法にかなう」という形でも用いられる．ほかに，élégance de bon ton「洗練されたエレガンス」など．

1394 de ce fait　したがって

▶ Elle manque d'expérience. De ce fait, elle commet de nombreuses erreurs.
彼女は経験が乏しい．したがって，ミスも多い．
補足 少々改まった言い回し．「(当然の結果) したがって」を意味する par conséquent, en conséquence などと類義．

1395* de degré en degré　徐々に，少しずつ

▶ La tendance à l'inflation diminue de degré en degré.
インフレ傾向はだんだんとおさまりつつある．
補足 par degré(s) と同義 (cf. 1486)．petit à petit, pas à pas などは類義語．

1396* de force　力ずくで，無理やり

▶ Des manifestants y ont pénétré de force.
デモの参加者たちが力ずくで中に押し入った．
補足 par force も同義．de toutes ses forces は「力いっぱい，全力で」の意味 (cf. 545)．

1397 de fraîche date　つい最近の，最新の

▶ C'est une connaissance de fraîche date.　最近知り合ったばかりの人だ．
補足 de longue [vieille] date は「長年の，古くからの」という意味 (例：Nous sommes amis de longue date.「私たちは古くからの親友だ」cf. 1403)．

1398 de haut en bas　上から下まで，くまなく

▶ Elle m'a regardé(e) de haut en bas.
彼女は私を上から下までじろじろ眺めた．
補足 類義語に de la tête aux pieds「頭から足まで」がある (例：On a été trempé de la tête aux pieds.「上から下までびっしょり濡れた」)．また，écrire de haut en bas「(日本語や中国語のように) 上から下に書く」という言い回しでも使われる．

1399** de jour　昼の[に]，日中の[に]

▶ Ma femme travaille de jour, je travaille de nuit.
妻は昼間[日中]働き，私は夜働く．
補足 見出し語は「(軍隊での) 当番の」という意味で使われることもある (例：officier de jour「当直士官」)．なお，du jour ならば「今日の，現代の」を意味する表現 (例：plat du jour「本日のお勧め料理」，les nouvelles du jour「今日のニュース」，l'homme du jour「時の人」)．

1400 de la sorte　そんな風に，こんな風に

▶ Tu ne devrais pas t'habiller de la sorte.　そんな恰好をしてはいけない．
▶ Je ne sais pas pourquoi il s'est conduit de la sorte.
ジャンが どうしてこんな態度をとったのか私にはわからない．
補足 en quelque sorte なら「いわば，ほとんど」の意味．

1401 de loin en loin

❶（空間的に）とびとびに
▶ De loin en loin, on voyait des îlots rocheux.
ぽつんぽつんと，岩の多い小島が見えていた．
❷（時間的に）たまに，時たま
▶ Il ne m'écrit que de loin en loin.　彼はたまにしか手紙をよこさない．
補足 ❶は par intervalle(s) と類義の表現 (cf. 1487).

1402 de long en large
縦横に，あちこちに，同じところを何度も（往復して）

▶ Le chef marchait de long en large dans la cuisine.
シェフは厨房のなかをあちこち歩きまわっていた．
補足 long は「縦（長い方），深さ」，large は「横（短い方），幅」を意味する男性名詞．

1403 de longue [vieille] date　長年の，昔から（の）

▶ Jean-Pierre, c'est un ami de longue date.
ジャン=ピエールは古くからの友人だ．
補足 de fraîche date も確認のこと (cf. 1397).

1404 de (telle) manière que

❶ <de (telle) manière que＋接続法>（目的）〜 するように
▶ Il parle plus fort de (telle) manière que tout le monde l'entende mieux.
彼はみんながもっとよく聞こえるようにさらに大声で話す．
❷ <de (telle) manière que＋直説法>（結果）その結果〜である
▶ Chloé agit de (telle) manière qu'on dit du mal d'elle.
クロエはそんなふうにふるまうから悪口を言われるのだ．
補足 ❶には de manière à＋inf. の形もある（例：Il parle plus fort de manière à se faire entendre mieux.).〈de (telle) façon que＋接続法〉，〈de (telle) sorte que＋接続法〉も同義となる．❷は〈de (telle) façon que＋直説法〉，〈de (telle) sorte que＋直説法〉でも同じ意味．

1405* de mémoire　そらで，暗記に頼って

▶ Elle m'a dessiné de mémoire ce qu'elle a vu hier soir.
彼女は昨晩見たものを記憶だけで私に描いてみせた．
▶ Tu peux jouer du piano de mémoire?
君は暗譜でピアノを演奏できる？

補足 この場合，女性名詞 mémoire は「記憶力」の意味．avoir de la mémoire「記憶力がいい」，avoir la mémoire courte「忘れっぽい」などは基本表現．par cœur「そらで，暗記で」は見出し語の類義語になる．

1406* de minute en minute　（短い時間で）絶えず，刻々と

▶ On nous mettait au courant de minute en minute.
刻々と情報が私たちに入ってきた．

補足 de A en B となるパターン．なお，「（期限などが）刻々と迫る」場合には de jour en jour などが使われる（例：La date limite approche de jour en jour.「期限［締め切り］が刻々と迫る」）．

1407* de naissance　生まれつき，生まれながらの［に］

▶ Cet enfant est fragile de naissance.　この子は生まれつき虚弱だ．
de nature でも言い換えられる (cf. 1003)．
▶ Nicolas est poète de naissance.　ニコラは生まれながらの詩人だ．
être né poète あるいは être un poète-né としても同じ意味．

補足 〈名詞＋de naissance〉という形もとる．たとえば，date de naissance「生年月日」，lieu de naissance「出生地」など．

1408　de nature à+inf.　～することができる，～のような性質の

▶ Ta manière de parler est de nature à te faire des ennemis.
君の話し方は敵を作りかねない性質のものだ．

補足 susceptible de+inf.「～する可能性のある」は類義語．par nature, de nature も確認しておきたい (cf. 1003)．

1409* de notre temps　現代における，我らの時代の

▶ Ce sont des problèmes de notre temps.　それは現代の問題だ．

補足 見出し語は de nos jours, d'aujourd'hui と同義．ほかの所有形容詞も使われ，たとえば de mon temps なら「私の時代，私が若かった頃」の意味．なお，この前置詞 de は「時間・時代・期間」を伴って「～に，～の間」の意味を表す．

1410 de part en part　通して，貫いて

▶ Le tunnel traverse la montagne de part en part.
トンネルが山を貫いている．
▶ La balle lui a percé le bras de part en part.
弾丸が彼[彼女]の腕を貫通した．

補足 発音[ドゥパランパール]となる点に注意したい．d'un côté au côté opposé「一方から他方へ」は類義語．

1411 de part et d'autre　両側に，双方に

▶ De part et d'autre de l'allée poussaient des pensées.
道の両側にはパンジーが生えていた．
▶ Il y a de la méfiance de part et d'autre.　双方に違和感がある．

補足「どちらの側にも」と考えれば de chaque côté と類義．

1412 de peu　かろうじて，わずかの差で

▶ On s'est manqué(e)s de peu hier soir.
昨晩，ちょっとのところで会いそこねた．

補足 この熟語が使われる動詞には制約があって，manquer, rater, éviter など何かを「そこねる，逃す」という含意の語に限られる．

1413 de son mieux　最善をつくして，自分にできるかぎり

▶ Elle a fait de son mieux pour faciliter votre travail.
彼女はあなたの仕事を助けるためにベストをつくした．

補足 例文の faire de son mieux で「ベスト[最善，全力]をつくす」の意味になる．なお，所有形容詞はすべての人称で使える．

1414 de (telle) sorte que

❶ <de (telle) sorte que＋接続法>（目的）～ するように

▶ Parlez plus haut, de (telle) sorte que tout le monde vous entende !
みんなに声が聞こえるように，もっと大きな声で話して．

❷ <de (telle) sorte que＋直説法>（結果）その結果～

▶ Elle a quitté Nagoya à l'âge de dix ans de (telle) sorte que je ne l'ai pas revue depuis longtemps.
彼女は10歳で名古屋を離れたので，私は久しく彼女に会っていない．

補足 ①は「目的」を表す pour que, afin que などと類義になる．②は「結果」を表現するもので ce qui fait que, si bien que の類義．

1415* de tout temps　いつの時代にも，昔から（ずっと）

▶ Cela a été ainsi de tout temps.　それは昔からずっとそんな具合だった.
補足 en tout temps「いつも，常に」，tout le temps「しょっちゅう，いつも」などと混同しないように.

1416‡ de toute manière　いずれにせよ，何事が起ころうと

▶ De toute manière, j'ai l'intention d'aller étudier en France.
いずれにせよ，フランスへ留学するつもりです.
補足 de toute façon, quoi qu'il en soit などは類義語.

1417 d'heure en heure　1時間ごとに，時々刻々と

▶ Il insistait et envoyait des mails d'heure en heure.
彼は1時間ごとにしつこく，メールをよこした.
▶ L'état du malade s'aggrave d'heure en heure.
病人の症状は時々刻々悪化している.
補足 似た形に d'une heure à l'autre「間もなく，1時間の間に，次々と」（=heure par heure）がある.

1418* d'intervalle　（時間的・空間的）間隔で[の]，間を置いて

▶ Dans ce jardin, les arbres sont plantés à cinq mètres d'intervalle.
その公園には，木が5メートル間隔で植えられている.
「5メートル間隔で」は à des intervalles de cinq mètres あるいは à intervalle de cinq mètres と書くこともできる.
▶ Les deux enfants sont nés à deux ans d'intervalle.
2人の子が2年違いで生まれた.
à [avec] un intervalle de deux ans とも書ける.
補足 intervalle は男性名詞で「（空間的・時間的）間隔，隔たり，間」の意味.〈à＋数詞＋（空間的・時間的）単位＋d'intervalle〉の形で使われることが多い. à ...d'intervalle は，à un intervalle de... と書き換えても同じ意味. また，時間的な単位表現とともに用いられると「～おきに，～ぶりに」の意味になる（例：à cinq minutes d'intervalle「5分間隔で，5分おきに」，à quatre ans d'intervalle「4年ぶりに」）.

1419 d'un pas rapide　足早に，早足で

▶ D'ordinaire, il marche d'un pas rapide.　ふだん彼は早足で歩く.
補足 この pas は「歩調，歩幅」を意味する語. d'un bon pas も同義. ほかに, d'un pas léger は「軽やかな足取りで」，marcher à grands [petits] pas は「大股で[小股で]歩く」の意味になる.

5 前置詞 dans

1420* dans [en] tous les sens　あらゆる方向に，四方八方に
▶ Le feu s'est propagé dans tous les sens.　火の手は四方八方に広がった．
補足 dans toutes les directions と同義．sens は「(運動の)方向，向き，(車の)進行方向」を意味する．別例として，dans les deux sens「両方向に」，en sens contraire [inverse]「反対方向に，逆向きに」，à sens unique「一方通行の」などがある．

1421* dans la mesure où＋直説法　～である程度[範囲]に応じて
▶ Il aide ses filles dans la mesure où il en est capable.
彼は精いっぱい娘たちを援助している．
補足 dans la mesure du possible も「できるかぎり，精いっぱい」の意味．この例文は，suivant ses capacités「能力に応じて」とも言える．

1422* dans l'intention de＋inf.　～するつもりで，～する意図で
▶ J'ai acheté beaucoup de livres dans l'intention de les revendre.
私はいずれ売り払うつもりでたくさんの本を買った．
補足 avoir l'intention de＋inf.「～するつもりである」，à l'intention de qn「人のために，人向けに」も確認しておきたい．

1423 dans le fond　実際は，結局は
▶ Dans le fond, c'est toi qui avais raison.　結局，正しかったのは君だ．
補足 au fond と同義だが，見出し語の方がくだけた言い方．

1424 dans le privé

❶ 私生活で
▶ Timide en public, mon père est un autre homme dans le privé.
父は，人前では小心なのに，私生活では別人だ．
❷ 民間企業[民間部門]で
▶ Mon frère a pris un emploi dans le privé.
私の兄は民間企業に就職した．
補足 ①の privé は「私生活」vie privée，②は「私企業」secteur privé の意味．en privé なら「個人的に，他の人がいないところで」の意味．

1425 dans l'intervalle　その間に，そうこうするうちに
▶ Il est resté absent une semaine; dans l'intervalle, sa femme avait

quitté Paris.
彼が1週間留守にしていた，その間に，妻はパリを去ってしまった．
補足 同義語に副詞 entre-temps がある．

1426 dans un état＋形容詞［de＋無冠詞名詞］　～の状態で［に］

▶ Le blessé était dans un état grave.
負傷者は深刻な状態にあった［重態だった］．
▶ Il est dans un état d'énervement extrême.　彼は極度の興奮状態にある．
補足 この熟語の état は「状態」を意味し，形容詞や〈de＋無冠詞名詞〉を伴って使われる．ちなみに，直訳すると「美しい状態で」となる dans un bel état は反語的な用法で，「ひどいありさま，無惨なさま」を表現する（例：Cette chambre est dans un bel état!「あの部屋はひどいありさまだ」）．

6 前置詞 en

1427 en (sa) qualité de＋無冠詞名詞　～の資格で，～として

▶ En votre qualité d'aîné(e), vous avez droit à une réduction.
年長者として，あなたは割引が受けられます．
補足 見出し語の無冠詞名詞で使われるのは「身分や肩書き」を示す語．類義語に〈à titre de＋無冠詞名詞〉，〈en tant que＋無冠詞名詞〉がある．

1428 en (toute) confiance　（すっかり）安心して

▶ Je me sens en confiance avec toi.　君と一緒だとほっとする．
▶ Vous pouvez lui demander ce travail en toute confiance.
まったく安心してこの仕事を彼［彼女］に頼めます．
補足 類義語に en toute sécurité, en toute tranquillité などがある．また，J'ai toute confiance en vous.「あなたを全面的に信頼しています」（＝Vous avez toute ma confiance.）も記憶したい．

1429 en action　動いている，活動［作動］して

▶ Tout à coup, le dispositif d'alarme s'est mis en action.
突然，警報装置が作動した．
補足 entrer en action で「活動しはじめる，行動を起こす」，être en action なら「活動している」の意味．また，mettre qch en action「（理論や計画を）実行にうつす，～を作動させる」という熟語もある（例：mettre un principe en action「主義を実践する」）．

1430 en aucun cas どんな場合でも（〜ない）

▶ Je n'admets en aucun cas d'être traité(e) ainsi.
どんな場合でも私はそんな扱いを受けることに我慢ならない．
▶ Ne sortez d'ici en aucun cas! いかなる場合もここから出てはいけない．
補足 否定の ne とともに用いられる．「たとえ何があっても」というニュアンスをくめば，quoi qu'il arrive とも言い換えられる．否定としては ne ... absolument pas という全部否定の類義語でもある．

1431 en bref 手短に言えば，要するに

▶ Dites-moi en bref ce qui s'est passé hier, s'il vous plaît.
昨日何があったのか手短にお聞かせください．
補足 brièvement と同義．pour être bref あるいは bref だけでも類義．

1432 en commun 共同で，（形容詞的に使われて）共同の

▶ Nous dirigeons cette entreprise en commun depuis le mois d'avril.
私たちは4月から共同でこの企業を経営している．
▶ La vie en commun avec elle devient impossible!
彼女との共同生活にはたえられなくなった．
ただし，複数人との「共同生活，コミュニティー」は，la vie en communauté が用いられる．
補足 たとえば「共同で仕事をする」なら travailler en commun, travailler ensemble と表現する．

1433 en conclusion （話の展開の）結論として，結局

▶ En conclusion, c'est la première proposition qui a été adoptée.
結論として，最初に提案された案に落ち着いた．
補足「（話の）結論として〜ということになる」という含意．類義語に，en fin de compte, tout compte fait(cf. 2171) あるいは pour conclure などがある．

1434 en conséquence したがって

▶ Mon gendre est distrait, en conséquence il commet de nombreuses erreurs.
私の婿 はぼんやりしていて，したがってミスが多い．
補足 やや固い表現．同義の par conséquent の方が頻度が高い．donc「したがって」の強意で，「当然の結果」という含意がある（cf. 1945）．

1435 en considération de qch
～を考慮して，考えにいれると，～と比べて

▶ En considération des services qu'elle nous a rendus, nous ne pouvons pas refuser sa demande.
彼女が私たちにしてくれたことを考えれば，彼女の頼みを拒めない．

補足 「～を考慮して」compte tenu de qch，par égard pour qch もほぼ同義．

1436* en contradiction avec qch ～と矛盾した，相容れない

▶ Il a pris une décision en contradiction avec son opinion.
彼は自分の主張と矛盾した決定をした．
▶ La pitié est en contradiction avec l'affection.
憐憫と愛情は相容れないものだ．
être à l'opposé de qch と置き換えられる．

補足 反意語は en accord avec qch「～と一致した」．

1437 en définitive つまりは，結局は

▶ Et alors, qu'est-ce que vous avez fait en définitive?
で，結局は何をしました？

補足 en sentence définitive「最終的な宣言［判決］として」という用語から sentence が省かれた表現．

1438 en double 2重に，2つに，（同じ物を）重複して

▶ J'ai ce disque compact en double.
私はこのCDを2枚だぶって持っている．

補足 au double なら「2倍にして」の意味になる．また，à double sens は「2重の意味にとれる，曖昧な」の意味．

1439 en échange de qch ～の代わりに，～と交換に

▶ Le surclassement en échange de miles est applicable.
マイル［マイレージ］と交換でのアップグレードが適用できます．

補足 en échange「その代わりに，交換に」という文修飾副詞の形でも使われる．

1440* en espèces 現金で

▶ Vous payez en espèces ou par carte?
支払いは現金ですかカードですか．

補足 「現金で支払う」という言い方には，ほかに，payer en (argent) liquide, payer

comptant, payer cash などがある.

1441* en état de+inf.　〜することができる状態で[に]

▶ Je n'étais pas en état de courir.　私は走れる状態ではなかった.
être en état de+inf. は「〜できる状態[立場]にある」の意味. être en mesure de+inf.「〜できる（状態にある）」は類義語（cf. 1998）. être hors d'état de+inf. は, 逆に「〜できない（状態にある）」の意味.

▶ Cette moto n'est plus en état de rouler.
このバイクはもう走れる状態ではない.
en état de marche は「（機械などが）正常な状態の」という意味の熟語.

補足〈en état de+無冠詞名詞〉なら「〜の状態で」. en état は「（物が）使える状態で, 正常な」, hors d'état は「（物が）使えない状態で, 故障した」という意味になる（例: remettre qch en état「〜を修理する」, appareil hors d'état「故障したカメラ」）.

1442　en évidence　目につくように, 目立って

▶ J'ai posé une lettre en évidence sur la table.
目につくように手紙を机の上に置いた.

▶ Cette publicité est mise en évidence.　この広告は目立っている.
Cette publicité est visible. とも書ける.

補足 évidence は「明白さ, 明白な事実」という意味の女性名詞（例: se rendre à l'évidence「明白な事実に屈する」）. mettre qch en évidence は「〜を人目につくようにする, 〜を明らかにする」の意味（cf. 1633）. se mettre en évidence は「目立つ, でしゃばる」.

1443** en faveur de qn　人のために, 人に有利になるように

▶ Je voudrais travailler en faveur des handicapés dans l'avenir.
私は将来, 障害のある人たちのために働きたい.

▶ Ils sont intervenus en faveur du candidat.
彼らは候補者に有利になるように介入した.

補足 faveur は「好意, 特別の計らい」の意味. また, par faveur は「特別な計らいで」の意味（例: C'est par faveur qu'on a pu voir cet objet de valeur.「この貴重品を見ることができたのは特別な計らいのおかげだ」）.

1444　en feu

❶ 燃えている
▶ La poubelle est en feu!　ゴミ箱が燃えている.
❷ 赤くなっている, 火照っている
▶ Tu as la bouche en feu?　口の中がぴりぴりしてる?

[補足] ①の le feu は「火事」の意味. ただし, 個々の「火事」は un incendie を用いる. ②は「(辛いものを食べた後などの) 火照り, 熱っぽさ」. ちなみに feu du rasoir は「ひげそり後のひりひり感, かみそり負け」のこと.

1445* en fin de＋無冠詞名詞　～の終わり（ごろ）に

▶ Nous nous retrouverons en fin de journée, disons vers sept heures.
晩に落ち合いましょう, そう 7 時ごろに.
▶ J'ai trouvé mon nom en fin de liste.
私は自分の名前をリストの末尾に見つけた.
[補足] 〈à la fin de＋名詞〉「～の終わりに」に比べて, "対象物（期間など）の幅" がやや広い. たとえば, en fin de semaine は「週の終わり（ぐらい）に」の意味で, 金曜日あたりまでを含む. 反意語は〈en début de＋無冠詞名詞〉「～の初めに」.

1446* en fin de compte　結局, 要するに

▶ En fin de compte, nous ne sommes pas sorti(e)s hier soir.
結局, 昨日の晩に私たちは出かけなかった.
[補足] au bout du compte (cf. 1362), finalement などと同義.

1447　en fonction(s)　職務についている, 現職の

▶ Elle est entrée en fonction(s) le 1er avril 2000.
彼女は 2000 年 4 月 1 日に就任した.
entrer en fonction(s) で「職務につく」.
▶ Daniel n'est plus en fonction.　ダニエルはもう仕事をしていない.
[補足] 女性名詞 fonction は「職, 仕事, 職務」のほかに「機能, 働き, 役割」という意味がある（例：Quelle est la fonction du foie?「肝臓はどんな働きをするのですか」）.

1448* en fonction de qn/qch　～に［～の変化に］応じて, ～によって

▶ La mode varie en fonction de l'âge.
ファッションは時代によって変わる.
[補足] ほかに「重さに応じて」en fonction du poids,「天候次第で」en fonction du temps,「場に応じて」en fonction des circonstances などがある. 形容詞的に用いた, salaire en fonction des compétences「能率給」という使い方もする. なお, être fonction de qn/qch は「～次第である, ～によって決定される」という熟語になる.

1449* en force

❶ 力いっぱい（に）, 力をふりしぼって

▶ Je lutte en force contre les préjugés.　私は必死に偏見と戦っている．
❷ **大挙して**
▶ La police est arrivée en force devant la résidence officielle.
警官が官邸前に大挙してやって来た．
補足 de toutes ses forces も「力いっぱい (に)」の意味 (cf. 545)．「大挙して，大勢で」は en (grand) nombre, en foule, en masse といった類義語がある．

1450　en grand　大規模に，大きく，大局から

▶ Quand elle est entrée dans sa chambre, elle a ouvert toutes les fenêtres en grand.
彼女は部屋に入るとすべての窓を大きく開け放った．
▶ Il voit toujours les choses en grand.　彼はいつも大局的に物を見る．
補足 この grand は男性名詞．反意語は en petit「小規模に，縮小した」(cf. 1459)．

1451　en gros

❶ **おおよそ，だいたい**
▶ En gros, ce qu'il dit de ses collègues de bureau est faux.
おおむね，彼が会社の同僚について口にすることはでたらめだ．
❷ **大きく，大きな字で**
▶ Ecrivez votre nom ici en gros, s'il vous plaît!
あなたの名前をここに大きくお書きください．
❸ **卸(おろし)で**
▶ Je les ai acheté(e)s en gros.　私はそれらを卸で買った．
形容詞的に用いて vente en gros「卸売り」，commerçant(e) en gros「卸売業者」といった使い方もある．
補足 「おおよそ，だいたい」は grosso modo という表現もある (例：Je vais vous raconter grosso modo ce qui s'est passé.「起きたことを大ざっぱに話しましょう」)．

1452　en hommage à qn　人に敬意を表して

▶ On va boire du champagne en hommage à Monsieur l'Ambassadeur.
大使に敬意をこめてシャンパンで乾杯しよう．
補足 en l'honneur de qn/qch (cf. 574), par considération pour qn (cf. 1485) などと同義になる．rendre hommage à qn, présenter ses hommages à qn「人に敬意を表する」も記憶したい．

1453　en l'espace de ＋時間　～の間に

▶ Il a eu deux accidents en l'espace d'une semaine.

彼は 1 週間に 2 度事故にあった．
▶ Ma mère m'a écrit cinq lettres en l'espace de huit jours.
母は私に 1 週間で 5 通の手紙をよこした．
補足 この espace は「(時間の) 隔たり，間隔」を意味する語．頻度は落ちるが〈dans l'espace de＋時間〉でも同じ意味になる．

1454　en mesure　拍子をとって，拍子をあわせて

▶ Les enfants chantaient et dansaient en mesure.
子どもたちは拍子をとって歌い，踊っていた．
補足 この mesure は「(音楽の) 拍子」の意味で，「拍子をとる」は battre la mesure，「拍子をあわせる」は suivre la mesure と言う．なお，être en mesure de＋inf. は「〜できる」の意味 (cf. 1998).

1455*　en moyenne　平均して

▶ Il travaille en moyenne huit heures par jour.
彼は 1 日平均して 8 時間働く．
▶ Je gagne en moyenne deux mille euros par mois.
私は毎月平均 2,000 ユーロの収入がある．
補足 moyenne は「平均」を意味する女性名詞で，moyen(ne) は「平均の，中間の」を意味する形容詞．calculer la moyenne で「平均値を出す」，なお，Cela fait une moyenne. は「(平均，つまりプラス・マイナス 0 になる→) これでとんとんだ」の意味．

1456*　en noir

❶ 黒を着た，黒衣[喪服]の
▶ Elle s'habille toujours en noir.　彼女はいつも黒い服を着ている．
❷ 悲観した
▶ Il voit tout en noir.　彼は何でも悲観的に見る (cf. 2138).
補足 ①の en は「(着衣・身なり) 〜 を着た」の意味．être en pyjama なら「パジャマ姿である」の意味．ちなみに，film en noir et blanc「白黒映画」の en は「(材料・構成) 〜 でできた，〜からなる」のニュアンス．② voir tout en rose は「楽観する」の意味 (cf. 1469).

1457　en nombre

❶ 大勢で，多数で
▶ Ils sont venus en nombre.　彼らは大勢でやって来た．
en grand nombre としても同じ意味．
❷ 数において，数の上で

▶ L'ennemi était inférieur en nombre.　敵は数で劣っていた．
補足 sans nombre は「無数の」の意味．

1458* en paix

❶心安らかに，静かに
▶ Je voudrais dormir en paix tous les jours.
私は毎日心安らかに眠りたい．

❷平和に，平和な状態にある，仲良く
▶ Nous vivons en paix avec nos voisins.
私たちは隣人と仲良く暮らしている．

補足 ①は tranquillement が類義語．②は paisiblement, pacifiquement と置き換えられる．en guerre「戦争状態にある」，en conflit「紛争状態にある」は反意語．

1459 en petit　小規模に[の]，小さくした

▶ Ce château reproduit en petit celui de Chambord.
この城はシャンボール城を小さく模したものだ．
▶ Mon supérieur voit tout en petit.
私の上司は何でも矮小化してしまう．
voir tout en petit「すべてを小さく見る」が直訳．
▶ Voilà le monde en petit.　これぞ世界の縮図だ．
形容詞的にも使われる．

補足 en grand が反意語 (cf. 1450).

1460 en place

❶(今の) その場にそのまま
▶ Très nerveux, on ne tenait plus en place.
ひどくいらだって，もうみんながじっとしていられなかった．

❷しかるべき場所に，所定の位置に
▶ Remettez les chaises en place.　椅子を所定の位置に戻しておいて．
remettre qch en place で「～を元の場所に戻す」の意味．
▶ L'orchestre est déjà en place pour le concert.
コンサートのためにオーケストラはすでに所定の席についている．

補足 ほかにも次のように形容詞的に使われることがある．「既存の，現行の，高位の」の意味で (例：industrie en place「既存の産業」，gens en place「要職にある人，実力者」)，あるいは mettre qch en place「～をしかるべき場所に置く」から，mise en place で「配置，設置，実施」など．

1461　en plein milieu de qn/qch　～のちょうど真ん中に，真っ最中に

- En plein milieu du film, il y a eu une panne d'électricité.
  映画の真っ最中に停電した．
- Le téléphone portable a sonné en plein milieu de la nuit.
  真夜中，携帯に電話がかかってきた．
- Il s'est perdu en plein milieu de la foule.
  彼は群衆の真っただ中に姿を消した．

補足 au milieu de qch を強調した形．名詞には時間（にかかわる事柄），空間あるいは人や物の集合が置かれる．au beau milieu de qch という言い方もする．

1462* en plus　その上，さらに加えて

- Le service est en plus.　サービス料は別につきます．
  Le service est en sus. という表現もある．逆に「サービス料が含まれる」は service compris と言う．
- Il est fatigué et, en plus, découragé devant tant de difficultés.
  彼は疲れていたし，それに加えて，多くの困難を前に落胆していた．

補足 de plus, en outre も類義だが，en plus の方がくだけた言い方．

1463* en plus de qch　～の上にさらに，ほかに

- En plus de son travail, elle prend soin de ses parents et ses enfants.
  彼女は仕事をしている上に，さらに両親と子どもの面倒をみている．

補足 en plus de cela「その上，おまけに」という定番の表現もある．

1464* en proportion de qch　～に比例して，応じて，比べて

- Les prix montent en proportion de la hausse du pétrole brut.
  物価は原油の高騰に比例して上がる．
- Le job est mal payé en proportion des risques.
  そのバイトは危険度に比べて報酬が低い．

補足 en raison de qch という類義語もある（cf. 1466）．en proportion だけでも「（規模が）見合った，釣り合った」の意味で使われる．hors de (toute) proportion は「まったく不釣り合いの，比較にならない」の意味．

1465* en question　問題になっている，当該の

- Vous connaissez le document en question?
  あなたは例の文書をご存知ですか．
- La hausse du yen va remettre la politique du gouvernement en question.

円高のせいで政府の政策は再検討を迫られるだろう．
mettre qch en question は「〜を問題にする，検討する」，remettre qch en question なら「〜を問い直す，再検討する」の意味になる．

補足 être en question で「(今まさに) 問題になっている」の意味．être hors de question は逆に「問題外である，問題にならない」の意味になる熟語．

1466* en raison de qch

❶ 〜のために，理由で
▶ En raison des circonstances, on a dû rester à Haneda.
状況に鑑みて，羽田にとどまらざるを得なかった．

❷ 〜に比例して，応じて
▶ Les prix varient en raison de l'offre et (de) la demande.
物価は需要と供給に応じて変動する．

補足 ①は à cause de qch と類義，②は en proportion de qch と類義の熟語．

1467 en règle （法的に）正規の，規定どおりの

▶ Un homme s'est fait arrêter à la douane ; son passeport n'était pas en règle.
男が税関でつかまった．パスポートが正式ではなかったんだ．

補足 形容詞 régulier(ère) は類義語．être en règle avec qn/qch という言い回しもあり，「〜との関係が整っている，人に対してするだけのことはしている」という意味で使われる（例：Je suis en règle avec ma conscience.「私は良心に恥じるところはない」）．なお，en règle générale は「通常，たいていの場合」の意味（例：En règle générale, les jeunes hommes manquent de prudence.「一般に，若者は慎重さに欠ける」）．

1468 en remplacement de qn/qch 〜の代わりに，〜に替えて

▶ Tu ne pourrais pas y aller en remplacement de Monsieur Rolin?
ロラン氏の代理として君がそこに行ってはもらえまいか．
▶ Je bois de l'eau gazeuse en remplacement de la bière ces jours-ci.
私は近頃，ビールに替えて発泡性のミネラルウォーターを飲んでいる．

補足 類義の熟語に，à la place de qn/qch (cf. 488), au lieu de qch (cf. 508) がある．

1469* en rose バラ色[ピンク]に[の]，楽観して

▶ Madame Suzuki s'habille en rose.   鈴木さんはピンクの服を着ている．
▶ Ma fiancée voit tout en rose.   僕のフィアンセは何でも楽観的に見る．
voir tout en rose で「すべてをバラ色[楽観的]に見る」の意味．

補足 voir tout en noir とすれば「悲観する」の意味になる (cf. 2138).

1470 en route　途中で[の]，進行中に

- En route!　さあ，出発だ．
  Mettons-nous en route! とも言う．se mettre en route で「出発する」(= partir) の意味になることから．
- En route, ils ont gardé le silence.　道々，彼らは黙ったままだった．
- Il a commencé le chinois, mais il s'est arrêté en route, il n'est pas allé à l'examen.
  彼は中国語を始めたが，途中で投げ出して，試験に行かなかった．
  s'arrêter en route は「途中で止まる」の意味．その比喩的な使い方で abandonner とほぼ同義になる．

  補足 ほかに en route pour... で「～への途中で」の意味．

1471* en secret/dans le secret　こっそり，隠れて

- Nous avons vu cette personne en secret.
  私たちはその人物にひそかにお会いした．
- On a mené une négociation dans le (plus grand) secret.
  極秘裏に交渉が進められた．
  dans le plus grand secret という形でもよく使われる．

  補足 en douce, en cachette という類義語もある (cf. 1944). être dans le secret「裏の事情に通じている」という会話で使われる言い回しもある (cf. 1939).

1472* en semaine　平日に，ウィークデーに

- Je vais au club sportif tous les week-ends, jamais en semaine.
  私は週末はいつもスポーツクラブに行きますが，平日は行きません．

  補足 この semaine は「週」ではなく「平日」(le week-end の反対) のこと．pendant la semaine も同義．なお，à la semaine は「週給で，週決めで」，de semaine は「週番の」という意味になる．

1473* en tant que＋無冠詞名詞　～として，～の資格で

- En tant que romancier, il n'a guère réussi.
  小説家として，彼は成功しなかった．
- Je te parle en tant qu'ami(e) et non en tant que professeur.
  私は教師としてでなく，友として君に話している．

  補足 後に続く無冠詞名詞は「人」でも「物事」でもかまわない．類義なのは comme, en qualité de＋無冠詞名詞 など．

1474* en tête

❶ 頭の中に，内心
- Qu'est-ce qu'elle a en tête?　彼女は何を考えているのだろう．
- Vous n'avez plus son nom en tête?
  もう彼[彼女]の名前を忘れてしまったのですか．

❷ 先頭に[で]
- La maîtresse marchait en tête de ses élèves.
  女の先生が生徒たちの先頭に立って歩いていた．

補足 ①ほかに avoir un projet en tête「ある計画を持っている」など．② arriver en tête なら「先頭で[トップで]ゴールする」(=arriver le premier) の意味．また，en tête de qch で「～の先頭に，はじめに」の意味（例：en tête de cet article「この論文の冒頭に」，en tête de phrase「文頭に」，en tête de train「列車の先頭に」）になる．

1475　en théorie　理論上は，理屈は

- C'est bien beau en théorie, mais en fait, c'est impossible à réaliser.
  理論的には実にすばらしいが，実際に実現するのは不可能だ．

補足 théoriquement と同義．「理論，学説」を意味する la théorie の反意語は la pratique「実践」．なお，部分冠詞を用いた C'est de la théorie. は「それは単なる理屈だ」という意味．

1476* en tout　全部で，完全に

- Il y a en tout trois mille étudiants dans cette université.
  この大学には全部で3,000人の学生がいる．
- Ça fait combien en tout?　合計でいくらですか．
- C'est une histoire conforme en tout à la réalité.
  これはまさしく現実そのままの話だ．

補足 au total「全部で，合計して」は類義語 (cf. 991)．

1477 en vain　むなしく，無駄に

- Elle a essayé en vain de persuader ses parents.
  彼女は両親を説得しようとしたが無駄だった．

補足「～したものの，目的ははたせず，結局は無駄であった[骨折り損のくたびれもうけ]」という文脈で用いられることが多い．vainement と同義．mourir en vain「(無駄に死ぬ→) 犬死にをする」という言い方もある．

1478* en vérité

❶ 本当に，確かに

▶ Cette histoire est, en vérité, fort étrange.
この話は，確かにとても奇妙だ．
❷ 実のところ
▶ J'ai parlé de cet événement, mais, en vérité, je n'en savais rien.
私はこの出来事について話したが，実はそれについては何も知らなかった．
補足 ①の用法は断定を強める表現で，assurément や certainement で置き換えることができる．②の用法では à la vérité と同義になる (cf. 489)．

1479* en vogue　流行の，流行している

▶ Ce chanteur était très en vogue dans les années 1960.
この歌手は 1960 年代に大人気だった．
補足 類義の表現に à la mode がある (cf. 486)．vogue も mode も「流行」という意味の女性名詞だが，vogue が人や物の流行や人気に用いられるのに対して，mode は物に関してのみ用いられる．たとえば「この歌手の人気」という場合は la vogue de ce chanteur で，mode は使えない．

1480* en vouloir à qn (de+inf.)　(〜したことで) 人を恨む

▶ Tu m'en veux encore?　君は私をまだ恨んでるのか．
▶ Elle en veut à Enzo d'avoir menti.
彼女はエンゾが嘘をついたことを恨みに思っている．
補足 en vouloir à qch は「〜を狙う」という意味 (例: Il en veut à ton argent.「彼は君のお金を狙っている」)．したがって en vouloir à la vie de qn となれば，「人の殺害を企てる」という意味になる．

1481　en vue

❶ (肉眼で) 見える
▶ La montagne est en vue.　山が見えてきた．
❷ 目立つ
▶ Elle a mis ce tableau bien en vue.
彼女はその絵をよく目立つところに置いた．
❸ 著名な，注目される
▶ C'est un des hommes politiques les plus en vue du Japon.
彼は日本で最も著名な政治家のひとりだ．
補足 en vue de qch [de+inf.] は「〜をめざして，〜のために」という意味になる (例: travailler en vue du concours「試験のために勉強する」)．

7 前置詞 par

1482 par (la) moitié　半分に
▶ Partagez le gâteau par (la) moitié.　そのケーキを半分に分けなさい．
「ケーキを2つに切る」なら couper le gâteau en deux とも表現できる．
補足 moitié は「半分」．moitié moitié で「半分ずつにする」という意味（例：Faisons moitié moitié. 「2人で割り勘にしよう」）．ちなみに，à moitié prix は「半額で」．

1483 par cœur　暗記して，そらで
▶ J'ai appris ce poème par cœur.　私はその詩を暗記した．
補足 de mémoire は類義．〈par＋無冠詞名詞〉の形で作られる熟語．apprendre qch par cœur は「暗記する」，réciter par cœur「暗唱する」，savoir qch par cœur は「暗記している」となる（例：Elle sait ce scénario par cœur. 「彼女はそのシナリオを暗記している」）．

1484 par conséquent　したがって，だから
▶ Elle n'est pas inscrite à notre faculté, par conséquent, elle ne peut pas remettre son mémoire.
彼女は当学部に登録していない，したがって，論文は提出できない．
補足「その結果，それゆえに」を意味する表現．やや改まった言い回し．同義で最も頻繁に使われるのは donc である（例：Elle a des cours ce matin : elle ne peut donc pas venir ici. 「彼女は朝に授業があるから，ここには来られない」）．より改まった表現に，en conséquence, de ce fait などがあげられる．

1485 par considération pour qn　人に敬意を表して
▶ Nous avons organisé ce colloque par considération pour Monsieur Carlier.
私たちはカルリエ先生に敬意を表してそのシンポジウムを開いた．
補足 considération は「考慮，配慮」のほかに「敬意，高い評価」という意味がある．en l'honneur de qn (cf. 574) や en hommage à qn (cf. 1452) は類義語．

1486 par degré(s)　徐々に，少しずつ
▶ On a appris à se connaître par degrés.
少しずつ己を知ることを学んだ．
補足 degré は男性名詞で「（進行段階の）程度，度合い」を表す．この表現では無冠詞で使われるのに注意したい．peu à peu は類義（例：Ils devenaient silencieux peu à peu. 「彼らは徐々に口数が少なくなった」cf. 517）．

1487　par intervalle(s)

❶ ところどころに
▶ Par intervalle(s), nous voyons des maisons.
　ところどころに，家が見える．

❷ 時々
▶ Par intervalle(s), on entendait le son de la cloche.
　時々，鐘の音が聞こえる．

補足 intervalle は空間的・時間的な意味での「隔たり」や「間隔」を表す男性名詞．この表現では，無冠詞で使われる．dans l'intervalle は「その間に，それまでに」（例：Je n'ai plus de cours jusqu'à 14 heures. Dans l'intervalle, je vais préparer mes leçons.「午後2時までは授業がない．その間に予習をしよう」）．

1488　par la base　根本から，根底から

▶ Votre raisonnement pèche par la base.
　あなたの論証は根本から間違っている．

補足 de base は「基本の，基礎となる」の意味となる（例：vocabulaire de base「基本語彙」）．

1489　par la faute de qn　人のせいで

▶ C'est par la faute de Suzanne que nous sommes arrivé(e)s si tard.
　こんなに私たちが遅れて到着したのは，シュザンヌのせいだ．

補足 責任を問うケースにおいて，批判の対象を明確にするときに用いる．類義の表現は à cause de qn/qch である（cf. 222）．反対に，好都合な原因や感謝の意を表すときには grâce à qn/qch．「～のおかげで」（cf. 927）．

1490*　par la suite　後に，後になって

▶ Il a appris par la suite que son père l'avait beaucoup aimé.
　彼は父親に非常に愛されていたことを後になって知った．

補足 suite は「続き，そのあと」を意味する．dans la suite でもよい．なお，par suite は「したがって，その結果」という意味になる（例：Elle est partie pour Paris et, par suite, elle ne peut plus enseigner au Japon.「彼女はパリへ発ってしまったから，日本でもう教師はできない」）．

1491　par le temps qui court　近頃は，このような時勢では，目下

▶ Beaucoup de gens cherchent du travail par le temps qui court.
　こういうご時勢なので，多くの人が職を探している．

補足 par les temps qui courent と複数にすることもある．

1492　par nécessité　必要に迫られて，やむなく

▶ Je suis revenu(e) au Japon par nécessité.
私はやむなく日本に戻ってきた．

補足 nécessité は「必要，必要性」．同義は nécessairement. 反対の意味になるのは sans nécessité「必要もないのに」(例：Il est allé au supermarché sans nécessité.「彼は必要もないのに，スーパーマーケットへ行った」).

1493　par opposition (à qn/qch)　(〜 と) 対照的に

▶ Je suis réaliste par opposition à mon mari.　私は夫とは逆に現実的だ．

補足 opposition は「反対，対照」．à l'opposé de qn/qch は類義（例：Il est sérieux, à l'opposé de Frédéric.「彼はフレデリックとは対照的に真面目だ」).

1494　par ordre (de＋無冠詞名詞)　順序よく，(〜 の) 順序で

▶ Organise ton discours par ordre d'importance des informations.
情報の重要度の順に話をして．

補足 ordre は男性名詞で「順序，秩序，整然とした状態」．avec ordre(cf. 522), en bon ordre は類義．par ordre alphabétique は「アルファベット順に」の意味になる．

8 前置詞 pour

1495*　pour être bref　要するに，手短に言えば

▶ Pour être bref, il n'y a rien de changé.
要するに，なにも変化はないのです．

補足 en bref あるいは bref の 1 語だけでもよい．en un mot に書き換えることもできる (cf. 1033)．ほかに類似の表現は，「結局のところ」を表す en somme(cf. 1031), tout compte fait(cf. 2171) など．

1496　pour la circonstance　この際，この (特別な) 機会に

▶ On passe à Paris pour la circonstance.
この際，パリに立ち寄っておこう．

補足 circonstance は「状況，機会」を表す．à cette occasion は同義（例：A cette occasion, je te présenterai ma cousine.「この機会に，私の従姉を君に紹介しよう」).

1497　pour la forme　形式的に，儀礼的に

▶ Il a salué ses anciens collègues pour la forme.

彼は儀礼的に昔の同僚たちに挨拶した．

補足 forme には「形式」，複数形では「よい行儀，礼儀，作法」という意味がある．avoir des formes「行儀がよい」，respecter les formes「礼儀を守る」．反意語は sans façon「形式ばらずに」(cf. 1508)．

1498　pour le bien de qn　人の利益になるように

▶ Je vous dis ça pour votre bien.　私はあなたのことを思って言うのです．

補足 bien は「善，よいこと，利益」の意味がある．たとえば，voir le bien dans qch なら「〜のよい面を見る」の意味になる（例：Essayons de voir le bien dans cette affaire.「この問題のよい面を見るようにしよう」）．類義の表現に，pour le compte de qn (cf. 1499)，dans l'intérêt de qn がある（例：Elle a travaillé davantage dans l'intérêt de sa famille.「家族のことを思って，彼女はさらに働いた」）．

1499　pour le compte de qn

❶ 人の（利益の）ために
▶ J'ai fait ça pour ton compte.　私は君のためにしたのだ．

❷ 人としては
▶ Pour mon compte, j'ai tout fini.　私の方は，すべて終了した．

補足 ①は pour le bien de qn (cf. 1498)，dans l'intérêt de qn とほぼ同義．②は pour la part de qn．に置き換えることができる（例：Pour ma part, je vais bien.「私といえば，元気です」）．

1500　pour le mieux

❶ 最善を尽くして
▶ Nous allons régler cela pour le mieux.
最善を尽くしてこれにあたりましょう．

❷ 最高によく
▶ Elle va pour le mieux.　彼女は最高に元気です．

補足 ①は〈de＋所有形容詞＋mieux〉や le mieux possible (cf. 1856) と類義（例：Essayons de faire de notre mieux.「私たちの最善を尽くしてみよう」）．②は au mieux に置き換えることもできる．

1501　pour raison(s) de＋無冠詞名詞　〜の理由で

▶ Il s'est absenté pour raison(s) de santé.　彼は健康上の理由で欠席した．

補足 この表現においては，理由を説明する名詞は特定されている．主なものは，santé，maladie，économie など．

1502　pour rien au monde　少しも，全然

▶ Je ne voudrais pour rien au monde vous gêner.
ご迷惑は絶対におかけしません．
補足 否定の強調表現．熟語の位置は同義の副詞 nullement と同じように考えればよい．

1503　pour rire　冗談で，面白半分に

▶ C'est pour rire!　冗談だよ．
▶ J'ai dit ça pour rire.　それは冗談で言いました．
補足 口語表現，pour de rire とも言うが，やや子どもっぽいくだけた調子になる．類義に pour plaisanter「ほんの冗談のつもりで」（例：Je te l'ai dit juste pour plaisanter.「私はそれを君にほんの冗談のつもりで言った」）．反対の意味を表現するくだけた言い方に pour de vrai「本気で」がある（cf. 1971）．

1504　pour un peu　もう少しで，危うく

▶ Pour un peu, il se faisait écraser par un bus.
危うく，彼はバスにひかれるところだった．
補足 口語的な表現．例文は，Il a manqué (d')être [Il a failli être] écrasé par un bus. などと書き換えることができる．

9 前置詞 sans

1505　sans aucun doute　疑いなく

▶ Vous êtes sûr(e) qu'il viendra? ― Sans aucun doute.
「彼は本当に来ると思いますか」「間違いありません」
補足 発音の際はリエゾンする．doute は「疑い」なので，「少しの疑いもない，確かに」という意味になる．sans nul doute, certainement と同義（cf. 640）．

1506　sans émotion　平然として，淡々と

▶ Il a écouté le verdict du tribunal sans émotion.
彼は裁判所の評決を平然と聞いていた．
補足 発音の際にはリエゾンする．émotion とは「（喜怒哀楽に）感情を激しく揺さぶられること」を意味する語．tranquillement, avec calme などが見出し語の類義語．「感情を表に出さずに」の意味で sans montrer ses émotions という言い方もする．「感動や興奮をこめて，感慨深げに」という場合には，冠詞なしで avec émotion と言う（例：parler avec émotion「感動をこめて［興奮気味に］語る」）．

1507 sans erreur(s)　間違いなく

▶ Pour écrire sans erreur(s), consultez un dictionnaire!
間違いなく書くためには，辞書を引きなさい．

補足 erreur は「誤り」．「間違って」と言う時には par erreur を使う（例：Je lui ai frappé la tête par erreur.「私は彼[彼女]の頭を間違って叩いてしまった」）．sauf erreur なら「もし間違っていなければ」となる．

1508 sans façon(s)

❶ 気取りのない，もったいぶらない

▶ C'est une personne sans façons.　あの人は気取りのない人だ．

❷ 気取らずに

▶ Tu prends encore un peu de café? ― Non merci, sans façon(s).
「コーヒーをもう少しどう」「いえ，（遠慮ではなしに）けっこうです」

補足 ①は形容詞として，②は副詞として使われた例．façon には，「仕方，流儀」という意味のほか，複数形で「気取り」という意味がある．à とともに用いて，名詞を修飾することもできる（例：homme à façons「気取った人」）．

1509* sans intérêt　面白くない，価値のない

▶ Je menais une vie monotone et sans intérêt.
私は単調で面白みのない生活を送っていた．

補足 intérêt には，ほかに「利益」という意味もあり，dans [contre] l'intérêt de qn で，「人の利益[不利益]になるように」という表現で用いられる（例：Nous avons économisé cinquante mille euros dans l'intérêt de nos enfants.「我々は子どもたちのためを思って5万ユーロ貯金しました」）．

1510* sans issue　どうしようもない

▶ Elle se trouve dans une situation sans issue.
彼女は行き詰った状況にある．

補足 issue は「出口」で，例文は比喩的に「解決法のない」という意味で用いられているが，文字通り「出口のない，行き止まりの」建物や通りを指すこともある（例：rue sans issue「袋小路」）．

1511 sans nécessité　必要もなく，必要もないのに

▶ Il ne faut pas tuer les animaux sans nécessité.
必要もなく動物を殺してはいけない．

補足 見出し語は「必然性がない」という含意であるが，もし必然性がある場合を言いたいなら par nécessité などを用いる．

1512* sans objet　根拠のない，あてのない

▶ C'est une enquête sans objet.　これは根拠のない調査だ.

補足 発音の際にはリエゾンする.「不必要な」という意味にも用いられる. objet には「対象，目的」という意味があり，その場合は but と同義になる（例：avoir pour objet qch [de+inf.]「~を[~することを]目的とする」）.

1513　sans pareil(le)　比類のない

▶ Sa clairvoyance est sans pareille.　彼[彼女]の洞察力はたぐいまれだ.

補足 修飾された語に名詞 pareil(le)「同様の人[物]，肩を並べるもの」の性数を一致させるので注意. sans égal(e)「比べるもののない」は類義語.

1514　sans succès　不首尾に，むなしく

▶ J'ai cherché un bureau de poste dans le quartier, mais sans succès.
私はその界隈で郵便局を探したが，見つからなかった.

補足 例文のような，..., mais sans succès.「~であったが，でも，首尾よく行かなかった」という展開は覚えたい. avec succès なら反意で「首尾よく成功して」の意味となる（例：s'en tirer avec succès「首尾よく切り抜ける」）.

10 前置詞 sous

1515* sous (le) prétexte que＋直説法　~を口実にして

▶ Il n'a pas assisté à ce cours la semaine dernière sous prétexte qu'il était malade.
彼は病気を口実に，先週この講義に出席しなかった.

補足 prétexte は「口実」という意味である. sous prétexte de qch でも同じ意味の熟語を形成するので，上の例文ならば sous prétexte de maladie と言い換えられる. 関連する熟語に sous un prétexte quelconque「何らかの口実をもうけて」がある (cf. 1516).

1516　sous aucun prétexte　どんな事情があっても（~しない）

▶ Ne mentez à vos parents sous aucun prétexte !
どんな事情があっても，親に嘘をついてはいけない.

補足「口実」の prétexte を用いた熟語 (cf. 1515).「どんな理由や口実があっても~しない」というふうに，禁止の文を含む文脈で用いられる.

1517 sous condition 条件つきで[の]，保証[保留]つきで

▶ Mon oncle a décidé d'accepter ce travail sous condition.
叔父は条件つきでこの仕事を引き受けることに決めた．

[補足] sans condition(s) なら「無条件で[の]」の意味．sous condition de+inf. として「〜するという条件つきで」あるいは〈à condition de+inf.［que+接続法］〉「〜という条件つきで」という類義の表現もある．

1518 sous la direction de qn 人の指導のもとで

▶ Je voudrais continuer mes recherches sous la direction de Monsieur Moreau.
私はモロー先生の指導のもとで研究を続けたい．

[補足] 見出し語は「管理・指導」を表す direction が用いられた熟語．なお，この熟語がオーケストラの指揮を指す場合もある（例：un concert de L'Orchestre de Paris sous la direction de Paavo Järvi「パーヴォ・ヤルヴィ指揮によるパリ管弦楽団のコンサート」）．なお，「方向」を表す direction を用いた dans la direction de qch「〜に向かって，〜行きの」などと混同しないように注意したい．

1519 sous l'effet de qch 〜の影響下にある

▶ Quand il s'est fait arrêté, il était sous l'effet de la drogue.
逮捕されたとき，彼はドラッグの影響下にあった[ドラッグがまだ効いていた]．

[補足] sous が「作用・影響」の意味を持つ熟語のひとつで，何かの作用・効果が及んでいる状態を表す（cf. 1977）．

1520* sous les yeux 目の前で

▶ Il a embrassé la meilleure amie de sa femme sous ses yeux.
彼は妻の目の前で彼女の親友にキスをした．

[補足] 日本語に訳すと「目の前で」になるが，使われる前置詞は sous である点に注意．「ある人の視線の下で」と解釈するとよい．例文のように，sous les yeux de qn の形で用いられることが多い．ただし，例文は日本の習慣とフランスのそれとで理解が大きく違う．校閲の先生いわく，Et alors? Quel est le problème?「で，何か問題が?」だそうです．

1521 sous tous ses aspects あらゆる面[側面]から

▶ Le professeur a analysé ce problème sous tous ses aspects.
教授はこの問題をあらゆる面から分析した．

[補足] 「観点」を表す語と sous の組み合わせによる熟語（cf. 1522）．

1522 sous un certain angle　ある観点から，ある角度から

▶ Vu sous un certain angle, il donne l'impression d'être plus heureux qu'avant.
ある観点から見れば，彼は以前よりも幸せそうな感じだ．

補足 この angle は「(物を見る) 観点，角度」(point de vue の類義語) の意味．sous cet angle「この観点から」(=de ce point de vue) という言い方もある (例：Je n'ai jamais analysé ce problème sous cet angle.「いままでこの観点からこの問題を分析したことがなかった」)．

11 前置詞 sur

1523 sur la base de qch

❶ ～に基づいて
▶ Notre atelier de montage est agréé sur la base du standard de l'Organisation de l'aviation civile internationale (OACI).
当社の組立部門は国際民間航空機関の基準に基づく承認を受けている．

❷ ～の率[割合]で
▶ Il a changé des euros sur la base des cours du jour.
彼はその日の相場でユーロを換金した．

補足「基礎，基本原理」の意味の base を用いた熟語である．sur 自体にも「～に基づいて」という用法がある．

1524 sur la place publique　公衆の面前で

▶ Jeanne d'Arc a été condamnée à être brûlée sur la place publique.
ジャンヌ・ダルクは公衆の面前で火刑に処された．

補足 この place は，たとえば la place de la Condorde「コンコルド広場」などに用いられる「広場」の意味．さらに place publique とは「公共の広場」であり，そこから敷衍して見出し語のような意味になる．

1525* sur le chemin (de qn) / sur son chemin

❶ (人の) 行く道筋に
▶ Je passerai à la supérette, c'est sur mon chemin.
コンビニによって行きます，通り道だから．

❷ (人の) 通り道に
▶ Elle a lutté contre tout ce qui se mettait sur son chemin.
彼女は自分の行く手に立ちふさがるものすべてと戦った．
　se mettre sur le chemin de qn は「人の邪魔をする，人の行く手をはばむ」という意味になる．

補足 en chemin は「(道を行く)途中で」の意味.

1526 sur le compte de qn　人に関して

▶ Cet homme a menti sur le compte de sa famille.
その男は自分の家族のことについて嘘をついた.
▶ On dit beaucoup de choses sur son compte.
彼[彼女]に関していろいろな噂がある.

補足 sur mon compte なら「私としては」の意味(例：Sur mon compte, il n'y a rien à dire.「私としては，何も言うことはない」). また，上の熟語は mettre が組み合わせられて mettre qch sur le compte de qn/qch となると，「〜を〜のせい[責任]にする」という意味になるので注意したい. ほかにも compte を用いた熟語は多い (cf. 2105, 1222).

1527 sur mesure

❶ オーダーの，ぴったり合った
▶ Elle a commandé une robe sur mesure.
彼女はオーダーメイドのドレスを1着あつらえた.
❷ 都合[好み]に合わせた
▶ Vous ne travaillez que le vendredi soir? C'est un emploi du temps sur mesure!
金曜の夕方しか働かないのですか. それはずいぶん都合のいい時間割だ.

補足 個々人にあつらえたようにぴったり合う，都合や好みに沿うという意味.「寸法」という意味の mesure を用いた熟語にはほかにこんな例がある(例：prendre les mesures de qn「人の寸法をとる」).

12 前置詞その他

1528 無冠詞名詞＋après＋無冠詞名詞　〜の後にまた〜，次々と〜が続いて

▶ Jour après jour, elle écrit son roman.
来る日も来る日も彼女は小説を書いている.

補足 jour après jour は「日に日に」(例：Il reprenait des forces jour après jour.「彼は日に日に元気を取り戻していった」) とも訳せる. ほかにも，heure après heure「時々刻々と」，minute après minute「刻一刻」，nuit après nuit「1晩ごとに」といった言い回しがある.

1529 après coup　事後に，後になって(はじめて)

▶ Tu t'es aperçu(e) de ton erreur après coup?
事後にミスに気づいたの?

補足 類義語に par la suite, ultérieurement がある.

1530* depuis que＋直説法　〜して以来，〜してから

▶ Elle a bien changé depuis que je la connais.
知り合ってから彼女はずいぶん変わった.
▶ Je me porte mieux depuis que je me suis arrêté(e) de fumer.
タバコをやめてから私は体調が良い.
補足 直説法が"現在"と"複合過去"の例．なお，「〜する［した］ときから」と考えて，ときに〈depuis quand＋直説法〉とする人がいるようだが，見出し語のようなケースでは使えない.

1531　hors d'état de＋inf.　〜できない状態になる

▶ Je suis hors d'état de travailler.　私はもう働くことができない.
補足 反意の「〜できる状態にある」は en état de＋inf. となる (cf. 1441)．したがって例文は Je ne suis plus en état de travailler. と書き換えられる.

1532*　hors d'usage　使われなくなった，使用できない

▶ Aujourd'hui, cette locution est déjà hors d'usage.
今日では，この熟語はもう使われなくなっている.
Cette locution ne s'emploie plus. とも言える.
▶ J'ai jeté des vêtements hors d'usage.　私はもう着られない服を捨てた.
補足 en usage は「使用されている，現行の」，d'usage は「よく用いられる，慣例的な」という意味になる（例：mot en usage「現用語」，formule d'usage「決まり文句」）.

1533　jusqu'à＋inf.　〜するまでに

▶ Il est allé jusqu'à dire que j'étais bête.　彼は私を馬鹿とまで言った.
aller jusqu'à＋inf.「（人が）〜するまでに至る」の意味.
補足 見出し語の形は aller, pousser, s'énerver といった動詞とともに用いられる．au point de＋inf. は類義.

1534　jusqu'au bout (de qch)　（〜の）最後まで，徹底的に

▶ Il veut combattre jusqu'au bout.　彼は最後まで戦いたいと思っている.
▶ Ce philosophe cherche à aller jusqu'au bout de ses idées.
この哲学者は自らの思索をとことん突きつめたいと思っている.
補足 類義語に jusqu'à la fin, complètement がある．なお，au bout de qch は「〜の端に，〜の終わりに，〜後に」という意味になる（例：au bout du mois「月の終わりに」，au bout d'un mois「1 か月後に」）.

1535* l'un(e) après l'autre　次々に，交代で

- Les soldats mouraient les uns après les autres.
  兵士たちが次々と死んでいった．
- Elles ont chanté l'une après l'autre.　彼女たちは代わる代わる歌った．

補足 類義の表現に tour à tour がある．「次々に」は successivement，「交代で」は alternativement という副詞で置き換えることができる．

1536* selon les cas　場合に応じて，ケースバイケースで

- Veuillez vous munir des documents requis selon les cas.
  ケースバイケースで必要な書類を持ってきてください／あなたのケースに応じた書類を持ってきてください．

補足「〜に応じて」という意味の selon を用いた熟語 (cf. 644)．ほかに，dans ce cas-là 「そのような場合には」，en ce cas「もしそうなら」など cas を使った熟語は多い．

1537 selon les circonstances　状況に応じて

- Il faudrait que vous vous habilliez selon les circonstances.
  状況に応じて装わなくてはいけません．

補足「〜に応じて，従って」という意味の selon を用いた熟語 (cf. 644)．「状況」を表す circonstances は，しばしば複数形で用いられる．単数形になると，特定の場合や機会を表す（例：de circonstance「状況に適した，一時的な」，en la circonstance「このような場合には」）．

1538 suivant son habitude　習慣どおりに

- Suivant son habitude, il a pris une tasse de café au lait ce matin.
  いつもするように，彼は今朝カフェオレを 1 杯飲んだ．

補足「いつもどおりに」という意味の熟語には類義語に comme d'habitude などもある．この熟語は selon son habitude とも言い換えられる．ただ，selon と suivant はいつでも置き換え可能というわけではなく，たとえば人（特に次のように人称代名詞）のときには selon を用いることが多い（例：selon vous「あなたの考えでは」）．

13 avoir を使った表現

1539 avoir (＋数詞＋jours de) congé
(〜 日間の) 休みをとる，休みになる

- Si la Toussaint tombait un lundi, on aurait trois jours de congé.
  もしトゥッサン（諸聖人の大祝日）が月曜日なら，3 日間休みになるのに．

補足 congé は男性名詞で「休暇，休み」．特に行政用語では，雇用者が被雇用者に与えるよ

うに定められている休暇．それに対してvacancesは学校・官公庁の休みで，夏休みなど比較的長期にわたる休暇を指す．よって「出産休暇」にはvacancesの語を用いず，congé (de) maternitéとする．「育児休暇」はcongé parental，congés payésは「有給休暇」のこと (cf. 559)．

1540 avoir (qn/qch) à+inf.
（～を）～しなければならない，～すべき～がある

- J'ai à lui parler.　私は彼[彼女]に話がある．
- Elle a trois enfants à nourrir.
  彼女は3人の子どもを養わなければならない．

補足 前置詞àは必要・目的を表し，à+inf. で「～すべき，～するはずの」という意味．次のような言い方は役に立つので記憶したい（例：J'ai quelque chose à vous demander.「ちょっとお願いしたい[聞きたい]ことがあるのですが」，J'ai à faire.「用事がある」）．また否定のn'avoir pas à+inf.「～する必要はない」，限定のn'avoir qu'à+inf.「～しさえすればいい，～するだけでうまくいく」も合わせて覚えたい（例：Tu n'as qu'à appuyer sur ce bouton.「このボタンを押すだけでいい」）．

1541 avoir [prendre] (tout) son temps
たっぷり時間がある[時間をかける]

- Vous avez tout votre temps.　時間は十分にありますよ．

補足 prendre (tout) son temps は「ゆっくり時間をかけて[あわてずに落ち着いて]する」という意味（例：Prenez donc votre temps!「どうぞごゆっくり，ゆっくりやってください」，Prends ton temps!「ゆっくりとやっていいよ」cf. 815）．

1542* avoir [prendre] qn/qch en horreur
～をひどく嫌う，憎悪する

- Est-ce que tu as ton travail en horreur?
  君は自分の仕事が嫌でたまらないの？
- Je commence à la prendre en horreur.
  私には彼女が耐えられない存在になり始めている．

補足 horreurは「（人が感じる）恐怖，恐ろしさ」を意味する女性名詞．avoir horreur de qn/qch [de+inf.]は「～が[～するのが]大嫌いである」の意味 (cf. 1558)．

1543 avoir [trouver] sa place＋場所
～に所を得る，～がふさわしい場所である

- Il n'avait pas sa place parmi les riches.
  金持ち連中に囲まれて彼は居心地がよくなかった．
- C'est un peintre qui a sa place dans l'histoire.

これは歴史に名をとどめてしかるべき画家だ．
補足 この place は「(人・物の占めるべき) 所定の位置，ふさわしい場所」の意味．

1544 avoir＋定冠詞＋名詞＋facile　すぐに[たやすく]〜する

▶ Le chef de bureau a le travail facile.　事務長は仕事が速い．
この travail facile は「やさしい[簡単な]仕事」の意味ではない．
▶ Il a l'argent facile.　彼は金払いがいい．
文脈によっては「浪費家である」という意味にもなる．
補足 別例として avoir la parole facile「弁舌さわやかである」，また facile「裕福な」の意味から avoir la vie facile「裕福な暮らしをする」といった言い方もある．

1545* avoir affaire à qn/qch
〜にかかわり合いになる，〜を相手にする

▶ Je n'aimerais pas avoir affaire à cette personne.
できれば，あの人にはかかわり合いたくない．
補足 affaire は女性名詞で「用事，用件，案件」を表す．ほかに，Tu auras affaire à moi!「私が相手になるぞ」，avoir affaire à la justice「司法と争う」など．似た表現に avoir affaire avec qn「人と関わりを持つ」があるが，これは対等で相互的関係について使われることが多く，avoir affaire à qn は弱者から強者に向けて使われることが多い．

1546 avoir avantage à＋inf.　〜した方がよい，〜するのが得策である

▶ Vous auriez avantage à vous taire sur cette affaire.
この件に関しては黙っていた方がいいでしょう．
補足 avantage は男性名詞で「利点，優れた点，メリット」の意味．

1547* avoir bon [mauvais] goût
味がいい[悪い]，趣味がよい[悪い]

▶ Cette sauce a bon goût.　このソースは美味しい．
▶ Tu as mauvais goût pour tes cravates.
君はネクタイの趣味が悪いね．
補足 goût は男性名詞で「味，趣味，センス」の意味．飲食物が主語の場合は「おいしい[まずい]」，人が主語の場合は「趣味がよい[悪い]」という意味になる．類似表現として，「味がよい，趣味がよい」は，形容詞なしで部分冠詞を伴った avoir du goût で表すことができる (例：Il a du goût en matière de peinture.「絵画に関して彼はいい趣味をしている」)．

1548 avoir bon cœur [du cœur]　心が優しい，思いやりがある

▶ Elle a bon cœur, elle. 何と言っても，彼女は思いやりがある．
補足 cœur は男性名詞で，この表現では「優しさ，善良さの宿る"心"」の意味．形容詞がなく部分冠詞を伴った avoir du cœur「寛大である，気持ちが優しい」も同じ意味を表す．反意語は manquer de cœur で「思いやりに欠ける」．

1549 avoir dans l'idée que＋直説法　～と思う，思い込む

▶ J'ai dans l'idée qu'elle reviendra cet été.
彼女はこの夏に帰ってくると思う．
▶ Il a dans l'idée qu'il n'est pas fait pour les études.
彼は自分が学問には向いていないと思い込んでいる．
補足 類義の表現は〈penser que＋直説法〉．見出し語と似た表現に avoir dans l'idée de＋inf. があるが，これは「～しようと思う」（＝avoir l'intention de＋inf.）の意味になる（例：J'ai dans l'idée d'aller en France.「私はフランスに行くつもりだ」）．

1550 avoir de bons [mauvais] rapports (avec qn)　（人と）仲がよい[悪い]

▶ J'ai de bons rapports avec mes voisins.
私はお隣さんたちと仲よくやっている．
補足 rapport は複数形で「対人関係，交際」．動詞は avoir のほかに，entretenir de bons [mauvais] rapports avec qn「人と友好関係を保つ[反目しあう]」，être en bons [mauvais] rapports avec qn「人と友好関係にある[仲たがいしている]」など．

1551 avoir de la classe　風格[気品，品格]がある，格調高い

▶ Madame Durand a de la classe. デュラン夫人は気品がある．
補足 この表現における classe は「風格，気品，格調」の意味で，部分冠詞女性形とともに用いられる．強調して，avoir beaucoup de classe ないしは avoir une grande classe として「とても品格がある」と言うこともある．

1552 avoir de la voix　よく通る声をしている

▶ Cette fille a de la voix. この娘はいい声をしている．
補足 voix はこの熟語では部分冠詞とともに用いる．「よく通る力強い声をしている」，また「声が歌に向いている」という意味もある．なお，否定の Je n'ai plus de voix. は「（喉を痛めていて）声が出ない」の意味で使う．

1553 avoir de l'action sur qn/qch　〜に作用する，影響を及ぼす

▶ La concentration en CO_2 dans l'air a de l'action sur le réchauffement planétaire.
大気中の二酸化炭素濃度の上昇は地球温暖化に影響を与える．

補足 action は「作用，影響力」を意味し，誰・何に対する影響・作用かは sur で導く．なお，avoir une influence sur qn/qch「〜に影響力がある」と同じように，見出し語を avoir une action sur qn/qch とするケースもある．反意の表現に être sans action sur qch「〜に影響を与えない」，類似の表現に sous l'action de qn/qch「〜の力で，〜の作用によって」がある．

1554 avoir droit à qch　〜を享受する権利がある，要求する権利がある

▶ Les salariés ont droit aux congés payés.
サラリーマンには有給休暇を取る権利がある．

補足 男性名詞 droit は「権利」の意味．話し言葉で皮肉な意味で用いられることがあり，その場合は「(不快なことを当然の報いとして) 受ける」こと (例：Il a eu droit à une amende.「彼は罰金をくらった」) を表す．avoir le droit de+inf.「〜する権利がある」も記憶したい (cf. 1080).

1555 avoir du caractère　気骨がある，性格が強い

▶ C'est un enfant qui a du caractère.　あの子はしっかりした子だ．

補足 この表現で caractère は「気骨，性格の強さ」を意味し，部分冠詞とともに用いられる．反対の表現は，manquer de caractère「意気地がない，腑抜けである」(例：Il manque de caractère pour devenir le chef de ce projet.「彼はこの計画のリーダーになるには意気地がなさすぎる」cf. 801).

1556 avoir du métier　仕事に熟練している，腕がいい

▶ Délicieux! Il a du métier, le chef cuisinier de ce restaurant.
本当においしい．このレストランのシェフ，腕がいいね．

補足 métier は「職業，仕事」を表すが，この表現では「熟練，腕前」の意味で，部分冠詞とともに用いられる．反対表現は manquer de métier「腕が未熟である，つたない」．

1557 avoir égard à qch　〜を考慮する，斟酌(しんしゃく)する

▶ En ayant égard à sa situation familiale, le juge a accordé les circonstances atténuantes.
彼[彼女]の家庭環境を考慮して，判事は情状酌量を言い渡した．

補足 égard は男性名詞で，複数形なら「敬意，配慮，思いやり」を表すが (例：avoir des égards pour qn「人に対して気遣う，敬意を払う」)，この熟語では「考慮」の意味．こ

の表現は文章語で用いられる改まった言い方．なお，「〜を考慮して，斟酌して」を表すには eu égard à qch を用いるケースが多い（例：Cet homme n'a pas été inculpé eu égard à son grand âge.「その男性は高齢を考慮して告訴されなかった」）．

1558 avoir horreur de qn/qch [de+inf.]
〜が[〜するのが]大嫌いである，〜をひどく嫌う

- Ma tante a horreur du poisson cru.　私の叔母は生魚が大嫌いだ．
- Eux qui avaient horreur de parler en public!
  あの人たちは人前で話をするのをあんなに嫌がっていたのに．

補足 avoir qn/qch en horreur という表現もある (cf. 1542)．

1559 avoir la charge de qn/qch [de+inf.]

❶ 人を扶養する，人の面倒を見る
- Il a la charge de quatre personnes.　彼には4人の扶養家族がいる．

❷ 〜の[〜する]責任を持つ
- Vous avez la charge de défendre l'intérêt public.
  あなたがたには公共の利益を守る責任がある．

補足 charge は「責任，責務，任務」の意味．de の後に来るのは人でも物でも，また不定詞でもよい．また，avoir 以外の動詞が来ることもある（例：On lui a confié la charge de diriger l'équipe de Chine.「彼[彼女]は中国チームを指導する責任を持たされた」）．

1560 avoir le beau rôle
割のいい役まわりを演じる，得な役まわりである

- Dans cette histoire, c'est lui seul qui a le beau rôle.
  この件でいい目を見たのは彼だけだ．

補足 rôle は「（演劇・映画などの）役，役割」．avoir の代わりに tenir でも同じ意味を表す．

1561 avoir le plaisir de+inf.　〜して嬉しい，喜んで〜する

- J'ai eu le plaisir de rencontrer votre mère hier soir.
  昨晩，あなたのお母様にお会いできて嬉しかった．
  現在形で「お会いできて嬉しい」と表現するなら，J'ai plaisir à rencontrer votre mère. が自然な言い回し．
- Nous avons le plaisir de vous annoncer notre mariage.
  （挨拶状）私どもの結婚をお知らせ申しあげます．

補足 書簡などで喜ばしい報告をする際などの決まり文句に使われることが多い．なお，目下のものが目上には使いにくい表現．

1562 avoir l'eau à la bouche
（御馳走を見て）口につばがわく，（欲しくて）よだれが出る

▶J'ai l'eau à la bouche!　よだれが出そう．

補足 l'eau à la bouche は「(口の水→) つば，よだれ」のこと．mettre l'eau à la bouche も同じ意味．例文は，Ça me met l'eau à la bouche! とも表現できる．

1563 avoir l'honneur de+inf.　謹んで〜する，〜する光栄を持つ

▶Je n'ai pas l'honneur de vous connaître.
当方，いまだお目にかかる光栄には浴しておりません．

補足 丁寧な通知で使われることが多い．主語には1人称が用いられる．

1564 avoir pitié de qn　人を気の毒に思う，人に同情する

▶Ayez pitié de nous!　僕らに同情してください．

補足 plaindre qn は類義語．faire pitié à qn ならば「人の哀れを誘う」の意味．

1565 avoir pour objet qch [de+inf.]
〜を[〜することを]目的[対象]とする

▶Cette loi a pour objet de prohiber les contributions financières en faveur d'un parti politique.
この法律は政治献金の禁止を目的としている．

補足 avoir pour but de+inf., avoir pour objectif qch [de+inf.] などと類義になる．

1566 avoir qch pour conséquence
〜の結果を招く，結果として〜をもたらす

▶Vos démarches ont eu pour conséquence l'aggravation de la grogne salariale.
あなたの事の進め方が給与に対する不満をつのらせる結果になった．

補足 conséquence は「(行為・事故・自然現象などに続いて生じる) 結果」とともに「(ある事柄が起こす) 影響」を意味する女性名詞．résultat は「(行為から生じた) 結果，成果」を指す男性名詞だが，見出し語は avoir pour résultat qch [de+inf.] とほぼ同義．

1567 avoir qualité pour+inf.　〜する資格がある

▶Vous avez qualité pour devenir membre de notre association.
あなたは当協会の会員になる資格がある．

補足 être qualifié [éligible] pour+inf. とほぼ同じ意味．なお，〈en qualité de+無冠詞名詞〉は「〜として，〜の資格で」の意味 (cf. 1427)．en tant que は類義．

1568 avoir sujet de+inf. 〜する理由がある

▶ Tu n'as pas sujet de te plaindre. 君が不満をもらす筋合いはない.

補足 この sujet は「(争いなどの) 理由，原因」を意味する男性名詞．ちなみに，sans sujet なら「理由なしに」という意味で，se fâcher sans sujet で「わけもなく腹を立てる」となる．

1569* avoir tendance à+inf. 〜する傾向がある

▶ La population de cette région a tendance à s'accroître rapidement.
この地方の人口は急激に増加する傾向にある.
▶ Ma femme a tendance à grossir. 私の妻は太りやすい.

補足 類義の表現に être enclin(e) à+inf.「〜する傾向がある，〜する気持ちになっている」がある．

1570* avoir un compte en banque 銀行に口座がある

▶ Vous avez un compte en banque? 銀行口座はお持ちですか.

補足 compte は「口座」のこと．avoir un compte à la banque とも言う．「(銀行に) 口座を開く」は (faire) ouvrir un compte (dans une banque)，numéro de compte (en banque) は「(銀行の) 口座番号」のこと．

1571* avoir une bonne [mauvaise] influence sur qn
人によい[悪い]影響を与える

▶ Il a eu une bonne [mauvaise] influence sur la jeunesse de son époque.
彼は当時の若者たちによい[悪い]影響を与えた.

補足 ほかの形容詞を用いることもできる．例文を，avoir une grande influence とすれば「大きな影響を与える」となるし，否定文で，La cigarette n'a aucune influence sur moi. なら「タバコを吸っても私にはまったく影響がない」といった文章も作れる．なお，exercer une influence sur qn/qch「〜に影響を及ぼす」も記憶したい．

1572* avoir une bonne [mauvaise] mémoire
記憶力がいい[悪い]

▶ Ce monsieur a-t-il une mauvaise mémoire? Ou est-il malhonnête?
この人は物覚えが悪いのか．それとも不誠実なのか.

補足「記憶力がいい，物覚えがよい」avoir de la mémoire とか，「忘れっぽい」avoir la mémoire courte という表現もある．

1573* avoir vue sur qch　〜を見晴らす，〜が見える，〜に面している

▶ D'ici on a vue sur la Méditerranée.　ここから地中海が見渡せる．
▶ Cet appartement à louer a vue sur la Seine.
この貸しマンションはセーヌ川に面している．

補足 この vue は「眺望」の意味．形容詞を添えて，J'ai une belle vue sur Kyoto.「京都の美しい景色が見える」とも表現できる．類義語として donner sur qch「〜に面している」がある (cf. 1150)．

1574 n'avoir plus qu'à+inf.　〜するより仕方がない

▶ Ayant laissé tomber son porte-monnaie, il n'avait plus qu'à ramasser toutes les pièces sur le trottoir.
小銭入れを落としてしまい，彼は歩道の上に散らばった小銭をかき集めるしかなかった．

補足 n'avoir qu'à+inf.「〜しさえすればよい」に，「もう〜ない」を表す否定の副詞 plus を付け加えた形 (cf. 1575)．

1575 n'avoir qu'à+inf.　〜しさえすればよい

▶ Vous n'avez qu'à réchauffer la soupe au micro-ondes.
電子レンジでスープを温めさえすればよい．
▶ Pour cela, tu n'as qu'à lui faxer.
そのためには，君は彼[彼女]にファックスしさえすればいい．

補足 avoir à+inf.「〜しなければならない」に限定の ne...que「しか〜ない」を足した表現．「〜だけしなければならない」から「〜しさえすればよい」の意味となる．

1576* n'avoir rien à voir（avec qn/qch）　（〜と）何の関係もない

▶ Ça n'a rien à voir.　それは別の問題だ／そんなこと関係ないよ．
▶ Je n'ai rien à voir avec eux.　私は彼らとまったく関係がない．

補足 見出し語は avoir quelque chose à voir「〜と何か関係がある」の否定形．

14 être を使った表現

1577 être [entrer] en relation(s) avec qn
人と交際している[交際し始める]

▶ Il est entré en relation(s) avec Véronique le mois dernier.
彼がヴェロニックとつき合い始めたのは先月だ．

補足 relation には「(物事の) 関係」，主に複数形で「(人と人との) 関係，交際，肉体関係」，さらに「知人，知り合い」という意味がある (例：avoir de bonnes relations avec qn

「人と良好な関係である」, avoir des relations avec qch「～に顔が広い, コネがある」, avoir des relations avec qn「人と肉体関係を結ぶ」).

1578 être [faire] l'objet de qch　～の対象である, になる

▶ Partout dans le monde, les racistes sont l'objet de vives critiques.
世界中どこでも, 人種差別主義者は激しく批判される.

補足 objet は「物, 対象」のほかに「目的」という意味もある (例：Quel est l'objet de cette réunion?「この会議の目的は何ですか」).

1579 être [se sentir] d'humeur à+inf.
～したい気分になっている

▶ Je ne suis pas d'humeur à lire ce roman.
私はこの小説を読む気になれない.

補足 この表現は否定形で用いられることが多い. 同義の熟語に être en humeur de+inf. があるが, これは古風な言い回しである. humeur は「気質, 気分, 機嫌」の他に「苛立ち, 怒り」という意味もある (例：avoir de l'humeur contre qn「人を恨む」).

1580* être à court de+無冠詞名詞　～が欠けている, ない

▶ Nous sommes à court d'argent.　私たちにはお金がない.

補足 manquer de qch.「～が欠けている」が類義語 (cf. 801). 話し言葉では être à court だけで「お金がない」を意味するため, 例文は Nous sommes à court. としてもよい. 〈à court de+無冠詞名詞〉は「～が欠乏して, 尽きて」という意味で, de に先立たれた名詞は無冠詞で用いられる (例：à court d'idées「いい考えが浮かばなくて」, à court d'arguments「論拠を失って」, à court d'essence「ガソリンが足りなくて」).

1581 être à la base de qch　～の基盤[原因, 原動力]となる

▶ Vos efforts sont à la base de votre réussite.
あなたの努力が成功のもとです.

補足 〈à base de+無冠詞名詞〉は「～を主成分[ベース]にした」(例：aliment à base de légumes「野菜をベースにした食物」cf. 1301). base は「土台, 基礎」の他に「基地」という意味がある (例：base militaire「軍事基地」).

1582 être à la charge de qn

❶ 人に養われている

▶ Elle ne veut pas être à la charge de sa fille.
彼女は自分の娘に養われたくはない.

❷（費用などが）人の負担である
▶ Les frais de voyage sont à votre charge.　旅費はあなたの負担です.

補足 charge は「荷，負担，責任，職務，突撃」などを意味する．charge を用いた熟語としては，avoir qn à (sa) charge「人を養う，扶養する」，prendre qn/qch en charge「～の世話を引き受ける，～を負担する」，être à charge à qn「人にとって負担である」，à charge (pour qn) de+inf.「（人が）～するという条件で」などがある.

1583* être à l'origine de qch　～の原因である

▶ Mon manque d'énergie est à l'origine de mon échec.
私が失敗したのは気力が欠けていたからだ.

補足 origine は女性名詞で「始まり，起源，原因，出身，原産地」などの意味がある（例：à l'origine「初めは」，pays d'origine「出身国」）．ちなみに形容詞 original(ale) は「オリジナルの，独創的な」，originel(le) は「原初の，最初の」という意味になることにも注意したい（例：idée originale「斬新なアイデア」，péché originel「原罪」）.

1584　être à sa place

❶いつもの場所にある[いる]
▶ N'avez-vous pas vu la clé? Elle n'est pas à sa place.
鍵を見かけませんでしたか．いつもの場所にないんですけど.
❷ふさわしい場にいる，所を得ている
▶ Il n'est pas à sa place dans ce rôle.
彼はこの役どころにあっていない.

補足 見出し語の place は「（人・物の占めるべき）所定の位置」の意味.

1585* être au large

❶広々とした所にいる，ゆったりしている
▶ On est au large dans ce café.　このカフェは広々としている.
❷裕福だ
▶ Maintenant, nous sommes au large.
今，私たちはゆとりのある生活をしている.
être dans l'aisance と同義.

補足 Au large! は「近寄るな」という意味の会話表現．形容詞の large は「（幅の）広い，ゆったりした，寛大な，気前がいい」を意味する．また男性名詞の large は「幅，（「縦」long に対して）横，沖，沖合」という意味がある．（例：en long et en large「縦横に，あらゆる面から」，prendre le large「沖に出る，行ってしまう，逃げ出す」）．「狭い所にいる，窮屈である」は être à l'étroit となる (cf. 1333).

1586　être bien [mal] parti(e)　出だしがよい[悪い]

▶ L'affaire est bien partie.　仕事の滑り出しは順調だ.

補足 類義の表現に s'engager bien [mal] がある. parti(e) は動詞 partir の過去分詞で主語と性数が一致する. この場合 partir は「始める」という意味である（例：C'est parti!「さあ，始まったぞ」）.

1587* être considéré(e) comme ...
～とみなされている，考えられる

▶ Alexandre est considéré comme le meilleur élève de la classe.
アレクサンドルはクラスで最も優秀な生徒だとみなされている.

補足 見出し語と同義の表現に passer pour がある（cf. 1179）. considéré(e) は動詞 considérer「～と考える，～を考慮する，検討する」の過去分詞. tout bien considéré は「熟慮の結果，よく考えてみると」という意味の熟語.

1588　être dans le noir (le plus complet)
さっぱり分からない，五里霧中である

▶ Longtemps, nous avons été dans le noir le plus complet.
長い間，私たちは本当に五里霧中だった.

補足 この場合 noir は「暗闇」のことで，直訳すると「暗闇[真っ暗闇]のなかにいる」.

1589* être dans l'obligation de+inf.
～せざるを得ない立場にある，（義務・必要から）～せざるを得ない

▶ J'étais dans l'obligation d'accomplir mon devoir.
どうあっても自らの責任を果たさなくてはならなかった.

補足 se faire une obligation de+inf.「～することを自分の義務と考える」という表現もある.

1590　être d'avis de+inf.　～すべきだと思う

▶ Je suis d'avis d'accepter cette proposition.
その提案は受け入れるべきだと思います.

補足 文章を従える場合なら〈être d'avis que+接続法〉の形をとる. なお，être de l'avis de qn という表現もあり，これは「人の意見と同じである」の意味.

1591　être de force à+inf.　～する力がある，～できる

▶ Je ne suis pas de force à obtenir le premier prix du conservatoire.
私には音楽学校の1等賞をとるだけの力はない.

補足 否定形で用いられることが多い．類義の表現に être capable de+inf. がある (cf. 868)．de force は「力ずくで，無理やり」の意味（例：Il a ouvert la porte de force.「彼は無理やりドアを開けた」cf. 1396)．

1592* être de service　勤務中である

▶ De quelle heure à quelle heure est-il de service?
彼は何時から何時まで勤務しているのですか．

補足 類義の表現に être au travail がある．この service は fonction と同義で「勤務，職務」の意味（例：service de nuit「夜勤」，prendre son service「勤務につく」)．

1593　être en joie　喜んでいる，陽気である，上機嫌である

▶ Il est toujours en joie.　彼はいつも陽気だ．

補足 joie は女性名詞．「人を喜ばせる」は mettre qn en joie(cf. 1639)，faire la joie de qn，réjouir qn などと言う．

1594　être en situation de+inf.　～できる状態[立場]にある

▶ Je ne suis pas en situation de m'opposer à votre décision.
私はあなたの決定に反対できる立場ではない．

補足 類義の表現に être en mesure de+inf. (cf. 1998) や être bien placé(e) pour+inf. がある．

1595　être exact(e) à un rendez-vous　約束の時間をきちんと守る

▶ Il n'est jamais exact à ses rendez-vous.
彼は約束の時間を守ったためしがない．

補足 見出し語の形容詞 exact(e) は「(人が)時間を守る」という意味．類義の形容詞に ponctuel(le) がある (cf. 1602)．

1596* être exigeant(e) pour [sur] qch　～について口やかましい

▶ Les Français sont exigeants pour la cuisine.
フランス人は料理にうるさい．

補足 exigeant(e) は「要求の多い，気難しい」という意味の形容詞（例：profession exigeante「骨の折れる職業」，malade exigeant(e)「世話のやける病人」)．

1597　être fonction de qn/qch　～次第である，～によって決定される

▶ Votre réussite sera fonction de vos efforts.
あなたの成功は努力次第でしょう．

補足 見出し語の fonction は数学の「関数」のことで，この表現は「〜の関数である」という文字どおりの意味でも用いられる．「〜次第である」の意味になる熟語として dépendre de qn/qch も重要（cf. 765）．

1598 être lent(e) à+inf.　〜するのが遅い

▶ Maxime est lent à comprendre.　マキシムは呑みこみが悪い．
Maxime a l'esprit lent. とも書ける．
補足 類義の表現に être long(ue) à+inf. がある（cf. 1599）．逆に「〜するのが早い」は être prompt(e) à+inf. になる．lent(e)「遅い」は形容詞で，反意語は rapide, prompt(e) など．

1599 être long(ue) à+inf.　なかなか〜しない

▶ Ce travail est long à finir.　この仕事はなかなか終わらない．
補足 類義の表現に être lent(e) à+inf. がある（cf. 1598）．形容詞 long(ue) は「長い」のほかに，属詞として使われて「時間がかかる，遅い，長々と話す［書く］」という意味があることに注意（例：Tu es long(ue).「君の話は長すぎる」）．

1600* être passionné(e) pour qch/de+無冠詞名詞
〜に夢中になっている，熱中している

▶ Kevin est passionné pour le baseball.　ケヴィンは野球に夢中だ．
補足 se passionner pour qch（例：Il s'est passionné pour le cinéma.「彼は映画に夢中だ」cf. 1797），あるいは être fou(folle) de qn/qch（cf. 686）は類義．

1601 être plongé(e) dans qch　〜に没頭した

▶ Elle est toujours plongée dans le travail.
彼女はいつも仕事に没頭している．
補足 se plonger dans qch，être absorbé(e) dans qch（cf. 1992），s'absorber dans qch（cf. 1776），se livrer à qch（cf. 2093）などが類義．動詞 plonger は「もぐる，飛び込む」の意味．

1602 être ponctuel(le) à un rendez-vous
約束の時間をきちんと守る．

▶ On doit être ponctuel à ses rendez-vous.
約束の時間は厳守しなければならない．
補足 être ponctuel(le) à+inf. は「きちんと〜を果たす」の意味．

1603 être qualifié(e) pour+inf. 〜する資格がある

▶ Tu n'es pas qualifié(e) pour participer à cette réunion.
君はこの会合に参加する資格がない．

補足 類義語に avoir qualité pour+inf. がある．形容詞 qualifié(e) は「(スポーツなどで) 出場資格がある」という意味でもよく用いられる (例: joueur(se) qualifié(e) pour les Jeux Olympiques「オリンピックの出場資格を得た選手」).

1604 être résolu(e) à qch [à+inf.]
〜を決心する，〜する決心である

▶ Je suis résolu(e) à tout.　どんなことでもやる覚悟です．
▶ Elle est résolue à ne plus faire attention à ce que son mari peut lui dire.
彼女は夫の言うことをもう気にとめないつもりだ．

補足 〈être résolu(e) à ce que+接続法〉の形でも使われる．名詞 résolution を用いた prendre la résolution de+inf.「〜することを固く決める」という言い回しもある．

1605* être sans travail　失業している

▶ Il était alors sans travail.　当時，彼は失業中だった．

補足 同義の表現に être au [en] chômage がある (cf. 675). 「職を見つける」は trouver un travail.

15 faire を使った表現

1606* faire bouillir qch　〜を沸かす，ゆでる，煮る

▶ Faites bouillir de l'eau, s'il vous plaît.　お湯を沸かしてくれませんか．
▶ On doit faire bouillir des légumes pendant dix minutes.
野菜を10分ゆでる必要がある．
「野菜をゆでる」は mettre des légumes à bouillir とも言える．

補足 bouillir は「沸騰する，煮立つ」のほかに，「(人が) 苛立つ，激高する」という意味がある．faire bouillir qn は「人を苛立たせる，激高させる」(例: Ça me fait bouillir.「そのことは私を苛立たせる」).

1607 faire concurrence à qn/qch
〜に対して競争を挑む，〜と競争する

▶ On a ouvert une cafétéria qui fait concurrence au piano-bar.
ピアノバーに対抗してカフェテリアを開いた．

補足 特に経済や商業の面での競争に関して用いられる表現．concurrencer qn/qch は類義．

「～と競争をはじめる」なら entrer en concurrence avec qn/qch,「～と競争している」は être en concurrence avec qn/qch という (cf. 1946).

1608* faire exprès de+inf.　わざと[故意に]～する

▶ J'ai fait exprès de ne rien dire.　私はわざと何も言わなかった.

補足 副詞 exprès は「故意に, わざわざ」という意味で, 類義の表現に à dessein, intentionnellement がある (例:Elle est venue exprès pour me voir.「彼女はわざわざ私に会いに来た」). faire qch exprès なら「わざと[故意に] ～をする」の意味 (例:Je ne l'ai pas fait exprès.「わざとそうしたのではない」).

1609　faire fortune　財産を築く

▶ Mon oncle est parti en Amérique du Sud il y a dix ans, pensant y faire fortune.
叔父は10年前に身代を築こうと南米へわたった.

補足 amasser des biens [des richesses] とも表現される. avoir de la fortune は「財産がある, 金持ちである」の意味.

1610　faire honneur à qn/qch

❶ ～の名誉となる, 評価を高める
▶ Ma réussite a fait honneur à ma famille.
私の成功は家族にとって名誉なことだった.

❷ ～に忠実である, ～を尊重する
▶ Il faut faire honneur à ses engagements.
約束は守らなければならない.

❸（話し言葉で）～ をたらふく食べる, 大いに飲む, 賞味する
▶ Hier soir, j'ai fait honneur au dîner.
昨日の夜, 私は夕食をたっぷり食べた.

補足 honneur は男性名詞で「名誉, 栄誉, 敬意」の意味. avoir l'honneur de+inf.「光栄にも～する」(cf. 1563), rendre honneur à qn「人に敬意を表する」(cf. 1764) なども頻度が高い.

1611　faire la navette entre A et B
　　　AとBを頻繁に行き来する, 往復する

▶ Pour voir sa mère âgée, elle fait la navette entre Paris et Strasbourg.
年老いた母の様子を見るため, 彼女はパリとストラスブールを何度も往復している.

▶ L'ambulance a fait la navette entre le lieu de l'accident et l'hôpital.
救急車が事故現場と病院を行ったり来たりしていた.

> 補足 navette には本来「(近距離の)シャトル便，連絡便」の意味 (ちなみにスペースシャトルも navette (spatiale) と呼ばれる). prendre la navette で「シャトル便を使う」の意味になる.

1612* faire le tour de qch

❶ 〜を一周する，巡る
▶ Je voudrais faire le tour du monde en bateau.
 私は船で世界一周したい.

❷ 〜をひと通り検討する
▶ Il a fait le tour de cette question.
 彼はこの問題をひとわたり検討してみた.

> 補足 この場合，男性名詞の tour は「一周」を意味する. Tour de France「ツール・ド・フランス」はフランスを一周する自転車レースであるからこう呼ばれる. faire un tour は「ちょっと出かける，散歩する」(cf. 1113). 女性名詞の tour は「塔，タワー」の意味になるので注意 (例：la tour Eiffel「エッフェル塔」).

1613 faire part de qch à qn 〜を人に知らせる

▶ Patrick a fait part de son mariage à ses amis.
 パトリックは結婚することを友人たちに知らせた.

> 補足 同義の表現は informer qn de qch (cf. 1161) や faire connaître qch à qn (cf. 1106) などがある. なお，lettre de faire part [faire-part] は「(結婚・出産・死亡などの) 通知状」のこと.

1614 faire place à qn/qch
〜に場所をあける，道をゆずる，とって代わられる

▶ Il a fait place à ce vieil homme. 彼はその老人のために場所をあけた.
▶ La cassette a fait place au CD. カセットが CD にとって代わられた.
 CD は英語の compact disc の略. フランス語は disque compact.

> 補足 「〜にとって代わられる」は être remplacé(e) par qn/qch という表現で置き換えることができる. faire place nette は「場所を明け渡す，人員を整理する，厄介払いをする」の意味.

1615 faire taire qn/qch
〜を黙らせる，(感情などを)抑える，鎮める

▶ Il a fait taire ses étudiants. 彼は学生たちを黙らせた.
▶ Je n'ai pas pu faire taire ma colère.
 私は怒りを抑えることができなかった.

> 補足 faire+inf. は使役の表現で「〜させる」の意味.「黙る」は代名動詞 se taire なのだが,

(×)faire se taire とは言わず，再帰代名詞 se は省略される．

16 donner を使った表現

1616 donner (à qn) le droit de+inf.　(人に)〜する権利を与える

▶ Qui est-ce qui t'a donné le droit de stationner ici?
誰が君にこの場所に駐車していいと言ったの？

▶ Ce billet vous donne le droit d'y entrer à moitié prix.
この切符があれば半額で入場できます．

補足 この熟語の主語は人でも物事でもよい．見出し語と似た形をとる donner droit à qch「〜を受ける権利がある，〜の特典を与える」の主語は"物事"に限られる．

1617 donner [exprimer] son opinion (sur qch)
(〜について) 意見を述べる

▶ Le ministre a donné [exprimé] son opinion sur l'impact de la crise financière.
大臣が財政危機の衝撃について意見を述べた．

補足 通常，「意見を述べる」に dire は用いない．

1618 donner [fournir] à qn des renseignements [un renseignement] sur qch
人に〜についての情報を提供する

▶ Voudriez-vous nous donner [fournir] des renseignements sur ce problème?
その問題について私たちに情報を教えていただけませんか．

補足 information は「(特定の問題についての詳しい) 情報」を指す語，renseignement は「(広く実用的な) 情報」を意味する語．なお，「ひとつの特定の情報」という意味で用いるなら renseignement の単数を，そうでなければ複数形を用いる．

1619 donner des prétextes à qn　人に言い訳をする

▶ Mon père donne souvent des prétextes à ma mère pour sortir.
私の父はしばしば母に言い訳をしてから出かける．

補足 donner prétexte à qch は「〜の口実になる」の意味になる (cf. 1622)．

1620 donner du courage à qn　人を励ます，人に勇気を与える

▶ Donnez-lui du courage, il est vraiment déprimé!
彼，ひどく落ち込んでいるから励ましてやって．

補足 courage から派生した，encourager qn「人を励ます」あるいは remonter le moral à qn「人を元気づける」などとほぼ同義．

1621 donner naissance à qn/qch

❶ (子どもを) 産む
▶ Ma nièce a donné naissance à des jumeaux.
私の姪が双子を生んだ．
「(子どもを) 産む」mettre qn au monde も記憶したい．

❷ ～を生み出す，引き起こす
▶ Cet article de journal a donné naissance à plusieurs polémiques.
その新聞記事がきっかけでいくつかの論戦が起こった．

補足 ❷の主語は「物事」．「人」ではない．

1622 donner prétexte à qch　～の口実になる，～に口実を与える

▶ La maladie donne prétexte à tout.　病気はどんな場合も口実になる．

補足 sous prétexte は「口実として」，sous aucun prétexte「どんな事情があっても，いかなる場合でも」，prendre prétextes de qch pour+inf. は「～を口実に～する」の意味 (cf. 1658)．

1623 donner raison à qn
人が正しいと認める，(物事が) 人が正しいことを示す

▶ Paul ne donne pas toujours raison à son médecin.
ポールはかかりつけの医師の言うことが常に正しいとは思っていない．
▶ Le proche avenir vous donnera raison.
近いうちにあなたが正しいと認められるだろう．

補足 「人の発言や態度が"正しい"」とする意味と「事態が予測通りに推移し人の判断が"正しい"」という意味での「正しさ」を表現する熟語．なお，donner tort à qn ならば「人に非があると認める」という反意になる (例：Tout le monde lui donne tort.「みんな彼 [彼女] に非があると言っている」)．

1624 donner sa parole (à qn)　(人に) 約束する

▶ Je vous en donne ma parole.
そのことは誓って約束します [たしかに承知しました]．

補足 この parole は「(口頭での) 約束」の意味．promettre qch à qn もほぼ同義．

17 mettre を使った表現

1625 mettre [pousser] qn à bout　とうとう人を怒らせてしまう

▶ Ce gamin a mis sa mère à bout.
そのいたずらっ子はとうとう母親を怒らせてしまった.
▶ Les élèves paresseux ont poussé le professeur à bout.
生徒たちの怠惰に，教師の堪忍袋の緒が切れた.

補足 à bout は「(体力・我慢・忍耐などが) 限界に来ている」の意味で，疲れ果てて，いらいらを募らせている状態を表す (例：Ma patience est à bout. 「我慢もここまでだ」，Je suis à bout!「もう限界だ」). 類義の表現として mettre qn en colère がある (例：Ses retards dans la même semaine ont mis le patron en colère. 「同じ週に幾度も遅刻したので，彼[彼女]は上司を怒らせてしまった」).

1626 mettre A en B（言語）　A を B（言語）に訳す

▶ Nous devons mettre ce texte français en japonais.
このフランス語の原文を日本語に訳さなくてはならない.

補足 mettre A en B は「A を B の状態にする」の意味 (例：Mets ta chambre en ordre!「部屋を整頓しなさい」). この言い回しを利用して，言語間の翻訳をめぐる説明に応用したもの. 同じ意味を表す熟語に，traduire A en B（言語）(cf. 1834) や rendre A en B（言語）がある.

1627 mettre de l'argent de côté　金を別にとっておく，貯金する

▶ Pour aller en France, je dois mettre de l'argent de côté.
フランスへ行くために，貯金をしなくてはならない.

補足 de côté は「別にして」の意味. 見出し語は mettre qch de côté「〜を別にする，取りのける」(cf. 1169) を生かした表現で，économiser や faire des économies と類義. 反対に「金を浪費する」は manger de l'argent，あるいは avoir l'argent facile, dépenser sans compter などと言い表す.

1628* mettre de l'ordre dans qch　〜を整理[整頓]する

▶ Vous devez mettre de l'ordre dans votre bureau.
書斎を片づけなくてはならない.

補足 ordre は男性名詞で「秩序，整理，几帳面さ」を表し，たとえば appartement propre et en ordre なら「清潔で整頓の行き届いたアパルトマン[マンション]」の意味. mettre qch en ordre は類義の表現である (cf. 1171). avoir de l'ordre になると「整理整頓の能力がある」の意味. 逆に「きちんと整頓ができない」なら manquer d'ordre と言う.

1629　mettre le doigt sur la bouche　口に人差指を当てる

▶ La mère a mis le doigt sur sa bouche et les enfants se sont tus.
母親が口に人差し指を当て，子どもたちは黙った．

補足 mettre le doigt sur qch は「(問題点等を) はっきりさせる」(cf. 1630)．見出し語の doigt は「人差し指」を表す．「シーッ」と口に人差し指を当て，沈黙や静粛を求める仕草から来ている．質問や発言を求めるときに，フランス人は人差し指をあげるので，lever le doigt「(人差し指をあげる→) 手をあげる」という表現もある (cf. 1165)．montrer qn/qch du doigt は「~を指差す，公然と非難する」の意味 (cf. 2060)．

1630　mettre le doigt sur qch　～をはっきりさせる

▶ Elle a mis le doigt sur la difficulté.　彼女は問題点を明らかにした．

補足 「困難を言い当てて指摘をする」，あるいは「醜聞を暴く」といった行為を表す．mettre le doigt sur la plaie なら「(苦痛や障害の) 原因を突き止める」の意味になる．

1631*　mettre qch à profit　～を役立てる，利用する

▶ Il met à profit ses connaissances dans son nouveau métier.
彼は新しい仕事で自分の知識を役立てている．

補足 profit は男性名詞で「得，実利，効用」．ほかに，tirer profit de qch「～から利益を得る，役立てる」という表現もある (例：Il n'y a aucun profit à tirer de ton histoire.「君の話からは何も得るところがない」cf. 1828)．

1632　mettre qch au point

❶ (機械や技術を) 開発する，調整する

▶ Le mois dernier, on a mis au point un nouveau procédé de fabrication.
先月，新しい製法が開発された．

❷ (問題などを) はっきりさせる

▶ Il faudra mettre les choses au point.
事態がどうなっているのかをはっきりさせなくてはならない．

補足 mise au point という名詞の形もよく使われる (例：Notre projet demande une mise au point.「私たちの計画は手直しが必要だ」)．

1633　mettre qch en évidence　～を明らかにする

▶ La télé numérique met en évidence les rides du visage.
デジタルテレビは顔のしわがはっきり写る．

▶ Ce sondage met en évidence une vérité décevante.
この調査は期待を裏切る事実を明らかにしている．

補足 en évidence「はっきりと」を用いた表現 (cf. 1442). ほかには, se mettre en évidence「人目につく振る舞いをする, 目立つことをする」, être en évidence「目のつくところにいる[ある], はっきりわかる」などがある (例: Même sur cette photo manquée, la beauté d'Emmanuelle est en évidence.「この撮り損ないの写真の中ですら, エマニュエルの美しさははっきりとわかる」).

1634 mettre qch en forme　〜をまとめ上げる, 清書する

▶ L'écrivain a mis en forme le dernier chapitre de son livre.
作家は本の最終章をまとめ上げた.

補足 en forme は「きちんとした, 整った, 具体的な形に」の意味. 類義の表現として mettre qch au propre がある (例: Il a mis sa dissertation au propre.「彼は小論文を清書した」). なお en forme は「元気な, 好調な」という意味もあるので注意 (例: Je me sens en forme aujourd'hui.「今日, 私は体調がよい」cf. 568).

1635 mettre qch en marche　(機械などを) 動かす, 始動する

▶ Elle a mis le climatiseur en marche.
彼女はエアコンのスイッチを入れた.

補足 en marche は「動いている」の意味. se mettre en marche と代名動詞にすると,「動き出す, (機械などが) 始動する」(例: Le chauffage se met en marche automatiquement.「自動で暖房が入った」).

1636 mettre qch en route

❶ (機械などを) 始動させる
▶ Il a mis la voiture en route.　彼は車を発進させた.

❷ (仕事などを) 開始する, 軌道に乗せる
▶ Nous avons enfin mis ce projet en route.
私たちはようやくその計画を軌道に乗せた.

補足 en route は「進行中の」を意味する表現で, これは物事を進行状態にするという意味. 同義の表現は, ①は mettre qch en marche (cf. 1635), ②は mettre qch sur les rails で言い換えられる (例: Ils ont mis les affaires sur les rails.「彼らは事業を軌道に乗せた」).

1637 mettre qch en vue　目立つところに置く

▶ Il a mis le cadeau pour ses parents en vue.
彼は両親への贈り物を目立つところに置いた.

補足 vue は女性名詞で「視覚, 視野, 見ること」を表す. en vue は「見える, 見える所に」(cf. 1481). ちなみに, être en vue は「(〜が) 見える」の意味となる (例: Par le hublot de notre avion, la France est maintenant en vue.「私たちの乗っている

飛行機の窓から，今，フランスが見える」).

1638* mettre qn au chômage　人を失業させる

▶ Cette dépression financière met beaucoup de gens au chômage.
この財政不況によって多くの人が失業している．

補足 〈mettre qn/qch＋属詞〉「～を～の状態に置く」を使った表現のひとつ (cf. 1643)．chômage は「失業」を意味し，口語では「失業手当」となる．être au chômage は「失業中である」，toucher le chômage は「失業手当を受け取る」．

1639* mettre qn en joie　人を喜ばせる

▶ Son retour a mis sa mère en joie.　彼[彼女]の帰宅は母親を喜ばせた．

補足 faire plaisir à qn (cf. 712) や réjouir qn と同様の意味を持つ表現．なお，être en joie なら「喜んでいる，上機嫌である」の意味 (cf. 1593)．joie を用いる熟語にはほかに，avoir la joie de＋inf.「～するという喜びを持つ」(cf. 1076)，faire la joie de qn「人の楽しみになっている」，se faire une joie de qch [de＋inf.]「～を[～することを]喜びとする」(cf. 1792) などがある．

1640　mettre qn en condition

❶（選手などの）コンディションを整える

▶ Il met son cheval en condition pour la prochaine course.
次のレースに備えて彼は馬のコンディションを整えている．

❷（人・集団を）誘導する，操作する

▶ La publicité met les téléspectateurs en condition de consommateurs potentiels.
広告はテレビ視聴者を潜在的な消費者であるように仕向ける．

補足 en condition は①「ベストコンディションで」，②「（宣伝などに）踊らされている」の意味．この表現を名詞にすると mise en condition となり「（選手などの）コンディション作り」あるいは「世論操作」を意味する語となる．なお，être en bonne [mauvaise] condition は「コンディションがよい[悪い]」の意味（例：Cet athlète est en bonne condition.「その選手はコンディションがよい」）．

1641　mettre en défaut la vigilance de qn
　　　　人の監視の目をごまかす

▶ La vigilance du gardien de nuit a été mise en défaut lorsqu'il s'est assoupi.
夜警がうとうとしている間に監視の目がはぐらかされた．

補足 défaut は男性名詞で「欠如，欠点，欠陥」を表し，en défaut は「誤って」の意味．mettre qn de défaut で「人を誤らせる」という熟語が仏和辞書に載っているが，この

形はほとんど使われない．être [se mettre] en défaut なら「誤る，間違う」の意味になる（例：C'est son jugement qui est en défaut.「彼[彼女]の判断が誤っている」）．

1642 mettre qn en liberté　人を自由の身にする

▶ Il a ouvert la cage et mis l'oiseau en liberté.
彼は籠を開け，鳥を自由にしてやった．

補足 en (toute) liberté になると「（まったく）自由に」の意味．類義の rendre sa liberté à qn も「人を自由にしてやる」を意味するが，「女性の離婚を認める」といった特別な場合に用いられることもある．

1643 mettre qn/qch ＋属詞　〜を〜の状態に置く，移行する

▶ Le père a mis son fils debout.　父親は息子を立たせた．
▶ J'ai mis ma montre à l'heure.　私は腕時計の時刻を合わせた．
▶ Mettez ces verbes au futur simple!
これらの動詞を単純未来形にしなさい．

補足 見出し語の「属詞」の位置には，形容詞，副詞，à qch などが置かれる．ある状況下に人や事物を従わせるという意味．ほかに，mettre qn au travail「人を仕事に取りかからせる」，mettre qn à l'aise「人をくつろがせる」あるいは，mettre qn dans une situation difficile「人を難しい立場に追い込む」など．

1644 mettre qn/qch en ＋無冠詞名詞
（ある状態に）置く，する，変える

▶ Il a mis sa chambre en ordre hier.　彼は昨日，部屋を整頓した．
▶ Mon fils a mis une vitre en mille morceaux.
息子が窓ガラスを粉々にした．

補足 このパターンを用いた表現は多々ある．mettre qn/qch en danger「〜を危険にさらす」，mettre qn en liberté「人を自由にする」(cf. 1642)，mettre qn en colère「人を怒らせる」，mettre qch en délibération「〜を討議する」(cf. 2017)，mettre qch en marche「〜を動かす」(cf. 1635)，mettre A en B (言語)「A を B (言語) に訳す」(cf. 1626) など．なお，以下の例のように「人に〜を着せる」という表現でも見出し語と同じ形になる（例：J'ai mis ma fille en pyjama.「私は娘にパジャマを着せた」）．

1645　mettre qn/qch en valeur

❶ 〜を活用する
▶ Il sait bien mettre ses idées en valeur.
彼は自分のアイデアの生かし方をよくわかっている．

❷ （色・特徴を）引き立てる
▶ Le noir dans ce tableau met le rouge en valeur.

この絵の中では，黒が赤を引き立てている．

補足 mettre A en B は「A を B の状態にする」．valeur は女性名詞で，「価値，(人の)能力」を表す．①は profiter de qch，②は souligner qch とほぼ同義．

18 prendre を使った表現

1646 prendre [perdre] intérêt à qch [à+inf.]
〜への[〜することへの]興味を抱く[失う]

▶ Je prends intérêt à le voir.　私は彼に会うことに興味を抱いた．
▶ Elle prend intérêt à la peinture.　彼女は絵画に興味を抱いている．
▶ J'ai perdu intérêt au jazz.　私はジャズへの興味を失った．
▶ Il n'a jamais perdu intérêt à voyager.
　彼が旅への興味を失うことはけっしてなかった．

補足 intérêt は「興味，関心」．この表現では無冠詞で使われることに注意．同義は「興味を持つ」s'intéresser à qch (例：Nous nous intéressons à la cuisine française.「私たちはフランス料理に興味がある」cf. 849)，se désintéresser de qch で「〜に興味を失う」(例：Il s'est désintéressé de ses enfants.「彼は子どもたちを構わなくなった」) など．

1647 prendre [se donner] la peine de+inf.
わざわざ〜する，〜する労をとる

▶ Veuillez prendre [vous donner] la peine d'entrer!
　どうぞお入りください．
▶ Donnez-vous la peine de venir chez moi!
　拙宅にどうぞお立ち寄りください．

補足 peine は「心痛，労苦」を表す．なお，Ce n'est pas la peine de+inf. は「わざわざ〜するには及ばない」の意味（例：Ce n'est pas la peine de me remercier.「私に礼を言うには及びません」）．

1648 prendre de la valeur　値が上がる，価格が上昇する

▶ L'année dernière, ce terrain a pris de la valeur.
　昨年，この土地は値が上がった．

補足 valeur は「(金銭的)価値」(類義語 prix「値段」)の意味．Ce vase a beaucoup de valeur. ならば「その花瓶はとても高価だ」となる．un vase de grande valeur でも「とても高価な花瓶」のこと．

1649 prendre feu　火がつく，燃え出す，火事になる

▶ La forêt commence à prendre feu.　森が燃え出した．

補足 feu「火」はこの表現では無冠詞で用いられる.「燃えている,赤くなっている」というときには être en feu となる(例:La maison est en feu.「家は真っ赤に燃えている」).

1650 **prendre figure**　形をなす,具体化する

▶ Enfin, notre projet prend figure.　ようやく私たちの計画は具体化した.

補足 se concrétiser(cf. 1214), prendre forme(cf. 1182) に置き換えることができる(例:Le rêve de voir mon roman publié a pris forme.「自分の小説を出版するという夢がかなった」). 類義の表現に prendre corps「具体化しはじめる」がある(例:La construction de l'école prend corps.「学校の建設が具体化しはじめる」).

1651 **prendre garde (à qn/qch)**　(〜に)注意[用心]する

▶ Prenez garde aux pickpockets!　すりにご用心.

補足 faire attention (à qn/qch) と同義の表現 (cf. 695), 不定詞を用いるときは, prendre garde à+inf.「気をつけて〜する」となる(例:Prenez garde à parler à haute voix.「大きな声で話すようにしてください」). なお, 否定形で「〜しないように十分気をつける」は prendre garde de ne pas+inf. である (cf. 1653).

1652 **prendre garde de ne pas+inf.**
〜しないように十分気をつける

▶ Prends garde de ne pas faire des fautes de frappe!
タイプミスをしないように十分気をつけなさい.

補足 faire attention de [à] ne pas+inf. と類義になる(例:Fais attention de ne pas rouler trop vite!「運転のスピードを出し過ぎないように気をつけて」).

1653 **prendre goût à qch**
〜が(少しずつ)好きになる,〜に興味がそそられる

▶ Je commence à prendre goût à l'allemand.
私はドイツ語に興味を持ちはじめた.
▶ Mon frère ne prend goût à rien.
私の兄[弟]は何にも興味をそそられない.

補足 avoir du goût pour qch は「〜が好きである」の意味(例:Il a du goût pour la danse.「彼はダンスが好きだ」).

1654 **prendre la décision de+inf.**　〜することに決める

▶ J'ai pris la décision de ne plus fumer.　私は禁煙を決意した.

補足 se décider à+inf. と同義. prendre une décision なら「決心する,決定する」(cf. 1185).

1655 prendre l'avantage sur qn　人よりも優位に立っている

▶ Il prend l'avantage sur son adversaire.
彼は相手よりも優位に立っている．

補足 avantage は「優位，優勢」を意味する男性名詞．「～において人よりも優位に立っている」と表現するときには prendre l'avantage de qch sur qn を使う．

1656* prendre part à qch　～に参加する

▶ Nous avons pris part à cette grève.　私たちはそのストに参加した．

補足「（集会や行動などに）進んで参加する」という含意がある．類義に participer à qch がある（例：Je vais participer à la réunion.「会議には出席する予定だ」）．

1657 prendre prétexte de qch pour+inf.　～を口実に～する

▶ Elle a pris prétexte de sa maladie pour manquer les cours.
彼女は病気を口実に授業を欠席した．

補足 prétexte は「口実」．似た表現は donner des prétextes à qn「人に言い訳する」（例：Il m'a donné de faux prétextes.「彼は私に見当違いな言い訳をした」cf. 1619）．

1658* prendre qch à la légère　～を軽く考える

▶ Ne prends pas ta situation à la légère !
自分の置かれている状況を軽く考えてはならない．

補足 à la légère は「軽々しく，軽率に」．この表現を用いた別例として，parler à la légère「口からでまかせを言う」がある（cf. 1735）．

1659 prendre qch en considération　～を考慮に入れる

▶ Il n'y a pas lieu de prendre votre opinion en considération.
あなたの意見を考慮に入れる余地はない．
il y a lieu de+inf. は「～する理由がある，～して当然だ」の意味．

補足 considérer qch, tenir compte de qch, avoir égard à qch, prendre qch en compte (cf. 1184) などとほぼ同義の表現．

1660 prendre qch sur soi　～の責任を負う

▶ Il a pris cet engagement sur lui.　彼はその約束の責任を負った．

補足 prendre la responsabilité de qch と類義．「～することについて責任を持つ」は prendre sur soi de+inf. となる（例：Je prends sur moi d'emmener les enfants à l'école.「私は子どもたちを学校まで送り届ける責任がある」）．

1661　prendre qn/qch en charge

❶ 人の世話[責任]を引き受ける
▶ Mon père a pris en charge l'organisastion de la fête de bienvenue.
父は歓迎パーティーの準備を引き受けた．

❷（費用などを）負担する
▶ Les frais médicaux seront entièrement pris en charge par la Sécurité sociale.
医療費はまるまる社会保障でまかなわれることになりましょう．

❸（タクシーで客を）のせる
▶ On a pris hier ce monsieur en charge à la gare Saint-Lazare.
昨日，その男性をサン=ラザール駅で乗せましたよ．

補足 ①は s'occuper de qn/qch と同義（例：Occupez-vous d'elle!「彼女の世話をお願い」），②は se charger de qch に置き換えることが可能（例：Nous nous chargeons du port.「送料は私たちが負担します」），③については prise en charge「（タクシーの）基本料金」も覚えたい（cf. 1868）．

1662　prendre qn/qch en main　～を引き受ける，～の責任を負う

▶ Il a pris cette affaire en main.　彼はその仕事を引き受けた．
補足 en main は「手中に」の意味．se charger de qch や assumer qch とほぼ同義（例：Je me charge du reste.「あとのことは私が引き受けます」）．

1663　prendre une bonne habitude　よい習慣がつく

▶ Elle commence à prendre une bonne habitude; celle de manger légèrement.
彼女は軽い食事をするようになり，よい習慣を身につけつつある．
補足 habitude は「（個人の）習慣」．反対の意味になる熟語は prendre une mauvaise habitude「悪い習慣がつく」（例：Elle a pris la mauvaise habitude de fumer.「彼女は喫煙をする悪い習慣がついてしまった」）．

19 非人称構文

1664　Ça [Cela] n'empêche pas que＋直説法[接続法]．/ Il n'empêche [N'empêche] que＋直説法．
それにもかかわらず[それでもやはり]～である．

▶ Ça n'empêche que tu as raison.　それでもやはり君は正しい．
▶ Jean est de santé fragile, mais cela n'empêche pas qu'il soit toujours premier en classe.

ジャンは病弱だけれど，それでもいつもクラスで 1 番だ．
▶ Elle est dure avec moi, mais n'empêche que je l'aime.
彼女は私に厳しいけれど，それでも私は彼女が好きだ．
▶ Elle n'est pas belle, il n'empêche que tout le monde l'aime.
彼女は美人ではないが，それでもみんなが彼女を愛している．
[補足] 会話では，n'empêche だけで「それでもやはり，それにしても」の意味で用いられる．Ça m'empêche de+inf.「そのせいで私は～できない」という表現もある (cf. 1666)．

1665* Ça m'empêche de+inf.　そのせいで私は～できない．

▶ Il fait toujours mauvais. Ça m'empêche de sortir.
ずっと天気が悪い．そのせいで，私は外出できない．
[補足] empêcher A(qn/qch) de+inf.「A が～するのを妨げる」を用いた表現．見出し語は，A の部分が直接目的語人称代名詞 me として動詞の前に置かれている．〈Ça [Cela] n'empêche pas que+直説法[接続法]〉「それでもやはり～である」という言い回しもある (cf. 1665)．

1666* Ça m'énerve de+inf.　～すると私はいらいらする．

▶ Ça m'énerve d'attendre.　待たされるのは頭に来る．
[補足] énerver「(人を) いらだたせる」の非人称の構文．de+inf. のない形，Ça m'énerve!「(それは私をいらだたせる→) 嫌になる」だけでもよく使う．

1667 Il appartient à qn de+inf.
～するのは人の役目[権限，義務]だ．

▶ Il vous appartient de décider du jour du départ.
出発の日取りを決めるのはあなたの役目です．
[補足] 非人称の il を使った構文．見出し語の動詞 appartenir à qn/qch は「～の所有である，～に属する」という意味．

1668 Il en est A de B.　B に関して事情は A である．

▶ Il en est autrement [de même] de ma famille.
わが家では事情が違う[わが家でも事情は同じだ]．
[補足] Il n'en est rien.「事情はそうではない，全然そんなことはない」，Il en est ainsi.「こんな事情です」などもこの熟語の範疇．

1669 Il n'en est pas moins vrai que+直説法．
それでもやはり～は本当だ，確かだ．

▶ Il n'en est pas moins vrai qu'il a trompé sa femme.

それでもやはり彼が妻を裏切ったのはたしかだ．
> 補足 非人称の il を使った構文．〈n'en＋動詞＋pas moins〉は「それでもやはり～だ」という意味の重要表現（例：Il fait mauvais, je n'en partirai pas moins「天気は悪いが，それでも出発しよう」）．

1670 Il n'y a pas moyen de＋inf.　～することはできない．

▶ Il n'y a pas moyen de savoir.　知りようがありません．
On ne peut pas savoir. と同じ意味になる．
▶ Il n'y a pas moyen d'arriver à l'heure.
時間通りに到着することは不可能だ．
> 補足 類義の表現に Il est impossible de＋inf. がある（cf. 317）．話し言葉では Il n'y a を省略して Pas moyen de＋inf. の形で用いられることも多い．男性名詞 moyen は「手段，方法」，複数形で「財力，能力」を意味する語．

1671* Il reste à savoir si＋直説法．　～かどうかはまだわからない．

▶ Il reste à savoir si je peux prendre mes vacances.
私が休暇を取れるかどうかまだわからない．
〈Reste à savoir si＋直説法〉の形でもかまわない．
> 補足 Il reste (à qn) à＋inf. の形は「（人には）まだ～すべきことが残っている」の意味（例：Il me reste à finir ce travail.「私はこれからこの仕事を仕上げなければならない」）．

1672 Il se peut que＋接続法．　～かもしれない，～はあり得ることだ．

▶ Il se peut qu'elle ne vienne pas.　彼女は来ないかもしれない．
▶ Fais attention avec lui, il se peut qu'il te fasse des ennuis.
彼には気をつけて，彼は君を困らせかねないから．
faire des ennuis à qn は「人を困らせる」の意味．
> 補足 類義の表現に〈Il est possible que＋接続法〉がある．Ça se peut [pourrait]. は話し言葉で「そうかもしれない」の意味．（例：Je pense qu'il va rater son examen. ―Ça se pourrait bien.「彼は試験に落ちると思うよ」「それは大いにあり得るね」）．

1673 Il se trouve que＋直説法．　たまたま～である．

▶ Il se trouve qu'il était absent du bureau ce jour-là.
その日，彼はたまたま会社を休んでいた．
> 補足 類義の表現に〈Il arrive que＋接続法〉や〈Il se fait que＋直説法〉がある．se trouver＋inf. は「たまたま～する」（例：Je me trouve avoir le même âge que lui.「私はたまたま彼と同い年だ」）．

1674* Il suffit (à qn) de qch [de+inf.]
（人にとっては）～で十分である，足りる．

▶ Il me suffit d'une heure pour terminer ce livre.
私はこの本を読み終えるのに1時間あれば十分だ．
▶ Il ne suffit pas d'être intelligent pour devenir riche.
金持ちになるためには頭がよいだけではいけない．

補足 同じ意味の〈Il suffit que＋接続法〉という言い方もある（例：Il suffit que tu m'appelles ce soir.「今夜私に電話をすれば事足りる」）．Ça suffit (comme ça)！は話し言葉で「もうたくさんだ，いい加減にしろ」の意味．

1675* Il va sans dire que+直説法． ～ということは言うまでもない．

▶ Il va sans dire que les langues étrangères sont difficiles.
外国語が難しいことは言うまでもない．

補足 類義の表現に〈Il va de soi que＋直説法〉，〈Inutile de dire que＋直説法〉などがある．Cela va sans dire. あるいは Cela va de soi. で「それは言うまでもない」という意味になる．

1676* Mieux vaut+inf． ～する方がよい．

▶ Mieux vaut se taire.　黙っている方がよい．

補足 Il vaut mieux＋inf. の非人称構文から，主語ilが省略され，さらにvaloirとmieuxが倒置されている．応用して，比較の表現にすることも可能（例：Mieux vaut se taire que prendre la parole.「発言するより黙っていた方がよい」）．この表現を使った知られた諺にMieux vaut prévenir que guérir. がある．直訳は「予防することは治療することに勝る」，つまり「転ばぬ先の杖」のこと．

20 動詞

1677 abriter　（建物が）収容する

▶ Cet immeuble abrite dix familles.　この建物には10世帯が住んでいる．

補足 abriter は「防ぐ，保護する」の意味で使われ，s'abriter(de qch) は「避難する，（～から）身を守る」の意味で使われるが，例文のような意味も持つ．これは盲点となりやすい．contenir qn, recevoir qn も「人を収容する」の意味．admettre も「（場所が）～を収容できる」の意味で使われる．

1678 accorder de la valeur à qn/qch　～を尊重[評価，重視]する

▶ Cette région accorde de la valeur à ses relations culturelles avec les pays voisins.

その地域は隣国との文化交流を重視している．
補足 accorder は「(価値・重要性を) 認める，同意する」の意味．attacher [donner] de la valeur à qch は同義．

1679 agir avec décision　果敢に行動する

▶ Je vous conseille d'agir avec décision.
果敢に行動なさった方がいいですよ．
補足 agir には「(ある様態で) 行動する，ふるまう」という意味があり，その場合は振舞いの様態や態度などを表す副詞 (句) や状況補語を伴う (例：agir par calcul「打算で動く」，agir auprès de qn「人にあれこれ働きかける」)．

1680 aller au plus court
1番の近道を行く，最も手っ取り早い方法をとる

▶ Il vaut mieux aller au plus court avant que la situation ne s'aggrave.
事態が悪化しないうちに，いちばん手っ取り早い方法をとった方がいい．
補足 court は男性名詞で「近道」．この表現では aller のほかに，動詞 couper, prendre も用いられる．また，prendre (par) le plus court でも同じ意味を表す．

1681 aller de mal en pis　(事態が) ますます悪くなる

▶ La situation intérieure allait de mal en pis.
国内情勢はますます悪化の一途をたどった．
補足 副詞 pis は mal の比較級．この表現のほか，tant pis「しかたがない」といったような熟語的表現でのみ用いられる．類義の aller de pis en pis はいささか古風な言い回し．

1682 aller droit au cœur　感動させる

▶ Votre visite, ici à l'hôpital, me va droit au cœur.
お見舞いをいただいてとても感激しています．
補足 toucher qn あるいは émouvoir qn と類義．aller droit à qch は「～に向かって突き進む」が直訳になる熟語．なお，aller droit au but なら「単刀直入に言う，目的に向け直進する」の意味になる (例：Avec elle, tu devrais aller droit au but.「彼女が相手なら，君は単刀直入に進むべきだ」)．

1683 aller sur＋年齢　(ある年齢に) 近づく，やがて～歳になる

▶ Mon grand-père va sur ses quatre-vingt-dix ans.
祖父はそろそろ 90 歳になる．
補足 この表現で前置詞 sur は「～にさしかかって，～の頃に」の意味．動詞で表される事態が時の流れに乗って進行すると考えるとわかりやすい．また例文のように，年齢には所有

形容詞が用いられることに注意．年齢以外の表現では，aller sur sa fin「終焉に近づく」がある．

1684 aller trop loin　度を越す，やりすぎる，誇張する

▶ Il est allé trop loin avec ses plaisanteries.
彼の冗談は度を越してひどすぎた．

補足 aller loin で「(遠くに行く→) 事柄が重大な結果に至る」あるいは「(人が) 出世する」を意味し，un peu, trop, un peu trop などとともに用いられると「(少し，ひどく，いささか) 度を越す，やりすぎる」という意味になる．類似表現は dépasser les limites「限度を超える」，あるいは「誇張する」exagérer, y aller fort など．

1685 amener qn à+inf.
（物事が結果として）人を～する気にさせる，人を～するように仕向ける

▶ Qu'est-ce qui t'a amené(e) à prendre ce cours?
どうして君はこの講義を選んだの．

補足 pousser qn à+inf.「～するように人を駆り立てる」は類義語．なお，être amené(e) à+inf.「～するに至る，～するはめになる」という受け身の形もよく使われる（例：Elle a été amenée à abandonner son projet.「彼女は計画を断念するはめになった」）．

1686 annoncer qch à qn　人に～を知らせる，通知する

▶ Thérèse nous a annoncé ses fiançailles.
テレーズは婚約したことを私たちに知らせてくれた．

補足 annoncer には「知らせる，通知する」のほかに「発表する，公表する」という意味もある．なお，à qn の部分はなくてもよい（例：Le premier ministre a annoncé la dissolution de la Chambre basse.「首相は衆議院の解散を発表した」．類義の表現は faire savoir qch à qn. cf. 1123）．

1687 augmenter de+数量　～だけ増える

▶ Avec la crise économique, le taux de chômage a augmenté de trois pour cent.
経済恐慌により失業率が3パーセント増加した．

補足 自動詞の augmenter は「(量・程度が) 増える，増大する，(価格が) 値上がりする」という意味．"どれだけ・どの程度増えるか"を de で導く．他動詞は「(量・程度を) 増やす，増大させる，(価格を) 値上げする」という意味（例：On a augmenté le prix de l'essence de deux pour cent.「ガソリンの価格が2パーセント値上がりした」）．

1688 bien gagner qch ～を当然の結果として手に入れる

▶ Monsieur Mauriac a bien gagné une semaine de vacances.
モーリヤック氏は働きに相当した１週間の休暇を得た．

補足 この gagner は「（当然のこととして）獲得する，～に値する」の意味で主に複合過去で使われる．mériter が類義語．皮肉としても用いられ，Tu l'as bien gagné.「（失敗などに対して）当然のむくいだ」という言い方をする．なお，gagner sa vie「暮らしを立てる」に bien（あるいは beaucoup）を添えて，Il gagne bien sa vie. とすれば「彼は稼ぎがいい」の意味になる．

1689* céder à qn/qch ～に負ける，譲歩する，（義務や必然に）従う

▶ Elle a fini par céder à la tentation. 彼女はついに誘惑に負けた．
succomber à la tentation と同義．
▶ Il a cédé à son rival. 彼はライバルに勝ちを譲った．
▶ Il faut céder à la coutume. 習慣に従わなくてはならない．

補足 céder à qn で「（女性が男性に）身をまかせる」の意味もある．

1690* charger qn de qch [de＋inf.]
人に～を担当させる，委任する，責任を負わせる

▶ On l'a chargée de la surveillance des enfants.
彼女は子どもの監視を任された．
▶ Il m'a chargé(e) de cette commission.
彼は私にその仕事を言いつけた．
▶ C'est de la part de Monsieur Tamura. Il m'a chargé(e) de vous dire qu'il était malade.
田村さんからですが，病気だとの伝言をことづかりました．
de la part de qn で「人の代理で，人から」の意味．「彼は自分が病気だとあなたに言うよう私に責任を負わせた」が直訳となる文章．

1691* compter A pour B ＡをＢとみなす，考える

▶ Comptez-le pour deux personnes, il mange beaucoup.
彼を２人分と考えてください，たくさん食べますから．

補足 compter A(qn) pour mort「Ａを死んだものと考える」とか，いささか子どもっぽい表現だが，compter A(qn/qch) pour du beurre「～は問題外だ，へとも思わない」という表現もある．なお，compter「重要である」に pour qch が添えられる形もある（例：Cela ne compte pour rien.「それはまったく意味がない」）．

1692　confondre A avec B　AとBを取り違える，混同する

▶ Tu n'as pas confondu le sel avec le sucre?
塩と砂糖を間違えなかった？
▶ Excusez-moi, monsieur, je vous ai confondu avec quelqu'un d'autre.
ごめんなさい，ほかの人と間違えました．

補足 confondre A et B でも同義．prendre A pour B も同義の表現．

1693* connaître qch à fond
〜に精通している，〜を知りつくしている

▶ Il connaît son sujet de thèse à fond.
彼は自身の論文のテーマを知りつくしている．

補足 à fond は「徹底的に，深く」を意味する副詞句．s'y connaître en qch「（芸術・料理・学問など）に精通している」という言い方もある．

1694* connaître un succès　成功をおさめる

▶ C'est un roman qui a connu un grand succès?
これが大成功をおさめた小説ですか．

補足 この connaître は「（体験的に）知っている，有する」の意味で，結果を導く表現．そのため，複合過去で使われることが大半．

1695　consacrer A(qch) à B(qn/qch)
AをBに捧げる，割く，充てる

▶ Tu consacres trop de temps à ce travail.
君はその仕事に時間をかけすぎだ．
▶ Pouvez-vous me consacrer un quart d'heure?
15分ほど時間をもらえませんか．

補足 Aの位置には「時間，お金，労力」などを置く．vouer A à B [à+inf.] は類義語．Aの位置には「人生や生活」などが置かれる（例：Il a voué son existence à la rédaction d'un dictionnaire.「彼は生涯を辞書の編纂に捧げた」）．

1696　consister à+inf.　〜することにある

▶ En un mot, le bonheur consiste à rendre heureux ceux que l'on aime.
要するに，幸福は愛する人を幸せにすることにある．

補足 主語の実質的な中身，あるいは仕事・業務の具体的な内容などを述べるときに使われる．

1697 contracter l'habitude de+inf.
〜する習慣がつく，〜に慣れる

▶ En France, j'ai contracté l'habitude de boire à chaque repas.
フランスで，私は食事のたびに酒を飲む習慣が身についていった．

補足 prendre l'habitude de+inf. もほぼ同義になる．avoir l'habitude de qch/inf. なら「〜を習慣にしている，〜に慣れている」の意味．

1698 contribuer à qch [à+inf.]
〜に貢献[寄与]する，(〜するのに)一役買う

▶ Ils ont contribué à l'embellissement de ce quartier.
彼らはこの界隈の美化に貢献した．
▶ Mon oncle a contribué au succès d'une entreprise.
私の叔父は企業の成功に寄与した．
▶ Plusieurs facteurs ont contribué à redresser la situation économique de la région.
さまざまな要因が地域の経済状況を立て直すのに一役買った．

補足「一役買う」の意味では物が主語になる点に注意したい．

1699* correspondre à qn/qch 〜に合致する，対応する，適合する

▶ La production ne correspond pas à la demande.
生産が需要と合わない．
▶ Cette bêtise ne lui correspond pas du tout.
そうしたへまはまったく彼[彼女]らしくない．

補足 correspondre avec qn は「人と文通する」，correspondre avec qch は「(交通機関が)〜 と接続している」の意味．

1700 courir après qn/qch 〜を追い求める，追いかける

▶ Il court toujours après le succès. 彼はいつも成功を追い求めている．
▶ Paul court toujours après une femme.
ポールはいつも女の尻を追いまわしている．
人称代名詞にして「彼女の尻を追いまわす」というときには courir après elle とせずに，破格だが lui courir après といった形で使われるようだ．courir を他動詞として使って，たとえば courir les filles「娘たちの尻を追いまわす」という表現もある．

1701* courir le risque de qch [de+inf.]
〜する危険を冒す，〜するおそれがある

▶ Tu cours le risque de tout perdre. 君はなにもかも失うおそれがある．

補足 C'est un risque à courir. は「一か八かやってみる」あるいは「危険を覚悟でやってみるべきだ」の意味．

1702* défendre qn contre qn/qch　～から人を守る

▶ Ce monsieur l'a défendu(e) contre ses agresseurs.
その男性は彼[彼女]を暴漢から守った．
補足 défendre qn contre qn/qch で「(脅威・有害な作用から)人を保護する，守る」の意味になる．contre は前置詞で悪質なものに「対抗して，備えて」を意味する．contre の代わりに de を使うのは古用．なお，Ce manteau me défend bien contre le froid.「このコートで寒さを十分に防ぐことができる」という類の用例が載っている辞書があるが，その場合なら動詞を protéger「防ぐ」とする方が自然．

1703　demeurer en repos　じっと静かにしている

▶ Tu ne sais pas demeurer en repos dans ta chambre?
君は自分の部屋でじっと静かにしていることができないの？
補足 見出し語の demeurer は「(状態に)とどまる」の意味(見出し語は rester au repos と同義．見出し語の方がやや古めかしい言い回しだが仏検の出題例を参照した)．en repos は「じっとした，安らいだ」を意味する熟語．demeurer en place「おとなしくしている」は類義語になる．なお，au repos は「休息して，静止して，安心して」，あるいは「号令」で，Au repos! と言えば「休め」の意味．

1704　déposer une plainte à qn　人に告訴する

▶ Il a fini par déposer une plainte à la police.
ついに彼は警察に告訴した．
補足 porter plainte contre qn，déposer une plainte contre qn なら「人を告訴する」の意味になる．

1705　dire du bien de qn/qch　～のことをほめる，よく言う

▶ Tous les professeurs ont dit du bien de cette étudiante.
教員はみな口をそろえてあの女子学生をほめた．
補足 parler en bien de qn/qch もほぼ同義．dire beaucoup de bien de qn/qch とすれば強調になる．dire du mal de qn/qch「～の悪口を言う，けなす」は反意語(cf. 1707)．

1706* dire du mal de qn/qch　～の悪口を言う，けなす

▶ Tout le monde dit du mal d'elle.　みんな彼女の悪口を言う．
補足 déprécier qn/qch は類義語．動詞を置き換えて，penser du mal de qn/qch とす

れば「~のことを悪く考える」の意味になる。反意表現は，dire du bien de qn/qch「~のことをほめる，よく言う」(cf. 1706).

1707* distinguer A et [de, d'avec] B　AとBを区別する

▶ Tu ne sais pas distinguer le bien et le mal [le bien du mal]?
君は善と悪の区別がつかないの?
▶ Quels sont les traits qui distinguent l'homme de l'animal?
人と動物を区別する特徴とは何ですか.

補足 A et B は「AとBを」，A de B は「AをBから」，A d'avec B なら「(改まって)AをBから」というニュアンスの差がある. faire la distinction entre A et B，faire la différence entre A et B という類義の言い回しもある.

1708 diviser [partager] qch par moitié　~を半分に分ける

▶ Maman a divisé [partagé] une tarte aux pommes par moitié.
ママがリンゴのタルトを半分に分けた.

補足 ある個数に分ける際，たとえば「4つに分ける」なら，par moitié を置き換えて diviser [partager] qch en quatre と〈en＋数詞〉の形にすればよい. なお，couper qch par moitié は「~を半分に切る」の意味. moitié は「半分」で，moitié-moitié なら「半分半分，折半」の意味.

1709 éclater en＋無冠詞名詞(複数)　突然~する

▶ Elle a éclaté en sanglots en public.
彼女は公衆の面前で突然泣き出した.

補足 別例として éclater en reproches「非難をあびせかける」，あるいは éclater en applaudissements「拍手喝采する」など (cf. 1153).

1710 écrire de la main gauche　左手で書く

▶ Ecrire de la main gauche étant droitier(ère), c'est amusant.
右利きなのに左手で書いてみるのは楽しい.

補足「身体の一部を使って」の意味で前置詞 de が使われている. ちなみに「左利きの(人)」は gaucher(ère)，「右利きの(人)」は droitier(ère)，また「両手利きの(人)」は ambidextre と言う.

1711 écrire noir sur blanc　はっきり書く，明記する

▶ L'exception est écrite noir sur blanc.
例外ははっきりと明記されています.

補足「白地に黒で書く」から「明瞭に書く」という意味になる. écrire qch clairement

[nettement] と同義．なお，écrire en rouge は文字通り「赤で書く」の意味．

1712 en arriver à+inf.
（あげくの果てに）〜するに至る，ついに〜に達する

▶ Elles en sont arrivées à ne plus se téléphoner.
彼女たちはとうとう互いに電話もしなくなった．
▶ J'en arrive à me demander si ma femme m'aime vraiment.
私は本当に妻が自分を愛しているのかわからなくなっている．

補足 この熟語は否定では用いない．類義語に en venir à+inf.「とうとう〜することになる」がある．なお，en arriver là なら「そこまで[行きつくところまで]いく」の意味（例：Il faudra bien en arriver là.「結局はそこに至らざるを得ないだろう」）．

1713 enlever A à B　BからAを取り上げる，奪う

▶ Cet accident a enlevé tout espoir à Laura.
その事故はローラからすべての希望を奪った．
▶ Je vous enlève votre mari pour une minute.
ちょっとだけご主人をお借りしますよ．

補足 enlever A de B は「BからAをどかす，取りのける」という意味になる（例：enlever la table de la chambre「寝室からテーブルをどかす」）．なお，動詞 enlever は「（衣服などを）脱ぐ」という意味で日常的によく用いられる（例：enlever ses gants「手袋を脱ぐ」，enlever son chapeau「帽子を脱ぐ」）．

1714 entendre A par B　BをAの意味で使う．

▶ J'entends par « passion » l'amour aveugle.
私は「情熱」という語を盲目的な愛という意味で使っている．
▶ Qu'est-ce que vous entendez par là?　それはどういう意味ですか．
この場合，par là は par ces mots と同義．

補足 ある言葉や表現をどんな意味合いで使っているのかを伝えるときに用いる．〈J'entends par là que+直説法〉「それは〜という意味です」という言い回しもある．

1715* entendre parler de qn/qch
〜についての話を聞く，〜のうわさを耳にする

▶ J'ai entendu parler de ce film.　その映画のことなら聞いたことがある．
▶ Elle ne veut plus en entendre parler.
彼女はもうその話は聞きたくない．

補足 「人が〜の話をするのを聞く」は entendre qn parler de qn/qch か entendre parler de qn/qch par qn になり（例：J'ai entendu mon oncle parler de ce livre.「私はおじがその本の話をするのを聞いた」＝J'ai entendu parler de ce livre par mon oncle.），「～という話を聞く」は〈entendre dire que＋直説法〉となる（例：J'ai entendu dire qu'il avait réussi l'examen.「彼が試験にうまくいったという話を聞いた」）．

1716 entrer en ligne de compte　考慮の対象となる，重要である

▶ Tes sentiments ne doivent pas entrer en ligne de compte.
君の感情は考慮に入れるべきではない．

補足 この場合の compte は「考え，考慮」を表す．この意味の compte を使った熟語としてよく用いられるのが en fin de compte [au bout du compte, tout compte fait]「色々と考えた結果，結局，要するに」（cf. 1446）．「～を考慮の対象にする」は faire entrer qn/qch en ligne de compte と言う．

1717 exercer une influence sur qn/qch　～に影響を及ぼす

▶ Le milieu exerce une grande influence sur l'homme.
環境は人間に大きな影響を及ぼす．
influence には形容詞が添えられることが多い．

補足 subir l'influence de qn「人の感化[影響]を受ける」も記憶したい．「人に影響を与える」は influencer qn という動詞もある．

1718 gagner à＋inf.　～して得になる，価値を増す

▶ On ne gagne jamais à mentir.　嘘をつくのはけっして得にはならない．
▶ Ce film gagne à être revu.　この映画はもう1度見るとよさがわかる．
▶ Henri gagne à être connu.　アンリは知れば知るほどよさのわかる人だ．

補足 この場合 gagner は自動詞．自動詞 gagner を使った別の表現として〈gagner en＋無冠詞名詞〉「～が増す，～の点でよくなる」がある（例：gagner en précision「正確さを増す」）．

1719 gagner du terrain　優勢になる，地歩を固める，広がる

▶ Enfin, notre équipe commence à gagner du terrain.
ついに，私たちのチームが優位に立ちはじめた．
▶ Ces idées gagnent du terrain parmi les jeunes filles.
そうした考えが若い女の子の間で広まっている．

補足 se faire une position「地歩を固める」とほぼ同義．perdre du terrain は反意で「地歩を失う，後退する」の意味になる．

1720 hausser [lever] les épaules　肩をすくめる

▶ En apprenant cette nouvelle, elle a haussé les épaules.

このニュースを聞いて，彼女は肩をすくめた．

補足 無関心・不満・軽蔑・あきらめなどを示す仕草．

1721 insister sur qch　〜を強調[力説]する

▶ Il faut insister sur la difficulté de ce travail.
この仕事の難しさを強調する必要がある．

補足 文章を導くパターンであれば〈insister sur le fait que＋直説法〉「〜だということを強調する」となる．また，insister pour qch [pour＋inf.] の形は「〜と[〜したいと]言い張る」の意味になる．

1722 juger qn sur les apparences　人を外見で判断する

▶ Il ne faut pas juger quelqu'un sur les apparences.
人を見かけで判断してはならない．

補足 juger qn d'après les apparences と同義の表現．女性名詞 apparence「外観，外見，見かけ」を使った熟語としては，contre toute apparence「見かけに反して」，en apparence(cf. 552)「見かけは，うわべは」などがある．

1723 laisser [confier] à qn le soin de＋inf.
人に〜することを任せる

▶ Laissez-nous le soin de réparer votre voiture!
あなたの車の修理はお任せください．
▶ On te laisse [confie] le soin de lui dire la vérité.
彼[彼女]に本当のことを言うのは君に任せます．

補足 avec soin「入念に」，avoir soin [prendre le soin] de＋inf.「気をつけて〜する」，avoir soin de qn/qch「〜を大切に扱う」など soin を用いたほかの熟語も確認しておきたい．

1724 manquer à qch　〜に背く，違反する

▶ Frédéric ne manque jamais à sa promesse.
フレデリックはかならず約束を守る．
口頭の「約束」なら parole を使う．

補足 Je n'y manquerai pas.「かならずそうします」は話し言葉で頻出．manquer à qn であれば，「人に寂しい思いをさせる」の意味になる (例：Ma mère me manque.「私は母がいなくて寂しい」)．

1725 manquer de décision　優柔不断である

▶ Vincent a manqué de décision dans cette phase critique.

ヴァンサンはあの難局において答えを出せずにいた．

補足 〈manquer de＋無冠詞名詞〉は「～が足りない，欠けている」の意味 (cf. 801, 802)．montrer de la décision は見出し語の反意で「決断力を示す」となり，この場合は décision に部分冠詞がつくので注意．

1726 manquer l'occasion de＋inf.　～する機会を逃す

▶ Il a manqué l'occasion de marquer un but.
彼はゴールを決めるチャンスを逃した．
marquer un but「（サッカーなどで）得点をあげる」

補足 見出し語の manquer は，perdre や laisser échapper (cf. 2056) で置き換えられる．Vous avez perdu une belle occasion de vous taire ! は話し言葉で「（皮肉に）黙っていればよかったのに」という意味．「～する機会をつかむ」は saisir l'occasion de＋inf. になる．

1727 marcher avec peine　苦労して[やっとの思いで]歩く

▶ Dans la tempête de neige, le voyageur marchait avec peine.
吹雪の中を旅人はやっとの思いで歩いていた．

補足 peine は女性名詞で，「苦痛，苦労」を表す．avec peine は「苦労して，やっとの思いで」の意味．反対に「苦労せずに，たやすく」は sans peine となる（例：Il est arrivé chez Philippe sans peine.「彼は迷わずにフィリップの家に着いた」）．

1728 mentionner qn/qch

❶ ～を記載する

▶ L'auteur mentionne les livres qu'il a cités dans la bibliographie.
筆者は参考文献に引用した本をあげている．

❷ ～に言及する

▶ Le professeur a mentionné un tableau de Cézanne dans son cours.
先生は授業中にセザンヌの1枚の絵について言及した．

補足 名詞は mention で「記載，言及」の意味を持ち，faire mention de qn/qch で見出し語と同義になる (cf. 2009)．éviter de mentionner は「言及を避ける」の意味（例：Le premier Ministre a évité de mentionner la rencontre au sommet.「首相はトップ会談について言及を避けた」）．

1729* mériter de＋inf.　～に値する

▶ Ce film mérite d'être vu.
その映画は一見に値する．
valoir le coup de＋inf.「～してみる価値がある」という熟語を用いて，Ce film

vaut le coup d'être vu. と言い換えることもできる.

補足 見出し語と同じ意味の表現として être digne de+inf. がある（例：Ce livre est digne d'être lu.「この本は読んでみる価値はある」）. なお, 似た意味を持つ valoir は「努力や犠牲に見合うだけの価値がある」という意味で使用される（例：Ce projet vaudrait d'être réalisé.「その計画は実現されるだけの価値があるだろう」）.

1730　montrer [témoigner] du respect à qn　人に敬意を示す

▶ Ils montrent [témoignent] toujours du respect à leurs parents.
彼らはいつも両親に敬意を示している.

補足 部分冠詞を伴う点に注意. avoir du respect pour qn になると「人を尊敬する, 尊敬している」で（cf. 1073）, respecter qn, estimer qn と同義. 反対に manquer de respect à qn は「人に礼を失する」となる.

1731　ne pas pouvoir s'empêcher de+inf.
〜せずにはいられない

▶ Je ne peux pas m'empêcher de penser à mes parents.
私は両親のことを考えずにはいられない.

補足 s'empêcher de+inf. は「〜することを我慢する」の意味. それが pouvoir の否定形と一緒になることで「〜することを我慢できない」→「〜せずにはいられない」となる.

1732* offrir à qn de+inf.　人に〜することを提案する[勧める]

▶ Ils m'ont offert de m'accompagner jusqu'à l'aéroport.
彼らは私に空港まで送ろうと言ってくれた.

補足 proposer à qn de+inf. と類義（例：Je vous propose de dîner chez moi.「うちに夕飯を食べにいらしてください」）. 主語が目的語（人）とともに「（いっしょに）〜しようと提案する」行為を指す. ただし, Ma mère lui a offert de s'asseoir.「母は彼[彼女]に座るように勧めた」のように, suggérer à qn de+inf. とほぼ同義となって（例：Elle m'a suggéré d'appeler un taxi.「彼女は私にタクシーを呼んではどうかと提案した」cf. 1819）, 目的語（人）が単独で行う行為を主語が「勧める」というケースもないではない.

1733* opposer A à B

❶ A を B と対立させる, 争わせる
▶ Ce match oppose l'équipe du Japon à celle de la Chine.
その試合で, 日本チームは中国チームと対戦する.

❷ A を B と対比させる, 比較する
▶ Opposons Tokyo à Paris.
東京をパリと比較してみよう.

[補足] ①は異議や論争の対立も表すことが可能（例：Dans un débat, il faut être capable d'opposer des arguments pertinents à l'interlocuteur.「討議の際には，相手に対して適切な論拠をあげて反論できなくてはならない」）．②は comparer A avec B と同義（例：On a comparé la ville avec la campagne.「都市は田舎と比較されてきた」）．

1734 ouvrir la bouche　口を開く，話し出す，発言する

▶ En face de ses parents, il n'ose pas ouvrir la bouche.
両親を前にして，彼は口を開く勇気がない．

[補足] fermer la bouche は反意で「口を閉ざす，黙る」の意味．ほかに，avoir qch à la bouche は「口を開けば〜の話だ」となる（例：Elle a l'injure à la bouche.「彼女は口を開けば悪態ばかりだ」）．

1735* parler à la légère　口からでまかせを言う

▶ Vous ne devez pas parler à la légère.
口からでまかせを言うべきではない．

[補足] parler au hasard と類義の表現（cf. 1736）．〈à la+形容詞・名詞〉は「〜風に，〜な感じで」で，〈à la manière+形容詞[de+名詞]〉と同じ（cf. 1318）．à la légère は「軽々しく，軽率に」（cf. 1317）．prendre qch à la légère は「〜を軽く考える」となる（cf. 1659）．

1736 parler au hasard　でまかせにしゃべる

▶ Alain parle toujours au hasard.　アランはいつもでまかせを言う．

[補足] parler à la légère と同義（cf. 1735）．au hasard は「行き当たりばったりに，でたらめに」（例：Je me suis promené(e) au hasard dans la ville.「私は町の中を当てもなく散策した」cf. 983）．なお，laisser qch au hasard は「〜を成り行きにまかせる」の意味．

1737 parler en l'air　いい加減なことを言う

▶ Ne prends pas son histoire au sérieux, elle parle souvent en l'air.
彼女の話を真に受けてはだめだ．しばしば，いい加減なことを言うからね．

[補足] en l'air は「根拠のない」．「でたらめにしゃべる」を意味する parler à la légère（cf. 1735）や parler au hasard（cf. 1736）などは類義．

1738 parler sans arrêt　のべつしゃべりまくる

▶ Elle nous fatigue car elle parle sans arrêt.
彼女はのべつしゃべりまくるので，一緒にいるとうんざりしてしまう．

> 補足 sans arrêt は「絶え間なく，とめどなく」(cf. 1046)．ne cesser de parler と同じ意味になる．動詞 parler を変えて，「絶え間なく～する」とあれこれと表現できる（例：Il fume sans arrêt.「彼はひっきりなしに煙草を吸う」）．

1739　passer à autre chose　話題を変える

▶ Passons à autre chose.　話題を変えましょう．

> 補足 passer à qch は「変わる」の意味（例：Le feu passe au vert.「信号が青に変わる」）．changer de sujet と同義の表現である．なお，「（話の）本題に戻りましょう」は Revenons à notre sujet!，あるいは中世の笑劇のせりふに由来する言い回し，Revenons à nos moutons.（直訳は「私たちの羊に戻ろうではないか」）と表現する．

1740　passer de mode　流行遅れになる

▶ Maintenant, les bottes sont passées de mode.
今や，ロングブーツは流行遅れになった．

> 補足 mode は女性名詞で「流行，モード」．être à la mode「流行する」を ne...plus で否定にした n'être plus à la mode あるいは devenir démodé(e) と同義．

1741* passer sur qch

❶ ～の上を通る

▶ La voiture est en train de passer sur un pont.
自動車が橋の上を通過中だ．
もし「飛行機が～の上空を通る」ならば passer au-dessus de qch の形になる．

❷ ～を考慮しない，無視する

▶ Passons sur les détails!　細部は飛ばそう．

❸ ～を大目に見る

▶ Il a passé sur les fautes de Sophie.
彼はソフィーの過ちに目をつぶった．

> 補足 ①と反対の意味なら passer sous qch で「～の下を通る」となる．②の類義語は，négliger [mépriser, ignorer] qch. や ne pas tenir compte de qch. など（例：Il méprise le règlement de son école.「彼は校則を無視する」，Elle néglige sa tenue.「彼女は身なりを構わない」）．③とほぼ同じ意味になる動詞に tolérer がある（例：Cette fois, le professeur n'a pas toléré le retard de cet étudiant.「今回ばかりは，教師はその学生の遅刻を許さなかった」）．

1742　passer une nuit blanche
眠れぬ夜を過ごす，（眠れずに）徹夜する

▶ Elle a passé une nuit blanche à réviser ses cours.
彼女は眠れないまま講義の復習をして夜を過ごした．

> 補足 nuit blanche は「眠れない夜」のことで，不眠の状態を表す．理由があって，意識的に「徹夜をする」veiller toute la nuit，あるいは「徹夜で働く」travailler toute la nuit [sans dormir] との違いに注意（例：Pour le malade, elle a veillé toute la nuit.「病人の看病で彼女は徹夜をした」）．

1743　payer d'avance　前払いする

▶ On doit payer le loyer d'avance.　家賃を前払いしなければならない．
> 補足 d'avance「前もって，あらかじめ」の意味．同じ d'avance を用いる頻度の高い表現として，Merci d'avance がある．「前もってお礼を言います」，すなわち「よろしくお願いします」の意味．なお，à l'avance や au préalable も「前もって」の意味になる．

1744* payer les études de qn　人の学費を払う

▶ Elle a payé les études de sa nièce brillante.
彼女は優秀な姪の学費の面倒をみてやった．
> 補足 étude は複数形になると，主に大学での学業を指す（例：faire ses études à l'université (de) X「X 大学で勉強する」，terminer ses études「学業を終える，大学を卒業する」）．あわせて，payer には「～の費用を出してやる」という意味があることを記憶したい．

1745* payer sa part　自分の分を支払う

▶ Chacun a payé sa part au restaurant.
レストランで各人が自分の分を支払った．
▶ J'ai vécu avec lui pendant trois ans et j'ai payé ma part de loyer.
彼と3年間暮らしたが，自分の家賃は自分で払っていた．
> 補足 目的語なしに C'est moi qui paie aujourd'hui. と表現すれば「（レストランなどで）今日は私のおごりです」の意味になる．

1746　perdre courage　勇気を失う，やる気をなくす

▶ Ne perdez pas courage!　くじけてはならない．
> 補足 courage が無冠詞で使われる点に注意．se décourager と同義になる（例：Ne vous découragez pas!「くじけないで」）．prendre courage は「勇気を出す」，reprendre courage は「勇気を取り戻す」の意味．また，「やる気がある」は avoir du courage と言う（例：Ayez du courage!「やる気を出して，気持ちをしっかり持って」）．

1747　perdre la tête　気が狂う，キレる，逆上する

▶ As-tu perdu la tête?　気でも狂ったのか．

補足 身体を使った熟語. tête には「頭の働き」を表す意味があり，Ça ne va pas, la tête? というと「気は確かなのか」の意味.

1748 perdre sa place　職を失う

▶ A cause de la crise économique, il a perdu sa place.
経済危機のせいで，彼は仕事を失った.

補足 place には「職，働き口」の意味がある. chercher [trouver] une place「職を探す[見つける]」も覚えたい（例：Il a enfin trouvé une place.「彼はついに職を見つけた」）.

1749* perdre son temps　時間を無駄にする，ぶらぶらしている

▶ Il a perdu son temps à bavarder avec un ami.
彼は友人と無駄話をして時間を費やした.

補足 perdre son temps à+inf. で「～をして時を費やす」の意味. 類義の表現は，tuer le temps「時間をつぶす，暇つぶしをする」（例：Il a tué le temps en regardant la télé.「彼は TV を見て時間をつぶした」cf. 1230）.

1750 persuader qn de qch [de+inf.]　人に～を説得する

▶ Il m'a persuadé(e) de l'efficacité de ce médicament.
彼はその薬が効くことを私に納得させた.
▶ Nous devons la persuader d'aller à l'hôpital.
彼女に病院へ行くように説得しなくてはならない.

補足 類義の convaincre qn de qch [de+inf.] の方が「説得」の度合いが強い. なお，「説得に応じる」は se laisser persuader と表現する（例：Je me suis laissé(e) persuader de le voir.「私は説得に応じて彼に会うことになった」）.

1751 pleurer de joie　嬉し泣きする

▶ Elle a pleuré de joie en recevant le prix.
受賞して彼女は嬉し泣きをした.

補足 原因を表す de を用い，続く名詞の joie「喜び」は無冠詞となっている. verser des larmes de joie「嬉し涙を流す」と同義になる.

1752 prêter main-forte à qn　人に手を貸す，手助けする

▶ Il m'a prêté main-forte pour résoudre mon problème de mathématiques.
彼は数学の問題を解くのに手を貸してくれた.

補足 一時的に手を貸す，助ける行為を表す. main-forte は「援助，助力」という女性名詞. 見出し語は donner main-forte à qn ともいう（なお，main-forte は«-»を省

き main forte と書かれることもある）．同義に donner un coup de main（＝aider）がある（例：Donne-moi un coup de main!「手を貸して」）．prêter l'oreille à qn/qch は「〜の言葉に耳を傾ける」の意味（例：Nous avons prêté l'oreille au discours de Monsieur le Maire.「私たちは市長の言葉に耳を傾けた」）．なお，prêter la main à qn「人に手を貸す」という熟語もあるがこれはそれほど使われない．

1753 prier qn de＋inf.　人に〜するように頼む

▶ Je vous prie de me pardonner.　どうぞ許してください．
直訳は「あなた（方）に私を許してくれるように頼む」となる．

補足 見出し語は掲示文などでは，受動態で用いられることも多い（例：Les étudiants sont priés de montrer leur carte d'étudiant au guichet.「学生の方は窓口で学生証を提示してください」）．

1754 priver A(qn) de B(qch)

❶ A から B を奪う，剥奪する
▶ Cette situation m'a privé(e) de tout espoir.
この状況が私のあらゆる希望を断った．

❷ A に B を禁じる
▶ Le médecin a privé son patient d'alcool.
医師は患者にアルコールを禁じた．

補足 ①は enlever B(qch) à A(qn) と同義．ただし，AとBは見出し語と位置が異なるので注意したい（例：Cet homme m'a enlevé toute espérance.「その男は私からすべての希望を奪った」）．②は défendre à A de＋inf. に置き換えることができる（例：Elle a défendu à son fils de goûter.「彼女は息子に間食を禁じた」）．このケースもAとBの順番が見出し語とは異なるので気をつけたい．

1755* profiter à qn/qch　（状況などが）〜に有益である，役に立つ

▶ Vos conseils nous ont bien profité.
あなたの忠告は私たちにとても有益だった．

補足 être utile à qn/qch や servir à qn/qch と同義（例：Cet appareil m'a été utile.「その道具は役に立った」）．A quoi ça sert?「それが何の役に立つのだろうか」．なお，profiter de qn/qch は「〜を活用［利用］する，人と楽しいときを過ごす」の意味なので注意．

1756 protéger A contre [de] B　A を B から守る，防ぐ

▶ On doit protéger la population contre la pollution.
汚染から住民を守らなくてはならない．
▶ Je protège ma peau du soleil.　私は太陽から肌を守っている．

[補足] 類義の表現に défendre A contre B がある．

1757 raconter qch en détail [en long et en large]　詳細に語る

▶ Racontez-moi tout cela en détail!　私にそれを詳しく話してください．
▶ Il a tout raconté en long et en large.
彼はなにもかも洗いざらい話した．

[補足] en détail は「詳細に，詳しく」．反対の意味になるのは raconter qch en bref [en un mot]「手短に話す」．

1758 regarder en l'air　空を見る，頭上を見上げる

▶ Il a regardé en l'air.　彼は空[上]を見た．

[補足] en l'air は「空中に，宙に」の意味だが，用例は en haut と言い換えられる．ほかには tirer en l'air「空に向けて銃を撃つ」，jeter qch en l'air「～を放り出す」などの表現がある．Les mains en l'air! は「両手を上げろ」の意味になる．また en l'air は「根拠のない，いい加減」の意味もあり，parler en l'air なら「口からでまかせを言う」の意味になる．なお，être tête en l'air は「忘れっぽい」，oublier facilement の意味になる．

1759 regarder qn de travers　人を横目でにらむ

▶ Il m'a regardé(e) de travers.　彼は私を横目でにらんだ．

[補足] de travers は「ゆがんで，曲がって」の意味から，見出し語は「疑わしい目で見る」という含意がある．regarder qn en face なら「人をまっすぐ見すえる」の意味．

1760* remettre qch en marche

❶（エンジンなどを）再び始動させる

▶ J'ai remis le moteur en marche.　私はエンジンを再び始動させた．

❷（事業などを）再開する

▶ Mon beau-père essaie de remettre son magasin en marche.
義父は店を再開しようと頑張っている．

[補足] en marche は「動いている，進行中の」．mettre qch en marche は「動かす」だが，その動詞 mettre に「再び，繰り返して」を表す接頭辞 re- が付いていると考えればわかりやすい（cf. 1635）．

1761 remettre qch en ordre　（散らかった状態を）整理する

▶ Il a remis sa chambre en ordre.　彼は散らかった部屋を整理した．

[補足] mettre qch en ordre「～を整理[整頓] する」から類推するとわかりやすい（cf. 1171）．元の整理された状態に戻す行為も指すので，「～の秩序を回復する」という意味にもなる（例：Les opérations de maintien de la paix [OMP] ont contribué à remettre ce pays en ordre.「国連平和維持活動[PKO]はこの国の秩序回復に貢献した」).

1762　remettre qn à sa place　人に身のほどを思い知らせる

▶ Cette expérience l'a remis(e) à sa place.
この経験で彼[彼女]は身のほどを思い知った.

補足 à sa place は「所定の場所に，ふさわしい場所[位置]に」. 反対に savoir rester à sa place は「身のほどを知っている，高望みしない」となる（例：Je ne pense jamais à changer d'emploi. Je sais rester à ma place.「転職なんて考えたことはない. 身のほどを知っているからね」).

1763　rendre compte de qch (à qn)　（人に対して）～の報告をする，説明する

▶ Le journaliste doit rendre compte de ce qu'il a vu.
ジャーナリストは自分が目にしたことを報告しなくてはならない.

補足 男性名詞 compte には「報告，説明」の意味がある. 名詞化した compte rendu なら「報告書，書評」の意味になる. なお，見出し語の rendre の代わりに動詞 demander が使われれば，「（人に対して）～の報告を求める」の意味になる.

1764　rendre honneur à qn　人に敬意を表する

▶ Ils ont rendu honneur au général.　彼らは将軍に敬意を表した.

補足 rendre les honneurs à qn でもよい. faire honneur à qn は「人に多大な名誉を与える」の意味（例：Cette fondation lui a fait honneur.「その財団は彼[彼女]に多大な名誉を与えた」). se faire honneur de qch は「～を自慢する」の意味になる.

1765* rendre service à qn　人の役に立つ，貢献する

▶ Il m'a rendu service en me prêtant son ordinateur.
彼は親切にも私にパソコンを貸してくれた.

補足 service は男性名詞で「世話，助力」. この表現を応用して，rendre un mauvais service à qn とすると「人のありがた迷惑になる」の意味になる（例：Les conseils d'Adèle me rendent toujours un mauvais service.「アデルの忠告はいつも私にとってはありがた迷惑だ」).

1766　renseigner qn sur qch　～について人に教える，説明する

▶ Pouvez-vous me renseigner sur ce projet?
その計画について正確な情報を教えてくれませんか.

補足 donner à qn des renseignements [un renseignement] sur qch と類義となる表

現である（例：Il m'a donné des renseignements sur ce quartier parisien.「彼はこのパリ界隈について私に説明してくれた」）．

1767 répandre un bruit 　噂を広める，流す

▶ Les collègues de Paul répandent le bruit que ce dernier a divorcé de sa femme.
ポールが奥さんと離婚したという噂を彼の同僚たちが広めている．

補足 この répandre は「（噂やニュースを）広める，言いふらす」の意味で，bruit には「噂，評判」の意味がある．faire courir un bruit「噂を流す」という言い方も使う．〈Le bruit court que＋直説法〉は「～という噂が広まる」の意味になる（例：Le bruit court que Luc va poser sa candidature aux élections.「リュックが選挙に出馬するという噂が広まっている」cf. 1887）．

1768* répondre à l'attente de qn 　人の期待にこたえる

▶ Nous devons répondre à l'attente de nos parents.
私たちは両親の期待にこたえなくてはならない．

補足 attente は「期待，予想」．tromper [décevoir] l'attente de qn は反対に「人の期待を裏切る」となる（例：Il a trompé l'attente de ses amis.「彼は友人たちの期待を裏切った」）．

1769* reprendre conscience 　意識を取り戻す

▶ Deux heures après l'opération, il a repris conscience.
手術から2時間後に彼は意識を取り戻した．

補足 反対に「意識を失う」は perdre conscience，avoir toute sa conscience なら「意識が明瞭である」の意味．

1770 reprocher qch à qn 　人に対して～を非難する

▶ Il a reproché à sa femme ses sorties en série.
彼は妻の度重なる外出を非難した．

補足 reprocher は「（過ち・欠点などを）非難する，咎める」．reprocher à qn de＋inf. の形も可能（例：Elle m'a reproché d'avoir été arrogant(e).「彼女は私が傲慢であったと非難した」）．

1771 renoncer à qch [à＋inf.] 　～を［～するのを］あきらめる，断念する

▶ A cause du programme très chargé, il a renoncé à son voyage à Kyoto.

スケジュールがびっしり詰まっていたので，彼は京都への旅行をあきらめた．
▶ Elle a renoncé à finir son mémoire.　彼女は論文の完成を断念した．

補足 abandonner qch と類義の表現．「断念させる」は dissuader qn de qch [de+inf.] となる（例：Je l'ai dissuadé(e) de partir pour Londres.「私は彼[彼女]にロンドンへ行くのを思い留まらせた」）．

1772　réussir à qn　人によい結果をもたらす

▶ Ses études en France lui ont réussi.
フランスの留学は，彼[彼女]によい結果をもたらした．

補足 見出し語は間接目的語に「人」が来ると「人のためになる」という意味になり，réussir à qch ［à+inf. ］なら「～に［～することに］成功する」となる（例：J'ai réussi à les convaincre.「私は彼ら[彼女ら]をうまく説得できた」cf. 358）．

1773　rire aux éclats　大笑いをする

▶ Nous avons ri aux éclats en voyant cette comédie.
その喜劇を観賞しながら，私たちは大笑いをした．

補足 笑いに関する表現．éclat は「突然の大きな音，声」の意味．éclater de rire も「どっと笑う，爆笑する」を意味する類義語（例：Les élèves ont éclaté de rire dans la salle.「教室は爆笑の渦に包まれた」cf. 776）．

1774　rire jaune

❶ 作り笑いをする
▶ Cette actrice ne cesse de rire jaune.
この女優は絶えず作り笑いをしている．

❷ 苦笑する
▶ En trouvant une copie d'autrefois, il a ri jaune.
昔の答案を1枚見つけて，彼は苦笑した．

補足 この jaune は文法上は副詞になる．②は rire amèrement とも言う．

1775　rompre avec qn　人と縁を切る，仲たがいする

▶ Il a rompu avec sa petite amie la semaine dernière.
先週彼は恋人と別れた．

補足 avec のうしろに人が来る場合は，誰かとの人間関係がこじれる，あるいは愛情関係を断ち切るという意味になる．rompre avec qch も可能で，その場合は，「（習慣・伝統などを）やめる」の意味になる（例：Elle a rompu avec le passé.「彼女は過去を断ち切った」）．

1776 s'absorber dans qch

❶ 〜に吸収される
▶ L'eau s'absorbe vite dans les sables du désert.
水が砂漠の砂の中にぐんぐん吸い込まれてゆく．

❷ 〜に没入する
▶ Quand elle s'absorbe dans le travail, elle n'entend rien.
彼女が仕事に没頭しているときは，何も耳に入らない．

補足 吸い込まれて何かの中に吸収されるという含意の熟語．吸い込まれるものは，①のように具体物の場合と，②のようにより抽象的な作業などを指す場合とがある．

1777* s'accoutumer à qch [à+inf.]　〜に[〜することに]慣れる

▶ On s'accoutume à tout.　人は何にでも慣れるものだ．
▶ Mes amis français ne s'accoutument pas à manger le poisson cru.
私のフランス人の友人は，生の魚を食べるのに慣れていない．

補足 何か，あるいは何かをすることが coutume「習慣」になるという意味．しばしば疲れや暑さなど厳しい条件に順応するという意味で用いられる（例：s'accoutumer à la chaleur「暑さに慣れる」）．類義語には，s'habituer à qch や se familiariser à qch などがある．

1778* s'adresser à qn/qch

❶ 〜に問い合わせる，話しかける
▶ Pour vous inscrire, adressez-vous au secrétariat de l'université.
登録したいなら，大学の事務局に問い合わせてください．

❷ 〜に向けられる
▶ A mon avis, cet article s'adresse aux jeunes Japonais.
私の考えでは，この記事は日本の若者に向けられたものだ．

補足 ①のように主語が人の場合は「人に直接問い合わせる，申し込む」，あるいは単に「話しかける」の意味に用いられ，②のように主語が物の場合は主語が「(特定の対象に) 向けられる」，手紙などが「宛てられる」の意味．

1779 s'appliquer à qch

❶ 〜に適用される，当てはまる
▶ Cette règle s'applique à tous les membres du club.
この規則は，クラブの全会員に適用されます．

❷ 〜に専念する
▶ Ma mère s'appliquait à apprendre l'anglais.
母は英語を身につけようと懸命だった．

補足 ①は「適用する，実施する」という appliquer の意味が表れた例で，形容詞

appliquable「適用できる」などと関連する．②は s'adonner à qch と類義．s'appliquer だけで「仕事[勉強]にうちこむ」という意味にも用いられる．

1780 satisfaire à qch （条件などを）満たす

▶ Personne ne pourrrait satisfaire à ses exigences.
誰も彼[彼女]の要求を満たすことはできないだろう．

補足 他動詞 satisfaire qn/qch が「人を満足させる，（欲求・要望を）満たす」というように意味が強いのに対し，satisfaire à qch は「～に満足を与える」の意味ではあるものの，「義務を果たす，規準を満たす，約束を果たす」などあらかじめ決められた一定の条件を満たす場合に用いられる．

1781 sauter aux yeux 明白である，一目瞭然である

▶ Elle est malade, cela saute aux yeux.
彼女が病気なのはひと目でわかる．

補足 être évident(e) [manifeste] とほぼ同義．見出し語は「注意を引く，ぱっと目に入る」という意味になることもある（=frapper la vue）．

1782* se changer en qch ～に変わる

▶ L'amour peut se changer en haine à tout moment.
愛はいつでも憎しみに変わり得る．
▶ Ce soir, la pluie risque de se changer en neige.
今夜，雨が雪に変わるおそれがある．

補足 se changer en bien [mal] で「よい方に変化する[悪化する]」という表現もある．なお，se changer の第一義は「（人が）着替える」（=changer de vêtements）の意味（例：Je vais me changer chez moi.「家で着替えてきます」）．

1783 se consacrer à qn/qch ～に自分の身を捧げる

▶ En tant qu'institutrice, elle s'est consacrée à ses élèves.
教師として，彼女は自分の教え子の指導に身を捧げた．
▶ Jeanne se consacre entièrement à ses enfants.
ジャンヌは子どもたちのことばかりにかかりきりだ．

補足「自らを仕事や人物に捧げる」という意味．se dévouer, se donner などと同義．なお，consacrer はカトリックの用語で「～を聖別する」という意味も持っている．

1784 se contenter de qch ～で我慢[満足]する

▶ Il se contentait d'un appartement modeste.
彼はつつましいアパルトマン[マンション]で満足していた．

20 動詞　421

補足 他動詞 contenter は「満足させる」という意味．見出し語は，心からの満足ではなく「～に甘んじる」という意味合いで用いられる．次のように不定詞をつなげて「～するだけにとどめる」という表現もある（例：Elle s'est contentée de remarquer les fautes.「彼女は間違いを指摘するにとどめた」）．

1785　se croiser les bras　腕をこまねく，何もしないでいる

▶ On ne peut pas améliorer la situation actuelle en se croisant les bras.
傍観していては今の状況を改善することはできない．

補足 この表現には文字通り「腕組みをする」という意味もあるが（例：se croiser les jambes「脚を組む」），例文では比喩的に「傍観する」という意味で用いられている．ほかに，rester les bras croisés も同じ意味になる．

1786　se décider à+inf. [à qch]

❶ ～することを[～を]決心する
▶ Elle s'est enfin décidée à se marier avec son petit ami.
彼女はやっと恋人と結婚することを決心した．

❷ やっと～する
▶ Tiens, l'ordinateur se décide à démarrer.
ほら，パソコンがやっと動きそうだよ．

補足 décider には，décider de+inf. で「(自分が)～することを決心する」の意味と décider qn à+inf. で「人に～することを決心させる」の意味の両方を持っている．ここでは，後者の意味が再帰的用法で展開されている．また，❷のように物を主語にして，「やっと～する」という意味で口語的に用いられることもある（cf. 1787）．

1787　se déterminer à+inf.　～することに決める

▶ Ils se sont déterminés à signer le contrat.
彼らは契約にサインすることに決めた．

補足 se décider à+inf. と類義の表現（cf. 1786）．なお，déterminer には「決定する」のほかに「～の原因となる」の意味もある．（例：un ensemble d'événements qui déterminent la Révolution française「フランス革命の原因となった一連の出来事」）．

1788　se douter de qch　～を予想する，～に気づく

▶ Je m'en doutais.　そうだと思ってたよ．
▶ Mon père ne se doutait de rien.　父は何も気づいていなかった．

補足 douter は「(本当かどうか)疑う」という否定的なニュアンスの動詞だが，代名動詞 se douter は，逆に「そうではないかと思う」という肯定的な含意になる点に注意．〈se douter que+直説法[条件法]〉なら「～でないかと思う，予測する」の意味（例：Je me doute qu'elle viendra demain matin.「明朝，彼女が来るのではないかと思う」).

1789 se faire+inf.（par+動作主）

❶ 自分を〜させる，してもらう
▶ Je me suis fait opérer par un docteur renommé.
私は評判の高い医者に手術してもらった．

❷ 自分のために〜してもらう
▶ Je me suis fait dresser la liste des clients par mon secrétaire.
私は秘書に顧客のリストを作らせた．

補足 この熟語は，se が se faire に続く他動詞の直接目的語か間接目的語であるかによって訳が少し異なる（cf. 1790）．①のように se が動詞の直接目的語となっている場合，手術されるのは主語である「私」．②のように se が動詞の間接目的語の場合は，私のために作られているはいるものの，作られているのは「リスト」である．また，不定詞のあとに体の一部をつなげて，「自分の体の一部を〜させる，してもらう」という言い回しもある（例：Je me suis fait laver les bras par une infirmière.「女性の看護師に腕を洗ってもらった」）．

1790 se faire attendre

❶ 遅刻する
▶ Je me suis fait attendre à cause d'un accident de voiture.
車の事故のせいで遅刻してしまった．

❷ 待ち遠しい
▶ Les nouvelles de Jean-Baptiste se font attendre.
ジャン=バティストからの便りが待ち遠しい．

補足 se faire と不定詞を組み合わせることで，さまざまな表現が生まれる．ここでは，組み合わされている不定詞が他動詞 attendre で，se は attendre の直接目的語なので，「自分を待ってもらう」という意味になる．文法に触れれば，se faire+inf. は不定詞が自動詞の場合，「自分を〜する」，他動詞では例文のように se が直接目的語の場合は「自分を〜させる，してもらう」，他動詞で se が間接目的語になっている場合は，「自分のために〜させる，してもらう」という意味になる．

1791 se faire du souci（pour qn/qch）
（〜のことで）心配する，気をもむ

▶ Ne te fais pas de souci!　心配するなよ．
▶ La mère se fait du souci pour l'avenir de son enfant.
母親はわが子の将来を案じる．

補足 souci は「気がかり，心配，懸念」を意味する語．見出し語は，se préoccuper de qn/qch，s'inquiéter de qn/qch などと同義．

1792 se faire une joie de qch [de+inf.]　〜するのを楽しみにする

▶ Elle se faisait une joie de voyager en Italie pendant les vacances.
彼女はヴァカンスにイタリアへ旅行することを楽しみにしていた。

補足 例文のように「喜び」を表現することが多いものの，複数形になると反語的に「苦しみ」の含意で用いられることもある（例：Encore une grève, voilà les joies de la vie parisienne!「(皮肉に)またストなの，これぞパリ生活の喜びだね」）。

1793* se fier à qn/qch　〜を信頼する

▶ Elle se fie entièrement à moi.　彼女は私を完全に信頼している。
▶ On ne peut pas se fier à Madame Valéry.
ヴァレリー夫人はあてにならない。

補足 反意語は se méfier de qn/qch である (cf. 1215)。類義語には faire confiance à qn/qch, avoir confiance en qn/qch などがある。

1794 se mettre à l'œuvre　仕事にとりかかる

▶ Une fois guérie de sa maladie, il a dû se mettre à l'œuvre tout de suite.
病気が治るとすぐに，彼は仕事にとりかからなくてはならなかった。

補足 à l'œuvre で「仕事をしている，仕事中だ」の意味 (cf. 1337)。

1795* se mettre au travail　仕事にとりかかる

▶ Elle s'est mise au travail, mais aussitôt, elle a été confrontée à un problème.
彼女は仕事にとりかかったが，まもなくある問題に直面した。

補足 Au travail! だけで「仕事にとりかかろう」というかけ声として用いられる。また，今仕事中であるときには，être au [à son] travail と言う（例：Je te laisse, car je suis au travail.「(電話で)もう切るね，仕事中だから」，Elle était tout à son travail et elle n'a pas entendu le téléphone sonner.「彼女は仕事中で，電話の音に気づかなかった」）。

1796 se mettre bien avec qn　人と仲良くなる

▶ Il s'est mis bien avec son supérieur pour avoir ce poste.
彼はそのポストを手に入れようと上司と仲良くしていた。

補足 être bien avec qn は「人と仲がよい」の意味 (cf. 1089)。反意語として se mettre mal avec qn を採用している辞書もあるが，これはあまり使われない。

1797* se passionner pour qch　〜に熱中する

▶ Ma fille se passionne pour *Harry Potter* depuis quelques années.
娘は数年前から『ハリー・ポッター』に熱中している．

補足 passion は「情熱，熱狂」という意味を持っている．être passionné(e) pour qch でも同じように「〜に強い興味をかきたてられる」という意味になる．「夢中にさせる」という意味にしたいなら，他動詞の passionner か，あるいは形容詞の passionnant(e) を用いることができる（例：un récit passionnant「夢中にさせる物語」）．

1798　se précipiter sur qn/qch　〜に勢いよく飛びかかる，突進する

▶ Ils se sont précipités sur les ennemis.　彼らは敵に飛びついた．
▶ Quand vous consultez un site Web, il ne faut pas vous précipiter sur le premier lien sans réfléchir.
ウェブサイトを閲覧しているとき，よく考えずに1番最初のリンクに飛びついてはいけない．

補足 se précipiter だけで用いられる場合は「急ぐ，慌てる」という意味になる（例：Ce n'est pas la peine de se précipiter!「慌てることはない」）．見出し語のように，主に場所を示す補語がつくことで，「勢いよく飛びかかる」という意味になる．なお，この熟語の前置詞は sur だけとは限らない（例：Elle s'est précipitée vers sa mère.「彼女は母親に駆け寄った」，Il s'est précipité au téléphone.「彼は電話に飛びついた」）．

1799　se rapporter à qn/qch　〜に関連する，関係がある

▶ Ces lettres peuvent se rapporter à Balzac.
これらの書簡はバルザックにかかわるものかもしれない．
▶ Il collectionne tout ce qui se rapporte au cinéma suédois.
彼はスウェーデン映画に関係しているものはすべて収集している．

補足 se rapportant à qn/qch なら「〜に関した」の意味．「〜と比べて，関連して」という意味の par rapport à qn/qch という熟語もある．

1800* se rapprocher de qn/qch

❶ 〜に近づく
▶ Le typhon se rapproche du Japon.　台風が日本に近づいている．
❷ 〜と和解する
▶ Il s'est enfin rapproché de son adversaire politique.
彼はようやく政敵と和解した．
❸（物事が）類似している
▶ La philosophie de notre entreprise se rapproche de celle de votre entreprise.
わが社の企業哲学はあなたの会社のそれに近い．

補足 「近づく」という意味の代名動詞 s'approcher de qn/qch の場合と同様，「〜に近づく」という意味を表すのに前置詞 de が用いられていることに注意．また，この熟語は，s'approcher de qn/qch とは違って，例文にあるように仲たがいしていた人と和解するという意味を持っている点にも留意したい．

1801 se remettre au travail　また仕事にとりかかる

▶ Il faut se remettre au travail dès que possible.
できるだけ早くまた仕事にとりかからねばならない．

補足 se remettre à qch [à+inf.] で，「また〜し始める」の意味を持つ（recommencer と同義）．また，前置詞が変わり se remettre de qch になると，「（病気やショックなどから）回復する」という意味になる（例：Je me suis remis(e) de la grippe.「私はインフルエンザから回復した」cf. 2118）．

1802 se ressembler comme deux gouttes d'eau　瓜二つだ

▶ Elles se ressemblent comme deux gouttes d'eau!
彼女たちは瓜二つだ．

補足 se ressembler は「互いに似ている」という意味で，慣用表現 comme deux gouttes d'eau「まるで2粒のしずくのように」（直訳）を伴い強調されている．goutte「しずく」はほかにも次のような慣用表現でも用いられる（例：jusqu'à la dernière goutte「最後の1滴まで，最後まで徹底的に」，goutte à goutte「1滴ずつ，少しずつ」）．また，goutte だけで「少量」という意味で用いられることもある（例：Voulez-vous du vin? –Juste une goutte.「ワインいかがですか」「少しだけ」）．なお，avoir un air de famille も「似ている」の意味になる熟語．

1803 se résumer à qch [à+inf.]　〜に[〜することに]要約される

▶ La cuisine italienne ne se résume pas aux spaghettis.
イタリア料理はスパゲッティに尽きるものではない．
▶ Votre tâche se résume à nous distraire.
あなたの仕事は要するに私たちを楽しませることです．

補足 他動詞の résumer は「（文章などを）要約する」の意味．見出し語の代名動詞の形をとると，何かの事柄に問題としている要素が凝縮されていることを表現する．

1804 se révolter contre qn/qch　〜に反抗する

▶ Ils se révoltent toujours contre leurs parents.
彼らはいつも両親に逆らっている．
▶ Il est temps de se révolter contre le destin.
いまこそ運命に逆らうべき時だ．

補足 反意語は obéir「従う」．両親に逆らうような日常的な反抗から，政府への反乱まで広く「反抗する」ことを意味する．révolte や révolution といった名詞から，「反抗する」という意味で révolter を思い浮かべやすいかもしれない．ただし，現在では révolter は「憤慨させる」という意味で用いられており，「反抗する」の意味なら代名動詞を用いなければいけない．

1805　se sentir d'humeur à+inf.　〜できる気分である

▶ Je ne me sens pas d'humeur à danser maintenant.
いまは踊りたい気分ではない．

補足 être d'humeur à+inf. でも同じ意味になる．humeur は機嫌のよし悪しを表現するときにも用いられる（例：Elle est de bonne [mauvaise] humeur.「彼女は機嫌がよい[悪い]」）．

1806　se soumettre à qn/qch　〜に従う

▶ Il s'est soumis au jugement de son patron.　彼は上司の判断に従った．

補足 obéir à qn/qch とほぼ同じ意味で用いられる．ほかに，se soumettre aux désirs de qn で「人の希望にそう，言う通りにする」という熟語もある．ちなみに，soumettre の名詞形は soumission「服従」である．

1807　se tirer de qch　〜を切り抜ける

▶ Notre entreprise s'est bien tirée de ses difficultés financières.
わが社は財政的な難局をうまく切り抜けた．

補足 何かから抜け出す，逃れるという意味で用いられる．s'en tirer は「なんとか切り抜ける，どうにかやっていく」の意味．なお，病気などから回復した場合にも見出し語は用いることができる (cf. 2108)．

1808　se traduire par qch　〜となって現れる

▶ Son bonheur s'est traduit par un large sourire.
彼の幸せは満面の笑みとなって現れた．

補足 traduire は代名動詞になると「翻訳される，表現される」という意味になる．

1809　se trouver+inf.　偶然〜である，たまたま〜する

▶ Elle se trouvait être une amie d'enfance de ma petite sœur.
彼女はたまたま自分の妹の幼なじみだと分かった．

補足 偶然のニュアンスが強く出ている熟語である．以前からその状態であったのに，たまたま気づいたという場合に用いられる．

1810* se vanter de qch　〜を自慢に思う

▶ Il se vante de son appartement à Paris.
彼は自分のパリのアパルトマン[マンション]を自慢に思っている．

補足 se vanter は，自分自身をほめたたえる，つまり「自慢する」という意味である．そこに de qch で「〜を自慢に思う」，de+inf. がつくと「〜することを自慢に思う」という意味になる（例：Elle se vante d'avoir publié son premier roman.「彼女は処女作の小説を出版したことを自慢に思っている」，Il se vante de publier son premier roman.「彼は処女作の小説を出版すると豪語している」）．

1811　s'efforcer de+inf.　〜しようと努力する

▶ Il s'est efforcé de nous expliquer la situation.
彼はわれわれに状況を説明しようと努めた．

補足 tâcher de+inf. と同義である（cf. 1822）．efforcer 単独で用いられることはなく，つねに代名動詞の形で用いられる．見出し語は何かをしようと effort「努力」を払うという意味の熟語である．

1812* s'en sortir　（困難な状況を）切り抜ける，危機を脱する

▶ Elle se trouvait dans une situation difficile, mais elle s'en est bien sortie.
彼女は難しい状況にあったが，うまく切り抜けた．

補足 en sortir とも言い，口語的な表現である（cf. 2119）．

1813　s'enthousiasmer pour qch　〜に熱狂する

▶ Ma fille s'enthousiasmait pour ce dessin animé quand elle était petite.
娘は小さいころ，このアニメに夢中でした．

補足 enthousiasme「熱狂，感激」の動詞形の代名動詞．代名動詞でなく，enthousiasmer を用いて，être enthousiasmé(e) par qch で「〜に夢中になっている」という言い回しもある．

1814* séparer A de [d'avec, et] B
A を B から分ける，A から B を引き離す

▶ Le juge a décidé de séparer cet enfant de son père, c'est sa mère qui en aura la garde.
裁判官はその子を父親から引き離すことを決定し，母親が引き取ることになる．

▶ Il faut séparer la théorie et la pratique.
理論と実践は区別しなければならない．

補足 A を B "から" 分ける場合には de あるいは d'avec を用い，同等の2つの物 "を" 分ける場合には et を用いる．また，代名動詞で se séparer de qn とした場合には，「人と別れる」という意味になり，日常的には「離婚する」divorcer avec [d'avec, de] qn の代用で用いられることも多い．

1815* serrer qn contre son cœur　人を胸に抱きしめる

▶ Elle a serré sa fille contre son cœur.　彼女は娘を胸にひしと抱きしめた．

補足 接触・近接を表す contre は「〜にぴったり触れて」という意味を持つ．sur などと比べてより近い位置にある場合を表し，たとえば，l'un contre l'autre「互いにぴったりくっついて」という表現などで用いられる（例：J'ai mis le lit contre le mur.「私はベッドを壁にぴったりくっつけて置いた」）．

1816 s'étendre sur [à, jusqu'à] qch　〜にまで及ぶ，広がる

▶ Cette épidémie s'est étendue à toute l'Europe.
その伝染病は全ヨーロッパに広がった．
▶ La crise économique s'étend jusqu'au Japon.
経済危機は日本にまで及んだ．

補足 見出し語は「（人が）横たわる，寝そべる」の意味や（例：s'étendre sur l'herbe「草の上に寝そべる」），「〜について長々と述べる，詳述する」という意味でも使われる（例：Il s'est trop étendu sur ce sujet dans son exposé.「発表において，彼はこのテーマについて長々と説明しすぎた」）．

1817 s'il en est besoin / si besoin est　もし必要ならば

▶ Veuillez me contacter, s'il en est besoin [si besoin est].
必要ならば，連絡してください．
▶ Je veux bien vous aider si besoin est [s'il en est besoin].
必要ならば，あなたを助けたいと思っています．

補足 si cela est nécessaire, au besoin も類義．ただ，見出し語はやや改まった表現．

1818 s'occuper à+inf.　熱心に[せっせと]〜する，〜で忙しい

▶ Je m'occupe à entretenir la maison pendant mes loisirs.
私は暇なときにはせっせと家の手入れをする．

補足 s'occuper は単独で「気を紛らわす，時間をつぶす」という意味でも用いられる（例：Je ne sais pas comment m'occuper chez moi toute seule.「家にひとりでいると何をして時間を費やしたらよいか分からない」cf. 850）．

1819 suggérer à qn de+inf. 人に〜することを勧める

▶ Je lui ai suggéré de prendre un congé tout de suite.
私は彼[彼女]にすぐに休みをとってはどうかと勧めた．

補足 conseiller à qn de+inf. と類義語の表現なのだが，見出し語は「(できれば)〜してみたらどうかと勧める」というニュアンスで遠回しな表現．

1820 s'y connaître en qch 〜に詳しい

▶ Il s'y connaît en musique. 彼は音楽に精通している．

補足 ある分野に通じているという意味．être compétent(e) en qch や s'y entendre は類義語 (cf. 1821)．見出し語の en 以下がない場合，前出の話題を受けて「詳しい」という意味になる (例：Vous avez parlé de la musique baroque? Je m'y connais.「バロック音楽のお話をされていました．それは私の領分です」)．また，s'y connaître à+inf. で「〜することに通じている」，つまり「〜がうまい」という意味になる．

1821 s'y entendre en qch 〜に詳しい

▶ On dit qu'elle s'y entend en danse moderne.
彼女はモダンダンスに詳しいらしい．

補足 見出し語の前置詞は en とは限らず，à qch，dans qch も使われる．技能・知識あるいは分野に「通じている」という意味．s'y connaître は類義語 (cf. 1820)．最後に bien をつけて強調することもある．

1822 tâcher de+inf. （責任をもって）〜しようと努める

▶ Elle a tâché de parler plus fort pour qu'on l'entende.
彼女はみなに聞こえるように，もっと大きな声で話すよう努めた．

補足 essayer de+inf. や s'efforcer de+inf. と類義であるが，やや改まった言い方 (cf. 337)．この動詞は命令法にすると，やんわりとした命令のニュアンスを帯びる (例：Tâchez de parler un peu plus fort.「もう少し大きな声で話してくれませんか」)．

1823 tenir (sa) parole 約束を守る

▶ Il n'a jamais tenu sa parole. 彼はけっして約束を守ったことがない．

補足 parole には「約束」や「誓い」の意味がある．tenir sa promesse や tenir ses engagements とほぼ同義になる (cf. 1223, 2125)．「約束を破る」の場合は，manquer à sa parole となる．ほかに，関連する表現としては以下のようなものがある．Vous avez ma parole.「お約束します」，Je vous donne ma parole.「お約束します，（自分が言ったことに付け加えて）誓って言いますが」という意味にもなる．

1824 tenir A pour B　AをBとみなす

▶ Je la tiens pour une des meilleures patineuses du monde.
　私は彼女を世界でも指折りのスケーターとみなしている．
　補足 considérer [regarder] A comme B と類義．pour の後には属詞が入るので，名詞のほかに形容詞のこともある．

1825 tenir compagnie à qn　人の相手をする，人につき添う

▶ J'ai tenu compagnie à ma petite sœur à l'hôpital.
　私は病院で妹につき添った．
　補足 compagnie とは「一緒にいること」であり，en compagnie de qn で「人と一緒に」という意味になる．

1826 tenir un hôtel　ホテルを経営する

▶ Je voudrais tenir un hôtel à Paris.
　私はパリでホテルを経営したいと思っている．
　補足 gérer un hôtel と同義である．「経営する，管理する」という意味の tenir だが意外な盲点．同じ用法ではほかに「（商品などを）扱う，備えている」という意味もある．

1827 tirer avantage de qch　～から利益を引き出す，～をうまく利用する

▶ Nous avons tiré avantage de ce séminaire.
　私たちはこのセミナーで得るものがあった．
　補足 avantage の「利益，利点」の意味を用いた熟語．ほかに，à l'avantage de qn「人の有利なように」という表現もある（cf. 1328）．

1828 tirer profit de qch　～から利益を得る，～を利用する

▶ On doit tirer profit de cette expérience.
　この経験を生かさなくてならない．
▶ Il tirera profit de la situation actuelle.
　彼は現在の状況を利用するだろう．
　補足 faire profit de qch「～を自分の役に立てる」という類義の表現もある．

1829 tomber＋曜日・日付　たまたま～にあたる

▶ Cette année, son anniversaire tombe un samedi.
　彼［彼女］の誕生日は今年は土曜日にあたっている．
　補足 偶然，ある日（行事）がある曜日や日付にあたっているとき，あるいは2つの日が重なっ

ているという場合にも用いられる（例：tomber le même jour「同じ日にぶつかる」）.

1830* tomber sous la main　偶然手に入る

▶ Il m'a montré une photo qui lui est tombée sous la main.
彼は偶然手に入った写真を私に見せた.

補足 tomber des mains であれば「手から落ちる」となるが，tomber sous la main だと「偶然手に入る」という意味（cf. 856）．似た表現に tomber sous les yeux「偶然目に入る」という熟語もある（cf. 1831）．

1831* tomber sous les yeux　偶然目に入る

▶ L'affiche de son dernier film m'est tombée sous les yeux.
彼［彼女］の最新の映画のポスターが偶然目に入った.

補足 tomber sous la main「偶然手に入る」に類する表現である（cf. 1830）．sous les yeux「目の前に」と tomber が組み合わされた熟語（cf. 1520）．

1832　tomber sur qn/qch

❶ ～に偶然出会う，偶然見つける
▶ Je suis tombé(e) sur elle à la fac.
（大学の）キャンパスで彼女に偶然出会った.
❷（話題などが）～に及ぶ
▶ La conversation est tombée sur les dernières élections.
会話はこの間の選挙のことに及んだ.

補足 tomber の持つ偶然性の含意が表に出た熟語．なお，tomber sur qn にはほかに「人に襲いかかる，激しく非難する」という意味もある（例：Les soldats tombent sur leurs ennemis.「兵士たちは敵に襲いかかる」）．

1833　tourner bien [mal]　順調［不調］である，よい［悪い］方向に向う

▶ L'économie chinoise tourne bien.　中国の経済は順調である.
▶ Cette discussion va risquer de mal tourner.
この議論はよからぬ方向に行きそうだ.

補足 見出し語は「人，事柄，議論」などが主語になる．tourner à [en] qch「（物事が）～に変わる，なる」という表現に関連した熟語である．なお，tourner には，こんな言い回しもある．Le temps tournera à la pluie.「雨になるだろう」．

1834* traduire A en B（言語）　A を B に翻訳する

▶ J'ai traduit un article japonais en français.
私は日本語の雑誌論文をフランス語に翻訳した.

補足 mettre A en B(cf. 1626) や rendre A en B とも言い換えられる．いずれも前置詞は en である．「A 語から B 語に翻訳する」と表現するなら traduire de A en B となる（例：traduire du japonais en anglais「日本語から英語に翻訳する」）．

1835 traiter qch en surface 〜を表面的に扱う

▶ Dans cet ouvrage, elle traite la question de l'environnement en surface.
この作品で，彼女は環境問題を表面的に扱っている．

補足 en surface は「表面的に」という意味である（=superficiellement）．反対に「〜を徹底的に扱う」の場合には，traiter qch à fond となる（例：Elle traite ce problème à fond.「彼女はこの問題を徹底的に論じている」cf. 2129）．

1836 tromper [décevoir] l'attente de qn 人の期待を裏切る

▶ Cette décision a trompé [déçu] l'attente des habitants du quartier.
その決定は地域の住民の期待を裏切った．

補足 attendre の名詞形 attente は，salle d'attente「待合室」のように「待つこと」の意味も持つが，この熟語のように「期待」の意味も持っている．ちなみに「人の期待にこたえる」という場合には répondre à l'attente de qn と表現する．

1837 trouver le temps long 時間がたつのが遅い

▶ En attendant Julie, j'ai trouvé le temps long.
ジュリーを待っている間，退屈した．

補足 〈trouver + 直接目的語 + 属詞〉で，「〜が〜であるのを見出す，〜であると思う」という意味．直訳は「時間がたつのが遅い」という意味なので，例文のように「退屈する，待ちくたびれる」と訳すこともできる．

1838 vendre qch au poids [à la douzaine, à la pièce]
〜を量り売りする[ダース単位で，1 個あたりで売る]

▶ En général, dans les supermarchés on vend les légumes au poids.
ふつう，スーパーマーケットでは野菜は量り売りされている．
▶ On vend les choux à la pièce. キャベツは 1 個あたりで売られている．

補足 単位を表す à の用法である．ちなみに，「1 個[1 キロ] いくら」という表現は次のようになる（例：Combien ça coûte? ― Deux euros la pièce [le kilo].「いくらですか」「1 個[1 キロ]あたり 2 ユーロ」）．

1839 vivre à l'étroit 窮屈な生活をしている

▶ En Asie on voit souvent les gens vivre à l'étroit.

アジアでは狭いところに住んでいる人をよく見る．
補足 à l'étroit で「狭いところに，窮屈に」という意味になる．反意表現は au large「広々と」である．être à l'étroit [au large] でも「狭いところ[広々としたところ]に住んでいる」という意味になる．

1840　voir rouge　腹を立てる，かっとなる

▶ Ce matin, j'ai vu rouge dans le métro quand un pickpocket a essayé de me voler mon portefeuille.
今朝，地下鉄ですりに財布を盗まれそうになり，カッとなった．
補足 見出し語の rouge は文法的には副詞．se mettre en colère と類義である．rouge と怒りを関連させた熟語にはほかに se fâcher tout rouge「真っ赤になって怒る」，être rouge de colère「怒りで顔を紅潮させている」などがある．

1841* voir la vie en rose　人生をバラ色に見る，楽観的に見る

▶ Quand on est ensemble, je vois la vie en rose.
一緒にいると，人生がバラ色に[明るく]見える．
補足 en rose は「バラ色に」という意味だが，比喩的に「楽観的に，明るく」という意味でも用いられる (cf. 1469)．反意表現は en noir「暗く，悲観的に」(cf. 2138)．voir tout en rose なら「すべてがバラ色に見える」，voir l'avenir en rose なら「将来がバラ色に見える」という意味になる．

1842　y être　わかる，見当がつく

▶ J'y suis !　わかった．
▶ Tu n'y es pas du tout !　君はまったくわかってない．
補足 Ça y est. や J'ai compris. などと類義になる．口語的な表現で「理解する」の意味（= comprendre ça）．

21 形容詞

1843　capable de tout　何でもできる，何をしでかすかわからない

▶ Ils sont capables de tout pour gagner de l'argent.
彼らは金もうけのためなら何でもやる連中だ．
補足「何でも上手くこなす」という肯定的な意味もあるが，多くの場合，悪いニュアンスで用いられる．

1844　enclin(e) à qch [à+inf.]　〜する傾向がある，〜しがちである

▶ Il est enclin à la plaisanterie.　彼はよく冗談を言う．

▶ Michel est d'une nature encline à rêver
ミシェルは夢見がちな性質である．

補足 主に人の性格的な傾向を表す表現．類似の表現に sujet à qch ［à+inf.］がある（cf. 2145）．広い意味で「～する傾向がある」は avoir tendance à qch ［à+inf.］を用いる．

1845* étranger(ère) à qn/qch

❶ ～に関係のない
▶ Nous sommes étranger(ère)s à cette affaire.
私たちはその件と関係はない．

❷ ～とは無縁の
▶ Elle est totalement étrangère à la littérature.
彼女は文学にはまったく門外漢である．

❸ ～にとって未知の
▶ Le visage de cet homme ne m'est pas étranger.
私はあの男の顔には見覚えがある．

補足 形容詞 étranger(ère) の意味として，仏検4級レベルだが，ほかに「外国の，外部の」がある．名詞 étranger(ère) は「外国人，よそ者」，また男性名詞として「（集合的に）外国」という意味になる（例：vivre à l'étranger「外国で生活する」）．

1846* fidèle à qn/qch
～に忠実な，誠実な，～を固く守る，態度を変えない

▶ Ce chien est fidèle à son maître.　その犬は主人に対して忠実である．
▶ Jacques était toujours fidèle à sa promesse.
ジャックはかならず約束を守っていた．
▶ Je reste fidèle à ce restaurant.
私はこの行きつけのレストランを変えない．

補足 fidèle は形容詞で，「忠実な，誠実な」のほかに「正確な」という意味がある（例：traduction fidèle「正確な［原文に忠実な］翻訳」）．

1847* le premier [la première] à+inf.　～する最初の人［もの］

▶ Il a été le premier à découvrir la vérité.
真相を最初に突き止めたのは彼だった．
▶ Elle est toujours la première à finir de manger.
彼女はいつも真っ先に食べ終わる．

補足 le premier は，関係する名詞に合わせて性数により la première, les premiers, les premières と変化することに注意．類義表現に〈le premier＋名詞＋à+inf.〉「最初に～する～」がある（例：Ce matin, Alain a été le premier élève à arriver à l'école.「今朝，アランは1番早く学校に着いた生徒だった」）．

1848* objet de valeur 貴重品

▶ Prenez garde aux objets de valeur!　貴重品にお気をつけください．

補足 objet précieux と同義．〈名詞＋de valeur〉の形は「高価な，値打ちのある」のほかに「必読の，必見の，有能な」の意味もある．なお，「とても貴重な」と強調したいときは，〈名詞＋de grande valeur〉とする (cf. 1387)．

1849* originaire de qch　〜生まれの，〜原産の

▶ Elle est originaire de Marseille.　彼女はマルセイユ生まれである．
▶ Ce vin est originaire d'Alsace.　このワインはアルザス産だ．
「ワイン」のくだけた言い方に le　pinard という語がある．ただし，由緒正しい高価な銘柄にこの単語は用いない．

補足 originaire は de を伴って，人の「出身」，物の「原産」を表す．〈d'origine＋形容詞〉と同義（例：Il　est　d'origine　tunisienne.「彼はチュニジアの出身だ［チュニジア系だ］」）．

22 名詞

1850 affaire de＋時間
〜ぐらいの時間で済むこと，ほんの〜で片づくこと

▶ C'était l'affaire d'un petit quart d'heure.
ほんの 15 分足らずで済んだ．
〈c'est l'affaire de＋時間〉で「〜程度で済む用件である」の意味．

補足 ほかに affaire d'un instant [d'une seconde]「すぐに片づくこと」，affaire d'un jour「1 日で片づくこと」といった言い方をする．〈affaire de＋経費〉は「〜ほど費用のかかること」の意味．

1851* argent liquide　現金

▶ J'avais mon passeport, des cartes de crédit, de l'argent liquide…
私が持っていたのは，パスポート，クレジットカード，現金…
▶ Je peux payer en argent liquide?　現金で払えますか．

補足「現金」はほかに，argent　comptant，comptant，espèces，cash という言い方をする．なお，例文は argent を省いて「現金で払う」payer　en　liquide とも言えるし，payer en espèces, payer comptant [cash] もよく使う言い方．

1852 bifteck [steak] à point [bleu, saignant, bien cuit]
ミディアムの[かなりレアの，レアからミディアムレア程度の，ウエルダンの]ステーキ

▶ Au déjeuner, j'ai mangé un bifteck à point avec des frites.
お昼に，フライドポテト添えのミディアムに焼いたステーキを食べた．
この例文を au dîner「夕飯に」と書き出したら，校閲の方からひと言．En général, on mange plutôt ça au déjeuner!

補足 順に à point「ほどよく，適度に」, bleu「ほとんど生の」, saignant は saigner「出血する」から「血のしたたるような」, bien cuit は「よく焼いた」の意味．「ステーキの焼き加減はどういたしますか」Comment aimez-vous votre bifteck [steak]?, Quelle cuisson, le bifteck [steak], monsieur? と問われた場合，たとえば A point, s'il vous plaît. と応じる．なお，ステーキ[ビフテキ]は英語が訛った語で，場合によっては英語の beefsteak というつづりが使われたり，bifthèque とつづられたりもする．

1853 bout du nez / bout de son nez
鼻の先（馬の鼻先も指す），目の先

▶ Elle ne voit pas plus loin que le bout de son nez.
彼女は目先のことしか見えない[洞察力に欠ける]．
ne pas voir plus loin que le bout de son nez「目先のことしか見えない」という熟語．

▶ Cela vous pend au (bout du) nez.
今にかならず報いが来ます／そろそろ痛い目にあうよ．

▶ Paul n'a pas montré le bout de son nez dans ce cours depuis deux semaines.
ポールはここ 2 週間この講義にちっとも顔を出さない．
montrer le bout de son nez で「ちらりと顔をのぞかせる，本心をのぞかせる」の意味．montrer le nez, montrer son nez とも言う．

補足 なお，mener qn par le bout du nez なら「（性格の弱い人に強い影響力を及ぼして）引きまわす，あごで使う」の意味になる（英語の lead ... by the nose にあたる）．

1854 costume sur mesure オーダーメードのスーツ

▶ J'ai commandé un costume sur mesure.
オーダーメードのスーツをあつらえた．

補足 この sur mesure は「寸法に合わせた，オーダーメードの」を意味する語．「既製のスーツ」，いわゆる「吊るし」は costume tout fait,「高級既製服（プレタポルテ）」は prêt-à-porter という．どちらも男性名詞．

1855 coup de chance　思わぬ幸運，まぐれ

▶Notre équipe a gagné le match par un coup de chance.
私たちのチームはまぐれで試合に勝った．

補足 coup de veine「まぐれ当たり，僥倖(ぎょうこう)」も類義語．ほかに coup を用いた頻度の高いこんな言い回しがある．avoir le coup de foudre pour qn/qch「〜に一目惚れする」(coup de foudre は「落雷」のこと)，coup de main「(親しい人への)手助け」，coup d'œil「一瞥」，coup de vieux「不意に老けこむこと」，coup de théâtre「どんでん返し」．

1856 du mieux possible　最善を尽くして，できる限り

▶J'ai fait du mieux possible pour gagner ce match.
私はこの試合に勝つためにできる限りのことをした．

補足 この場合 mieux は「最善」という意味の男性名詞．同義の表現に〈de＋所有形容詞＋mieux〉(cf. 1413)や du mieux qu'il peut という言い回しがある．

1857 emploi du temps sur mesure　好都合なスケジュール[時間割]

▶Construis-toi un emploi du temps sur mesure !
あなたの都合にあわせてスケジュールをたてて．

補足 emploi du temps は「(仕事などの)スケジュール，時間割」のこと．avoir un emploi du temps chargé なら「スケジュールがぎっしりである」という意味．sur mesure は「あつらえ向きの，オーダーメードの」の意味．

1858 grand jour

❶真昼，白昼の光
▶Il fait grand jour.　真昼である/夜がすっかり明けている．

❷重要な日，待ちかねた日
▶Samedi prochain, c'est un grand jour pour moi.
次の土曜日が私にとって重要な日だ．

補足 複数形の les grands jours は「(集会などの)開催日」，また au grand jour は「白日の下に，公然と」という意味になる(例：La vérité a éclaté au grand jour.「真実が白日の下にされされた」)．

1859 grandes lignes　大筋，概略，アウトライン

▶Il a présenté les grandes lignes de ce projet.
彼はその計画の概要を示した．

補足 dans les grandes lignes(cf. 1940) なら，en gros と類義で「大雑把に」という意味になる．女性名詞 ligne は，鉄道やバスなどの「路線」という意味もあり，grandes lignes は鉄道の「遠距離線[幹線]」のことも表す.

1860 **homme [femme] de métier**　専門家, プロ

▶ On peut compter sur lui, car c'est un homme de métier.
彼はその道のプロだからあてにできる.

補足「アマチュア」amateur(amatrice の形はあまり使われない) に対する「プロ」professionnel(le) を指すいささか固い言い方. métier は男性名詞で「職業, 職務, 熟練, 腕前」などの意味がある (cf. 1996).

1861 **influence sur qn/qch**　～に対する影響

▶ Quelle est l'influence de la culture française sur le Japon?
日本に対するフランス文化の影響はどのようなものですか.

補足 sous l'influence de qn/qch は「～の影響を受けて, ～の勢いにかられて」の意味 (例:sous l'influence de la colère「怒りに駆られて」cf. 1977). exercer une influence sur qn/qch「～に影響を及ぼす」なども重要.

1862 **moyen de+inf.**　～する手段, 方策

▶ Il y a beaucoup de moyens d'atteindre votre but.
あなたの目標に達するのに多くの手段がある.

▶ Il n'a pas encore trouvé le bon moyen de contacter sa sœur.
彼は姉[妹]と連絡を取る方法をまだ見つけられずにいる.

これは, 見出し語に動詞を添えて, 手段の内容を説明したもの. trouver le moyen de+inf. で「～する方法を見つける」の意味.

補足〈moyen de＋無冠詞名詞〉は「～の手段」の意味 (例:moyens de transport「交通手段」cf. 893) になる. また, Le moyen de+inf. ! は「(感嘆・疑問で) どうして～できようか」の意味になる (例:Le moyen de faire autrement!「ほかにやりようはないだろ」).

1863 **moyen de communication**　通信手段, メディア

▶ Aujourd'hui, les SMS sont un moyen de communication rapide et commode.
今日, SMS (ショート・メッセージ・サービス) は速くて手軽な通信手段である.

補足 moyen は男性名詞で「手段, 方法」.〈moyen de＋無冠詞名詞〉は「～の手段」. 名詞は手段の種類を表す. ここで使われている communication は「(情報などの) 伝達, コミュニケーション, 連絡, 通信」のこと.

1864 **moyens de production** 生産手段

▶ Dans une société capitaliste, les moyens de production appartiennent à l'entreprise.
資本主義社会では，生産手段は企業が有する．

1865 **moyens de transport** 輸送手段，交通手段

▶ Le métro est un des moyens de transport les plus pratiques à Tokyo.
東京で地下鉄は最も便利な交通手段のひとつだ．

1866 **objets de première nécessité** 生活必需品

▶ Le savon est l'un des objets de première nécessité.
石鹸は生活必需品のひとつだ．

補足 objet は男性名詞で「物，品物」．nécessité は女性名詞で「必要，必要なもの」．de première nécessité は「(生活する上で) 不可欠な」を意味する．なお，類義語として，男性名詞で「必需品」を表す nécessaire がある (例：Il manque même du nécessaire.「彼は日々の糧にも事欠いている」)．

1867 **organisme à caractère officiel** 公的機関

▶ Cette association est un organisme à caractère officiel.
この協会は公的な機関である．

補足 organisme は「機関，機構」．〈à caractère＋形容詞〉が「～的な，～な性格を帯びた」を意味することから，à caractère officiel は「公的性格を帯びた」となる．反対に à caractère privé は「私的性格を帯びた」，organisme à caractère privé は「私的機関」となる．

1868 **prise en charge** （タクシーの）基本料金

▶ A Paris, quelle est la prise en charge?
パリではタクシーの初乗り料金はいくらですか．

補足 prendre qn/qch en charge「(タクシーで) 客をのせる」の名詞化 (cf. 1662)．

1869 **vue d'ensemble** 概観

▶ En lisant ces journaux, tu pourras avoir une vue d'ensemble sur la question.
これらの新聞を読めば，君に問題のあらましがつかめるだろう．

補足 d'ensemble で「全体の」を意味する (例：se faire une idée d'ensemble「全体像をつかむ」)．「～を概観する」の意味なら，donner une vue d'ensemble de qch という

表現が使われる.

23 その他

1870 名詞＋aidant　〜も加わって，〜の助けがあって

▶ L'alcool aidant, il a brisé la vitrine de cette boutique.
アルコールを飲んでいたこともあって，彼はあの店のショーウィンドーを割ってしまった.

補足 aider「助ける」の現在分詞である aidant と名詞を組み合わせると，「〜の助けによって」という意味になる. この熟語は，例文のように原因を表すこともできるが，「〜の助けがあれば」という含意の条件も表現できる（例：Le temps aidant, vous réussirez.「時間がたてば，あなたは成功できますよ」）. なお，Dieu aidant は「神のご加護で」の意味.

1871* 命令文（肯定），sinon …　〜しなさい，さもなければ〜

▶ Dépêchez-vous, sinon vous allez rater le premier cours.
急ぎなさい，そうしないと1時間目の授業に遅れますよ.

補足 実現の難しい命令や忠告などに続いて，それを否定した場合を sinon 以下で仮定する言い回し. 接続詞 sinon（si＋non から派生）の代わりに，autrement, sans quoi, sans ça などを使う用例もある.

1872 autant que possible　できるだけ，可能な限り

▶ Faites-le autant que possible!　できるだけそうなさい.

補足 上記の例は，Faites-le autant que faire se peut! とか Faites-le autant que vous pourrez! とも表現できる. 見出し語は，autant qu'il est possible の il est を省いた形.

1873* Ça s'arrangera.　何とかなる.

▶ Ça s'arrangera avec le temps.　時間がたてば何とかなるさ.

補足 s'arranger は「（物事が）うまく行く」の意味（＝aller bien）. Ça va s'arranger. は例文と同義. Tout s'est bien arrangé. なら「すべてうまく行った」の意味になる.

1874 ce genre de qch　こういう〜，この種の〜

▶ Tu aimes ce genre de voiture?　こういう車が好きなの.
▶ Ce genre de maladie était courant ici.
ここではこの種の病が多く見られた.

補足〈名詞＋de ce genre〉という形でも使われる（例：un restaurant de ce genre「こう

いうレストラン」).

1875* C'est à qn de+inf. 　〜なのは人だ.

- ▶ C'est à toi d'y aller. 　そこに行くべきなのは君だ.
- ▶ C'est à vous de vous lever et de céder votre place, monsieur!
  席を立って，譲るのはあなたの方ですよ.

補足 ce で先取りされた内容を de+inf. 以下が提示する形で，意味上の主語になっている．なお，à qn の位置には，名詞も，形容詞も置かれる（例：C'était un plaisir de se promener dans ce quartier.「この界隈を散歩するのが楽しみだった」．C'est gentil d'être venu(e)(s).「来てくれてありがとう」）.

1876* C'est le [au] tour de qn de+inf. 　人が〜する番だ.

- ▶ C'est le [au] tour de ma petite sœur de faire le ménage.
  今度は妹が掃除をする番だ.

補足 この tour「順番」を意味する語．「順番を待つ」は attendre son tour,「誰の番ですか」なら A qui le tour?,「今度は僕の番だ」は C'est mon tour. あるいは C'est à moi. と表現する.

1877 C'est le cas de qn/qch. 　〜がまさにそうである.

- ▶ Il y a des pays qui ne connaissent pas l'alternance du pouvoir. C'était le cas du Japon.
  政権交代の行われない国がある．かつて，日本がまさにそうだった.

補足 cas「場合，ケース」を使った表現．うしろに不定詞を添えた，c'est le cas de+inf. の形なら「まさに〜すべき時だ」の意味になる（例：C'est le cas d'agir.「今こそ行動すべき時だ」）.

1878* C'est-à-dire que+直説法.
つまり〜ということだ，（断りを表現して）実は〜なので.

- ▶ J'ai encore mal à la tête.—C'est-à-dire que vous avez trop bu hier soir!
  「まだ頭が痛いよ」「つまり，昨晩は飲み過ぎたってことね」
- ▶ Tu assisteras à cette réunion?—Heu…C'est-à-dire que je ne suis pas libre.
  「あの会議に出る?」「いや実は，予定があって」

補足 c'est-à-dire「すなわち，つまり，言い換えれば」を意味する接続詞句に que 以下を添えた形．英語で言えば The fact is that... に相当する表現.

1879 comme il faut 申し分なく，立派に，適当に

▶ Tiens-toi comme il faut. きちんとなさい/行儀よくなさい.
se tenir bien とほぼ同義.
▶ Partagez-vous ce gâteau comme il faut.
このケーキ，みなさんで適当に召し上がってください.

補足 「(それが) そうあるべきであるように」が直訳．副詞 convenablement と同義．ただし，形容詞的に「申し分のない，立派な」の意味で使われるケースもある（例：un homme comme il faut「非の打ちどころのない人，紳士的な人」）．

1880 contrairement à qch ～に反して，～とは反対に

▶ Il ne fait pas beau, contrairement aux prévisions de la météo.
天気予報に反して，天気はよくない.

補足 conformément à qch「～に従って，応じて」は反意語（例：conformément à la loi「法に従って」, conformément aux instructions de qn「人の指示に従って」）.

1881 d'autant plus ... que ～であるだけに（それだけ）ますます

▶ Ce sac m'est d'autant plus cher que c'est un souvenir de ma mère.
このバッグは母の形見であるだけにいっそう貴重なのです.

補足 d'autant moins ...que や d'autant mieux ... que の形でも使われる.

1882 des tas de qn/qch 多量の～，たくさんの～

▶ Il reste encore des tas de détails à régler.
詳細を取り決めなければならないことがまだたくさんある.

補足 un tas de qn/qch の強調的な言い回し．〈beaucoup de [plein de]＋無冠詞名詞〉, 〈un grand nombre de＋無冠詞名詞（複数）〉は類義語.

1883 devant derrière うしろ前に，逆に

▶ Tu n'as pas mis cette jupe devant derrière?
そのスカート，うしろ前にはいているのでは?

補足 mettre qch devant derrière で「(衣服を)うしろ前に着る」の意味．sens devant derrière と sens「方向」という名詞を添えて用いることもある.

1884 faute de＋無冠詞名詞 ～がないので，なければ

▶ Faute d'argent, elle n'a pas pu voyager en Italie.
お金がないので，彼女はイタリアに旅行できなかった.

補足 類義の表現に〈par manque de＋無冠詞名詞〉（cf. 1037）や à défaut de qch（cf.

1309）がある．faute de mieux は「仕方なく，やむを得ず」，sans faute は「必ず，間違いなく」という意味の熟語．なお，faute de grammaire「文法上の間違い」，faute d'impression「誤植」といった表現も記憶したい．

1885* jamais de la vie　絶対にいやだ，（生涯）けっして（～ ない）

▶ Tu peux me prêter de l'argent?—Jamais de la vie!
「お金を貸してくれないか」「絶対にいやだ」
▶ Jamais de la vie, je ne parlerai avec lui.
金輪際，私は彼と口を聞かないだろう．

[補足] de la vie や de sa vie（sa は人称によって変化）といった表現を否定文で用いると見出し語と類義の表現になる（例：De ma vie, je n'ai vu pareille scène.「こんな光景は見たことがない」）．

1886　là où＋直説法

❶ ～の場所に

▶ J'ai retrouvé mon portable là où je l'avais oublié.
私は自分が置き忘れた場所で携帯電話を見つけた．
〈oublier qch＋場所〉で「～を～に置き忘れる」．

❷ ～の場合に，～なのに

▶ Là où il fallait se dépêcher, il a pris son temps.
急がなければならなかったのに，彼は手間どった．

[補足] ①は à l'endroit où＋直説法で，②は alors que＋直説法で，それぞれ置き換えることができる．

1887　Le bruit court que＋直説法．　～という噂が流れている．

▶ Le bruit court que le premier ministre va démissionner.
噂によると近々首相が辞任するらしい．

[補足] bruit は男性名詞で「（不規則な）音，物音，雑音，うわさ，評判」などの意味がある．court は「走る，流れる」などを意味する動詞 courir の3人称単数の活用．「噂を流す」は faire courir un bruit,「噂を広める」は répandre un bruit（cf. 1767），なお「噂をする」なら parler de qn/qch が簡便．ouï-dire「風聞」という語も記憶したい（例：Ce n'est qu'un ouï-dire.「それは噂でしかない」）．

1888* les bras croisés

❶ 腕組みをする

▶ Mon père est resté assis les bras croisés sur la chaise.
父は腕を組んで椅子に座っていた．
croiser les bras なら「腕組みをする」という動作．なお，「2人で腕を組む」は se

donner le bras と言う．

❷腕をこまねいて
▶ Elle sait la vérité, mais elle demeure muette et les bras croisés.
彼女は真実を知っているのに，口をつぐんだまま腕をこまねいて何もしないのだ．
demeurer [rester] les bras croisés で「腕[手]をこまねいている，ただ傍観している」の意味．

1889 lors de qch ～の際に，ときに

▶ Nous nous sommes connu(e)s lors d'un voyage en Chine.
私たちは中国旅行の際に知り合った．

補足 au moment de qch と同義になる．なお，lors は単独で用いられることはなく，つねに熟語の形で使われる．

1890 manque de chance ついてないことに，あいにく

▶ Manque de chance, il a plu toute la journée hier.
あいにく，昨日は1日中雨が降っていた．

補足 話し言葉では manque de pot [de bol] とも言う．この場合 chance は女性名詞で「運，幸運」を意味する（例：(Il n'y a) pas de chance!「ついてないな」cf. 190, par chance「幸運にも」cf. 593）．

1891 même quand＋直説法 ～のときでも，～のときでさえ

▶ Je ne prends jamais de médicament même quand je suis malade.
病気でも，私はけっして薬を飲まない．

補足 〈quand (bien) même＋条件法〉は「たとえ～としても」を意味する文章語である（例：Quand (bien) même elle m'aurait demandé de l'accompagner au théâtre, je n'y serais pas allé(e).「たとえ彼女から芝居に一緒に行くよう頼まれても，私は行かなかったろう」）．なお，quand même は単独の副詞句として「それでも，いずれにしても，とにかく」の意味で頻繁に用いられる．

1892* ne ... pas tant (de＋無冠詞名詞)＋que ... ～ほど～ではない

▶ Elle ne mange pas tant que toi. 彼女は君ほど食べない．
▶ Je n'ai pas tant d'argent qu'on le dit.
私は人が言うほど金を持っていない．

補足 同等比較 tant...que... は「～と同様に～も」の意味．それを否定にしたのがこの表現．

1893 n'importe quel(le)＋無冠詞名詞
（たとえ）どんな～でもかまわない

▶ N'importe quel type de cuisine française me fait plaisir.
フランス料理ならどんなものでも嬉しい．
▶ Achète-moi n'importe quel magazine féminin !
どんな女性誌でもいいから買って来て．

補足 〈n'importe＋疑問詞〉の形（cf. 934, 1270, 1271, 1269, 1894）．なお，下の例文はたとえば，Achète-moi un magazine féminin, n'importe lequel! とも言い換えられる．うしろにつづく名詞が複数でも n'importe の部分は変化しないので注意．

1894 n'importe quoi　何でも，どんなことでも

▶ Il fait n'importe quoi pour sa famille.
彼は家族のためならどんなことでもする．
▶ Tu dis n'importe quoi.　あることないこと言うのね．

補足 〈n'importe＋疑問詞〉の代表的な形（cf. 934, 1270, 1271, 1269, 1893）．

1895 non sans peine　かなり手こずって

▶ Ma nièce a fini ses études non sans peine.
私の姪（めい）はそうとう苦労して学業を終えた．

補足 peine は「心痛，労苦，苦労」．sans peine で「楽に，わけなく」．それに否定の副詞 non を重ねた二重否定になっている．結果として「苦労して，大変な思いをして」という意味になる．

1896 n'y plus tenir　我慢できない

▶ Je n'y tiens plus.　もう我慢できない．
▶ N'y tenant plus, elle est sortie.　こらえきれず，彼女は出て行った．

補足 忍耐がもはや続かない状態を指す表現．類義の表現に，n'en plus pouvoir（cf. 2068）や être à bout de patience がある（例：Je suis à bout de patience.「もはや限界だ」）．

1897 pas mal de＋無冠詞名詞　かなりの～，相当の～

▶ On a vu pas mal de films français.　かなりのフランス映画を観た．

補足 Ça va? と問われて，Pas mal. と応じるのは会話の基本，「元気?」「まずまずだよ」（＝ Ça ne va pas mal.）という応答文．なお，見出し語の pas mal は ne を用いずに使われ「かなり，多く」の意味になる（例：Elle a pas mal mangé.「彼女はかなり食べた」）．

1898 que je sache　私の知る限り

▶ Il n'y avait personne dans la maison, que je sache.
　私の知る限り，家には誰もいなかった．

補足 見出し語は à ma connaissance と同義（例：A ma connaissance, elle habite toujours à Paris.「私の知る限り，彼女はずっとパリに住んでいる」）．

1899 rien que　ただ～だけ

▶ Rien qu'un comprimé pourra la remettre en forme.
　錠剤 1 粒飲むだけで彼女は元気になるでしょう．

補足 seulement の類義語なのだが，条件・仮定の意味が含まれる．不定詞を用いて rien qu'à+inf., rien que de+inf.「(ただ) ～ するだけで」の形でも使われる（例：Rien que d'y penser, j'en ai assez.「そのことを考えただけで気が滅入る」）．

1900 soit dit entre nous / entre nous　ここだけの話ですが

▶ Soit dit entre nous [Entre nous], je crois qu'elle est amoureuse de Nicolas.
　これは内緒ですが，彼女はニコラに恋をしていますよ．

▶ Entre nous [Soit dit entre nous], ils ont divorcé l'été dernier.
　ここだけの話ですが，彼らは去年の夏離婚したのです．

補足 他人に口外してもらいたくない事柄を話す時に用いる．entre nous soit dit という語順でも使われる．同様の会話表現として Ça reste entre nous, mais … も頻度が高い．なお，entre にはこのように内輪や内密の性質を表す用法がある（例：dîner entre amis「友だちだけで食事をする」）．

1901 somme toute　要するに

▶ Somme toute, si je comprends bien, tu n'aimes pas ça?
　結局のところ，君はそれが好きではないということだね．

補足 en somme の改まった言い方．類義語に en résumé, en fin de compte などがある．

1902 spécialement pour qn　特別に人のために

▶ Cette technique est conçue spécialement pour les internautes étrangers.
　この技術は，外国のインターネットユーザーのために特別に考案された．

補足 たとえば，spécialement pour vous というと，「他の誰でもなくあなたのために」という意味で宣伝文句などにも用いられる．spécialement pour+inf. として，「～するために特別に」と表現することもできる（例：On est venu spécialement pour la voir.「彼女に会いにわざわざやって来ました」).

1903 **tandis que** ＋直説法

❶ ～している間に
▶ J'ai fait la cuisine tandis qu'il allait faire les courses.
彼が買い物に行っている間，私は料理をした．

❷ ～であるのに
▶ Il est en mauvaise santé tandis que ses affaires vont très bien ces temps-ci.
彼の商売は近頃とてもうまくいっているのに，彼は健康状態がよくない．

補足 同時性を表し pendant que などと類義になる①の意味と，alors que と同じく対立を表現する②と2つの用法がある．

1904 **tout de même** それでも，にもかかわらず

▶ Elle ne voulait pas aller en France, mais elle est partie tout de même.
彼女はフランスには行きたくなかったのだが，それでもやはり出発した．
▶ C'est tout de même mieux qu'avant.
それでも以前よりはよくなっている．

補足 quand même と同義．置かれる位置は文頭よりは文中，文末のいずれかで用いられることが多い．会話では「強調，憤激」のニュアンスで次のように使われる（例：Il exagère, tout de même!「それにしたって彼はやり過ぎだよ」）．

1905 **une fois** ＋過去分詞 いったん～したら，1度～すると

▶ Une fois réveillée, ma mère ne peut plus se rendormir.
1度目が醒めると，母はもう眠れない．
Une fois qu'elle s'est réveillée と〈une fois que＋直説法〉の形も可．
▶ Elle sortira une fois ses devoirs terminés.
宿題が終わったらすぐに彼女は外出するでしょう．
上記は主節と従属節の主語が異なっている用例．Elle sortira une fois que ses devoirs auront été terminés. と書き換えられる．

補足 〈une fois que＋直説法〉のパターンでは，時制は直説法複合過去か前未来をとる．

準1級

Niveau 1 bis et Niveau 1

1. 前置詞 à
2. 前置詞 de
3. 前置詞 dans
4. 前置詞 en
5. 前置詞 sans
6. 前置詞その他
7. avoir を使った表現
8. être を使った表現
9. faire を使った表現
10. mettre を使った表現
11. prendre を使った表現
12. 非人称構文
13. 動詞
14. 形容詞
15. 名詞
16. その他

1 前置詞 à

1906 à+名詞+près　わずか〜の差で，〜程度のことはさておいて

- ▶ Je ne suis pas à cinq euros près.　5ユーロぐらいの違いは気にならない.
- ▶ A quelques petits détails près, on a fini ce travail.
  2，3細かな点はあるが，仕事はおおむね終りだ.

補足 à peu de chose(s) près は「だいたい，おおよそ」の意味．また à beaucoup près が否定文で「はるかに〜ない」の意味で使われることがある．

1907 à la dérobée　こっそりと，ひそかに

- ▶ Ce sont les photos prises à la dérobée.
  これらの写真は盗み撮りされたものだ.

補足 動詞 dérober「〜を盗む，かすめとる」(通常は voler が使われる) から派生した副詞句．en cachette, discrètement などと類義語．他に，regarder qn/qch à la dérobée「〜を盗み見る」，s'enfuir à la dérobée「こっそり逃げる」など．

1908* à la retraite　退職して，引退して

- ▶ Hugo est à la retraite depuis six mois.　ユゴーが退職して半年になる.
  être en retraite でも同義.
- ▶ Sans préavis, elle a été mise à la retraite anticipée.
  予告なしに，彼女は繰り上げ退職させられた.
  mettre qn à la retraite で「(年金を与えて) 人を退職[引退]させる」の意味．

1909 à la rigueur　やむを得なければ，最悪の場合

- ▶ Si vraiment tu n'as pas le temps, j'accepterai, à la rigueur, de me charger de ce travail.
  もし本当に君に時間がなくて，どうしようもなくなったら，私がその仕事を引き受けましょう.

補足 rigueur は「厳格さ」を意味する語．見出し語は，「(最も) 厳しいところで」→「ぎりぎりで」→「最悪のケース」という流れ．

1910* à la suite de qn/qch

❶ 〜の後に，〜に続いて
- ▶ Les enfants marchaient à la suite de leur mère.
  子どもたちがお母さんに続いて歩いていた.

❷ 〜の結果として
- ▶ A la suite de cet accident, la circulation a été interrompue.

その事故がきっかけで，交通封鎖された．

[補足] 動詞 suivre「〜のあとについて行く」から派生した名詞 la suite は「後続，後続の結果」を意味する語．①なら après, derrière, ②は à cause de qn/qch を用いるのが常用．

1911 à l'échelle＋形容詞 [de qch]
〜の規模で，〜のレベルで，〜の規模に見合った

▶ Le réchauffement climatique est un phénomène à l'échelle mondiale [à l'échelle du monde].
温暖化は世界規模の現象だ．

[補足] échelle は女性名詞で「規模，尺度」．広がりの範囲を示す語句を伴って用いられる．ほかに，à l'échelle nationale [de la nation]「国家規模で」，à l'échelle d'un projet「プロジェクトの規模に見合った」など．なお，地図で使われる à l'échelle de 1/50.000 (un cinquante millième) は「5万分の1の縮尺で」の意味．

1912 à l'improviste

❶ **不意に，出し抜けに，突然**
▶ Il m'a rendu visite à l'improviste. 彼は出し抜けに私を訪問した．

❷ **即興で**
▶ J'ai fait un discours à l'improviste. 私は即興で演説した．

[補足] ①の用法は副詞 soudainement や inopinément と同じ意味になる．②の例文は J'ai improvisé un discours. と言い換えることが可能．

1913* à l'insu de qn/à son insu　人の知らないうちに，人に知れずに

▶ Elles sont sorties en voiture à l'insu de leurs parents.
彼女たちは親に内緒でドライブに出かけた．
▶ Ce monsieur s'est trahi à son insu.
その男性は計らずも心のうちを見せた．

[補足] à son insu はすべての人称で展開可．男性名詞 insu はこの前置詞句でのみ用いられる．

1914 à longueur de＋無冠詞名詞　〜の間中ずっと

▶ Il surfe sur internet à longueur de journée.
彼は1日中ネットサーフィンをしている．
toute la journée「1日中」と同義．

[補足] 女性名詞 longueur は「(空間的)長さ，(時間的に)長いこと」の意味．この表現では無冠詞で用いられ，de に導かれた名詞もまた無冠詞で用いられる．他に，à longueur de temps「絶え間なく，いつでも」，à longueur d'année「1年中，1年を通してずっと」などがある．

1915* à savoir qn/qch　つまり（具体的には）〜，すなわち

▶ Il y a deux problèmes dans cette région, à savoir le dépeuplement et le vieillissement.
この地域には問題が2つある，つまり過疎化と高齢化である．
[補足] 広く抽象的な物言いのあとで，「具体的には〜ということだ」と説明したり，例をいくつかあげたりする際に用いる改まった表現．c'est-à-dire が類義語．なお，前置詞 à が省かれることもある．

1916* à taux d'intérêt élevé　高金利で

▶ Il m'a prêté de l'argent à taux d'intérêt élevé.
彼は私に高利で金を貸した．
[補足] à fort taux d'intérêt という表現もある．反意は à taux d'intérêt bas「低金利で」(cf. 1300).「無利子で貸す」なら prêter sans intérêt となる．

1917* à tout prendre　すべてを考えあわせると

▶ A tout prendre, cette solution-là est préférable.
すべてを考えあわせると，この解決策の方が望ましい．
[補足] à le bien prendre なら「よく考えてみると」の意味になる．

1918 à vue d'œil　みるみるうちに，目に見えて

▶ Les enfants grandissaient à vue d'œil.
子どもたちはみるみる成長していった．
[補足] この œil「目」は œil nu「肉眼」のニュアンスで，「肉眼で見ること」の意味から．ちなみに，「肉眼で」は à l'œil nu と言う．

1919* acheter le journal [le magazine] au numéro
新聞［雑誌］を毎号出るたびに買う

▶ Mon père achète le journal au numéro.
父は新聞を毎日出るたびに買っている．
[補足] この numéro は「（定期刊行物の）号」を指す．前置詞 à は「単位」を表す（例：vendre à la douzaine「ダース単位で売る」, payer au mois「月極で払う」）．

1920* au beau milieu de qn/qch　〜の真っただ中に，〜の真っ最中に

▶ La lumière s'est éteinte au beau milieu de la présentation de mode.
照明がファッションショーの最中に消えた．
[補足] au milieu de qn/qch の強調．空間や時間（時間にそって展開する事柄を含む）に関す

る名詞，あるいは人物の集合などが置かれる (cf. 229).

1921* au cœur [en plein cœur] de qch
（場所・季節などの）ど真ん中に[で]，（問題の）核心に

▶ Notre-Dame est située au cœur de Paris.
ノートルダムはパリのど真ん中にある．
▶ Enfin, il est au cœur du problème.
ついに，彼は問題の核心に入った．

補足 この cœur は「中心，核，芯，最中」を意味する語（例：cœur d'artichaut「アーティチョークの芯」）．au cœur de l'été なら「夏の最中に」の意味．

1922 au détail　小売りで，ばら売りで

▶ On peut acheter ces verres au détail?
これらのコップ，ばらで売っていますか．

補足 le détail はこの表現では「小売で，（セットではなく）ばら売り」の意味．「小売価格」は prix de détail．反意語の「卸」は le gros で，「卸で」は en gros，「卸値」なら prix de gros という．なお，en détail は「詳細に，つぶさに」の意味．

1923 au détriment de qn/qch
〜を犠牲にして，〜の不利益[損害]を顧みずに

▶ Il fumait au détriment de sa santé.
彼は健康を顧みずにタバコを吸っていた．

補足 détriment は「（物質的・精神的）損失」を意味する文章語．見出し語と à son détriment「〜の不利に」という言い回しで現在では用いられる（例：Le procès de son divorce s'est terminé à son détriment.「彼[彼女]の離婚訴訟は当人にとって不利な結果に終わった」）．

1924* au premier plan (de qch)　（〜の）前面に，最も重要な位置に

▶ C'est mon mari qui se trouve au premier plan sur la photo.
写真の1番前に写っているのが私の夫です．
▶ Cette question est au premier plan de l'actualité.
これは現在，最も重大な[急を要する]問題だ．

補足 mettre qn/qch au premier plan「〜を最優先する，〜を最も重視する」もよく用いられる表現．au deuxième [second] plan は「後方に，二の次に」という意味になる（例：reléguer qch au deuxième [second] plan「〜を棚上げにする」）．

1925　au ras de qch　～すれすれに

▶ Une mouette volait au ras de la surface de la mer.
カモメが 1 羽海面すれすれを飛んでいた．
補足 tout près de qch「～のすぐそばを」の改まった言い回し．au ras des pâquerettes「地面すれすれに，低次元な」といった例もある．なお，ras を用いた次のひと言は頻度が高い．J'en ai ras le bol!「もううんざりだ」．

1926* au sein de qch　～のただ中に

▶ Cela a provoqué des remous au sein des milieux politiques.
それは政界のただ中に混乱を引き起こした．
簡単に，provoquer des remous dans les milieux politiques とも書ける．
補足 これは，書き言葉として使われる熟語．

2 前置詞 de

1927* de [par] peur de qch [de+inf./que (ne)+接続法]
～を[～することを]恐れて，～しないように

▶ Il n'a rien dit de [par] peur du ridicule.
彼は笑われるのを恐れて何も言わなかった．
▶ Envoyez cette lettre en exprès de peur qu'elle n'arrive trop tard, s'il vous plaît.
遅れて着かないように，その手紙を速達で送っておいてください．
この ne は虚辞，あってもなくてもかまわない．
補足 〈par crainte de+inf. [que+接続法]〉，〈pour éviter de+inf. [que+接続法]〉などで言い換えられる．

1928　de circonstance
その場にふさわしい，状況に即した，その場限りの

▶ On doit prendre une mesure de circonstance.
臨機応変の処理をしなければならない．
▶ Ce n'est pas de circonstance.　それは場違いだ．
▶ Il prenait une figure de circonstance.
（葬儀などの場の雰囲気に合わせて）彼は沈痛そうな顔つきをしていた．
補足「その時の状況から派生した」という意味で，「時宜にかなった」というよい面と「間に合わせの」という悪い面とで使われる．Cela dépend des circonstances. という似た言い回しもあるが，「それは場合[状況]による」という意味．

1929* de justesse　ぎりぎりのところで，かろうじて

▶ J'ai attrapé le premier train de justesse.
私はぎりぎり始発に間に合った．
juste à temps, bien juste とほぼ同義．
▶ Ils ont évité la catastrophe aérienne de justesse.
彼らはあやうく空の大惨事を免れた．
manquer de + inf., faillir + inf. などと置き換えられる例．

1930* de par le monde　世界のどこかに[の]，世界中いたるところに

▶ Son fiancé voyage de par le monde.
彼女のフィアンセは世界中いたるところ旅している．
[補足]「世界一周をする」なら faire le tour du monde, faire un voyage autour du monde といった表現を用いる．

1931* de première nécessité　(生活上)どうしても必要な，必須の

▶ On doit distribuer des denrées de première nécessité aux sinistrés.
被災者に欠くことのできない食料を配らなくてはならない．
[補足]「生活必需品」は objets de première nécessité, nécessité de la vie,「最低生活費」は dépenses de première nécessité と言う．

1932* de travers

❶ 斜めに，曲がって，ゆがんで
▶ Ce garçon a mis son chapeau de travers.
その子は帽子を斜めに[はすに]かぶった．
❷ 間違って，的はずれに
▶ Il a répondu de travers.　彼は的はずれな[ちぐはぐな]返事をした．
▶ Tout va de travers.　何もかもうまくいかない．
Tout va bien. の反意．
[補足] marcher de travers「斜めに[千鳥足で]歩く」, regarder qn/qch de travers「～を意地悪な目つき[疑わしい目]で見る」, comprendre de travers「曲解する」などが別例．

1933* d'honneur　名誉ある，特別待遇の

▶ Je mets un point d'honneur à aider mes parents.
私は信義にかけて両親を助けます．
[補足] 例文は，point d'honneur が「名誉にかかわる問題，面子」の意味になることから，mettre un point d'honneur à + inf. で「～することを名誉にかかわることと思う」

の意味になる．ほかに，homme d'honneur「名誉を重んじる人，信頼のおける人」，place d'honneur「貴賓席」，tour d'honneur「（勝者の）ウイニングラン」などが頻度の高い表現．

1934* du coup　それゆえに，その結果

▶ Elle a refusé d'aller faire un tour en voiture avec moi; du coup, j'ai compris qu'elle ne m'aimait pas.
彼女は僕とドライブに行くのを断った．それで僕を愛していないのだとわかった．

▶ Je lui ai prêté de l'argent et, du coup, je n'en ai plus assez pour aller au cinéma.
彼[彼女]にお金を貸したせいで，映画を見に行くお金が足りない．

補足 de ce fait, par là même などが類義だが，くだけた表現．なお，du même coup とすると「事のついでに」の意味になる（例:J'y vais en voiture; du même coup, je pourrai vous emmener.「そこへ車で行きますから，ついでにお連れしましょう」）．

1935* du jour au lendemain　一夜のうちに，一朝一夕に

▶ Sa brillante carrière n'a pas été faite du jour au lendemain.
彼[彼女]の輝かしいキャリアは一朝一夕にできたわけではない．

補足 lendemain を用いた表現．ほかに，au lendemain de qch「～の直後に」，sans lendemain「束の間の」も覚えたい．

1936* d'une part ... d'autre part ...　一方では～，もう一方では～

▶ D'une part, tu voudrais voyager en France, mais d'autre part, tu ne prends pas de vacances.
君はフランスへ旅行には行きたいものの，その一方でヴァカンスがとれないというわけだね．

補足 d'un côté... d'un autre côté [de l'autre]... という類義の相関句もある．

3 前置詞 dans

1937 dans [contre] l'intérêt de qn/qch
～のために[～の利益に反して]

▶ Je vous le dis dans votre intérêt.
あなたのためを思ってこう言うのです．

▶ Elle agit souvent contre l'intérêt de ses amis.
彼女はしばしば友人の利益に反して行動する．

補足 この男性名詞 intérêt は「利益，メリット」の意味だが，「私利私欲」のニュアンスもあ

り，agir par intérêt なら「欲得ずくで動く」の意味になる．

1938* dans le cadre de qch

❶ ～の枠内［範囲内］に
▶ Vous devez prendre une mesure efficace dans le cadre de vos fonctions.
あなたは自分の職務の範囲内で効果のある措置を講ずるべきだ．

❷ ～の一環［一部］として
▶ Cet accord a été conclu dans le cadre de l'internationalisation de l'université.
その協定は大学の国際化の一環として結ばれた．

補足 この cadre は「額縁」から派生して「範囲，限界」の意味．①は dans les limites de qch でもほぼ同義．

1939 dans le secret de qch ～の秘密に通じた

▶ Elle est dans le secret de tout ce qui se passe dans ce quartier.
彼女はこの界隈で起こるいっさいのことを知りつくしている．

補足 être dans le secret だけで「裏の事情に通じている」という意味でも使われる．mettre qn dans le secret de qch「人に～の秘密［内幕］を教える，打ち明ける」という熟語もある．en secret, dans le secret を参照のこと．

1940* dans les [ses] grandes lignes 大筋において，おおまかに

▶ J'ai expliqué ce projet dans les grandes lignes.
私はこの計画のアウトラインを説明した (cf. 1859).

補足 en gros「おおよそ，だいたい」は類義語 (cf. 1451). 反意語の「詳細に」は en détail と言う (cf. 563).

1941 dans les délais 期限内に

▶ L'annulation a été effectuée dans les délais.
キャンセルは期限内に行われた．

補足 délai は男性名詞で「期日，期限」（例：délai de livraison「商品の引渡し期日」．dans un délai d'un mois「1 か月の期限内に」，dernier délai「最終期限，締め切り」）．

1942 dans une certaine mesure ある程度（まで）は

▶ Dans une certaine mesure, c'est de votre faute.
ある程度までは，あなたの責任だ．

補足 〈dans la mesure où＋直説法〉「～である範囲内で」の表現の延長線上にある言い回し．

4 前置詞 en

1943* en avant-première　一般公開に先立って

▶ Ce film va passer en avant-première à Nagasaki.
その映画は長崎で一般公開に先立って上映される．
補足 女性名詞 avant-première は「（公開前の）プレビュー，（映画などの）試写会，内覧会」の意味．例文は，passer en exclusivité「ロードショーで公開される」の対語．

1944* en cachette　こっそりと，隠れて

▶ Il s'est esquivé en cachette de sa chambre d'hôpital.
彼は病院の部屋をこっそり抜け出した．
s'enfuir à la dérobée という言い方もある．
▶ Elle a fumé une cigarette en cachette de ses parents.
彼女は親に隠れて1本タバコを吸った．
de qn を添えると「"人に"隠れて」の意味になる．
補足 en douce は類義語（例：Il est parti en douce, sans dire au revoir à personne.「だれにもさようならの挨拶もせずに彼はこっそりと立ち去った」）．

1945 en conséquence de qch　～の結果として，～にしたがって

▶ En conséquence de la grève, les ouvriers occuperont l'usine.
ストの結果として，労働者が工場を占拠するだろう．
補足 en conséquence だけで，「その結果，したがって」あるいは「それに応じて」の意味になる（cf. 1434）．

1946 en concurrence avec qn/qch　～と競争している

▶ Dans ce domaine, le Japon est en concurrence avec la Chine.
この分野で日本は中国と競合している．
▶ Nous allons entrer en concurrence avec les entreprises étrangères.
われわれは外国の企業と競争を始めることになるだろう．
補足 とりわけ，経済や商業の面での競争に関して用いられる表現．「～と競争をはじめる」は entrer en concurrence avec qn/qch，「～に対して競争を挑む，～と競争する」は faire concurrence à qn/qch（cf. 1607）．

1947 en dépit de qch　～にもかかわらず

▶ En dépit de nos protestations énergiques, la décision a été prise.
私たちが激しく抗議したにもかかわらず，決定はなされた．
補足 例文は節を用いて書き換えれば，Bien que nous ayons énergiquement protesté,

la décision a été prise. などと表現できる.

1948 en équipe　チームを組んで

▶ On a travaillé en équipe pour augmenter le rendement.
作業の効率をあげるためにチームを組んで働いた.

補足 jouer en équipe なら「団体で競技する」の意味.「チームワークがよい」と表現するなら avoir un bon esprit d'équipe と表現する. なお, 見出し語の類似の表現に en groupe「グループで」がある (例：agir en groupe「団体で行動する」).

1949* en flagrant délit　現行犯で

▶ Monsieur Gorz a pris un cambrioleur en flagrant délit.
ゴルツさんは空き巣を現行犯でつかまえた.

補足 prendre [surprendre] qn en flagrant délit で「人を現行犯でつかまえる」の意味. 法律用語で「現行犯」は flagrant délit あるいは infraction flagrante と言う.

1950* en fuite　逃走中の

▶ Le malfaiteur est toujours en fuite.　犯人は依然として逃走中だ.

補足 être en fuite は「逃走中である」の意味のほかに, 法律の用語で「(容疑者が) 裁判に出席しない」という意味もある. ほかに, mettre qn en fuite「人を逃亡させる, 逃げ出させる」という表現でも使われる.

1951 en l'affaire de＋時間の表現　ほんの〜の間に

▶ Tout s'est terminé en l'affaire de quelques minutes.
ほんの 2, 3 分でみんな済んでしまった.

補足 見出し語の直訳は「(ある時間内で) 解決すべき事柄」となる. たとえば, C'est l'affaire d'une seconde. なら「すぐに片付く問題だ」, Le temps ne fait rien à l'affaire. なら「時間で解決できる問題ではない」の意味.

1952* en ligne

❶ オンラインの

▶ J'ai acheté des dictionnaires à la librairie en ligne il y a trois jours.
私は 3 日前にオンライン書店で辞書を購入した.
online という英語も使われるが, en ligne が通例の言い方.

❷ être en ligne (電話が) つながっている

▶ Vous êtes en ligne ; parlez!　つながりました, お話しください.
ケータイ世代では死語になりつつある, 電話の取次のシーン.

▶ Voilà un guide de l'achat en ligne avec une sélection de 500 bou-

tiques.
これは特選500店の載ったオンラインショッピング用ガイドです.

補足 En ligne! は「(スタートの指示) 位置について」なので注意. acheter qch en ligne で「オンラインで〜を購入する」の意味. ほかに, inscription(s) en ligne「オンライン登録」, jeux en ligne「オンラインゲーム」など.

1953* en main(s) propre(s)　本人の手に, 直接に

▶ Remettez-lui cette lettre en main(s) propre(s), s'il vous plaît.
この手紙を彼[彼女]に直に渡してください.

remettre には「手渡す, 届ける」の意味がある (例:remettre un devoir「宿題を提出する」, remettre sa démission「辞表を出す」).

補足 この propre は「自分自身の, 固有の」の意味. なお, propre は「清潔な」を意味する形容詞でもあるから, Tu as les mains propres, Jean? なら「ジャン, 手はきれいなの?」の意味になる.

1954　en nature　(金銭でなく)現物で

▶ Il a payé mon salaire en nature.　彼は私の給与を現物で支払った.

補足 例文のような状況は現在ではめったにないわけだが……. en espèces「現金で」が反意. なお, payer en nature は卑俗な意味で「(女性が)体で払う」の意味にもなる.

1955* en outre　その上, さらに

▶ Il a fait faillite et en outre, sa femme l'a quitté.
彼は破産し, さらに妻に逃げられた.

補足 en outre はやや改まった表現. くだけた調子なら en plus とか de plus が用いられる.

1956　en pure perte　まったく無駄に

▶ J'ai essayé de persuader mes parents, en pure perte.
私は親を説得しようとしたが, まるで無駄だった.

補足 en vain, pour rien は類義語. 女性名詞 perte は「損失」を意味する語.

1957　en situation　現実を想定した状況に, 実地に

▶ Les méthodes audiovisuelles mettent les apprenants en situation.
視聴覚教育は学習者を現実に近い状況設定に置くことができる.

mettre qn en situation で「人を現実に似た状況に触れさせる」の意味.

補足 なお, être en situation de+inf. なら「〜できる状態にある」の意味となる熟語 (cf. 1594).

1958 en tapinois　こっそりと，ひそかに

▶ Elle s'est approchée de moi en tapinois.
彼女はこっそりと私に近づいた．
補足 類義の表現に discrètement, à la dérobée (cf. 1907) がある．

1959* en temps utile [voulu]　しかるべき時に，適当な時に

▶ On fera ça en temps utile [voulu].　しかるべき時にそれをしましょう．
補足 temps utile の箇所はリエゾンして発音される．

1960* en toutes lettres　（数字を用いず）すべて文字で，略さずに

▶ Ecrivez la somme en toutes lettres, s'il vous plaît.
金額はすべて文字で書いてください．
小切手などで，たとえば 1,220 と書かずに，mille deux cent vingt と書くようにという指示のこと．

▶ Ecrivez vos nom et prénom en toutes lettres, s'il vous plaît.
あなたの氏名を略さずに書いてください．
補足 en chiffres「数字で」，en abrégé「略して，簡略に」は反意語．

5 前置詞 sans

1961 sans discontinuer　中断することなく，引き続いて

▶ Elle est très fatiguée, parce qu'elle a travaillé toute la nuit sans discontinuer.
彼女は 1 晩中休みなく働いたので，とても疲れている．
補足 sans cesse や sans interruption (cf. 1051) と類義．continuer「続ける」に否定の接頭辞 dis- をつけた discontinuer は「中断する」の意味であることから，見出し語は「中断することなく」という意味．形容詞 discontinu(e) は「不連続の，断続的な」．

1962* sans excès　ほどほどに

▶ Hier soir, on a bien mangé, mais sans excès.
ゆうべはよく食べたが，食べ過ぎはしなかった．
補足 avec modération とほぼ同義．excès「過剰」のうしろに〈de＋名詞〉を添えれば「ほどほどの～」という意味になる（例：sans excès de vitesse「スピードオーバーをせずに」）．「過度に」という意味なら，à l'excès や avec excès となる．

1963* sans mauvaise intention　悪意なく

▶ Il a dit cela sans préjugé, sans mauvaise intention.
彼は偏見や悪意なくそう言った．

補足 intention に bonne や mauvaise がつくと,「善意，悪意」を表す（cf. 1050）.「悪意［善意］から〜する」の場合は，dans une mauvaise [bonne] intention という（例：Elle dit ce qu'elle pense, mais ce n'est pas dans une mauvaise intention.「彼女は思っていることを口に出すが，悪意があってのことではない」）.

1964　sans précédent　空前の，前代未聞の

▶ Voilà une catastrophe sans précédent.　それは未曾有の大惨事だ．
▶ Les facteurs qui sont à l'origine de la prospérité sans précédent en Chine sont multiples.
中国に空前の繁栄をもたらしている要因はいくつもある．

補足 見出し語で形容詞として働く．類義語に sans égal, sans exemple, sans pareil などがあげられる．

1965* sans tarder　すぐに

▶ Vous toussez beaucoup. Il vaut mieux aller chez le docteur sans plus tarder.
ひどい咳ですね．今すぐに医者に行った方がいいですよ．

補足 immédiatement と同義．例文のように plus を加えると意味を強調できる．副詞 tard「遅く」から類推できるが，動詞 tarder は自動詞で「遅れる」という意味を持ち，à + inf. とともに「〜するのが遅れる」という意味で用いることができる（例：Elle tardait à venir.「彼女はなかなか来なかった」）.

6 前置詞その他

1966* entre autres (choses)　とりわけ，中でも

▶ J'aime les romans de Zola, entre autres, *Nana*.
私はゾラの小説，とりわけ『ナナ』が好きだ．

補足 類似の表現として entre tous (toutes)「（あらゆるものの中で）最も，特に」がある（例：Je préfère cette voiture entre toutes.「私は特にこの車が好きです」）.

1967* par caprice　気まぐれに［で］

▶ Elle agit par caprice.　彼女は気まぐれに行動する．

補足 男性名詞 caprice はわがままで周りにも影響を及ぼす「気まぐれ」を指し，自分だけの想像や欲望の世界にとどまる女性名詞 fantaisie とは異なる．au gré de ses caprices

「気ままに」と類義の表現.

1968* par intérêt　欲得ずくで

▶ Il agit toujours par intérêt.　彼はいつも欲得ずくで行動する。
補足「〜のために［〜の利益に反して］」は dans [contre] l'intérêt de qn/qch と言う (cf. 1937).

1969　par-dessus le marché　おまけに，さらに

▶ Elle est malhonnête, et menteuse par-dessus le marché.
彼女は不誠実だし，おまけに嘘つきだ。
補足 de plus, en plus, en outre などが類義．この le marché は「契約，取引」で，「その契約に上乗せして，その取引以上に」の意味から見出し語が派生してきている．

1970* pour cause de＋無冠詞名詞　〜の理由で

▶ La porte est fermée pour cause de vent fort.
強風につき，この扉は締め切りです．
補足 商業文や，公用文・掲示文で用いられる表現．類義に en raison de qch があり，こちらはあらゆる場面で使うことができる（例：Le match de baseball a été remis en raison de la pluie.「野球の試合は雨で延期された」）．なお，見出し語の〈de＋無冠詞名詞〉を省いたこんな言い方も使われる．Elle déteste ces gens-là, et pour cause.「彼女はあの人たちが嫌いだ，それも当然だ［それなりに理由がある］」．

1971　pour de vrai　（冗談ではなく）本当に，本気で

▶ Jean-Jacques vous a dit cela pour de vrai.
ジャン=ジャックはあなたにそれを本気で言ったのですよ．
補足 口語のくだけた表現で，やや子どもっぽい言い回し．sérieusement に置き換えることができる．反対の意味になるのは pour rire (cf. 1503).

1972　une fois pour toutes　これを最後として，きっぱり

▶ Je te le dis une fois pour toutes：laisse-moi tranquille!
今度こそきっぱり言います，私をそっとしておいて．
補足 見出し語の toutes は toutes fois のこと．「(残りの) すべての回数に代えて 1 度」つまり「これを最後の，1 度だけ」というニュアンス．une bonne fois (pour toutes) とも言う．

1973 sauf le respect que je vous dois
失礼ながら言わせてもらうと

▶ Sauf le respect que je vous dois, je ne peux pas croire ce que vous avez dit.
失礼ながら言わせてもらうと，今あなたがおっしゃったことは信じられません．
[補足] 相手に失礼なことやぶしつけなことを言うときなどに，前置きとして用いる表現．avec le respect que je vous dois, sauf votre respect (cf. 1974) とも言う．

1974 sauf votre respect　**失礼ながら言わせてもらうと**

▶ Sauf votre respect, je ne trouve pas votre argument convaincant.
失礼ながら言わせてもらうと，あなたの論証は説得力がないと思います．
[補足] sauf [avec] le respect que je vous dois と同義 (cf. 1973).

1975* sous l'anonymat　**匿名で**

▶ Monsieur Dupont a envoyé un article sous l'anonymat à un journal pour dénoncer une importante fraude fiscale de son entreprise.
デュポン氏は自分の会社の巨額の脱税について告発するため新聞に匿名で投書した．
[補足] sous le couvert de l'anonymat とも言う．形容詞は anonyme で，たとえば lettre anonyme「匿名の手紙」などのように用いる．ちなみに「偽名」あるいは「ペンネーム」を表す単語は pseudonyme と言う．

1976* sous le nom de＋名前　**〜の名前［名義］で**

▶ François-Marie Arouet est connu sous le nom de Voltaire.
フランソワ＝マリー・アルーエはヴォルテールという名で知られている．
[補足] au nom de qn/qch は「〜の名において，〜の代わりに」を意味する熟語．ちなみに nom については「名前」という意味が最初に思い浮かぶが，次のように「よい評判」という含意の「名」としても用いられる．se faire un nom「名を成す」．

1977 sous l'influence de qn/qch

❶ **〜の影響をうけて**

▶ Elle s'est convertie à la musique baroque sous l'influence de son fiancé.
彼女はフィアンセの影響を受けてバロック音楽の愛好者になった．

❷ **〜の勢いにかられて**

▶ Il a roulé à toute vitesse sous l'influence de la boisson.
彼は酔った勢いで全速力で車を飛ばした．

補足 sous が「作用・影響」の意味合いを持つ熟語 (cf. 1519). ②は「酒や感情（怒りや嫉妬）などの勢いに任せて」という意味なので，de のあとに来る名詞は限定される．

1978* sous réserve de qch
～することを条件として，～の可能性があるという留保つきで

▶ La conférence aura lieu sous réserve de l'approbation des deux gouvernements.
会議は両国政府の承諾を条件として開催されることになる．

▶ Ces informations sont données à titre indicatif et sous réserve de modifications.
提供されているこれらの情報は参考のためのもので，変更されることがあります．

補足 女性名詞 réserve「留保，条件づけ」を用いた熟語である．「留保つきで」としたいときは，sous réserve あるいは avec réserve と言う（例：approbation avec réserve「条件つきの承諾」）．反対に，sans réserve は「（留保なし→）全面的に，無条件で」という意味．ただし，réserve には「慎み」の意味があるので，文脈次第で sans réserve は「無遠慮に，率直に」の意味にもなる．

1979 coup sur coup 次々と，続けざまに

▶ J'ai bu trois verres de vin coup sur coup.
私はワインを3杯立て続けに飲んだ．

補足 類義の表現に l'un(e) après l'autre (cf. 1535)，sans interruption がある．

1980 sur le coup すぐに，その場で

▶ Il a accepté cette proposition sur le coup.
彼はその場でその提案を受け入れた．

補足 sur-le-champ, sur le moment などが類義語．たとえば，mourir sur le coup なら「即死する」の意味になる．なお，〈sur le coup de＋時刻〉は「ちょうど～時に」を表す（例：sur le coup de six heures「ちょうど6時に」）．

1981* sur les lieux 現場で

▶ La police mène une enquête sur les lieux du meurtre.
警察が殺人現場で捜査している．

補足 lieu が複数形になると，事件などの現場や現地という意味になる（例：état des lieux「現状証明書（家を借りる際に，入居時と退去時，借家人が大家と一緒に家の中の状態を確認して作成する書類）」）．

7 avoir を使った表現

1982 avoir (toute) sa tête
（老人・病人などが）頭がしっかりしている

▶ Mon arrière-grand-mère a 100 ans, mais elle a encore toute sa tête.
曾祖母は 100 歳だが，まだまだ頭はしっかりしている．

補足 この tête は「頭の働き，頭脳」を意味し，老人について言うと「耄碌 (もうろく) していない」，病人なら「頭［意識］がはっきりしている」などの意味になる．avoir sa tête à soi でも同じ意味を表す．

1983 avoir (toujours) le nez sur qch

❶ 〜に没頭［専念］している

▶ Il a toujours le nez sur son téléphone portable.
彼は一心不乱に携帯電話をいじっている．
「〜から顔をあげないでいる」が直訳．Il n'arrête pas de regarder son portable. とも言い換えられる．

❷ 〜のすぐそばにいる，〜の目の前にある

▶ Le professeur a le nez sur le tableau.　先生は黒板のすぐそばにいる．
「鼻先が〜に触れるほど」の意味から．être tout près de qch と類義になる．

補足 たとえば，探し物をしている相手に，Ta clé? Tu as le nez dessus.「鍵？君の目の前にあるよ」(dessus は sur qch に相当する語) という具合にも使われる．

1984 avoir les dents longues
（金銭欲・名誉欲など）欲が深い，非常に野心家である

▶ Ce jeune employé a les dents longues.
この若い従業員はとても野心家だ．

補足 会話で使われる．なお，この熟語を「腹ぺこである」の意味で用いるのは古い．

1985 avoir mal aux cheveux
飲み過ぎで頭痛がする，2 日酔いで頭が痛い

▶ J'ai mal aux cheveux.　飲み過ぎで頭ががんがんする．

補足 〈avoir mal à＋定冠詞＋身体〉「〜が痛い」．直訳は「髪の毛が痛い」となるが，本来痛みを感じない髪が痛いほどという意味．ただし，この言い回しを知らないフランス語話者も少なくない．「2 日酔いである」は avoir la gueule de bois と言う．

1986 avoir mauvaise grâce à [de]+inf.
～する資格はない，～するのは適当でない

▶ Vous auriez mauvaise grâce à faire des reproches à vos parents.
あなたが両親を責めるのは筋違いです．

補足 例文のように条件法現在形（「～するようなことがあってはならない」という含意）で使うことが多い．なお，de mauvaise grâce は「いやいや，不承不承」という意味の熟語．

1987 avoir prise sur qn/qch　～に対して影響力を持つ

▶ Je n'ai aucune prise sur ma fille.　私には娘はまったく手に負えない．

補足 この熟語に使われた女性名詞 prise は「取ること，つかむこと」→「掌握すること」の意味．avoir une influence sur qn/qch という類義語もある．

1988* avoir qn/qch en réserve
～を保存してある[おく]，残してある[おく]

▶ J'ai une bouteille de vin en réserve pour le dixième anniversaire de notre mariage.
10回目の結婚記念日のためにワインを1本とってある．

補足 avoir 以外に garder, mettre, tenir といった動詞を用いても同じ意味．

1989 avoir qch à la bouche
いつも～を言う，口を開けば～の話をする

▶ Il a l'injure à la bouche.　彼は口を開けばいつも人の悪口だ．

補足 ほかに avoir toujours le même mot à la bouche「同じ言葉を絶えず繰り返す」などの表現がある．

8 être を使った表現

1990* être [se mettre] en défaut

❶ 間違う，誤る

▶ Ma mémoire n'est jamais en défaut.
私の記憶はけっして間違うことがない．

❷ 規則に違反する，約束を破る

▶ Il s'est mis en défaut.　彼は違反を犯した．

補足 見出し語は「（犬が）獲物の跡を見失う」というのが原義．en défaut「誤って，規則に違反して」は en faute と同義．mettre qn en défaut は「人をだます，誤らせる」(cf. 1641), prendre qn en défaut は「人のミスを指摘する，違反の現場を取り押さえる」という意味になる．

1991 être à l'ordre du jour

❶ 議事日程に載っている
▶ Ce projet de loi n'est pas à l'ordre du jour.
この法案は議事日程に入っていない．

❷ 目下の話題である，緊急の課題である
▶ Au Japon, la baisse de la natalité est à l'ordre du jour.
日本では出生率の低下が差し迫った問題になっている．

[補足] l'ordre du jour はもともと「(議会の) 議事日程，決議事項」を意味する語 (例：passer à l'ordre du jour「(予定外の討議から) 議事日程に移る」)．

1992 être absorbé(e) dans qch　～に没頭した

▶ A cette époque-là, il était absorbé dans cette recherche.
当時，彼はこの研究に没頭していた．

[補足] 類義の表現として s'absorber dans qch, être plongé(e) dans qch (cf. 1601), se plonger dans qch がある．

1993 être contraint(e) de+inf.
～せざるを得ない，～することを余儀なくされる

▶ A cause du typhon, elle a été contrainte de renoncer à son voyage en France.
台風のせいで，彼女はフランス旅行をあきらめざるを得なかった．

[補足] 類義の表現に être obligé(e) de+inf. (cf. 1099), être forcé(e) de+inf. がある．contraint(e) は動詞 contraindre「～を強いる，強制する」の過去分詞．contraint et forcé は「強制されて」という意味の熟語．

1994 être dépourvu(e) de qch　～を持っていない，奪われた

▶ A cause de la faillite de son entreprise, il est dépourvu de ressources.
会社が倒産したので，彼は無一文だ．

[補足] もともと持っていたものを失くした，あるいは奪われた場合と，もともと持っていないという場合，そのいずれも表現できる．

1995 être dû(due) à qn/qch　～に起因する，～のせいだ

▶ Cet accident est dû à son imprudence.
この事故は彼[彼女]の不注意が原因だ．

[補足] 同義の表現に être causé(e) par qn/qch がある．dû は動詞 devoir の過去分詞派生の形容詞で，女性単数は due, 男性複数は dus, 女性複数が dues となることに注意．

1996* être du métier　その道の専門家である，玄人である

▶ Comme je ne suis pas du métier, je ne sais comment faire.
私は専門家ではないので，どのようにすればよいのか分かりません．

補足 être spécialiste と同じ意味の熟語．métier は「職業，職務，熟練，腕前」などの意味がある（例：avoir du métier「熟練している，腕がいい」）．métier は職人的な仕事という含意なので，社会的地位の高い職業は profession を用いることが多い．

1997* être en déficit　（予算・企業が）赤字になっている

▶ Cette entreprise est en déficit.　この企業は赤字である．

補足 男性名詞 déficit は「赤字」の意味で，形容詞「（収支の）赤字の」は déficitaire，例文は Cette entreprise est déficitaire. と言い換えられる．「黒字である」なら Cette entreprise est excédentaire. と表現する．

1998　être en mesure de+inf.　～できる，～できる状態にある

▶ Le ministre n'était pas en mesure de répondre à la question.
大臣は質問に答えることができなかった．

補足 類義表現に avoir la possibilité de+inf., être en état de+inf.（cf. 1441）がある．

1999* être en rupture avec qn/qch　～との縁を断っている

▶ Elle était alors en rupture avec sa famille.
その当時，彼女は家族と縁を切っていた．

補足 en rupture avec qn/qch は「～と断絶［絶交］した」，〈en rupture de＋無冠詞名詞〉なら「～を欠いた，～のなくなった」という意味になる（例：homme en rupture avec tous ses amis「すべての友人と絶交した男」，boutique en rupture de stock「在庫が切れた店」）．

2000　être pour beaucoup dans qch
～に大いに関係がある，大きな意味を持つ

▶ Est-ce que vous êtes pour beaucoup dans cette affaire?
あなたはこの事件に深くかかわっておいででは?
「いいえ，いっさい関係はありません」と応じるなら，Non, je n'y suis pour rien. といった応答をする．

▶ Il est pour beaucoup dans ton avancement exceptionnel.
君の異例の昇進には彼の力がとても大きい．

補足 この beaucoup は「多くの割合・部分で」という含意で，名詞的な扱いになっている．

2001* être près de+inf.
まさに～しようとしてる，いまにも～するところだ

▶ Elle a été près de le dire à son fils, mais elle a préféré garder le silence.
彼女はよほどそのことを息子に言おうと思ったが，黙っていることにした．

補足 類義の表現に être sur le point de+inf. あるいは être à deux doigts de+inf. がある．見出し語を être tout près de+inf. とすれば強調され，否定の ne pas être près de+inf. は「～するおそれはない，～することはない」という意味になる．

9 faire を使った表現

2002* faire bloc (contre qn/qch)
(～ に対して) 結束する，一致団結する

▶ Nous avons fait bloc contre notre ennemi commun.
私たちは共通の敵に対して結束した．

補足 s'unir contre qn/qch, se coaliser contre qn/qch などが類義．なお，faire bloc avec qn/qch なら「～と手を結ぶ，連帯する」の意味になる．

2003 faire cas de qn/qch　～を重視する，重んじる

▶ On fera grand cas de votre demande.
あなたの要求は非常に重視されましょう．
faire peu de cas de qn/qch なら「～をほとんど重視しない」の意味になる．

補足 accorder de l'importance à qn/qch「～を重視する」, estimer「評価する」などが類義．

2004 faire du tort à qn/qch　～に損害を与える，迷惑をかける

▶ L'année dernière, la tempête a fait du tort aux produits agricoles.
去年，暴風雨が農作物に被害をもたらした．
▶ Ça ne fait de tort à personne.　それは誰の迷惑にもならない．

補足 類義の表現に nuire à qn/qch があるが文章語．人の社会的な信用・名声を傷つけるというニュアンスで用いられるケースが多い．

2005 faire fonction de＋無冠詞名詞
～の代理[役職]を務める，～の代わりになる

▶ Il a fait fonction de président de séance.
彼が会議の議長の代理を務めた．
▶ Ce parc fait fonction de terrain de camping.

この公園はキャンプ場の代わりになっている．

補足 類義の表現に jouer le rôle de qn/qch, remplacer qn/qch がある．fonction は「機能，役割，職務，仕事」などを意味する女性名詞（cf. 1447）．

2006 faire illusion　人の目をあざむく，人に誤った幻想を抱かせる

▶ Monsieur Leblanc a fait illusion quelque temps, avec tous ses diplômes.
ルブラン氏はあれほどの学歴があったせいで，しばらくの間は実力以上の評価だった．

補足 主語は人でも物でもよい，要するに，実際・実力以上だと周囲に思い込ませること．

2007 faire l'affaire　用が足りる，間に合う

▶ Ce carton fera l'affaire pour transporter des livres d'occasion.
古本を運ぶのにこのダンボールがいいだろう．

▶ Ce frigo est trop grand ; il ne fait pas l'affaire de mon fils.
その冷蔵庫は大きすぎて，息子の目的[希望]に合いません．
faire l'affaire de qn「人の用をなす」の意味．

補足 主語は人でも物でもかまわない．なお，「調子がよい」（＝convenir）の意味でも使われる（例：Ma moto a plus de 100.000 kms mais elle fait encore l'affaire.「乗っているバイクは10万キロを超えますが，まだ調子は良好だ」）．

2008* faire le point　現状を分析する，総括する

▶ Essayons de faire le point sur la situation politique de notre pays.
わが国の政治状況を分析してみよう．

補足 point は「点，点数」などを意味する男性名詞だが，この場合は「（船や飛行機の）現在位置，（比喩的に）現状」を表す．なお，見出し語は「船の位置を測定する」の意味で使われることもある．

2009 faire mention de qn/qch　～に言及する，～を記載する

▶ Dans son discours, l'avocat n'a pas fait mention de cette affaire.
演説の中で，弁護士はその事件に言及しなかった．

補足 同義となる mentionner という動詞もある．女性名詞 mention は「言及，記載」のほかに「（試験などの）成績，評価」という意味がある（例：obtenir la mention très bien [bien, assez bien, passable]「（4段階評価で）優[良，良の下，可]の評価を得る」）．

2010 faire une scène à qn　人と喧嘩する，人に食ってかかる

▶ Elle a fait une scène à son mari hier soir.

昨晩，彼女は夫と言いあらそった．
補足 une scène は舞台での「(セリフの) やり取り」から「口論，喧嘩」の意味に展開した語．une scène de ménage は「夫婦喧嘩」のこと．また，faire une scène de jalousie なら「嫉妬からヒステリーを起こす」という意味になる．

2011* ne faire aucun doute　確実である，疑問の余地はない

▶ Sa réussite ne fait aucun doute.　彼[彼女]の成功は確実である．
補足 doute は「疑い，疑念」．ne...aucun(e)「どんな～も～ない」を使って，見出し語は「どんな疑いもなさない」から「疑問の余地はない」となる．être hors de doute は類義．

10 mettre を使った表現

2012 mettre la main sur qn/qch　～を見つける，手に入れる

▶ Je n'arrive pas à mettre la main sur ce DVD.
どうしてもあの DVD が見つからない．
▶ Il cherche ce document depuis hier et n'a pas encore pu mettre la main dessus.
彼は昨日からあの書類を探しているのに，まだ見つけることができない．
dessus は sur qch に相当する語．
補足 trouver と類義だが，苦労して見つける場合に用いられることが多い．目的語が人の場合は「(犯人を) 捕える，逮捕する」という意味になる (例：La police a enfin mis la main sur ce criminel.「警察はついにその犯人を逮捕した」)．

2013 mettre [remettre] les pieds＋場所　～に行く[再び行く]

▶ Elle a décidé de ne plus mettre les pieds dans ce magasin.
彼女はこの店には 2 度と入らないと決めた．
▶ Chez Madame Auteil? Je n'y remettrai jamais les pieds.
オートゥイユ夫人の家ですって．もう 2 度とあんな所へは行きません．
補足 意味は「足を踏み入れる」だが，「好ましくない場所に行く[再び行く]」ことを表すので否定的な表現で用いられることが多い．mettre les pieds dans le plat は「微妙な問題について無神経に口にする，失言する，へまをする」という意味の熟語 (cf. 2016)．

2014 mettre des notes en forme　メモを清書する

▶ Ce journaliste a mis en forme ses notes prises sur le lieu de l'accident.
その記者は事故現場でとったメモを清書した．
補足 mettre A en B「A を B の状態にする」を用いた表現で，en forme は「きちんとした，整った，具体的な形に」．note は女性名詞で，複数形では「メモ，覚書，控え」の意味に

なる．prendre des notes は「メモする」の意味．

2015* mettre la main à la pâte　仕事にとりかかる

▶ En prenant toutes les dispositions nécessaires, il a commencé à mettre la main à la pâte.
準備万端整えて，彼は仕事にとりかかった．

補足 自らが手を下し，自主的に仕事に加わる行為を指す．類義の表現に，se mettre au travail, se mettre à l'œuvre がある．

2016 mettre les pieds dans le plat　下手に口を出す，へまをやる

▶ Comme il ne savait pas qu'elle souffrait beaucoup, il a mis les pieds dans le plat en lui demandant si elle allait bien.
彼女がどれほど苦しんだか知らなかったので，彼は彼女が元気かどうかと下手な質問をしてしまった．

補足 身体を使った熟語．口語表現で，微妙な問題について無神経に口にする行為を表す．似た意味の表現として，avoir [laisser échapper] une parole malheureuse「失言する」がある．逆に「失言を取り消す」なら retirer une parole malheureuse と言う．

2017 mettre qch en délibération　～を討議する

▶ Nous avons mis cette question en délibération.
私たちはその問題について討議した．

補足 délibération は「討議，審議」を表す．動詞にして，délibérer sur qch と言うことも可能．discuter sur qch, débattre (de) qch は類義語．なお，entrer en délibération なら「討議に入る」の意味になる．

2018** mettre qch en œuvre

❶ ～を用いる

▶ Pour bâtir cette villa, l'architecte a mis en œuvre toutes ses compétences.
この別荘を建てるために，建築家は自分の持つあらゆる技量を用いた．

❷ ～を実行する

▶ Nous devons tout mettre en œuvre pour rétablir la situation financière.
財政を立て直すためには，あらゆる策を講じなくてはならない．

補足 œuvre「作品，仕事，（仕事の）成果」を用いた表現．①は employer，②は exécuter とほぼ類義．mise en œuvre は「利用，活用，実行」を意味する名詞（例：la mise en œuvre de nouvelles méthodes d'enseignement「新しい教授法の活用」，la mise en œuvre du recensement de la population「国勢調査の実施」）．

2019* mettre qch en pile　積み上げる

▶ Le cuisinier met des assiettes en pile.
コックは皿を高く積み上げている．

補足 pile は女性名詞で「堆積，積み重ねた山」を表す．動詞は empiler で，mettre qch en tas と同義（例：Elle met ses livres en tas.「彼女は本を高く積み上げている」）．

2020　mettre qn/qch à contribution　～を利用する，～に頼る

▶ Il a mis ses amis à contribution pour l'aider à rédiger son mémoire.
彼は論文の作成を手伝ってもらうのに友人たちに頼った．

補足 contribution は「貢献，寄与，協力」．なお，例文は見出し語に pour+inf.「(目的)～するために」を添えた言い回し．

11　prendre を使った表現

2021　prendre [avoir] de l'avance sur qn
人より先行している，進んでいる

▶ Il a pris de l'avance sur les autres coureurs.
彼はほかのランナーを引き離した．

補足 avance は女性名詞で「先行，リード」の意味で，l'avance sur qn で「人に対する優位」となる．なお，prendre de l'avance dans qch は「～がはかどる」の意味（例：Hier soir, j'ai pris de l'avance dans mon travail.「昨夜は仕事がはかどった」）．

2022* prendre des mesures　～の措置を講じる

▶ Nous avons pris des mesures efficaces contre la grippe.
私たちはインフルエンザ防止の有効な措置を講じた．

補足 mesure はしばしば複数形で「措置，対応，方策」を意味する．prendre des mesures pour qch は「～のための措置を講じる」，prendre des mesures contre qch は「～防止のための措置を講じる」となる．

2023** prendre fin　終わる，終了する

▶ La cérémonie a pris fin à onze heures.　式は 11 時に終わった．

補足 fin は「終わり」．改まった言い方で，主語には「物事」が置かれる．

12 非人称構文

2024* **Il est [C'est] à noter que＋直説法.　〜に注意すべきである.**

▶ Il est à noter que la situation économique est mauvaise.
経済状況が悪いことに留意すべきだ．

補足 〈Il faut noter que＋直説法〉で言い換えることができる．動詞 noter には「書き留める，注意する，気づく，採点する」という意味がある．

2025* **Il est [C'est] de son devoir de＋inf.**
〜することは〜の義務だ.

▶ Il est de notre devoir de protéger les enfants contre les dangers d'internet.
インターネットの危険性から子どもたちを守るのはわれわれの務めだ．

▶ Il est de mon devoir de protéger les laissés-pour-compte de la société.
社会的弱者を守るのが私の義務だ．

補足 avoir le devoir de＋inf. なら「〜する義務がある」，faire son devoir は「義務を果たす」の意味．

2026* **Il n'en est rien.　ぜんぜんそんなことはない，まったく違う.**

▶ On dit que la situation est irrémédiable, mais il n'en est rien.
状況は取り返しのつかないことになっていると言われるが，それはまったく違う．

補足 ne...en rien「まったく〜ない，どの点でも〜ない」という否定表現（例：Cela ne me regarde en rien.「それは私とはまったく関係がない」から派生した決まり文句）．

2027* **Il résulte de qch que＋直説法.　〜から〜という結果になる.**

▶ Qu'est-ce qu'il résultera de votre entretien?
話し合いの結果はどうなるだろうか．

▶ Il résulte de tout cela que le prévenu est coupable.
以上の結果，被告は有罪である．

補足 résulter は不定詞，現在分詞，3人称でのみ用いられる動詞．〈Il en résulte que＋直説法〉「そのことから〜という結果になる」も頻出の形．

2028 **Il s'en faut de qch（que＋接続法）.**
（〜 するためには）〜 だけ不足している.

▶ Il s'en faut de mille euros.　1,000 ユーロ足りない．

▶ Il s'en est fallu de trois minutes que je puisse résoudre ce problème.
あと 3 分あれば，私はこの問題を解くことができた．

補足 関連する表現に〈Il s'en faut de beaucoup [Tant s'en faut] que＋接続法〉「～どころではない，～にはほど遠い」，〈Il s'en faut de peu [Peu s'en faut] que＋接続法〉「危うく～するところだ，もう少しで～するところだ」がある．〈Il s'en faut (de beaucoup) [Tant s'en faut, Loin s'en faut]〉なら「それどころではない，それにはほど遠い」という意味（例：Mon copain est un faux jeton? Tant s'en faut.「友だちがうそつきだって．とんでもないよ」．un faux(-)jeton は un menteur の意味）．

2029 Il s'en suit que＋直説法．
以上のことから～という結論になる，その結果～ということになる．

▶ Il s'en suit que c'est vous qui avez tort.
したがって，間違っているのはあなただということになります．

補足 非人称の il を使った構文．同義の表現に〈il en résulte que＋直説法〉，類義に〈Il suit de là que＋直説法〉という形もあるが，これはかなり頻度が低い．

2030* Reste que＋直説法．　いずれにしても～である．

▶ Reste que leur séparation était dommage.
いずれにしても，彼らの別離は残念なことであった．

補足 〈Il reste que＋直説法〉，〈Il n'en reste pas moins que＋直説法〉としても同義（例：Il n'en reste pas moins que tu as tort.「それでもやはり，君が間違っていることに変わりはない」）．

2031 Toujours est-il que＋直説法．
いずれにしろ～である，とにかく～は事実である．

▶ Certes, elle n'a pas réussi; toujours est-il qu'elle a fait de son mieux.
たしかに彼女は成功しなかったが，それでも最善はつくした．

補足 分析的に言えば「que 以下は依然としてその通りである」という意味．

13 動詞

2032* accorder son attention à qn/qch　～に注意を払う

▶ On doit principalement accorder son attention aux élèves.
なによりも生徒たちに注意を払わなくてはなりません．

補足 類似の表現として accorder de l'intérêt à qn/qch「～に興味を示す」，accorder sa confiance à qn「人に信頼をよせる」などがある (cf. 1678)．

2033* adresser ses félicitations à qn
人にお祝いを言う，祝辞を述べる

▶ Je vous adresse toutes mes félicitations à l'occasion de votre mariage.
ご結婚おめでとうございます．

補足 かなり改まった表現．Toutes mes félicitations pour votre mariage. とするのが一般的．ほかに，faire [présenter] ses [des] félicitations à qn も同義．

2034* aller au-devant de qn 人を迎えに行く

▶ Avancez tout droit et nous irons au-devant de vous!
そのまままっすぐ来てください，そうしたら迎えにまいります．

補足 aller chercher qn と同義．au-devant は「迎えに」だけでなく「前に，先んじて」の意味でも使われ，aller au-devant de qch の表現もある（例：aller au-devant des obstacles「障害に立ち向かう」，aller au-devant des désirs de qn「(先回りして)人の願いをかなえてやる」）．

2035 arrêter A(qch) sur B(qn/qch)　AをBに注ぐ，向ける

▶ Elle a arrêté son regard sur ce beau garçon.
彼女はそのハンサムな青年に目をとめた．

補足 A には視線・注意・嫌疑などを表す語が来る．arrêter は「〜を注ぐ，向ける」という意味．arrêter son regard [ses yeux] sur B「Bに目を向ける」，arrêter son attention sur B「Bに注意を向ける」，arrêter ses soupçons sur B「Bに疑いを向ける」など．また，arrêter [fixer, porter] son choix sur qn/qch で「〜を選ぶことにする，〜に決める」という意味になる（例：Ils ont arrêté leur choix sur le prénom Louis.「彼らはルイという名前を選ぶことにした」）．

2036* avertir qn de qch [que＋直説法]　人に〜を知らせる，警告する

▶ Elle nous a averti(e)s assez tôt de son départ.
彼女は出発することを私たちに早めに知らせてくれた．

▶ L'agent de police m'a averti(e) que le contrôle technique de ma voiture était périmé.
警官は私に車検が期限切れだと注意した．

補足 avertir は「(あらかじめ注意を喚起する，警告のために) 人に〜を知らせる，伝える」の意味．類義の表現に〈prévenir qn de qch [que＋直説法]〉がある．

2037* compter avec qn/qch　〜を考慮に入れる，心にかける

▶ Il faut compter avec l'opinion publique.

世論を考慮しなければならない．
▶ Ce monsieur a de l'influence et il faut compter avec lui.
あの人は影響力を持つから，心にかけておかなくてはならない．
補足 compter sans qn/qch なら「～を考慮しない，無視する」の意味になる（例：compter sans le mauvais temps「悪天候を考慮に入れない」，compter sans les imprévus「不測の事態を考えに入れない」）．

2038* conclure un traité　条約を結ぶ

▶ En 1854, le Japon a été obligé de conclure un traité avec les Etats-Unis.
1854年，日本はアメリカ合衆国と条約を締結せざるを得なかった．
補足 conclure la paix なら「平和条約を結ぶ」，conclure un marché は「売買契約を結ぶ」，conclure une alliance は「同盟を結ぶ」の意味．なお ratifier [dénoncer] un traité は「条約を批准する[破棄する]」，signer un traité は「条約に調印する」の意味．

2039* concourir à qch [à+inf.]
～を[～することを]目指す，～（の実現）に協力する

▶ On doit concourir au bien public.
公共福祉のために力を合わせなくてはならない．
補足 ラテン語の concurrerre「走って集まる」が語源となる動詞．

2040* conserver qch sous vide　～を真空で保存する

▶ Ne conservez pas les fromages sous vide !
チーズは真空保存しないで．
補足 vide は「真空」を意味する語，sous vide は「真空の中で[もとで]」が直訳（ちなみに sous-vide というつづりも見かける）．emballage sous vide なら「真空包装，真空パック」のこと．

2041* contenir ses larmes　涙をこらえる

▶ Il contient ses larmes, mais je sais qu'il a beaucoup de chagrin.
彼は涙をこらえているが，本当はとても悲しいことはわかっている．
補足 retenir ses larmes も同義．この contenir は「抑える，抑制する」の意味なので，たとえば contenir sa colère なら「怒りを抑える」の意味．なお「涙」がらみでは「涙もろい」avoir les larmes faciles あるいは avoir la larme facile, または avoir toujours la larme à l'œil（=pleurer facilement）も覚えたい（例：Avec l'âge, ma mère a la larme facile.「年とともに母は涙もろくなった」，Elle a toujours la larme à l'œil.「彼女は涙もろい」）．

2042　couper bras et jambes à qn　人を落胆させる，茫然自失させる

▶ Cette nouvelle nous a coupé bras et jambes.
　その知らせを聞いて私たちはがっくりした．

[補足] ぶっそうだが「人の手足を切断する」が直訳．くだけた会話では couper les pattes という言い方もされる．ちなみに couper les bras [les jambes] à qn は「(疲れ・酒・薬などで) 人の腕[脚] が動かなくなる，なえる」の意味．なお，見出し語の熟語に couper の代わりに rompre，casser が使えるとしている辞書があるが，実際に使われた例を見かけない．

2043　décliner toute responsabilité　いかなる責任も負わない

▶ La maison décline toute responsabilité en cas de vol.
　当店では盗難に関していっさいの責任を負いかねます．

[補足] décliner は「(責任・申し出を) 謝絶する」という意味で，儀礼的な婉曲表現でしばしば用いられる．

2044*　dégénérer en qch　悪化して〜になる，〜に堕する

▶ Le rhume peut dégénérer en bronchite.
　風邪がこじれて気管支炎になることがある．

[補足] dégénérer は「質が悪くなる」という意味の自動詞．たとえば，Ce restaurant dégénère ces derniers temps. なら「近頃このレストランは味が落ちている」という意味．なお，単に「〜に変わる，様変わりする」なら se transformer en qch を用いる．

2045*　dérober qch à qn　人から〜を盗む

▶ On lui a dérobé son portefeuille dans son sac.
　彼[彼女]は鞄の中の財布を盗まれた．

[補足] 文章語．通常は voler が使われる．

2046　diriger qch vers qn/qch　〜を〜に向ける

▶ Il a dirigé ses yeux vers ses élèves.　彼は生徒たちに目を向けた．
　前置詞 vers は「(人・場所の) 方向へ」という意味．「〜の上に」という含意なら sur ses élèves とも言える．

▶ Le bandit a dirigé son fusil vers la police.　強盗は銃を警官に向けた．
　「〜に対して」の含意なら contre la police も可．

[補足]「物を〜に送る」の意味にもなるし (例：diriger un paquet vers [sur] Tokyo「東京に小包を送る」)，diriger qn vers qch なら「人を〜に差し向ける，案内する」の意味にもなる (例：On nous a dirigé vers la réception.「私たちは受付へと案内された」)．あるいは「人を指導する」のニュアンスでも使われる (例：Elle a dirigé un étudiant vers les études littéraires.「彼女は学生を文学研究へと向かわせた」).

2047* disposer de qch　～を自由に使える

▶ Je ne disposais que de quelques heures pour visiter Paris.
私がパリを訪れるのに数時間しか余裕がなかった.

補足「(自分で自由に使える) ～ を所有する」というニュアンスにもなるので，たとえば，disposer d'une voiture なら「自分用の車を持っている」という意味になる. disposer de qn なら「人を意のままにする」の意味 (例：Disposez de moi.「私に何なりとお申し付けください」).

2048　donner prise à qch　（批判・攻撃などを）呼び起こす，招く

▶ Votre attitude va donner prise à la critique.
あなたの態度は批判にさらされることになるだろう.

補足 見出し語の女性名詞 prise は「手がかり，足場」という意味. 類義の表現に donner l'occasion de qch, susciter qch がある.

2049　dormir à poings fermés　ぐっすり眠る

▶ Les enfants dormaient à poings fermés quand je suis rentré(e).
私が戻ったら，子どもたちはぐっすり眠っていた.

補足「拳（こぶし）を握って眠る」が直訳. dormir profondément と同義.

2050* économiser sur qch　～を節約し貯蓄する

▶ Il tâche d'économiser sur son salaire pour aller en France.
彼はフランスに行くために給与の倹約を心がけている.

補足 この表現は「節約して金を貯める」という含意がある. ほかに économiser sur la nourriture「食費を切りつめ金を貯める」など. 単に「節約する」なら他動詞の形で，économiser l'eau「水を節約する」, économiser son temps「時間を無駄にしない」といった言い方を用いる.

2051　en demeurer là　（話などを）そこまでにしておく，中止する

▶ Demeurons-en là!　その話はそこまでにしておこう.
▶ Le scandale n'en est pas demeuré là.
スキャンダルはそれだけで終わらなかった.

補足 この demeurer は「（事柄や人が）そのままとどまる」の意味.

2052 en finir avec qn/qch　〜に決着をつける

▶ Elle veut en finir avec lui.　彼女は彼と縁を切りたがっている.
▶ Je voudrais en finir avec cette discussion inutile.
この無意味な議論にけりをつけたい.

補足 en finir で「(厄介な事に) けりをつける」の意味で，avec 以下に，嫌な人物，面倒な事柄が置かれる. 否定文の n'en pas finir de+inf. は「いつまでも〜し続ける」の意味.

2053* entendre＋inf.［que＋接続法］
〜するつもりである，〜することを欲する

▶ Je n'entends pas m'opposer à ce projet.
私はこの計画に反対するつもりはない.
▶ J'entends qu'on m'obéisse.　私に従って欲しい.

補足 この entendre は vouloir と同義になる.〈entendre que＋直説法〉は「〜するのが聞こえる」という意味 (例: J'entends qu'il pleut.「雨の降っている音が聞こえる」).

2054* fixer qn sur qch　人に〜をはっきり知らせる

▶ Fixez-moi sur vos intentions!
あなたのご意向をはっきりさせてください.

補足 動詞 fixer は「固定する，定める」のほかに「見つめる」や「決定する」などの意味がある (例: fixer qn/qch「〜をじっと見つめる」，fixer un prix「値段を決める」，fixer les yeux sur qn/qch「〜にじっと目を向ける」).

2055 joindre les deux bouts　収支を合わせる，帳じりを合わせる

▶ Cette année, beaucoup de commerçants ont du mal à joindre les deux bouts.
今年は，多くの店が収支を合わせるのに苦労している.

補足 équilibrer son budget と同義であるが，「何とかやりくりをする」というニュアンスが含まれることに注意.

2056** laisser échapper qn/qch

❶ 〜をとり逃がす
▶ J'ai laissé échapper l'occasion de parler à Véronique.
私はヴェロニックに話しかけるチャンスを逃してしまった.
❷ 〜をとり落とす
▶ Mon fils laisse souvent échapper un verre.
私の息子はしょっちゅうコップを落とす.
❸（溜め息や言葉を）つい口に出す

▶ Il a laissé échapper un mot tabou.　彼は思わず禁句を口にした.

補足 échapper à qn/qch で「～から逃げる，漏れる」などの意味になる. 話し言葉で Ça m'échappe.「それは思い出せない, 忘れてしまった」もよく用いられる. なお Faites attention à ne pas laisser échapper du gaz.「ガス漏れがないように注意してください」という例の載っている参考書があるが, laisser échapper un gaz「放屁する」と勘違いされかねないのでご注意を.「ガス漏れ」は fuite de gaz が通例の形.

2057* manquer de réserve　無遠慮だ, 慎みがない

▶ Son comportement manque toujours de réserve.
彼[彼女]はいつも慎みのない振る舞いをする.

補足 〈manquer de＋無冠詞名詞〉「～が足りない, 欠けている」を用いた表現で, réserve は単数で用いられると「慎重, 遠慮」を表す (cf. 801). この単語を用いたほかの表現として, parler avec réserve「遠慮がちに話す」がある (例:Avec son père, il parle avec réserve.「父親といると, 彼は遠慮がちに話す」).

2058* ménager les apparences　うわべを繕う, 体裁[体面]を繕う

▶ A cause du scandale, ce politicien essaie de ménager les apparences.
スキャンダルで, その政治家は体面を繕うのに必死だ.

補足 apparence は女性名詞で「外見, 外観」. ménager は「周到に手はずを整える, 調整する」. sauver [garder] les apparences とも言う.

2059* mener une enquête　捜査を進める

▶ L'inspecteur menait une enquête sur ce meurtre.
この殺人事件について, 警部は捜査を進めていた.

補足 enquête は, この表現において「捜査, 取調べ」を意味する. conduire une enquête は同義. 動詞は enquêter となる (例:La police a discrètement enquêté sur ce crime.「警察は極秘にその犯罪の捜査をした」). なお,「アンケート, 調査」の意味で enquête を用いることもあり, ouvrir une enquête「調査を始める」や faire une enquête sur qch「～を調査する」という表現がある.

2060 montrer qn/qch du doigt

❶ ～を指差す
▶ Il a montré sa maison du doigt.　彼は自分の家を指差した.
❷ ～を公然と非難する
▶ Depuis le scandale, elle est montrée du doigt.
そのスキャンダル以降, 彼女は公然と非難された.

補足 doigt「指」を使った表現で, ここでは「人差し指」をイメージするとわかりやすい. ほか

に toucher qch du doigt「～をはっきりと理解する」，mettre le doigt sur qch「～をはっきりさせる」(cf. 1630) などがある．

2061 **ne pas (pouvoir) fermer l'œil**
（一夜を）まんじりともせず明かす，一睡もできない

▶ A cause du bruit de la rue, je n'ai pas pu fermer l'œil (de la nuit).
通りの騒音のせいで，私は（一夜）一睡もできなかった．

補足 この表現では，左右一対の目を単数形の l'œil で説明するので注意したい．ちなみに，比喩的な意味で「～に目をつぶる」というときには，「目」を複数形の yeux で表し，fermer les yeux sur qch となる（例：Je ne peux pas fermer les yeux sur cette injustice.「この不正に対して目をつぶるわけにはいかない」）．

2062* **ne pas aller sans qch**　～なしでは済まない，～を伴う

▶ La vie ne va pas sans difficultés.　人生に苦労はつきものだ．

補足 ne...pas と前置詞 sans による二重否定の表現．ne pas aller sans+inf. の形でも使われる（例：Ce projet téméraire n'ira pas sans rencontrer d'obstacles.「この無謀な計画は障害にぶつからずには済むまい」）．

2063* **ne pas en revenir**　（信じられず）驚いてしまう

▶ Mais non! Elle a dit ça? Je n'en reviens pas!
まさかそんな．彼女がそう言ったの．信じられないな．
会話では ne を省いて，J'en reviens pas! とも言われる．

補足 「（人が）話の中身が信じられず驚いている」，つまり être étonné(e) の意味を表すくだけた言い方．

2064 **ne pas savoir où se mettre**　身の置きどころがない

▶ J'avais honte! Je ne savais plus où me mettre!
恥ずかしかった．穴があったら入りたいくらいだった．

補足 「（当惑・恥ずかしさなどで）身の置きどころがない」ことを意味する表現．「穴があったら入りたい」は Je voudrais rentrer sous terre (de honte). あるいは Je voudrais rentrer dans un trou de souris. という言い方もする．

2065 **ne pas voir plus loin que le bout de son nez**
目先のことしか考えない，先見の明がない

▶ Mon mari ne voit pas plus loin que le bout de son nez.
夫は目先のことしか考えない．

補足 bout de son nez, bout du nez は「鼻先，目先」．「目先より先を見ない」から「目先

のことしか考えない」の意味となっている．逆に「鼻がきく」は avoir le nez creux あるいは flair「嗅覚，直感力，洞察力」を使って avoir du flair「目先がきく」と表現する．

2066* ne rien changer à qch　〜を何ひとつ変えない

▶ Même cet événement n'a rien changé à ma résolution.
そうした出来事が起こっても私の決心はぐらつかなかった．

補足 ほぼ同義となるのは ébranler「揺り動かす」を使った ne rien ébranler qch の言い回し（例：Ses paroles n'ont rien ébranlé ma conviction.「彼［彼女］の言葉を聞いても私の確信はまったく変わらなかった」）．反対に「すっかり変わる」は changer du tout au tout となる（例：Après le divorce, sa vie a changé du tout au tout.「離婚後，彼［彼女］の人生はがらりと変わった」）．

2067 n'en pas finir de + inf.　なかなか〜し終えない，いつまでも〜し続ける

▶ Le yen n'en finit pas de grimper.
円の急騰はとどまるところを知らない．

▶ Ma femme n'en finit pas de se maquiller.
妻の化粧はいつまでも終わらない．

補足 この en は特定の何かを指すわけでなく，漠然とした状況を示すいわゆる gallicisme「ガリシスム」（フランス語特有の表現）．en finir avec qn/qch「〜に決着をつける」も記憶したい（cf. 2052）．

2068 n'en plus pouvoir　精根尽き果てる

▶ Je n'en peux plus! Je rentre à la maison.
もうくたくた．家に帰ります．

補足 疲れきった状態を表す言い回し．être épuisé(e) と同義．会話では，être à plat や être crevé(e) といった類義の表現で代用されることも多い．

2069 n'y rien pouvoir　手の施しようがない，どうしようもない

▶ Vous y pouvez quelque chose? — Non, je n'y peux rien.
「どうにかなりませんか」「いや，どうしようもありません」

補足 y pouvoir quelque chose「何か打つ手がある」という表現を否定した形．

2070 passer l'arme à gauche　死ぬ

▶ Le général Bigeard a passé l'arme à gauche à son domicile de Toul vendredi 18 juin 2010.
ビジャール将軍は 2010 年 6 月 18 日金曜日にトゥールの自宅で死亡した．

補足 gauche を使った表現．軍隊用語から派生（兵士が休息する際に左側に武器を置くことから，「永遠の休息」→「死」へ敷衍されたという説が有力）．口語で使われる熟語で，mourir と同義．ただし，苦しい闘病後に死亡したような人に対して使うのは適当でない．この gauche を用いたほかの表現では「不器用な」を意味する例が多い（例：Elle est gauche dans tout ce qu'elle fait.「彼女は何をやっても不器用だ」）．また，avoir de l'argent à gauche なら「金を貯め込む」の意味になる．

2071　perdre qn/qch de vue

❶（人と）疎遠になる
▶ Il y a longtemps que j'ai perdu ma tante de vue.
長らく叔母と会っていない．

❷（物を）見落とす
▶ On a finalement perdu le ballon dirigeable de vue.
とうとう飛行船は見えなくなってしまった．

補足 ①は avoir moins de relations avec qn や fréquenter qn de moins en moins と同義になる．

2072* promener son regard sur qn/qch　〜の全体を見渡す

▶ Du haut de la tour, il a promené son regard sur la ville.
塔［高層ビル］の高みから，彼は町の全体を見渡した．

補足 regard「視線，眼差し」を使った表現．ほかに，jeter des regards sur qn/qch「〜をちらちら見る」や（例：Au restau-U, Nicolas a jeté des regards sur elle.「学食でニコラは彼女をちらちら見ていた」），arrêter son regard sur qn/qch「〜に視線を止める」を記憶したい（例：Il a arrêté son regard sur moi.「彼は私に目をとめた」）．

2073* raffoler de qn/qch　〜に夢中になる

▶ Les jeunes Japonais raffolent de cet acteur.
日本の若者たちはその俳優に夢中だ．

補足 être fou (folle) de qn/qch は類義（例：Je suis fou d'elle.「僕は彼女に夢中だ」）．

2074　récompenser qn de [pour] qch　〜について人に報いる

▶ Elle a été bien récompensée de ses efforts.
彼女の努力は十分に報われた．

補足 payer qn de qch と同義となる表現（例：Ce succès nous a payé(e)s de nos efforts.「この成功で私たちの努力は報われた」）．

2075 recourir à qn/qch　〜に助けを求める，頼る

▶ Elle recourt à ses parents fréquemment.
彼女はしょっちゅう両親に助けを求める．

補足 ほかに recourir au médecin「医者に頼る」，recourir à un emprunt「借金に頼る」など．名詞は recours で le recours à qch なら「〜に助けを求めること，頼ること」の意味（例：Le recours à la violence ne sert à rien.「暴力に訴えても何にもならない」）．

2076 rejeter la faute sur qn　ミスを人になすりつける

▶ Il a rejeté la faute sur autrui.　彼はミスを他人になすりつけた．

補足 rejeter qch sur qn「人に〜をなすりつける，転嫁する」という言い回しがある．同じ要領で，rejeter la responsabilité de qch sur qn なら「〜の責任を人に転嫁する」の意味になる．

2077 relever des fautes　誤りを見つける

▶ J'ai relevé des fautes dans sa phrase en français.
彼［彼女］のフランス語の文に誤りを見つけた．

補足 relever は「（誤り・欠点などを）見つける，指摘する」という意味．faute「誤り」は faute de grammaire「文法上の誤り」，faute d'orthographe「つづりの誤り」，faute de mémoire「記憶の誤り」など，正確な基準から外れている状態を指す．

2078 reporter qch à ...

❶ 〜を元の場所へ返す，戻す

▶ Je dois reporter ce livre à la bibliothèque.
私はこの本を図書館へ返さなくてはならない．

❷ 〜を〜に延期する

▶ On reporte la réunion au mois prochain.　会議を来月に延期する．

補足 ①は rendre qch à と同義．②は remettre qch de, renvoyer qch à, repousser qch de, ajourner qch（à）などに書き換えられる（例：Nous avons remis notre pique-nique d'une semaine.「私たちはピクニックを1週間延期した」，La fête sportive a été repoussée d'une huitaine.「運動会は1週間延期された」）．

2079 reporter qch sur qn
（注意や愛情を）人に移す，人に振り向ける

▶ Après la mort de sa femme, il a reporté toute son attention sur les fleurs du jardin.
妻の死後，彼はすべての注意を庭の花に注いだ．

補足 あるものに向けられていた注意や感情を，別の対象に移す行為を表す．se reporter sur qch は「(感情や選択，興味の対象が)〜 に移る」の意味 (例：Son intérêt se reporte maintenant sur la biologie.「今，彼[彼女]の興味は生物学に移っている」).

2080* reposer sur qch 〜に基づく

▶ Le succès repose sur les efforts de tous les jours.
成功は毎日の努力の積み重ねによる．

補足 基盤になるものを示す表現．代名動詞で se reposer sur qn とすると，「人に頼る，任せる」の意味になる (例：Repose-toi sur moi!「私に任せて」).

2081 rire sous cape ほくそ笑む

▶ En voyant le Petit Chaperon rouge, le loup a ri sous cape.
赤頭巾ちゃんを見て，狼はしめしめとほくそ笑んだ．

補足 cape は袖のないマントのこと．rire dans sa barbe とも言う (例：En trouvant une erreur dans le rapport de Marie, il a lâchement ri dans sa barbe.「マリーの報告書内にひとつ過ちを見つけ，彼は卑怯にもほくそ笑んだ」).

2082* s'assurer contre qch

❶ 〜に対して保険をかける

▶ Il vaut mieux vous assurer contre le vol avant de partir en France.
フランスに出発する前に，盗難保険をかけた方がいいですよ．

❷ 〜に対して備える

▶ Ils ont signé ce traité pour s'assurer contre les attaques virtuelles.
彼らは，潜在的な攻撃に備えるためにこの条約に調印した．

補足 日常的には，①の意味で用いられることが多い．ちなみに，名詞形の assurance で「保険」の意味 (例：assurance contre l'incendie「火災保険」，assurance-vie「生命保険」).「保険証書」は police d'assurance と言う．

2083 sauver [ménager, garder] les apparences うわべをとりつくろう

▶ Il dissimulait sa ruine pour sauver les apparences.
彼は体面を保つために破産したことを隠していた．

補足 apparence は apparaître「〜のように見える」の名詞で，「外観，見かけ」という意味がある．この表現では apparence が複数形で，所有形容詞ではなく定冠詞がつくことに注意したい．

2084 savoir rester à sa place　身のほどをわきまえている

▶ C'est un homme très modeste qui sait rester à sa place.
彼は非常に謙虚で，身のほどをわきまえた人だ．

補足 見出し語の place は所有形容詞とともに「自分にふさわしい場所」という意味で用いられている．

2085* se donner de la peine pour+inf.　～するのに苦労する

▶ Mon mari s'est donné de la peine pour s'adapter aux coutumes japonaises.
私の夫は日本のしきたりに順応するのに苦労した．

補足 peine には「痛み，罪」といった意味とともに，「苦労」という語義もあり，ここで用いられているのはそれ (cf. 2131). se donner du mal pour+inf. は同義 (cf. 2086).

2086 se donner du mal [un mal de chien] pour+inf.　～するのに苦労する

▶ Elle se donne du mal pour joindre les deux bouts avec son maigre salaire.
彼女は安月給でやりくりに苦労している．

補足 se donner de la peine pour+inf. と同義 (cf. 2085). de chien をつけると mal を強調して「～するのに大変苦労する」という意味になる．なお，de chien は以下のように名詞を修飾して「程度がひどい，惨めな」という意味で用いられる（例：temps de chien「ひどい天気」, vie de chien「惨めな暮らし」）．

2087 se faire mal（à qch）　（～に）けがをする

▶ Je me suis fait mal au pied droit en faisant du jogging.
私はジョギングをしているときに右足にけがをした．

補足 〈à＋身体〉を添えると，負傷した箇所を言い表せる．類義語は se blesser（à qch）で，「指にけがをする」なら se blesser au doigt となる．

2088 se faire passer pour qn/qch　自分を～で通す，～と偽る

▶ Elle se faisait passer pour une pianiste.
彼女は自分をピアニストで通していた．

補足 自動詞の passer には「通用する」という意味があり，〈passer pour qn/qch〉で「～とみなされる」という意味を形成する (cf. 1179). 見出し語のように se faire と組み合わされると，「本当はそうではないのにも関わらず自分を～とみなさせる[偽る]」という意味になる．なお，熟語の性格から過去時制で使われるのが通例である．

2089* se féliciter de+inf. （自分で）〜を喜ぶ

▶ Elle se félicite d'avoir réussi l'examen.
　彼女は試験がうまくいったことに満足している．

補足 se féliciter de qch や〈se féliciter que＋接続法〉の形でも用いる．いずれも意味は「〜を[〜であることを]喜ぶ」である．喜ぶことが自分自身のことである場合は「誇りに思う，自賛する」という意味合いが強くなるケースもある．

2090 se jouer de qn/qch

❶ 人を手玉にとる
▶ Il s'est joué de tous les employés de l'entreprise.
　彼はその会社の全社員をだました．
▶ Alice se joue de son mari. 　アリスは夫をいい具合にあしらっている．

❷ 〜をものともしない
▶ Le directeur du personnel s'est joué des difficultés.
　人事部長は困難を楽々乗り越えた．

補足 見出し語は，① de qn を添えて「人をだます，手玉にとる」という意味か，② de qch を添えて「困難などを乗り切る」という意味で用いられる．

2091* se lancer dans qch （事業などに）身を投じる

▶ Elle s'est lancée dans la production de films japonais.
　彼女は日本映画の製作に乗り出した．

補足 lancer は「投げる」という意味のほかに，「（事業などを）開始する」という意味を持つ．この熟語では，se は lancer の直接目的語．se lancer dans la politique は「政界に乗り出す」の意味．

2092 se lever du pied gauche （朝から）機嫌が悪い，寝起きが悪い

▶ Je me suis levé(e) du pied gauche ce matin. 　今朝は目覚めが悪い．

補足 フランス語で gauche「左の」という形容詞は「ぎこちない」という意味も持ち，しばしばネガティブな含意で用いられる．この熟語は，ベッドから左足をついて起きることが，ぎこちなくしっくりこない目覚め方をしたというイメージを喚起することから生まれた．se lever du mauvais pied も同義．

2093 se livrer à qch 〜に打ち込む，没頭する

▶ Cet été, je vais me livrer à l'exploration de ma région.
　今年の夏は自分の住んでいる地域の研究に打ち込むつもりだ．

補足 作業などに専心するという意味でも使われる（例：se livrer au commerce「商売を営む」）．また「降伏する」という意味もある（例：se livrer à la police「警察に自首する」）．

2094　se méprendre sur qn/qch　取り違える

▶ Je me suis mépris(e) sur le sens de ce mot.
私はその単語の意味を取り違えた．

補足 méprendre は代名動詞の形でのみ用いられる．人や物を別の人や物と「取り違える，思い違いをする」という意味で用いられる．関連する熟語に，à s'y méprendre「取り違えるほどに」がある（例：Elles sont jumelles et se ressemblent à s'y méprendre.「彼女たちは双子で，取り違えるほどに似ている」）．

2095* se mettre [entrer] en relation(s) avec qn
人と交際する，連絡をとる

▶ Elle est entrée en relation avec ses voisins.
彼女は隣人たちと交際するようになった．
▶ Il s'est mis en relation avec des professionnels pour établir le budget de l'année prochaine.
彼は来年の予算を立てるために専門家と連絡をとった．

補足 rester en relation avec qn でも「人と交際中である」という意味になる．「人と交際を結ぶ」と表現するときには，nouer des relations avec qn を用いる．

2096* se mettre au niveau de qn　人のレベルに合わせる

▶ Le professeur essaie de se mettre au niveau de ses étudiants.
教授は学生たちのレベルに合わせようと努力している．

補足 この熟語は，自分より低いレベルに合わせようとするときに用いられることが多い．また，au niveau de qn/qch で，「～のレベルで，高さに」という意味で日常的に用いられる．

2097　se mettre au service de l'Etat　国に奉仕する

▶ En tant que militaire des Forces d'autodéfense, il se met au service de l'Etat.
自衛官として彼は国に奉仕している．

補足 service は多様な意味を持つが，ここでは「国や組織などへの奉仕，義務」という意味．

2098* se mettre en quatre　身を粉にする，精いっぱい努力する

▶ Monsieur Dumont s'est mis en quatre pour aider des parents du côté maternel.
デュモンさんは母方の親戚を助けるために身を粉にした．

補足 数詞にからむ表現．見出し語には se donner が使われることもある．

2099　se mettre sur le chemin de qn　人の邪魔をする

▶ Il s'est mis sur le chemin de son rival pour avoir une promotion.
彼は昇進のためにライバルの邪魔をした．

補足 chemin には通常の「道」からより抽象的な「途上」まで意味に幅がある．見出し語は，自分以外の誰かの途上に身を置いて，その人の道を妨げるというニュアンス．もし自分の道に誰かがいた場合，trouver qn sur son chemin「人を邪魔者とみなす」ということになる．

2100*　se munir de qch　～を携行する，持つ

▶ Pour louer une voiture, vous devez vous munir d'une pièce d'identité et de votre permis de conduire.
レンタカーを借りるには，身分証と運転免許証を持って来なければなりません．

補足 さまざまな携行品を対象に使われるが，旅行や役所などで必要な書類を指示されるときにも耳にする．ほかに，ある種の資質を有するという意味で用いられることもある（例：se munir de courage「勇気を持つ」）．

2101*　se prendre de passion pour qn/qch
～に情熱を抱く，夢中になる

▶ Elle se prend de passion pour le Japon et elle compte y aller l'été prochain.
彼女は日本に夢中で，今度の夏，日本へ行くつもりでいる．

補足 se passionner pour qch と同義．de のうしろに感情などを表す単語を添えて「～を抱く」という意味の文語的な言い回しとして用いることもできる（例：se prendre d'amitié pour qn「人に友情を抱く」）．

2102　se ranger du côté de qn　人の味方につく

▶ Mon petit frère se range toujours du côté de mes parents.
弟はいつでも両親の味方につく．

補足 côté の「陣営」の意味が用いられている熟語．ranger は単独で「従わせる」という意味を持っており，この熟語でもその意味が生かされている．次のように所有形容詞とともに用いることもできる（例：Il est certain qu'elle se range de notre côté.「彼女が我々の側につくのは確かだ」）．

2103*　se régaler de qch　～を堪能する，楽しむ

▶ A Pâques, on s'est régalé de chocolat.
復活祭で，みんなでチョコレートを味わった．
▶ On se régale de belle musique.　美しい音楽を堪能する．

補足 régaler は「人にごちそうする」という意味を持つ．なお，se régaler à+inf. で「〜することを楽しむ」という表現もある（例：Je me régale à voir le spectacle.「私は公演を見て楽しんでいる」）．

2104　se rendre à qn/qch　〜に屈する，降伏する

▶ Il s'est enfin rendu à la police.　彼はとうとう自首した．

補足 この熟語では，à のうしろが人，あるいは物である点に注意したい．se rendre sans condition なら「無条件降伏する」（=capituler sans condition）の意味．もちろん，se rendre は，日常的には〈se rendre à+場所〉で「〜に行く」という意味で用いられることが多い．

2105* se rendre compte de qch [que+直説法]　〜であるとわかる

▶ Maintenant, je me rends compte de ce qu'il a voulu dire.
今は彼の言いたかったことが理解できる．
▶ Elle s'est rendue compte que cette lettre lui était adressée.
彼女はその手紙が自分に宛てられたものだとわかった．

補足 comprendre や remarquer とほぼ同じ．sans s'en rendre compte で「そうとは知らずに」の意味になる．なお，rendre compte de qch という熟語もあるが，こちらは「〜を報告[説明]する」という意味．

2106　se reporter au passé　過去に立ち返る

▶ En me reportant au passé, beaucoup de souvenirs me reviennent.
過去に立ち返ってみると，たくさんの思い出がよみがえってくる．

補足 見出し語では「過去」le passé と結びついて「過去に立ち返る，身を置く」という意味で用いられているが，se reporter à qch はそもそも「〜を参照する」という意味の熟語（例：Veuillez vous reporter à la page 128.「128ページをご参照ください」）．

2107　se sortir d'un mauvais pas　難局を切り抜ける

▶ Avec son aide, nous nous sommes sorti(e)s d'un mauvais pas.
彼[彼女]の助けのおかげで，私たちは難局を切り抜けた．

補足 se tirer d'un mauvais pas とも言う（cf. 2108）．口語で，s'en sortir として同じ意味を表すこともできる．

2108　se tirer d'un mauvais pas　難局を切り抜ける

▶ On s'est tiré d'un mauvais pas grâce à l'intervention de Pierre.
ピエールの力添えのおかげでわれわれは難局を切り抜けた．

補足 se tirer de で「〜を切り抜ける」という意味（cf. 1807）．見出し語は un mauvais pas「困難」と組み合わされて熟語となっている. se sortir d'un mauvais pas とも言う. 冠詞が不定冠詞であることにも注意したい (cf. 2107).

2109* se trouver [être] dans la nécessité de+inf.
～せざるを得ない

▶ Il se trouvait [était] dans la nécessité de vendre sa maison.
彼は自分の家を売らなければいけない状況にあった.

補足 この se trouver は「(ある状態に) 陥る」という意味.「人に～せざるを得なくさせる」と表現する場合には, mettre qn dans la nécessité de+inf. を使う.

2110 se trouver bien [mal] de qch [de+inf.]
～に[～することに]満足[不満]である

▶ Je me trouve bien d'avoir acheté cette voiture.
この車を買ってよかったと思う.

補足 se trouver bien [mal] だけなら「気分がよい[悪い]」(＝se sentir bien [mal]) という意味になる (cf. 838). この言い回しに de qch, あるいは de+inf. を添えると見出し語のような言い回しができる.

2111 se tuer à+inf.　～するのにうんざりする

▶ Je me suis tué(e) à lui répéter la même explication.
私は彼[彼女]に同じ説明を繰り返すのにはうんざりした.

補足 見出し語は se tuer の比喩的な意味が反映した熟語 (cf. 2112). そもそも, tuer という動詞は「殺す」という意味のほかに「死ぬほどつらくさせる, まいらせる」という意味を持っている.

2112 se tuer à gagner sa vie [son pain]　生活に追われる

▶ Pendant 20 ans, je me suis tué(e) à gagner ma vie.
20年間, 私は生活に追われてきた.

補足 字義通りに解釈すれば,「生活費[パン代]を稼ぐために自分を殺す」という意味. gagner son pain は, 比喩的に「生活費を稼ぐ」として用いられる. se tuer は字義通りに「自殺」の意味にもなる (se suicider と同義). ただし, se suicider と比較すると, se tuer にはこの熟語のように比喩的な意味も含まれるのが特徴 (cf. 2111).

2113* se venger de qn/qch

❶ (人に対して) 復讐する
▶ Elle s'est vengée de son rival politique.　彼女は政敵に復讐した.
❷ (物事への) 仕返しをする

▶ Marguerite se vengera de l'insulte faite à sa famille.
マルグリットは自分の家族に向けられた侮辱に復讐するだろう．

補足 この場合，①の人に対する用法だと de のあとには復讐する相手がくる．②の物事とともに用いられる用法だと，de のあとには復讐の原因がくる点に注意．

2114 s'en aller à pas de loup　こっそり立ち去る

▶ Comme elle s'endormait, il s'en est allé à pas de loup.
彼女がぐっすり眠っていたので，彼は足音を忍ばせて立ち去った．

補足 à pas de loup を直訳すると「狼のような歩き方で」となるが，これは「そっと，足音を忍ばせて」という意味．「立ち去る」という意味で日常的に s'en aller は頻度の高い言い回し（例：Il faut que je m'en aille.「もう行かなきゃ」, Va t'en!「出て行け」）．

2115 s'en faire

❶ 心配する

▶ Ne t'en fais pas, tout va s'arranger!
心配するな，すべてうまく行くから．

❷ 気兼ねする，遠慮する

▶ Ce gars-là, il s'en fait pas!
あいつはまったく遠慮というものをしらない［図々しい］．

補足 否定形でしばしば口語に用いられる．「心配する，気兼ねする」という意味で，se contrarier や s'inquiéter などとほぼ同じ意味．なお，Tu ne t'en fais pas! と言うと「君は気兼ねしない」，つまり「無頓着なんだね」と相手を皮肉る表現にもなる．

2116 s'en prendre à qn
（難癖をつけて）人に食ってかかる，人を非難する

▶ Ma fille a fini par s'en prendre à moi.
娘はついには私に食ってかかってきた．

補足 s'attaquer à qn「人に噛みつく」, critiquer「非難する」などが類義．ne savoir à qui s'en prendre は「誰に文句をつけたらいいのかわからない」の意味．

2117 s'en rapporter à qn/qch　～に任せる，頼る

▶ Je m'en rapporte à vous sur cette affaire.
この案件に関してはあなたにお任せします．

▶ S'il y a un problème, nous nous en rapporterons au jugement de nos directeurs.
問題があったら，われわれは部長たちの判断に任せている．

補足 se rapporter à qch は「～と関係がある，関連する」の意味になる (cf. 1799)．

2118　s'en remettre à qn/qch　〜に任せる，頼る

▶ Je m'en remets à toi.　それは君に任せます．
▶ On doit s'en remettre à la décision du patron.
オーナーの決定に任せなくてはならない．

補足 se remettre には，ほかの前置詞と組み合わさった熟語が複数あるので混同しないように気をつけたい．たとえば se remettre à+inf. は「ふたたび〜し始める」（= recommencer）という意味になり，se remettre de なら「（病気やショックから）回復する」という意味（cf. 1801）．

2119　s'en tirer avec succès　うまく切り抜ける

▶ Il y a eu des imprévus, mais il s'en est tiré avec succès.
予想外の出来事がいろいろ起こったが，彼はうまく切り抜けた．

補足「困難な状況をうまく切り抜ける」という意味の熟語（cf. 1812）．s'en tirer avec qch で，「〜だけですむ」という言い回しもある（例：Il s'est battu avec son ami férocement, mais ils s'en sont tirés avec quelques égratignures seulement.「彼は友だちとひどい喧嘩をしたが，2人ともいくつかのかすり傷だけですんだ」）．

2120* s'étaler sur＋面積　〜にわたって広がっている

▶ Le bassin de la Seine s'étale sur 78.650km^2.
セーヌ川流域は78,650平方キロメートルにわたって広がっている．

補足 ほかに〈s'étaler sur＋時間〉という表現もある（例：Sa carrière s'étale sur plus de trente ans.「彼［彼女］のキャリアは30年以上にわたっている」，Les paiements s'étalent sur 12 mois.「支払いは12か月の分割払いだ」）．

2121　sortir à l'anglaise　（挨拶なしに）こっそり立ち去る

▶ Après le dîner, elle est sortie à l'anglaise.
ディナーの後，彼女は挨拶なしに立ち去った．

補足 filer [s'en aller, partir] など「立ち去る」という意味のほかの動詞と組み合わせて用いても同じ意味になる．直訳すれば「イギリス風に立ち去る」（仏英は歴史的な対立の過去があるので，双方に仏英を対象にしたマイナスのイメージを持つ言い回しがある）．ちなみに見出し語を英語に直せば，take French leave となる．

2122* supplier avec les yeux pleins de larmes
目にいっぱい涙をためて懇願する

▶ Il l'a suppliée de lui pardonner avec les yeux pleins de larmes.
彼は目にいっぱい涙をためて彼女に許してくれと懇願した．

補足 この場合，avec 以下は動作主の様態を表している．日本語と同じく「目」yeux を使った

表現は慣用表現を含めて数が多い．たとえば regarder qn dans les yeux「人の顔をまともに見すえる」，suivre qn des yeux「人を目で追う」などなど．

2123　s'y prendre　（あるやり方で目的を目指して）取りくむ，行動する

▶ Il faut s'y prendre autrement!
そんなやり方じゃダメだ/ほかのやり方をしないと．
▶ Je ne sais pas comment m'y prendre.
私にはどうすればいいかがわからない．

補足 会話をしている双方（話し手と聞き手）が互いに了解している事項を前提に使われる熟語で副詞（句）を従える．s'y prendre bien [mal] なら「取り組みがうまい[まずい]，うまくやる[しくじる]」の意味になる．見出し語は procéder, agir などの類義語．

2124　tenir [mettre] qn au courant de qch
　　　～について人に事の次第を知らせる，常に知らせておく

▶ C'est Hugo qui a mis Anne au courant de l'infidélité de son mari.
アンヌに夫の不実を知らせたのはユゴーだ．

補足 renseigner qn sur qch「～について人に情報を与える」は類義．être au courant は「～を知っている，事情に通じている」という意味．見出し語を代名動詞にして se tenir [se mettre] au courant なら，「～について知る，常に情報を仕入れている」となる．

2125* tenir ses engagements　約束を守る

▶ Ce politicien ne tient pas ses engagements : il ne compte pas réduire les impôts.
あの政治家は約束[公約]を守っていない．減税するつもりがないのだ．

補足 parole や promesse といったほかの「約束」（ただし engagement は「正式で重大な約束」を指す）と同様に，「守る」ときには tenir で，「破る」ときには manquer à が使われる（cf. 1823, 1223）．

2126　tenir tête à qn　人に反抗する

▶ Elle n'a pas osé tenir tête à son père.
彼女は父親の意思に逆らえなかった．
▶ Ma fille de 18 ans me tient tête. Le dialogue est trop difficile.
18歳の娘が私に反抗する．コミュニケーションをはかるのがかなり難しい．

補足 se révolter contre qn/qch, s'opposer à qn, résister à qn/qch などと類義である（cf. 1804, 851）．体の一部分である「頭」tête は，ほかに「頭脳」や「性格」を表すこともあるので注意したい（例：avoir la tête froide「冷静な性格である」）．

2127* tirer une grande fierté de qn/qch　〜を大いに自慢に思う

▶ Il tire une grande fierté de son château en Ile-de-France.
彼はイル・ド・フランスに所有している城を大いに自慢に思っている．
▶ Marie tire une grande fierté de sa fille cadette.
マリーは末娘を大いに自慢に思っている．
Sa fille cadette est l'orgueil de Marie.「末娘はマリーの自慢の種だ」と言い換えられる．

補足 tirer fierté de qn/qch「〜を自慢する」を強調した表現．「誇り，プライド」の意味を持つ fierté は「自慢」orgueil の意味も持つ（ただし，orgueil という名詞は多分に軽蔑的なニュアンスを含むので注意したい）．形容詞は fier(ère)．

2128　toucher du doigt qch　〜に接近する

▶ Ce savant touche du doigt le but.　その学者は目的達成寸前だ．

補足「〜を指で触れる」が直訳で，問題などの解決に近づいている状態（être près de la solution）を指す．なお，仏和辞書には見出し語について「〜をはっきり理解する」と書かれているものもあるが，この意味で使う例はほとんどない．なお，mettre le doigt sur qch なら「〜の図星を指す，（問題点などを）指摘する」の意味となる（例：On doit mettre le doigt sur la difficulté.「問題点を明らかにしなくてはならない」）．ただし，mettre le doigt sur la bouche は「（「黙れ」という合図として）口に指をあてる」の意味になる．

2129* traiter de qch
（本が）〜について論じる，〜をテーマとして扱う

▶ Cet ouvrage traite de la crise économique.
その本は経済危機について論じている．

補足 この熟語は主語が「本，作品」で，それが内容的に「〜をテーマとして扱う，論じる」の展開で使われるもの．

2130* trouver refuge (chez qn)　（人のところに）難を逃れる

▶ A cause de l'incendie, ils ont dû trouver refuge chez leurs voisins.
火事のせいで，彼らは隣人の家に避難させてもらった．

補足 refuge は「避難所，隠れ場」の意味．関連する熟語としてはほかに demander refuge à qn「人に保護を頼む，庇護を求める」がある．

2131　valoir la peine de+inf. [que+直説法]
〜するだけの価値がある

▶ Ce musée vaut la peine d'être visité.

あの美術館は行ってみる価値がある．
▶ Cette affaire vaut la peine qu'on se réunisse pour en discuter.
この案件はみんなで集まって議論するだけの価値がある．

補足 peine の「苦労，骨折り」の意味が用いられた表現 (cf. 2085)．関連する熟語としては，〈ce n'est pas la peine de+inf.［que+接続法］〉（あるいは省略して〈pas la peine de+inf.［que+接続法］〉）「～するには及ばない」がある．なお，見出し語の valoir に関しては他動詞の valoir qch à qn の形「人に～をもたらす」も記憶したい（例：Cela nous a valu des ennuis「そのことで私たちは厄介な目にあった」）．

2132* veiller à la bonne tenue de qch
～のよい運営［管理］に気を配る

▶ Pour la sécurité des membres, ce club de gym veille à la bonne tenue de l'équipement.
会員の安全のために，当ジムは設備の管理が行き届くよう気を配っています．

補足 veiller à qch で「～に気を配る」という意味 (cf. 2133)．またこの場合の tenue は「メンテナンス，運営」の意味である．

2133* veiller à qch　～に注意する，気をつける

▶ Elle veille toujours à la santé de ses enfants.
彼女は子どもたちの健康にいつも気を配っている．

補足 この場合は s'occuper と同じ意味である．ほかに，veiller à+inf. や〈veiller à ce que＋接続法〉という形でも使われる（例：Veillez à ce que tout soit en ordre!「すべてきちんと片づいているように配慮ください」cf. 2132）．

2134* venir en aide à qn / qch
～を経済的に援助する，～に援助の手を差しのべる

▶ Quand il a fait faillite, ses amis lui sont venus en aide.
彼が破産したとき，友人たちが彼を経済的に援助した．

補足 通常は人を対象とするが，venir en aide aux pays en voie de développement「開発途上国を援助する」というような例もある．aide の意味は「助け，援助」であるが，金銭的な援助も表す（例：aide sociale「生活保護」，aide au logement「住宅手当」）．

2135　vivre dans l'instant　刹那的に生きる

▶ Quand il était jeune, il vivait dans l'instant.
彼は若い頃，刹那的に生きていた．

補足 vivre dans le présent「現在に生きる」に類した表現である．ちなみに dans un instant だと「すぐに」という意味になる（例：Je reviens dans un instant.「すぐに戻ります」）．

2136* vivre en bonne [mauvaise] intelligence avec qn
人と仲良く［不仲に］暮らす

▶ Comment est-ce que je peux vivre en bonne intelligence avec elle?
どのようにして私は彼女と仲良く暮らしていけるか．

補足 この intelligence は「相互理解」の意味．

2137* voir le jour　生まれる，日の目をみる

▶ Mon père a vu le jour dans un petit village.　父は小さな村で生まれた．
▶ Finalement son livre voit le jour.　ようやく彼［彼女］の本が出版される．

補足 少々文語的な熟語．類義に venir au jour があるがこれも文語的な言い回し．

2138　voir tout en noir　何でも悲観的に考える

▶ Ce n'est pas dans sa nature de voir tout en noir.
何でも悲観的に考えるなんて彼［彼女］の性格にそぐわない．

補足 この場合の en noir は en rose の反意表現である (cf. 1841)．voir les choses en noir とも言う．関連する熟語として avoir [se faire] des idées noires「憂鬱になる，悲観的である」などがある．なお，être en noir なら「黒い服［喪服］を着ている」の意味になる．Elles sont toutes en noir. なら「彼女たちは全員黒い服［喪服］を着ていた」という意味になる．

2139　vouer A à B　A（生活や人生など）を B に捧げる

▶ Elle a voué sa vie à la science.　彼女は学問に人生を捧げた．

補足 A に入るのは，生活・人生・時間などの単語である．この用法の vouer は consacrer A à B とほぼ同義である．vouer qch à qn なら「人に～を誓う」の意味になる（例：vouer une amitié éternelle à qn「人に永久の友情を誓う」）．

14 形容詞

2140　enceinte de ... mois　妊娠～か月

▶ Elle est maintenant enceinte de trois mois et souffre de nausées.
彼女はいま妊娠 3 か月で，つわりに苦しんでいる．

補足 de 以下を ...semaines として「妊娠～週」を表現することもできる．grossesse de ... mois でも類義になるが，grossesse は妊娠している状態より，妊娠期間を表すときに用いられることが多い（例：Pendant sa grossesse, elle s'est abstenue de fumer.「妊娠中，彼女は禁煙していた」）．

2141 issu(e) de qn/qch　〜出身の，〜に由来する，〜から生じる

▶ Monsieur Boileau est issu d'une famille riche.
ボワロー氏は裕福な家庭の生まれだ．
▶ C'est le gouvernement issu des élections législatives.
それは総選挙の結果誕生した内閣である．

補足「〜出身の，〜生まれの」は né(e) de qn/qch とも言える．issue は「出口，結果，解決策」という意味の女性名詞．à l'issue de qch は「〜の後で，〜が終わってから」（= à la fin de qch）の意味．

2142 muni(e) de qch　〜を備えた，身につけた

▶ C'est un portable muni d'un appareil-photo.
これはカメラ付きの携帯電話だ．

補足 munir「備えさせる，持たせる」の過去分詞 muni(e) を用いた表現．人にも物にも使うことができる．

2143 relatif(ve) à qch　〜に関する

▶ Sarah consulte les documents relatifs à l'époque de Nara.
サラは奈良時代に関する資料を調べている．

補足 relatif(ve) は形容詞のため，前に置かれる名詞によって性数が変化することに注意．同義は sur, portant sur, concernant など（例：le rapport sur l'économie japonaise「日本経済に関するレポート」，la discussion portant sur l'ONU「国連に関する議論」，le chapitre concernant l'art français「フランス美術に関する章」）．

2144 soumis(e) à qn/qch

❶ 〜の言いなりになる

▶ Pauline a toujours été soumise à sa mère.
ポーリーヌはいつも母親の言いなりだった．

❷ 〜に従属する

▶ L'aide personnalisée au logement (APL) est soumise au revenu.
住宅手当は収入に応じて支払われる．

補足 soumettre の過去分詞．obéissant(e) と同義の「従順な」という意味と，「従属する」の意味がある．後者はたとえば revenu soumis à l'impôt「課税所得」などの公的な用語として受け身の形で用いられることが多い．

2145 sujet(te) à qch　〜に陥りやすい，（病気などに）かかりやすい

▶ Il était sujet au vertige.　彼はよく目まいを起こしていた．

補足 一般にネガティブな行為や状態へと向かう場合に用いられる表現．être sujet(te) à+

inf. なら「～しがちである」の意味になる（例：On est sujet à se tromper.「人は間違えやすいものだ」）．類義の表現に enclin(e) à qch (cf. 1844), prédisposé(e) à qch がある．

15 名詞

2146 **l'art de＋inf.**　～する術[こつ]，～する秘訣

▶ Mon oncle est passé maître dans l'art de vivre.
叔父は生き方を心得ている．
「生きる技術にかけては叔父は師とみなされる」が直訳．

▶ Elle a l'art de disparaître au moment de payer.
彼女は支払う段になるといつもうまく消えてしまう．
avoir l'art de＋inf.「～する術を心得ている」の意味．

[補足] avoir le talent pour＋inf.「～する才を持っている」は類義語．savoir l'art de＋inf. なら「～する術を知っている」の意味．しばしば皮肉をこめて使われる．

16 その他

2147* **autrement dit**　言い換えれば，つまり

▶ Autrement dit, vous ne pouvez pas y aller.
つまり，あなたはそこには行けないわけですね．

[補足]「ほかの言い方をすれば」という意味．en d'autres mots, en d'autres termes「言葉を変えれば」，en un mot「要するに」，c'est dire qch [que＋直説法], c'est-à-dire qch [que＋直説法]「すなわち」など類義語は多々ある．

2148　**Ce n'est pas (tout) rose.**　それは楽ではない．

▶ Ce n'est pas (tout) rose.　それは楽じゃない．

[補足] 例文は「これは楽しくない」とも訳せる．この rose は「（多くは否定で）バラ色の」→「楽しい（事ばかりの）」の意味．La vie n'est pas rose. とすれば「人生はいい事ばかりじゃない」という意味になる．なお，名詞の rose を用いた知られた熟語には voir tout [la vie] en rose「すべてを[人生を]楽観的に見る」がある (cf. 1841)．反意語は voir tout [la vie] en noir．

2149* **Ce n'est pas tout de＋inf.**　～するだけでは充分ではない．

▶ Ce n'est pas tout de s'amuser.　のんびりしている場合ではない．
「遊んでいる[面白がっている]だけがすべてではない」とも訳せる．

[補足] Ce n'est pas assez de＋inf. と同義．なお，Ce n'est pas tout.「それだけではない，それでは済まない，その上，さらに」という言い方でも使われる．

2150 certes ..., mais ...　たしかに〜ではあろうが〜

- Certes, cette maison est grande, mais elle est trop loin de mon travail.
  たしかにこの家は広いが，職場から遠すぎる．
- Certes, nous n'avons pas de moyens financiers, mais nous voudrions absolument réaliser notre projet.
  たしかに私たちに資金はないが，この計画を何としても実現したい．

補足 改まった表現の相関句．mais のかわりに cependant, pourtant の語も用いられる．sans doute..., mais... という相関句も同義．

2151 C'est le jour et la nuit.　正反対である，まったく対照的だ．

- Son mari et elle, c'est le jour et la nuit.
  旦那さんと彼女は，月とスッポンだ．

補足 C'est comme le jour et la nuit. とすればおそらくニュアンスがつかいみやすいのではないか．つまり「（まるで）昼と夜のように違う」という意味．なお，似たような表現で，jour et nuit（あるいは nuit et jour）という言い回しあるが，これは「夜となく昼となく，絶え間なく」の意味になる．

2152 C'est tout comme.　ほとんど同じことだ．

- Taro et Hanako ne sont pas mariés, mais c'est tout comme.
  太郎と花子は結婚していないが，したも同然だ．

補足 tout comme で「〜とまったく同じに，同じやり方で」となる熟語（例：Elle sera infirmière tout comme sa mère.「彼女は母親と同じく看護師になるだろう」）．

2153 comme personne　誰よりも

- Maman sait faire les gâteaux comme personne.
  ママはケーキ作りでは誰にも負けない．

補足 この見出し語は「誰にもできぬように」の意味から派生．sans pareil も参照．

2154 comme prévu　予定どおり，打ち合わせどおり

- Comme prévu, la cérémonie s'est déroulée vendredi dernier.
  予定どおり，式は先週の金曜日に行われた．

補足 prévu は prévoir「予定する，予想する」の過去分詞．au rythme prévu「予定のペースで，予定どおり」とも言い換えられる．なお，「予定より早く」plus tôt que prévu も記憶したい．

2155 comme quoi　そういうわけだから〜，〜というわけだ

▶ Tu vois que tu as guéri, comme quoi il faut toujours garder l'espoir.
ほらみろ治ったじゃないか，つまり希望をずっと持ち続けろってことさ．

補足 前文の内容を受けて，証明された教訓，つまり例文のように il faut+inf. で導かれるような内容を引き出す言い回し．固い言い方なら，〈ce qui prouve [démontre] que+直説法〉に相当する．

2156* d'autant que+直説法　〜であるだけに，〜なのだから

▶ Je ne me sens pas responsable de ma fille, d'autant qu'elle a 20 ans révolus.
娘は満20歳を過ぎているのだから，彼女のことで私に責任があるとは思わない．

補足 類義に〈d'autant plus que+直説法〉「まして〜だからなおのこと」や〈vu que+直説法〉「〜であるから，〜なのだから」などがある．

2157 et ainsi de suite　以下同様に

▶ 1. Semaine A : lecture d'un texte littéraire en japonais
　2. Semaine B : traduction en japonais d'un texte littéraire français
　3. Et ainsi de suite, jusqu'à la fin de l'année scolaire…
　1．A週：日本語の文学作品の講読
　2．B週：フランス語の文学作品を日本語に翻訳
　3．以下同様に（A・Bのパターンを繰り返して），学期末まで．
大学の授業用のシラバスをイメージした用例．

2158* ne ... en rien　どの点でも〜ない

▶ Je n'apprécie en rien son article.　私は彼[彼女]の記事をまったく評価できない．

補足 何かをまるまる打ち消すときに使う表現．なお，Il n'en est rien. は「まったくそんなことはない」という意味で使われる（例：Véronique, méchante? Il n'en est rien!「ヴェロニックが意地悪だって．そんなことはまったくないよ」）．

2159 pas plus que　と同様に（〜 でない）

▶ Ma mère, pas plus que mon père, ne se doutait de rien.
私の母も，父と同じく，まったくなにも気づいていなかった．

補足〈A ne+動詞+pas plus...que B〉「AはB以上に〜というわけではない」→「AはBと同じく〜ではない」という表現から，例文の〈A, pas plus que B, ne+動詞〉という形が生まれた．

2160 passer du blanc au noir
意見をがらりと変える，極端から極端に走る

▶ Ces politiciens passent souvent du blanc au noir.
あの政治家たちはしょっちゅう意見をがらりと変える．

補足 見出し語の passer を changer と置き換えられるとしている辞書があるが，changer を使う類義語なら changer du tout au tout「まったく変わる」が通例の形．なお，passer d'un extrême à l'autre「極端から極端に走る」という言い方もある．なお，retourner sa veste（直訳すると「上着を裏返す」）も見出し語の類義語．

2161 passer qch en revue　検討する

▶ Nous avons passé en revue tous les documents.
私たちはすべての書類を検討した．

補足 revue には「点検，検討」の意味があり，faire la revue de qch とも言い換えられる．vérifier qch は同義表現（例：Tu dois bien vérifier les phrases dans cette page.「このページに書かれた文章をよく検討すべきだ」）．

2162 payer cher qch　〜に高い代金を払う，〜に大きな犠牲を払う

▶ On a payé cher cette imprudence.　その不注意は高くついた．
▶ Ce peuple doit payer cher son indépendance.
その国民は独立を獲得するのに大きな犠牲を払わなくてはならない．

補足 直訳でもおおむね意味が通じる熟語．faire payer trop cher なら「高くふっかける，不当な値段を請求する」という意味．

2163 peu importe ...　〜などどうでもいい，〜は大した問題ではない

▶ Peu importe les objections de mes parents!
親の反対なんてどうだっていい．
動詞 importer を複数にして，Peu importent les objections de mes parents! とも書いてもよい．主語と動詞の一致は任意．
▶ Peu importe si elle arrive en retard, on commencera sans elle.
彼女が遅れて来てもどうでもいい，彼女抜きで先にはじめよう．

補足 これは，そもそもが〈主語＋importer（動詞）＋peu〉「〜はほとんど重要ではない」が倒置された口語表現．単独でも用いる（例：Que ce soit lui ou son ami, peu importe, on a besoin de quelqu'un.「彼でも彼の友だちでもそれはどうでもいい，ともかく誰か人が必要だ」）．

2164 pourvu que＋接続法

❶ 〜でさえあれば

▶ On terminera à temps, pourvu qu'il ne nous interrompe pas.
彼に中断させられることがなければ時間どおりに終わるだろう．

❷ 〜であるといいのに
▶ Pourvu que tu réussisses ton examen! 君が試験に受かるといいな．

補足 ①条件節になるパターン．〈du moment que＋直説法〉，〈si＋直説法〉と類義．②は独立節で「願望」を表す．〈je souhaite que＋接続法〉に近い．

2165* quel que soit ... 〜がどうであろうと

▶ Quel que soit le résultat, tenez-moi au courant.
結果がどうであれ，成り行きを知らせてくださいね．
quelles que soient les conséquences とも言い換えられる．

▶ Nous achèterons ce tableau quel qu'en soit le prix.
値段がいくらでも，私たちはその絵を買うでしょう．

2166 soit dit en passant ついでながら

▶ Monsieur Yoshida a acheté une nouvelle voiture qui, soit dit en passant, vaut plus de cinq millions de yens.
吉田さん新しく車を買って，ついでに言うと，500万円を超える値段だって．

補足 会話のついでに，話題をつけ加えるときなどに用いる．また en passant で，「通りすがりに」という意味になることもある（例：Je lui ai dit bonjour en passant.「私は通りすがりに彼［彼女］に挨拶した」）．

2167 tant bien que mal どうにかこうにか

▶ Mon fils s'est remis de sa grippe tant bien que mal.
息子はやっとのことで風邪がよくなった．

補足 「悪くもよくも同程度に」というのが直訳．plus ou moins bien という言い方もある．

2168* tantôt ... tantôt ... ある時は〜またある時は〜

▶ Cette jupe paraît tantôt bleue tantôt rose.
このスカートはある時は青に見えて，ある時はバラ色に見える．

補足 人や物，あるいは行動が「ある時にはA，ある時にはBと変化する」ことを表現する．

2169 tout ce qu'il y a de＋無冠詞名詞（複数）
〜のすべて，〜であるすべて

▶ Tout ce qu'il y a de scientifiques a consenti au projet.
すべての科学者がこぞってその計画に賛成した．

補足 主動詞が複数形になることもないではないが，一般的には単数を用いる．なお，〈tout

ce qu'il y a de plus＋形容詞〉で「最高に〜な」という表現もある（cf. 2170）．

2170 **tout ce qu'il y a de plus＋形容詞**
最高に〜な，このうえなく〜な

▶ C'est tout ce qu'il y a de plus facile.　それはまったく簡単なことだ．

補足 〈très＋形容詞〉とほぼ同義．つまり例文は très facile，あるいは facile comme bonjour などと同義になる．反意は〈tout ce qu'il y a de moins＋形容詞〉で表現される．なお，この表現の形容詞は性数を一致しても，しなくてもかまわない（例：Elle est tout ce qu'il y a de plus gentil [gentille]．「彼女はとても感じがよい」）．

2171 **tout compte fait**　すべてを考慮のうえで，結局

▶ Tout compte fait, on a décidé de ne pas aller en France.
結局，フランスに行かないことに決めた．

補足 同義に，au bout du compte，en fin de compte がある．「いろいろ考えて結局，〜と判断する[決める]」という表現．

さくいん
Index

すべての見出し語をアルファベット順に並べました。
数字はページ数を示しています。

A

à（時間・時期）	9
à（場所）	10
à（手段・方法・様態・準拠）	12
à（単位・数量）	12
à（付属・特徴）	13
à（用途）	63
à（所属）	62
à ... km à l'heure	128
à＋名詞＋près	450
à＋定冠詞＋方角（＋de＋場所）	11
à＋都市名	10
à＋数詞＋時間の単位＋de marche (d'ici)	316
à＋数詞＋heure(s)	9
à＋数詞＋pour cent (d'intérêt)	239
名詞＋à＋数詞＋euros	239
名詞＋à＋inf.（必要・義務・目的・用途）	127
à qch près	242
à bas taux d'intérêt/à taux d'intérêt bas	316
à base de＋無冠詞名詞	317
à belles dents	317
A bientôt!	2
à bon droit	317
à bord	239
à bout de＋無冠詞名詞	317
à caractère＋形容詞	317
à cause de qn/qch	63
à ce moment-là	109
à cet effet	240
à cette époque-là	128
à chaque [tout] instant	318
à côté	12
à côté de＋場所	12
à côté de qn/qch	240
à coup sûr	318
à court [moyen, long] terme	318
à défaut de qch [de＋inf.]	318
A demain!	2
à destination de＋場所	318
à deux pas (de qch)	318
à domicile	319
à droite	11
à fond	319
à force de＋無冠詞名詞 [de＋inf.]	319
à gauche	12
à haute voix	128
à intervalles réguliers	319
à la boulangerie	11
à la campagne	128
à la carte	128
à (la) condition de＋inf. [que＋直説法未来形/接続法]	316
à la dérobée	450
à la fin	63
à la fin de qch	64
à la fois	128
à la fois＋形容詞＋et＋形容詞	129
à la hauteur de qn/qch	320
à la légère	320
à la maison	11
à la manière＋形容詞 [de＋名詞]	320
à la manque	321
à la même époque	240
à la mesure de qch	321
à la mode	129
à la nage	129
à la perfection	321
à la place (de qn/qch)	129
à la pointe de qch	321
à la portée de qn	321
à la recherche de qn/qch	321
à la retraite	450
à la rigueur	450

507

à la suite de qn/qch	450
à la télévision	64
à la tête de qch	240
à la vérité	130
à la vue de qn/qch	322
à l'âge de ... ans	130
à l'aide de qch	322
à l'avance	322
à l'avantage de qn	323
à l'écart (de qn/qch)	323
à l'échelle+形容詞 [de qch]	451
à l'endroit	323
à l'envers	323
à l'époque de qch	130
à l'état+形容詞 [de+無冠詞名詞]	323
à l'étranger	64
à l'étroit	324
à l'improviste	451
à l'instant	130
à l'instant où+直説法	324
à l'insu de qn/à son insu	451
à l'intention de qn	324
à l'intérieur de qch	130
à l'occasion	324
à l'œuvre	325
à longueur de+無冠詞名詞	451
à l'opposé (de qn/qch)	130
à l'origine	241
à merveille	325
à mesure que+直説法	325
à midi	9
à minuit	10
à mi-temps	325
à mi-voix	241
à moi	13
à moitié	325
à moitié chemin	326
(à) moitié prix	316
à mon avis	131
à nouveau	326
à part	326
à partir de qch (時間・期間)	131
à peine	131
à peine ... que+直説法	327
à perte de vue	327
à peu près	241
à plat	327
à plat ventre	241
à plus forte raison	327
A plus tard!	118
à plusieurs reprises	242
à point	242
à portée de main [voix, etc.]	242
à première vue	328
à présent	328
à propos de qch	131
à quel sujet	243
à quelle heure	7
à quoi bon qch [+inf.]	328
à raison de qch	328
à sa (grande) surprise	241
à savoir qn/qch	452
à sens unique	328
à son compte	329
A table!	118
à taux d'intérêt élevé	452
à temps	329
à temps partiel	329
à terre	329
à [au] titre de+無冠詞名詞	316
à tour de rôle	329
A tout à l'heure!	59
à tout coup/à tous les coups	330
à tout prendre	452
à tout prix	243
à toute [pleine, grande] vitesse	132
à travers qn/qch	132
A un de ces jours	236
名詞+à venir	239
à voix basse	132
A votre santé!/A la vôtre!	58
à votre service	118
à vrai dire	132
à vue d'œil	452
abriter	398
absent(e) de qch	216

accepter de＋inf.	187
accompagner qn à＋場所	187
accorder de la valeur à qn/qch	398
accorder son attention à qn/qch	476
acheter le journal [le magazine] au numéro	452
adresser ses félicitations à qn	477
affaire de＋時間	436
afin de＋inf. [que＋接続法]	258
agir avec décision	399
agir en l'air	273
agréable à qch[à＋inf.]	216
ah bon	57
名詞＋aidant	441
aider qn à＋inf.	87
aimer＋定冠詞＋名詞	47
aimer＋inf.	87
aller＋inf.	31
aller à＋場所	31
aller à qn	87
aller à vélo	187
aller au lit	187
aller au plus court	399
aller au-devant de qn	477
aller aux toilettes	188
aller bien	31
A aller (bien) avec B	86
aller chercher qn	88
aller de mal en pis	399
aller droit au cœur	399
aller le mieux avec qn/qch	273
aller mieux	87
aller sur＋年齢	399
aller trop loin	400
Allez-y.	238
alors que＋直説法	303
amener qn à＋inf.	400
annoncer qch	273
annoncer qch à qn	400
appartenir à qn/qch	274
apporter qch à qn	274
apprendre qch [à＋inf.]	88
apprendre qch par cœur	188
approcher de qch	188
appuyer A contre [à, sur] B	188
appuyer sur qch	88
après（場所・序列）	18
après（期間）	18
期間＋après（時間・場所・序列）	108
無冠詞名詞＋après＋無冠詞名詞	366
après＋inf.	158
après coup	366
après que＋直説法（複合形）	158
après tout	158
argent liquide	436
arrêter A(qch) sur B(qn/qch)	477
arrêter de＋inf.	188
arriver	189
arriver à＋inf.	189
arriver en avance	190
arriver en retard	189
assez de＋無冠詞名詞	105
assister à qch	274
attendre	190
attendre un moment	274
Attention à qn/qch!	60
attraper froid	190
attraper la grippe	275
au＋序数＋étage	106
au＋国名（男性単数）	10
au bas de qch	243
au beau milieu de qn/qch	452
au bénéfice de qn/qch	330
au besoin	330
au bord de＋場所	64
au bout de qch	133
au bout du compte	330
au cas [dans le cas] où＋条件法	330
au choix	243
au cœur [en plein cœur] de qch	453
au coin de qch	133
au contraire	133
au contraire de qn/qch	133
au cours de qch	243
au début de qch	65
au détail	453
au détriment de qn/qch	453

509

au dîner	65	aussi＋形容詞・副詞＋que…	44
au fait	331	aussitôt que possible	109
Au feu!	118	autant de＋無冠詞名詞＋que …	219
au fond	331	autant que possible	441
au fond de qch	133	autour de qn/qch	158
au fur et à mesure de qch [que＋直説法]	331	autrement dit	501
au hasard	244	aux＋国名（複数）	11
au juste	244	avant（時間）	18
au lieu de qn/qch[de＋inf.]	134	avant（副詞）	109
au mieux	331	avant（場所・順序）	18
au milieu de qn/qch	65	期間（時間的要素）＋avant	305
au moins	244	avant de＋inf.	159
au mois de＋月	65	avant tout/avant toute chose	159
au moment de qch [de＋inf./où＋直説法]	244	avec（同伴・対人関係）	19
au moyen de qch	332	avec（合致・比較・混同）	66
au niveau＋形容詞	245	avec（同時性）	66
au niveau de qn/qch	134	avec（所持・付属・手段・道具）	66
au nom de qn/qch	245	avec（原因・条件・対立）	66
au nord	134	avec＋無冠詞名詞	67
au pied de qch	134	avec＋数詞＋heure(s) de retard	334
au plus haut [au dernier] degré (de qch)	332	avec adresse	259
au plus tôt	135	avec attention	136
au point de＋inf. [que＋直説法]	332	avec confiance	259
au premier plan (de qch)	453	avec difficulté	136
au printemps	65	avec effort	136
au profit de qn/qch	332	avec émotion	334
au ras de qch	454	avec énergie	334
au retour	333	avec force	334
Au revoir!	2	avec habileté	335
au risque de＋inf. [de＋qch]	245	avec impatience	335
au rythme de qch/à son rythme	333	avec intérêt	335
Au secours!	118	avec (juste) raison	259
au sein de qch	454	avec le jour	335
au service de qn/qch	245	avec le temps	137
au sujet de qn/qch	135	avec ordre	137
au taux de＋数詞＋pour cent	333	avec peine	335
au téléphone	66	Avec plaisir.	5
au total	245	avec qui	7
Au travail!	314	avec soin	259
Aucune idée.	314	avec succès	137
au-dessous de qn/qch	135	avec tendresse	137
augmenter de＋数量	400	avec tout(tous, toute, toutes)＋名詞	336
aujourd'hui, c'est le …	49	avec une carte de crédit	137

avec violence	137
avertir qn de qch [que+直説法]	477
avoir ... an(s)	25
avoir+定冠詞+名詞+facile	370
avoir+定冠詞+身体+形容詞	26
avoir（+数詞+jours de）congé	368
avoir qch à la bouche	467
avoir qch en mémoire	169
avoir qch pour conséquence	374
avoir qn/qch à+inf.	169
avoir（qn/qch）à+inf.	369
avoir [prendre] qn/qch en horreur	369
avoir qn/qch en réserve	467
avoir affaire à qn/qch	370
avoir avantage à+inf.	370
avoir beau+inf.	262
avoir beaucoup de choses à faire	78
avoir besoin de qn/qch [de+inf.]	78
avoir bon cœur [du cœur]	371
avoir bon [mauvais] goût	370
avoir bonne [mauvaise] mine	166
avoir chaud [froid, soif, sommeil, peur, raison, tort, etc.]	25
avoir confiance en qn/qch	166
avoir cours	166
avoir dans l'idée que+直説法	371
avoir d'autres choses à faire	167
avoir de bons [mauvais] rapports（avec qn）	371
avoir de la chance（de+inf）	80
avoir de la classe	371
avoir（de la）peine à+inf.	264
avoir [faire] de la température	166
avoir de la voix	371
avoir de l'action sur qn/qch	372
avoir de l'appétit	79
avoir de l'esprit	167
avoir de l'ordre	262
avoir des nouvelles de qn	79
avoir des remords de+inf.（複合形）	262
avoir droit à qch	372
avoir du caractère	372
avoir du courage	78
avoir du mal à+inf.	262
avoir du métier	372
avoir du respect pour qn	263
avoir du temps	79
avoir égard à qch	372
avoir envie de qch [de+inf.]	167
avoir été à+場所	171
avoir hâte de+inf.	263
avoir horreur de qn/qch [de+inf.]	373
avoir [il y a] intérêt à+inf.	263
avoir la chance de+inf.	168
avoir la charge de qch [de+inf.]	373
avoir la confiance de qn	168
avoir la joie de+inf.	263
avoir l'air+形容詞/d'un（e）+名詞/de+inf.	80
avoir l'avantage de qch [de+inf.]	263
avoir le beau rôle	373
avoir le bonheur de+inf.	264
avoir le cœur gros	264
avoir le courage de+inf.	79
avoir le droit de+inf.	264
avoir le plaisir de+inf.	373
avoir le temps de+inf.	168
avoir l'eau à la bouche	374
avoir les cheveux+形容詞	168
avoir les dents longues	466
avoir l'habitude de+inf.	168
avoir l'honneur de+inf.	374
avoir l'idée de+inf.	80
avoir lieu	167
avoir l'impression de+inf. [que+直説法]	169
avoir l'intention de+inf.	80
avoir l'occasion de+inf.	264
avoir mal à+定冠詞+身体	26
avoir mal au cœur	264
avoir mal aux cheveux	466
avoir mauvaise grâce à [de]+inf.	467
avoir peur de qn/qch [de+inf.]	169
avoir pitié de qn	374
avoir pour objet qch [de+inf.]	374
avoir prise sur qn/qch	467
avoir qualité pour+inf.	374
avoir quelque chose	170

avoir quelque chose contre qn/qch ······ 265
avoir raison [tort] de+inf. ················· 170
avoir [trouver] sa place+場所 ············ 369
avoir [prendre] soin de qn/qch [de+inf.] ··· 170
avoir sujet de+inf. ··························· 375
avoir tendance à+inf. ······················· 375
avoir (toujours) le nez sur qch ············ 466
avoir [prendre] (tout) son temps ········· 369
avoir (toute) sa tête ·························· 466
avoir [être d'] un caractère+形容詞（句）··· 265
avoir un compte en banque ················ 375
avoir (un) rendez-vous (avec qn) ········· 26
avoir une (bonne) idée ······················ 27
avoir une bonne [mauvaise] influence sur qn
································· 375
avoir une bonne [mauvaise] mémoire ··· 375
avoir une longue conversation avec qn ··· 170
avoir vue sur qch ····························· 376

B

beau (bel, belle) ······························ 43
beaucoup de+無冠詞名詞 ··················· 50
bien du [de la]+単数名詞/bien des+複数名詞
································· 305
Bien entendu! ································· 119
bien gagner qch ······························ 401
bien que+接続法 ······························ 228
bien sûr ·· 6
bien/mal ·· 45
bifteck [steak] à point [bleu, saignant, bien cuit] ··· 437
boîte aux [à] lettres ·························· 220
boîte de conserve ···························· 220
Bon anniversaire! ······························ 2
Bon appétit! ··································· 119
Bon courage! ·································· 58
bon marché ···································· 216
Bon retour! ····································· 236
Bon voyage! ····································· 2
Bonne année! ···································· 2
Bonne chance! ································ 58

bout du nez/bout de son nez ············· 437

C

Ça arrive. ······································· 185
Ça coûte+値段 ································· 30
Ça coûte combien? ···························· 8
Ça [Cela] dépend. ···························· 119
Ça fait+値段. ··································· 30
Ça [cela] fait+期間+que+直説法. ······· 185
Ça fait combien? ······························ 107
Ça me fait plaisir. ···························· 236
Ça m'empêche de+inf. ······················ 396
Ça m'énerve de+inf. ························· 396
Ça m'étonnerait. ······························ 314
Ça ne fait rien. ································ 119
Ça ne m'étonne pas. ························ 236
Ça [Cela] n'empêche pas que+直説法[接続法]./
    Il n'empêche [N'empêche] que+直説法.
································· 395
Ça [Cela, il] plaît à qn de+inf. [que+接続法].
································· 236
Ça prend+時間表現+pour+inf. ··········· 185
Ça promet! ····································· 314
Ça s'arrangera. ································ 441
Ça sent bon. ···································· 30
Ça suffit. ·· 119
Ça va. ·· 3
Ça vous va? ···································· 120
Ça y est. ·· 236
capable de+inf. [de qch]. ················· 217
capable de tout ······························· 434
ce+名詞+-là ···································· 109
ce genre de qch ······························ 441
ce matin ·· 46
Ce n'est pas (de) ma faute. ··············· 120
Ce n'est pas grave. ·························· 55
Ce n'est pas la peine. ······················· 55
Ce n'est pas la peine de+inf. [que+接続法].
································· 237
Ce n'est pas tout de+inf. ·················· 501
Ce n'est pas (tout) rose. ··················· 501

Ce n'est pas vrai!	120
Ce n'est rien.	55
ce que …	229
Ce sera tout.	315
ce soir	46
ce temps-là	306
céder à qn/qch	401
certes …, mais …	502
cesser qch [de＋inf.]	190
c'est … que …	104
c'est … qui …	104
C'est＋数字＋rue …	107
C'est à qn de＋inf.	442
C'est à quel étage?	106
C'est à quel nom?	237
c'est ainsi que＋直説法	229
C'est combien?	8
C'est complet.	120
C'est de la part de qui?	120
C'est différent.	237
C'est dommage!	55
C'est entendu.	121
C'est là-bas.	59
C'est le cas de qn/qch.	442
C'est le jour et la nuit.	502
C'est le [au] tour de qn de＋inf.	442
C'est ma tournée.	314
C'est parce que …	61
C'est pour qn.	73
C'est pour ça que＋直説法.	237
C'est pour quand?	238
c'est pourquoi＋直説法	229
C'est selon.	315
C'est tout.	121
C'est tout comme.	502
C'est tout près.	59
C'est un risque à courir.	315
C'est vrai, mais …	315
C'est-à-dire que＋直説法.	442
cet après-midi	46
cette année	46
chacun(e) de＋人称代名詞強勢形	303
chambre à＋数詞＋euros la nuit	301
chambre pour une personne	301
changer A contre [pour] B	190
changer A de B（無冠詞名詞）	275
changer de＋無冠詞名詞（単数）	191
changer de couleur [visage, mine]	275
changer de direction	275
changer de train	88
changer de vie	275
changer d'idée	191
chaque fois que＋直説法	229
chaque jour	110
charger qn de qch [de＋inf.]	401
chercher qn/qch	41
chercher à＋inf.	191
chez	74
chez＋居住地・国	159
chez qn	19
combien de＋無冠詞名詞	7
Combien de temps faut-il pour …	107
comme（資格）	74
comme（比較・類似）	74
comme ça	230
comme ci, comme ça	59
comme d'habitude	230
comme il faut	443
comme personne	502
comme prévu	502
comme quoi	503
comme si＋直説法	303
comme tout	306
comme vous voulez	121
commencer à＋inf.	89
commencer par qch [par＋inf.]	191
Comment＋aller-主語?	3
comment dire…	57
Comment dit-on A en B（言語）?	8
comparer A à B	276
compter＋inf.	276
compter A pour B	401
compter avec qn/qch	477
compter jusqu'à＋数字	192
compter sur qn/qch	192
conclure un traité	478

concourir à qch [à+inf.]	478	dans (状態・状況)	69
confondre A avec B	402	dans (分野・範囲)	159
connaître	39	dans ce cas-là	249
connaître qch à fond	402	dans la direction de qn/qch	159
connaître qn dans le privé	276	dans la mesure où+直説法	343
connaître qn de vue	276	dans le but de+inf. [que+接続法]	160
connaître qn/qch de nom	192	dans le cadre de qch	457
connaître un succès	402	dans le ciel	69
consacrer A(qch) à B(qn/qch)	402	dans le fond	343
conseiller qch à qn	276	dans le privé	343
consentir à qch [à+inf.]	277	dans le secret de qch	457
conserver qch sous vide	478	dans l'eau	250
considérer A comme B	192	dans l'ensemble	250
consister à+inf.	402	dans les délais	457
consister dans [en] qch	277	dans les [ses] grandes lignes	457
contenir ses larmes	478	dans l'intention de+inf.	343
continuer à+inf.	89	dans [contre] l'intérêt de qn/qch	456
contracter l'habitude de+inf.	403	dans l'intervalle	343
contrairement à qch	443	dans l'ouest de+場所	160
contre (交換)	75	dans sa poche	69
contre (対立・接触)	75	dans son enfance	250
contre (比率)	159	dans [en] tous les sens	343
contribuer à qch [à+inf.]	403	dans toutes les directions	250
convaincre qn de qch [de+inf.]	277	dans un état+形容詞 [de+無冠詞名詞]	344
correspondre à qn/qch	403	dans une certaine mesure	457
costume sur mesure	437	d'après qn/qch	246
côte à côte	333	dater de qch	278
coup de chance	438	d'autant plus ... que	443
coup sur coup	465	d'autant que+直説法	503
couper bras et jambes à qn	479	d'autre part	246
courir après qn/qch	403	d'avance	139
courir le risque de qch [de+inf.]	403	de (所属・材料)	14
courir un danger	278	de (場所・出身・起源・起点)	14

D

		de (期間・時代・時間的起点)	14
		de (用途・種類)	67
		de (受動態の動作主)	67
d'à côté	337	de (対象・主題)	67
d'abord	110	de (特徴・性質)	67
D'accord.	5	de (原因・様態・手段)	138
d'ailleurs	306	de (数量・程度・差異)	138
dans (場所)	19	A de B (所有・主格関係・目的関係・同格)	13
dans (時間)	68	de+形容詞・過去分詞	224
		名詞+de+数詞+mètres de longueur	336

de＋inf.	68
de A à B	14
de A（無冠詞名詞）en A（無冠詞名詞）	138
de bon cœur	247
de bon [grand] matin	246
de bon [mauvais] ton	337
de bonne heure	139
de bout en bout/d'un bout à l'autre	140
de ce fait	338
de circonstance	454
de côté	247
de degré en degré	338
de face	247
de [d'une] façon＋形容詞	140
de force	338
de fraîche date	338
de (grande) marque	337
名詞＋de (grande) valeur	336
de haut en bas	338
de jour	338
de jour en jour	138
de justesse	455
de la part de qn	247
de la sorte	339
数量表現＋de large [long, haut]	228
de loin	248
de loin en loin	339
de long en large	339
de longue [vieille] date	339
de [d'une] manière＋形容詞	140
de mémoire	340
de mieux en mieux	248
de minute en minute	340
de moins en moins	139
de naissance	340
de nature	248
de nature à＋inf.	340
de nom	140
de nos jours	141
de notre temps	340
de nouveau	141
de par le monde	455
de part en part	341
de part et d'autre	341
de peu	341
de [par] peur de qch [de＋inf./que (ne)＋接続法]	454
de plus	141
de plus en plus	139
de première nécessité	455
de près	248
名詞＋de qualité	336
de quoi＋inf.	141
De quoi parlez-vous?	121
de retour	142
名詞＋de rêve	305
De rien.	6
de son mieux	341
de (telle) façon que	337
de (telle) manière que	339
de (telle) sorte que	341
de temps à autre	249
de temps en temps	110
de tout son cœur	249
de tout temps	342
de toute manière	342
de toute(s) façon(s)	142
de toutes ses forces	142
de travers	455
décider de＋inf.	89
décliner toute responsabilité	479
défendre qn contre qn/qch	404
défendre à qn qch [de＋inf.]	278
défense de＋inf.	221
dégénérer en qch	479
demain matin	50
demander à＋inf.	278
demander (à qn) qch [de＋inf.]	89
demander pardon à qn	192
demeurer en repos	404
… d'entre eux [nous, vous, elles]	247
dépendre de qn/qch	193
déposer une plainte à qn	404
depuis（時間・期間・場所）	75
depuis A jusqu'à B	160
depuis longtemps	20

depuis que＋直説法	367
depuis toujours	160
曜日＋dernier	113
dérober qch à qn	479
derrière（副詞）	110
derrière（場所・位置）	21
derrière（順位）	160
des tas de qn/qch	443
dès（時点・時間・空間）	161
dès que＋直説法	161
descendre de＋場所・乗物	90
désirer＋inf.	193
deux par deux	153
devant（副詞）	110
devant（場所）	21
devant derrière	443
devoir A à B	193
d'habitude	142
d'heure en heure	342
d'honneur	455
d'ici	68
d'ici (à)＋時間	142
différence entre A et B	221
différent(e) de qn/qch	217
différer de qn/qch	278
digne de qn/qch [de＋inf.]	217
dîner en ville	193
d'intervalle	342
dire＋不定代名詞（quelque chose, rien など）＋à qn	279
dire qch à qn [à qn de＋inf.]	90
dire à qn qch en face	279
dire bonjour à qn	194
dire du bien de qn/qch	404
dire du mal de qn/qch	404
dire la vérité	90
diriger qch vers qn/qch	479
discuter de [sur] qch	194
disposer de qch	480
distinguer A et [de, d'avec] B	405
diviser [partager] qch par moitié	405
divorcer avec [de, d'avec] qn	194
d'occasion	143

donner	38
donner qch à qn	34
donner [fournir] à qn des renseignements [un renseignement] sur qch	385
donner (à qn) le droit de＋inf.	385
donner des leçons à qn	279
donner des prétextes à qn	385
donner du courage à qn	385
donner envie (à qn) de＋inf.	194
donner la main à qn	194
donner naissance à qn/qch	386
donner prétexte à qch	386
donner prise à qch	480
donner raison à qn	386
donner sa parole (à qn)	386
donner sommeil	279
donner [exprimer] son opinion (sur qch)	385
donner sur qch	279
donner un coup de qch	195
donner un coup de téléphone [fil] à qn	195
donner [fixer] (un) rendez-vous à qn	91
donnez-moi qch	3
d'ordinaire	307
dormir à poings fermés	480
d'où	7
douter de qn/qch	280
du coup	456
du jour	111
du jour au lendemain	456
du mieux possible	438
du tout	48
d'un air＋形容詞	249
d'un autre côté	249
d'un pas rapide	342
d'un(e)＋名詞＋à l'autre	143
d'une part ... d'autre part ...	456
durant	259

E

échapper à qn/qch	280
éclater de＋無冠詞名詞	280

éclater de rire	195
éclater en＋無冠詞名詞（複数）	405
économiser sur qch	480
écrire à qn	35
écrire à la machine [au stylo]	195
écrire de la main gauche	405
écrire noir sur blanc	405
emmener qn à＋場所	281
empêcher qn de＋inf.	196
emploi du temps sur mesure	438
emprunter qch à qn	196
en（状態・服装・素材・手段・乗物）	15
en（場所）	15
en（時間・所要時間）	16
en（状態・手段）	17
en（時間・所要時間）	69
en（抽象的な場所・領域）	143
en（中性代名詞）＋動詞＋数字	104
en＋国名・地方名（女性名詞ないしは母音で始まる男性名詞）	16
en＋現在分詞（ジェロンディフ gérondif）	111
en＋数字（西暦）	70
en action	344
en apparence	144
en arrière	144
en arriver à＋inf.	406
en aucun cas	345
en avance	144
en avant	144
en avant-première	458
en avoir assez	171
en avoir besoin	104
en avoir envie	225
en avoir un＋形容詞	225
en bas	145
en bloc	250
en bref	345
en cachette	458
en cas de＋無冠詞名詞	145
en ce moment	70
en ce qui concerne qn/qch	251
en chemin	70
en classe	70

en commun	345
en compagnie de qn	145
en comparaison de qn/qch	251
en conclusion	345
en concurrence avec qn/qch	458
en congé	145
en conséquence	345
en conséquence de qch	458
en considération de qch	346
en contradiction avec qch	346
en cours	251
en cours de＋無冠詞名詞	251
en danger	252
en d'autres termes	146
en début de＋無冠詞名詞	252
en définitive	346
en dehors de qch（場所・テーマ）	146
en demeurer là	480
en dépit de qch	458
en dernier lieu	252
en désordre	146
en détail	146
en difficulté	147
en direction de＋場所	147
en double	346
en échange de qch	346
en effet	71
en équipe	459
en espèces	346
en état de＋inf.	347
en évidence	347
en exprès	147
en face	17
en face de qn/qch	17
en fait	147
en faveur de qn	347
en feu	347
en fin de＋無冠詞名詞	348
en fin de compte	348
en finir avec qn/qch	481
en flagrant délit	459
en flammes	252
en fleur(s)	252

en fonction de qn/qch	348	en premier lieu	253
en fonction(s)	348	en présence de qn/qch	151
en force	348	en principe	151
en forme	147	en privé	151
en forme de＋無冠詞名詞	253	en proportion de qch	352
en fuite	459	en public	151
en général	71	en pure perte	460
en grand	349	en quelle classe	152
en grande [majeure] partie	148	en quelque sorte	253
en grève	148	en question	352
en gros	349	en raison de qch	353
en groupe	253	en réalité	152
en haut	148	en règle	353
en hommage à qn	349	en remplacement de qn/qch	353
en l'absence de qn/qch	148	en retard	71
en l'affaire de＋時間の表現	459	en rose	353
en l'air	149	En route!	238
en l'espace de＋時間	349	en route	354
en l'honneur de qn/qch	149	en (sa) qualité de＋無冠詞名詞	344
en ligne	459	en secret/dans le secret	354
en main(s) propre(s)	460	en semaine	354
en même temps (que ...)	149	en silence	254
en mémoire	149	en situation	460
en mesure	350	en somme	254
en moyenne	350	en surface	152
en nature	460	en tant que＋無冠詞名詞	354
en noir	350	en tapinois	461
en nombre	350	en temps utile [voulu]	461
en ordre	150	en tête	355
en outre	460	en tête à tête	152
en paix	351	en théorie	355
en panne	71	en tout	355
en parler	226	en tout cas/dans [en] tous les cas	254
en particulier	150	en (toute) confiance	344
en partie	253	en toutes lettres	461
en personne	253	en un mot	254
en petit	351	en vain	355
en place	351	en vente	152
en plein air	150	en vérité	355
en plein milieu de qn/qch	352	en ville	72
en plein(e)＋無冠詞名詞（単数）	150	en vogue	356
en plus	352	en vouloir à qn (de＋inf.)	356
en plus de qch	352	en vue	356

enceinte de ... mois	499
enclin(e) à qch [à+inf.]	434
encore une fois	112
enlever A à B	406
enseigner à qn à+inf.	196
entendre	91
entendre+inf. [que+接続法]	481
entendre A par B	406
entendre dire que+直説法	281
entendre parler de qn/qch	406
entre (空間・時間)	21
entre+名詞・代名詞 (複数)	161
entre autres (choses)	462
entrer dans+場所	33
entrer [se mettre] en contact avec qn	281
entrer en gare	196
entrer en ligne de compte	407
envers qn	161
envoyer qch à qn	197
éprouver le besoin de+inf.	281
erreur	101
espérer+inf.	197
espérer que+直説法	197
... est de quelle couleur?	62
essayer de+inf.	91
et ainsi de suite	503
Et avec ça?	121
et puis	230
Et toi?	4
Et vous?	4
étranger(ère) à qn/qch	435
être+形容詞+à+inf.	171
être à+場所・距離・時間	33
être à qn	63
être à court de+無冠詞名詞	377
être à la base de qch	377
être à la charge de qn	377
être à l'aise [à son aise]	171
être à l'heure	82
être à l'ordre du jour	468
être à l'origine de qch	378
être à sa place	378
être à table	82
être absorbé(e) dans qch	468
être aimé(e) de qn	81
être ami(e) depuis ... ans	172
être au bord de qch	265
être au [en] chômage	172
être au courant (de qch)	172
être au large	378
être au lit	172
être au régime	266
être bien avec qn	266
être bien [mal] parti	379
être bon(ne) [mauvais(e)] avec qn	266
être bon(ne) [mauvais(e)] en+無冠詞名詞	173
être certain(e) de qch [de+inf./que+直説法]	173
être considéré(e) comme ...	379
être content(e) de+inf.	81
être contraint(e) de+inf.	468
être d'accord avec qn/qch [pour+inf.]	83
être dans le noir (le plus complet)	379
être dans les affaires	173
être dans l'obligation de+inf.	379
être dans une situation+形容詞	173
être d'avis de+inf.	379
être de+場所	34
être de bon [mauvais] goût	266
être de bonne [mauvaise] humeur	266
être de force à+inf.	379
être de service	380
être dépourvu(e) de qch	468
être [se sentir] d'humeur à+inf.	377
être difficile à+inf.	82
être du métier	469
être dû (due) à qn/qch	468
être égal(e) à qn	174
être en bonne santé	174
être en bons [mauvais] termes avec qn	267
être en colère (contre qn)	83
être en contact avec qn/qch	267
être [se mettre] en défaut	467
être en déficit	469
être en joie	380

être en mesure de＋inf.	469
être en nage	174
être en opposition avec qn/qch	267
être en progrès	267
être [entrer] en relation(s) avec qn	376
être en rupture avec qn/qch	469
être en situation de＋inf.	380
être en train de＋inf.	81
être exact(e) à un rendez-vous	380
être exigeant(e) pour [sur] qch	380
être facile à＋inf.	82
être fier(ère) de qn/qch [de＋inf.]	267
être fonction de qn/qch	380
être fort(e)[faible] en＋学科・分野[à＋スポーツ・ゲーム]	174
être fou(folle) de qn/qch	175
être gentil(le) avec qn	83
être heureux(se) de＋inf.	81
être honteux(se) de＋qch[de＋inf.]	175
être inquiet(ète) de＋inf.	175
être là	33
être lent(e) à＋inf.	381
être [faire] l'objet de qch	377
être loin de＋inf.	268
être long(ue) à＋inf.	381
être marié(e)	83
être obligé(e) de＋inf.	268
être occupé(e)	81
être occupé(e) [pris(e)] à＋inf.	175
être passionné(e) pour qch/de＋無冠詞名詞	381
être plongé(e) dans qch	381
être ponctuel(le) à un rendez-vous	381
être pour beaucoup dans qch	469
être près de＋inf.	470
être prêt(e) à＋inf.	175
être prêt(e) à qch	268
être pris(e)	176
être qualifié(e) pour＋inf.	382
être résolu(e) à qch [à＋inf.]	382
être saisi(e) de＋無冠詞名詞	268
être sans travail	382
être sur le point de＋inf.	176
être sûr(e) de qch [de＋inf./que＋直説法]	176
être surpris(e) de qch [de＋inf./que＋接続法]	176
étudiant(e) en＋序数＋année	221
éviter qn à qn/qch/éviter à qn de＋inf.	282
éviter qn/qch	197
exact(e)	100
Excusez-moi de＋inf.	58
exercer une influence sur qn/qch	407

F

face à face	135
facile/difficile	44
faire	37
faire＋部分冠詞＋スポーツ	47
faire＋数量表現	106
faire appel à qn/qch	269
faire attention à [de]＋inf.	177
faire attention (à ce) que＋接続法	269
faire (bien) attention à qn/qch	177
faire bien de＋inf.	269
faire bloc (contre qn/qch)	470
faire bouillir qch	382
faire cadeau de qch à qn	269
faire cas de qn/qch	470
faire comme chez soi	177
faire concurrence à qn/qch	382
faire connaître qn/qch à qn	270
faire de A B	177
faire de la peinture	177
faire de son mieux	178
faire des [les, ses] courses	84
faire des différence(s) (entre qch [A et B])	270
faire des progrès	178
faire des rêves	178
faire du bruit	84
faire du café	85
faire du tort à qn/qch	470
faire erreur	179
faire exprès de＋inf.	383
faire face à qn/qch	270

faire fonction de＋無冠詞名詞 ····· 470
faire fortune ····· 383
faire honneur à qn/qch ····· 383
faire illusion ····· 471
faire la classe ····· 85
faire la connaissance de qn ····· 270
faire la conversation avec [à] qn ····· 179
faire la cuisine ····· 47
faire la grasse matinée ····· 179
faire la navette entre A et B ····· 383
faire la queue ····· 179
faire la vaisselle ····· 85
faire l'affaire ····· 471
faire le ménage ····· 85
faire le point ····· 471
faire le tour de qch ····· 384
faire l'effort de＋inf. ····· 178
faire mal à qn ····· 179
faire mention de qn/qch ····· 471
faire opposition à qch ····· 180
faire part de qch à qn ····· 384
faire partie de qch ····· 180
faire place à qn/qch ····· 384
faire plaisir à qn ····· 180
faire preuve de qch ····· 271
faire semblant (de＋inf.) ····· 271
faire signe ····· 180
faire son possible ····· 271
faire taire qn/qch ····· 384
faire un cadeau à qn ····· 84
faire un effort[des efforts] (pour＋inf.) ····· 178
faire un tour ····· 271
faire une pause ····· 181
faire une promenade ····· 83
faire une scène à qn ····· 471
fait(e) à la main ····· 218
fait(e) pour qn/qch [pour＋inf.] ····· 298
faute de＋無冠詞名詞 ····· 443
féliciter qn pour qch [de＋inf.] ····· 282
fermer la porte à clef ····· 197
fermer les yeux sur [à] qch ····· 282
fidèle à qn/qch ····· 435
fin ····· 221

finir qch [de＋inf.] ····· 91
finir par＋inf. ····· 198
fixer qn sur qch ····· 481
数字＋fois plus＋形容詞・副詞の比較級（＋que qn/qch） ····· 305
A(数詞) fois par B(時間の要素) ····· 75
A(数詞) fois sur B(数詞) ····· 228
fort(e) / faible ····· 100
frapper à qch ····· 198
fréquenter ····· 198

G

gagner ····· 91
gagner à＋inf. ····· 407
gagner du terrain ····· 407
gagner sa vie [son pain] ····· 198
garder ····· 199
garder qch＋形容詞 ····· 199
garder la monnaie ····· 199
généralement parlant ····· 307
grâce à qn/qch ····· 230
grand jour ····· 438
grand(e) / petit(e) ····· 45
冠詞・所有形容詞＋grand(e) [petit(e), beau (belle)]＋名詞＋色の形容詞 ····· 99
grandes lignes ····· 438

H

habiter＋数字＋rue ... ····· 34
habiter à＋都市 ····· 34
habiter dans＋都市 ····· 92
hausser [lever] les épaules ····· 407
haut(e) / bas(se) ····· 100
hésiter à＋inf. ····· 199
数字＋heure(s) et demie ····· 28
数字＋heures＋moins＋数字 ····· 28
24 heures sur 24 ····· 157
heureusement ····· 112
homme [femme] de métier ····· 439

homme de valeur······301
hors de qch······162
hors de danger······260
hors de prix······162
hors d'état de＋inf.······367
hors d'usage······367

I

Il appartient à qn de＋inf.······396
Il arrive qch (à qn).······181
Il convient de＋inf.······271
Il en est A de B.······396
Il est [C'est]＋形容詞＋de＋inf.······181
Il est＋数字＋heure(s).······28
Il est [C'est] à noter que＋直説法.······475
Il est [C'est] agréable (à qn) de＋inf. [que＋接続法].······181
Il est [C'est] certain que＋直説法.······182
Il est comment?······62
Il est [C'est] de son devoir de＋inf.······475
Il est [C'est] défendu [interdit] de＋inf.······182
Il est [C'est] difficile (à qn) de＋inf.······86
Il est [C'est] facile (à qn) de＋inf.······85
Il est [C'est] (grand) temps de＋inf. [que＋接続法].······272
Il est [C'est] impossible de＋inf. [que＋接続法].······86
Il est [C'est] intéressant de＋inf.······182
Il est [C'est] inutile de＋inf. [que＋接続法].······272
Il est [C'est] naturel de＋inf. [que＋接続法].······182
Il est [C'est] nécessaire de＋inf. [que＋接続法].······86
Il est [C'est] normal de＋inf. [que＋接続法].······183
Il est [C'est] permis (à qn) de＋inf.······183
Il est [C'est] possible de＋inf. [que＋接続法].······86
Il est [C'est] vrai que＋直説法, mais ......······183
Il fait beau.······27
Il fait bon＋inf.······183
Il fait chaud [froid].······27
Il fait mauvais.······27
Il faut＋時間.······29
Il faut＋inf.······29
Il faut que＋接続法.······183
Il manque qch à qn.······184
Il neige.······28
Il n'en est pas moins vrai que＋直説法.······396
Il n'en est rien.······475
Il n'y a pas de danger (que＋接続法).······272
Il n'y a pas de quoi/Pas de quoi.······122
Il n'y a pas moyen de＋inf.······397
Il n'y a personne.······30
Il n'y a rien.······30
Il pleut.······27
Il reste à savoir si＋直説法.······397
Il résulte de qch que＋直説法.······475
Il s'agit de＋inf.······272
Il s'agit de qn/qch.······184
Il se peut que＋接続法.······397
Il se trouve que＋直説法.······397
Il semble (à qn) que＋直説法[接続法].······184
Il s'en faut de qch (que＋接続法).······475
Il s'en suit que＋直説法.······476
Il suffit (à qn) de qch [de＋inf.].······398
Il va sans dire que＋直説法.······398
Il vaut mieux＋inf. [que＋接続法].······184
il y a······29
Il y a＋期間＋que＋直説法.······185
Il y a (du) danger à＋inf.······273
Il y a du progrès.······315
Il y a quelqu'un?······61
Il y en a qui＋直説法······273
impossible······100
indépendant(e) de qn/qch······299
indifférent(e) à qn/qch······299
知覚動詞＋qn/qch＋inf.······186
inférieur(e) à qn/qch······299
influence sur qn/qch······439
informer qn de qch [que＋直説法]······282
insister sur qch······408
interdire qch à qn [à qn de＋inf.]······199
inutile à qn/qch······218

issu(e) de qn/qch	500

J

J'ai mal compris.	122
J'aimerais bien+inf.	122
jamais de la vie	444
Je le promets.	122
Je n'en ai pas.	226
Je peux vous aider?	60
Je regrette.	123
Je suis content(e) pour vous.	123
Je suis désolé(e).	123
Je voudrais+inf.	54
Je vous dois combien?	124
Je vous écoute.	123
Je vous en prie.	54
Je vous laisse.	238
jeter qch sur qn/qch	283
joindre les deux bouts	481
jouer à＋球技・ゲーム	35
jouer avec qn/qch	92
jouer de＋楽器	35
jour et nuit	231
juger qn sur les apparences	408
jusqu'à＋場所・時間	22
jusqu'à＋inf.	367
jusqu'à ce que＋接続法	304
jusqu'au bout (de qch)	367
jusqu'ici	162

L

la même chose	108
la première fois	112
la prochaine fois	113
la semaine prochaine	113
là où＋直説法	444
L'addition, s'il vous plaît.	124
laisser A seul(e) avec B	200
laisser qn+inf.	186
laisser qn/qch+属詞（状況補語）	186
laisser [confier] à qn le soin de+inf.	408
laisser à désirer	283
laisser échapper qn/qch	481
laisser tomber	283
laisser un message	92
l'année dernière	113
large [long(ue), haut(e)] de＋数量表現	231
large/étroit(e)	218
l'art de+inf.	501
l'autre jour	231
Le bruit court que＋直説法.	444
le monde entier	222
le plus vite possible	220
le premier [la première] à+inf.	435
le temps de+inf.	222
les+姓	222
les bras croisés	444
les vacances d'hiver	222
lever le doigt	283
loin de ...	50
lors de qch	445
l'un(e) après l'autre	368
l'un(e) l'autre	231
lutter contre qn/qch	200
lutter pour qch [pour+inf.]	200

M

machine à laver	222
maintenant que＋直説法	304
mal du pays	301
mal élevé(e)	218
malgré qn/qch	260
malgré tout	162
manger au menu	200
manger de bon appétit [avec appétit]	201
manque de＋無冠詞名詞	302
manque de chance	445
manquer à qch	408
manquer de＋無冠詞名詞	201
manquer (de)+inf.	201

523

manquer de décision	408
manquer de réserve	482
manquer l'occasion de＋inf.	409
marcher	42
marcher avec peine	409
marcher bien	201
定冠詞＋meilleur(e)(s)＋名詞＋de qn/qch	101
même quand＋直説法	445
même si ...	232
定冠詞＋même(s)＋名詞	108
ménager les apparences	482
mener une enquête	482
mentionner qn/qch	409
Merci de＋inf.	124
mériter de＋inf.	409
mettre	92
mettre＋時間＋pour [à]＋inf.	201
mettre A en B（言語）	387
mettre qch à la mode [en vogue]	284
mettre qch à l'envers	284
mettre qch à profit	388
mettre qch au point	388
mettre qch dans ...	93
mettre qch de côté	284
mettre qch en action	285
mettre qch en délibération	473
mettre qch en évidence	388
mettre qch en forme	389
mettre qch en marche	389
mettre qch en œuvre	473
mettre qch en ordre	285
mettre qch en pile	474
mettre qch en route	389
mettre qch en vente	285
mettre qch en vue	389
mettre [pousser] qn à bout	387
mettre qn au chômage	390
mettre qn au courant (de qch)	202
mettre qn en condition	390
mettre qn en joie	390
mettre qn en liberté	391
mettre qn/qch＋属詞	391
mettre qn/qch à contribution	474
mettre qn/qch en＋無冠詞名詞	391
mettre qn/qch en valeur	391
mettre au monde	283
mettre de l'argent de côté	387
mettre de l'ordre dans qch	387
mettre des notes en forme	472
mettre du temps pour＋inf.	202
mettre en défaut la vigilance de qn	390
mettre la main à la pâte	473
mettre la main sur qn/qch	472
mettre le doigt sur qch	388
mettre le doigt sur la bouche	388
mettre [remettre] les pieds＋場所	472
mettre les pieds dans le plat	473
mieux que rien	232
Mieux vaut＋inf.	398
moi aussi	102
moi non plus	103
moi-même	102
moins＋形容詞・副詞＋que...	44
moins de＋無冠詞名詞＋que ...	106
monter dans le train	93
montrer qch à qn	93
montrer qn/qch du doigt	482
montrer [témoigner] du respect à qn	410
mot à mot	136
mourir de qch	202
mourir de faim	285
moyen de＋無冠詞名詞	223
moyen de＋inf.	439
moyen de communication	439
moyens de production	440
moyens de transport	440
muni(e) de qch	500

N

n'avoir pas à＋inf.	265
n'avoir plus qu'à＋inf.	376
n'avoir qu'à＋inf.	376
n'avoir rien à＋inf.	224
n'avoir rien à voir (avec qn/qch)	376

ne ... en rien	503
ne ... même pas	226
ne ... pas du tout	48
ne ... pas tant (de＋無冠詞名詞)＋que ...	445
ne ...personne	49
ne ... plus	48
ne ... presque pas	226
ne ... que	48
ne ... rien	49
ne connaître qn que de nom	227
ne faire aucun doute	472
ne pas aller sans qch	483
ne pas en revenir	483
ne pas pouvoir A sans B	285
ne pas (pouvoir) fermer l'œil	483
ne pas pouvoir s'empêcher de＋inf.	410
ne pas savoir où se mettre	483
ne pas voir plus loin que le bout de son nez	483
Ne quittez pas.	124
ne rien changer à qch	484
Ne vouz inquiétez pas.	125
n'en pas finir de＋inf.	484
n'en plus pouvoir	484
n'est-ce pas?	57
n'importe comment	307
n'importe où	307
n'importe quand	308
n'importe quel(le)＋無冠詞名詞	446
n'importe qui	232
n'importe quoi	446
Non, merci.	5
non sans peine	446
non seulement A mais aussi B	308
nouveau (nouvel, nouvelle) / neuf(ve)	43
nulle part	308
n'y plus tenir	446
n'y rien pouvoir	484

O

obéir à qn/qch	93
objet de valeur	436
objets de première nécessité	440
obliger qn à＋inf.	286
offrir qch à qn	94
offrir à qn de＋inf.	410
Oh, là là!	125
On dirait que＋直説法.	286
On est＋日付[曜日].	59
On y va.	125
opposer A à B	410
organisme à caractère officiel	440
originaire de qch	436
oublier qn/qch [de＋inf.]	94
ouvrir qch à la page＋数字	108
ouvrir la bouche	411

P

par (通過・手段・方法)	22
par (配分・反復)	76
par ailleurs	153
par bonheur [malheur]	153
par caprice	462
par chance [malchance]	153
par cœur	357
par conséquent	357
par considération pour qn	357
par contre	154
par degré(s)	357
par deux	255
par erreur	255
par exemple	76
par habitude	154
par hasard	154
par ici	76
par intérêt	463
par intervalle(s)	358
par la base	358
par la faute de qn	358
par (la) moitié	357
par la suite	358
par le temps qui court	358
par manque de＋無冠詞名詞	255

525

par mauvais temps	255
par nature	255
par nécessité	359
par opposition (à qn/qch)	359
par ordre (de＋無冠詞名詞)	359
par rapport à qn/qch	154
par terre	155
parce que	7
par(-)derrière	254
par-dessus le marché	463
pardon	4
pardonner à qn qch [de＋inf.]	202
parler à qn	36
parler à la légère	411
parler au hasard	411
parler avec qn	36
parler dans un français parfait	286
parler de qn/qch	36
parler en français	37
parler en l'air	411
parler sans arrêt	411
parmi	76
partir en vacances	72
partir en voyage	72
partir pour＋場所（目的地）	33
pas à pas	334
Pas de chance!	56
Pas de problème.	56
pas encore	49
Pas grand-chose.	238
pas mal de＋無冠詞名詞	446
pas plus que	503
pas pour moi	257
Pas question!	125
pas tout à fait	227
pas très bien	113
pas vraiment	227
passer qch à qn	35
passer qch en revue	504
passer à autre chose	412
passer de mode	412
passer du blanc au noir	504
passer l'arme à gauche	484

passer par chez qn	286
passer pour qn/qch [pour＋inf.]	287
passer sur qch	412
passer un examen	95
passer une nuit blanche	412
payer cher qch	504
payer d'avance	413
payer en euros	203
payer les études de qn	413
payer sa part	413
pendant（期間）	22
pendant longtemps	77
pendant que＋直説法	77
penser A de B	203
penser à qn/qch[à＋inf.]	37
perdre qn/qch de vue	485
perdre courage	413
perdre la face	287
perdre la tête	413
perdre sa place	414
perdre son temps	414
permettre qch à qn [à qn de＋inf.]	203
personne de＋形容詞（男性単数）	225
persuader qn de qch [de＋inf.]	414
petit à petit	114
peu à peu	136
peu de＋無冠詞名詞	105
peu importe ...	504
peut-être	114
place	102
plat du jour	223
plein(e) de＋無冠詞名詞	219
pleurer de joie	414
plus ... qu'avant	219
plus＋形容詞・副詞＋que...	44
plus＋直説法, plus [moins, etc.]＋直説法	232
定冠詞＋plus＋形容詞・副詞＋de qn/qch	101
plus de ... heures	220
plus de＋無冠詞名詞＋que ...	106
plus ou moins	308
plus tard	114
期間（時間的要素）＋plus tard	305
plus tôt	114

point de départ	302
pour（方向・目的地・予定の時間）	23
pour（目的・用途）	23
pour（主題・観点・関与）	72
pour＋inf.（目的・用途）	23
pour qn/qch（支持・擁護）	73
pour ainsi dire	163
pour aller à＋場所, s'il vous plaît	4
pour cause de＋無冠詞名詞	463
pour cent	73
pour combien de temps	107
pour de vrai	463
pour être bref	359
pour la circonstance	359
pour la forme	359
pour la première fois	112
pour le bien de qn	360
pour le compte de qn	360
pour le mieux	360
pour l'instant	256
pour ma part	163
pour ou contre	73
pour que＋接続法	163
pour quoi faire	163
pour raison(s) de＋無冠詞名詞	360
pour rien	256
pour rien au monde	361
pour rire	361
pour son âge	73
pour son plaisir	256
pour toujours	256
pour un peu	361
pour une autre fois	257
Pourquoi pas?	125
pourvu que＋接続法	504
préférer A à B	94
prendre	39
prendre A pour B	203
prendre qch à la légère	394
prendre qch en compte	288
prendre qch en considération	394
prendre qch sur soi	394
prendre qn/qch en charge	395

prendre qn/qch en main	395
prendre contact avec qn	287
prendre de la valeur	392
prendre [avoir] de l'avance sur qn	474
prendre des mesures	474
prendre feu	392
prendre figure	393
prendre fin	474
prendre forme	287
prendre froid	95
prendre garde（à qn/qch）	393
prendre garde de ne pas＋inf.	393
prendre goût à qch	393
prendre [perdre] intérêt à qch [à＋inf.]	392
prendre la décision de＋inf.	393
prendre [se donner] la peine de＋inf.	392
prendre l'avantage sur qn	394
prendre [perdre] l'habitude de＋inf.	204
prendre part à qch	394
prendre parti pour [contre] qn/qch	287
prendre prétexte de qch pour＋inf.	394
prendre rendez-vous chez le dentiste	204
prendre sa température	288
prendre son temps	204
prendre une bonne habitude	395
prendre une décision	288
prendre une photo	95
près de …	50
présent(e) à qch	219
présenter qn à qn	95
prêter qch à qn	95
prêter main-forte à qn	414
prier qn de＋inf.	415
prise en charge	440
priver A(qn) de B(qch)	415
profiter à qn/qch	415
promener son regard sur qn/qch	485
promettre à qn de＋inf.	204
proposer à qn de＋inf.	204
propre à qch [à＋inf.]	205
protéger A contre [de] B	415
protester contre qn/qch	288
Puis-je＋inf. ?	126

pur(e) et simple · 299

Q

quand même · 308
quant à qn/qch · 260
Que désirez-vous? · 61
que je sache · 447
Quel est le nom de…? · 62
quel que soit … · 505
Quel temps fait-il? · 8
Quelle heure est-il? · 6
quel(le)＋形容詞＋名詞! · 60
quelque chose · 103
quelque chose à＋inf. · 103
quelque chose de＋形容詞（男性単数） · 225
quelque part · 309
quelqu'un d'autre · 303
Qu'est-ce que＋主語＋動詞? · 6
Qu'est-ce que vous dites de qn/qch? · 309
Qu'est-ce que vous faites dans la vie? · 60
Qu'est-ce qui se passe? · 126
Qu'est-ce qu'il y a? · 61
Qui est à l'appareil? · 61
Qui est-ce? · 8
Quoi de neuf? · 126
quoi qu'il arrive · 309

R

raconter qch en détail [en long et en large] · 416
raffoler de qn/qch · 485
recevoir un coup de téléphone · 288
recommander qch à qn · 289
récompenser qn de [pour] qch · 485
recourir à qn/qch · 486
réfléchir à [sur] qch · 205
refuser de＋inf. · 205
regarder · 40
regarder A comme B · 205
regarder qn de travers · 416

regarder qn/qch en face · 205
regarder en l'air · 416
rejeter la faute sur qn · 486
relatif(ve) à qch · 500
relever des fautes · 486
remercier qn de [pour] qch · 206
remettre qch en marche · 416
remettre qch en ordre · 416
remettre qn à sa place · 417
rendre A B · 206
rendre qch à qn · 206
rendre compte de qch（à qn） · 417
rendre honneur à qn · 417
rendre service à qn · 417
rendre visite à qn · 206
renoncer à qch [à＋inf.] · 418
renseigner qn sur qch · 417
répandre un bruit · 418
répondre à qn/qch · 96
répondre à l'attente de qn · 418
reporter qch à … · 486
reporter qch sur qn · 486
reposer sur qch · 487
reprendre conscience · 418
reprocher qch à qn · 418
Reste que＋直説法. · 476
rester au lit · 96
réussir à qch [à＋inf.] · 96
réussir à qn · 419
revenir sur ses pas · 207
rêver de＋inf. · 207
rien à＋inf. · 224
rien de＋形容詞（男性単数） · 225
rien que · 447
rire aux éclats · 419
rire jaune · 419
rire sous cape · 487
risquer de＋inf. · 289
rompre avec qn · 419

S

s'absorber dans qch	420
s'accoutumer à qch [à+inf.]	420
s'adresser à qn/qch	420
sain(e) et sauf(ve)	299
sans	23
sans（条件・仮定）	77
sans arrêt	257
sans aucun doute	361
sans cela [ça]	257
sans cesse	163
sans difficulté	163
sans discontinuer	461
sans doute	164
sans effort	164
sans émotion	361
sans erreur(s)	362
sans escale	257
sans exception	164
sans excès	461
sans façon(s)	362
sans faute	257
sans frapper	164
sans intention	258
sans intérêt	362
sans interruption	258
sans issue	362
sans le savoir	258
sans mauvaise intention	462
sans nécessité	362
sans objet	363
sans pareil(le)	363
sans peine	258
sans précédent	462
sans que＋接続法	304
sans succès	363
sans tarder	462
s'apercevoir de qch	293
s'appeler comment	9
s'appliquer à qch	420
s'approcher de qn/qch	207
s'appuyer sur [à, contre] qn/qch	293
s'arrêter en chemin	294
s'asseoir	97
s'assurer contre qch	487
satisfaire à qch	421
satisfait(e) de qn/qch	219
sauf＋無冠詞名詞	260
sauf erreur	261
sauf le respect que je vous dois	464
sauf votre respect	464
sauter aux yeux	421
sauter sur [à] qn/qch	207
sauver [ménager, garder] les apparences	487
savoir＋inf.	97
savoir rester à sa place	488
se battre contre qn/qch	294
se blesser à＋体の部位	207
se changer en qch	421
se changer les idées	294
se charger de qn/qch	289
se concrétiser	294
se consacrer à qn/qch	421
se contenter de qch	421
se croiser les bras	422
se décider à＋inf. [à qch]	422
se déterminer à＋inf.	422
se donner de la peine pour＋inf.	488
se donner du mal [un mal de chien] pour＋inf.	488
se douter de qch	422
se faire＋inf.（par＋動作主）	423
se faire attendre	423
se faire du souci (pour qn/qch)	423
se faire mal (à qch)	488
se faire passer pour qn/qch	488
se faire une joie de qch [de＋inf.]	424
se faire voler qch	289
se féliciter de＋inf.	489
se fier à qn/qch	424
se jouer de qn/qch	489
se lancer dans qch	489
se laver＋定冠詞＋身体	97

529

se lever du pied gauche	489	se révolter contre qn/qch	426
se lever tôt [de bonne heure]	97	se sentir à l'aise	291
se livrer à qch	489	se sentir bien	209
se marier avec qn	98	se sentir d'humeur à+inf.	427
se marier par amour	290	se servir (de) qch	210
se méfier de qn/qch	294	se sortir d'un mauvais pas	492
se méprendre sur qn/qch	490	se soumettre à qn/qch	427
se mettre à+inf. [à qch]	208	se souvenir de qn/qch [(de)+inf.]	98
se mettre à l'aise [à son aise]	290	se taire sur qch	295
se mettre à l'œuvre	424	se tenir	291
se mettre à table	208	se tirer de qch	427
se mettre au niveau de qn	490	se tirer d'un mauvais pas	492
se mettre au service de l'Etat	490	se traduire par qch	427
se mettre au travail	424	se tromper de+無冠詞名詞	210
se mettre bien avec qn	424	se trouver+場所	210
se mettre d'accord	290	se trouver+inf.	427
se mettre en colère	208	se trouver bien [mal] de qch [de+inf.]	493
se mettre en grève	290	se trouver [être] dans la nécessité de+inf.	493
se mettre en quatre	490	se trouver loin	210
se mettre [entrer] en relation(s) avec qn	490	se tuer à+inf.	493
se mettre sur le chemin de qn	491	se tuer à gagner sa vie [son pain]	493
se moquer de qn/qch	208	se vanter de qch	428
se munir de qch	491	se venger de qn/qch	493
se passer de qn/qch [de+inf.]	290	s'échapper de qch	295
se passionner pour qch	425	s'efforcer de+inf.	428
se perdre dans qch	209	selon	164
se plaindre de qn/qch [de+inf.]	295	selon les cas	368
se porter bien [mal]	291	selon les circonstances	368
se précipiter sur qn/qch	425	s'en aller	211
se prendre de passion pour qn/qch	491	s'en aller à pas de loup	494
se préparer à qch	291	s'en faire	494
se présenter	209	s'en prendre à qn	494
se ranger du côté de qn	491	s'en rapporter à qn/qch	494
se rapporter à qn/qch	425	s'en remettre à qn/qch	495
se rapprocher de qn/qch	425	s'en sortir	428
se régaler de qch	491	s'en tirer avec succès	495
se remettre au travail	426	sens dessus dessous	309
se rendre à qn/qch	492	s'entendre bien [mal] (avec qn)	292
se rendre compte de qch [que+直説法]	492	s'enthousiasmer pour qch	428
se reporter au passé	492	sentir que+直説法	292
se reposer sur qn/qch	291	séparer A de [d'avec, et] B	428
se ressembler comme deux gouttes d'eau	426	serrer qn contre qch	429
se résumer à qch [à+inf.]	426	serrer la main à qn	211

serrer la main à qn avec force	292
service compris	302
servir	211
servir à qn/qch [à+inf.]	211
servir de＋無冠詞名詞＋(à qn)	293
s'étaler sur＋面積	495
s'étendre sur [à, jusqu'à] qch	429
s'habiller en noir	289
s'habituer à qch [à+inf.]	211
Si＋主語＋動詞（直説法半過去），主語＋動詞（条件法現在）	227
si＋形容詞・副詞＋que ...	233
si bien que＋直説法	304
Si on＋動詞（直説法半過去）？[!]	228
si possible	232
si vous voulez	57
s'il en est besoin/si besoin est	429
s'il te plaît	4
s'il vous plaît	3
命令文（肯定），sinon ...	441
s'inquiéter de qn/qch	212
s'inquiéter pour qn/qch	295
s'intéresser à qn/qch	212
s'occuper à＋inf.	429
s'occuper de qn/qch [de+inf.]	212
soit dit en passant	505
soit dit entre nous/entre nous	447
somme toute	447
s'opposer à qn/qch	212
sortir	41
sortir à l'anglaise	495
sortir de＋場所	32
souhaiter que＋接続法	293
soumis(e) à qn/qch	500
sous（位置・場所）	24
sous（作用・影響・観点）	155
sous（時間）	155
sous（名目・手段・条件）	155
sous aucun prétexte	363
sous condition	364
sous forme de＋無冠詞名詞	261
sous la direction de qn	364
sous la neige	156
sous la pluie	156
sous l'anonymat	464
sous le nom de＋名前	464
sous (le) prétexte que＋直説法	363
sous l'effet de qch	364
sous les yeux	364
sous l'influence de qn/qch	464
sous réserve de qch	465
sous terre	156
sous tous ses aspects	364
sous un certain angle	365
spécialement pour qn	447
station de métro	102
suffire pour qch [pour+inf.]	213
suggérer à qn de＋inf.	430
Suis-je bien à [chez] ...	127
suivant son habitude	368
suivre des cours	296
sujet(te) à qch	500
supérieur(e) à qn/qch	300
supplier avec les yeux pleins de larmes	495
sur（位置・場所）	24
sur（主題）	156
sur（対象・目標・方向）	156
sur（所持・近接・範囲）	157
sur ce point	261
sur la base de qch	365
sur la place publique	365
sur le chemin (de qn)/sur son chemin	365
sur le compte de qn	366
sur le coup	465
sur le dos	157
sur le plan＋形容詞 [de qch]	261
sur les lieux	465
sur mesure	366
sur place	157
sur soi	261
s'y connaître en qch	430
s'y entendre en qch	430
s'y prendre	496

T

tâcher de＋inf.	430
tandis que＋直説法	448
tant bien que mal	505
tant de＋無冠詞名詞	310
tant pis	56
tantôt ... tantôt ...	505
téléphoner à qn	36
tel(le) quel(le)	300
tenir	213
tenir A pour B	431
tenir [mettre] qn au courant de qch	496
tenir à＋inf.	213
tenir à qn/qch	296
tenir compagnie à qn	431
tenir compte de qch	296
tenir (sa) parole	430
tenir sa promesse	296
tenir ses engagements	496
tenir tête à qn	496
tenir un hôtel	431
tenter de＋inf.	296
terminer ses études à l'université	297
tirer au sort	297
tirer avantage de qch	431
tirer profit de qch	431
tirer une grande fierté de qn/qch	497
tomber＋曜日・日付	431
tomber bien [mal]	214
tomber de qch	214
tomber malade	98
tomber sous la main	432
tomber sous les yeux	432
tomber sur qn/qch	432
tôt ou tard	310
tôt/tard	46
toucher à qch	214
toucher du doigt qch	497
Toujours est-il que＋直説法.	476
tour à tour	246
tourner à droite [à gauche]	34
tourner bien [mal]	432
tourner sur la [sa] gauche	297
tous les jours	47
tout à coup	233
tout à fait	233
tout à l'heure	114
(tout) au long de qch/(tout) le long de qch	228
tout ce qu'il y a de＋無冠詞名詞（複数）	505
tout ce qu'il y a de plus＋形容詞	506
Tout cela montre que＋直説法.	297
tout compte fait	506
tout de même	448
tout de suite	115
tout droit	51
tout d'un coup	234
tout le monde	115
tout le temps	234
toute la journée	115
tout(e) seul(e)	51
toutes les＋数詞＋heures	234
toutes sortes de＋無冠詞名詞	234
traduire A en B（言語）	432
traiter qch en surface	433
traiter de qch	497
transformer A en B	297
travailler＋前置詞＋場所	98
travailler dans qch	214
très bien	51
tromper [décevoir] l'attente de qn	433
trop＋形容詞＋pour qn/qch[pour＋inf.]	233
trop de＋無冠詞名詞	105
trouver	41
trouver qn/qch＋形容詞	99
trouver le temps long	433
trouver refuge (chez qn)	497
Tu devrais＋inf.	127
Tu exagères!	127
tuer le temps	298

U

un jour	310
un peu	51
un peu de＋無冠詞名詞	105
un peu partout	310
une centaine de qch	223
un(e) certain(e)＋名詞	300
un(e) des＋複数名詞	223
un(e) drôle de＋無冠詞名詞	310
une fois＋過去分詞	448
une fois pour toutes	463
une grande [bonne] partie de qch	302
une partie de qch	224
une tasse de qch	224
une voiture d'occasion	143

V

valoir la peine de＋inf. [que＋直説法]	497
veiller à qch	498
veiller à la bonne tenue de qch	498
vendre qch au poids [à la douzaine, à la pièce]	433
venir	42
venir à l'idée	298
venir au monde	298
venir chercher qn	214
venir de＋場所	32
venir de＋inf.	32
venir en aide à qn/qch	498
venir voir qn	99
vers（時間）	77
vers（場所）	165
vers（方向）	165

visiter	42
vivre à l'étroit	433
vivre dans l'instant	498
vivre en bonne [mauvaise] intelligence avec qn	499
voici	24
voilà	25
補語人称代名詞＋voilà	165
voilà＋期間＋que＋直説法	165
voir	40
voir qn/qch＋inf.	186
voir la vie en rose	434
voir le jour	499
voir que＋直説法	215
voir rouge	434
voir tout en noir	499
voisin(e) de qch	300
voler A à B	215
volontiers	5
vouer A à B	499
Voulez-vous …?	54
vouloir qch	99
vouloir bien	54
vouloir bien＋inf.	215
vouloir dire qch	215
vouloir que＋接続法	216
Vous avez l'heure?	60
Vous êtes combien?	107
Vous trouverez…	59
vous savez	56
vous voyez	239
vue d'ensemble	440

Y

y compris qn/qch	311
y être	434

編著者紹介
久松　健一（ひさまつ・けんいち）
1956年東京生まれ。中央大学大学院文学部博士後期課程満期退学。現在、明治大学教授。
著書に『ケータイ＜万能＞フランス語文法』（駿河台出版社）、『仏検3・4級必須単語集』『仏検準1級・2級必須単語集』（白水社：後者は共著）など。

仏検対応
クラウン　フランス語熟語辞典

2012年4月1日　第1刷発行
2023年2月20日　第4刷発行

編著者　　久松健一
発行者　　株式会社　三省堂　代表者　瀧本多加志
印刷者　　三省堂印刷株式会社
発行所　　株式会社　三省堂
　　　　　〒102-8371
　　　　　東京都千代田区麹町五丁目7番地2
　　　　　　　　　電話（03）3230-9411
　　　　　　https://www.sanseido.co.jp/

©HISAMATSU, Ken'ichi 2012
Printed in Japan

〈仏検対応熟語辞典・544pp.〉
落丁本・乱丁本はお取り替えいたします。

ISBN978-4-385-36579-4

本書を無断で複写複製することは、著作権法上の例外を除き、禁じられています。また、本書を請負業者等の第三者に依頼してスキャン等によってデジタル化することは、たとえ個人や家庭内での利用であっても一切認められておりません。

本書の内容に関するお問い合わせは、弊社ホームページの「お問い合わせ」フォーム（https://www.sanseido.co.jp/support/）にて承ります。